Die Tätigkeit der Koordinierungsstelle nach § 11 Transplantationsgesetz

Recht und Medizin

Herausgegeben von den Professoren
Dr. Erwin Deutsch (†), Dr. Bernd-Rüdiger Kern, Dr. Thorsten Kingreen,
Dr. Adolf Laufs (†), Dr. Hans Lilie, Dr. Hans-Ludwig Schreiber,
Dr. Andreas Spickhoff

Bd./Vol. 132

Zur Qualitätssicherung und Peer Review der vorliegenden Publikation

Die Qualität der in dieser Reihe erscheinenden Arbeiten wird vor der Publikation durch Herausgeber der Reihe geprüft.

Notes on the quality assurance and peer review of this publication

Prior to publication, the quality of the work published in this series is reviewed by editors of the series.

Mikola Preuß

Die Tätigkeit der Koordinierungsstelle nach § 11 Transplantationsgesetz

Staatlich-gesellschaftliche Kooperationsstrukturen im System der postmortalen Organtransplantation

PETER LANG

Bibliografische Information der Deutschen Nationalbibliothek
Die Deutsche Nationalbibliothek verzeichnet diese Publikation in der Deutschen Nationalbibliografie; detaillierte bibliografische Daten sind im Internet über http://dnb.d-nb.de abrufbar.

Zugl.: Bremen, Univ., Diss., 2018

D 46
ISSN 0172-116X
ISBN 978-3-631-78549-2 (Print)
E-ISBN 978-3-631-78571-3 (E-PDF)
E-ISBN978-3-631-78572-0 (EPUB)
E-ISBN 978-3-631-78573-7 (MOBI)
DOI 10.3726/b15647

Peter Lang – Berlin · Bern · Bruxelles · New York · Oxford · Warszawa · Wien

Diese Publikation wurde begutachtet.

www.peterlang.com

Mikola Preuß

Die Tätigkeit der Koordinierungsstelle nach § 11 Transplantationsgesetz

Staatlich-gesellschaftliche Kooperationsstrukturen im System der postmortalen Organtransplantation

PETER LANG

Bibliografische Information der Deutschen Nationalbibliothek
Die Deutsche Nationalbibliothek verzeichnet diese Publikation in der Deutschen Nationalbibliografie; detaillierte bibliografische Daten sind im Internet über http://dnb.d-nb.de abrufbar.

Zugl.: Bremen, Univ., Diss., 2018

D 46
ISSN 0172-116X
ISBN 978-3-631-78549-2 (Print)
E-ISBN 978-3-631-78571-3 (E-PDF)
E-ISBN978-3-631-78572-0 (EPUB)
E-ISBN 978-3-631-78573-7 (MOBI)
DOI 10.3726/b15647

Peter Lang – Berlin · Bern · Bruxelles · New York · Oxford · Warszawa · Wien

Diese Publikation wurde begutachtet.

www.peterlang.com

Meinen Eltern

Diese Arbeit wurde im Sommersemester 2017 vom Fachbereich Rechtswissenschaften der Universität Bremen als Dissertation angenommen. Die Verteidigung erfolgte am 08. August 2018. Aktuelle Entwicklungen, auch aus der Rechtsprechung und Literatur, haben bis Januar 2019 Berücksichtigung finden können.

Ganz besonderer Dank gilt meinem verehrten Doktorvater, Herrn Prof. Dr. Friedhelm Hase, der mein Interesse am Gesundheitsrecht weckte und mich an dieses anspruchsvolle Thema heranführte. Insbesondere dann, wenn Hilfestellung erforderlich war, stand er mir mit seinem Wissen und seiner Erfahrung geduldig zur Seite. Ich habe ihn fachlich wie menschlich stets als ein besonderes Vorbild gesehen. Ferner möchte ich mich bei Herrn Prof. Dr. Benedikt Buchner LL.M. (UCLA) sowohl für die zügige Erstellung des Zweitgutachtens als auch das darüber hinausgehende Engagement bedanken. Den weiteren Prüfern im Promotionsverfahren, Herrn Prof. Dr. Christoph Schmid und Herrn Dr. Dennis-Kenji Kipker, danke ich für deren Teilnahme an der Disputation.

Den Herausgebern der Schriftenreihe „Recht und Medizin", dabei federführend Herrn Prof. Dr. Hans Lilie und Herrn Prof. Dr. Andreas Spickhoff, danke ich dafür, diese Arbeit in die Serie aufgenommen zu haben.

Dank gebührt schließlich meiner Familie. Meiner lieben Schwester, Frau Dr. Tamina Preuß, danke ich für die umfassenden Korrekturarbeiten und inhaltlichen Anregungen, die zweifelsohne wesentlich zum Gelingen beigetragen haben. Der größte Dank gilt aber meinen Eltern, die mich in jeder Phase meines Promotionsvorhabens umfassend und unbedingt unterstützt haben. Ohne sie wäre dieses Vorhaben nicht möglich gewesen. Ihnen widme ich diese Arbeit.

Bremen, im Januar 2019

Mikola Preuß

Inhaltsverzeichnis

Abkürzungsverzeichnis

a.A.	anderer Ansicht
a.a.O.	am angegebenen Ort
AbgH-Drs.	Abgeordnetenhaus-Drucksache
Abs.	Absatz
AEUV	Vertrag über die Arbeitsweise der Europäischen Union
AfP	AfP – Zeitschrift für Medien- und Kommunikationsrecht
AMG	Arzneimittelgesetz
AO	Abgabenordnung
AöR	Archiv des Öffentlichen Rechts
Art.	Artikel
AZ	Aktenzeichen
Begr.	Begründer
BGB	Bürgerliches Gesetzbuch
BGBl.	Bundesgesetzblatt
BGH	Bundesgerichtshof
BGHZ	Sammlungen der Entscheidungen des BGH im Zivilsachen
BMK	Biomedizinkonvention
BR-Drs.	Bundesratsdrucksache
BT-Prot Sten.	Berichte des Bundestags
BVerfG	Bundesverfassungsgericht
BVerfGE	Sammlungen der Entscheidungen des Bundesverfassungsgerichts
Ders.	Derselbe
Dies.	Dieselbe/Dieselben
DÖV	Die öffentliche Verwaltung
DSO	Deutsche Stiftung Organtransplantation
DtZ	Deutsch-Deutsche Rechts-Zeitschrift
DVBl.	Deutsches Verwaltungsblatt
e.V.	eingetragener Verein
ebd.	ebenda
EGV	EG-Vertrag
Einl.	Einleitung
EU	Europäische Union
EUV	Vertrag über die Europäische Union
f.	folgende

ff.	fortfolgende
Fn.	Fußnote
FS	Festschrift
G-BA	Gemeinsame Bundesausschuss
Gbl.-DDR	Gesetzblatt der Deutschen Demokratischen Republik
gem.	gemäß
gen.	genannt
GesR	Gesundheitsrecht
GG	Grundgesetz
Hrsg.	Herausgeber
Hs.	Halbsatz
insb.	insbesondere
JuS	Juristische Schulung
JZ	JuristenZeitung
KfH	Kuratorium für Dialyse und Nierentransplantation
LG	Landgericht
LT-Drs.	Landtagsdrucksache
m.w.N.	mit weiteren Nachweisen
MedR	Medizinrecht
NJW	Neue Juristische Wochenschrift
Nr.	Nummer
Nrn.	Nummern
NStZ	Neue Zeitschrift für Strafrecht
OS-RL	Richtlinie 2010/53/EU des Europäischen Parlaments und des Rates vom 07.07.2010 über Qualitäts- und Sicherheitsstandards für zu Transplantationen bestimmte menschliche Organe
Rn.	Randnummer(n)
Rspr.	Rechtsprechung
S.	Seite(n)
SGB	Sozialgesetzbuch
sog.	sogenannt(e/en/er)
StGB	Strafgesetzbuch
TFG	Transfusionsgesetz
TPG	Transplantationsgesetz
u.	und
u.a.	und andere
UAbs.	Unterabsatz
v.	vor

VerwArch	Verwaltungsarchiv
vgl.	vergleiche
vhw FW	Zeitschrift für Wohneigentum in der Stadtentwicklung und Immobilienwirtschaft, Verbandsorgan des vhw
VSSR	Vierteljahresschrift für Sozialrecht
VVDStRL	Veröffentlichungen der Vereinigung deutscher Staatsrechtslehrer
VwGO.	Verwaltungsgerichtsordnung
VwVfG	Verwaltungsverfahrensgesetz
WHO	World Health Organization
WzS	Wege zur Sozialversicherung
z.B.	zum Beispiel
ZRP	Zeitschrift für Rechtspolitik

Einleitung: Untersuchungsgegenstand und Gang der Untersuchung

> „Die Organtransplantation stellt eine der erfolgreichsten medizinischen Entwicklungen des 20. Jahrhunderts dar; gelingt es doch mit ihr, in lebensbedrohlichen Situationen lebensrettend einzugreifen oder chronisch Kranken eine wesentliche Verbesserung ihrer Lebensqualität zu ermäglichen."[1]

Als der Gesetzgeber im Winter des Jahres 1997 das „Gesetz über die Spende, Entnahme und Übertragung von Organen" (Transplantationsgesetz – TPG)[2] erlassen hat, handelte er nicht zuletzt in der Überlegung, durch normative Festlegungen für den Bereich eines solch sensiblen medizinischen Systemgefüges,[3] das zuvor Jahrzehnte der Entwicklung fernab spezialgesetzlicher, spezifischer staatlicher Einflussnahme durchlaufen hatte, eine von den beteiligten Akteuren ersehnte Rechtssicherheit zu schaffen, ohne dabei die empfindlichen Strukturen wesentlich zu stören.[4] Aus heutiger Sicht mag man fast versucht sein – freilich zugespitzt – zu resümieren: Das Gegenteil ist erreicht worden. Die Rechtswissenschaft hat das transplantationsgesetzliche Konzept binnen der letzten zwei Jahrzehnte aus beinahe allen denkbaren Gesichtspunkten heraus einer Prüfung unterzogen und dabei dem Gesetzgeber nicht selten ein schlechtes Zeugnis ausgestellt. Im Fokus anhaltender Diskussionen stehen vor allem die gesetzliche Einbindung der Bundesärztekammer und deren Erlass von Transplantationsrichtlinien und die Vermittlungsstellentätigkeit durch die Eurotransplant International Foundation bei der postmortalen Organspende und -transplantation. Besonders signifikant hervor tritt insofern die Kritik an den transplantationsgesetzlichen Organisationsstrukturen. So ist beispielsweise von einem überaus kompliziert gesponnenen Netz „von Kooperationsmustern und Entscheidungsprozessen" die

1 „Richtlinien zur Organtransplantation gem. § 16 Abs. 1 S. 1 Nrn. 2 u. 5 TPG (Präambel)", S. 2. Die Transplantationsrichtlinien sind abrufbar unter: http://www.bundesaerztekammer.de/richtlinien/richtlinien/transplantationsmedizin/ (zuletzt abgerufen am 20.01.2019).

2 Gesetz über die Spende, Entnahme und Übertragung von Organen (Transplantationsgesetz – TPG), BGBl. I S. 2631 ff. in Kraft getreten am 01.12.1997.

3 *Feuerstein*, Das Transplantationssystem, S. 77.

4 BT-Drs. 13/4355, S. 2, 11.

Rede, „in dem öffentlich-rechtliche und privatrechtliche Rechtsträger in einem wahren ‚public-private-crossover' agieren".[5]

Diese im Schrifttum vorherrschende, grundlegende Skepsis gegenüber dem transplantationsgesetzlichen Konzept des Zusammenwirkens staatlicher, normativer Vorgaben und gesellschaftlicher Handlungsbeiträge ist Veranlassung gewesen, diese Arbeit anzufertigen. Am Beispiel der Koordinierungsstelle nach § 11 TPG soll auf den Prüfstand gestellt werden, ob – und inwieweit – sich solche Konzepte, wie sie das Transplantationswesen für die postmortale Organspende kennt, in ausreichend effektiver, verfassungsrechtlich gebotener Weise demokratisch rückbinden lassen.

Will man gewisse, teils durchaus vertiefte, Kenntnisse über das deutsche Transplantationswesen und Transplantationsrecht nicht voraussetzen, lässt sich eine solche Bearbeitung nicht ohne gewisse Vorarbeiten auch darstellender Natur bewerkstelligen: Daher widmen sich die ersten zwei Teile[6] dieser Bearbeitung den wichtigsten Grundlagen und der historischen Entwicklung des deutschen Transplantationsrechts. Dabei soll veranschaulicht werden, wie sich die Transplantationsmedizin zur anerkannten Behandlungsmethode entwickelt hat, wie sich dazu das Transplantationswesen institutionell zunehmend aufgestellt hat und auf welche Weise es schließlich zu den heutigen normativen Festlegungen gekommen ist. Der dritte Teil[7] rezipiert in stark konzentrierter Form das Organisationskonzept der postmortalen Organtransplantation im TPG, denn ohne zumindest über Grundkenntnisse von den dort vorherrschenden Strukturen, Entscheidungsträgern und Akteuren zu verfügen, lässt sich die Koordinierungsstellentätigkeit im Transplantationswesen kaum sinnvoll erfassen. Diese Koordinierungsstellentätigkeit wird sodann im vierten Teil[8] der Bearbeitung in den Fokus einer näheren Betrachtung gerückt. Dabei sollen die gesetzlichen Grundlagen erschlossen und deren Verhältnis zum Koordinierungsstellenvertrag und anderen vertraglichen Regelwerken erörtert werden. Gegenstand dieses Teils ist auch die Deutsche Stiftung Organtransplantation (DSO), die als Akteur mit den Aufgaben des § 11 TPG beauftragt worden ist. Anschließend widmet sich der fünfte Teil[9] der Frage, wie sich die Einbindung der DSO – einer Stiftung nach bürgerlichem Recht – in die Strukturen des Transplantationswesens,

---

5 *Höfling*, VVDStRL 61 (2002), 260 (290). Ähnlich formuliert dies auch *Lang*, MedR 2005, 269 (270).

6 S. 27 ff., 89 ff.

7 S. 129 ff.

8 S. 173 ff

9 S. 211 ff.

rechtlich erfassen und kategorisieren lässt, bevor es in den Teilen sechs[10] und sieben[11] darum gehen kann, ob hierbei eine verfassungsrechtlich angemessene rechtsstaatlich-demokratische Rückbindung möglich scheint. Der sechste Teil bereitet dazu die Grundlage, indem zunächst die grundgesetzlichen Instrumente demokratischer Steuerung aus dem Rechtsstaats- und Demokratieprinzip herausgearbeitet werden und anschließend danach gefragt wird, inwieweit staatlich-gesellschaftliche Kooperationsstrukturen diesen Anforderungen unterliegen. Im siebten Teil werden dann die gewonnenen Erkenntnisse auf das Transplantationswesen – genauer, die Koordinierungsstellentätigkeit der DSO – übertragen. In einem abschließenden achten Teil[12] sollen die gewonnenen Erkenntnisse zur legitimatorischen Steuerung und Rückbindung der Koordinierungsstellentätigkeit schließlich bewertet und in einen Kontext zum Gesamtaufgabenbereich Organtransplantation mit seinen verschiedenen Handlungsspektren gesetzt werden, die so eine vorsichtige Bewertung des gesetzlichen Konzepts erlauben.

10 S. 263 ff.
11 S. 311 ff.
12 S. 369 ff.

1. Teil: Von einer akteurbestimmten Transplantationsmedizin zur gesetzlichen Ordnung – ein Problemaufriss –

A. Der Stand der rechtswissenschaftlichen Diskussion – ein Überblick –

Die Diskussion um das Transplantationswesen als Rechtsmaterie hat auch über zwei Jahrzehnte nach Erlass des TPG längst kein Ende gefunden.[13] Dies hat freilich vielfältige Gründe, wobei sich jedoch drei zentrale Aspekte als dafür besonders ausschlaggebend ausmachen lassen.

I. Die Transplantationsmedizin als besonders dynamischer Regelungsgegenstand

Zunächst einmal handelt es sich bei der Transplantationsmedizin um ein vergleichsweise junges Fachgebiet, das seit jeher mit besonders hoher Dynamik ausgestattet ist und in dem sich der wissenschaftliche Fortschritt mit besonderer Geschwindigkeit vollzieht.[14] Damit setzt das Transplantationswesen selbst

---

13 Vgl. nur exemplarisch einige der zahlreichen Monographien der jüngeren Zeit: *Neuefeind*, Ethik, Recht und Politik der postmortalen Organtransplantation (2018); *Hellweg*, Subsidiarität der Lebendorganspende (2017); *Scheinfeld*, Organtransplantation und Strafrechtspaternalismus (2016); *Koppe*, Zur strafrechtlichen Verantwortlichkeit als Folge der regelwidrigen Beeinflussung geltender Allokationskriterien im Bereich der Organzuteilung (2016); *Schlums*, Organspende durch Patientenverfügung (2015); *Gott*, Schnittstelle zwischen Organ- und Gewebespende (2014); *Resch*, Die empfängergerichtete Organspende (2014); *Woinikow*, Richtlinien der Transplantationsmedizin (2014).

14 *Bader*, Organmangel und Organverteilung, S. 92, spricht sogar davon, dass die Transplantationsmedizin als Experiment begriffen werden könne, „das nicht im Labor, sondern in der Gesellschaft durchgeführt" werde. Ferner in diese Richtung auch *Feuerstein*, Das Transplantationssystem, S. 77 ff.; *Viebahn*, in: Höfling (Hrsg.), Die Regulierung der Transplantationsmedizin, S. 9 (9); *Hase*, in: Buchner/Ladeur (Hrsg.), Wissensgenerierung und -verarbeitung im Gesundheits- und Sozialrecht, S. 125 (131), geht bei der Transplantationsmedizin von einem „dramatischen, zum Teil unvorstellbar raschen Wandel[s] diagnostischer und therapeutischer Methoden" und „innovativer Hochleistungsmedizin" aus.

für das als solches ausgesprochen entwicklungsoffene und innovationsfreudige Gesundheitswesen Maßstäbe.[15] Neue technische Innovationen oder ein Zugewinn an medizinischen Erkenntnissen können jederzeit für zusätzliche oder andersartige Möglichkeiten der Transplantationsmedizin sorgen – zu denken wäre insbesondere an die Gebiete der Immunologie und der Gentechnik – und das System zu dynamischen Reaktionen und Umbildungsprozessen veranlassen.[16] Derartig im Wandel befindliche Materien stellen das Recht jedoch – will es hier auf eine wirksame Einflussnahme nicht verzichten – vor besondere Herausforderungen und haben den Gesetzgeber vorliegend zu innovativen Formen der Steuerung im TPG veranlasst.

Die einem stetigen medizinisch-fachlichen Fortschritt unterliegende Transplantationsmedizin reiht sich damit in einen allgemein zu verzeichnenden Prozess neuartiger und zunehmend rascher erscheinender Entwicklungen ein, der maßgeblich mit den in Veränderung befindlichen Wissensgrundlagen einer mehr und mehr vernetzten Gesellschaft in Zusammenhang steht.[17] Dort werden für die verschiedensten Lebensbereiche in kürzester Zeit immer größere Mengen an Daten erhoben, verarbeitet und ausgewertet. So erfährt die Bedeutung von Information und Wissen stetigen Zuwachs.[18] Eine auf diese Weise im Entstehen befindliche „Informations- und Wissensgesellschaft"[19] umfasst den immer weiter werdenden Kreis von Wirtschafts- und Gesellschaftsbereichen, für die „die Gewinnung, Speicherung, Verarbeitung, Vermittlung und Nutzung von Informationen und Wissen einschließlich wachsender technischer Möglichkeiten der interaktiven Kommunikation eine entscheidende Rolle spielen".[20] Dazu mag man heute auch bereits die Bereiche der Medizin und Gesundheitsversorgung

---

15 *Feuerstein*, Das Transplantationssystem, S. 77, bezeichnet die Transplantationsmedizin als zu den forschungsintensivsten Teilgebieten der modernen Medizin gehörig.

16 So *Feuerstein*, Das Transplantationssystem, S. 77.

17 Vgl. für das Gesundheitsrecht etwa die gesammelten Beiträge in: Buchner/Ladeur (Hrsg.), Wissensgenerierung und -verarbeitung im Gesundheits- und Sozialrecht.

18 *Thoma*, Regulierte Selbstregulierung im Ordnungsverwaltungsrecht, S. 66.

19 Vgl. dazu insbesondere die gesammelten Beiträge in: Hoffmann-Riem/Schmidt-Aßmann (Hrsg.), Verwaltungsrecht in der Informationsgesellschaft; ferner *Collin/Spiecker gen. Döhmann*, in: Collin/Spiecker gen. Döhmann (Hrsg.), Generierung und Transfer staatlichen Wissens im System des Verwaltungsrechts, S. 3 (3 ff.); *Hase*, in: Rolfs (Hrsg.), Das Sozialrecht und seine Nachbardisziplinen, S. 31 (S. 31 ff.); *Thoma*, Regulierte Selbstregulierung im Ordnungsverwaltungsrecht, S. 66 f.; *Ladeur*, MedR 2016, 650 (650 f.).

20 Rat für Forschung, Technologie und Innovation: Informationsgesellschaft. Chancen, Innovationen und Herausforderungen. Feststellungen und Empfehlungen, 1995.

zählen – jedenfalls befinden sich diese auf dem „besten Weg" dorthin.[21] Es erscheint allerdings so, als stellten gerade diese in der Gesellschaft vermehrt dezentral heranwachsenden Daten- und Wissensmengen – gesicherte Annahmen der Fachkreise bilden sich gerade in den besonders entwicklungsfreudigen Bereichen der Medizin dagegen immer seltener heraus[22] – das Recht vor „Orientierungsschwierigkeiten", da es auf diese Wissensbestände doch zumindest in einem gewissen Maße angewiesen ist.[23]

Zuspitzend wirkt vorliegend, dass zur Steuerung einer dynamischen Umgebung, die zugleich auch noch einer zunehmenden medizinischen und technischen „Verwissenschaftlichung" unterliegt[24] und damit den Sachbereich nicht nur komplexer, sondern auch wandelbarer werden lässt, nochmals mehr Erfahrungen, Informationen und mehr Wissen besonderer, stetiger Aktualität benötigt werden.[25] Das beruht auf der Prämisse, dass sich Handlungsfähigkeit in der Gesellschaft an der Fähigkeit bemisst, mit Wissen umzugehen. Folglich bedarf es auch für die Fähigkeit staatlicher Steuerung und Beeinflussung gesellschaftlicher

---

21 Davon zeugen neuere Ausarbeitungen in der Rechtswissenschaft, etwa die gesammelten Beiträge in: Buchner/Ladeur (Hrsg.), Wissensgenerierung und -verarbeitung im Gesundheits- und Sozialrecht oder die Beiträge der Medizinrechtslehrertagung 2016 unter dem Titel „e-Health, Big Data und Co. Informationelle Vernetzung der Medizin als Herausforderung für das Recht, in: MedR 2016, 649 ff.

22 So *Hase*, in: Buchner/Ladeur (Hrsg.), Wissensgenerierung und -verarbeitung im Gesundheis- und Sozialrecht, S. 125 (131).

23 So ausdrücklich *Hase*, in: Rolfs (Hrsg.), Das Sozialrecht und seine Nachbardisziplinen, S. 31 (S. 32). Ähnlich auch *ders.*, in: Buchner/Ladeur (Hrsg.), Wissensgenerierung und -verarbeitung im Gesundheits- und Sozialrecht, S. 125 (131 f.).

24 So *Augsberg*, Gesetzliche Regelungen zur Organ- und Gewebespende, S. 16 m.w.N.; *ders.*, in: Höfling (Hrsg.), Die Regulierung der Transplantationsmedizin in Deutschland, S. 45 (46); *Çalışkan*, Die medizinrechtlichen Ordnungsstrukturen, S. 77.

25 Vgl. dazu etwa *Hoffmann-Riem*, in: Hoffmann-Riem/Schmidt-Aßmann (Hrsg.), Verwaltungsrecht in der Informationsgesellschaft, S. 9 (11); *Ritter*, in: Schmidt-Aßmann/Hoffmann-Riem (Hrsg.), Verwaltungsorganisationsrecht als Steuerungsressource, S. 207; *Thoma*, Regulierte Selbstregulierung im Ordnungsverwaltungsrecht, S. 66. Zur Bedeutung des Wissens für die Verwaltung siehe nur die gesammelten Beiträge in: Collin/Spiecker gen. Döhmann (Hrsg.), Generierung und Transfer staatlichen Wissens. Zur durch den gesellschaftlichen Wandel bedingten Komplexität vgl. *Augsberg*, in: Heinig/Terhechte (Hrsg.), Postnationale Demokratie, Postdemokratie, Neotatismus, S. 27 (30 ff.).

Prozesse gerade hier einer besonderen, stetig anwachsenden und veränderlichen Wissensbasis.[26]

Begünstigt wird diese Entwicklung hin zu erschwerten Steuerungsbedingungen schließlich – zum dritten – dadurch, dass auch das Wissen der modernen Gesellschaft an sich immer komplexer wird und dadurch vermehrt einen hypothetischen Charakter erhält.[27] Auch dieser Umstand wirkt sich auf Regelungsmöglichkeiten der Gesetzgebung aus,[28] zumal aufgrund der wachsenden Komplexität die mit einer Entscheidungsfindung verbundene Prognoseunsicherheit naturgemäß zunimmt.[29]

Die aus diesem Wandel seit einigen Jahrzehnten erwachsende neue Komplexität gesellschaftlicher Bereiche[30] versucht das Recht ebenso lange zu verarbeiten, um seinen Funktionen weiter gerecht zu werden.[31] Dabei ist es – auch über den Bereich gesundheitsrechtlicher Fragestellungen hinaus – nicht ungewöhnlich, dass der Gesetzgeber jedenfalls nicht mehr sämtliches erforderliches Wissen auf sich zu vereinen vermag, um normative, auf Tatbestands- und Rechtsfolgenseite klare Vorgaben im klassischen Sinne zu setzen.[32] Das verfügbare

---

26 So fassen es *Collin/Spiecker gen. Döhmann*, in: Collin/Spiecker gen. Döhmann (Hrsg.), Generierung und Transfer staatlichen Wissens im System des Verwaltungsrechts, S. 3 (3), sehr treffend zusammen. Vgl. außerdem *Böhret*, in: Kohler-Koch (Hrsg.), Staat und Demokratie in Europa, S. 116 (125); *Ladeur*, in: Hoffmann-Riem/Schmidt-Aßmann (Hrsg.), Verwaltungsrecht in der Informationsgesellschaft, S. 225 (229).

27 *Hase*, in: Buchner/Ladeur (Hrsg.), Wissensgenerierung und -verarbeitung im Gesundheits- und Sozialrecht, S. 131 f.; *ders.*, in: Masuch u.a. (Hrsg.), Grundlagen und Herausforderungen des Sozialstaats, S. 423 (423 ff.); *ders.*, in: Rolfs (Hrsg.) Das Sozialrecht und seine Nachbardisziplinen, S. 31 (35); *Weiß*, Privatisierung und Staatsaufgaben, S. 314 f., insb. S. 316.

28 *Hase*, in: Buchner/Ladeur (Hrsg.), Wissensgenerierung und -verarbeitung im Gesundheits- und Sozialrecht, S. 125 (134); *ders.*, in: Rolfs (Hrsg.), Das Sozialrecht und seine Nachbardisziplinen, S. 31, insb. S. 36.

29 *Di Fabio*, Risikoentscheidungen im Rechtsstaat, S. 448; *Hoffmann-Riem*, DÖV 1999, 221 (222); *Weiß*, Privatisierung und Staatsaufgaben, S. 315. Zur Ungewissheit im Verwaltungsrecht und dem Umgang mit Nichtwissen in der Verwaltung siehe auch *Appel*, in: Schmidt-Aßmann/Hoffmann-Riem (Hrsg.), Methoden der Verwaltungswissenschaft, S. 327 (328 ff.); *Augsberg*, Informationsverwaltungsrecht, insb. S. 237 ff.

30 Vgl. *Çalışkan*, Die medizinrechtlichen Ordnungsstrukturen, S. 25; *Thoma*, Regulierte Selbstregulierung im Ordnungsverwaltungsrecht, S. 66.

31 *Vesting*, in: Hoffmann-Riem/Schmidt-Aßmann (Hrsg.), Verwaltungsrecht in der Informationsgesellschaft, S. 101 (101). Dieser kritisiert, den begrifflichen Umschreibungen würde es noch an spezifischen Akzenten oder Merkmalen fehlen, vgl. a.a.O., S. 107 ff.

32 So auch *Çalışkan*, Die medizinrechtlichen Ordnungsstrukturen, S. 88. Zur vielfach beklagten immer weiter zurückgehenden Steuerungsfähigkeit des Rechts vgl. nur

medizinisch-gesundheitliche Wissen stets aktuell aufzubereiten, zu bewerten und in normative Vorgaben zu fassen, ist in Folge dessen eine Aufgabe, die über das klassische Parlamentsgesetz kaum mehr erfüllt werden kann. Selbst untergesetzliche Rechtsnormen mit im Vergleich zu Parlamentsgesetzen hoher Dynamik werden unter dieser Entwicklung vielfach als ergänzungsbedürftig erachtet.[33]

Ein so erzwungener Funktionswandel des Rechts hat zweifelsohne längst schon dazu geführt, dass sich veränderte Normierungstechniken etabliert haben.[34] Konditionalprogramme, das heißt die Formulierung von Handlungsprogrammen in Form von Wenn-Dann-Satzkonstruktionen, büßen zunehmend an Bedeutung ein.[35] Um mit der gesellschaftlichen Entwicklung – sei es auf wirtschaftlicher, technischer oder eben medizinischer beziehungsweise medizintechnischer Ebene – und den daraus folgenden, mitunter kaum voraussehbaren Veränderungen mitzuhalten, greift die Gesetzgebungstechnik vermehrt auf finale Normprogramme und Generalklauseln zurück und beschränkt sich darauf, mehr oder minder abstrakte Zielvorgaben oder Erwägungsgesichtspunkte zu formulieren.[36] Dem sogenannten Wissensproblem[37] soll dadurch abgeholfen werden, dass durch eine stufenweise Konkretisierung dieser Vorgaben das Wissen der normenvollziehenden Akteure mit einbezogen wird.[38] Im Ergebnis findet eine Verlagerung der Entscheidungsfindungs- und Entscheidungsprozesse

---

die gesammelten Beiträge in: Grimm (Hrsg.), Wachsende Staatsaufgaben – sinkende Steuerungsfähigkeit des Rechts.

33 So *Augsberg*, Gesetzliche Regelungen zur Organ- und Gewebespende, S. 16; *ders.*, in: Höfling (Hrsg.), Die Regulierung der Transplantationsmedizin in Deutschland, S. 45 (46).

34 *Hoffmann-Riem*, DÖV 1997, 433 (433), spricht davon, dass sich das öffentliche Recht in einem „dramatischen Wandlungsprozeß“ befinde. Vgl. auch *ders.*, DÖV 1999, 221 (222). So ausdrücklich für das Gesundheitsrecht außerdem *Hase*, in: Buchner/Ladeur (Hrsg.), Wissensgenerierung und -verarbeitung im Gesundheits- und Sozialrecht, S. 125 (132 ff.).

35 *Hoffmann-Riem*, DÖV 1999, 221 (222).

36 *Çalışkan*, Die medizinrechtlichen Ordnungsstrukturen, S. 407; *Weiß*, Privatisierung und Staatsaufgaben, S. 315 f.

37 So z.B. die Begriffsverwendung bei *Baer*, in: Cottier u.a. (Hrsg.), Wie wirkt Recht?, S. 181 (181 ff.). *Ladeur*, MedR 2016, 650 (652) spricht von einer „Wissensproblematik“. Dies umschreibt einen Prozess, in dem neue Wissensarten entstehen und die Wissensordnung dadurch an Komplexität gewinnt, vgl. *Ladeur*, MedR 2016, 650 (650 ff.).

38 *Çalışkan*, Die medizinrechtlichen Ordnungsstrukturen, S. 407; *Mayntz*, in: Ellwein u.a. (Hrsg.), Jahrbuch zur Staats- und Verwaltungswissenschaft, S. 89 (98); *Weiß*, Privatisierung und Staatsaufgaben, S. 315.

auf judikative, administrative sowie gesellschaftliche Träger statt.[39] So treten im Gesundheitsrecht vermehrt von mit Expertise und Erfahrungswissen ausgestatteten Beteiligten- und Betroffeneneinheiten erlassene untergesetzliche Rechtsnormen und Regeln hinzu, mittels derer allgemein gehaltene parlamentsgesetzliche Direktionen flexibel ausgefüllt werden sollen.[40] Das prominenteste Beispiel bilden wohl hier die Richtlinien des Gemeinsamen Bundesausschusses (G-BA)[41] nach § 92 Abs. 1 SGB V.[42] Der G-BA bestimmt danach anhand der eher vage gehaltenen Vorgaben – es geht gemäß §§ 2, 12 SGB V um die Gewährung einer ausreichenden, zweckmäßigen und wirtschaftlichen Versorgung der Versicherten, die das Maß des Notwendigen nicht überschreiten soll – den Leistungskatalog der Gesetzlichen Krankenversicherung.

Im TPG wurde versucht, der aufgezeigten Entwicklung durch neuartige konzeptionelle Ansätze Rechnung zu tragen. So sind wichtige Einrichtungen des Transplantationswesens nicht im Gesetz benannt; stattdessen sind dort lediglich Aufgabenbereiche und gewisse Mindestanforderungen für solche Institutionen festgelegt. Die Errichtung oder Beauftragung dieser Aufgabenträger ist gesetzlich auf ausgewählte Spitzenverbände des Gesundheitswesens übertragen worden, die dazu vertragliche Vereinbarungen mit geeigneten Akteuren abzuschließen und auf diese Weise die gesetzlichen Vorgaben zu konkretisieren und auszugestalten haben. Auch bestimmte Entscheidungen, insbesondere über die Vermittlungskriterien für Spenderorgane, wurden im TPG nicht abschließend ausgestaltet. Hier erfolgt anhand normativer Parameter eine stufenweise Konkretisierung durch Akteure des Transplantationssystems.[43] Sowohl organisationsrechtliche Festlegungen als auch inhaltliche Ausgestaltungen obliegen nach

---

39 *Weiß*, Privatisierung und Staatsaufgaben, S. 315.

40 *Augsberg*, in: Höfling (Hrsg.), Die Regulierung der Transplantationsmedizin in Deutschland, S. 45 (46); *Hase*, in: Buchner/Ladeur (Hrsg.), Wissensgenerierung und -verarbeitung im Gesundheits- und Sozialrecht, S. 125 (134); *ders.*, in: Rolfs (Hrsg.), Das Sozialrecht und seine Nachbardisziplinen, S. 31 (37 f.).

41 Vgl. dazu § 91 SGB V.

42 Dazu etwa *Hess*, MedR 2005, 385 (385 ff.); *Kluth*, Der Gemeinsame Bundesausschuss (G-BA) nach § 91 SGB V aus der Perspektive des Verfassungsrechts; *Seeringer*, Der Gemeinsame Bundesausschuss nach dem SGB V; *Zimmermann*, Der Gemeinsame Bundesausschuss. Zur Verfassungsmäßigkeit der Richtlinien des G-BA auch *Hase*, MedR 2005, 391 (391 ff.) und jüngst z.B. *Ladeur*, MedR 2016, 650 (651 f.) sowie *Kluth*, GesR 2017, 205 (205 ff.).

43 Vgl. *Rixen*, in: Höfling (Hrsg.), TPG, Einführung Rn. 14.

diesem Konzept demnach Akteuren des Gesundheits- und Transplantationswesens sowie der ärztlichen Selbstverwaltung.

Trotz aller vorangehend geschilderten Veränderungen des Rechts im Allgemeinen ist eine derart offene und vage formulierte Normsetzung wie die des TPG, insbesondere in grundrechtssensiblen Bereichen, weitgehend rechtliches Neuland. So fasst *Robert Krüger* zusammen, bei dem TPG handle es sich um „ein Paradebeispiel für das Problem gesetzlicher Steuerung von wissenschaftlich-fachlichen Entscheidungen, in denen das Gesetz selbst zwar theoretisch der Fixpunkt juristischer Argumentation sein sollte, dies aber praktisch jedoch nicht mehr leisten kann, sodass der Wortlaut der Norm in den Hintergrund juristischer Auslegung tritt".[44] Über diese Form der Strukturierung, die mitunter als ein „Pilotprojekt regulierter Selbstregulierung"[45] umschrieben worden ist, wird folglich auch heute noch rege diskutiert. Die Rechtmäßigkeit einer solchen gesetzlichen Konzeption wird in regelmäßigen Abständen – insbesondere unter verfassungsrechtlichen Gesichtspunkten – in Zweifel gezogen. Neben Bedenken, die Stimmen in der Literatur insbesondere an einer hinreichenden Legitimation der Richtliniengebung durch die Bundesärztekammer äußern,[46] wird die Verfassungsmäßigkeit der Einbindung weiterer privatrechtlicher Akteure[47] in das deutsche Transplantationswesen durchaus kritisch betrachtet.[48] Außerdem wird bemängelt, dass in die gesetzliche Konzeption die Rechtsschutzbelange der Betroffenen nicht ausreichend Eingang gefunden hätten.[49]

---

44 *Krüger*, Die Organvermittlungstätigkeit Eurotransplants im Sinne des § 12 TPG, S. 199.

45 Nickel u.a. (Hrsg.), TPG, § 16 Rn. 71.

46 Beispielsweise: *Augsberg*, in: Höfling (Hrsg.), Die Regulierung der Transplantationsmedizin in Deutschland, S. 45 (49 ff.); *Bader*, Organmangel und Organverteilung, S. 173 ff.; *Gutmann*, Für ein neues Transplantationsgesetz, S. 124 f.; *Höfling*, in: Höfling (Hrsg.), TPG, § 16 Rn. 8 ff.; *ders.*, JZ 2007, 481 (481 ff.); *Lang*, MedR 2005, 269 (271 ff.); *Mohammadi-Kangarani*, Die Richtlinien der Organverteilung im Transplantationsgesetz – verfassungsgemäß?, insbesondere S. 99 ff.; *Schmidt-Aßmann*, Grundrechtspositionen und Legitimationsfragen im öffentlichen Gesundheitswesen, S. 103 ff.; *Sickor*, GesR 2014, 203 (insb. 207 f.).

47 Im Besonderen gilt dies für die Einbindung der Vermittlungsstelle Eurotransplant, einer privatrechtlichen Stiftung nach niederländischem Recht.

48 *Engels*, Die Verwaltung 44 (2011), 347 (354 ff.); *Krüger*, Die Organverteilungstätigkeit Eurotransplants, insb. S. 217 ff.

49 *Clement*, Der Rechtsschutz der potentiellen Organempfänger; *Höfling*, in: VVDStRL 61 (2002), S. 260 (290 f.); *Lang*, in: Höfling (Hrsg.), Die Regulierung der Transplantationsmedizin in Deutschland, S. 61 (61 ff.); *Schmidt-Aßmann*, NVwZ 2001, Sonderheft, 59 (60).

II. Interdisziplinäre Regelungsgegenstände im TPG

Zu diesen zentralen Bedenken tritt hinzu, dass das TPG nicht nur rein rechtliche Aspekte betrifft, sondern stattdessen auch Fragen ganz unterschiedlicher, insbesondere medizinischer, ethischer, philosophischer oder theologischer Natur berührt.[50] Diese Grundlagen und Rahmenbedingungen, aus denen sich das Recht der Organspende und -transplantation kaum lösen lässt, werden zu den „schwierigsten Aspekten des Medizinrechts und der Medizinethik" gezählt.[51] Das Thema dringt dabei in den „Grenzbereich menschlicher Existenz" vor und „berührt Fragen des Lebens, des Sterbens und des Todes selbst".[52] So wird die gerechte Vermittlung der postmortalen Spenderorgane als ein „Paradebeispiel" für Überlegungen erachtet, wie mit knappen Gütern im Gesundheitswesen umgegangen werden müsse.[53] Diese Frage spitzt sich im Transplantationswesen mitunter zu einer Entscheidung über „Leben und Tod" bedürftiger Patienten zu[54] und verlässt den Bereich allein rechtlicher Beurteilung. Verfassungsrechtlichen wie auch ethischen Bedenken begegnen außerdem die sogenannte „dead donor rule" und das Hirntodkonzept des TPG,[55] die insbesondere in § 3 Abs. 1 Nr. 2,

50 *Bader*, Organmangel und Organverteilung, S. 92; *Dippel*, in: Ebert u.a. (Hrsg.), FS Hanack, S. 665 (675). *Çalışkan*, Die medizinrechtlichen Ordnungsstrukturen, S. 232 meint gar, dass es im Recht der Organtransplantation vorrangig um die Befassung mit außerjuristischen medizinischen Faktoren und deren Integration in die Rechtsordnung gehe.

51 Schroth u.a. (Hrsg.), TPG, Vorwort.

52 *Dippel*, in: Ebert u.a. (Hrsg.), FS Hanack, S. 665 (675).

53 *Rosenau*, in: Ahrens u.a. (Hrsg.), FS Deutsch, S. 435 (435); m.w.N. so auch *Gutmann*, Für ein neues Transplantationsgesetz, S. 113.

54 *Rosenau*, in: Hefendehl u.a. (Hrsg.), FS Schünemann, S. 689 (689); *Viebahn*, in: Höfling (Hrsg.), Die Regulierung der Transplantationsmedizin in Deutschland, S. 9 (9). *Weyd*, Jura 2013, 437 (437).

55 Bedenken bestehen seit jeher. So war der Umgang mit der Frage nach der Todesfeststellung auch stets Gegenstand der Debatten um die Gesetzgebungsbemühungen. Vgl. dazu etwa *Dippel*, in: Ebert u.a. (Hrsg.), FS Hanack, S. 665 (679 ff); *Holznagel*, DVBl. 1997, 393 (394). Dazu auch *Maurer*, DÖV 1980, 7 (14). Die anhaltende Kontroverse verdeutlichten eindrucksvoll jüngst: *Höfling*, MedR 2013, 407 (407 ff). Dazu Stellung beziehend dann *Hess*, MedR 2013, 719 (719) sowie erwiedernd wiederum *Höfling*, MedR 2013, 730 (730 f.). Zusammenfassend dazu statt vieler etwa *Höfling*, in: Jahn u.a. (Hrsg.), Medizinrecht, S. 15 (15 ff.). Dass sich der Deutsche Ethikrat bereits seit 2012 mit der Thematik eingehender beschäftigt, verdeutlicht die besondere Relevanz solcher rechtlichen Festlegungen aus ethischen Gesichtspunkten, vgl. dazu etwa: Hirntod und Entscheidung zur Organspende, in: Deutscher Ethikrat Jahresbericht 2014, S. 14 f.; Deutscher Ethikrat (Hrsg.), Hirntod und Entscheidung zur Organspende, passim.

Abs. 2 Nr. 2 TPG verankert sind. Entsprechend dieser Konzeption ist vor der Entnahme postmortaler Spenderorgane der Tod des Organspenders nach Regeln, die dem Stand der Erkenntnisse der medizinischen Wissenschaft entsprechen, festzustellen. Es gilt als ausschlaggebend, dass der nicht behebbare Ausfall der Gesamtfunktion des Großhirns, des Kleinhirns und des Hirnstamms diagnostiziert worden ist. Jedoch wird die Ansicht vertreten, dass mit solchen Organentnahmen in den Prozess des Sterbens vor einem sicheren Tode eingegriffen würde.[56] Sterben sei kein plötzliches Naturereignis, sondern ein Prozess, bei dem verschiedene Abläufe bis hin zum endgültigen Tode durchlaufen würden.[57] Weil die einzelnen Teile des menschlichen Körpers unterschiedliche Sauerstoffmangel-Toleranzen aufweisen, sterben sie nicht etwa zeitgleich ab.[58] Der Vorgang des Absterbens beginne stattdessen beim Gehirn. Anschließend betreffe er die übrigen Organe, das Gewebe und die Zellen. Knorpel und Hornhaut sterben zuletzt ab, da sie eine vergleichsweise höhere Sauerstoffmangel-Toleranz aufweisen.[59] Obwohl es bereits zum nicht behebbaren Ausfall der Gesamtfunktion des Großhirns, des Kleinhirns und des Hirnstamms gekommen sein könne, seien andere Bestandteile des menschlichen Körpers folglich noch nicht abgestorben. Es sei außerdem auch möglich, den regelmäßig zunächst einsetzenden Herz-Kreislauf-Stillstand – den klinischen Tod des Menschen – unter Zuhilfenahme der Technik hinauszuzögern, und so den Kreislauf künstlich beizubehalten, obwohl ein Verlust der Hirnfunktionen längst eingesetzt habe.[60] An dieser Stelle kommt es zu einer komplexen Verzahnung medizinischer, ethischer, theologischer und philosophischer Aspekte,[61] die zu rechtlichen Voraussetzungen erhoben werden, auf denen das Transplantationsrecht maßgeblich fußt. So schließen sich Fragen wie diejenige an, inwieweit hier ohne eine explizite Einwilligung des Spenders

---

56 Vgl. zu Meinungsstand und Argumentation *Dippel*, in: Ebert u.a. (Hrsg.), FS Hanack, S. 665 (679 ff.); *Schroth*, in: Roxin/Schroth (Hrsg.), Handbuch des Medizinstrafrechts, S. 448 ff.

57 So noch *von Savigny*, System des heutigen Römischen Rechts, Band II, S. 17; vgl. dazu auch *Höfling*, in: MedR 1996, 6 (6); *Schroth*, in: Roxin/Schroth (Hrsg.), Handbuch des Medizinstrafrechts, S. 444 (448).

58 *Dippel*, in: Ebert u.a. (Hrsg.), FS Hanack, S. 665 (680); *Oduncu*, Hirntod und Organtransplantation, S. 146 f.; *Schroth*, in: Roxin/Schroth (Hrsg.), Handbuch des Medizinstrafrechts, S. 444 (448).

59 Vgl. dazu ausführlich *Schroth*, in: Roxin/Schroth (Hrsg.), Handbuch des Medizinstrafrechts, S. 444 (448).

60 *Dippel*, in: Ebert u.a. (Hrsg.), FS Hanack, S. 665 (679); *Schroth*, in: Roxin/Schroth (Hrsg.), Handbuch des Medizinstrafrechts, S. 444 (448).

61 *Dippel*, in: Ebert u.a. (Hrsg.), FS Hanack, S. 665 (680).

Organe auf Grundlage der erweiterten Zustimmungslösung entnommen werden dürfen.[62]

Weil das TPG solch sensible Themenfelder berührt und für das Transplantationsrecht entsprechende Festlegungen treffen muss, um medizinische Behandlungen zu ermöglichen oder auszuschließen, werden die Wertungen des Gesetzes für die Rechtswissenschaft insgesamt und häufig auch über diese Fachdisziplin hinaus als besonders relevant erachtet. Die Materie ist gerade deshalb in den Fokus teils heftiger Kontroversen gerückt.[63]

III. Das Transplantationswesen im medialen Fokus

Auf die rechtswissenschaftliche Debatte hat es sich nicht zuletzt auch ausgewirkt, dass das Transplantationswesen in den vergangenen Jahren vermehrt zum Gegenstand kritischer medialer Berichterstattung geworden ist.

Zunächst waren es die Strukturen der Deutschen Stiftung Organtransplantation (DSO), an denen Ende des Jahres 2011 heftig Anstoß genommen wurde. Es hieß, deren Führung mache Kritiker seit Jahren mundtot, die Vorstände würden im Übrigen einen „Führungsstil nach Gutsherrenart" pflegen, statt Gelder in die Organspende zu investieren.[64] Wesentlich intensiver noch war die sich anschließende Berichterstattung anlässlich des im Sommer 2012 öffentlich gewordenen sogenannten Organspende- beziehungsweise Transplantationsskandals.[65] Ursächlich für diesen „Organspendeskandal" waren entgegen dem Wortsinn weder Vorkommnisse, die den Vorgang der Organspende noch den der Transplantation als solche betroffen hätten.[66] Vielmehr ist bekannt geworden, dass in einzelnen deutschen Transplantationszentren von den zuständigen Transplantationsmedizinern systematisch Manipulationen bei der Dokumentation des Gesundheitszustandes der auf der Warteliste zur Lebertransplantation befindlichen Patienten erfolgt sind. Dieses Vorgehen zielte darauf ab, den Erkrankten bevorzugte Positionen auf der Warteliste zu verschaffen.[67] Besonders im Fokus

---

62 Vgl. *Höfling*, in: MedR 1996, 6 (8); *Holznagel*, DVBl. 1997, 383 (394).

63 *Rosenau*, in: Ahrens u.a. (Hrsg.), FS Deutsch, S. 435 (435).

64 Vgl. etwa *Berndt*, „Man kam sich vor wie bei Scientology", Süddeutsche Zeitung, 13.12.2011 (online).

65 Vgl. z.B. die Berichterstattung der Süddeutschen Zeitung, im Internet abrufbar unter: http://www.sueddeutsche.de/thema/Organspende-Skandal (zuletzt abgerufen am 20.01.2019).

66 *Rosenau*, in: Hefendehl u.a. (Hrsg.), FS Schünemann, S. 689 (690); *ders.*, MedR 2016, 706 (706).

67 *Rissing-van Saan*, NStZ 2014, 233 (234).

der Öffentlichkeit standen dabei die strafrechtlichen Ermittlungen gegen den ehemaligen Leiter des Lebertransplantationszentrums des Klinikums der Universitätsmedizin in Göttingen. Diesem wurde von der Staatsanwaltschaft Braunschweig aufgrund solcher Manipulationen für den Zeitraum zwischen 2009 und 2011 versuchter Totschlag in insgesamt elf Fällen sowie Körperverletzung mit Todesfolge in drei Fällen zur Last gelegt. Ab August 2014 wurden diese Vorwürfe vor der 6. Strafkammer des Landgerichts Göttingen verhandelt. Das Verfahren endete am 06. Mai 2015 mit einem Freispruch für den Mediziner, da das Gericht die Vorwürfe nicht als erwiesen erachtete.[68] Auch unter kritischer Würdigung einer daraufhin recht prompt erfolgten Einführung eines neuen Straftatbestandes in das TPG,[69] wird das Organvergabesystem nunmehr vermehrt auch aus strafrechtswissenschaftlicher Betrachtungsweise heraus beleuchtet.[70] Diskutiert wird in diesem Zusammenhang nicht nur, ob die neu eingeführten Straftatbestände dieses nach bisherigem Recht regelmäßig nicht strafbare Unrecht ausreichend zu erfassen vermögen. Es wird als Konsequenz auf die verzeichneten Beeinflussungen der Organverteilung durch Transplantationsmediziner auch insgesamt in Frage gestellt, ob das geschaffene rechtliche System mit der Einbindung Privater in die Handlungsabläufe und den dazu geschaffenen, teils Selbstregulierungsinstanzen überlassenen, Kontrollmechanismen an sich zu manipulationsanfällig ist und aus diesem Grund einer grundlegenden Reformierung bedarf.[71]

Diese – freilich noch unvollständige und auf die wesentlichen aufgeworfenen Fragestellungen beschränkte – Darstellung der rechtswissenschaftlichen Diskussion veranschaulicht die breit gefächerte Relevanz der Materie für die

68 LG Göttingen, 06.05.2015 – AZ: 6 KS 4/13. Der BGH (BGH, 28.06.2017 – AZ: 5 StR 20/16) hat das Urteil des LG Göttigen bestätigt und eine Revision der Staatsanwaltschaft verworfen. Siehe auch BT-Drs. 18/7269, S. 9.

69 Mit Änderung des TPG im Rahmen des Gesetzes zur Beseitigung sozialer Überforderung bei Beitragsschulden in der Krankenversicherung vom 15.07.2013 (BGBl. I S. 2423) ist der Tatbestand des § 19 Abs. 2 a in Verbindung mit § 10 Abs. 3 S. 2 TPG in das Gesetz eingefügt worden.

70 *Ellbogen*, ArztRecht 2014, 201 (201 ff.); *Koppe*, Zur strafrechtlichen Verantwortlichkeit als Folge der regelwidrigen Beeinflussung geltender Allokationskriterien im Bereich der Organzuteilung, passim; *Kudlich*, NJW 2013, 917 (917 ff.); *Rissing-van Saan*, NStZ 2014, 233 (237); *Rosenau*, in: Hefendehl u.a. (Hrsg.), FS Schünemann, S. 689 (689 ff.); *ders.*, MedR 2016, 706 (706 ff.); *Schroth*, NStZ 2013, 437 (437 ff.); *Scheinfeld*, Organtransplantation und Strafrechtspaternalismus, passim; *Verrel*, MedR 2014, 464 (464 ff.).

71 Vgl. dazu nur das zu dieser Fragestellung und zur Feststellung des Novellierungsbedarfs des TPG angefertigte Rechtsgutachten von *Augsberg*, Gesetzliche Regelungen zur Organ- und Gewebespende, insb. S. 5 ff.

Rechtswissenschaft und zugleich ihre immerwährende Aktualität. Es wird aber ebenso deutlich, dass die Frage nach der Verfassungsmäßigkeit der transplantationsgesetzlichen Regelungen nicht pauschal beantwortet werden kann, sondern sich immer nur Teilaspekte sinnvoll beleuchten lassen.

B. Das Transplantationswesen in Deutschland

I. Die Etablierung der Transplantationsmedizin und Herausbildung von Organisationsstrukturen

Die eingangs umrissenen Fragestellungen sind allesamt vergleichsweise jung und beschäftigen die rechtswissenschaftliche Diskussion meist erst seit wenigen Jahrzehnten. Die Transplantationsmedizin selbst blickt hingegen durchaus schon auf eine lange Entwicklungsphase zurück.[72] Während die erste erfolgreiche Transplantation wohl im Jahre 1883 in der Schweiz durch den Berner Chirurgen Theodor Kocher erfolgte, der seinerzeit einem Patienten Schilddrüsengewebe unter die Halshaut transplantierte,[73] gelang die dauerhafte Übertragung eines parenchymatösen Organs[74] erstmals im Jahre 1954. In diesem Jahr konnte unter der Leitung von Joseph E. Murray in Boston (USA) zwischen zweieiigen Zwillingen eine Lebendnierentransplantation erfolgreich durchgeführt werden.[75]

Insbesondere ab Mitte des 20. Jahrhunderts fand eine rege (Weiter-)Entwicklung der medikamentösen Immunsuppression sowie der chirurgischen und intensivmedizinischen Möglichkeiten statt.[76] Mit gleichzeitig zunehmendem Erfahrungswissen bei den Behandlern bildeten sich professionellere und

---

72 *Bader*, Organmangel und Organverteilung, S. 77, bezeichnet sie indes als „vergleichsweise junge Wissenschaft".

73 *Dippel*, in: Ebert u.a. (Hrsg.), FS Hanack, S. 665 (668); *Nitsche*, Politik und Organspende, S. 64.

74 Parenchymatöse Organe bestehen in Abgrenzung zu den überwiegend aus Muskulatur gebildeten und einen Hohlraum umschließenden Hohlorganen zumeist aus spezifischen Funktionszellen (Parenchym).

75 Vgl. *Junghanns*, Verteilungsgerechtigkeit in der Transplantationsmedizin, S. 10; *Nitsche*, Politik und Organspende, S. 64. Die eigentliche Geschichte der Transplantation reicht deutlich weiter zurück. *Dippel* verortet erste Hinweise auf Transplantationsüberlegungen schon auf frühen ägyptischen Papyri aus der Zeit um 2000 v. Christi. Zur Geschichte der Transplantation hin zu einer Behandlungsmethode *Dippel*, in: Ebert u.a. (Hrsg.), FS Hanack, S. 665 (666 ff.). Vgl. ferner zu den Anfängen der Transplantationsmedizin auch Bader, Organmangel und Organverteilung, S. 77 ff.

76 Vgl. dazu etwa *Dippel*, in: Ebert u.a. (Hrsg.), FS Hanack, S. 665 (670 ff).

routiniertere Abläufe der Organtransplantation heraus.[77] Zugleich entstanden Organisationsstrukturen, um den komplexen Behandlungsablauf der sich zur anerkannten Behandlungsmethode entwickelnden und immer häufiger erfolgenden Organübertragung zu sichern.[78] Die Transplantation der heute nach § 1a Nr. 2 TPG als vermittlungspflichtig gekennzeichneten Organe Niere, Leber, Herz, Lunge und Bauchspeicheldrüse etablierte sich in Folge dessen im Laufe der Sechziger bis Achtziger Jahre in der Bundesrepublik Deutschland als medizinisch anerkannte Behandlungsmethode der Organtransplantation.[79]

Nachdem zunächst, in der „Pionierphase der Transplantationsmedizin",[80] sämtliche Maßnahmen des Transplantationsprozesses von den transplantierenden Krankenhäusern organisiert und abgewickelt wurden,[81] folgte aus der Etablierung der Organtransplantationsmedizin die vornehmlich akteurbestimmte Bildung organisatorischer und institutioneller Strukturen auf privatrechtlicher Ebene. 1967 wurde aus internationaler ärztlicher Selbstorganisation heraus im niederländischen Leiden die Stiftung Eurotransplant International Foundation zur Vermittlung postmortal gespendeter Organe an passende Empfänger innerhalb eines Verbundgebietes, bestehend aus den Transplantationskrankenhäusern mehrerer europäischer Staaten, gegründet.[82] Diese Einrichtung war von da an fast drei Jahrzehnte lang, bis zum Erlass des TPG, mit der internationalen Organvermittlung zunächst allein von Nieren und später dann auch von anderen Organen für die Transplantationszentren Belgiens, Deutschlands, der Niederlande, Luxemburgs sowie Österreichs betraut.[83] Eine die Transplantationskrankenhäuser bei der Koordinierung des Organspendeprozesses unterstützende Funktion[84] übernahmen ab 1969 das Kuratorium für Heimdialyse (KfH), später umbenannt in Kuratorium für Dialyse und Nierentransplantation,

---

77 *Rosenberg*, Die postmortale Organtransplantation, S. 28. Vgl. dazu auch *Dippel*, in: Ebert u.a. (Hrsg.), FS Hanack, S. 665 (670).

78 *Bader*, Organmangel und Organverteilung, S. 79.

79 *Bader*, Organmangel und Organverteilung, S. 79; *Rosenberg*, Die postmortale Organtransplantation, S. 27.

80 *Feuerstein*, Das Transplantationssystem, S. 121.

81 *Bader*, Organmangel und Organverteilung, S. 79; *Feuerstein*, Das Transplantationssystem, S. 121.

82 *Bader*, Organmangel und Organverteilung, S. 80; *Rosenberg*, Die postmortale Organtransplantation, S. 27.

83 *Gutmann*, Für ein neues Transplantationsgesetz, S. 137; *Rosenberg*, Die postmortale Organtransplantation, S. 28; *Bader*, Organmangel und Organverteilung, S. 80 f.

84 *Bader*, Organmangel und Organverteilung, S. 86.

als ein gemeinnütziger Verein mit Sitz in Frankfurt am Main, ab 1973 in Neu-Isenburg.[85] Ziel des Vereins war es, die Versorgung von nierenerkrankten Personen zu verbessern. Dazu wurde von 1976 an der Aufbau sowie Ausbau von entsprechenden Organisationsstrukturen an den deutschen Transplantationszentren in Abstimmung mit den gesetzlichen Krankenkassen durch personelle, organisatorische und finanzielle Unterstützung bei der Nierentransplantation gefördert.[86] Von dem Kuratorium wurde wiederum 1984 die DSO gegründet, welche vergleichbare Unterstützungsleistungen zum Auf- und Ausbau der Organisationsstrukturen auch für die Transplantation von Herzen, Lebern, Lungen und Bauchspeicheldrüsen erbringen sollte.[87] Ab Mitte der 1990er Jahre trat die Bundesärztekammer als Akteur in das Transplantationswesen ein und übernahm mit der 1994 gegründeten Ständigen Kommission Organtransplantation empfehlende und beratende Funktionen.[88]

Die bedeutenden Entscheidungsbefugnisse verblieben jedoch bis zum Erlass des TPG 1997 bei den regionalen Transplantationszentren.[89] Sie führten nach eigenverantwortlich bestimmten Kriterien regionale Wartelisten bedürftiger Patienten.[90] Nach der Gründung Eurotransplants wurden die Patienten der Wartelisten zwar zusätzlich auch hier registriert. Neben die Möglichkeit einer regionalen Empfängerauswahl[91] trat ab diesem Zeitpunkt die Vermittlungsentscheidung Eurotransplants innerhalb des Verbundsystems der Mitgliedstaaten. Diese Option zielte auf eine möglichst optimale Verwendung der verfügbaren Organe innerhalb des Vermittlungsgebietes ab.[92] Eine Letztentscheidungsbefugnis oblag jedoch stets dem regionalen Transplantationszentrum.[93] Als Folge dessen wurde der wesentliche Anteil postmortal entnommener Organe auch im Rahmen des regionalen Selbstbehalts von den jeweiligen Transplantationszentren

85 *Bader*, Organmangel und Organverteilung, S. 83.
86 BT-Drs. 13/4355, S. 10; *Feuerstein*, Das Transplantationssystem, S. 130.
87 BT-Drs. 13/4355, S. 10; *Feuerstein*, Das Transplantationssystem, S. 131.
88 *Bader*, Organmangel und Organverteilung, S. 85.
89 *Bader*, Organmangel und Organverteilung, S. 90.
90 *Bader*, Organmangel und Organverteilung, S. 86, 87; vgl. auch *Schmidt*, Politik der Organverteilung, S. 55 f.
91 Vgl. etwa *Schmidt*, Politik der Organverteilung, S. 99 ff.
92 *Bader*, Organmangel und Organverteilung, S. 80.
93 *Schmidt*, Politik und Organverteilung, S. 23. Ausführlich zum System der Organtransplantation vor Erlass des TPG *Bader*, Organmangel und Organverteilung, S. 86 ff.; *Feuerstein*, Das Transplantationssystem, S. 121 ff.

nach eigenen Zuteilungsentscheidungen unter den in der regionalen Warteliste geführten Patienten vermittelt.[94]

Die Steuerung und Organisation des Transplantationssystems erfolgte über eine Selbstverpflichtung der Akteure. Um zu gewährleisten, dass in sämtlichen regionalen Transplantationszentren gewisse Mindeststandards beachtet wurden, erarbeitete und verabschiedete die Arbeitsgemeinschaft der Transplantationszentren[95] so beispielsweise 1987 gemeinsame medizinische, ärztliche, ethische und juristische Grundsätze in Form eines Transplantationskodexes, zu deren Einhaltung sich die Transplantationszentren selbst verpflichteten.[96] Zu den Instrumenten dieser Eigenregulierung zählten daneben von den Transplantationszentren untereinander abgeschlossene Verträge sowie ein gemeinsames Vertragswerk, dass die DSO, das KfH, die Spitzenverbände der Krankenkassen und die Eurotransplant International Foundation über die Zusammenarbeit und Finanzierung der Transplantationen von Herzen, Nieren, Lebern, Lungen und Bauchspeicheldrüsen am 19.06.1989 vereinbarten und dem die Transplantationszentren später beitraten.[97] Dieser Vertrag basiert wiederum auf Empfehlungen der deutschen Transplantationszentren zur Organvermittlung sowie zur Registrierung und Dokumentation.[98] Auf der Grundlage des Vertragswerkes, das seinerseits Regelungen zur Durchführung der im Zusammenhang mit der Organentnahme erforderlichen Maßnahmen zur Vorbereitung der Vermittlung

94 *Bader*, Organmangel und Organverteilung, S. 88; *Schmidt*, Politik der Organverteilung, S. 99 ff.

95 Arbeitsgemeinschaft der Transplantationszentren in der Bundesrepublik Deutschland einschließlich Berlin-West e.V. Zu dieser Arbeitsgemeinschaft hatten sich die Transplantationszentren 1984 zusammengeschlossen, um sich mit einer Stimme zu Grundsatzfragen äußern zu können, um Richtlinien zu erstellen und um insgesamt die Transplantationsmedizin medizinisch-wissenschaftlich zu begleiten. Vgl. dazu *Bader*, Organmangel und Organverteilung, S. 84; *Feuerstein*, Das Transplantationssystem, S. 133 f.

96 Eine 1992 aktualisierte Fassung ist in der von der Deutschen Transplantationsgesellschaft herausgegebenen Zeitschrift „Transplantationsmedizin", Jahrgang 1995, 154 ff. abgedruckt. Vgl. Nickel u.a. (Hrsg.), TPG, Einführung Rn. 17; *Rissing-van Saan*, NStZ 2013, 233 (233); *Rosenau*, in: Ahrens u.a. (Hrsg.), FS Deutsch, S. 435 (444); *Schneider*, Verfassungsmäßigkeit des Rechts der Organallokation, S. 29.

97 Vertrag über die Zusammenarbeit und Finanzierung der Vermittlung von Herzen, Nieren, Lebern, Lungen und Bauchspeicheldrüsen vom 19.06.1989. Zu den Vertragsparteien vgl. den Hinweis in § 18 Abs. 1 des Vermittlungsstellenvertrags, Bundesanzeiger Nr. 131a vom 15.07.2000.

98 Vgl. BT-Drs. 13/4355, S. 11.

und Übertragung von Spenderorganen festlegte, sind von der DSO und dem KfH zahlreiche weitere Verträge mit Transplantationszentren, den dort tätigen Mitarbeitern, mit Landeskrankenhausgesellschaften, Krankenhäusern und Typisierungslaboratorien abgeschlossen worden.[99]

Zu der Frage, nach welchem Verfahren das jeweilige postmortal gewonnene Spenderorgan vermittelt werden sollte – ob im Rahmen regionaler Verteilung durch die Transplantationszentren oder innerhalb des Mitglieder-Verbundes durch Eurotranspant – wurden von Eurotransplant Richtlinien erlassen.[100] Die Transplantationszentren wiederum verpflichteten sich vertraglich zu deren Einhaltung. So ist eine entsprechende Selbstverpflichtung aller Transplantationskrankenhäuser im Transplantationskodex vorgesehen.[101] Daneben sind entsprechende Verpflichtungen in Verträgen festgelegt worden, die die Arbeitsgemeinschaft der deutschen Transplantationszentren mit der DSO und dem KfH geschlossen hatte.[102] Da jedoch weder eine verpflichtende Mitgliedschaft aller Transplantationszentren in der Arbeitsgemeinschaft vorgesehen war, noch Verstöße gegen die vertraglichen Zusagen überhaupt an Sanktionen geknüpft wurden,[103] kamen die Richtlinien wie auch die konkreten Vermittlungsentscheidungen Eurotransplants ihrer Wirkung nach faktisch unverbindlichen Empfehlungen gleich.[104]

Die Transplantationsmedizin bewegte sich bei der Erfüllung ihrer Aufgaben über diese vertraglichen, selbst geschaffenen Strukturen des Transplantationssystems hinaus aber nicht etwa in einem rechtsfreien Raum.[105] Der rechtliche Rahmen der Zulässigkeit von Organentnahmen und Organübertragungen wurde mangels spezialgesetzlicher Regelungen aus allgemeinen Rechtsgrundsätzen des Öffentlichen Rechts, Strafrechts und Zivilrechts abgeleitet.[106] Dennoch

---

99 So BT-Drs. 13/4355, S. 23.

100 *Bader*, Organmangel und Organverteilung, S. 88.

101 *Holznagel*, DVBl. 1997, 393 (395).

102 *Bader*, Organmangel und Organverteilung, S. 89; *Holznagel*, DVBl. 1997, 393 (395).

103 *Bader*, Organmangel und Organverteilung, S. 89; *Schmidt*, Politik der Organverteilung, S. 161 f.

104 *Bader*, Organmangel und Organverteilung, S. 88 f.; *Schmidt*, Politik und Organverteilung, S. 23.

105 BT-Drs. 13/4355 S. 1; Höfling/Rixen, Verfassungsfragen der Transplantationsmedizin, S. 1; *Lemke*, MedR 1991, 281 (284); *Rosenberg*, Die postmortale Organtransplantation, S. 27; *Schreiber/Wolfslast*, MedR 1992, 189 (190).

106 *Maurer*, DÖV 1980, 7 (7); Nickel u.a. (Hrsg.), TPG, Einführung Rn. 17; *Rosenberg*, Die postmortale Organtransplantation, S. 27; *Schreiber*, Die gesetzliche Regelung der Lebendspende, S. 27 ff.; *Schreiber/Wolfslast*, MedR 1992, 189 (190); *Wiegand*, Die Beleihung mit Normsetzungskompetenzen, S. 64.

galt die Rechtslage teils als unübersichtlich. In diesem Sinne wurde kritisiert, aus den allgemeinen Normen ließen sich keine eindeutigen Antworten auf Rechtsfragen der Transplantationsmedizin ableiten, weil unterschiedliche Deutungen möglich seien.[107]

II. Der Weg zum Erlass des TPG

Die rechtswissenschaftliche Debatte um die gesetzliche Regulierung der Transplantationsmedizin wurde durch das „Gütgemann"-Urteil[108], gesprochen vom Landgericht Bonn, bereits im Jahre 1970 angestoßen.[109] Zu einer Zeit, in der sich die Transplantationsmedizin in Deutschland noch „in den Kinderschuhen" befand – das zitierte Urteil betrifft nämlich die erste deutsche Lebertransplantation überhaupt[110] – hatte sich das Landgericht Bonn damit auseinanderzusetzen, unter welchen Voraussetzungen eine postmortale Organentnahme rechtlich zulässig sein sollte und daran anknüpfend haftungsrechtliche Fragen zu beantworten. Geleitet von der Vorstellung, durch gesetzliche Regelungen mehr Rechtssicherheit für das Transplantationswesen und die beteiligten Akteure zu schaffen, dadurch die gesellschaftliche Akzeptanz und im Ergebnis auch die Organspendebereitschaft in der Bevölkerung zu erhöhen, kam es rasch zu ersten Bestrebungen, die Materie normativer, spezialgesetzlicher Regelungen zuzuführen.[111] Nach anfänglich rechtspolitischen Diskussionen in den 1970er Jahren,[112] wurde erstmals bereits 1973[113] – und dann erneut 1978[114] – auf Landesebene ein Gesetzesentwurf zum Organtransplantationsrecht von der CDU-Fraktion in das Berliner Abgeordnetenhaus eingebracht. Diese Vorhaben wurden jedoch jeweils in Erwartung einer bundesgesetzlichen Regelung zurückgestellt.[115] Ein Gesetzesentwurf für ein „Gesetz über Eingriffe am Verstorbenen zu Transplantationszwecken (Transplantationsgesetz)" wurde dann tatsächlich 1978 von der

---

107 So *Maurer*, DÖV 1980, 7 (7).

108 LG Bonn JZ 1971, 56 ff.

109 So *Woinikow*, Richtlinien der Transplantationsmedizin, S. 31.

110 *Woinikow*, Richtlinien der Transplantationsmedizin, S. 31.

111 Vgl. dazu und im Folgenden statt vieler *Bader*, Organmangel und Organverteilung, S. 92 ff.

112 Vgl. dazu *Bader*, Organmangel und Organverteilung, S. 93.

113 AbgH-Drs. 6/948.

114 AbgH-Drs. 7/1166.

115 Vgl. dazu *Maurer*, DÖV 1980, 7 (8).

Bundesregierung in den Bundestag eingebracht.[116] Der Gesetzesentwurf basierte auf einer beim Bundesjustizministerium angesiedelten interdisziplinären Bund-Länder-Arbeitsgruppe zu dem Thema in den Jahren 1974 bis 1976[117] und befasste sich insbesondere mit Fragen des Rechtsschutzes potentieller Organspender und den Anforderungen einer Rechtfertigung der Organentnahme.[118] Dem folgte im Gesetzgebungsverfahren sodann im Rahmen der Stellungnahme des Bundesrates nach Art. 72 Abs. 2 GG ein eigener, vollständiger Gegenentwurf, der sich insbesondere dadurch auszeichnete, dass er entgegen des Gesetzesentwurfs der Bundesregierung statt der Widerspruchslösung die Zustimmungslösung zur Zulässigkeit einer Organentnahme formulierte.[119] Wegen der deutlich werdenden Differenzen wurde der Entwurf eines Transplantationsgesetzes in der 8. Legislaturperiode nicht mehr abschließend beraten und verfiel nach dem Prinzip sachlicher Diskontinuität.[120] In der 9. Legislaturperiode des Deutschen Bundestages erfolgte ein erneutes Einbringen nicht.[121]

In der Folgezeit bildeten sich zwar immer wieder außerparlamentarische Initiativen. Gesetzesentwürfe und Stellungnahmen wurden von Fachmedizinern, Interessenverbänden und anderen Institutionen erarbeitet. Diese außerparlamentarischen Aktivitäten vermochten es aber nicht, einen ausreichenden Impuls für ein erneutes Gesetzgebungsverfahren zu setzen.[122] Auch Bestrebungen durch

116 BT-Drs. 8/2681 vom 16.03.1999; kritisiert von *Deutsch*, Der Chirurg 1980, 349 (349 f.); vgl. ausführlich zum Inhalt des Entwurfs: *Lemke*, MedR 1991, 281 (281 f.).

117 Vgl. Höfling/Rixen, Verfassungsfragen der Transplantationsmedizin, S. 25; Nickel u.a. (Hrsg.), TPG, Einführung Rn. 18; *Oelert*, Allokation von Organen in der Transplantationsmedizin, S. 181. Zum Verlauf der (anfänglichen) parlamentarischen Bemühungen insgesamt umfassend *Woinikow*, Richtlinien der Transplantationsmedizin, S. 31 ff.

118 *Clement*, Der Rechtsschutz der potentiellen Organempfänger, S. 5.

119 Stellungnahme des Bundesrates zum Entwurf eines Gesetzes über Eingriffe an Verstorbenen zu Transplantationszwecken (Transplantationsgesetz), BR-Drs. 395/78 (Beschluss) und BT-Drs. 8/2681, S. 13 ff.; vgl. dazu auch *Clement*, Der Rechtsschutz der potentiellen Organempfänger, S. 6 f.; *Dippel*, in: Ebert u.a. (Hrsg.), FS Hanack, S. 665 (682).

120 Vgl. dazu eingehend *Clement*, Der Rechtsschutz der potentiellen Organempfänger, S. 7; *Dippel*, in: Ebert u.a. (Hrsg.), FS Hanack, S. 665 (682 f.). Vgl. ferner BT-Drs. 8/2681.

121 *Rosenberg*, Die postmortale Organtransplantation, S. 29.

122 Vgl. dazu eingehend: Bader, Organmangel und Organverteilung, S. 93 ff.; *Deutsch*, NJW 1998, 777 (777); *Dippel*, in: Ebert u.a. (Hrsg.), FS Hanack, S. 665 (684 ff.); *Rosenberg*, Die postmortale Organtransplantation, S. 30 f.

die Bundesländer, etwa diejenige, das Transplantationswesen in einem Staatsvertrag einheitlich zu regeln,[123] führten zu keinem Ergebnis. Gesondert erwähnenswert erscheint allerdings der Umstand, dass aus den Reihen der Akteure des Transplantationswesens ebenfalls ein Gesetzesentwurf hervorgebracht wurde. Im Dezember des Jahres 1990 wurde von der DSO und der Arbeitsgemeinschaft der deutschen Transplantationszentren e.V. der „Entwurf für ein Transplantationsgesetz" vorgelegt.[124] Dieser Vorschlag sah eine Konzeption in der Weise vor, dass entscheidende Fragen strafrechtlich geregelt werden sollten.[125]

Mit der Wiedervereinigung, also dem Beitritt der Deutschen Demokratischen Republik zur Bundesrepublik Deutschland am 03.10.1990, ergaben sich dann geänderte rechtliche Verhältnisse. In der Deutschen Demokratischen Republik wurden Organtransplantationen auf der Grundlage der „Verordnung über die Durchführung von Organtransplantationen vom 04.07.1975"[126] durchgeführt. Deren Weitergeltung nach der Wiedervereinigung war zwar umstritten,[127] nach den Bestimmungen des Einigungsvertrags galt sie mangels bundeseinheitlicher Regelung in Form von Landesrecht für die neuen Bundesländer jedoch offiziell fort.[128] Wegen ihres verfassungsrechtlich als bedenklich eingestuften Inhalts wurde sie fortan gleichwohl nicht mehr angewandt.[129] Die daraus resultierende Rechtsunsicherheit führte dazu, dass eine Regelung beziehungsweise Neuregelung des Transplantationsrechts zunehmend als notwendig erachtet wurde.[130]

Zwischen 1989 und 1993 kam es zu Überlegungen, das Transplantationswesen auf Ebene von Landesgesetzen einer spezialgesetzlichen Regulierung zuzuführen. Daher wurde unter Beteiligung der Gesundheitsministerkonferenz, der Arbeitsgemeinschaft der leitenden Medizinalbeamten und der betroffenen

---

123 Vgl. dazu *Bader*, Organmangel und Organverteilung, S. 95; *Deutsch*, NJW 1998, 777 (777).

124 Abgedruckt und kommentiert in: *Schreiber/Wolfslast*, MedR 1992, 189-195. Vgl. ferner auch *Clement*, Der Rechtsschutz der potentiellen Organempfänger, S. 7.

125 Vgl. dazu *Lemke*, MedR 1991, 281 (285 f.); ferner *Rosenberg*, Die postmortale Organtransplantation, S. 30 f.

126 Gbl.-DDR I Nr. 32, S. 597.

127 *Lemke*, MedR 1991, 281 (287).

128 *Dippel*, in: Ebert u.a. (Hrsg.), FS Hanack, S. 665 (684); *Kern*, DtZ 1992, 348 (348 ff.); *Pfeiffer*, Die Regelung der Lebendorganspende im Transplantationsgesetz, S. 32; *Woinikow*, Richtlinien der Transplantationsmedizin, S. 40.

129 *Dippel*, in: Ebert u.a. (Hrsg.), FS Hanack, S. 665 (684 m.w.N. in Fn. 97). Vgl. auch BT-Drs. 13/4355, S. 1 f.

130 Vgl. dazu etwa *Lührs*, ZRP 1992, 302 (303); *Schreiber/Wolfslast*, MedR 1992, 189 (190); *Lemke*, MedR 1991, 281 (289).

Fachkreise ein Mustergesetzentwurf für Landesgesetze erarbeitet und vorgestellt.[131] Ein neuerliches Tätigwerden auf parlamentarischer Ebene erfolgte ab 1994.[132] Zum einen beschloss am 23.08.1994 erstmals mit dem Landtag von Rheinland-Pfalz ein deutsches Landesparlament den Erlass eines Transplantationsgesetzes,[133] welches – wegen verfassungsrechtlicher Bedenken und heftiger Ablehnung durch die Öffentlichkeit – bereits am 25.08.1994 und damit vor dem Inkrafttreten mit einstimmigem Beschluss wieder aufgehoben wurde.[134] Zum anderen wurde ein erneutes bundesparlamentarisches Verfahren zum Erlass eines Transplantationsgesetzes im Juni 1994 durch einen Entschließungsantrag der SPD-Fraktion[135] angestoßen.[136] Ende desselben Monats brachten die Bundesländer Bremen und Hessen den Gesetzesentwurf einer bundesgesetzlichen Regelung des Transplantationswesens in den Bundesrat ein.[137] Vor dem Hintergrund, dass sich bereits seit Anfang 1994 eine Kompetenzübertragung auf den Bundesgesetzgeber abzeichnete[138] und die Länder in der Folgezeit an den Vorarbeiten zu einem interfraktionellen Gesetzesentwurf beteiligt wurden,[139] erfolgte eine abschließende Behandlung des eingebrachten Gesetzesentwurfs im Plenum nicht.[140]

Mit Verfassungsänderung vom 27.10.1994[141] wurde Art. 74 Abs. 1 GG dann zum 15.11.1994 um eine neue Ziffer 26 ergänzt. Damit wurde dem Bund die konkurrierende Gesetzgebungskompetenz betreffend die Regelungsmaterie der Transplantation von Geweben und Organen übertragen,[142] an welcher zuvor mangels ausdrücklicher Zuweisung zumindest Zweifel bestanden.[143] Nachdem

131 BT-Drs. 13/4355, S. 11.

132 *Rosenberg*, Die postmortale Organtransplantation, S. 31.

133 LT-Drs. 12/2094/5037.

134 *Clement*, Der Rechtsschutz der potentiellen Organempfänger, S. 8; *Deutsch*, NJW 1998, 777; *Dippel*, in: Ebert u.a. (Hrsg.), FS Hanack, S. 665 (686); *Nickel*, MedR 1995, 139 (139 ff.); *Weber/Lejeune*, NJW 1994, 2392 (2392 ff.).

135 BT-Drs. 12/8063.

136 *Bader*, Organmangel und Organverteilung, S. 96.

137 BR-Drs. 682/94.

138 *Bader*, Organmangel und Organverteilung, S. 95.

139 Nickel u.a. (Hrsg.), TPG, Einführung Rn. 20; *Rixen* in: Höfling (Hrsg.), TPG, Einführung Rn. 1.

140 *Rosenberg*, Die postmortale Organtransplantation, S. 31.

141 Gesetz zur Änderung des Grundgesetzes vom 27.10.1994, BGBl. I S. 3146.

142 *Dippel*, in: Ebert u.a. (Hrsg.), FS Hanack, S. 665 (686); *Rosenberg*, Die postmortale Organtransplantation, S. 32.

143 Vgl. dazu *Dippel*, in: Ebert u.a. (Hrsg.), FS Hanack, S. 665 (686, dort Fn. 112). Eine bundesgesetzliche Regelungskompetenz bestand nach Art. 74 Abs. 1 Nr. 1 GG bis

die Bundesregierung zunächst am 19.04.1995 den Entwurf eines „Strafrechtsänderungsgesetzes - Organhandel" in den Bundestag eingebracht hatte,[144] verständigten sich die Fraktionen von CDU/CSU, SPD und FDP und die Bundesländer auf die Erarbeitung eines fraktionsübergreifenden Gesetzesentwurfs.[145] Dazu wurde vom Ausschuss für Gesundheit und dem Rechtsausschuss gemeinsam eine Sachverständigenanhörung zu Fragen nach der Todesfeststellung und der erweiterten beziehungsweise engen Zustimmungslösung durchgeführt.[146] Dem schloss sich ein eigener Entwurf eines Transplantationsgesetzes der Bundestagsfraktion von Bündnis 90/Die Grünen vom 07.11.1995 an,[147] welcher insbesondere vor dem Hintergrund erfolgte, dass man in Folge der Sachverständigenanhörung das Hirntodkonzept als Konzept zur Todesfeststellung als widerlegt erachtete und eine enge Zustimmungslösung für die Einwilligung vorsah.[148] Ein interfraktioneller Gesetzesentwurf der übrigen Bundestagsfraktionen von CDU/CSU, SPD und FDP wurde am 16.04.1996 vorgelegt,[149] der auch den eingebrachten Entwurf eines Strafrechtsänderungsgesetzes vom 19.04.1997 vollständig erfasste.[150] Auf diesen fraktionsübergreifenden Entwurf geht das heutige TPG in seinen wesentlichen Aspekten zurück.[151] Eine abschließende Abstimmung über den Gesetzesentwurf erfolgte im Bundestag am 25.06.1997.[152] Dabei wurde das Gesetz mit deutlicher Mehrheit beschlossen; bei 629 abgegebenen Stimmen stimmten 449 Abgeordnete mit „Ja" und 151 mit „Nein" ab, bei 29 Enthaltungen.[153]

---

dahin wohl nur über das Strafrecht und das bürgerliche Recht für entsprechende Regelungen zur Organentnahme und den Organhandel, vgl. m.w.N. *Bader*, Organmangel und Organverteilung, S. 95.

144 BT-Drs. 13/587.

145 *Dippel*, in: Ebert u.a. (Hrsg.), FS Hanack, S. 665 (687 ff.).

146 Protokoll Nr. 17 des Ausschusses für Gesundheit des Deutschen Bundestages vom 28.06.1995; dazu auch *Dippel*, in: Ebert u.a. (Hrsg.), FS Hanack, S. 665 (687).

147 BT-Drs. 13/2926.

148 *Bader*, Organmangel und Organverteilung, S. 97; *Dippel*, in: Ebert u.a. (Hrsg.), FS Hanack, S. 665 (687).

149 Vgl. BT-Drs. 13/4355.

150 Vgl. E. Schmidt-Jortzig 99. Sitzung des Deutschen Bundestages, BT-Prot. 13/99, S. 8838. Zum weiteren Verlauf des Gesetzgebungsverfahrens siehe *Dippel*, in: Ebert u.a. (Hrsg.), FS Hanack, S. 665 (687 f.).

151 *Rixen*, in: Höfling (Hrsg.), TPG, Einführung Rn. 2; *Rosenberg*, Die postmortale Organtransplantation, S. 32.

152 Vgl. BT-Drs. 13/8017.

153 Stenografischer Bericht der 183. Sitzung des Deutschen Bundestages vom 25.06.1997, S. 16503.

Das TPG trat nach der Zustimmung des Bundesrates am 01.12.1997 in Kraft.[154]

III. Die Ordnung des Transplantationswesens nach dem TPG

Der Gesetzgeber knüpfte mit dem Erlass des TPG an die sich bis dahin entwickelten, vorgefundenen Strukturen und Organisationsformen des Transplantationswesens an.[155] Da es nicht gelungen war, das Transplantationswesen frühzeitig mittels spezialgesetzlicher Normierung zu regulieren und ein so ermöglichter Selbstregulierungsprozess – wie geschildert – mehrere Jahrzehnte andauerte, fand der Gesetzgeber in den 1990er Jahren ein im Wesentlichen funktionsfähiges System vor, das seinerzeit als etabliert und akzeptiert galt.[156] Aufgrund der teils jahrzehntelangen Einbindung hatten die das Transplantationswesen bis zum Erlass des TPG bestimmenden gesellschaftlichen Akteure bereits eine beeindruckende Routine, beträchtliche Erfahrungssätze und einen umfangreichen Kenntnisstand, um dieses komplexe Verfahren zu strukturieren. So wurde im interfraktionellen Gesetzesentwurf der Fraktionen von CDU/CSU, SPD und FDP vom 16.04.1996 das selbstregulative Handeln der Akteure über gemeinsame Vertragsschlüsse besonders hervorgehoben.[157] Der Vertrag, den DSO, KfH und die Krankenkassenverbände auf Bundesebene am 19.06.1989 mit Eurotransplant in Bezug auf die Vermittlung von Organen geschlossen hatten sowie die darauf beruhenden Verträge hätten sich grundsätzlich bewährt.[158] Die umfangreichen Festlegungen des Transplantationskodexes, der recht umfassend medizinische, ärztliche, ethische sowie juristische Grundsätze zusammenfasste,[159] bilden sogar die inhaltliche Grundlage des heutigen TPG.[160]

---

154 Vgl. BGBl I, S. 2631.

155 Ähnlich auch *Augsberg*, Gesetzliche Regelungen zur Organ- und Gewebespende, S. 15; *Bader*, Organmangel und Organverteilung, S. 77; *Clement*, Der Rechtsschutz der potentiellen Organempfänger, S. 5; *Lang*, MedR 2005, 269 (271); *Neft*, MedR 2013, 82 (85).

156 *Rissing-van Saan*, NStZ 2014, 233 (233). *Lilie*, in: Kern u.a. (Hrsg.), FS Laufs, S. 959 (962), spricht insofern von einem gut eingespielten System.

157 BT-Drs. 13/4355.

158 BT-Drs. 13/4355, S. 23.

159 Geändert 1992, abgedruckt in: Zeitschrift für Transplantationsmedizin 7 (1995), 154 bis 156. Vgl. Nickel u.a., TPG, Einführung Rn. 17; *Rosenberg*, Die postmortale Organtransplantation, S. 28.

160 *Bader*, Organmangel und Organverteilung, S. 94; *Junghanns*, Verteilungsgerechtigkeit in der Transplantationsmedizin, S. 34, 158.

Das Organisationssystem des Transplantationswesens stellt in wesentlichen Aspekten das auch zuvor bestehende System auf eine gesetzliche Grundlage.[161] So sind die schon vor dem Inkrafttreten des TPG im Transplantationswesen tätigen und entscheidungsbefugten Institutionen und Akteure weiter in den Vermittlungsprozess eingebunden[162] und dabei mitunter Entscheidungsbefugnisse, die schon zuvor bei diesen angesiedelt waren, dort belassen. Die gesetzgeberische Tätigkeit erschöpfte sich jedoch nicht allein darin, die vorgefundenen Strukturen zu umrahmen; das zuvor entscheidend an die regionalen Transplantationszentren angelehnte Verfahren der Organvermittlung wurde umstrukturiert und zentralisiert.[163] So ist insbesondere eine organisatorische und institutionelle Trennung der Verantwortlichkeiten vorgesehen. Unterschieden wird danach die Entnahme, Vermittlung und Übertragung von Organen, um so die nach medizinischen Kriterien beste und eine im Patienteninteresse gerechte Verteilung der zur Verfügung stehenden Organe zu sichern.[164] Während es zuvor alleinige Zuständigkeit der Transplantationszentren war, den Spendeprozess zu koordinieren,[165] wurde damit sodann eine bundesweit tätige, selbstständige Koordinierungsstelle betraut. Der heute mit dieser Aufgabe beauftragten DSO kam, gemeinsam mit dem KfH, zuvor eine bloß unterstützende Funktionen zu.[166] Auch die Organgewinnung ist nach dem Willen des Gesetzgebers keine zentrumsbezogene Aufgabe der einzelnen Transplantationszentren mehr, sondern eine Gemeinschaftsaufgabe aller Transplantationszentren und der übrigen Krankenhäuser in regionaler Zusammenarbeit zu Gunsten der auf den Wartelisten befindlichen Patienten in ihrer Gesamtheit.[167] Die bis zum Erlass des TPG überwiegend den Transplantationszentren zur Beantwortung überlassene Frage der Organallokation[168] wurde gesetzlich zur alleinigen Aufgabe einer zentralen Vermittlungsstelle, die bei dieser Entscheidung freilich an gesetzliche Vorgaben gebunden ist. Insofern hat das TPG 1997 doch mehr bewirkt, als dem bis dahin existierenden System eine gesetzliche Grundlage zu geben. Das vor Erlass des TPG in den wesentlichen Strukturen noch dezentral organisiert

161 *Höfling*, in: Höfling (Hrsg.), TPG, Vor § 9 Rn. 1; *Neft*, MedR 2013, 82 (85).
162 So etwa Nickel u.a., TPG, Einführung Rn. 30.
163 *Bader*, Organmangel und Organverteilung, S. 169.
164 BT-Drs. 13/4355, S. 14.
165 *Bader*, Organmangel und Organverteilung, S. 86.
166 *Bader*, Organmangel und Organverteilung, S. 86 f.
167 BT-Drs. 13/4355, S. 23.
168 *Bader*, Organmangel und Organverteilung, S. 169; vgl. insofern auch oben auf S. 39 ff.

Transplantationswesen[169] erlangte zentrale und bundeseinheitliche Organisationsstrukturen. Dabei fand eine nicht zu unterschätzende Umverteilung von Zuständigkeiten und Verantwortlichkeiten statt.

IV. Der Rückgang postmortaler Organspenden und seine Auswirkungen auf das Transplantationswesen

Steffen Augsberg umschreibt es als das „Kerncharakteristikum und Grundproblem des Transplantationswesens", dass dieses zur eigenen Funktionsfähigkeit auf die Versorgung mit transplantationsfähigen Spenderorganen angewiesen ist und sich diese Organe nach dem aktuellen Stand der Medizin nur im Wege einer postmortalen beziehungsweise Lebendorganspende gewinnen lassen. Insofern würden Angebot und Nachfrage schon seit jeher auseinanderfallen und zu einer „bereichstypischen Ressourcenknappheit" führen.[170]

Um die indizierte Behandlung der bedürftigen Patienten zu ermöglichen, ist das Transplantationswesen demzufolge auf eine möglichst breit angelegte Bereitschaft in der Bevölkerung angewiesen, bei Vorliegen der entsprechenden sonstigen rechtlichen und medizinischen Voraussetzungen selbst als potentieller Organspender für eine postmortale Organentnahme zur Verfügung zu stehen. Insofern scheint die Basis in Deutschland durchaus zu bestehen – so haben bei Umfragen im Jahr 2016 mehr als achtzig Prozent der Befragten angegeben, den Möglichkeiten einer postmortalen Organspende eher positiv gegenüber zu stehen.[171] Tatsächlich zeichnete sich in den vergangenen Jahren jedoch ein anderes Bild ab – denn die Zahl realisierter postmortaler Organspenden ist seit Jahren tendenziell rückläufig. Der ohnehin niedrige Wert fällt dabei weit hinter den Durchschnitt anderer europäischer Länder zurück. So kamen auf eine Million Einwohner im Jahr 2015 in Deutschland durchschnittlich 10,8 postmortale Organspender. Dagegen verzeichneten angrenzende Staaten wie die Niederlande immerhin 15,7, die Schweiz 17,4, Österreich 24,2, Frankreich 27,5 und Belgien sogar 32,4 postmortale Organspender je eine Million Einwohner.[172] Es werden hier also ganz signifikante Unterschiede deutlich.

---

169 Dazu *Feuerstein*, Das Transplantationssystem, S. 121 ff.

170 *Augsberg*, Gesetzliche Regelungen zur Organ- und Gewebespende, S. 4.

171 Bundeszentrale für gesundheitliche Aufklärung. Repräsentativbefragung: Wissen, Einstellung und Verhalten der Allgemeinbevölkerung zur Organ- und Gewebespende. In Auszügen im Internet abrufbar unter: https://www.dso.de/uploads/tx_infoc/BZGA_Umfrage_2016_1.pdf (zuletzt abgerufen am 20.01.2019).

172 https://de.statista.com/statistik/daten/studie/226978/umfrage/anzahl-postmortaler-organspender-in-ausgewaehlten-laendern/ (zuletzt abgerufen am 20.01.2019).

Im Folgenden soll die Entwicklung der tatsächlich realisierten Organtransplantationen nachgezeichnet und gezeigt werden, wie sich diese auf das deutsche Transplantationswesen ausgewirkt haben.

Mit der klinischen Etablierung der Organtransplantation als im Gesundheitswesen anerkannte Behandlungsmethode stieg die Spendebereitschaft der Bevölkerung zunächst über Jahrzehnte hinweg stetig an.[173] So wurden in den 90er Jahren regelmäßig über tausend Organspender pro Jahr verzeichnet. Im Jahre 1993 waren es 1.124, in den Jahren 1994 bis 1997 1.013, 1.062, 1.040 beziehungsweise 998 Spender.[174] Ein erhoffter weiterer signifikanter Anstieg der Spendebereitschaft und der dadurch realisierbaren Organspenden trat indes mit dem Erlass des TPG Ende 1997 nicht ein. Die Anzahl der Organspender blieb zunächst stabil und unterlag nur geringen Schwankungen. So waren es 1998 1.111 Spender, 2001 wurde mit 1.026 Organspendern der zunächst geringste Wert seit Einführung des TPG verzeichnet, die Organspenderzahlen stiegen aber bis 2007 wieder auf – in eben diesem Jahr – bis zu 1.313 Organspendern an.[175]

Das Ansehen des Transplantationswesens hat dann jedoch unter anderem in Folge der skandalisierenden medialen Berichterstattung[176] im Hinblick auf die manipulative Beeinflussungen der Organzuteilung durch Transplantationsmediziner einzelner deutscher Transplantationszentren in den letzten Jahren in der öffentlichen Wahrnehmung gelitten.[177] Dies hat sich spürbar auf die Anzahl realisierbarer postmortaler Organspenden ausgewirkt. Nachdem bereits im Jahre 2012 eine Rückläufigkeit zu verzeichnen war, sind die Spenderzahlen 2013 nochmals um 13,6 Prozent im Vergleich zum Vorjahr gesunken und erreichten damit einen historischen Tiefstand. Mit 876 durchgeführten Organspenden

173 *Lemke*, MedR 1991, 281 (283).

174 DSO: Organspende und Transplantation in Deutschland. Jahresberichte der Jahrgänge 2002 ff. Die Jahresberichte der aktuellen Jahrgänge der DSO sind im Internet abzurufen unter http://www.dso.de/servicecenter/downloads/jahresberichte-und-grafiken.html (zuletzt abgerufen am 20.01.2019).

175 DSO, „Anzahl der postmortalen Organspender in Deutschland in den Jahren 1998 bis 2015", Statistia, im Internet abrufbar unter: https://de.statista.com/statistik/daten/studie/70873/umfrage/anzahl-der-postmortalen-organspender-in-deutschland/ (zuletzt abgerufen am 20.01.2019).

176 *Rosenau*, in: Hefendehl u.a. (Hrsg.), FS Schünemann, S. 689 (692); *ders.*, MedR 2016, 706 (706): „[…] Manipulationen, die dann kurz darauf breit und sensationsheischend publiziert wurden, […]." Ebenso *Schroth*, NStZ 2013, 437 (438), der exemplarisch als skandalisierende Darstellung aus der Presse *Staudinger*, Verspieltes Vertrauen, Süddeutsche Zeitung, 08.03.2013 (online) anführt.

177 Sog. Organspendeskandal, siehe oben S. 36.

und insgesamt 3.248 transplantierten Organen in 2013 lag dieser Wert so niedrig wie noch nie seit Erlass des TPG.[178] So wurden 2012 bei 1.046 Spendern noch 3.706 Spenderorgane transplantiert. 2011 konnten sogar noch 1.200 Spender verzeichnet werden, 2010 waren es 1.296. Dabei sind 4.054 (im Jahr 2011) sowie 4.318 (im Jahr 2010) Spenderorgane transplantiert worden. 2014 bis 2016 ist mit jeweils 864, 877 beziehungsweise 857 Organspendern insgesamt das 2013 erreichte Niveau konstant gehalten worden. Es wurden ab 2013 – die begünstigende Wirkung des Eurotransplant-Verbundes mit berücksichtigt – in Deutschland jährlich jedoch nur noch etwas über 3.000 Organe transplantiert.[179] 2017 und 2018 waren die Zahlen der Organspenden dann stark divergierend. Während 2017 ein deutlicher Rückgang auf 797 Spender zu verzeichnen war, stieg im Folgejahr dieser Wert auf 955 Spender bei 3.113 gespendeten Organen an.[180]

Die von der DSO und von Eurotransplant veröffentlichten jährlichen Berichte über die aktuelle Entwicklung der Wartelistenzahlen für die einzelnen Organtransplantationen zeigen indes aktuell eine deutliche Diskrepanz auf der Bedarfsseite auf.[181] Nach den Angaben von Eurotransplant waren zum Ende des Jahres 2018 im Gebiet der Bundesrepublik Deutschland 9.403 Personen auf den Wartelisten der Transplantationszentren für ein Spenderorgan gemeldet.[182] Mit Blick auf die letzten zehn Jahre lässt sich feststellen, dass die Patientenzahlen auf der Warteliste bis 2011 keinen stärkeren Schwankungen unterlegen sind. Ab

---

178 *Leopold*, WzS 2014, 84 (84); *Stenner*, WzS 2014, 67 (67). Sämtliche Zahlen sind unter https://www.organspende-info.de/infothek/statistiken (zuletzt abgerufen am 20.01.2019) sowie über die Homepage der DSO unter http://www.dso.de abrufbar, dort insbesondere: „Organspende und Transplantation in Deutschland. Jahresbericht 2015“ (zuletzt abgerufen am 20.01.2019).

179 2013 waren es 3.248 Organe, 2014 3.169 und 2015 3.083 Organe.

180 Pressemitteilung der Deutschen Stiftung Organtransplantation vom 11.01.2019, https://www.dso.de/dso-pressemitteilungen/einzelansicht/article/wieder-mehr-organspender-in-2018.html (zuletzt abgerufen am 20.01.2019).

181 *Viebahn*, in: Höfling (Hrsg.), Die Regulierung der Transplantationsmedizin in Deutschland, S. 9 (14). Die Berichte der DSO sind abzurufen unter http://www.dso.de/servicecenter/downloads/jahresberichte-und-grafiken.html (zuletzt abgerufen am 20.01.2019), diejenigen von Eurotransplant unter http://statistics.eurotransplant.org/index.php?search_type=waiting+list&search_organ=&search_region=All+ET&search_period=by+year&search_characteristic=&search_text (zuletzt abgerufen am 20.01.2019).

182 http://statistics.eurotransplant.org/index.php?search_type=waiting+list&search_organ=&search_region=All+ET&search_period=by+year&search_characteristic=&search_text (zuletzt abgerufen am 20.01.2019).

dem Jahr 2012 ist die Anzahl der auf der aktiven Warteliste befindlichen Personen bis 2018 hingegen stetig gesunken.[183] Während 2011 mit 11.586 noch etwa so viele Patienten auf der Warteliste verzeichnet waren wie 2006 – dort waren es 11.587 – sind es 2012 nur noch 11.233 gewesen. Diese Zahl ist bis 2018 weiter auf eben 9.403 Patienten gesunken, wobei diese Entwicklung, wie oben aufgezeigt, nicht etwa auf die Steigerung der Spenderzahlen und der Zahlen transplantierter Organe zurückzuführen ist.[184]

Auch die Anzahl derjenigen Patienten, die, während sie sich zwecks Organzuteilung auf der Warteliste befunden haben, verstorben sind, ist im Laufe der letzten zwei Jahrzehnte nicht etwa gestiegen, sondern insgesamt sogar leicht gesunken. Während 1996 noch 1.037 Patienten auf der Warteliste verstarben, waren es in den Jahren 2014 und 2015 „nur noch" 945 beziehungsweise 956 und in 2016 928 Patienten.[185]

Eine Verknappung des Gutes „Organ" hat sich demnach zwar durch die sinkenden Spenderzahlen in den vergangenen Jahren zunehmend zugespitzt, Knappheit[186] aber liegt in der Natur der Materie[187] und ist, wie die angeführten und stets signifikant voneinander abweichenden Spenderzahlen und Wartelistenwerte verdeutlichen, kein neues Phänomen der jüngsten Entwicklung.[188]

---

183 http://statistics.eurotransplant.org/index.php?search_type=waiting+list&search_organ=&search_region=All+ET&search_period=by+year&search_characteristic=&search_text (zuletzt abgerufen am 20.01.2019); vgl. auch BT-Drs. 18/7269, S. 6.

184 Als denkbare Erklärung erscheint es etwa, dass bei der ärztlichen Beurteilung, bei welchem Patienten eine Organspende als Behandlungsmethode medizinisch indiziert ist und eine Aufnahme auf die Wartelisten der Transplantationszentren erfolgen soll, zuletzt durch die Transplantationsmediziner zurückhaltender verfahren worden ist.

185 http://statistics.eurotransplant.org/index.php?search_type=waiting+list&search_region=Germany&search_period=by+year (zuletzt abgerufen am 20.01.2019).

186 Knappheit meint in diesem Zusammenhang, dass die Zahl der Patienten, denen mit einer Organtransplantation gesundheitlich geholfen werden könnte, bei denen eine Organtransplantation also medizinisch indiziert ist, die Anzahl der zur Verfügung stehenden Spenderorgane übersteigt.

187 *Augsberg*, Gesetzliche Regelungen zur Organ- und Gewebespende, S. 4; *Gutmann*, Für ein neues Transplantationsgesetz, S. 113, der von dem „Problem[s] der Verteilung dauerhaft knapper medizinischer Güter" spricht.

188 Dazu *Oberender/Rudolf*, in: Jäger (Hrsg.), Handbuch Sicherheitsgefahren, S. 173 (174). *Oberender/Rudolf* stellen die Zahlen der Verstorbenen auf der Warteliste für den Zeitraum von 1996 bis 2002 gegenüber. In diesem Zeitraum lag die Sterblichkeitsrate auf der Warteliste zwischen 857 Patienten (1999) und 1.037 Patienten (1996).

C. Rechtliche Kategorisierung des Transplantationswesens

Wenn das Bestreben besteht, einen Lebensbereich einer spezialgesetzlichen Regelung zuzuführen, stellt sich für den die Gesetzgebungskompetenz innehabenden parlamentarischen Gesetzgeber zunächst die Frage, ob – und womöglich inwieweit – dessen Ausgestaltung bis auf eine staatliche Rahmensetzung autonomen Kräften der Gesellschaft überlassen bleiben soll und ob sich die Materie folglich dem Privatrecht zuordnen lässt, oder aber Gründe dafür sprechen, eine öffentlich-rechtliche Ordnung zu etablieren.[189] Nach eben dieser gesetzgeberischen Entscheidung, ob es zur Strukturierung der gegenständlichen Materie eines staatlichen Reglements bedarf, richtet sich der Gang einer weiteren Normierung.[190]

Dabei lässt sich eine Tendenz dazu wahrnehmen, dass sich der Staat bei solchen Lebensbereichen, die die Zuteilung von nur in begrenztem Umfang vorhandenen natürlichen Ressourcen zum Gegenstand haben, regelmäßig dazu veranlasst sieht, Verteilungskonflikte der gesellschaftlichen Sphäre zu entziehen und deren Klärung einem öffentlich-rechtlichen Regime zu überantworten.[191] Beispiele für eine solche öffentlich-rechtliche Zuteilung finden sich im Wirtschaftsverwaltungsrecht, bei der Konzessionsvergabe im Personalbeförderungsrecht, der Frequenzvergabe im Telekommunikations- und Rundfunkrecht sowie in Bereichen des Sozial-, Medizin und Gesundheitsrechts.[192]

Seit sich das Recht mit der Verteilung von Sachgütern beschäftigt, gilt die Zuordnung des menschlichen Körpers und seiner Teile indes als Tabuthema. Der Gesetzgeber hat es vermieden, zu dieser Frage explizite Bestimmungen zu erlassen oder gar klassische öffentlich-rechtliche Verteilungssysteme für Körperbestandteile zu etablieren. Folglich geht aus der Rechtsordnung noch nicht gesichert hervor, inwieweit Körper und Körperteile überhaupt dem Rechtsverkehr zugänglich sein sollen. Die rechtliche Einordnung des Leichnams und seiner

---

189 Vgl. *Burgi*, in: Hoffmann-Riem/Schmidt-Aßmann/Voßkuhle (Hrsg.), Grundlagen des Verwaltungsrechts, Band I, § 18 Rn. 29, 56 ff. In diese Richtung auch *Böning*, Kontrolle im Transplantationsgesetz, S. 55.

190 Denn die Rechtsordnung unterteilt sich nach allgemeiner Ansicht in das Öffentliche Recht als Sonderrecht des Staates und das Privatrecht als Recht der gleichgeordneten Rechtssubjekte, mit jeweils grundlegend unterschiedlichen Rechtsmaterien und Zielsetzungen. Vgl. nur *Sodan*, in: Sodan/Ziekow (Hrsg.), VwGO, § 40 Rn. 57 ff.

191 *Wollenschläger*, Verteilungsverfahren, S. 1.

192 *Wollenschläger*, Verteilungsverfahren, S. 21, 379 ff. Als Beispiele für das Gesundheitsrecht benennt *Wollenschläger*, ebd., S. 504 ff. die Krankenhausplanung sowie die Selektivverträge im Bereich der gesetzlichen Krankenversicherung.

Teile ist demzufolge noch immer nicht abschließend geklärt.[193] In der Literatur hat sich in Ermangelung gesetzlicher Bestimmungen inzwischen ein gewisser Konsens zu einer differenzierenden Betrachtungsweise herausgebildet. Der Körper eines Verstorbenen soll zwar eine Sache sein, die aber grundsätzlich in Niemandens Eigentum steht.[194] Solange und soweit Leichen und Leichenteile in befugter Weise zu medizinischen oder wissenschaftlichen Zwecken verwendet werden, sind sie – in Ausnahme von diesem Grundsatz – normale, dem Rechtsverkehr zugängliche und eigentumsfähige Sachen.[195] Diese Ausnahme soll wiederum nur bedingt gelten. So können Leichen und auch Leichenteile dem Rechtsverkehr wegen ihrer natürlichen Beschaffenheit oder aus Rechtsgründen entzogen sein.[196] Es lässt sich daher nicht schon aus dem Umstand heraus, dass das TPG die Spende und Übertragung menschlicher Organe zum Regelungsgegenstand hat, auf eine öffentlich-rechtliche Kategorisierung schließen.

Eine eindeutige Wertungen und entsprechende Zuweisung des Transplantationsrechts und der dort gegenständlichen Fragestellungen zum Bereich des Privatrechts oder aber des Öffentlichen Rechts ist der Gesetzgeber mit dem TPG dann auch schuldig geblieben.[197] Aus der Gesetzesbegründung lässt sich zwar entnehmen, dass es sich nach dessen Einschätzung bei der Organvermittlung jedenfalls nicht um eine „zwingende Staatsaufgabe" handle.[198] Es heißt ferner, eine Verpflichtung des Staates bestünde darin, im Rahmen der Möglichkeiten des gesundheitlichen Versorgungssystems durch Rechtsvorschriften eine sachgerechte Verteilung knapper Spenderorgane an geeignete Empfänger zu

---

193 *Weidlich*, in: Palandt (Hrsg.), BGB, § 1922 Rn. 37.

194 *Ellenberger*, in: Palandt (Hrsg.), BGB, vor § 90 Rn. 11; Hgb NJW 12, 1602.

195 *Ellenberger*, in: Palandt (Hrsg.), BGB, vor § 90 Rn. 11.

196 *Ellenberger*, in: Palandt (Hrsg.), BGB, vor § 90 Rn. 11. Vgl. zu dieser Problematik und zu den vertretenen Ansichten ausführlich *Busch*, Eigentum und Verfügungsbefugnisse am menschlichen Körper und seinen Teilen, S. 27 ff.; *Deutsch/Spickhoff*, Medizinrecht, S. 805 ff.; *Tyczynski*, Verfügungsbefugnisse an menschlichen Körpergeweben unter besonderer Berücksichtigung des Transplantationsgesetzes, insb. S. 48 ff.

197 So auch *Böning*, Kontrolle im Transplantationsgesetz, S. 41; *Clement*, Der Rechtsschutz der potentiellen Organempfänger, S. 105.

198 Vgl. die amtliche Begründung zu § 11 TPG, BT-Drs. 13/4355, S. 14. Dies lässt laut *Böning*, Kontrolle in der Transplantationsmedizin, S. 44, Rückschlüsse auf die gesetzgeberische Auffassung zu, dass ihm eine Beschäftigung mit der Materie nicht kraft Verfassung vorgegeben sei. Eine solche Annahme setzt freilich das Verständnis zwingender Staatsaufgaben als solche, die der Staat mit seinen Möglichkeiten und Instrumenten erfüllen muss, voraus. Siehe dazu *Isensee*, in: Isensee/Kirchhof (Hrsg.), Handbuch des Staatsrechts, Band IV, § 73 Rn. 29 f.

gewährleisten. Dies schließe im Sinne des geltenden Subsidiaritätsgrundsatzes privatrechtliche Mittel, insbesondere vertragliche Regelungen, nicht aus.[199] Mit einer Gesetzgebung sollte die gerechte Verteilung von Spenderorganen gewährleistet und Rechtssicherheit geschaffen werden. Ziel war es, die Akzeptanz der Transplantationsmedizin sowie die Spendebereitschaft in der Bevölkerung zu erhöhen.[200] Handlungsbedarf sah der Gesetzgeber nicht zuletzt auch, weil Deutschland aus dem Verbund der Staaten Eurotransplants über den internationalen Organaustausch stets mehr Spenderorgane bezog als aus der Bundesrepublik gemeldet wurden und deshalb um die Stabilität des Eurotransplantverbundes gefürchtet wurde.[201] Letztlich sollten die transplantationsgesetzlichen Regularien das Funktionieren des Transplantationswesens und die Gewährleistung der medizinischen Versorgung der Bevölkerung mit Spenderorganen sicherstellen. So hieß es im interfraktionellen Gesetzesentwurf zum Transplantationsgesetz, das Ziel bestünde darin, „durch die Regelung rechtlicher und organisatorischer Rahmenbedingungen für die Organtransplantation Leben zu erhalten und schwerwiegende Krankheiten zu heilen, ihre Verschlimmerung zu verhüten oder ihre Beschwerden zu lindern, [...]".[202] Die Bezugnahme auf die Gesetzesbegründung vermag jedoch nicht zu beantworten, ob damit eine öffentlich-rechtliche Ordnung eingeführt worden ist. Es kann anhand der transplantationsgesetzlichen Normierung letztlich mit einer gewissen Eindeutigkeit nur geschlussfolgert werden, dass der Gesetzgeber weder eine Ordnung etabliert hat, die mittels eines klassischen, öffentlich-rechtlichen Vollzuges durch staatliche Behörden im Wege der Ordnungsverwaltung[203] umgesetzt wird, noch eine reine Privatrechtsordnung geschaffen wurde, die sich über Ansprüche und Gegenansprüche gleichrangiger Rechtssubjekte strukturiert. Eine rechtliche Einordnung des Transplantationswesens ist in Folge dessen nicht ohne Weiteres möglich.[204] Der Aufgabenbereich ist durch diese Konzeption – wie noch näher zu zeigen sein wird – zwar einem rein privaten, gesellschaftlichen Ordnungssystem entzogen,

---

199 Vgl. die amtliche Begründung zu § 11 TPG, BT-Drs. 13/4355, S. 14.

200 BT-Drs. 13/4355, S. 11.

201 BT-Drs. 13/4355, S. 1: „Hinzu kommt, daß die deutschen Transplantationszentren bisher über die Vermittlung der Stiftung Eurotransplant in Leiden/Niederlande zum Teil in erheblichem Umfang mehr Organe aus Nachbarländern erhalten als dort abgegeben haben. Es kann nicht erwartet werden, daß diese Länder das auf Dauer hinnehmen."

202 BT-Drs. 13/4355, S. 12.

203 So eine Umschreibung von *Thoma*, Regulierte Selbstregulierung im Ordnungsverwaltungsrecht, S. 66.

204 So auch *Schneider*, Verfassungsmäßigkeit des Rechts der Organallokation, S. 33.

doch ist die Wahrnehmung bestimmter Aufgaben und Beantwortung entscheidender Fragen an gesellschaftliche Akteure überantwortet worden.[205]

Eine Unterscheidung zwischen staatlicher und gesellschaftlicher Aufgabenwahrnehmung ist aber erforderlich, da die Strukturentscheidungen des Grundgesetzes an solch eine Differenzierung und Differenzierbarkeit zwischen Staat und Gesellschaft anknüpfen.[206] Die Verfassungsprinzipien sind, ebenso wie die Grundrechte in ihrer klassischen Konzeption als status negativus, status positivus und status activus, an einer solchen Unterscheidung ausgerichtet, indem sie nur den Staat sowie unter Umständen in staatliche Sphären integrierte Private[207] binden, oder auf die Ausübung von Staatsgewalt Bezug nehmen.[208] Würde man die so gelagerte Unterscheidung außer Acht lassen, bestünde das Risiko die Bindung an Grundrechte und die Geltung des Rechtsstaats- wie auch des Demokratieprinzips auch auf rein gesellschaftliche Lebensbereiche zu erstrecken.[209] Nur soweit das Handeln auch privatrechtlich organisierter Akteure aber der Staatlichkeit zuzurechnen ist, können diese verfassungsrechtlichen Vorgaben, beispielsweise aus Art. 20 Abs. 2 GG, eingreifen.[210] Die vorliegend interessierenden Fragen hinreichender rechtsstaatlich-demokratischer Rückbindung gelten nur dort, wo staatliche, das heißt öffentlich-rechtliche, Regime gebildet werden. Daher stellt sich die Frage, ob der Staat mit dem TPG eine Normierung in der Weise vorgenommen hat, dass er eine öffentlich-rechtliche Ordnung eingeführt hat. Die verfassungsrechtliche Prüfung eines gesetzgeberischen Modells unter

---

205 In diese Richtung geht auch die Beschreibung von *Rixen*, in: Höfling (Hrsg.), TPG, Einführung Rn. 21.

206 Vgl. auch *Sodan*, in: Sodan/Ziekow, VwGO, § 40 Rn. 57 ff., insb. Rn. 59.

207 Formulierung nach *Schmidt*, Die Unterscheidung von privatem und öffentlichem Recht, S. 264.

208 *Schneider*, Verfassungsmäßigkeit des Rechts der Organallokation, S. 33; *Sodan*, in: Sodan/Ziekow (Hrsg.), VwGO, § 40 Rn. 57; *Weiß*, Privatisierung und Staatsaufgaben, S. 326 (zum Demokratieprinzip aus Art. 20 Abs. 2 GG). Vgl. auch die entsprechenden Festlegungen des Grundgesetzes. Art. 1 Abs. 3 GG: *„Die nachfolgenden Grundrechte binden Gesetzgebung, vollziehende Gewalt und Rechtsprechung als unmittelbar geltendes Recht.“* Art. 20 Abs. 2 GG: *„Alle Staatsgewalt geht vom Volke aus. Sie wird (…) durch besondere Organe der Gesetzgebung, der vollziehenden Gewalt und der Rechtsprechung ausgeübt.“* Art. 20 Abs. 3 GG: *„Die Gesetzgebung ist an die verfassungsmäßige Ordnung, die vollziehende Gewalt und die Rechtsprechung sind an Recht und Gesetz gebunden.“*

209 *Von Arnim*, Rechtsfragen der Privatisierung, S. 19; *Weiß*, Privatisierung und Staatsaufgaben, S. 19.

210 *Weiß*, Privatisierung und Staatsaufgaben, S. 326 f.

Mitwirkung gesellschaftlicher, privater Akteure auf eine hinreichende demokratische und rechtsstaatliche Rückbindung ergibt nur Sinn, wenn es sich hierbei um eine derart gekennzeichnete staatliche Aufgabenwahrnehmung handelt.[211]

I. Das Transplantationswesen als öffentliche Aufgabe

Zunächst bedarf es einer generellen Abgrenzung des potentiellen Handlungsrahmens des Staates, also seiner Zugriffsrechte. Dazu hat sich in der Literatur der Begriff der „öffentlichen Aufgaben" entwickelt. Nach allgemeiner Auffassung soll der Staat von seiner Zuweisungsbefugnis zur öffentlich-rechtlichen Aufgabenwahrnehmung überhaupt nur in Bezug auf den Kreis öffentlicher Aufgaben Gebrauch machen können, „dessen Grenze bildet zugleich die äußerste Schranke verfassungslegitimer Aufgabenübernahme".[212] Mit anderen Worten markiert also die Kategorie der öffentlichen Aufgabe die Grenze sachlicher Legitimation staatlichen Handelns.[213] Aufgaben, die nicht als öffentliche einzuordnen sind, können demgemäß nicht verfassungsgemäß mittels öffentlich-rechtlicher Aufgabenwahrnehmung durch den Staat der gesellschaftlichen Sphäre entzogen werden.

Die Frage, unter welchen Bedingungen von öffentlichen Aufgaben gesprochen werden kann, wird indes durchaus uneinheitlich beantwortet. Ein allgemeines, übereinstimmendes Verständnis, welche Tätigkeitsbereiche als öffentliche Aufgaben einzuordnen sind, existiert demnach nicht.[214]

Es wird in der Literatur und in Teilen der nicht immer einheitlich ergangenen Rechtsprechung des Bundesverfassungsgerichtes beispielsweise die Ansicht vertreten, öffentliche Aufgaben seien diejenigen Betätigungsbereiche, die dem Interesse der Allgemeinheit entsprechen, aber nicht vom Staat selbst wahrgenommen werden, sondern sonstigen Aufgabenträgern zugewiesen sind.[215] Das

---

211 Vgl. in diese Richtung *Krüger*, Die Organvermittlungstätigkeit Eurotransplants im Sinne des § 12 TPG, S. 91.

212 *Korioth*, in: Maunz/Dürig (Hrsg.), GG, Art. 30 Rn. 14. So auch *Burgi*, Funktionale Privatisierung und Verwaltungshilfe, S. 43 m.w.N.

213 *Isensee*, in: Isensee/Kirchhof (Hrsg.), Handbuch des Staatsrechts, Band IV, § 73 Rn. 5. Vgl. auch BVerfGE 98, 218 (246).

214 Vgl. dazu näher statt vieler etwa *Di Fabio*, JZ 1999, 585 (586 f.); *Isensee*, in: Isensee/Kirchhof (Hrsg.), Handbuch des Staatsrechts, Band IV, § 73 Rn. 1.

215 Dieses Verständnis lässt das Bundesverfassungsgericht in einem Nichtannahmebeschluss aus dem Jahre 1991 erkennen: BVerfG NJW 1992, 1093. Gleiches gilt auch schon in früheren Entscheidungen: BVerfGE 10, 89 (102); 15, 235 (241); 38, 281 (299). Eine einheitliche Verwendung des Begriffs der öffentlichen Aufgabe lässt das BVerfG hingegen vermissen, siehe dazu *Kirmer*, Der Begriff der öffentlichen Aufgabe

Bundesverfassungsgericht nimmt dabei noch eine Unterscheidung zu „legitimen öffentlichen Aufgaben“ vor.[216] In einem Beschluss über die Verfassungsmäßigkeit der Gesetze der Länder Bremen und Saarland zur Errichtung von Arbeitnehmerkammern als Körperschaften des öffentlichen Rechts mit Pflichtzugehörigkeit definierte das Gericht „legitime öffentliche Aufgaben“ als „Aufgaben [...], an deren Erfüllung ein gesteigertes Interesse der Gemeinschaft besteht, die aber so geartet sind, daß sie weder im Wege privater Initiative wirksam wahrgenommen werden können noch zu den im engeren Sinn staatlichen Aufgaben zählen, die der Staat selbst durch seine Behörden wahrnehmen muß.“ Das Gericht war insoweit der Auffassung, wenn der Staat solche Aufgaben einer eigens für diesen Zweck gebildeten Körperschaft des öffentlichen Rechts übertrage, handle „er grundsätzlich im Rahmen des ihm hier zustehenden weiten Ermessens“.[217] In einem späteren Nichtannahmebeschluss bekräftigte das Gericht insofern seine Auffassung.[218] Am Beispiel des Aufgabenbereichs der Notare verdeutlichte es, dass eine Aufgabenwahrnehmung im öffentlichen Interesse durch nichtstaatliche Akteure in Betracht komme. Das Gericht ging dabei davon aus, dass die gesetzgeberische Befugnis bestünde, die Bedingungen für die Wahrnehmung solcher Aufgaben festzulegen.

Als ein Vertreter der ähnlich gelagerten Literaturmeinungen knüpft *Christian Thoma* zwar insoweit an die Ansicht des Bundesverfassungsgerichtes an, als dass auch nach seiner Auffassung öffentliche Aufgaben nur solche sein können, die dem öffentlichen Interesse entsprechen. Er ist dabei allerdings der Auffassung, dass es die Aufgabe des Gesetzgebers sei, dieses öffentliche Interesse festzulegen.[219] Dieser müsse an der Erfüllung einer Aufgabe ein öffentliches Interesse dadurch bekunden, dass er sich der Sache annehme. So bestünde die Möglichkeit, die Erfüllung durch den Staat selbst anzuordnen, es könne aber auch die Aufgabenwahrnehmung der Gesellschaft überlassen und gesetzlich nur Rahmenbedingungen oder Verfahrensrechte festgelegt werden.[220]

---

in der Rechtsprechung des BVerfG, passim. Vgl. im Sinne dieser Ansicht auch *Korioth*, in: Maunz/Dürig (Hrsg.), GG, Art. 30 Rn. 14. In diesem Sinne definiert auch *von Heimburg*, Verwaltungsaufgaben und Private, S. 14, den Begriff der öffentlichen Aufgabe.

216 BVerfGE 10, 89 (102); 15, 235 (241); 38, 281 (299).

217 BVerfGE 38, 281 (299).

218 BVerfG NJW 1992, 1093.

219 *Thoma*, Regulierte Selbstregulierung im Ordnungsverwaltungsrecht, S. 46.

220 *Thoma*, Regulierte Selbstregulierung im Ordnungsverwaltungsrecht, S. 46.

Ähnlich definiert auch *Ralf Clement* den Begriff der öffentlichen Aufgabe. Dieser stellt zwar nicht darauf ab, dass es die Aufgabe des Gesetzgebers sei, öffentliche Interessen festzulegen. Dennoch würde erst die Entscheidung des Gesetzgebers, sich einem Gegenstand anzunehmen, dieses Tätigkeitsfeld zu einer öffentlichen Aufgabe machen. Öffentliche Aufgaben seien daher solche, mit denen sich der Staat in rechtlicher Form befasst und von Verfassungs wegen befassen darf oder muss.[221] Wegen der Rechtswahlfreiheit hinsichtlich der Art und Weise der Wahrnehmung der angenommenen Aufgaben stünde es dem Staat aber frei, öffentliche Aufgaben selbst zu erfüllen oder erfüllen zu lassen. Diese Kategorisierung ließe daher keine Rückschlüsse auf eine öffentlich-rechtliche Erfüllung zu.[222]

Auch *Udo Di Fabio* stellt bei einem Definitionsversuch darauf ab, dass die Erfüllung der Aufgabe dem öffentlichen Interesse entsprechen müsse. Er zählt zu den öffentlichen Aufgaben jedoch abweichend von den übrigen vertretenen Auffassungen ausschließlich diejenigen, derer sich der Staat zur Aufgabenerfüllung selbst angenommen hat, die der Staat also durch eigene Mittel erledigt.[223]

Überwiegend hat sich nunmehr ein Verständnis durchgesetzt, nach dem der Terminus der öffentlichen Aufgabe in Abgrenzung zu privaten Aufgaben eher weit zu fassen ist. Er beschreibe ohne weitere Einschränkungen sämtliche Tätigkeitsbereiche, die öffentlichen Interessen entsprechen, mithin Handlungsfelder „im Überschneidungsbereich von Staat und Gesellschaft“.[224] Unter dem öffentlichen Interesse in diesem Sinne werden sämtliche Gemeinwohlinteressen verstanden. Abgegrenzt werden solch öffentliche von den rein privaten Interessen dadurch, dass sie sich nicht allein auf den Einzelnen oder eine mehr oder minder große Gruppe von Personen beziehen, sondern das Interesse der Bevölkerung

---

221 *Clement*, Der Rechtsschutz der potentiellen Organempfänger, S. 107 m.w.N.

222 *Clement*, Der Rechtsschutz der potentiellen Organempfänger, S. 108.

223 *Di Fabio*, JZ 1999, 585 (586 f., Fn. 16). Das Verständnis *Di Fabios* von der Kategorie öffentlicher Aufgaben entspricht damit eher dem, was andere Stimmen der Literatur mit gleichlautender Definition als Staatsaufgabe kategorisieren. So zutreffend *Weiß*, Privatisierung und Staatsaufgaben, S. 27.

224 *Korioth*, in: Maunz/Dürig (Hrsg.), GG, Art. 30 Rn. 14. So etwa das Verständnis von *Isensee*, in: Isensee/Kirchhof (Hrsg.), Handbuch des Staatsrechts, Band III, § 57 Rn. 136 m.w.N.; *ders.*, in: Isensee/Kirchhof (Hrsg.), Handbuch des Staatsrechts, Band IV, § 73 Rn. 12 m.w.N.; *Korioth*, in: Maunz/Dürig (Hrsg.), GG, Art. 30 Rn. 14; *Lämmerzahl*, Die Beteiligung Privater an der Erledigung öffentlicher Aufgaben, S. 33 ff.; *Peters*, in: Dietz/Hübner, (Hrsg.) FS Nipperdey, S. 877 (878 f.); *Uhl*, Richtlinien der Bundesärztekammer, S. 147; *Weiß*, Privatisierung und Staatsaufgaben, S. 22 ff.

insgesamt widerspiegeln. Sie verkörpern nicht bloß private Angelegenheiten, sondern solche des staatlichen Gemeinwesens.[225] Werden hingegen Interessen verfolgt, die im individuellen, partikularen Bereich begründet liegen, ist dieses Tätigkeitsfeld den privaten Aufgaben zuzurechnen und kann nicht vom Staat aufgegriffen werden.[226] Abzustellen ist bei der Abgrenzung darauf, welches Interesse durch den jeweiligen Aufgabentyp unmittelbar verfolgt wird; so steht es der Einordnung eines öffentlichen Interesses nicht entgegen, wenn eine Aufgabe mittelbar auch privaten Interessen dienlich ist.[227] Die Zuordnung der Tätigkeitsbereiche zu öffentlichen beziehungsweise privaten Aufgaben gilt, anders als der Wortlaut womöglich vermuten lässt – und abweichend von den erstgenannten Definitionsansätzen – somit unabhängig davon, ob die Tätigkeiten von natürlichen oder juristischen Personen des Privatrechts oder Öffentlichen Rechts, gesellschaftlichen Akteuren oder staatlichen Stellen wahrgenommen werden.[228] Da die Förderung des Gemeinwohls keine Monopolstellung des Staates ist,[229] und auch von gesellschaftlichen Akteuren verfolgt werden kann, ist bei der Abgrenzung öffentlicher zu nichtöffentlichen Aufgaben allein auf die Zielsetzung des Tätigkeitsbereichs abzustellen.[230] Letztlich soll der Begriff – wie beschrieben – sowohl diejenigen Aufgabenbereiche umfassen, denen sich der Staat tatsächlich verfassungsrechtmäßig angenommen hat, als auch diejenigen, die einem potentiellen staatlichen Zugriff zugänglich sind.

Die Organtransplantation ist eine anerkannte Behandlungsmethode zur Linderung und Heilung von Erkrankungen;[231] bedürftigen Patienten soll durch die

225 Vgl. dazu *Isensee*, in: Isensee/Kirchhof (Hrsg.), Handbuch des Staatsrechts, Band IV, § 71 Rn. 22, § 73 Rn. 5.

226 *Lämmerzahl*, Die Beteiligung Privater an der Erledigung öffentlicher Aufgaben, S 33.

227 *Lämmerzahl*, Die Beteiligung Privater an der Erledigung öffentlicher Aufgaben, S. 34.

228 *Isensee*, in: Isensee/Kirchhof (Hrsg.), Handbuch des Staatsrechts, Band III, § 57 Rn. 136; *Lämmerzahl*, Die Beteiligung Privater an der Erledigung öffentlicher Aufgaben, S. 35; *Thoma*, Regulierte Selbstregulierung im Ordnungsverwaltungsrecht, S. 44; *Uhl*, Richtlinien der Bundesärztekammer, S. 147; *Voßkuhle*, VVDStRL 62 (2003), 266 (273); *Weisel*, Das Verhältnis von Privatisierung und Beleihung, S. 61; *Weiß*, Privatisierung und Staatsaufgaben, S. 22.

229 *Häberle*, Öffentliches Interesse als juristisches Problem, S. 213 f.; *Isensee*, in: Isensee/Kirchhof (Hrsg.), Handbuch des Staatsrechts, Band IV, § 71 Rn. 110; *Kirmer*, Der Begriff der öffentlichen Aufgaben in der Rechtsprechung des BVerfG, S. 64; *Korioth*, in: Maunz/Dürig (Hrsg.), GG, Art. 30 Rn. 14; *Weiß*, Privatisierung und Staatsaufgaben, S. 22 f.

230 *Böning*, Kontrolle im Transplantationsgesetz, S. 44; *Isensee*, in: Isensee/Kirchhof (Hrsg.), Handbuch des Staatsrechts, Band IV, § 73 Rn. 12.

231 Vgl. nur etwa BT-Drs. 13/4344, S. 1, 10.

Übertragung von Spenderorganen geholfen werden. Das Transplantationswesen zielt darauf ab, die dazu erforderlichen Vorgänge zu ermöglichen und eine effektive, professionelle Versorgung aller bedürftigen Patienten gleichermaßen sicherzustellen. Es dient also dem Schutz der Bevölkerung, indem es transplantationsmedizinische Leistungen sicherstellt.[232] Als Bestandteil der öffentlichen Gesundheitsfürsorge gehört das Transplantationswesen dem Oberbegriff des Gesundheitswesens an.[233] Dieses ist wiederum über Art. 2 Abs. 2 GG in Verbindung mit dem Sozialstaatsprinzip aus Art. 20 Abs. 1, 28 Abs. 1 GG in der Verfassung verankert und abgesichert. Das Transplantationswesen dient damit den Gemeinwohlbelangen der Bevölkerung, nicht etwa in erster Linie Individualinteressen einzelner Patienten oder gar der Ärzteschaft. Leitgedanke ist die Verfolgung des allgemeinen, öffentlichen Interesses an einer bestmöglichen medizinischen Versorgung – folglich lässt sich die postmortale Spenderorgantransplantation als öffentliche Aufgabe qualifizieren.[234] Damit ist das Transplantationswesen grundsätzlich auch einer öffentlich-rechtlichen Aufgabenwahrnehmung durch den Staat mittels Etablierung einer eigenen, staatlichen Ordnung zugänglich.

II. Das TPG als öffentlich-rechtliche Ordnung?

Die Beurteilung, ob die der transplantationsgesetzliche Ordnung als öffentlich-rechtlich oder privatrechtlich einzustufen ist, könnte sich insofern anhand der dem Transplantationswesen zugrunde liegenden Normen des TPG und den darauf beruhenden Rechtsverhältnissen vornehmen lassen. Ob Rechtsverhältnisse als öffentlich-rechtlich oder privatrechtlich einzustufen sind, lässt sich regelmäßig danach bestimmen, ob ihnen Regelungen des Öffentlichen Rechts oder des Privatrechts zugrunde liegen.[235] Da nämlich die Verfassungsordnung selbst eine Unterscheidung von staatlichen und gesellschaftlichen Bereichen vorsieht,[236] gilt das Privatrecht als „Jedermannsrecht",[237] wohingegen das Öffentliche

232 *Uhl*, Richtlinien der Bundesärztekammer, S. 147.

233 *Böning*, Kontrolle im Transplantationsgesetz, S. 47; *Clement*, Der Rechtsschutz der potentiellen Organempfänger, S. 106; *Schneider*, Verfassungsmäßigkeit des Rechts der Organallokation, S. 35.

234 So auch *Uhl*, Richtlinien der Bundesärztekammer, S. 147 f.

235 *Ruthig*, in: Kopp/Schenke (Hrsg.), VwGO, § 40 Rn. 11; *Sodan*, in: Sodan/Ziekow (Hrsg.), VwGO, § 40 Rn. 56.

236 Vgl. nur *Sodan*, in: Sodan/Ziekow (Hrsg.), VwGO, § 40 Rn. 59 m.w.N.

237 So *Burgi*, in: Hoffmann-Riem/Schmidt-Aßmann/Voßkuhle (Hrsg.), Grundlagen des Verwaltungsrechts, Band I, § 18 Rn. 13.

Recht grundsätzlich als das Sonderrecht des legitimationspflichtigen Staates und seiner rechtfertigungsbedürftigen Herrschaftsausübung ausgestaltet sein soll.[238] Die Rechtsordnung untergliedert sich also nach klassischem Verständnis in zwei Teilrechtsordnungen,[239] das Öffentliche Recht und das Privatrecht.[240]

1. *Spezifische Rechtsstrukturen des Öffentlichen Rechts und des Privatrechts*

Sowohl das Öffentliche Recht als auch das Privatrecht sind als Teilrechtsordnungen an die Verfassung rückgebunden und haben das Verfassungsrecht zu beachten,[241] welchem in diesem Zusammenhang die Funktion einer allgemeinen Rahmenordnung der Teilrechtsordnungen zukommt.[242] Diese Einflüsse der Verfassung wirken jedoch in unterschiedlicher Intensität auf die Rechtsregime ein – und insofern haben sie auch Unterschiede in der „jeweiligen Rechtsdogmatik und Regelungstechnik" zur Folge.[243] Während das Privatrecht Rechtsbeziehungen zwischen gleichberechtigten Rechtssubjekten ordnet, strukturiert das Öffentliche Recht als Sonderrecht des Staates das Verhältnis von Hoheitsträgern und Rechtsunterworfenen.[244] Beide Teilrechtsordnungen unterscheiden sich folglich in Profil und Funktion.[245] Die spezifischen, voneinander abweichenden

238 *Kahl*, Jura 2002, 721 (274); *Schmidt-Aßmann*, Das allgemeine Verwaltungsrecht als Ordnungsidee, S. 286 f.; *ders.*, in: Hoffmann-Riem/Schmidt-Aßmann (Hrsg.), Öffentliches Recht und Privatrecht als wechselseitige Auffangordnungen, S. 7 (18).

239 Dazu *Burgi*, in: Hoffmann-Riem/Schmidt-Aßmann/Voßkuhle (Hrsg.), Grundlagen des Verwaltungsrechts, Band I, § 18 Rn. 1 ff.

240 *Bullinger*, Öffentliches Recht und Privatrecht, S. 54 ff., 112 ff.; *Burgi*, in: Hoffmann-Riem/Schmidt-Aßmann/Voßkuhle (Hrsg.), Grundlagen des Verwaltungsrechts, Band I, § 18 Rn. 2; *Schmidt-Aßmann*, in: Hoffmann-Riem/Schmidt-Aßmann (Hrsg.), Öffentliches Recht und Privatrecht als wechselseitige Auffangordnungen, S. 7 (13 ff.).

241 *Schmidt-Aßmann*, in: Hoffmann-Riem/Schmidt-Aßmann (Hrsg.), Öffentliches Recht und Privatrecht als wechselseitige Auffangordnungen, S. 7 (13); *Trute*, in: Hoffmann-Riem/Schmidt-Aßmann (Hrsg.), Öffentliches Recht und Privatrecht als wechselseitige Auffangordnungen, S. 167 (171).

242 *Trute*, in: Hoffmann-Riem/Schmidt-Aßmann (Hrsg.), Öffentliches Recht und Privatrecht als wechselseitige Auffangordnungen, S. 167 (171).

243 Bezugnehmend auf das Verwaltungsrecht *De Wall*, Die Anwendbarkeit privatrechtlicher Vorschriften im Verwaltungsrecht, S. 50.

244 Vgl. *Kahl*, Jura 2002, 721 (724 f. m.w.N. in Fn. 60); *Sodan*, in: Sodan/Ziekow (Hrsg.), VwGO, § 40 Rn. 57.

245 *Burgi*, in: Hoffmann-Riem/Schmidt-Aßmann/Voßkuhle (Hrsg.), Grundlagen des Verwaltungsrechts, Band I, § 18 Rn. 2.

Regelungsaufträge der Teilrechtsordnungen bedingen unterschiedliche, jeweils eigene Rechtsstrukturen.[246]

Als Privatrecht bezeichnet man schwerpunktmäßig denjenigen Teil der Rechtsordnung, der auf die Privatautonomie der Bürger und deren Eigennutz bei Verfolgung ihrer Zwecke aufbaut[247] und diese Ordnung mittels eines – durch die Zielverfolgung der Rechtssubjekte ausfüllungsbedürftigen – rechtlichen Rahmens strukturiert.[248] Es ist ein Charakteristikum der zivilrechtlichen Ordnung, dass „inhaltliche Determinierungen" zumeist nicht im Gesetz erfolgen, sondern die Ausgestaltungen der gesellschaftlichen Beziehungen dem freien Agieren der Privatrechtssubjekte nach deren eigener Interessenlage überlassen bleiben.[249] Die Privatrechtsordnung verfolgt regelmäßig Prinzipien der „Privat-, Handlungs-, Güter-, und Personalautonomie", klassisch sollen die Rechtsverhältnisse im Privatrecht von autonom, das heißt selbstbestimmt und selbstverantwortlich, handelnden Rechtssubjekten gestaltet werden.[250] Häufig lässt sich dabei eine gewisse Gleichordnung der Rechtssubjekte ausmachen.[251]

Das Öffentliche Recht hingegen umfasst vor allem „den Bereich der treuhänderisch dem Staat anvertrauten Gemeinwohlverwirklichung".[252] Es gilt daher als das „Amtsrecht" beziehungsweise „Sonderrecht" der mit der Erreichung von Gemeinwohlaufträgen betrauten und „dazu besonders organisierten Entscheidungseinheiten".[253] Die Strukturierung der Rechtsverhältnisse dieser Teilrechtsordnung erfolgt typischer Weise und charakteristisch über einseitig bindende

---

246 *Schmidt-Aßmann*, Das allgemeine Verwaltungsrecht als Ordnungsidee, S. 287.

247 *Kahl*, Jura 2002, 721 (724 f.).

248 Vgl. *Schmidt-Aßmann*, in: Hoffmann-Riem/Schmidt-Aßmann (Hrsg.), Öffentliches Recht und Privatrecht als wechselseitige Auffangordnungen, S. 7 (17 f.); *Trute*, in: Hoffmann-Riem/Schmidt-Aßmann (Hrsg.), Öffentliches Recht und Privatrecht als wechselseitige Auffangordnungen, S. 167 (171 f.).

249 *Trute*, in: Hoffmann-Riem/Schmidt-Aßmann (Hrsg.), Öffentliches Recht und Privatrecht als wechselseitige Auffangordnungen, S. 167 (173).

250 *Trute*, DVBl. 1996, 950 (958 f.). Vgl. auch *ders.*, in: Hoffmann-Riem/Schmidt-Aßmann (Hrsg.), Öffentliches Recht und Privatrecht als wechselseitige Auffangordnungen, S. 167 (171 f.).

251 *Kahl*, Jura 2002, 721 (725). Vgl. auch *Schmidt-Aßmann*, in: Hoffmann-Riem/Schmidt-Aßmann (Hrsg.), Öffentliches Recht und Privatrecht als wechselseitige Auffangordnungen, S. 7 (16).

252 *Kahl*, Jura 2002, 721 (724 f.); so auch *Trute*, DVBl. 1996, 950 (589).

253 *Schmidt-Aßmann*, Das allgemeine Verwaltungsrecht als Ordnungsidee, S. 286; *ders.*, in: Hoffmann-Riem/Schmidt-Aßmann (Hrsg.), Öffentliches Recht und Privatrecht als wechselseitige Auffangordnungen, S. 7 (18).

Handlungsformen.[254] Das Öffentliche Recht greift zu klassischen Mitteln wie Geboten, Verboten und Zwang zurück und strukturiert so eine Ordnung der Über- und Unterordnung zwischen Hoheitsträger und Hoheitsunterworfenem.

Das Öffentliche Recht und das Privatrecht lassen sich folglich anhand ihrer Regelungsmuster zumeist danach trennen, ob die Bürger gleichrangig anderen Privatrechtssubjekten gegenübertreten oder von der organisierten Staatlichkeit beherrscht werden.[255] Durch diese abweichende Zweckverfolgung werden unterschiedliche Steuerungsansätze deutlich.[256] So ist es diesen spezifischen Ordnungen geschuldet, dass klassische Instrumente des Öffentlichen Rechts dem Privatrecht weitgehend fremd sind.[257] Zumeist lässt sich demzufolge das Öffentliche Recht vom Privatrecht mit Blick auf die darauf beruhenden Rechtsverhältnisse vergleichsweise leicht unterscheiden.[258] Es gilt dabei allerdings zu beachten, dass die jeweils normierten Teilrechtsgebiete meist nicht in der Gesamtheit ihrer Normen pauschal dem Öffentlichen Recht oder dem Privatrecht zuzurechnen sind.[259] Ein überwiegender Normenbestand entweder des Öffentlichen Rechts oder des Privatrechts ist jedoch die Regel.[260]

2. *Abgrenzungstheorien zur Bestimmung öffentlich-rechtlicher Rechtsverhältnisse*

Die Beantwortung der Frage, ob ein Rechtssatz dem Öffentlichen Recht oder dem Privatrecht zuzuordnen ist, wird dabei zumeist durch die bekannten, herausgebildeten Abgrenzungstheorien, insbesondere die Interessentheorie, die Subordinationstheorie oder die Subjektstheorie, versucht.[261] Schon die Vielzahl der hier möglichen und sich teils ergänzenden Theorien verdeutlicht, dass es im Einzelfall Schwierigkeiten bereiten kann, eine Abgrenzung befriedigend

---

254 *Kahl*, Jura 2002, 721 (725).

255 *Schmidt-Aßmann*, Das allgemeine Verwaltungsrecht als Ordnungsidee, S. 288.

256 *Trute*, DVBl. 1996, 950 (589).

257 Vgl. dazu weiterführend *Trute*, in: Hoffmann-Riem/Schmidt-Aßmann (Hrsg.), Öffentliches Recht und Privatrecht als wechselseitige Auffangordnungen, S. 167 (174).

258 *Stober*, in: Wolff u.a. (Hrsg.), Verwaltungsrecht, Band I, § 22 Rn. 14.

259 *Burgi*, in: Hoffmann-Riem/Schmidt-Aßmann/Voßkuhle (Hrsg.), Grundlagen des Verwaltungsrechts, Band I, § 18 Rn. 9.

260 *Burgi*, in: Hoffmann-Riem/Schmidt-Aßmann/Voßkuhle (Hrsg.), Grundlagen des Verwaltungsrechts, Band I, § 18 Rn. 9 ff.

261 Dazu insgesamt statt vieler etwa unter Schilderung weiterer Theorien *Ehlers*, in: Ehlers/Pünder (Hrsg.), Allgemeines Verwaltungsrecht, § 3 Rn. 14 ff.; *Sodan*, in: Sodan/Ziekow (Hrsg.), VwGO, § 40 Rn. 56 ff., 287 ff.

vorzunehmen. Aus der Mannigfaltigkeit möglicher Ansätze lässt sich außerdem darauf schließen, dass sich eine für alle Fälle aufschlussreiche, einheitliche Zuordnungstheorie nicht hat entwickeln lassen.[262] Insofern verwundert es nicht, dass diese Theorien teils miteinander kombiniert, teils parallel angewendet werden.[263]

Zwar ließe sich mit der Interessentheorie, nach der für die Einordnung einer Norm zum Öffentlichen respektive Privaten Recht ausschlaggebend sein soll, ob die Regelungen überwiegend dem Interesse des einzelnen Bürgers dienen und der Durchsetzung privater Belange zugute kommen oder im Interesse des Gemeinwesens getroffen worden sind,[264] eine gewisse Annäherung für das Transplantationsrecht vermeintlich erlangen. Denn vorrangig dient das TPG als Teil der Gesundheitsfürsorge dem Gemeinwesen in Form der Gesamtheit aller bedürftigen Patienten und nicht den Interessen Einzelner.[265] Nach heute herrschender Meinung kann anhand dieser Theorie jedoch keine Abgrenzung mehr vorgenommen werden.[266] Tatsächlich lässt sich diesem Ansatz entgegenhalten, dass eine strikte Unterscheidung nach einem allein Individualinteressen dienlichen Privatrecht und einem Gemeinwohlbelange verfolgenden Öffentlichen Recht nicht den tatsächlichen Gegebenheiten entspricht und letztlich zu oberflächlich ist.[267] Dies würde im Ergebnis ein tatsächlich nicht bestehendes Monopol des Staates zur Wahrnehmung von Gemeinwohlbelangen voraussetzen.[268] Gemeinwohlbelange sind jedoch nicht alleinige Aufgabe des Staates, sie werden mitunter auch im gesellschaftlichen Bereich verfolgt.[269] Dies steht jedoch im direkten Widerspruch zu der grundlegenden Annahme der Interessentheorie,

262 *Sodan*, in: Sodan/Ziekow (Hrsg.), VwGO, § 40 Rn. 288.

263 In der Rechtsprechung beispielsweise bei BGHZ 102, 280 (283); 108, 284 (285). Vgl. auch *Ehlers*, in: Ehlers/Pünder (Hrsg.), Allgemeines Verwaltungsrecht, § 3 Rn. 32.

264 *Ehlers*, Verwaltung in Privatrechtsform, S. 53; *John-Koch*, Organisationsrechtliche Aspekte der Aufgabenwahrnehmung im modernen Staat, S. 124; *Sodan*, in: Sodan/Ziekow (Hrsg.), VwGO, § 40 Rn. 290.

265 Vgl. etwa BT-Drs. 13/4355, S. 11.

266 Vgl. nur *Ruthig*, in: Kopp/Schenke (Hrsg.), VwGO, § 40 Rn. 11 m.w.N.; *Sodan*, in: Sodan/Ziekow (Hrsg.), VwGO, § 40 Rn. 292.

267 *Bachof*, in: Heigl u.a. (Hrsg.), Verwaltungsrecht zwischen Freiheit, Teilhabe und Bindung, S. 1 (16); *John-Koch*, Organisationsrechtliche Aspekte der Aufgabenwahrnehmung im modernen Staat, S. 124; *Sodan*, in: Sodan/Ziekow (Hrsg.), VwGO, § 40 Rn. 291 m.w.N.; *von Münch*, Staatsrecht, Rn. 20.

268 Vgl. dazu nur *Isensee*, in: Isensee/Kirchhof (Hrsg.), Handbuch des Staatesrechts, Band IV, § 71 Rn. 110.

269 Siehe dazu schon auf S. 61 f.

dass allein nach dem zu schützenden Interesse eine Abgrenzung öffentlich-rechtlicher und privatrechtlicher Rechtsnormen erfolgen könne.[270] Die ebenfalls zur Abgrenzung Öffentlichen und Privaten Rechts entwickelte Subordinationstheorie hingegen unterstellt bei Regelungen des Öffentlichen Rechts ein Über- und Unterordnungsverhältnis zwischen den betroffenen Instanzen.[271] Das Privatrecht sei hingegen von einer Gleichordnung der Akteure geprägt.[272] Auch dieser Theorie werden jedoch durchgreifende Bedenken entgegen gebracht. Diese beziehen sich etwa auf die Argumentation, dass es sich bei einem Über- und Unterordnungs- beziehungsweise Gleichordnungsverhältnis schlicht um eine Folge der Anwendung öffentlich-rechtlicher oder privatrechtlicher Normen handle.[273] Vor allem aber ließe sich eine so strikte Trennung wie sie die Subordinationstheorie aufstellte nicht aufrechterhalten. Auch im Privatrecht gebe es Über- und Unterordnungsverhältnisse, und das Öffentliche Recht schließe nicht stets eine Gleichordnung aus.[274] Insofern erweist sich die Subordinationstheorie gerade dort nicht als weiterführend, wo Zweifel der rechtlichen Einordnung bestehen, weil Normen beispielsweise nicht der klassischen Eingriffsverwaltung zugeordnet werden können. Nach der herrschenden Meinung soll stattdessen – allein – die modifizierte formale Subjektstheorie beziehungsweise modifizierte Zuordnungstheorie maßgeblich sein.[275] Danach erfolgt eine Zuordnung zum Öffentlichen Recht, wenn eine juristische Person des Öffentlichen Rechts oder auch ein Beliehener aufgrund solcher Rechtssätze gehandelt hat, deren Zuordnungsträger ausschließlich ein Träger der hoheitlichen Gewalt ist.[276] Mit dieser

---

270 So auch *John-Koch*, Organisationsrechtliche Aspekte der Aufgabenwahrnehmung im modernen Staat, S. 124.

271 *John-Koch*, Organisationsrechtliche Aspekte der Aufgabenwahrnehmung im modernen Staat, S. 125; *Schmidt*, Die Unterscheidung von privatem und öffentlichem Recht, S. 94; *Sodan*, in: Sodan/Ziekow (Hrsg.), VwGO, § 40 Rn. 293.

272 *Ehlers*, Verwaltung in Privatrechtsform, S. 53 m.w.N. der Rspr. in Fn. 7; *von Münch*, Staatsrecht, Rn. 18.

273 *Ehlers*, Verwaltung in Privatrechtsform, S. 55; *Erbguth/Guckelberger*, Allgemeines Verwaltungsrecht, § 5 Rn. 9; *Faber*, Verwaltungsrecht, S. 129; *Ipsen/Koch*, JuS 1992, 809 (811); *Stober*, in: Wolff u.a. (Hrsg.), Verwaltungsrecht, Band I, § 22 Rn. 25.

274 *Bachof*, in: Heigl u.a. (Hrsg.), Verwaltungsrecht zwischen Freiheit, Teilhabe und Bindung, S. 1 (7); *Ehlers*, Verwaltung in Privatrechtsform, S. 56; *Ehlers*, in: Ehlers/Pünder (Hrsg.), Allgemeines Verwaltungsrecht, § 3 Rn. 18; *Faber*, Verwaltungsrecht, S. 128 f.; *Ipsen/Koch*, JuS 1992, 809 (812); *Sodan*, in: Sodan/Ziekow (Hrsg.), VwGO, § 40 Rn. 294.

275 *Ruthing*, in: Kopp/Schenke (Hrsg.), VwGO, § 40 Rn. 11; *Sodan*, in: Sodan/Ziekow (Hrsg.), VwGO, § 40 Rn. 302 m.w.N.

276 BGHZ 97, 312 (314); *Ruthing*, in: Kopp/Schenke (Hrsg.), VwGO, § 40 Rn. 11.

Definition stößt man jedoch bei den Normen des Transplantationswesens auf nicht unerhebliche Schwierigkeiten. Die in der Transplantationsmedizin auftretenden Akteure sind regelmäßig keine juristischen Personen des Öffentlichen Rechts;[277] die Qualifikation ihrer Einbindung als Beleihungsverhältnis ist nicht weniger problematisch[278] als die – eine Bejahung unterstellt – sodann hinzutretende Frage, ob denn mit den Normen des TPG ausschließlich Träger hoheitlicher Gewalt berechtigt oder verpflichtet werden. Insbesondere die Konzeption der §§ 11, 12, 15b, 15c TPG, nach denen jeweils geeignete Institutionen durch die dort bezeichneten Vertragspartner gegründet oder bestimmt werden sollen, lässt kaum eine positive Beantwortung dieser Frage zu. Insoweit erschließt sich aus der Abgrenzungstheorie schlicht nicht, wann dies angenommen werden kann. Dem vermag auch ein im Schrifttum erwogener Übergang hin zu einer materiellen Subjektstheorie nicht abzuhelfen, wonach verlangt wird, dass der Hoheitsträger in seiner Funktion als solcher berechtigt oder verpflichtet wird.[279] Denn gerade Rechtsnormen, die eine Zuordnung erschweren, nehmen häufig Rechtsträger gerade nicht in der geforderten Weise, als Befugnisinhaber hoheitlicher Staatsgewalt, in Bezug.[280] Man käme folglich bei staatlich-privatem Zusammenwirken mit dieser Theorie wohl regelmäßig tendenziell zu dem Schluss, dass die gemeinsame Aufgabenwahrnehmung auf vermeintlich privatrechtlicher Grundlage beruht, da es sich häufig nur schwer annehmen ließe, bei den privaten Institutionen von einer Beteiligung von Trägern hoheitlicher Gewalt in ihrer Funktion als solchen zu sprechen.[281]

Es offenbart sich schon mittels dieser nur federstrichhaften Andeutungen die Schwäche sämtlicher vorgenannten Theorien: Die hier versuchten Zuordnungen der Rechtsnormen entweder zu der einen oder aber zu der anderen Teilrechtsordnung scheitern bei solchen Rechtsverhältnissen und Handlungsmustern, die sich offenbar in den Übergängen, in den Grauzonen, zwischen Öffentlichem und Privatem Recht bewegen, sei es nun, dass die Verwaltung selbst

277 Vgl. dazu nur unten unter S. 130 ff.

278 Vgl. für die Koordinierungsstellentätigkeit auf S. 245 ff. Im Hinblick auf die Bundesärztekammer siehe nur eine Auswahl der dazu vorhandenen Literatur in den Fn. 1738, 1739; im Hinblick auf die Vermittlungsstelle in den Fn. 1753, 1754, 1755.

279 *Faber*, Verwaltungsrecht, S. 132; *John-Koch*, Organisationsrechtliche Aspekte der Aufgabenwahrnehmung im modernen Staat, S. 127. Vgl. zu diesem Kriterium etwa *Sodan*, in: Sodan/Ziekow (Hrsg.), VwGO, § 40 Rn. 305.

280 So die Voraussetzung, vgl. *Sodan*, in: Sodan/Ziekow (Hrsg.), VwGO, § 40 Rn. 305.

281 *John-Koch*, Organisationsrechtliche Aspekte der Aufgabenwahrnehmung im modernen Staat, S. 128.

privatrechtsförmig Aufgaben erfüllt, sei es im Verwaltungsprivatrecht oder bei der Einbindung Privater in Formen eines Zusammenwirkens mit dem Staat bei der Aufgabenwahrnehmung.[282] Man kommt in solchen Fällen – zu denen auch das Transplantationsrecht gezählt werden kann – kaum zu befriedigenden Ergebnissen.[283]

3. *Auslegung des TPG*

Es soll daher durch die Auslegung der Regelungen des TPG ermittelt werden, ob die dort vorgenommene Normierung eine staatliche Aufgabenwahrnehmung in der Weise kennzeichnet, dass das System zu einer öffentlich-rechtlichen Ordnung umstrukturiert wurde. Andernfalls handelt es sich beim Transplantationswesen um eine durch gesellschaftliche Akteure wahrgenommene öffentliche Aufgabe – das TPG wäre dann nicht mehr als eine „Rahmenordnung privatautonomen Handelns",[284] eben ein Teil der Privatrechtsordnung.[285]

Bei der Auslegung von Gesetzen ist nicht etwa auf den subjektiven Willen des Normgebers bzw. der am Normgebungsprozess beteiligten Personen abzustellen – dieser kann einzig als Anhaltspunkt herangezogen werden –, sondern auf den zum Ausdruck kommenden objektiven beziehungsweise objektivierbaren Willen des Gesetzgebers.[286] Dass dieser selbst ausweislich des interfraktionellen Gesetzesentwurfs zum TPG offenbar davon ausging, allein eine „zivil- und

282 So auch *John-Koch*, Organisationsrechtliche Aspekte der Aufgabenwahrnehmung im modernen Staat, S. 123.

283 In diese Richtung auch *John-Koch*, Organisationsrechtliche Aspekte der Aufgabenwahrnehmung im modernen Staat, S. 128. *Krüger*, Die Organvermittlungstätigkeit Eurotransplants im Sinne des § 12 TPG, S. 210, kommt zu dem Schluss, dass die gängigen Abgrenzungstheorien im Hinblick auf die Vermittlungsentscheidung Eurotransplants keinen Aufschluss geben.

284 *Trute*, DVBl. 1996, 950 (958).

285 In diese Richtung auch *Clement*, Der Rechtsschutz der potentiellen Organempfänger, S. 105. A.A. ist hingegen *Krüger*, Die Organvermittlungstätigkeit Eurotransplants im Sinne des § 12 TPG, S. 112, nach dem die „Kriterien der Wahrnehmung und der Kreation, die insbesondere in den Feldern, in denen der Staat noch nicht tätig geworden ist bzw. eine Rahmenregelung gesellschaftlich verwurzelter Lebensvorgänge vorgenommen wurde, zur Begriffsbestimmung keinen entscheidenden Beitrag leisten" kann. Dieser bezieht die Aufgabenwahrnehmung einzig als ein Indiz in die Analyse ein.

286 BVerfGE 20, 283 (293); 59, 128 (153); 79, 106 (121); 105, 135 (157); 110, 226 (248); 119, 96 (179); 124, 25 (39); 133, 168 (205); 138, 296 (350); *Böning*, Kontrolle im Transplantationsgesetz, S. 43; *Jarass*, in: Jarass/Pieroth (Hrsg.), GG, § 20 Rn. 60; *Schneider*, Verfassungsmäßigkeit des Rechts der Organallokation, S. 34.

strafrechtliche Absicherung der Organspende" zu schaffen,[287] kann daher nur als Ausgangspunkt einer näheren Prüfung dienen.

a. Problemstellung: Normierung staatlich-gesellschaftlicher Kooperationsbereiche

Am Beispiel des TPG offenbaren sich diejenigen Zuordnungsschwierigkeiten, die dort vermehrt auftreten, wo der Staat das Recht nicht mehr klassisch entsprechend der Teilrechtsordnungen und ihrer Handlungsformen strukturiert. Wenn beispielsweise das Recht staatlich-private Kooperationsbereiche in einer Weise organisiert, dass einzelne Aufgaben erst in einem stufenweisen, gesellschaftliche und staatliche Handlungsbeiträge kombinierenden Ablauf erfüllt werden, lassen sich die entsprechenden Normen nicht mehr ohne Weiteres der einen oder anderen Teilrechtsordnung zuordnen. Die Trennung gesellschaftlicher und staatlicher Bereiche geht so immer weniger deutlich aus dem Recht hervor.

Solche Erscheinungen werden als ein Teil der stetigen Veränderungen verstanden, denen Staatlichkeit und Recht unterliegen und die in der Literatur zahlreich untersucht und häufig unter Termini wie „(Funktions-)Wandel des Staates" und „Strukturwandel des Rechts" geführt werden.[288] *Werner Jann* unterteilt das Voranschreiten dieses Wandels recht anschaulich in drei Leitbilder: Während in den Sechziger Jahren das Leitbild des aktiven Staates vorherrschte, wandelte sich dieses in den Siebziger und Achtziger Jahren zum Leitbild des schlanken Staates. Seit auch vermehrt die gesellschaftlichen Voraussetzungen und Bedingungen staatlicher Steuerung aktiviert werden sollen, spricht er vom Leitbild des aktivierenden Staates.[289] *Gunnar Folke Schuppert* knüpft an diese Vorstellung der Leitbilder an und identifiziert das aktuelle Leitbild des sich wandelnden Staates als dasjenige des Gewährleistungsstaates.[290] Staatlicher Wandel vollziehe sich

---

287 BT-Drs. 13/4344, S. 11.

288 Vgl. nur die gesammelten Beiträge in: König (Hrsg.), Deutsche Verwaltung an der Wende zum 21. Jahrhundert, passim; *Jann*, in: Jann u.a. (Hrsg.), FS Reichard, S. 35 (35 ff.); *Mai*, Technik, Wissenschaft und Politik, S. 81 ff.; *Schuppert*, DÖV 1995, 761 (761 ff., insb. 766 ff.); *Ders.*, Der Staat 47 (2008), 97 (97 ff.); *Ders.*, AöR 2008, 79 bis 106; *Schuppert*, Staat als Prozess, passim; *Steffek/Deitelhoff*, Was bleibt vom Staat?, passim; von *Wolff*, in: Demirović/Walk (Hrsg.), Demokratie und Gouvernance, S. 149 (149 ff.).

289 *Jann*, in: Jann u.a. (Hrsg.), FS Reichard, 35 (S. 35 ff).

290 *Schuppert*, vhw FW 4/2008, 189 (190 ff.); ferner spricht auch *Franzius*, Gewährleistung im Recht, S. 76 ff.; *ders.*, VerwArch 2008, 351 (351 ff.); *ders.*, Der Staat 2003, 493 (494), vom Leitbild Gewährleistungsstaat.

nunmehr in der Herausbildung staatlicher Gewährleistungsverantwortung.[291] Gemeint ist damit der stufenweise Rückzug des Staates aus der unmittelbaren Aufgabenerledigung hin zu einer Gewährleistungsverantwortung für eine Aufgabenerfüllung.[292] Der Staat führt Aufgaben zunehmend nicht mehr selbst aus, sondern nimmt stattdessen eine steuernde und regulierende Funktion ein. Es erfolgt eine wachsende Einbindung privater Akteure.[293] Mit dieser neuartigen Rollenverteilung gehen zahlreiche neue staatliche Handlungsformen und Instrumente einher, die der Orientierung, Rahmensetzung, Organisation und Unterstützung in Zusammenwirken mit nicht-staatlichen Einrichtungen und Personen dienen.[294] Zu den bekannten Rechtsfiguren wie der Beleihung oder der Verwaltungshelferschaft – die im Gewährleistungsstaat zweifelsohne an Bedeutung gewinnen – treten neuartige Gestaltungsoptionen der staatlich-privaten Kooperation oder des Zusammenwirkens, wie Public-Private Partnership, gruppenpluralistische Entscheidungsteilhaben, funktionale Selbstverwaltung oder regulierte Selbstregulierung. Die Einbindung Privater wird in diesem Funktionswandel nicht als Erscheinungsform eines staatlichen Rückzugs oder Aufgabenverzichts begriffen; vielmehr findet eine Veränderung der Handlungsformen des Staates statt.[295] So treten die neuen Funktionen wie Regulierung und Aufsicht an die Stelle unmittelbarer hoheitlicher Aufgabenerfüllung. Ohne dabei staatliche Institutionen zur Erfüllung einzusetzen, stellt der Staat über regulierende Handlungsformen die Erfüllung eines bestimmten Angebots an öffentlichen Aufgaben sicher.[296]

Der zu beobachtende Wandel des Staates hin zu einer Einbeziehung privater Handlungsbeiträge lässt vielfach klare Differenzierungen zwischen staatlichen und gesellschaftlichen Tätigkeiten und Handlungsbeiträgen nicht mehr zu.[297] Ohne eine akribische Untersuchung der Rechtsgrundlagen und darauf beruhenden Rechtsverhältnisse kann es regelmäßig nur bei der Feststellung bleiben, dass

---

291 *Franzius*, Gewährleistung im Recht, passim; *ders.*, Der Staat 42 (2003), 493 (517).

292 *Schuppert*, in: DÖV 1995, 768; *Franzius*, VerwArch 2008, 351 (352).

293 *Mai*, Technik, Wissenschaft und Politik, S. 81.

294 *Reichard*, Neue Steuerungsmodelle in der deutschen Kommunalverwaltung, S. 41; *Schuppert*, in: König/Benz (Hrsg.), Privatisierung und staatliche Regulierung, S. 539 ff.

295 *Franzius*, VerwArch 2008, 351 (352); *ders.*, Iurratio 2010, 126 (126); *Mai*, Technik, Wissenschaft und Politik, S. 86; *Schuppert*, in: König/Benz (Hrsg.), Privatisierung und staatliche Regulierung, S. 539 ff.

296 *Röber*, in: Blanke u.a. (Hrsg.), Handbuch zur Verwaltungsreform, S. 88.

297 *Franzius*, Der Staat 42 (2003), 493 (505 f.). Im Hinblick auf das TPG so auch *Krüger*, Die Organvermittlungstätigkeit Eurotransplants im Sinne des § 12 TPG, S. 181.

eine öffentliche Aufgabe zwar nicht allein einer gesellschaftlichen Erledigung obliegt, der Staat diese aber auch nicht allein über eigene Institutionen erfüllt, sondern ein Zusammenwirken, eine wechselseitige Verzahnung gesellschaftlicher und staatlicher Beiträge zu einer Form hybrider Aufgabenerledigung[298] eingesetzt wird.[299]

b. Gesetzliche Konzeption des TPG

Mit dem TPG weist der parlamentarische Gesetzgeber das Tätigkeitsfeld des Transplantationswesens nicht etwa staatlichen Stellen zu, sondern überlässt die mit dem Transplantationswesen verbundenen Aufgaben gesellschaftlichen Akteuren, wie beispielsweise Institutionen der ärztlichen Selbstverwaltung, zur weiteren Ausgestaltung und weitgehend selbstständiger Erfüllung.[300] Diese haben dazu in vielerlei Hinsicht autonom Verträge zu schließen, in denen sie Aufgaben und Zuständigkeiten konkretisieren und mittels derer sie weitere Akteure in den Prozess einbinden. Die Erfüllung der mit dem Transplantationswesen einhergehenden Aufgaben erfolgt in einem weit überwiegend privatrechtlichen Handlungsformen folgenden System durch die im Gesetz benannten[301] oder vertraglich beauftragten[302] Akteure.[303] Die Beteiligung der Bundesärztekammer als nichtrechtsfähigem Verein des privaten Rechts, der privatrechtlichen, niederländischen Stiftung Eurotransplant und der deutschen gemeinnützigen, privatrechtlichen DSO als Institutionen des Transplantationswesens veranschaulicht, dass dieser Aufgabenbereich insoweit nicht im Sinne einer staatlichen Ministerialverwaltung – der unmittelbaren Staatsverwaltung – organisiert ist.[304] Der Gesetzgeber hat sich darauf beschränkt, gewisse inhaltliche und organisatorische Festlegungen zu treffen, behördliche und private Kontrollpflichten und Aufsichtsbefugnisse einzurichten und so ein Geflecht

---

298 Zum Begriff des Hybriden „als Chiffre für Grenzverwischungen“ von „öffentlicher und privater Organisation“ vgl. *Reiling*, Der Hybride, insbesondere S. 17 ff. Ferner zu hybriden Regelungsformen zwischen gesetzlichen Regelungen und privaten Regeln *Weiß*, Hybride Regulierungsinstrumente, S. 50 f.

299 Ähnlich *Franzius*, Der Staat 42 (2003), 493 (514).

300 *Weyd*, Jura 2013, 437 (437).

301 Vgl. § 16 TPG.

302 Vgl. §§ 11, 12, 15b, 15c TPG.

303 So zutreffend *Krüger*, Die Organvermittlungstätigkeit Eurotransplants im Sinne des § 12 TPG, S. 181.

304 *Krüger*, Die Organvermittlungstätigkeit Eurotransplants im Sinne des § 12 TPG, S. 92.

staatlicher und gesellschaftlicher Handlungsbeiträge geschaffen.[305] Das TPG enthält dazu grundlegende eigene Entscheidungen auf dem Gebiet des Transplantationswesens und legt organisatorische und die Akteure betreffende Mindestanforderungen fest.[306] Stellen der organisierten Staatlichkeit wirken hingegen nur in Ausnahmefällen direkt im Transplantationswesen mit, etwa wenn es um die Aufklärung der Bevölkerung oder die Erstellung eines Musters des Organ- und Gewebespendeausweises geht.[307] Vereinzelt spricht das TPG dem Bundesministerium für Gesundheit die Kompetenz zum Erlass von Rechtsverordnungen für bestimmte Bereiche zu.[308] Außerdem ist vorgesehen, dass die mit der Koordinierungs-, Vermittlungs-, Transplantationsregister- und Vertrauensstelle zu schließenden Verträge sowie deren Änderungen der Genehmigung des Bundesministeriums für Gesundheit bedürfen.[309] Diesem sind auch die von der Bundesärztekammer zu erarbeitenden Richtlinien und deren Änderungen zur Genehmigung vorzulegen.[310]

Insofern wäre es offensichtlich zu kurz gegriffen, allein aus dem Tätigwerden des Staates durch Erlass normativer Regelungen für einen solchen Lebensbereich eine derartige Steuerung anzunehmen, dass dieser Bereich in seiner Gesamtheit zur Wahrnehmung dem Staat zugewiesen wird, wenn doch trotz Normierung die Regelungs- und Entscheidungsautonomie jedenfalls in nicht unerheblichem Maße in der gesellschaftlichen Sphäre verbleibt.[311] Würde man für die Kreation öffentlich-rechtlicher Ordnungen schon die Regelung gewisser, nicht näher spezifizierter Vorgänge eines Aufgabenbereichs genügen lassen, käme man schließlich leicht zu dem irritierenden Ergebnis, auch weite Teile des einem gesetzlichen Rahmenrecht unterliegenden Privatrechts als tatsächlich öffentlich-rechtliche Ordnung anzusehen. Sämtliches Recht beider Teilrechtsordnungen ist nämlich

---

305 Vgl. auch *Clement*, Der Rechtsschutz der potentiellen Organempfänger, S. 109 f. Im Gesetzesentwurf BT-Drs. 13/4344, S. 12 heißt es, für die Organisation und Durchführung der im Zusammenhang mit der Spende, Entnahme, Vermittlung und Übertragung von Organen erforderlichen Maßnahmen würde mit dem TPG ein „rechtlicher Rahmen" normiert.

306 Vgl. §§ 9 bis 12 TPG.

307 Vgl. § 2 Abs. 1 TPG.

308 §§ 2 Abs. 3, 10a Abs. 4, 13 Abs. 4 TPG.

309 Vgl. §§ 11 Abs. 3 S. 1, 12 Abs. 5 S. 1, 15b Abs. 5 S. 1, 15c Abs. 4 S. 1 TPG.

310 § 16 Abs. 3 S. 1 TPG.

311 So aber für das Transplantationswesen die Auffassung von *Clement*, Der Rechtsschutz der potentiellen Organempfänger, S. 107. Durch umfassende gesetzliche Regelungen unterläge dieses staatlicher Steuerung; von dem Modell gesellschaftlicher Selbstregulierung habe man Abstand genommen.

vom Staat geschaffen worden,[312] und so sind beispielsweise auch die Handelsgesellschaften nach vom Staat gesetzten Recht organisiert und bewirken nach dessen gesetzlichen Festlegungen ihre Geschäfte.[313] Auch im Zivilrecht erlässt der Staat Gesetze und trifft Festlegungen, kreiert demnach Rahmenordnungen, innerhalb derer „gesellschaftlich verwurzelte Tätigkeiten" ermöglicht werden sollen.[314]

Ob es sich jedoch beim TPG tatsächlich um eine über die Strafvorschriften hinaus rein – oder jedenfalls überwiegend – privatrechtliche Absicherung des Transplantationswesens handelt, gilt es mittels der klassischen Auslegungsmethoden[315] zu ermitteln.[316] Betrachtet man entsprechend der systematischen Auslegungsmethoden insbesondere das Zusammentreffen wesentlicher Konzeptionen des TPG,[317] so spricht vieles für eine Zuweisung des Transplantationswesens zum Öffentlichen Recht.

aa. Straf- und bußgeldbewehrte Handlungsverbote im TPG

Als ein erstes Indiz dafür, im TPG über eine bloße privatrechtliche Rahmensetzung hinaus eine staatliche Aufgabenwahrnehmung in Form einer öffentlich-rechtlichen Ordnung zu erkennen, spricht die Einführung verschiedener straf- und bußgeldbewehrter Handlungsverbote, insbesondere eines umfassenden Verbotes des Organhandels, gemäß der §§ 2, 17 ff. TPG.

Strafbewehrt untersagt ist es demnach gemäß § 17 Abs. 1 TPG, mit Organen, die der Heilbehandlung eines anderen zu dienen bestimmt sind, Handel zu treiben. § 17 Abs. 2 TPG verbietet es, Organe, welche Gegenstand eines verbotenen Handeltreibens sind, zu entnehmen, auf einen anderen Menschen zu übertragen

---

312 *Schmidt-Aßmann*, in: Hoffmann-Riem/Schmidt-Aßmann (Hrsg.), Öffentliches Recht und Privatrecht als wechselseitige Auffangordnungen, S. 7 (16).

313 Vgl. zu diesem Beispiel schon *Peters*, in: Dietz/Hübner (Hrsg.), FS Nipperdey, S. 877 (879).

314 *Krüger*, Die Organvermittlungstätigkeit Eurotransplants im Sinne des § 12 TPG, S. 111. *Hoffmann-Riem*, DÖV 1997, 433 (441), geht davon aus, dass das Privatrecht, etwa das BGB, Prototyp für eine bloße Rahmenverantwortung sei. Vgl. dazu auch *Trute*, DVBl. 1996, 950 (958).

315 BVerfGE 11, 126 (130): Grammatikalische Auslegung, systematische Auslegung, teleologische Auslegung, historische Auslegung. Vgl. dazu auch *Jarass*, in: Jarass/Pieroth (Hrsg.), GG, Einl. Rn. 5 ff., Art. 20 Rn. 61 ff.

316 BVerfGE 11, 126 (130); 82, 6 (11); 93, 37 (81).

317 Ausschlaggebend erscheinen insbesondere die straf- und bußgeldbewehrten Handlungsverbote, die Monopolisierung des geschaffenen Systems kraft gesetzlicher Anweisung sowie das gesetzgeberische Verständnis zum Umgang mit Spenderorganen.

oder sich übertragen zu lassen. Mit einem Strafmaß von bis zu fünf Jahren oder Geldstrafe handelt es sich beim Organhandel nach § 18 Abs. 1 TPG um ein Vergehen im Sinne des § 12 Abs. 2 StGB. Handelt der Täter gewerbsmäßig, liegt nach der Qualifikation gemäß § 18 Abs. 2 TPG ein Verbrechen vor, das Strafmaß erhöht sich in diesen Fällen auf ein Jahr bis hin zu fünf Jahren.[318] Schon der Versuch des Organhandels ist strafbar.[319]

Ergänzend sind in § 19 TPG weitere Strafvorschriften und in § 20 Abs. 1 TPG recht umfassend formulierte Ordnungswidrigkeitentatbestände für den Fall vorgesehen, dass postmortale Organspenden entgegen der Festlegungen des TPG erfolgen. Auf diese Weise ist abgesichert, dass die Organentnahme, -vermittlung oder -übertragung nicht unter Verstoß gegen dort normierte zentrale Grundsätze und Verfahrensfestlegungen erfolgt, beispielsweise indem die vorschriftsmäßige Beteiligung bestimmter Akteure umgangen wird, mittels falscher oder unvollständiger Erhebung des Gesundheitszustandes eines bedürftigen Patienten eine bevorzugte Organvermittlung angestrebt wird, oder, ganz allgemein, die Vorgaben einer ordnungsgemäßen Dokumentation außer Acht gelassen werden. Die so erfolgende Absicherung der postmortalen Organtransplantationen dient auch dazu, solche Vorgänge innerhalb des Systems auszuschließen, die eine vom Gesetzgeber so nicht vorgesehene Organverteilung oder Organübertragung bezwecken sollen und handelsähnliche Strukturen bewirken könnten.

Zwar ist nicht in Abrede zu stellen, dass seit jeher sowohl international[320] als auch auf nationaler Ebene[321] ein breiter Konsens bestand, dass eine Kommerzialisierung der Organspende und -übertragung abzulehnen sei, ein Markt für Organe und den Handel mit diesen sonach als Konzept der Organverteilung nicht in Betracht komme. Eine völkerrechtliche oder europarechtliche Verpflichtung Deutschlands, den Organhandel gesetzlich zu verbieten, besteht indes nicht.[322] Die Entscheidung des Gesetzgebers gegen eine Kommerzialisierung

---

318 *König*, in: Schroth u.a. (Hrsg.), TPG, §§ 17, 18 Rn. 65.

319 Vgl. § 18 Abs. 3 TPG.

320 Vgl. dazu *König*, in: Schroth u.a. (Hrsg.), TPG, vor §§ 17, 18 Rn. 28 m.w.N.; *Nickel*, Die Entnahme von Organen und Geweben bei Verstorbenen zum Zwecke der Transplantation, S. 35 ff.

321 Die Normierung eines expliziten, strafbewehrten Verbots des Organhandels war gerade einer der Gründe, warum das Transplantationsrecht als regulierungsbedürftig angesehen wurde. Vgl. *Bader*, Organmangel und Organverteilung, S. 101, der dort auf die Kleine Anfrage der Bundestagsfraktion Die Grünen vom 27.12.1988 zum Thema „Organhandel, Persönlichkeitsrechte, Kinderhandel und kriminelle Organentnahme insbesondere bei Kindern in der Dritten Welt", BT-Drs. 11/3795, Bezug nimmt.

322 *König*, in: Schroth u.a. (Hrsg.), TPG, Vor §§ 17, 18 Rn. 23.

und für ein strafbewehrtes Verbot des Organhandels im TPG war also nicht vorgegeben, es flossen stattdessen vielfältige Erwägungen ein.[323] Er verwies etwa auf das Schutzgut der (postmortalen) Menschenwürde aus Art. 1 Abs. 1 GG mit der Begründung, diese verfassungsrechtliche Garantie werde verletzt, würden der Mensch oder seine sterblichen Überreste zum Objekt finanzieller Interessen gemacht. Daher seien sowohl der Handel mit Organen als auch die Organspende gegen Entgelt mit dieser Schutzgarantie unvereinbar.[324] Ferner würden der Schutz vor der Ausbeutung von Notlagen[325] sowie Selbstkorrumpierung[326] und die Wahrung des Pietätsgefühls der Allgemeinheit[327] dieses Verbot legitimieren. Auch müsse zum Schutze der Integrität des Transplantationswesens der Anschein sachfremder Erwägungen und ein sozial nicht zu rechtfertigendes Zwei-Klassen-System verhindert werden.[328]

Jedoch lassen sich nicht jegliche Ansätze einer – freilich staatlichen, strengen Regularien unterliegenden – Kommerzialisierung der Organspende und -übertragung von vornherein als mit diesen Maßgaben unvereinbar, völlig abwegig oder illegitim ausschließen.[329] Es ist nicht etwa so, dass sich die Rechtsordnung zu einem einzig zulässigen Weg zur Regelung dieser Frage verdichten würde.[330] Das verdeutlicht schon der Umstand, dass die praktizierten, legalen kommerziellen Umgangsformen mit Organen und anderen Körpersubstanzen vielfältig sind und von der entgeltlichen Blutspende und dem Handel von Blutkonserven

---

323 Vgl. dazu *Bermann/Sickor*, in: Höfling (Hrsg.), TPG, § 18 Rn. 5 f., die kritisch davon sprechen, diese Kritierien könnten kaum in eine konsistente Beziehung zueinander gebracht werden; sowie *König*, in: Schroth u.a. (Hrsg.), TPG, Vor §§ 17, 18 Rn. 17.

324 BT-Drs. 13/4355, S. 29.

325 BT-Drs. 13/4355, S. 15.

326 BT-Drs. 13/4355, S. 15, 29 f.

327 BT-Drs. 13/4355, S. 15, 29.

328 BT-Drs. 13/4355, S. 15, 29. Nähergehend zu der Argumentation des Gesetzgebers *König*, in: Schroth u.a. (Hrsg.), TPG, Vor §§ 17, 18 Rn. 17 ff.; *König*, Strafbarer Organhandel, S. 126.

329 *Bernsmann/Sickor*, in: Höfling (Hrsg.), TPG, § 18 Rn. 6, sind der Auffassung, die bloße Behauptung, der Organhandel verstoße gegen hochabstrakte Rechtsgüter, vermittle den Eindruck, der Gesetzgeber wolle um jeden Preis eine ethische Verwerflichkeit konstruieren. Diese Überlegung findet sich auch in der (weiteren) rechtswissenschaftlichen Literatur, etwa bei *König*, in: Schroth u.a. (Hrsg.), TPG, Vor. §§ 17, 18 Rn. 1.

330 A.A. ist *Nickel*, Die Entnahme von Organen und Geweben bei Verstorbenen zum Zwecke der Transplantation, S. 40 f. Dieser spricht den menschlichen Organen wegen des internationalen Konsenses, dass Organe aufgrund ethischer Erwägungen nicht Gegenstand des Handeltreibens sein sollen, im Ergebnis jeden Handelswert ab.

und anderen, auf Körpersubstanzen beruhenden Produkten bis hin zur Ausstellung präparierter Leichen und Leichenteile reichen.[331] Selbst die Strafvorschriften des Organhandelverbots im TPG sind insofern nicht umfassend, sie finden nur Anwendung, soweit Spenderorgane zu Heilzwecken entnommen und übertragen werden.[332] Der Handel mit Organen zu allen anderen als den im TPG bestimmten Zwecken ist also nicht an diesen spezialgesetzlichen Vorschriften zu messen.[333]

Bei solchen Überlegungen gilt es zwischen der Lebendspende einerseits und der postmortalen Spende von Organen andererseits zu differenzieren.[334] Jedenfalls hinsichtlich der nach § 8 Abs. 1 Nr. 3 TPG vorrangigen postmortalen Organspende wäre wohl weder für den Spender noch für den Empfänger mit nennenswerten, kommerzialisierungsbedingten gesundheitlichen Risiken zu rechnen, die solchen Überlegungen von vornherein entgegen stünden. Während bei der Lebendspende überzeugend mit der Gefahr einer Selbst- oder Fremdschädigung zur Erlangung finanzieller Vorteile argumentiert werden kann, greift dieser Einwand bei einer postmortal erfolgenden Transplantation regelmäßig nicht.[335] Es bestünde hierbei zum einen die Option, die Spendebereitschaft mittels finanzieller oder sonstiger Anreize zu belohnen.[336] Bei dieser Ausgestaltung

331 *König*, in: Roxin/Schroth (Hrsg.), Handbuch des Medizinstrafrechts, S. 504 f; *ders.*, in: Schroth u.a. (Hrsg.), TPG, Vor §§ 17, 18 Rn. 1. So sieht beispielsweise § 10 Transfusionsgesetz (TFG) zwar vor, dass Spendeentnahmen unentgeltlich erfolgen sollen. Gleichwohl ist es danach zulässig, eine Aufwandsentschädigung an den Spender zu zahlen. Allgemein zur Kommerzialisierung des menschlichen Körpers vgl. beispielsweise die gesammelten Beiträge in *Taupitz* (Hrsg.), Kommerzialisierung des menschlichen Körpers.

332 *Breithaupt*, Rechte an Körpersubstanzen und deren Auswirkungen auf die Forschung mit abgetrennten Körpersubstanzen, S. 66.

333 *Breithaupt*, Rechte an Körpersubstanzen und deren Auswirkungen auf die Forschung mit abgetrennten Körpersubstanzen, S. 67. *König*, in: Schroth u.a. (Hrsg.), TPG, § 1 Rn. 15 schließt aus diesem Schweigen des Gesetzgebers, dass menschliche Organe allein dann, wenn sie zu Heilzwecken dienen sollen, nicht gehandelt werden dürften.

334 So auch *König*, in: Schroth u.a. (Hrsg.), TPG, Vor §§ 17, 18 Rn. 1. *König* meint dort zudem, dass es „auch bei der Lebendspende ein Spektrum ethisch nicht zu beanstandender Kommerzialisierungen“ gebe.

335 So *König*, in: Schroth u.a. (Hrsg.), TPG, Vor §§ 17, 18 Rn. 13.

336 Das Spektrum denkbarer Möglichkeiten ist hier sehr weit. In Betracht käme beispielsweise die finanzielle Beteiligung des Staates an den Beerdigungskosten des Spenders oder eine gewisse finanzielle Absicherung von Hinterbliebenen. Vgl. *König*, in: Schroth u.a. (Hrsg.), TPG, Vor §§ 17, 18 Rn. 13; *Schroeder*, ZRP 1997, 265 (265).

ließe sich zwar das Risiko nicht völlig ausschließen, dass eine wie auch immer näher ausgestaltete Vorteilsgewährung die „freie persönliche Entscheidung“ des Spenders beeinflussen könnte.[337] Allein aus diesem Umstand heraus die Möglichkeit finanzieller Anreize gänzlich zu verwerfen, erscheint aber – nähme man eine Abwägung eines denkbaren Eingriffs zu den damit verfolgten Zielen, namentlich einer Steigerung der Spendebereitschaft und letztlich Verbesserung der Gesundheitsversorgung, vor – nicht gerechtfertigt. Zum anderen ist eine Kommerzialisierung in der Weise vorstellbar, dass Organe im klassischen Sinne ver- und gekauft, also vom Rechteinhaber des Verstorbenen und Empfänger wie eine Ware gehandelt würden. Selbst das zuletzt genannte Verteilungsverfahren ließe sich jedenfalls durchaus in die bestehende Rechtsordnung integrieren, wird doch angenommen, dass Leichenteile bei befugter Verwendung zu medizinischen Zwecken durchaus dem Rechtsverkehr zugängliche Sachen sind, also auch Gegenstand von Rechtsgeschäften sein können.[338] Der Gesetzgeber hat sich hingegen gegen jegliche Form der Kommerzialisierung entschieden und dies mit einer Gewährleistungspflicht des Staates begründet, nach der eine sachgerechte Verteilung knapper Spenderorgane im Rahmen des gesundheitlichen Versorgungssystems zu gewährleisten sei.[339] Geleitet war er dabei wohl auch von der Vorstellung, ansonsten bestünde ein erhöhtes Risiko, dass bei der Zuteilungsentscheidung der Grad der Bedürftigkeit zurücktrete und andere, marktwirtschaftlichen Einflüssen geschuldete Kriterien an vorderste Stelle treten könnten, die aber im Gesundheitssystem gerade nicht sachgerecht sind. Diese Erwägungen sprechen gegen eine Einordnung des TPG als privatrechtliche Normierung.

bb. Monopolisierung der Transplantationsmedizin

Der parlamentarische Gesetzgeber ging zwar wie bereits geschildert davon aus, dass es sich bei der Organvermittlung selbst nicht um eine zwingende Staatsaufgabe handle, er sah sich jedoch verpflichtet, im Rahmen der Möglichkeiten des gesundheitlichen Versorgungssystems durch Rechtsvorschriften eine sachgerechte Verteilung knapper Spenderorgane an geeignete Empfänger zu gewährleisten.[340] Mit dem TPG wurde daher versucht, den Akteuren einen rechtlichen

---

337 BT-Drs. 15/4542, S. 19 f. Diese Erwägung ablehnend *König*, in: Schroth u.a. (Hrsg.), TPG, Vor §§ 17, 18 Rn. 13.

338 Dazu bereits oben auf S. 54 f. vgl. auch *Dippel*, in: Ebert u.a. (Hrsg.), FS Hanack, S. 665 (671), der von einer drohenden Kommerzialisierung der Zustimmung zur Explantation von Organen berichtet.

339 Vgl. die amtliche Begründung zu § 11 TPG, BT-Drs. 13/4355, S. 14.

340 Vgl. die amtliche Begründung zu § 11 TPG, BT-Drs. 13/4355, S. 14.

Handlungsrahmen vorzugeben und auf diesem Wege die gesetzgeberischen Ziele zu sichern.[341] Die Entscheidung für die bestehende Konzeption des TPG hat im Ergebnis zu einer Verengung der darin normierten Transplantationsvorgänge dergestalt geführt, dass die aufgrund der gesetzlichen Strukturierungsentscheidungen eingebundenen Akteure und Entscheidungsträger mitunter in eine Monopolstellung erhoben werden.[342] Dies ergibt sich aus einem Zusammenwirken der inhaltlichen und organisatorischen Vorgaben des TPG mit dem Verbot des Organhandels und den übrigen Straftat- und Ordnungswidrigkeitentatbeständen des Gesetzes. Weil das TPG die Wertung enthält, dass die Spende, Entnahme, Übertragung und Vermittlung menschlicher Spenderorgane nur unter Einhaltung der dort getroffenen Regelungen möglich sein soll, sind entsprechende Vorgänge abseits dieses Systems und ohne die Inanspruchnahme der dort agierenden Akteure ausgeschlossen.[343] Für bedürftige Patienten besteht damit nur ein rechtmäßiger Beschaffungsweg für postmortale Spenderorgane.[344] Die so formulierten Handlungsgebote zum Erhalt eines Spenderorgans sind wiederum durch ergänzende, strafbewehrte Handlungsverbote abgesichert.[345] Dieses Konzept soll – mittels eines groben Überblicks – näher verdeutlicht werden:

Der Gesetzgeber hat gemäß § 1 Abs. 2 TPG die Vorgänge der Spende und Entnahme menschlicher Organe zum Zwecke der Übertragung sowie die Übertragung selbst den Anforderungen des TPG unterworfen. Die Voraussetzungen, unter denen die Entnahmen von Organen bei verstorbenen Spendern zulässig sein sollen, sind gesetzlich in den §§ 3 ff. TPG beschrieben worden. Die Entnahme postmortaler Spenderorgane und deren Übertragung regeln die §§ 9 bis 11 TPG. Dabei sind die einzelnen Handlungsvorgänge des TPG jeweils spezifischen Akteuren vorbehalten. So darf die Entnahme von Spenderorganen nur in Entnahmekrankenhäusern nach § 9a TPG erfolgen;[346] die Übertragung von

341 *Bader*, Organmangel und Organverteilung, S. 77.

342 *Bader*, Organmangel und Organverteilung, S. 298 f.; *Böning*, Kontrolle im Transplantationsgesetz, S. 49; *Clement*, Der Rechtsschutz der postmortalen Organempfänger nach dem Transplantationsgesetz, 2007, S. 18 ff., 126 f.; *Engels*, MedR 2011, 541 (543); *Gutmann/Fateh-Moghadam*, in: Gutmann u.a. (Hrsg.), Grundlagen einer gerechten Organverteilung, S. 37 (69 f.); *Schneider*, Verfassungsmäßigkeit des Rechts der Organallokation, S. 36.

343 *Krüger*, Die Organvermittlungstätigkeit Eurotransplants im Sinne des § 12 TPG, S. 92.

344 *Krüger*, Die Organvermittlungstätigkeit Eurotransplants im Sinne des § 12 TPG, S. 123.

345 *Krüger*, Die Organvermittlungstätigkeit Eurotransplants im Sinne des § 12 TPG, S. 123 f.

346 § 9 Abs. 1 TPG.

Spenderorganen ist den zu diesen Zwecken zugelassenen Transplantationszentren nach § 10 TPG vorbehalten.[347] Die Organisation des gesamten Transplantationsprozesses obliegt kraft der gesetzlichen Vorschriften alleinig der Koordinierungsstelle nach § 11 TPG.[348] Die Übertragung von Organen soll demgemäß nur zulässig sein, wenn die Organentnahme nach § 11 Abs. 4 S. 5 TPG durch die Koordinierungsstelle organisiert und unter Beachtung der weiteren Regelungen des § 11 TPG durchgeführt worden ist.[349] Vorsätzliche wie auch fahrlässige Verstöße gegen die Vorgaben aus § 9 Abs. 1 und Abs. 2 TPG werden als Ordnungswidrigkeit mit einer Geldbuße von bis zu dreißigtausend Euro geahndet.[350]

In § 1a Nr. 2 TPG hat der Gesetzgeber darüber hinaus die Festlegung getroffen, dass die postmortal entnommenen Organe Herz, Lunge, Leber, Niere, Bauchspeicheldrüse und Darm als vermittlungspflichtig einzustufen sind und deren Vermittlung gemäß § 9 Abs. 2 S. 3 TPG an die zusätzliche Anforderung geknüpft, dass diese allein von einer Vermittlungsstelle unter Beachtung der Regeln der transplantationsgesetzlichen Vorgaben insbesondere des § 12 Abs. 3 TPG zu vermitteln sind.[351] Eine Organübertragung, bei der die Organvermittlung vorsätzlich oder fahrlässig entgegen der Vorgaben des § 9 Abs. 2 S. 3 TPG erfolgt ist, ist wiederum als Ordnungswidrigkeit mit einer Geldbuße von bis zu dreißigtausend Euro bedroht.[352]

Mit den transplantationsrechtlichen Straf- und Bußgeldvorschriften soll sichergestellt werden, dass Organtransplantationen im Anwendungsbereich des TPG tatsächlich unter Einhaltung sämtlicher gesetzgeberischer Vorgaben erfolgen. Wie oben bereits beschrieben sind daneben denkbare Beschaffungswege mittels eines Organhandels strafbar und damit ausgeschlossen. Sämtliche Vorgänge der postmortalen Organtransplantation sind damit in letzter Konsequenz völlig dem Privatrechtsverkehr entzogen worden. Organtransplantationen können rechtmäßig nur im Anwendungsbereich des TPG erfolgen und sind dann – wie erläutert – unter Beachtung der dortigen Vorgaben durch die dafür exklusiv vorgesehenen Akteure durchzuführen.

---

347 § 9 Abs. 2 S. 1 TPG.

348 § 9 Abs. 2 S. 2 TPG.

349 § 9 Abs. 2 S. 2 TPG.

350 Vgl. § 20 Abs. 1 Nr. 4 und Nr. 5 TPG.

351 Vgl. dazu auch *Gutmann/Fateh-Moghadam*, in: Gutmann u.a. (Hrsg.), Grundlagen einer gerechten Organverteilung, S. 37, (70).

352 § 20 Abs. 1 Nr. 4, Abs. 2 TPG.

cc. Vermittlungspflichtige Organe als „common pool resource"

Wie bereits verdeutlicht worden ist,[353] sind vom menschlichen Körper getrennte Organe ihrem Wesen nach zunächst rechtlich als private, eigentumsfähige und damit durchaus dem Handel zugängliche Güter einzustufen.[354] Erst mit dem gesetzlichen Verbot des Organhandels hat die Rechtsordnung Spenderorgane dem Privatrechtsverkehr entzogen. Gleichzeitig wurde im TPG bestimmt, dass Organe zu Transplantationszwecken nur unter Einhaltung der einschlägigen Vorschriften durch die dazu berechtigten Akteure entnommen und übertragen werden dürfen. Für die als vermittlungspflichtig gekennzeichneten Organe ist außerdem als einzige Vermittlungsmöglichkeit ein spezialgesetzliches Reglement vorgesehen, nach dem diese Organe einem Empfänger zugeführt werden dürfen.[355] Diese Konzeption des Gesetzes soll den bedürftigen Patienten einen gerechten, prinzipiell gleichen Zugang zu knappen Spenderorganen ermöglichen.[356]

Diese Zielsetzung wird umso deutlicher, wenn man das Transplantationswesen vor Inkrafttreten des TPG mit dem neu strukturierten gesetzlichen System in Vergleich setzt. Bis dahin oblag die Organisation der Organtransplantationen allein den daran beteiligten Akteuren. Die Spenderorgane sind dabei regelmäßig im Rahmen eines regionalen Selbstbehalts nicht zentralisiert und patientenbezogen zugeteilt worden.[357] Stattdessen haben die einzelnen regionalen Transplantationszentren die in ihrer Region durch postmortale Entnahme vom Spender gewonnenen Organe nach einer eigenen Zuteilungsentscheidung den Patienten der dort wiederum eigenverantwortlich geführten Warteliste transplantiert. Es waren bis dahin also im Endeffekt die Transplantationszentren und die dort an

---

353 Vgl. oben S. 54 f., 76 f.

354 So auch *Gutmann/Fateh-Moghadam*, in: Gutmann u.a. (Hrsg.), Grundlagen einer gerechten Organverteilung, S. 37 (69). Dieser weist ferner darauf hin, dass Organe, solange sie vom Leichnam nicht abgetrennt sind, nicht verkehrsfähig und damit keine Güter sind.

355 Siehe dazu S. 78 ff. So auch: *Engels*, MedR 2011, 541 (543); *Gutmann/Fateh-Moghadam*, in: Gutmann u.a. (Hrsg.), Grundlagen einer gerechten Organverteilung, S. 37 (69 f.).

356 Im Gesetzesentwurf BT-Drs. 13/4355, S. 2 heißt es dazu, es gehe um die „Schaffung klarer Rechtsgrundlagen für die Vermittlung lebenswichtiger Organe nach Maßgabe medizinischer Kriterien, um die Gleichbehandlung der für eine Transplantation nach ärztlicher Entscheidung vorgesehenen Patienten zu gewährleisten."

357 *Bader*, Organmangel und Organverteilung, S. 88; *Junghanns*, Verteilungsgerechtigkeit in der Transplantationsmedizin, S. 7.

den Transplantationsprozessen beteiligten Ärzte, die über die Spenderorgane verfügten.[358] Für die Chance eines Patienten, tatsächlich ein Spenderorgan zu erhalten, konnte es folglich in diesem System von erheblicher Bedeutung sein, auf der Warteliste welches deutschen Transplantationszentrums er geführt wurde.[359]

Erst mit der Einführung des TPG ist von dieser zentrumsbezogenen Zuteilung abgerückt und die Organspende als patientenbezogene, zentrale Allokation organisiert worden.[360] Die bedürftigen Patienten, bei denen die Transplantation eines vermittlungspflichtigen Organs medizinisch angezeigt ist, werden dazu nach den Regelungen des TPG vom behandelnden Arzt mit deren Einwilligung an das zuständige Transplantationszentrum gemeldet und dort mit den zu einer Organvermittlung erforderlichen Angaben auf die Warteliste aufgenommen. Diese Aufnahme wird dann der Vermittlungsstelle gemeldet, die sämtliche Wartelistenpatienten für die Vermittlungsentscheidungen auf einer bundeseinheitlichen Warteliste zusammenfasst.[361] Die Organgewinnung erfolgt dementsprechend, indem die Entnahmekrankenhäuser alle potentiellen Organspender an die zentrale Koordinierungsstelle mitteilen.[362] Die Koordinierungsstelle prüft sodann, ob die gesetzlichen Voraussetzungen einer postmortalen Organentnahme vorliegen und meldet die verfügbaren Organspenden mit samt der erforderlichen medizinischen Angaben zwecks Vermittlungsentscheidung an die Vermittlungsstelle.[363]

Durch Einwilligung des Spenders oder Zustimmung anderer berechtigter Personen[364] werden die auf diese Weise gewonnenen Organe damit allen auf der Warteliste befindlichen Patienten zur Verfügung gestellt.[365] Einen rechtmäßigen Zugriff auf postmortale Spenderorgane erlangen über diese Vorschriften überhaupt nur die gesetzlich und vertraglich vorgesehenen Organisationen und

---

358 Dazu *Bader*, Organmangel und Organverteilung, S. 87 ff.

359 Vgl. dazu ausführlich *Breyer/Kliemt*, in: Höfling (Hrsg.), Die Regulierung der Transplantationsmedizin in Deutschland, S. 29 (36).

360 *Breyer/Kliemt*, in: Höfling (Hrsg.), Die Regulierung der Transplantationsmedizin in Deutschland, S. 29 (36).

361 Vgl. § 13 Abs. 3 TPG.

362 §§ 9a Abs. 2 Nr. 1, 11 Abs. 4 TPG.

363 § 13 Abs. 1 S. 4 TPG.

364 Vgl. §§ 3 und 4 TPG

365 *Lautenschläger*, Der Status ausländischer Personen im deutschen Transplantationssystem, S. 132.

Institutionen.[366] Die Zuteilung der Organe an die bedürftigen Empfänger ist nach dem TPG dann nicht als Spende des einzelnen Verstorbenen an einen oder mehrere bedürftige Patienten gestaltet. Im Gegenteil, die Zuteilung des Organs an den Empfänger findet anonymisiert statt, § 13 Abs. 1 TPG. Aus der Masse einzelner Spenderorgane bildet sich damit eine Art „Gesamtvorrat" postmortal entnommener Organe für die Bevölkerung heraus.[367] Die bedürftigen Patienten stehen diesem „Gesamtvorrat" als prinzipiell gleichberechtigte Gemeinschaft gegenüber.[368] Diesen werden nach festgelegten – und gesetzlich jedenfalls vorbestimmten[369] – Kriterien Spenderorgane von der Vermittlungsstelle zugeteilt.[370] Für die Chancen, ein Spenderorgan zu erhalten, sollten dabei nicht mehr die jeweiligen Gegebenheiten an den Transplantationszentren Einfluss haben. Die Gesetzesbegründung verdeutlicht diesen neuen Anspruch durch den Hinweis, dass die Entnahme der Spenderorgane eine Gemeinschaftsaufgabe sämtlicher Transplantationszentren und Entnahmekrankenhäuser zugunsten aller Patienten auf der Warteliste sein solle.[371] Dem entsprechend richten die Richtlinien der Bundesärztekammer die Allokationsentscheidungen vermittlungspflichtiger Organe auch explizit nach dem Kriterium der Chancengleichheit aus. Die Aussicht auf ein vermitteltes Organ dürfe nicht vom Wohnort, dem sozialen Status, der finanziellen Situation oder der Aufnahme auf die Warteliste eines bestimmten Transplantationszentrums abhängen. Schicksalshafte Nachteile, die zu Lasten einer chancengleichen Berücksichtigung gehen würden, sollen möglichst ausgeglichen werden.[372]

Die Einhaltung des Grundsatzes, dass jeder medizinisch bedürftige Patient erst einmal gleichgestellt ist und eine Differenzierung zwecks Zuteilung anhand bestimmter, die Chancengleichheit berücksichtigender, gesetzlich

---

366 So auch *Krüger*, Die Organvermittlungstätigkeit Eurotransplants im Sinne des § 12 TPG, S. 93.

367 *Lautenschläger*, Der Status ausländischer Personen im deutschen Transplantationssystem, S. 131.

368 So explizit *Gutmann/Fateh-Moghadam*, in: Gutmann u.a. (Hrsg.), Grundlagen einer gerechten Organverteilung, S. 37 (72). Ähnlich auch *Kliemt*, in: Nagel/Fuchs (Hrsg.), Soziale Gerechtigkeit im Gesundheitswesen, S. 268.

369 Vgl. § 12 Abs. 3 TPG.

370 *Gutmann/Fateh-Moghadam*, in: Gutmann u.a. (Hrsg.), Grundlagen einer gerechten Organverteilung, S. 37 (70).

371 BT-Drs. 13/4355, S. 23. Vgl. dazu auch *Bader*, Organmangel und Organverteilung, S. 124.

372 Vgl. etwa die „Richtlinien zur Organtransplantation gem. § 16 Abs. 1 S. 1 Nrn. 2 u. 5 TPG (Allgemeiner Teil Lunge)", S. 6 f. (Fn. 1).

vorbestimmter und von den zugewiesenen Stellen näher ausgestalteter Kriterien erfolgt, wird abgesichert, indem die Erhebung, Dokumentation und Übermittlung des Gesundheitszustandes eines Patienten entgegen § 10 Abs. 3 S. 2 S. 2 TPG mit Strafe bedroht ist.[373]

Der Erhalt eines Spenderorgans ist nach diesen konzeptionellen Ansätzen des TPG als Allokation eines öffentlichen Guts beziehungsweise Gemeinguts ausgestaltet.[374] Das Gesetz behandelt Organe damit als „common pool resource".[375]

D. Zwischenfazit: TPG als Ausdruck staatlicher Aufgabenwahrnehmung

Die dem TPG immanenten Strukturierungsentscheidungen für ein einziges, gesetzlich strukturiertes Organtransplantationssystem deuten auf eine staatliche Aufgabenwahrnehmung durch Schaffung einer öffentlich-rechtlichen Ordnung hin. Das TPG erweist sich nicht etwa nur als eine bloße Rahmensetzung, vielmehr wird das Transplantationswesen durch die Normen des TPG ausgestaltet.[376] Es zeichnet dabei gerade den Staat als handelnden Akteur aus, eine „verbindliche Ordnung von Sachbereichen unabhängig vom Willen der zu Bindenden" vorzunehmen.[377] Die dort überdies erfolgte Ausrichtung des Systems auf eine Verwirklichung von größtmöglicher Chancengleichheit erweist sich als

---

373 § 19 Abs. 2a TPG.

374 *Schneider*, Verfassungsmäßigkeit des Rechts der Organallokation, S. 35.

375 Zu dieser Einschätzung gelangen auch *Gutmann/Fateh-Moghadam*, in: Gutmann u.a. (Hrsg.), Grundlagen einer gerechten Organverteilung, S. 37 (68 ff.); *Gutmann/Land*, in: Brudermüller/Seelmann (Hrsg.), Organtransplantation, S. 87 (120); *Kliemt*, in: Nagel/Fuchs (Hrsg.), Soziale Gerechtigkeit im Gesundheitswesen, S. 268; *Krüger*, Die Organvermittlungstätigkeit Eurotransplants im Sinne des § 12 TPG, S. 93, 162; *Lautenschläger*, Der Status ausländischer Personen im deutschen Transplantationssystem, S. 131 ff.; *Schneider*, Verfassungsmäßigkeit des Rechts der Organallokation, S. 35.

376 *Gutmann/Fateh-Moghadam*, in: Gutmann u.a. (Hrsg.), Grundlagen einer gerechten Organverteilung, S. 37 (69), sprechen von einer staatlichen Regie der Vorgänge der Entnahme, Vermittlung und Übertragung von Organen. *Rixen*, in: Höfling (Hrsg.), TPG, Einführung Rn. 21, meint, es handle sich um keinen juristischen „Überbau", der sich über einen ansonsten nach eigenen Regeln operierenden Lebensbereich wölben würde. Vielmehr wirke das Gesetz ordnend, korrigierend, präzisierend und Grenzen setzend auf das Transplantationswesen ein.

377 *Trute*, in: Hoffmann-Riem/Schmidt-Aßmann (Hrsg.), Öffentliches Recht und Privatrecht als wechselseitige Auffangordnungen, S. 167 (172).

Gemeinwohlverpflichtung, die das Leitprinzip des staatlichen Handelns darstellt.[378]

Die Einführung eines Straftatbestandes des Organhandels verbindet die übrigen Normen des TPG des Weiteren nicht nur mit insoweit zweifellos dem Öffentlichen Recht zuzuordnenden Tatbeständen.[379] Die Leistungserbringung der postmortalen Organtransplantation wird durch diese Wertung des Gesetzgebers außerdem einem dem Privatrecht typischen, privatautonomen und vom Grundsatz der Vertragsfreiheit bestimmten Wettbewerb der um Spenderorgane konkurrierenden bedürftigen Patienten entzogen und allein auf das gesetzlich strukturierte und inhaltlich vorgesteuerte Transplantationssystem verdichtet. Das TPG sieht die nach seinen Vorgaben erfolgende postmortale Organtransplantation als einzig zulässiges Verfahren zum Erhalt eines postmortal entnommenen Spenderorgans vor. Bedürftigen Patienten bleibt nur der gesetzlich geordnete Beschaffungsweg, sich durch die Aufnahme auf die Warteliste als potentieller Organempfänger für die Berücksichtigung bei den Vermittlungsentscheidungen registrieren zu lassen. Die Koordinierungsstelle nach § 11 TPG ist auf diese Weise exklusiv für die Organisation sämtlicher erfolgender Organentnahmen und sich anschließender Transplantationen zuständig. Die Vermittlungsstelle trifft für alle durch Organspende gewonnenen vermittlungspflichtigen Organe die verbindlichen Vermittlungsentscheidungen. Ein so strukturiertes System schränkt nicht nur die Möglichkeiten autonomer Entscheidungen erkrankter Patienten ein, gleichzeitig werden Leistungen aus dem Prozess der Organtransplantation, wie sie beispielsweise nach § 11 TPG von einer Koordinierungsstelle sowie nach § 12 TPG von einer Vermittlungsstelle erbracht werden, sämtlichen weiteren potentiellen und geeigneten Anbietern von Gesetzes wegen verwehrt.

Die dabei getroffenen Vermittlungsentscheidungen sind keine autonomen Entscheidungen privater Rechtssubjekte, sondern werden nach gesetzlich vorgesehenen Kriterien unter Berücksichtigung der Chancengleichheit als Ausprägung des verfassungsrechtlichen Gleichheitssatzes getroffen.[380] Solche Erwägungen sind den Grundsätzen des Privatrechts – geht es doch meist um die Durchsetzung individueller Interessen – eher fremd. Stattdessen aktualisieren sich hier

378 *Trute*, in: Hoffmann-Riem/Schmidt-Aßmann (Hrsg.), Öffentliches Recht und Privatrecht als wechselseitige Auffangordnungen, S. 167 (172).

379 Das Strafrecht ist Teil des Öffentlichen Recht, siehe z.B. *Burgi*, in: Hoffmann-Riem/Schmidt-Aßmann/Voßkuhle (Hrsg.), Grundlagen des Verwaltungsrechts, Band I, § 18 Rn. 81 ff.

380 *Clement*, Der Rechtsschutz der potentiellen Organempfänger, S. 110 f. Vgl. auch BT-Drs. 13/4344, S. 11, 15.

signifikante grundrechtliche Einflüsse auf das Rechtsgebiet.[381] Das so entwickelte System strukturiert sich – zumindest was die Frage der Organvermittlung angeht – nicht durch autonome Entscheidungen gleichgelagerter Rechtssubjekte und ähnelt daher weniger der Privatrechtsordnung als einer öffentlich-rechtlichen Ordnung. Verbindlichkeit erlangt dieses Reglement des TPG im Übrigen dadurch, dass Verstöße gegen die dort getroffenen Festlegungen straf- und bußgeldbewährt sind. Dabei ist auf klassische, staatliche, verbindliche Handlungsformen wie Handlungsgebote und Verbote zurückgegriffen worden.

Anhand der spezifischen gesetzlichen Konzeption des TPG lässt sich also durch Auslegung ermitteln, dass der Gesetzgeber den Aufgabenbereich der postmortalen Organtransplantation im Hinblick auf die dort getroffenen Festlegungen durchaus einer staatlichen Verantwortung unterstellt und eine öffentlich-rechtliche Ordnung zur Vermittlung von Spenderorganen etabliert hat.[382] Das TPG verleiht dem Transplantationswesen einen rechtlichen Rahmen und trifft Vorgaben, nach denen sich die Aufgabenerledigung zu richten hat.

Dagegen ist jedoch die institutionelle Ausgestaltung des Transplantationswesens weitgehend Spitzenverbänden des Gesundheitswesens überlassen worden. Diese haben dazu in vielerlei Hinsicht autonom Verträge zu schließen, in denen sie Aufgaben und Zuständigkeiten konkretisieren und an die sie die beauftragten Stellen vertraglich binden. Auch die Erfüllung der mit dem Transplantationswesen einhergehenden Aufgaben erfolgt durch die Institutionen in einem „weitgehend privatrechtlich organisierten System".[383] Das oben erörterte staatliche Reglement greift bei der weiteren Aufgabendurchführung folglich auf eigenverantwortliche gesellschaftliche Akteure zurück.[384] Es besteht damit die Besonderheit, dass „mit Blick auf das Regelungskonzept des TPG und der darin vorgenommenen Beteiligung mehrerer Organisationen eine eindeutige Wahrnehmungszuordnung nicht möglich" erscheint.[385] Das liegt daran, dass der Gesetzgeber auf der einen Seite zwar Zuständigkeiten normiert, Aufgabenbereiche festlegt und eigene Vorgaben macht, auf der anderen Seite aber einen organisatorischen und privatrechtlich auszugestaltenden Rahmen für das

381 *Böning*, Kontrolle im Transplantationsgesetz, S. 42.

382 So auch *Gutmann/Fateh-Moghadam*, in: Gutmann u.a. (Hrsg.), Grundlagen einer gerechten Organverteilung, S. 37 (69).

383 *Böning*, Kontrolle im Transplantationsgesetz, S. 52.

384 *Böning*, Kontrolle im Transplantationsgesetz, S. 52; *Rosenberg*, Die postmortale Organtransplantation, S. 21.

385 So zutreffend *Krüger*, Die Organvermittlungstätigkeit Eurotransplants im Sinne des § 12 TPG, S. 181.

Transplantationswesen belässt, sodass insgesamt weder rein öffentlich-rechtliche noch allein privatrechtliche Strukturen vorzuherrschen scheinen.[386]

Der Gesetzgeber schuf, so lässt sich thesenhaft behaupten, durch die Organisation des Prozesses der Organtransplantation normative Strukturen mit öffentlich-rechtlicher Bindung.[387] Hier ist es jedoch so, dass die dort betroffenen Aufgaben in weitem Umfang nicht durch Verwaltungseinrichtungen im klassischen Sinne wahrgenommen werden, sondern dem gesellschaftlichen Bereich überlassen bleiben. An die Stelle traditioneller Träger öffentlicher Verwaltung und deren Organe mit entsprechend einhergehenden Handlungsmustern und Kompetenzen sind im Transplantationswesen gesellschaftliche Vereinigungen und Stiftungen mit privatrechtlichen Handlungsformen getreten. Die dort agierenden Akteure liegen nicht – im Sinne eines Verwaltungsprivatrechts – allein oder weit überwiegend in öffentlicher Hand. Es liegt damit stattdessen eine hybride Aufgabenwahrnehmung zwischen Staat und Gesellschaft mit staatlicher Aufgabenverantwortung vor.

In der rechtswissenschaftlichen Literatur wird diese Kombination aus staatlich-gesellschaftlichen Kooperationsmustern als eine Gruppe beschrieben, „in der die Instrumente des privaten und des öffentlichen Rechts, privates und administratives Handeln so eng in Beziehung gesetzt sind, daß ein spezifischer Kooperationsbereich entsteht."[388] Weil die Akteure hier zur Aufgabenerfüllung aufeinander abgestimmt nach Öffentlichem Recht und Privatrecht handeln, wird hier von einer „wechselseitigen Auffangordnung" der Teilrechtsordnungen ausgegangen.[389] An die unterschiedlichen Steuerungsleistungen des Öffentlichen Rechts und des Privatrechts anknüpfend, werden die Teilrechtsordnungen zur gegenseitigen

386 Ähnlich auch *Krüger*, Die Organvermittlungstätigkeit Eurotransplants im Sinne des § 12 TPG, S. 208.

387 So *Gutmann/Fateh-Moghadam*, in: Gutmann u.a. (Hrsg.), Grundlagen einer gerechten Organverteilung, S. 37 (41 f.).

388 So *Schmidt-Aßmann*, in: Hoffmann-Riem/Schmidt-Aßmann (Hrsg.), Öffentliches Recht und Privatrecht als wechselseitige Auffangordnungen, S. 7 (28); vgl. auch *Trute*, ebd., S. 167 (177).

389 Vgl. nur die gesammelten Bände in: Hoffmann-Riem/Schmidt-Aßmann (Hrsg.), Öffentliches Recht und Privatrecht als wechselseitige Auffangordnungen. Besonders deutlich bei *Schmidt-Aßmann*, ebd., S. 7 (8 ff.); *Trute*, ebd., S. 167 (197) *Hoffmann-Riem*, ebd., S. 261 (271). So auch *Schmidt-Aßmann*, Das allgemeine Verwaltungsrecht als Ordnungsidee, S. 294 ff. Zurückgehend wohl auf: *Hoffmann-Riem*, in: Hoffmann-Riem/Schmidt-Aßmann (Hrsg.), Innovation und Flexibilität des Verwaltungshandelns, S. 9 (58 f.); *ders.*, in: AöR 119 (1994), 590 (609 ff.).

Ergänzung miteinander kombiniert.[390] Bei der Wahrnehmung öffentlicher Aufgaben fragt das Konzept wechselseitiger Auffangordnungen danach, ob sich „Regelungsbedürfnisse, die im Rahmen der einen Teilrechtsordnung nicht hinreichend befriedigt werden können, durch Rückgriff auf Gestaltungselemente der anderen Teilrechtsordnung erfüllen" und in diesem Sinne „auffangen" lassen.[391] Eine solche Auffangordnung kann beispielsweise zu einer Kombination „privatrechtlicher Vertragsregelungen und Organisationsvorkehrungen" mit „öffentlich-rechtlichen Kontrollbefugnissen und Beratungspflichten" führen.[392] Die Normstrukturen des Transplantationswesens lassen sich – dieser Annahme folgend – als öffentlich-rechtliche Vorgaben zur Initiierung einer öffentlichen Ordnung verstehen, die gleichwohl in wesentlichen Aufgabenbereichen auf gesellschaftliche Akteure und privatrechtliche Handlungsrationalitäten des Privatrechts zurückgreift, das Öffentliche Recht also teilweise mit dem Privatrecht kombiniert.

Die hier vorgefundenen Normstrukturen werfen entsprechend spannende Fragen auf. Weil die Ausübung staatlicher Herrschaft von Verfassungs wegen rechtfertigungsbedürftige Herrschaft ist,[393] gestaltet sich das Öffentliche Recht insofern als spezifische Legitimationsordnung. Dem Öffentlichen Recht kommt damit der Regelungsauftrag zu, eine demokratische Rückbindung und Rückführbarkeit des agierenden Staates an das Volk sicherzustellen.[394] Fraglich erscheint vor diesem Hintergrund, inwieweit ein rechtsstaatlich-demokratisches Legitimationsniveau in den hier skizzierten Bereichen gesetzlich bestimmter hybrider Aufgabenwahrnehmung gefordert werden muss, und ob dieses insoweit erlangt werden kann.[395]

---

390 *Hoffmann-Riem*, in: Hoffmann-Riem/Schmidt-Aßmann (Hrsg.), Öffentliches Recht und Privatrecht als wechselseitige Auffangordnungen, S. 261 (271); *Schmidt-Aßmann*, ebd., S. 7 (8 ff.); *Trute*, ebd., S. 167 (insb. 182, 197 ff.). Vgl. dazu auch *Burgi*, in: Hoffmann-Riem/Schmidt-Aßmann/Voßkuhle (Hrsg.), Grundlagen des Verwaltungsrechts, Band I, § 18 Rn. 80.

391 *Schmidt-Aßmann*, in: Hoffmann-Riem/Schmidt-Aßmann (Hrsg.), Öffentliches Recht und Privatrecht als wechselseitige Auffangordnungen, S. 7 (8). Vgl. auch *Hoffmann-Riem*, DVBl. 1994, 1381 (1386 f.).

392 *Schmidt-Aßmann*, in: Hoffmann-Riem/Schmidt-Aßmann (Hrsg.), Öffentliches Recht und Privatrecht als wechselseitige Auffangordnungen, S. 7 (8 f.).

393 So *Schmidt-Aßmann*, in: Hoffmann-Riem/Schmidt-Aßmann (Hrsg.), Öffentliches Recht und Privatrecht als wechselseitige Auffangordnungen, S. 7 (20).

394 *Schmidt-Aßmann*, in: Hoffmann-Riem/Schmidt-Aßmann (Hrsg.), Öffentliches Recht und Privatrecht als wechselseitige Auffangordnungen, S. 7 (20); *Trute*, ebd., S. 167 (172).

395 Vgl. *Kahl*, Jura 2002, 721 (729).

2. Teil: Normen und Rechtsquellen des Transplantationswesens

Bei den auf das deutsche Transplantationswesen einwirkenden Rechtsquellen ist eine Unterscheidung zwischen nationalen und internationalen Rechtsnormen vorzunehmen.

Im Folgenden soll zunächst die Einflussnahme internationalen Rechts ausgelotet werden, bevor der verbleibende Handlungsspielraum des nationalen Rechtssystems dargestellt wird. Dabei werden auch die das Transplantationsrecht im Wesentlichen mitprägenden, zahlreichen untergesetzlichen Formen der Regelsetzung erörtert, deren Rechtsnatur respektive eventueller Rechtsnormencharakter im Einzelnen größtenteils noch immer umstritten ist.[396] Die untergesetzlichen Regelwerke sollen dieser Übersicht der Vollständigkeit und Übersichtlichkeit halber zugeordnet werden, da sie allesamt den Zweck verfolgen, die gesetzlichen Vorgaben auszufüllen und zu konkretisieren.

A. Der Einfluss des europäischen und internationalen Rechts

Bei den internationalen Rechtsnormen und sonstigen Regelungen, deren Verbindlichkeit für das nationale Transplantationswesen und Transplantationsrecht untersucht werden soll, sind insbesondere solche des Rechts der Europäischen Union (EU) und der Vereinten Nationen in die Betrachtung mit einzubeziehen.[397]

I. Das Unionsrecht

Für das Transplantationsrecht relevante Regelungen des Gesundheitswesens finden sich auf supranationaler Ebene in Rechtsnormen der EU. Die zentrale

---

396 Dazu beispielsweise nur Einordnungsversuche bei *Bader*, Organmangel und Organverteilung, S. 173 ff.; *Çalışkan*, Die medizinrechtlichen Ordnungsstrukturen, S. 255 ff.; *Krüger*, Die Organvermittlungstätigkeit Eurotransplants im Sinne des § 12 TPG, insb. S. 217 ff.; *Mohammadi-Kangarani*, Die Richtlinien der Organverteilung im Transplantationsgesetz – verfassungsgemäß?, S. 47 ff.; *Schneider*, Verfassungsmäßigkeit des Rechts der Organallokation, S. 38 ff.; *Wiegand*, Die Beleihung mit Normsetzungskompetenzen, S. 63 ff.; *Woinikow*, Richtlinien der Transplantationsmedizin, S. 75 ff.

397 Vgl. auch *Bader*, Organmangel und Organverteilung, S. 151; *Bulach*, in: Höfling (Hrsg.), TPG, Einführung Rn. 1 ff.

Rechtsquelle des Europarechts im engeren Sinne[398] bildet das Primärrecht,[399] worunter insbesondere die zwischen den Mitgliedstaaten der EU geschlossenen Verträge – der „Vertrag über die Europäische Union" (EUV) und der „Vertag über die Arbeitsweise der Europäischen Union" (AEUV) – zu verstehen sind.[400] Darauf beruhend wird von der EU das Sekundäre Unionsrecht erlassen.[401] Es umfasst alle Rechtsakte, die auf Grund einer Ermächtigung aus dem Primärrecht durch deren Organe nach den Handlungsformen des Art. 288 AEUV ergangen sind.[402] Dabei unterliegt die EU gemäß Art. 5 Abs. 1, Abs. 2 EUV dem Grundsatz der begrenzten Einzelermächtigung.[403] Sie ist nach diesem Grundsatz zu einer Rechtsetzung nur insoweit befugt, wie ihr Zuständigkeiten in den primärrechtlichen Verträgen zur Verwirklichung der dort beschlossenen Ziele von den Mitgliedstaaten übertragen wurden. Anders als die parlamentarischen, nationalen Gesetzgeber ihrer Mitgliedstaaten verfügt sie, wie Art. 5 Abs. 2 S. 1 EUV verdeutlicht, nicht über eine sogenannte „Kompetenz-Kompetenz".[404] Die Befugnis, den eigenen Zuständigkeitsbereich zu erweitern, steht der EU nicht zu; sie ist stets auf eine Kompetenzübertragung durch die Mitgliedstaaten angewiesen.[405] Es gilt daher anhand des Primärrechts zunächst die Frage zu klären, wie weit die Regelungskompetenz der EU auf dem Gebiet der Transplantationsmedizin gemäß der eingeräumten Zuständigkeiten reicht, um daran anknüpfend darzulegen, inwieweit von diesen Kompetenzen auch Gebrauch gemacht wurde. Zuständigkeiten für Regelungen des Gesundheitswesens können im Primärrecht auf die Artikel 114 und 168 AEUV gestützt werden. Festlegungen sind ferner in der „Charta der Grundrechte der Europäischen Union" (EU-Grundrechtecharta) zu verorten.[406]

Europarechtliche Vorschriften, die das Funktionieren des Binnenmarktes zum Ziel haben und dabei auch den Gesundheitsschutz der Bevölkerung betreffen, können grundsätzlich auf die eher weit gefasste Kompetenznorm des

398 Vgl. *Pieper*, in: Bergmann (Hrsg.), Handlexikon der Euopäischen Union, S. 964 (965).
399 *Pieper*, in: Bergmann (Hrsg.), Handlexikon der Euopäischen Union, S. 964 (965).
400 *Pieper*, in: Bergmann (Hrsg.), Handlexikon der Euopäischen Union, S. 964 (965); *Schulze/Kadelbach*, in: Schulze u.a. (Hrsg.), Europarecht, Einführung Rn. 11.
401 *Schulze/Kadelbach*, in: Schulze u.a. (Hrsg.), Europarecht, Einführung Rn. 11.
402 *Schulze/Kadelbach*, in: Schulze u.a. (Hrsg.), Europarecht, Einführung Rn. 11.
403 *Fischer*, Europarecht, Rn. 163; *Streinz*, Europarecht, § 6 Rn. 539 f.
404 *Bulach*, in: Höfling (Hrsg.), TPG, Einführung Rn. 2; *Ulrich*, Durchbrechung der Allokationskriterien des § 12 Abs. 3 TPG, S. 67.
405 *Streinz*, Europarecht, § 6 Rn. 498.
406 Vgl. so auch *Bulach*, in: Höfling (Hrsg.), TPG, Einführung Rn. 1 ff.

Art. 114 AEUV zur Angleichung der Rechts- und Verwaltungsvorschriften der Mitgliedstaaten gestützt werden.[407] Diese eröffnet es der EU, durch das Europäische Parlament und den Rat gemäß des ordentlichen Gesetzgebungsverfahrens und nach Anhörung des Wirtschafts- und Sozialausschusses Maßnahmen zur Angleichung der Rechts- und Verwaltungsvorschriften der Mitgliedstaaten für die Errichtung und das Funktionieren des Binnenmarktes zu ergreifen. Wenn es aber um den Bereich der Transplantationsmedizin geht, muss berücksichtigt werden, dass in Art. 168 Abs. 4 lit a), Abs. 7 S. 3 AEUV darauf ausdrücklich Bezug genommen wird. Dort wird die Transplantationsmedizin als Teilbereich gesondert und differenziert geregelt und spezifischen Festlegungen unterworfen. Daher ist diese Norm insofern lex specialis zu Art. 114 AEUV.[408] Als abschließende Kompetenznorm[409] entfaltet sie Sperrwirkung gegenüber dessen Anwendung.[410] Der Rückgriff auf Art. 114 AEUV ist im Bereich der Organspende und -transplantation demnach ausgeschlossen,[411] andernfalls könnten nämlich die ausdrücklich vorgesehenen Einschränkungen der Zuständigkeit der EU aus Art. 168 AEUV umgangen werden.[412] Aus den vorgenannten Erwägungen heraus bedarf es für die hiesige Thematik im Folgenden ausschließlich einer näheren inhaltlichen Auseinandersetzung mit der Kompetenznorm des Art. 168 AEUV.

1. Das Gesundheitswesens, Art. 168 AEUV

Im AEUV ist das Gesundheitswesen unter Titel XIV in Art. 168 geregelt. Bei den dort enthaltenen Maßnahmenkatalogen der EU sind zwei Kategorien zu unterscheiden, die auf verschiedenen Kompetenzformen beruhen:[413] Art. 4 Abs. 2 lit. k) AEUV sieht eine geteilte Zuständigkeit der EU mit den Mitgliedstaaten bei „gemeinsamen Sicherheitsanliegen im Bereich der öffentlichen Gesundheit" vor. Diese gemeinsamen Sicherheitsanliegen werden in Art. 168 Abs. 4 AEUV

---

407 *Bulach*, in: Höfling (Hrsg.), TPG, Einführung Rn. 21.

408 *Schmidt am Busch*, in: Grabitz u.a. (Hrsg.), EUV, Art. 168 AEUV Rn. 56.

409 Vgl. Nickel u.a. (Hrsg.), TPG, Einführung Rn. 16. Ebenso (insb. mit Blick auf Art. 95 EGV) *Lautenschläger*, Status von Ausländern im TPG, S. 263; *Norba*, Rechtsfragen der Transplantationsmedizin, S. 340, 344.

410 *Lurger*, in: Streinz (Hrsg.), EUV/AEUV, Art. 168 AEUV Rn. 41.

411 *Bulach*, in: Höfling (Hrsg.), TPG, Einführung Rn. 21; *Lautenschläger*, Der Status ausländischer Personen im deutschen Transplantationssystem, S. 262.

412 *Bulach*, in: Höfling (Hrsg.), TPG, Einführung Rn. 21; *Fischer*, in: Lenz/Borchardt (Hrsg.), EU-Verträge, Art. 168 AEUV Rn. 24.

413 *Lurger*, in: Streinz (Hrsg.), EUV/AEUV, Art. 168 AEUV Rn. 2.

präzisiert.[414] Für die Kompetenzausübung ist das ordentliche Gesetzgebungsverfahren nach Art. 289 AEUV vorgesehen. Da im Rahmen von Art. 168 AEUV ausschließlich hinsichtlich der in Abs. 4 genannten Aspekte auf die geteilte Kompetenzbestimmung aus Art. 4 Abs. 2 lit. k) AEUV Bezug genommen wird, unterfallen alle anderen in Art. 168 AEUV vorgesehenen, das Gesundheitswesen betreffenden, Maßnahmen als Unterstützungs-, Koordinierungs- und Ergänzungsmaßnahmen dem Art. 6 lit. a) AEUV. Die Primärzuständigkeit verbleibt sonach bei den Mitgliedstaaten.[415]

a. Geteilte Kompetenzen, Art. 168 Abs. 4, 4 Abs. 2 lit. k) AEUV

Bei der geteilten Zuständigkeit steht die Regelungskompetenz den Mitgliedstaaten und der EU zu. Sowohl die EU als auch die einzelnen Länder können gesetzgeberisch tätig werden und verbindliche Rechtsakte erlassen. Wenn und soweit die EU in den die geteilte Zuständigkeit betreffenden Bereichen Regelungen erlässt, kommt es zu einem mitgliedstaatlichen Kompetenzverlust, der sodann gemäß Art. 2 Abs. 2 AEUV Sperrwirkung für Regelungen der Mitgliedstaaten entfaltet.[416] Da das Harmonisierungsverbot des Art. 2 Abs. 5 UAbs. 2 AEUV ausdrücklich nur für Unterstützungs-, Koordinierungs- oder Ergänzungsmaßnahmen gemäß Art. 2 Abs. 5, Art. 6 AEUV gilt,[417] ist im Bereich der geteilten Zuständigkeit auch eine Harmonisierung der Rechtsvorschriften der Mitgliedstaaten durch Regelungen der EU zulässig.[418]

Eine geteilte Zuständigkeit nach Art. 4 Abs. 2 lit. k) AEUV hat die EU im Gesundheitswesen im Bereich des Veterinärwesens und Pflanzenschutzes zum Schutz der Gesundheit der Bevölkerung,[419] für Maßnahmen zur Festlegung hoher Qualitäts- und Sicherheitsstandards für Arzneimittel und Medizinprodukte[420] und für Maßnahmen zur Festlegung hoher Qualitäts- und Sicherheitsstandards für Organe und Substanzen menschlichen Ursprungs sowie für Blut und Blutderivate[421] inne. Die letztgenannte Ermächtigungsnorm wurde bereits in den 1990er Jahren in Reaktion auf das Bekanntwerden des sogenannten

414 *Lurger*, in: Streinz (Hrsg.), EUV/AEUV, Art. 168 AEUV Rn. 3.
415 So im Ergebnis auch: *Lurger*, in: Streinz (Hrsg.), EUV/AEUV, Art. 168 AEUV Rn. 4.
416 *Calliess*, in: Calliess/Ruffert (Hrsg.), EUV/AEUV, Art. 4 AEUV Rn. 1.
417 *Calliess*, in: Calliess/Ruffert (Hrsg.), EUV/AEUV, Art. 4 AEUV Rn. 4.
418 *Lurger*, in: Streinz (Hrsg.), EUV/AEUV, Art. 168 AEUV Rn. 48.
419 Art. 168 Abs. 4 lit. b) AEUV.
420 Art. 168 Abs. 4 lit. c) AEUV.
421 Art. 168 Abs. 4 lit. a) AEUV.

HIV-Skandals geschaffen.[422] Dabei war im Jahre 1993 öffentlich geworden, dass in den Achtziger Jahren allein in Deutschland mehrere hundert Menschen durch den Kontakt mit kontaminiertem Blut mit dem Humane Immundefizienz-Virus infiziert worden waren.[423] Die geteilte Zuständigkeit des europäischen Richtliniengebers auf diesem Gebiet wurde mit dem „Vertrag von Amsterdam"[424] durch Ergänzung um Art. 129 in den EG-Vertrag (EGV) eingefügt.[425] Sodann war die Ermächtigungsgrundlage in Art. 152 Abs. 4 S. 1 lit. a) EGV verortet.[426] Seit dem „Vertrag von Lissabon" befindet sie sich in Art. 168 Abs. 4 S. 1 lit. a) AEUV.

Als Standards für Qualität und Sicherheit für Substanzen menschlichen Ursprungs im Sinne des Art. 168 Abs. 4 lit a) AEUV sind Parameter für deren Beschaffenheit zu verstehen;[427] dabei hat die EU Mindeststandards festzulegen. Die Einführung der Norm als Reaktion auf die HIV-Infizierungen der 1980er Jahre lässt den Rückschluss zu, dass es bei dem Terminus der Sicherheit primär um den Schutz des Patienten vor übertragbaren Krankheiten beim Prozess der Übertragung von Substanzen menschlichen Ursprungs gehen soll.[428] Ziel ist es, auf dem Gebiet der EU eine qualitativ hochwertige Versorgung zu gewährleisten und dadurch die gesundheitlichen Risiken, die mit der Übertragung solcher Substanzen einhergehen, zu begrenzen.[429] Bei der Bestimmung des Umfangs der Regelungsbefugnisse der EU nach Art. 168 Abs. 4 lit a) AEUV ist die Regelung aus Art. 168 Abs. 7 AEUV zur Abgrenzung zu den bei den Mitgliedstaaten verbliebenen Befugnissen heranzuziehen.[430] Art. 168 Abs. 7 AEUV sieht nämlich vor, dass bei der Tätigkeit der Union die „Verantwortung der Mitgliedstaaten für die Festlegung ihrer Gesundheitspolitik sowie für die Organisation des Gesundheitswesens und die medizinische Versorgung" gewahrt bleiben soll.

---

422 *Schmidt am Busch*, in: Grabitz u.a. (Hrsg.), EUV, Art. 168 AEUV Rn. 43; Vorschläge der Kommission in: Europäische Kommission (Hrsg.), Öffentliche Gesundheit in Europa, 1997, S. 24.

423 *Kingreen*, in: Calliess/Ruffert (Hrsg.), EUV/AEUV, Art. 168 AEUV Rn. 19.

424 ABl. EG vom 10.11.1997, C 340, 1.

425 *Pannenbecker*, in: Middel u.a. (Hrsg.), Novellierungsbedarf des Transplantationsrechts, S. 215.

426 *Pannenbecker*, in: Middel u.a. (Hrsg.), Novellierungsbedarf des Transplantationsrechts, S. 215.

427 *Berg/Augsberg*, in: Schwarze (Hrsg.), EU-Kommentar, Art. 168 AEUV Rn. 23.

428 *Bulach*, in: Höfling (Hrsg.), TPG, Einführung Rn. 9.

429 *Bulach*, in: Höfling (Hrsg.), TPG, Einführung Rn. 9; *Fischer*, in: Lenz/Borchardt (Hrsg.), EU-Verträge, Art. 168 Rn. 15.

430 So auch in Bezug auf Art. 152 Abs. 4 S. 1 lit. a) sowie Abs. 5 EGV a.F. *Pannenbecker*, in: Middel u.a. (Hrsg.), Novellierungsbedarf des Transplantationsrechts, S. 216.

Mit dieser Eingrenzung sollen insbesondere die jeweiligen nationalen Gesundheitssysteme der Mitgliedstaaten aus dem Kompetenzbereich der EU herausgenommen bleiben.[431] Laut Art. 168 Abs. 7 S. 3 AEUV lassen „Maßnahmen nach Absatz 4 Buchstabe a [...] die einzelstaatlichen Regelungen über die Spende oder die medizinische Verwendung von Organen und Blut unberührt". Damit ist die EU im Bereich des Transplantationsrechts befugt, lediglich für solche Bereiche einheitliche Regelungen zu schaffen, die für die Qualität und Sicherheit von Organen und Substanzen menschlichen Ursprungs im Sinne des Art. 168 Abs. 4 lit. a) AEUV von Bedeutung sind.[432] Die Zuständigkeit betrifft nur die sicherheitsrechtlichen Aspekte der Blut- und Organspende.[433] Eine Abgrenzung ist im konkreten Fall nach dem Sinn und Zweck der Regelung vorzunehmen. Zweck der Regelungsbefugnis der EU ist es in Bezug auf Organtransplantationen, hierbei einen hohen Standard für Qualität und Sicherheit für Organtransplantate festzulegen. Sie kann demnach auf Art. 168 Abs. 4 lit. a) AEUV solche Maßgaben stützen, deren Regelungsgegenstand Auswirkungen auf die Qualitäts- und Sicherheitsstandards der genannten Substanzen haben kann.[434] Auch Regelungsbereiche, die untrennbar mit der Sicherheit und Qualität der beschafften Organe verbunden sind und bei denen zur effektiven Wahrnehmung der Kompetenz der Union Standards gesetzt werden müssen, wird man im Zweifel dem Sinn der Vorschrift nach und zur Gewährleistung einer möglichst effektiven Umsetzung der Regelungsziele, nicht dem den Mitgliedstaaten vorbehaltenen Bereich der „Spende" zurechnen können.[435] Insofern erstreckt sich Art. 168 Abs. 4 lit. a) AEUV auch auf solche Festlegungen.[436]

Es bleibt zu beachten, dass auch in Regelungsbereichen, die der geteilten Zuständigkeit des Art. 4 Abs. 2 lit. k) AEUV unterfallen, die EU das

---

431 *Lurger*, in: Streinz (Hrsg.), EUV/AEUV, Art. 168 AEUV Rn. 28; *Niggemeier*, in: von der Groeben u.a. (Hrsg.), Europäisches Unionsrecht, Art. 168 AEUV Rn. 72; *Schmidt am Busch*, in: Grabitz u.a. (Hrsg.), EUV, Art. 168 AEUV Rn. 24.

432 *Lurger*, in: Streinz (Hrsg.), EUV/AEUV, Art. 168 AEUV Rn. 28.

433 *Kingreen*, in: Calliess/Ruffert (Hrsg.), EUV/AEUV, Art. 168 AEUV Rn. 20.

434 *Berg/Augsberg*, in: Schwarze (Hrsg.), EU-Kommentar, Art. 168 AEUV Rn. 25.

435 *Pannenbecker*, in: Middel u.a. (Hrsg.), Novellierungsbedarf des Transplantationsrechts, S. 218.

436 Dafür sprechen auch die Erwägungsgründe zur Richtlinie RL 2010/45/EU. Es wird darin die Notwendigkeit gesehen, „bestimmte Vorschriften für die Transplantation und insbesondere für unbeabsichtigte und unerwartete Situationen, die während der Transplantation eintreten und die Qualität und Sicherheit der Organe beeinträchtigen können, in den Anwendungsbereich dieser Richtlinie aufzunehmen." vgl. ABl. 2010 L 207/14 Erwägungsgrund 8.

Subsidiaritätsprinzip des Art. 5 Abs. 3 EUV zu berücksichtigen hat.[437] Sie darf danach nur tätig werden, „sofern und soweit die Ziele der in Betracht gezogenen Maßnahmen von den Mitgliedstaaten weder auf zentraler noch auf regionaler oder lokaler Ebene ausreichend verwirklicht werden können, sondern vielmehr wegen ihres Umfangs oder ihrer Wirkung auf Unionsebene besser zu verwirklichen sind". Die EU ist im Rahmen ihres Zuständigkeitsbereichs nur bei kumulativem Vorliegen dieser Voraussetzung zur Regelung befugt.[438] Ausschlaggebend ist dabei, ob die Gesamtheit der Mitgliedstaaten die verfolgten Ziele in ausreichender Weise erreichen kann.[439]

Die EU hat ihre Zuständigkeit zunächst im Wesentlichen durch Richtlinien für den Bereich Blut und Blutbestandteile[440] und den Bereich Gewebemedizin[441] ausgefüllt.[442] Auf Basis der Kompetenznorm des Art. 168 Abs. 4 lit. a) AEUV ist sodann betreffend das Organtransplantationswesen die „Richtlinie 2010/53/EU des Europäischen Parlaments und des Rates vom 07.07.2010 über Qualitäts- und Sicherheitsstandards für zu Transplantationen bestimmte menschliche Organe"[443] (OS-RL) erlassen

437 *Bulach*, in: Höfling (Hrsg.), TPG, Einführung Rn. 4; *Pannenbecker*, in: Middel u.a. (Hrsg.), Novellierungsbedarf des Transplantationsrechts, S. 219.

438 *Bulach*, in: Höfling (Hrsg.), TPG, Einführung Rn. 4; *Geiger*, in: Geiger u.a. (Hrsg.), EUV/AEUV, Art. 5 EUV Rn. 12; *Streinz*, in: Streinz (Hrsg.), EUV/AEUV, Art. 5 EUV Rn. 26.

439 *Lienbacher*, in: Schwarze (Hrsg.), EU-Kommentar, Art. 5 EVV Rn. 23 f.; *Pannenbecker*, in: Middel u.a. (Hrsg.), Novellierungsbedarf des Transplantationsrechts, S. 219.

440 Vgl. die auf Art. 152 Abs. 4 lit. a) EGV a.F. gestützte RL 2002/98/EG des Europäischen Parlaments und des Rates vom 27.01.2003 zur Festlegung von Qualitäts- und Sicherheitsstandards für die Gewinnung, Testung, Verarbeitung, Lagerung und Verteilung von menschlichem Blut und Blutbestandteilen und zur Änderung der Richtlinie 2001/83/EG, ABl. 2003 Nr. L 33/30 sowie die hieran anknüpfende Richtlinien 2004/33/EG, 2005/61/EG und 2005/62/EG der Kommission.

441 Vgl. Richtlinie 2004/23/EG des Europäischen Parlaments und des Rates vom 31.03.2004 zur Festlegung von Qualitäts- und Sicherheitsstandards für die Spende, Beschaffung, Testung, Verarbeitung, Konservierung, Lagerung und Verteilung von menschlichen Geweben und Zellen, ABl. 2004 Nr. L 102/48 und die hieran anknüpfenden Richtlinien 2006/17/EG und 2006/86/EG der Kommission.

442 *Bulach*, in: Höfling (Hrsg.), TPG, Einführung Rn. 11 f.; *Kingreen*, in: Calliess/Ruffert (Hrsg.), EUV/AEUV, Art. 168 AEUV Rn. 19; *Middel/Pühler*, in: Middel u.a. (Hrsg.), Novellierungsbedarf des Transplantationsrechts, S. 211.

443 Richtlinie 2010/53/EU über Qualitäts- und Sicherheitsstandards für zur Transplantation bestimmte menschliche Organe, ABl. 2010 L 207/14 vom 06.08.2010, berichtigt ABl L 243/68 vom 16.09.2010.

worden.[444] In der Richtlinienbegründung heißt es dazu, in den Mitgliedstaaten bestünden signifikante Unterschiede der Qualitäts- und Sicherheitsanforderungen.[445] Deshalb bedürfe es gemeinsamer Qualitäts- und Sicherheitsstandards für die Bereitstellung, den Transport und die Verwendung von Organen auf Unionsebene. Solche Standards würden den Organaustausch zugunsten der europäischen Patienten erleichtern.[446] Es wurde in Art. 4 OS-RL festgelegt, dass alle Mitgliedstaaten sicherstellen sollen, dass ein System für Qualität und Sicherheit geschaffen wird, das sämtliche Phasen von der Spende bis zur Transplantation oder Entsorgung gemäß den in der Richtlinie festgelegten Vorschriften abdeckt. Wie ein solches System im Einzelnen aussehen könnte wurde vom Normgeber nicht vorbestimmt, auch wurden die Mitgliedstaaten ausdrücklich nicht selbst zur Schaffung eines staatlichen Transplantationssystems verpflichtet. Es wurde den Mitgliedstaaten demnach bei Umsetzung der Richtlinie ausdrücklich offen gehalten, die Ziele im Rahmen eines durch eine Aufgabenerfüllung Privater geprägten Transplantationswesens umzusetzen beziehungsweise dessen vorhandene Ausgestaltung beizubehalten.

Im Einzelnen enthält die OS-RL insbesondere Bestimmungen zur Bereitstellung, Konservierung, Verpackung und Kennzeichnung sowie zum Transport von Organen (Art. 5, 6 und 8 OS-RL) und zur Organ- und Spendercharakterisierung (Art. 7 OS-RL). Außerdem ist dort die Einführung eines Spender- und Empfängeridentifikationssystems vorgesehen, mittels dessen man jede Spende und jedes damit verbundene Organ sowie jeden damit verbundenen Empfänger identifizieren können soll. Außerdem soll sichergestellt sein, dass eine lückenlose Rückverfolgbarkeit der bereitgestellten, zugeteilten und transplantierten Organe vom Spender bis zum Empfänger gewährleistet ist (Art. 10 OS-RL). Normiert ist auch die Einführung eines Meldesystems für schwerwiegende Zwischenfälle und unerwünschte Reaktionen (Art. 11 OS-RL). Ferner enthält die Richtlinie qualitätssichernde Festlegungen zu den Transplantationszentren (Art. 9 OS-RL) und dem medizinischen Personal (Art. 12 OS-RL). Die Umsetzung der Richtlinie durch die Mitgliedstaaten sollte bis zum 27.08.2012 erfolgen.[447] Das deutsche Organspendesystem des TPG erfüllte die geforderten

---

444 Vgl. dazu auch *Bulach*, in: Höfling (Hrsg.), TPG, Einführung Rn. 13 f.; *Ulrich*, Durchbrechung der Allokationskriterien des § 12 Abs. 3 TPG, S. 66 f.

445 ABl. 2010 L 207/14 Erwägungsgrund 5.

446 ABl. 2010 L 207/14 Erwägungsgrund 6.

447 Vgl. Art. 31 Abs. 1 OS-RL.

qualitativen Mindeststandards nach Ansicht der Bundesregierung bereits weitgehend,[448] sodass lediglich gewisse Modifikationen vorgenommen[449] und durch das „Gesetz zur Änderung des Transplantationsgesetzes" vom 21.07.2012[450] in das TPG übernommen wurden.[451]

b. Maßnahmen und Fördermaßnahmen, Art. 168 Abs. 5 AEUV

Art. 168 Abs. 5 AEUV berechtigt das Europäische Parlament und den Rat zu Bestimmungen zum Schutz und zur Verbesserung der menschlichen Gesundheit. Bei den der EU insofern eingeräumten Handlungsformen differenziert Art. 168 Abs. 5 zwischen Maßnahmen und Fördermaßnahmen.[452] Fördermaßnahmen sind zum Schutz und zur Verbesserung der menschlichen Gesundheit sowie zur Bekämpfung weit verbreiteter schwerer und grenzüberschreitender Krankheiten und damit im gesamten Kompetenzbereich des Art. 168 AEUV zulässig.[453] Maßnahmen sieht Art. 168 Abs. 5 für die Beobachtung, frühzeitige Meldung und Bekämpfung schwerwiegender grenzüberschreitender Gesundheitsgefahren vor. Ferner können Maßnahmen mit dem Ziel ergriffen werden, die Gesundheit der Bevölkerung vor den Risiken des Tabakkonsums und Alkoholmissbrauchs zu schützen. Die nun in Art. 168 Abs. 5 AEUV normierte Kompetenz der EU, durch das Europäisches Parlament und den Rat Fördermaßnahmen zum Schutz und zur Verbesserung der menschlichen Gesundheit zu erlassen, war bis zum

448 Im „Entwurf eines Gesetzes zur Änderung des Transplantationsgesetzes" der Bundesregierung vom 19.10.2011. (BT-Drs. 17/7376) heißt es insofern auf S. 2: „Die Umsetzung der Richtlinie 2010/53/EU erfordert keine grundlegenden Änderungen der Strukturen im Transplantationsgesetz (TPG), da die Richtlinie den Mitgliedstaaten einen weiten Spielraum für die Berücksichtigung nationaler Transplantationssysteme einräumt."

449 *Weyd*, Jura 2013, 437 (438); a.A. *Bulach*, in: Höfling (Hrsg.), TPG, Einführung Rn. 16, die von „zahlreichen Modifikationen" spricht.

450 Gesetz zur Änderung des Transplantationsgesetzes, 21.07.2012, BGBl. I, 1601.

451 Vgl. die Fußzeile zum Gesetz zur Änderung des Transplantationsgesetzes, 21.07.2012, BGBl. I, 1601: „Dieses Gesetz dient der Umsetzung der Richtlinie 2010/53/EU des Europäischen Parlaments und des Rates vom 07.07.2010 über Qualitäts- und Sicherheitsstandards für zur Transplantation bestimmte menschliche Organe (ABl. L 207 vom 6.8.2010, S. 14, L 243 vom 16.09.2010, S. 68)." vgl. zu den Neuerungen im TPG durch das Gesetz zur Änderung des Transplantationsgesetzes näher unten auf S. 110 ff.

452 Vgl. näher dazu *Kingreen*, in: Calliess/Ruffert (Hrsg.), EUV/AEUV, Art. 168 AEUV Rn. 15.

453 *Bulach*, in: Höfling (Hrsg.), TPG, Einführung Rn. 17.

„Vertrag von Lissabon" in Art. 152 Abs. 4 lit. c) EGV enthalten.[454] Die Kompetenzregelung wurde wesentlich erweitert, indem insbesondere die Möglichkeit zum Erlass von „Maßnahmen" neu vorgesehen ist.[455] Außerdem ist sie durch die Eingliederung in Abs. 5 des Art. 168 verselbstständigt worden.[456] Beibehalten worden ist, dass die nach Art. 168 Abs. 5 vorgesehenen Maßnahmen und Fördermaßnahmen nur „unter Ausschluß jeglicher Harmonisierung des Rechts der Mitgliedstaaten" wirken dürfen, worin ein wesentlicher Unterschied zu denjenigen Maßnahmen festzumachen ist, die sich auf die geteilten Zuständigkeiten des Abs. 4 stützen lassen.[457]

Im Hinblick auf die rechtsdogmatische Einordnung des Begriffs der Maßnahme besteht weitgehend Einigkeit.[458] Für „Maßnahmen" sollen danach die „gesamten Instrumentarien unionaler Handlungsformen einschließlich der in Art. 288 AEUV aufgeführten Rechtssätze" zur Verfügung stehen.[459] Unklar ist hingegen, wie die Fördermaßnahmen im Sinne des Art. 168 Abs. 5 AEUV einzuordnen sind. Ursprünglich wurde hierzu teilweise die Ansicht vertreten, es handle sich um atypische Handlungsformen, die nicht dem Katalog der verbindlichen Rechtsakte des Art. 249 EGV a.F. zugeordnet werden könnten.[460] Argumentativ stützte sich diese Auffassung auf das Harmonisierungsverbot, das Art. 152 Abs. 4 lit. c) EGV a.F. für Fördermaßnahmen vorsah und den daraus gezogenen Schluss, dass diesen folglich kein inhaltliche Verbindlichkeit zukommen dürfe.[461] Nunmehr unterliegt seit dem Lissabonner Vertrag mit Art. 168 Abs. 5 Hs. 2 AEUV aber auch die Handlungsform der Maßnahme dem Harmonisierungsverbot. Vorgesehen ist zugleich dennoch, dass Maßnahmen wie auch Fördermaßnahmen im ordentlichen Gesetzgebungsverfahren zu erlassen sind

454 *Kingreen*, in: Calliess/Ruffert (Hrsg.), EUV/AEUV, Art. 168 AEUV Rn. 14; *Vedder*, in: Vedder/Heintschel von Heinegg (Hrsg.), Europäisches Unionsrecht, Art. 168 AEUV Rn. 10.

455 *Kingreen*, in: Calliess/Ruffert (Hrsg.), EUV/AEUV, Art. 168 AEUV Rn. 14; *Vedder*, in: Vedder/Heintschel von Heinegg (Hrsg.), Europäisches Unionsrecht, Art. 168 AEUV Rn. 10.

456 *Vedder*, in: Vedder/Heintschel von Heinegg (Hrsg.), Europäisches Unionsrecht, Art. 168 AEUV Rn. 10.

457 *Kingreen*, in: Calliess/Ruffert (Hrsg.), EUV/AEUV, Art. 168 AEUV Rn. 14.

458 *Fischer*, in: Lenz/Borchardt (Hrsg.), EU-Verträge, Art. 168 AEUV Rn. 19; *Kingreen*, in: Calliess/Ruffert (Hrsg.), EUV/AEUV, Art. 168 AEUV Rn. 15.

459 *Fischer*, in: Lenz/Borchardt (Hrsg.), EU-Verträge, Art. 168 AEUV Rn. 19; *Kingreen*, in: Calliess/Ruffert (Hrsg.), EUV/AEUV, Art. 168 AEUV Rn. 15.

460 *Fischer*, in: Lenz/Borchardt (Hrsg.), EU- und EG-Verträge, Art. 152 EGV Rn. 17.

461 *Fischer*, in: Lenz/Borchardt (Hrsg.), EU- und EG-Verträge, Art. 152 EGV Rn. 17.

und damit Verbindlichkeit erlangen.[462] Es hat sich demzufolge die Auffassung als wohl herrschend herausgebildet, dass auch die Fördermaßnahmen in den Rechtsformen des Art. 288 AEUV ergehen, freilich dann unter Beachtung des Harmonisierungsverbotes.[463] Demnach wird zwischen einer inhaltlichen Einflussnahme durch Maßnahmen der EU und einer bloß organisatorische Aspekte berührenden Fördermaßnahme unterschieden.[464] Dieses Verständnis zugrunde gelegt, verstößt eine inhaltlich verbindliche Vorgabe gestützt auf Art. 168 Abs. 5 AEUV gegen das Harmonisierungsverbot, wohingegen organisatorische und die Finanzierung betreffende Regelungen damit vereinbar sind.[465]

Die Europäische Kommission hat als Fördermaßnahme im Sinne des Art. 168 Abs. 5 AEUV noch vor dem Inkrafttreten des Vertrags von Lissabon nach dem Recht des Art. 152 Abs. 4 lit. c) EGV den „Aktionsplan im Bereich Organspende und -transplantation (2009-2015): verstärkte Zusammenarbeit zwischen den Mitgliedstaaten"[466] erlassen.[467] Sie sieht die mit dem Aktionsplan zu verfolgenden Herausforderungen des Transplantationswesens in der Erhöhung des Organangebots, der Förderung von Leistungsfähigkeit und Zugänglichkeit der Transplantationssysteme und der Verbesserung von Qualität und Sicherheit, bei letzterer insbesondere durch Entwicklung guter medizinischer Praxis.[468] Zur Verwirklichung der Ziele des Aktionsplans sind zehn

---

462 Im ordentlichen Gesetzgebungsverfahren sind nach Art. 189 Abs. 1 AEUV Verordnungen, Richtlinien und Beschlüsse zu erlassen. Verordnungen und Beschlüsse sind nach Art. 288 UAbs. 1 und 3 jeweils in allen ihren Teilen verbindlich. Richtlinien sind jedenfalls für jeden Mitgliedstaat und hinsichtlich des zu erreichenden Zieles nach Art. 288 UAbs. 2 AEUV verbindlich, vgl. dahingehend auch *Berg/Augsberg*, in: Schwarze (Hrsg.), EU-Kommentar, Art. 168 AEUV Rn. 33.

463 *Berg/Augsberg*, in: Schwarze (Hrsg.), EU-Kommentar, Art. 168 AEUV Rn. 32 ff.; *Fischer*, in: Lenz/Borchardt, EU-Verträge, Art. 169 AEUV Rn. 19; *Kingreen*, in: Calliess/Ruffert (Hrsg.), EUV/AEUV, Art. 168 AEUV Rn. 15; *Lurger*, in: Streinz (Hrsg.), EUV/AEUV, Art. 168 AEUV Rn. 54; a.A. wohl *Frenz/Götzkes*, MedR 2010, 613 (616).

464 *Berg/Augsberg*, in: Schwarze (Hrsg.), EU-Kommentar, Art. 168 AEUV Rn. 34.

465 Vgl. aber *Kingreen*, in: Calliess/Ruffert (Hrsg.), EUV/AEUV, Art. 168 AEUV Rn. 15, der diese Unterteilung für wenig praktikabel hält, weil Organisation und Finanzierung untrennbar mit politischen Inhalten verknüpft seien.

466 Aktionsplan im Bereich Organspende und -transplantation (2009-2015): verstärkte Zusammenarbeit zwischen den Mitgliedstaaten, KOM (2008) 818.

467 *Bulach*, in: Höfling (Hrsg.), TPG, Einführung Rn. 1, 18.

468 Vgl. Aktionsplan im Bereich Organspende und -transplantation (2009-2015): verstärkte Zusammenarbeit zwischen den Mitgliedstaaten, KOM (2008) 818, S. 2, 8 f.

unterschiedliche Schwerpunktmaßnahmen vorgesehen.[469] Die Kommission hat Vorschläge für spezifische Maßnahmen der Mitgliedstaaten erarbeitet,[470] die den Schwerpunktmaßnahmen zugeordnet werden können. Jeder Mitgliedstaat kann gemäß dem Aktionsplan der Kommission autonom die Entscheidung treffen, welche Maßnahmen auf dem jeweiligen Hoheitsgebiet unter Berücksichtigung der länderspezifischen Gegebenheiten ergriffen werden sollen, um die angestrebten Ziele zu erreichen.[471] Als Schwerpunktmaßnahmen schlägt der Aktionsplan zur Erhöhung des Organangebots die Benennung von Transplantationskoordinatoren (Schwerpunktmaßnahme 1), die Einführung von Qualitätsverbesserungsprüfungen für die Organspende (Schwerpunktmaßnahme 2), die Förderung des Austauschs bewährter Verfahren für Lebendspendeprogramme zwischen den Mitgliedstaaten (Schwerpunktmaßnahme 3), die Verbesserung von Wissensstand und Kommunikationskompetenzen der Angehörigen der Gesundheitsberufe und Selbsthilfegruppen zum Thema Organtransplantation (Schwerpunktmaßnahme 4) sowie die Erleichterung der Identifizierung potentieller Organspender und unionsgrenzüberschreitender Organspenden (Schwerpunktmaßnahme 5) vor.[472] Zur Förderung der Leistungsfähigkeit und Zugänglichkeit der Transplantationssysteme (Schwerpunktmaßnahme 6) sind die Mitgliedstaaten laut Aktionsplan dazu angehalten, EU-weite Vereinbarungen zu verschiedenen Aspekten der Transplantationsmedizin zu schließen (Schwerpunktmaßnahme 7) und Strukturen für den Austausch von Organen für Notfall- und Problempatienten zu schaffen (Schwerpunktmaßnahme 8). Um die Qualität und Sicherheit der Organspenden und -transplantationen zu verbessern, schlägt die Europäische Kommission im Aktionsplan vor, den Rechtsrahmen um ein Datenerfassungssystem in Form von Registern zu ergänzen (Schwerpunktmaßnahme 9) und schließlich gemeinsame Akkreditierungssysteme für Programme für die Organspende, -beschaffung und -transplantation zu entwickeln (Schwerpunktmaßnahme 10). In das deutsche Transplantationswesen haben solche

---

469 Vgl. Aktionsplan im Bereich Organspende und -transplantation (2009-2015): verstärkte Zusammenarbeit zwischen den Mitgliedstaaten, KOM (2008) 818, S. 2 ff.; sowie näher dazu *Bulach*, in: Höfling (Hrsg.), TPG, Einführung Rn. 18.

470 Aktionsplan im Bereich Organspende und -transplantation (2009-2015): verstärkte Zusammenarbeit zwischen den Mitgliedstaaten, KOM (2008) 818, Anhang I, S. 10 ff.

471 Aktionsplan im Bereich Organspende und -transplantation (2009-2015): verstärkte Zusammenarbeit zwischen den Mitgliedstaaten, KOM (2008) 818, S. 3.

472 Vgl. hierzu und im Folgenden den Aktionsplan im Bereich Organspende und -transplantation (2009-2015): verstärkte Zusammenarbeit zwischen den Mitgliedstaaten, KOM (2008), S. 4 ff.

Schwerpunktmaßnahmen zunächst etwa über die gemeinsamen Leitlinien zwischen der DSO und der Deutschen Krankenhausgesellschaft Eingang gefunden, die Regelungen zu den Transplantationskoordinatoren aus der Schwerpunktmaßnahme 1 und zu den Qualitätsverbesserungsprogrammen aus der Schwerpunktmaßnahme 2 aufgenommen haben.[473] Die gesetzliche Verpflichtung zur Bestellung von Transplantationsbeauftragten[474] und die Einführung eines nationalen Transplantationsregisters[475] sind wiederum Neuerungen des TPG, die Vorschlägen des Aktionsplans entsprechen.

c. *Empfehlungen, Art. 168 Abs. 6 AEUV*

In den Regelungsbereichen des Art. 168 AEUV, das heißt „für die in diesem Artikel genannten Zwecke", kann der Rat nach Art. 168 Abs. 6 AEUV neben den ansonsten ausdrücklich vorgesehenen Maßnahmen mit qualifizierter Mehrheit und auf Vorschlag der Kommission – unverbindliche[476] – Empfehlungen erlassen.[477] Bislang hat der Rat in Bezug auf das Recht der Organspende und -transplantation von dieser Kompetenz jedoch noch keinen Gebrauch gemacht.[478]

2. *Die Charta der Grundrechte der Europäischen Union*

Gemäß Art. 6 Abs. 1 UAbs. 1 EUV ist die EU-Grundrechtecharta rechtlich gleichrangig mit den Verträgen[479] und steht daher im Recht der EU im Rang des Primärrechts.[480] Art. 6 Abs. 1 UAbs. 2 EUV verdeutlicht aber, dass durch die Bestimmungen der EU-Grundrechtecharta die in den Verträgen festgelegten Zuständigkeiten der Union in keiner Weise erweitert werden. Es wird mit dieser Formulierung die Begrenzungsklausel aus Art. 51 Abs. 2 EU-Grundrechtecharta wiederholt.[481] Dies bringt zum Ausdruck, dass die EU-Grundrechtecharta nicht als eigenständiger primärrechtlicher Kompetenztitel für Rechtsakte der Organe der Europäischen Union dienen kann.

---

473 Vgl. dazu auch *Bulach*, in: Höfling (Hrsg.), TPG, Einführung Rn. 19.

474 Siehe dazu S. 110.

475 Siehe dazu S. 116 ff.

476 Vgl. Art. 288 UAbs. 5 AEUV.

477 *Niggemeier*, in: von der Groeben u.a. (Hrsg.), Europäisches Unionsrecht, Art. 168 AEUV Rn. 62.

478 *Bulach*, in: Höfling (Hrsg.), TPG, Einführung Rn. 20.

479 Art. 1 UAbs. 3: Die „Verträge" sind der Vertrag über die Europäische Union (EUV) und der Vertrag über die Arbeitsweise der Europäischen Union (AEUV).

480 *Weyd*, Jura 2013, 437 (438).

481 *Hatje*, in: Schwarze (Hrsg.), EU-Kommentar, Art. 51 GRC Rn. 29.

Eine Regelung zum Gesundheitsschutz im Allgemeinen befindet sich in Art. 35 EU-Grundrechtecharta, wonach jeder Mensch das Recht auf Zugang zur Gesundheitsversorgung und auf ärztliche Versorgung nach Maßgabe der einzelstaatlichen Rechtsvorschriften und Gepflogenheiten hat. Art. 35 S. 2 der EU-Grundrechtecharta bestimmt, dass bei der Festlegung und Durchführung der Politik und Maßnahmen der Union in allen Bereichen ein hohes Gesundheitsschutzniveau sichergestellt wird. Da ein „Recht auf Zugang zur Gesundheitsversorgung" nur „nach Maßgabe der einzelstaatlichen Rechtsvorschriften und Gepflogenheiten", aber nicht darüber hinaus, gewährleistet wird,[482] kongruiert diese Festlegung mit Art. 168 Abs. 7 AEUV, wonach insbesondere die Organisation des Gesundheitswesens und dabei explizit auch die Regelungen über die Spende oder die medizinische Verwendung von Organen, in der Verantwortung der Mitgliedstaaten verbleiben. Explizit auf die Transplantationsmedizin nimmt die EU-Grundrechtecharta indes in Art. 3 Abs. 2 lit. C) Bezug, der ein Verbot der Gewinnerzielung durch die Nutzung von Teilen des menschlichen Körpers vorsieht.[483]

Es bleibt zu beachten, dass die Mitgliedstaaten an die EU-Grundrechtecharta ausschließlich bei der Durchführung des Rechts der EU gebunden sind, Art. 51 Abs. 1 S. 1 EU-Grundrechtecharta. Es entspricht der ständigen Rechtsprechung des EuGH, nationale Regelungen dann an den Unionsgrundrechten zu messen, wenn sie in den Anwendungsbereich des Unionsrechts fallen.[484] Dies ist beim Transplantationsrecht, wie oben gezeigt wurde, lediglich in sehr engen Grenzen anzunehmen, da der EU hier überwiegend die Kompetenzen zur Regelung fehlen. Insbesondere die regelmäßig grundrechtsrelevanten Fragen nach der Zulässigkeit einer Organallokation liegen im Kompetenzbereich der Mitgliedstaaten und lassen sich danach nicht an der EU-Grundrechtecharta messen.

---

482 *Bulach*, in: Höfling (Hrsg.), TPG, Einführung Rn. 5.

483 *Weyd*, Jura 2013, 437 (438).

484 EuGH, Urteil vom 11.07.1985, Rs. 60 und 61/84 (Cinéthèque/Fédération des cinémas français), Slg. 1985, 2605, Rn. 26; EuGH, Urteil vom 30.09.1987, Rs. 12/86 (Demirel/Stadt Schwäbisch Gmünd), Slg. 1987, 3719, Rn. 28; EuGH, Urteil vom 18.06.1991, Rs. 260/89 (ERT), Slg. 1991, I-2925, Rn. 42; EuGH, Urteil vom 13.06.1996, Rs. C-144/95 (Maurin), Slg. 1996, I-2909, Rn. 12; EuGH, Urteil vom 29.05.1997, Rs. C-299/95 (Kremzow), Slg. 1997, 2629, Rn. 15; EuGH, Urteil vom 18.12.1997 Rs. C-309/96 (Annibaldi), Slg. 1997, I-7493, Rn. 13; EuGH, Urteil vom 10.04.2003, Rs. C-276/01 (Steffensen), Slg. 2003, I-3735, Rn. 70.

3. *Weitere europäische, völkerrechtliche Regelungen*

Neben den oben aufgezeigten unionsrechtlichen Einflüssen sind auf dem Gebiet der Organtransplantation in der Vergangenheit unverbindliche Stellungnahmen[485] insbesondere seitens des Europäischen Parlaments[486] und des Europarats ergangen.[487]

In verbindlicher Form hat der Europarat hingegen beim „Übereinkommen zum Schutz der Menschenrechte und der Menschenwürde im Hinblick auf die Anwendung von Biologie und Medizin: Übereinkommen über Menschenrechte und Biomedizin" (Biomedizinkonvention – BMK) vom 04.04.1999[488] gehandelt.[489] Dabei wurden Rahmenbedingungen zum Schutz der Menschenwürde und der Menschenrechte im Anwendungsbereich der biomedizinischen Wissenschaft formuliert und durch Zusatzprotokolle ausgefüllt,[490] um so die Einführung gemeinsamer, internationaler Mindeststandards zu ermöglichen. Im Hinblick auf die Transplantationsmedizin erfolgte die Formulierung von Schutzstandards in Kapitel VI der BMK, betreffend die Entnahme von Organen und Geweben bei lebenden Spendern zu Transplantationszwecken, und in Kapitel VII durch die Festlegung eines Verbots, mit dem menschlichen Körper oder Teilen davon einen finanziellen Gewinn zu erzielen. Außerdem wurde ein Zusatzprotokoll zur Organ- und Gewebespende[491] erarbeitet, welches am 01.05.2006

485 Vgl. Art. 288 UAbs. 1, UAbs. 5 AEUV.

486 Vgl. exemplarisch dessen Stellungnahme zum Verbot des Organhandels vom 14.09.1993, ABl. Nr. C 268 vom 04.10.1993, S. 26 ff.; sowie dazu *Bader*, Organmangel und Organverteilung, S. 153 f.

487 Vgl. dazu ausführlich *Bulach*, in: Höfling (Hrsg.), TPG, Einführung Rn. 24 ff.

488 „Übereinkommen zum Schutz der Menschenrechte und der Menschenwürde im Hinblick auf die Anwendung von Biologie und Medizin: Übereinkommen über Menschenrechte und Biomedizin" vom 04.04.1997 (in Kraft getreten am 01.12.1999), ETS Nr. 164; in englischer Sprache beziehungsweise nichtamtlicher deutscher Übersetzung zu finden auf der Homepage des Europarats: www.coe.int (Suchbegriff: „SEV Nr. 164", zuletzt abgerufen am 20.01.2019).

489 *Bader*, Organmangel und Organverteilung, S. 154.

490 *König*, MedR 2005, 22 (22).

491 „Additional Protocol to the convention on human rights and biomedicine concerning transplantation of organs and tissues of human origin" – „Zusatzprotokoll zum Übereinkommen über Menschenrechte und Biomedizin bezüglich der Transplantation von menschlichen Organen und Gewebe", ETS Nr. 186; in englischer beziehungsweise nichtamtlicher deutscher Fassung online abrufbar unter www.coe.int (Suchbegriff: „SEV Nr. 186", zuletzt abgerufen am 20.01.2019).

in Kraft getreten ist.[492] Die in der BMK enthaltenen Grundsätze werden dort für den Bereich der Transplantationsmedizin konkretisiert und um weitere Festlegungen ergänzt. Das Zusatzprotokoll umfasst unter anderem in Kapitel II zu den allgemeinen Bestimmungen gemeinsame Vorgaben zu den Transplantationssystemen, insbesondere für den gleichen Zugang bedürftiger Patienten zu den Behandlungsmethoden der Transplantationsmedizin nach objektiven und medizinischen Kriterien, in Kapitel III Regeln zur Entnahme von Organen und Geweben bei lebenden Spendern und in Kapitel IV Regeln zur Entnahme von Organen und Geweben bei verstorbenen Personen. Das Kapitel VI widmet sich dann dem Verbot des Organhandels und der Verwertung des menschlichen Körpers zur Erzielung finanzieller Gewinne. In Kapitel VII sind Festlegung zur Vertraulichkeit der Transplantationssysteme geschaffen worden. Das Kapitel VIII enthält die Verpflichtung der Mitgliedstaaten, geeignete Rechtsschutzmöglichkeiten zu schaffen und Regelungen zu Sanktionen und Schadensersatzansprüchen zu treffen. Die Vorgaben aus Kapitel IX betreffen schließlich die Zusammenarbeit der Vertragsparteien auf dem Gebiet der Organ- und Gewebetransplantation. Die Bundesrepublik Deutschland ist jedoch bislang[493] weder dem Übereinkommen über Menschenrechte und Biomedizin noch dem Zusatzprotokoll vom 24.01.2002 beigetreten. Deshalb sind beide Vereinbarungen in Deutschland nicht rechtsverbindlich.[494]

II. Regelungen der Vereinten Nationen

Auch die Vereinten Nationen als uneingeschränkt anerkanntes Völkerrechtssubjekt[495] sind auf dem Gebiet der Transplantationsmedizin regelnd tätig geworden. Das Thema war insbesondere Gegenstand von Initiativen der Weltgesundheitsorganisation (WHO)[496], einer selbstständigen Sonderorganisation der Vereinten Nationen.[497] Sie fungiert gemäß Art. 2 Nr. 2 ihrer

---

492 *Bader*, Organmangel und Organverteilung, S. 154; *Bulach*, in: Höfling (Hrsg.), TPG, Einführung Rn. 25.

493 Stand: August 2017.

494 Vgl. zur inhaltlichen Ausgestaltung von BMK und Zusatzprotokoll zur BMK *Bader*, Organmangel und Organverteilung, S. 154 ff. Mit Schwerpunkt auf einen Vergleich des Gewinnverbotes der BMK zum deutschen Organhandelsverbot außerdem *König*, MedR 2005, 22 (22 ff.).

495 Vgl. nur *von Arnauld*, Völkerrecht, § 2 Rn. 65 und 113 ff.

496 Vgl. *Bader*, Organmangel und Organverteilung, S. 156.

497 *Bader*, Organmangel und Organverteilung, S. 156, *Gareis/Varwick*, Die Vereinten Nationen, S. 278 f.

Satzung[498] als leitende und koordinierende Stelle für das internationale öffentliche Gesundheitswesen. Laut Art. 1 der Satzung der WHO ist es ihr erklärtes Ziel, allen Völkern zur Erreichung des bestmöglichen Gesundheitszustandes zu verhelfen, der Schwerpunkt des Aufgabenkatalogs aus Art. 2 der Satzung der WHO liegt dabei auf der Bekämpfung von Erkrankungen sowie Gesundheitsfördermaßnahmen. Die Tätigkeiten der WHO umfassen es auch, Leitlinien, Standards und Methoden im Gesundheitsbereich festzustellen, zu entwickeln und zu vereinheitlichen.[499] Gemäß Art. 9 der Satzung der WHO erfüllt sie diese Aufgaben durch ihre Organe. Dazu können Verträge und Abkommen im Rahmen des Zuständigkeitsbereichs angenommen,[500] Empfehlungen gemacht [501] und Regelungen getroffen[502] werden. Den Problematiken der Transplantationsmedizin hat sich die WHO schon früh angenommen und so bereits 1991 in ihren „Guiding principles on human organ transplantation" Stellung dazu genommen.[503] Anlässlich des ersten internationalen Tags der Organspende am 14.10.2005 in Genf wurde durch die Weltgesundheitsversammlung die Resolution WHA 57.18 vorgestellt.[504] Der 2010 in die Weltgesundheitsversammlung eingebrachte überarbeitete Entwurf der sog. „Draft Guiding Principles for Cell, Tissue and Organ Transplantation" formuliert grundlegende, ethische Rahmenbedingungen für

498 Satzung der WHO, BGBl. 1974 III 43 (i.d.F. vom 28.5.1959), BGBl. 1977 II 339 (Änderung der Art. 34 und 55 vom 22.05.1973), BGBl. 1984 II 347 (Änderung der Art. 24 und 25 vom 17.05.1976), BGBl. 1994 II 3873 (Änderung der Art. 24 und 25 vom 12.05.1986).

499 Vgl. Art. 2 der Satzung der WHO, (Fn. 498).

500 Vgl. etwa bezüglich der Gesundheitsversammlung Art. 19 der Satzung der WHO (Fn. 498).

501 Vgl. Art. 23 der Satzung der WHO, (Fn. 498).

502 Vgl. Art. 21, 22 der Satzung der WHO, (Fn. 498).

503 World Health Organization (1991), Guiding principles on human organ transplantation. (Geneva: WHO). Published in Lancet 337(8755):1470-1. Weitere Informationen finden sich in den nachfolgenden der Vollständigkeit halber erwähnten Dokumenten: World Health Organization (2003), Human organ and tissue transplantation. Report by the Secretariat. EB112/5 (Geneva: WHO). World Health Organization (1998), Xenotransplantation: Guidance on Infectious Disease Prevention and Management. WHO/EMC/ZOO/98.1 (Geneva: WHO). World Health Organization (1991), Human organ transplantation: a report on developments under the auspices of WHO (1987-1991). (Geneva: WHO).

Vgl. dazu und im Folgenden auch *Bulach*, in: Höfling (Hrsg.), TPG, § 16 Rn. 29.

504 WHO Fifty-Seventh World Health Assembly (2004), Human organ and tissue transplantation.

die Entnahme und Transplantation von menschlichen Zellen, Geweben und Organen zu therapeutischen Zwecken.[505] Bei alledem ist aber zu berücksichtigen, dass der WHO als Unterorganisation der Vereinten Nationen trotz ihrer völkerrechtlichen Stellung nur eine beratende und koordinierende Funktion in Bezug auf ihre Mitgliedstaaten zukommt.[506] Ihre Empfehlungen entfalten keine rechtliche Verbindlichkeit[507] und haben daher keine direkten Auswirkungen auf das nationale Transplantationsrecht.

III. Zwischenfazit

Anders als andere Rechtsgebiete des Gesundheitswesens[508] unterliegt das Transplantationsrecht einer vergleichsweise eher geringen Einflussnahme durch internationale Rechtsquellen, insbesondere durch das Recht der EU.[509] Rechtlich abgesichert ist die weitgehende Souveränität der Mitgliedstaaten zur Regelung der Transplantationsmedizin und Organisation des Transplantationswesens insbesondere durch die Regelung des Art. 168 Abs. 7 AEUV. Dieser grenzt die Kompetenzen der EU von der mitgliedstaatlichen Souveränität ab: „Bei der Tätigkeit der Union wird die Verantwortung der Mitgliedstaaten für die Festlegung ihrer Gesundheitspolitik sowie für die Organisation des Gesundheitswesens und die medizinische Versorgung gewahrt. Die Verantwortung der Mitgliedstaaten umfasst die Verwaltung des Gesundheitswesens und der medizinischen Versorgung sowie die Zuweisung der dafür bereitgestellten Mittel. Die Maßnahmen nach Absatz 4 Buchstabe a lassen die einzelstaatlichen Regelungen über die Spende oder die medizinische Verwendung von Organen und Blut unberührt."[510] Auf Ebene der EU besteht insbesondere keine Befugnis, die

505 WHO A62/15 vom 26.03.2009: (1. Zustimmung zur postmortalen Organspende; 2. Organisatorische Trennung von Todesfeststellung, Entnahme und Übertragung; 3. Postmortale Spende und Lebendspende; 4. Minderjährige und Geschäftsunfähige; 5. Handelsverbot für Organe, Gewebe und Zellen, Gewinnerzielungsverbot; 6. Zulässigkeit von Werbemaßnahmen; 7. Herkunft der Organ-, Gewebe- und Zellspenden; 8. Vergütungsregelungen für beteiligtes Personal; 9. Allokationsregeln; 10. Qualität und Sicherheit; 11. Transparenz und Anonymität).

506 *Bader*, Organmangel und Organverteilung, S. 156.

507 *Junghanns*, Verteilungsgerechtigkeit in der Transplantationsmedizin, S. 35.

508 Vgl. dazu *Ulrich*, Durchbrechung der Allokationskriterien des § 12 Abs. 3 TPG, S. 65.

509 *Bader*, Organmangel und Organverteilung, S. 153 f.; *Bulach*, in: Höfling (Hrsg.), TPG, Einführung Rn. 11. *Engels*, WzS 2013, 199 (200), hingegen erblickt im Gesetz zur Änderung des Transplantationswesens (BGBl. I 2012, S. 1601) den Beleg für „die fortschreitende Europäisierung des Transplantationswesens".

510 Art. 168 Abs. 7 AEUV.

Zulässigkeitsvoraussetzungen einer Organentnahme[511] oder die Organverteilung zu regeln.[512] Gewisse Einflüsse sind hingegen bei Vorgaben zu Qualitätsstandards und Sicherheitsgewährleistungen durch Erlass der OS-RL zu verzeichnen. Diese haben mit dem „Gesetz zur Änderung des Transplantationsgesetzes" vom 21.07.2012 eine Umsetzung in das TPG erfahren und bewirken dort insbesondere eine Stärkung der Aufgaben und Funktion der DSO in § 11 TPG.[513]

B. Das nationale Transplantationsrecht

Im Folgenden soll ein Überblick über das nationale Transplantationsrecht gegeben werden. Dabei wird ein Augenmerk zunächst – da die wesentlichen Regelungsstrukturen des TPG bereits Gegenstand des ersten Teils sind[514] – auf die Novellierungsbemühungen des Gesetzgebers seit dem Erlass im Jahre 1997 gelegt.[515] Anschließend erfolgt eine Darstellung, inwieweit auf Landesebene Transplantationsrecht gesetzt werden kann.[516] Zur Ergänzung wird in einem letzten Abschnitt ein Überblick über die zur Konkretisierung gesetzlicher Vorgaben durch untergesetzliche Regelbildung berufenen gesellschaftlichen Akteure des Transplantationswesens gegeben.[517]

I. Novellierungen des TPG

Mit dem TPG ist das Transplantationswesen und damit auch ein besonders sensibler gesundheitsrechtlicher und medizinischer Bereich[518] der „modernen Hochleistungsmedizin"[519] 1997 in Deutschland erstmals einer spezialgesetzlichen

---

511 Vgl. Nickel u.a. (Hrsg.), TPG, Einführung Rn. 16; *Lautenschläger*, Status von Ausländern im TPG, S. 262; *Nagel*, Organtransplantation und Internationales Privatrecht, S. 8 f.

512 *Bader*, Organmangel und Organverteilung, S. 151 f.; *Lautenschläger*, Status von Ausländern im TPG, S. 262.

513 Der Gesetzgeber spricht davon, dass „ihre Rolle gestärkt" worden sei, vgl. BT-Drs. 17/7376, S. 14. So auch *Engels*, WzS 2013, 199 (200). Vgl. zur Umsetzung der Richtlinie ausführlich auf S. 110 ff.

514 S. 48 ff.

515 S. 107 ff.

516 S. 121 f.

517 S. 122 ff.

518 So *Lang*, MedR 2005, 269 (270).

519 BT-Drs. 13/4355, S. 24. *Holznagel*, DVBl. 1997, 393 (393), spricht davon, die Organtransplantation gehöre seit jeher zu den spektakulärsten Behandlungsmethoden der modernen Hochleistungsmedizin.

Grundlage zugeführt worden. Dem voraus gingen fast 30 Jahre[520] der autonomen Entwicklung des Systems durch die agierende Fachschaft, fern einer staatlichen Regelsetzung. Es galt im Schrifttum insbesondere deshalb als Novum,[521] weil durch die Festlegungen des TPG erstmals in der Geschichte der Bundesrepublik Menschen von lebensverlängernden oder -erhaltenden medizinischen Maßnahmen kraft normativer Regelung ausgeschlossen wurden.[522] Vor dem Hintergrund, dass sich diese Regelungsmaterie auch nach Jahrzehnten der etablierten Transplantationsmedizin[523] weiter in einem stetigen medizinischen, technischen und gesellschaftlichen Entwicklungsprozess befindet, ist die Einführung des TPG als ein „Pilotprojekt“[524] charakterisiert worden.

Dementsprechend ist es binnen der letzten Jahrzehnte auch immer wieder zu Gesetzesänderungen gekommen, die, mal mehr, mal weniger signifikant, stetige Änderungen am TPG mit entsprechenden Auswirkungen auf das Transplantationswesen bewirkt haben. Soweit sie zu inhaltlichen Neuerungen geführt haben, sollen sie im Folgenden dargestellt werden. Daneben hat der Gesetzgeber mit der „Bekanntmachung der Neufassung des TPG vom 04. September 2007“[525] und mit Artikel 42 GKV-Wettbewerbsstärkungsgesetz[526] redaktionelle Korrekturen umgesetzt. Mit Artikel 3 des „Gesetzes zur Änderung arzneimittelrechtlicher und sonstiger Vorschriften“[527] sowie mit Artikel 2a des „Zweiten Gesetz[es] zur Änderung arzneimittelrechtlicher und sonstiger Vorschriften“[528] sind lediglich Anpassungen vorgenommen worden, die Änderungen am Arzneimittelgesetz (AMG) erforderlich machten.[529] Mit Artikel 2 des „Gesetz[es] zur Umsetzung der Richtlinien (EU) 2015/565 zur Einfuhr und zur Kodierung menschlicher Gewebe und Gewebezubereitungen“[530] und Artikel 2 des Gesetz[es] zur

---

520 *Kühn*, MedR 1998, 455 (455).

521 So *Lang*, MedR 2005, 269 (270).

522 *Lang*, MedR 2005, 269 (270), *ders.*, VSSR 2002, 21 (22).

523 Die Transplantation von Herzen, Lebern, Nieren, Lungen und Bauchspeicheldrüsen entwickelte sich in den Siebziger und Achtziger Jahren des letzten Jahrhunderts in der BRD zur üblichen Behandlungsmethode, vgl. dazu: *Rosenberg*, Die postmortale Organtransplantation, S. 27.

524 *Holznagel*, DVBl. 1997, 393 (400); *Lang*, MedR 2005, 269 (270); Nickel u.a. (Hrsg.), TPG, § 16 Rn. 21.

525 BGBl. I S. 2206.

526 BGBl. I S. 378.

527 BGBl. I S. 1990.

528 BGBl. I 2012, S. 2192 ff.

529 Vgl. auch *Engels*, WzS 2013, 199 (199).

530 BGBl. I S. 2623

Fortschreibung der Vorschriften für Blut- und Gewebezubereitungen und zur Änderung anderer Vorschriften“[531] erfolgten insbesondere Anpassungen solcher Vorschriften, die die Blut- und Gewebespende betreffen.

1. *Gesetz über die Qualität und Sicherheit von menschlichen Geweben und Zellen*

Erste inhaltliche Änderungen erfuhr des TPG mit dem „Gesetz über Qualität und Sicherheit von menschlichen Geweben und Zellen“ (Gewebegesetz)[532] vom 20.06.2007, welches am 01.08.2007 in Kraft trat.[533] Das Gewebegesetz diente dabei der Umsetzung der „Richtlinie 2004/23/EG vom 31.03.2004 zur Festlegung von Qualitäts- und Sicherheitsstandards für die Spende, Testung, Verarbeitung, Konservierung, Lagerung und Verteilung von menschlichen Geweben und Zellen (EG-Geweberichtlinie)“[534].[535] Anpassungen erfolgten mit diesem Artikelgesetz unter anderem im Arzneimittelgesetz, im Transfusionsgesetz, in der Apothekenbetriebsordnung sowie der Betriebsverordnung für Arzneimittelgroßhandelsbetriebe und anderen Rechtsvorschriften.[536] Das TPG war von diesen Änderungen ebenfalls betroffen, weil dort ein gemeinsamer Regelungsrahmen der Spende und Entnahme nicht nur für die verschiedenen menschlichen Organe, sondern auch für menschliches Gewebe zwecks Übertragung auf einen anderen Menschen, geschaffen worden ist.

Dabei sind ergänzende, umfangreiche Regelungen in das TPG aufgenommen worden, die auf hohe Qualitäts- und Sicherheitsstandards bei sämtlichen Vorgängen von der Spende bis zur Übertragung menschlichen Gewebes und menschlicher Zellen abzielen. Insofern wurde der Geltungsbereich des Gesetzes gleichzeitig auch auf menschliche Zellen erweitert.[537] In § 9 Abs. 2 S. 1 TPG ist außerdem ein ausdrücklicher Vorrang der Organspende vor der Gewebespende

---

531 BGBl. I S. 2757
532 BGBl. I, S. 1574.
533 BGBl. I, S. 2206 f.
534 Richtlinie 2004/23/EG vom 31.03.2004 zur Festlegung von Qualitäts- und Sicherheitsstandards für die Spende, Beschaffung, Testung, Verarbeitung, Konservierung, Lagerung und Verteilung von menschlichen Geweben und Zellen (EG-Geweberichtlinie - ABl EG Nr. L 102, 7.4.2004, S. 48).
535 Vgl. BT-Drs. 16/3146, S. 1, 21.
536 BGBl. I, S. 1574.
537 BT-Drs. 16/3146, S. 21.

normiert worden.[538] Dies sollte besonders hervorheben, dass eine medizinisch mögliche Organübertragung in keinem Fall durch die Entnahme von Geweben beeinträchtigt werden darf.[539] Das System der Spende, Entnahme und Übertragung vermittlungspflichtiger Spenderorgane war von den Änderungen ansonsten jedoch nicht weiter betroffen.[540]

2. Gesetz zur Änderung des Transplantationsgesetzes

Mit dem „Gesetz zur Änderung des Transplantationsgesetzes"[541] vom 21.07.2012 wurde die OS-RL[542] in das deutsche Recht umgesetzt. Dazu sollte im Recht der Mitgliedstaaten die Festlegung einheitlicher, EU-weiter Qualitäts- und Sicherheitsstandards in der Bereitstellungsorganisation sowie der Anforderungen an die Charakterisierung von Spenderorganen und eines Systems der Rückverfolgbarkeit sowie der Meldung schwerwiegender Zwischenfälle und unerwünschter Reaktionen im Transplantationswesen erfolgen.[543] Grundlegende Änderungen des Systems waren dafür nach Einschätzung des Gesetzgebers nicht erforderlich;[544] es erfolgten aber gewisse Modifikationen in organisationsstruktureller Hinsicht.[545] Neben Änderungen an insgesamt vierzehn Paragrafen des TPG[546] wurden die §§ 9a, 9b und 10a TPG neu in das Gesetz eingefügt.

Weil die OS-RL die Registrierung der zu Entnahmezwecken tätigen Krankenhäuser verlangt, ist zunächst ein neuer § 9a in das TPG eingefügt worden, der einheitliche Mindestanforderungen an die Entnahmekrankenhäuser festlegt und bestimmt, dass die diese Anforderungen erfüllenden Krankenhäuser durch die jeweils zuständigen Behörden gegenüber der Koordinierungsstelle benannt werden. § 9a Abs. 2 TPG verpflichtet die entsprechend benannten Krankenhäuser dazu, die danach für den Transplantationsablauf erforderlichen Aufgaben eines Entnahmekrankenhauses wahrzunehmen. In Umsetzung der Qualitäts- und Sicherheitsvorgaben der OS-RL ist im TPG ferner mit dem neu geschaffenen § 9b TPG ausdrücklich eine gesetzliche Pflicht der Entnahmekrankenhäuser

538 BGBl. I, S. 2214. Der Bundesrat und die Bundesregierung stimmten darin überein, dass dieser Vorrang deutlich hervorgehoben werden müsse, vgl. BT-Drs. 16/3146, S. 61.
539 BT-Drs. 16/3146, S. 33.
540 So auch *Norba*, Rechtsfragen der Transplantationsmedizin, S. 89.
541 BGBl. I 2012, S. 1601.
542 Siehe Fn. 443.
543 BT-Drs. 17/7376, S. 1, 14.
544 BT-Drs. 17/7376, S. 14.
545 *Engels*, WzS 2013, 199 (199).
546 §§ 1a, 7, 8, 9, 10, 11, 12, 13, 13b, 13c, 14, 15, 16, 20 TPG.

eingefügt worden, fachlich qualifizierte Transplantationsbeauftragte zu bestellen.[547] § 9b Abs. 1 TPG enthält Vorgaben zu der grundsätzlichen organisatorischen Stellung des Transplantationsbeauftragten im Entnahmekrankenhaus und sichert dessen Unabhängigkeit. In § 9b Abs. 2 TPG wird festgelegt, für welche Tätigkeiten der Transplantationsbeauftrage insbesondere verantwortlich sein soll. Die weitere Ausgestaltung des dort bestimmten Rahmens ist gemäß § 9a Abs. 3 TPG den Landesgesetzgebern übertragen worden.[548]

Gestärkt wurde mit der bundesgesetzlichen Umsetzung der OS-RL im Übrigen vor allem die Position der Koordinierungsstelle, welcher über organisationsrechtliche Neuregelungen[549] eine zentrale Rolle im umzusetzenden System für Qualität und Sicherheit zugedacht und neue Aufgaben zugewiesen wurden.

Nach dem neu eingefügten § 11 Abs. 1a TPG, welcher zunächst in S. 1 die Umschreibung aus § 2 Abs. 1 S. 1 des Koordinierungsstellenvertrags übernimmt,[550] wonach „die Koordinierungsstelle [...] die Zusammenarbeit zur Organentnahme bei verstorbenen Spendern und die Durchführung aller bis zur Übertragung erforderlichen Maßnahmen mit Ausnahme der Vermittlung von Organen durch die Vermittlungsstelle nach § 12 unter Beachtung der Richtlinien nach § 16 zu organisieren [habe], um die vorhandenen Möglichkeiten der Organspende wahrzunehmen und durch die Entnahme und Bereitstellung geeigneter Spenderorgane die gesundheitlichen Risiken der Organempfänger so gering wie möglich zu halten“, wird der Koordinierungsstelle nach S. 2 die Befugnis, übertragen, für sämtliche Schritte des Organspendeprozesses eigene, für die Entnahmekrankenhäuser und Transplantationszentren verbindliche, Verfahrensanweisungen zu erlassen.

Daneben wurde ihr in § 10a TPG die dort näher bestimmte Aufgabe der Organ- und Spendercharakterisierung zugewiesen.[551] Ihr ist aufgegeben worden, dazu jeweils eine Person zu beauftragen, die wiederum unter ärztlicher Anleitung und Beratung sicherstellt, dass Organe für eine Übertragung nur freigegeben werden, wenn nach ärztlicher Beurteilung die Organ- und Spendercharakterisierung ergeben hat, dass die Organe zur Übertragung geeignet sind. Damit ist den europarechtlichen Vorgaben aus der OS-RL entsprochen worden, die bestimmen, welche Angaben zur Charakterisierung des Spenderorgans und

547 BT-Drs. 17/7376, S. 14.

548 Vgl. zur Stellung des Transplantationsbeauftragen nach § 9b TPG auch *Weyd*, Jura 2013, 437 (441).

549 So *Engels*, WzS 2013, 199 (200).

550 BT-Drs. 17/7376, S. 22.

551 BT-Drs. 17/7376, S. 14. Vgl. auch *Engels*, in: Höfling (Hrsg.), TPG, § 10a Rn. 4.

des Spenders unter Qualitäts- und Sicherheitsaspekten zu erheben sind. Das Bundesministerium für Gesundheit ist insofern gemäß § 10a Abs. 4 TPG befugt, mit Zustimmung des Bundesrates und nach Anhörung der Bundesärztekammer und weiterer Sachverständiger Rechtsverordnungen zu erlassen, die Regelungen zur Organ- und Spendercharakterisierung und zum Transport der Spenderorgane betreffen.

Gemäß dem neu eingefügten § 11 Abs. 5 TPG obliegt es der Koordinierungsstelle, ein Verzeichnis über die Entnahmekrankenhäuser nach § 9a und die Transplantationszentren nach § 10 TPG zu führen. Sie veröffentlicht entsprechend der Vorgaben des § 11 Abs. 5 S. 2 Nrn. 1 bis 7 TPG einen jährlichen Bericht über die Tätigkeit der Entnahmekrankenhäuser und Transplantationszentren.

Neu geregelt wird ein in der OS-RL vorgesehenes System der Rückverfolgbarkeit und der Meldung schwerwiegender Zwischenfälle und schwerwiegender unerwünschter Reaktionen. Dazu hat der Gesetzgeber in den §§ 13 Abs. 1 und 12 Abs. 1 und 2 TPG grundlegende Anforderungen formuliert. Das Rückverfolgbarkeitssystem durchzuführen, obliegt wiederum der Koordinierungsstelle in Zusammenarbeit mit der Vermittlungsstelle. Sie kann dazu im Rahmen der Vorgaben des § 11 Abs. 1a nach den Nrn. 8 und 9 TPG Verfahrensanweisungen erlassen.[552] § 13 Abs. 4 TPG sieht vor, dass das Bundesministerium für Gesundheit durch Rechtsverordnung mit Zustimmung des Bundesrates in dem dort festgelegten Umfang das Verfahren regeln kann.

Gleichzeitig mit der Stärkung ihrer Positionen ist die Überwachung der Koordinierungsstelle wie auch der Vermittlungsstelle deutlicher im TPG betont worden. § 11 Abs. 3 TPG schreibt eine Überwachungskommission zur Kontrolle der Koordinierungsstelle vor. § 12 Abs. 5 TPG verpflichtet zur Gründung einer Prüfungskommission, die die Tätigkeiten der Vermittlungsstelle überwacht. Dazu haben jeweils die Auftraggeber dieser Institutionen, also der Spitzenverband Bund der Krankenkassen, die Bundesärztekammer und die Deutsche Krankenhausgesellschaft oder die Bundesverbände der Deutschen Krankenhausträger gemeinsam entsprechend der gesetzlichen Vorgaben zur Zusammensetzung nach § 11 Abs. 3 TPG eine Überwachungskommission beziehungsweise nach 12 Abs. 5 TPG eine Prüfungskommission einzusetzen.

§ 11 Abs. 1 S. 5 TPG weitet die Kontrolle der Vertragspartner über die Koordinierungsstelle darüber hinaus aus und verlangt, dass diese darauf achten, dass die Koordinierungsstelle die gesetzlichen Anforderungen des § 11 Abs. 1 S. 3 TPG – die Koordinierungsstelle muss danach auf Grund einer finanziell und

552 BT-Drs. 17/7376, S. 14 f.

organisatorisch eigenständigen Trägerschaft, der Zahl und Qualifikation ihrer Mitarbeiter, ihrer betrieblichen Organisation sowie ihrer sachlichen Ausgestaltung die Gewähr dafür bieten, dass die Koordinierungsstellentätigkeit den gesetzlichen Vorgaben entsprechend ausgeführt werden kann – erfüllt und nach den Grundsätzen der Wirtschaftlichkeit arbeitet. Die Koordinierungsstelle wird gesetzlich dazu verpflichtet, den Auftraggeberorganisationen finanzielle und organisatorische Entscheidungen unverzüglich vorzulegen sowie ihren Geschäftsbericht jährlich zu veröffentlichen.[553] Der Spitzenverband Bund der Krankenkassen, die Bundesärztekammer und die Deutsche Krankenhausgesellschaft oder die Bundesverbände der Krankenhausträger gemeinsam haben wiederum mit Änderung des TPG seit dem 01.08.2012 gemäß § 11 Abs. 1 S. 9 TPG sicherzustellen, dass die Koordinierungsstelle ihrer Veröffentlichungspflicht nachkommt.

Mit dem Gesetz zur Änderung des TPG hat auch § 16 TPG zum Richtlinienerlass der Bundesärztekammer gewisse Änderungen erfahren. Der Befugniskatalog aus § 16 Abs. 1 S. 1 TPG ist um die Nrn. 4c und 7 erweitert worden. Nach § 16 Abs. 1 S. 1 Nr. 7 TPG stellt die Bundesärztekammer „den Stand der medizinischen Wissenschaft in Richtlinien fest für die Anforderungen an die Aufzeichnungen der Lebendorganspende nach § 10 Absatz 2 Nummer 6." Diese Vorschrift diente der Umsetzung des Art. 15 Abs. 3 OS-RL. Die Aufzeichnungspflichten der Transplantationszentren sollen auf diese Weise näher konkretisiert werden.[554] Gemäß § 16 Abs. 1 S. 1 Nr. 4a TPG hat die Bundesärztekammer außerdem „den Stand der Erkenntnisse der medizinischen Wissenschaft in Richtlinien" festzustellen für „die Anforderungen an die im Zusammenhang mit einer Organentnahme zum Schutz der Organempfänger erforderlichen Maßnahmen einschließlich ihrer Dokumentation ergänzend zu der Organ- und Spendercharakterisierung nach § 10a, insbesondere an die Erkennung und Behandlung von Vorfällen bei einer Lebendorganspende, die mit der Qualität und Sicherheit des gespendeten Organs zusammenhängen können, oder von schwerwiegenden unerwünschten Reaktionen beim lebenden Spender, die im Rahmen seiner Nachbetreuung festgestellt werden." Diese Richtlinienkompetenz umfasst Feststellungen dazu,

553 § 11 Abs. 1 S. 6, 8 TPG.

554 BT-Drs. 17/7376, S. 26. Vgl. auch *Woinikow*, Richtlinien der Transplantationsmedizin, S. 371 f.

wie eine Nachsorge des Lebendorganspenders und Lebendorganempfängers zu erfolgen hat, um die in Nr. 4c benannten Vorfälle zu erkennen.[555]

§ 16 Abs. 2 TPG wurde außerdem dahingehend ergänzt, dass die Bundesärztekammer das Verfahren für die Erarbeitung der Richtlinien nach § 16 Abs. 1 TPG und die Beschlussfassung festzulegen hat. Bei der Erarbeitung der Richtlinien wird nun von Gesetzeswegen die angemessene Beteiligung von Sachverständigen der betroffenen Fach- und Verkehrskreise, einschließlich des Spitzenverbandes Bund der Krankenkassen, der Deutschen Krankenhausgesellschaft, der Deutschen Transplantationsgesellschaft, der Koordinierungsstelle nach § 11 TPG, der Vermittlungsstelle nach § 12 TPG und der zuständigen Behörden der Länder vorgesehen.[556]

3. Gesetz zur Regelung der Entscheidungslösung im Transplantationsgesetz

Mit dem „Gesetz zur Regelung der Entscheidungslösung im Transplantationsgesetz“[557] vom 12.07.2012 wurde das mit dem TPG verfolgte Ziel, die Spendebereitschaft der Bevölkerung zu erhöhen, ausdrücklich in § 1 Abs. 1 TPG normiert.[558] Diese soll gefördert werden, indem die Bürgerinnen und Bürger in die Lage versetzt werden, sich regelmäßig mit ihrer Spendebereitschaft zu beschäftigen und eine eigene Erklärung darüber abzugeben.

Die bis dahin im Gesetz zu Grunde gelegte erweiterte Zustimmungslösung wurde aus diesem Grund in eine Entscheidungslösung „umgewandelt“.[559] Ausweislich der beibehaltenen Konzeption der §§ 3 Abs. 1 Nr. 1, 4, 4a TPG handelt es sich insofern um eine bloße Modifikation der weiterhin gleichbleibenden Einwilligungsvoraussetzungen zur Organentnahme.[560] Um die erweiterte Zustimmungslösung zu ermöglichen, sind die allgemeinen Aufklärungspflichten im Gesetz konkretisiert worden. Außerdem soll die Bevölkerung aufgefordert werden, sich mit der eigenen Spendebereitschaft zu beschäftigen, eine Erklärung abzugeben und diese zu dokumentieren.[561] § 2 TPG regelt detailliert in welchem

---

555 *Woinikow*, Richtlinien der Transplantationsmedizin, S. 371 f. Dabei geht es um Vorfälle, die mit der Qualität und Sicherheit des gespendeten Organs zusammenhängen können sowie um schwerwiegende unerwünschte Reaktionen beim Spender.

556 Vgl. BGBl. I., S. 1601.

557 BGBl. I, S. 1504.

558 BT-Drs. 17/9030, S.7.

559 BT-Drs- 17/9030 S. 4.

560 So auch *Woinikow*, Richtlinien der Transplantationsmedizin, S. 382 f.

561 Vgl. § 1 Abs. 1 TPG.

Umfang, welcher Form und durch welche Stellen aufgeklärt werden soll. Dabei sind Landes- und Bundesbehörden, die Gesetzlichen Krankenkassen und die privaten Krankenversicherungsunternehmen stärker als bisher in die Pflicht genommen worden, geeignetes Informationsmaterial zur Organ- und Gewebespende auszugeben.[562]

4. *Gesetz zur Beseitigung sozialer Überforderung bei Beitragsschulden in der gesetzlichen Krankenversicherung*

Mit Wirkung zum 01.08.2013 ist das „Gesetz zur Beseitigung sozialer Überforderung bei Beitragsschulden in der gesetzlichen Krankenversicherung" vom 15.07.2013 in Kraft getreten.[563] Dieses Änderungsgesetz, das vornehmlich darauf abzielte, durch die Anpassung der gesetzlichen Regelungen Beitragsschuldner der gesetzlichen Krankenversicherung vor einer weiteren Überschuldung zu schützen und eine finanzielle Belastung der Versicherungsgemeinschaft zu vermeiden,[564] wurde als sogenanntes Omnibusgesetz ausgestaltet[565] und bewirkte mit Art. 5d auch Änderungen des TPG. Damit reagierte der Gesetzgeber vornehmlich auf Auffälligkeiten in verschiedenen Transplantationszentren, die einen Manipulationsverdacht nahelegten.[566] Die Änderungen gemäß Art. 5d betrafen die §§ 10, 16 und 19 TPG.

Zur Tätigkeit der Transplantationszentren wurde § 10 Abs. 3 TPG neu eingefügt. Dieser bestimmt, dass die für das Führen der Warteliste erforderlichen patientenbezogenen Angaben von einem Arzt oder einer von diesem beauftragen Person zu erheben, zu dokumentieren und an die Vermittlungsstelle zu übermitteln sind. § 10 Abs. 3 S. 2 TPG enthält darauf abgestimmte Verbotsvorschriften. Es ist danach untersagt, den Gesundheitszustand eines Patienten unrichtig zu erheben oder unrichtig zu dokumentieren oder einen unrichtigen Gesundheitszustand zu übermitteln, um damit Patienten bei dem Führen der einheitlichen Warteliste zu bevorzugen. Der „absichtlich[e]" Verstoß gegen § 10

---

562 Vgl. dazu weiterführend etwa *Jasper*, DVBl. 2013, 151 (151 ff.); *Mohammadi/Hampe*, WzS 2013, 78 (78 ff.); *Neft*, MedR 2013, 82 (82 ff.); *Otto*, Jura 2012, 745 (745 ff.); *Weyd*, Jura 2013, 437 (437 ff.).

563 BGBl. I, 2423.

564 Vgl. BT-Drs. 17/13947, S. 2 f.

565 *Lang*, in: Höfling (Hrsg.), TPG, Nachtrag § 10 TPG Rn. 58. Ein Omnibusgesetz meint ein Gesetz, das Änderungen, die inhaltlich in keinem Zusammenhang stehen, umfasst und in einem gemeinsamen Artikelgesetz zusammenführt.

566 Vgl. BT-Drs. 17/13947, S. 40; dazu auch *Engels*, WzS 2013, 199 (199); *Lang*, in: Höfling (Hrsg.), TPG, Nachtrag § 10 TPG Rn. 58.

Abs. 3 S. 2 TPG ist nach dem neu eingeführten § 19 Abs. 2a TPG mit einer Freiheitsstrafe von bis zu 2 Jahren oder mit Geldstrafe bedroht. Diese Vorschriften sollen ein gerechtes Verteilungsverfahren entsprechend den gesetzlichen Vorgaben gewährleisten und zukünftige Manipulationsversuche unterbinden. Erwartet wurde, auf diese Weise das Vertrauen in das Verteilungssystem des TPG wiederherzustellen und zu stärken.[567]

Daneben ist auch § 16 TPG um neue Regelungen ergänzt worden. Gemäß dem eingefügten § 16 Abs. 2 S. 2 TPG sind die Richtlinien der Bundesärztekammer nach § 16 Abs. 1 TPG nunmehr zu begründen. Dabei ist die Feststellung des Standes der medizinischen Wissenschaft nachvollziehbar darzulegen. Dies soll, so die Gesetzesbegründung, zu einem besseren Verständnis und Transparenz der Richtlinien insbesondere in der Praxis beitragen.[568] Mit der Einführung des § 16 Abs. 3 TPG ist darüber hinaus bestimmt worden, dass die zu erlassenden Richtlinien sowie deren Änderungen dem Bundesministerium für Gesundheit zur Genehmigung vorzulegen sind. Diesem wird die Möglichkeit eröffnet, im Rahmen dieses Genehmigungsvorbehaltes von der Bundesärztekammer zusätzliche Informationen oder ergänzende Stellungnahmen anzufordern.

5. *Gesetz zur Einführung eines Transplantationsregisters und zur Änderung weiterer Gesetze*

Mit dem „Gesetz zur Errichtung eines Transplantationsregisters und zur Änderung weiterer Gesetze“ vom 11.10.2016[569] ist zum 01.11.2016 ein neuartiges, nationales und zentrales Transplantationsregister ist das System des Organtransplantationswesens eingeführt worden. Damit wird das Ziel verfolgt, sämtliche im Bundesgebiet anlässlich des Organspende- und Organtransplantationsprozesses einschließlich der Nachsorge erhobenen Daten bei einer zentralen Stelle zu bündeln und zu verknüpfen, dadurch eine einheitliche und gesicherte Datengrundlage zu schaffen und in dieser Form zur Weiterentwicklung der Transplantationsmedizin und zur Optimierung der Verteilungsentscheidungen beizutragen.[570] Ein nationales Transplantationsregister soll die Transparenz

567 BT-Drs. 17/13947, S. 53; *Lang*, in: Höfling (Hrsg.), TPG, Nachtrag § 10 TPG Rn. 59; *Engels*, WzS 2013, 199 (201).

568 BT-Drs. 17/13947, S. 40.

569 BGBl. I, S. 2233 (Nr. 48)

570 Pressemitteilung Nr. 32 des Bundesministeriums für Gesundheit vom 08.07.2016, http://www.bundesgesundheitsministerium.de/fileadmin/Dateien/4_Pressemitteilungen/2016/2016_3/160707_32_PM_2_3_Lesung_Transplantationsregistergesetz.pdf (zuletzt abgerufen am 20.01.2019).

in der Organspende und -transplantation erhöhen, zu einer Verbesserung der Datengrundlagen beitragen und die transplantationsmedizinische Versorgung und Forschung fördern.[571] Im Einzelnen soll es zur Weiterentwicklung der Regelungen nach § 10 Abs. 2 S. 1 Nr. 2 TPG zur Aufnahme auf die Warteliste, zur Weiterentwicklung der Organ- und Spendercharakterisierung und ihrer Bewertung, zur Weiterentwicklung von Konservierung, Aufbereitung, Aufbewahrung und Beförderung von Organen nach § 16 Abs. 1 S. 2 Nr. 4b TPG, zur Bewertung sogenannter schwerwiegender Zwischenfälle und schwerwiegender unerwünschter Reaktionen, zur Weiterentwicklung der Regeln der Organvermittlung nach § 12 Abs. 3 S. 1 TPG, zur Verbesserung der Qualität der transplantationsmedizinischen Versorgung sowie Nachsorge und zur Unterstützung der Organspende und Transplantation beitragen.[572]

Dazu hat das TPG umfangreiche Änderungen und Ergänzungen erfahren. Insbesondere sind nunmehr neue Institutionen im Transplantationswesen – die Transplantationsregisterstelle, die Vertrauensstelle und der Fachbeirat – vorgesehen. Insgesamt wird anhand der gesetzlichen Veränderungen deutlich, dass der Gesetzgeber das mit dem TPG verfolgte Konzept der Errichtung kooperativer, staatlich-gesellschaftlicher Strukturen als Regelungsmodell beibehalten und deren vielschichtige Ausprägungen sogar verstärkt hat. So sind Formulierungen aus den transplantationsgesetzlichen Rechtsnormen zur Einsetzung der Koordinierungs- und Vermittlungsstelle wortgleich in die neuen Normenstrukturen übernommen worden. Die auch bisher als Auftraggeber im Transplantationswesen fungierenden Spitzenverbände des Gesundheitswesens haben mit der Einführung der gesetzlichen Regelungen zum nationalen Transplantationsregister erheblich an Aufgaben hinzugewonnen. Ihnen kommen – wie im Folgenden gezeigt werden soll – neue und relevante Aufgaben insbesondere des Vertragsschlusses und der Vertragsüberwachung, aber auch der Regelsetzung, zu.

In das TPG ist zur Einführung des Transplantationsregisters ein Abschnitt 5a neu eingefügt worden, in dem, in insgesamt neun einzelnen Normen (§§ 15a bis 15i TPG), umfangreiche Festlegungen getroffen wurden. Daneben sind Anpassungen in den §§ 2, 12, 14 und 15 TPG erfolgt.

§ 15a TPG normiert den – soeben erörterten – Zweck des nationalen Transplantationsregisters. Zur Umsetzung der damit verbundenen Aufgaben bestimmt § 15b Abs. 1 TPG die Errichtung und den Betrieb einer Transplantationsregisterstelle. Dazu soll, ganz im Sinne des Konzeptes des TPG, vom

571 Vgl. § 15a TPG.

572 § 15a Nrn. 1 bis 7 TPG.

Spitzenverband Bund der Krankenkassen, der Bundesärztekammer und der Deutschen Krankenhausgesellschaft oder den Bundesverbänden der Krankenhausträger gemeinsam eine geeignete Einrichtung mit diesen Aufgaben beauftragt werden. Der Gesetzgeber hat sich auf die Festlegung in § 15b Abs. 1 S. 2 TPG beschränkt, dass die Transplantationsregisterstelle „auf Grund einer finanziell und organisatorisch eigenständigen Trägerschaft, der Qualifikation ihrer Mitarbeiter sowie ihrer sachlichen und technischen Ausgestaltung gewährleisten" müsse, „dass sie die ihr [...] übertragenen Aufgaben erfüllen kann." Eine Einrichtung muss also insbesondere die Voraussetzungen erfüllen, nach § 15b Abs. 2 TPG in der dort vorgegebenen Arbeitsweise das Transplantationsregister führen zu können. Der Gesetzgeber hat insofern festgelegt, welche Tätigkeiten „insbesondere" vorzunehmen sind. Wie schon bei der Koordinierungs- und der Vermittlungsstelle ist es über diesen Rahmen hinaus auch nach § 15b Abs. 4 TPG den Auftraggebern überlassen, im Einvernehmen mit dem Verband der Privaten Krankenversicherung, durch Vertrag das Nähere zu den Aufgaben, dem Betrieb und der Finanzierung der Transplantationsregisterstelle zu vereinbaren. Dieser Vertrag wirkt Kraft gesetzlicher Anordnung auch für die nach § 15e Abs. 1 S. 1 TPG zur Übermittlung von transplantationsmedizinischen Daten Verpflichteten.[573] Die wesentlichen Vertragsgegenstände sind gesetzlich in § 15 b Abs. 4 S. 1 Nrn. 1 bis 10 TPG festgeschrieben worden. Der Transplantationsregisterstellenvertrag bedarf gemäß § 15b Abs. 5 S. 1 TPG, wie auch seine Änderungen, der Genehmigung durch das Bundesministerium für Gesundheit. Der Vertrag und die eventuellen Änderungen sind jeweils im Bundesanzeiger bekannt zu machen. Bei diesem Genehmigungserfordernis handelt es sich um die Einrichtung einer Rechtsaufsicht. § 15b Abs. 5 S. 2 TPG sieht vor, dass die Genehmigung zu erteilen ist, wenn der Vertrag beziehungsweise seine Änderungen den Vorschriften des TPG und sonstigem Recht entsprechen. Die Einhaltung der Vertragsbestimmungen soll gemäß § 15b Abs. 6 TPG von den auftraggebenden Spitzenverbänden überwacht werden.

Nach ähnlicher Konzeption sieht § 15c TPG die Einrichtung einer Vertrauensstelle vor, welche die personenbezogenen Organspender- und Organempfängerdaten pseudonymisiert. Diese soll gemäß § 15c Abs. 1 S. 1 TPG durch den Spitzenverband Bund der Krankenkassen, die Bundesärztekammer und die Deutsche Krankenhausgesellschaft oder die Bundesverbände der Krankenhausträger gemeinsam beauftragt werden. Sie muss von der Transplantationsregisterstelle räumlich, technisch, organisatorisch und personell getrennt sein.

573 Vgl. § 15b Abs. 4 S. 1 TPG.

Den Vertragsparteien ist insofern auferlegt worden, im Einvernehmen mit dem Verband der Privaten Krankenversicherung mittels Vertrags die nähere Ausgestaltung der Aufgaben der Vermittlungsstelle, zum Verfahren der Datenpseudonymisierung, der Zusammenführung der Datensätze sowie zur Finanzierung der Vertrauensstelle zu bestimmen. Gesetzlich vorgeschrieben ist dabei, dass das Einvernehmen des Bundesbeauftragten für den Datenschutz und die Informationsfreiheit über bestimmte Regelungen eingeholt und das Bundesamt für Sicherheit in der Informationstechnik im gesetzlich vorgesehenen Maße beteiligt wird.[574] Der Vertrag bedarf nebst seiner Änderungen gemäß § 15c Abs. 4 TPG der Genehmigung durch das Bundesministerium für Gesundheit. Diese ist zu erteilen, wenn der Vertrag beziehungsweise die Vertragsänderung den Vorschriften des TPG und sonstigem Recht entspricht. Der Vertrauensstellenvertrag und eventuelle Änderungen sind im Bundesanzeiger bekanntzumachen. Die Überwachung der Einhaltung der dort vereinbarten Bestimmungen obliegt gemäß § 15c Abs. 5 TPG den beauftragenden Parteien.

Der neu eingeführte § 15d Abs. 1 TPG sieht die Einrichtung eines Fachbeirates bei der Transplantationsregisterstelle aus Vertretern der Koordinierungsstelle, der Vermittlungsstelle, des G-BA, der Überwachungs- und Prüfungskommission, der Deutschen Transplantationsgesellschaft sowie von Patientenorganisationen vor. Dieser hat nach § 15d Abs. 2 TPG die Funktion, die Transplantationsregisterstelle und die Vertrauensstelle zu beraten und zu unterstützen. Eine nähere Bestimmung der Zusammensetzung des Fachbeirates, seiner Arbeitsweise und des Verfahrens regeln der Spitzenverband Bund der Krankenkassen, die Bundesärztekammer und die Deutsche Krankenhausgesellschaft oder die Bundesverbände der Krankenhausträger gemeinsam im Einvernehmen mit dem Verband der Privaten Krankenversicherung in einer Geschäftsordnung, die sie dem Fachbeirat geben.[575]

Die §§ 15e bis 15g TPG betreffen die zur Einrichtung und Führung des nationalen Transplantationsregisters erforderlichen Datenübermittlungen und Datenweitergaben. § 15e TPG bestimmt die Voraussetzungen einer Datenübermittlung der übrigen Akteure des Transplantationswesens an die Transplantationsstelle und die Vertrauensstelle. § 15e Abs. 1 TPG legt dazu fest, welche Einrichtungen Daten zu übermitteln haben, § 15e Abs. 2 TPG konkretisiert die zu übermittelnden transplantationsmedizinischen Daten. Soweit es sich um personenbezogene Daten handelt, sind diese von den Akteuren vor einer Übermittlung

574 Vgl. § 15c Abs. 3 TPG.
575 § 15d Abs. 3 TPG.

an die Transplantationsregisterstelle der Vertrauensstelle nach § 15c TPG zur Pseudonymisierung zuzuleiten, § 15e Abs. 3 TPG. Es ist den auftraggebenden Spitzenverbänden des Transplantationswesens – dem Spitzenverband Bund der Krankenkassen, der Bundesärztekammer, der Deutschen Krankenhausgesellschaft oder den Bundesverbänden der Krankenhausträger gemeinsam – wiederum gemäß § 15e Abs. 4 TPG überlassen worden, im Einvernehmen mit dem Verband der Privaten Krankenversicherung sowie dem Bundesbeauftragten für den Datenschutz und die Informationsfreiheit unter Beteiligung des Fachbeirates das Verfahren über die Übermittlung der Daten festzulegen. Die Übermittlung der transplantationsmedizinischen Daten an die Transplantationsregisterstelle erfolgt danach auf der Grundlage eines bundeseinheitlichen Datensatzes, der auf Vorschlag des Bundesfachbeirates von den benannten Spitzenverbänden des Gesundheitswesens im Einvernehmen mit dem Verband der Privaten Krankenversicherung und dem Bundesbeauftragten für den Datenschutz und die Informationssicherheit vereinbart und im Bundesanzeiger bekannt gemacht wird, § 15e Abs. 5 TPG. Bei der Vereinbarung des bundesweit einheitlichen Datensatzes sind die Richtlinien der Bundesärztekammer nach § 16 Abs. 1 S. 1 TPG sowie die Richtlinien und Beschlüsse des G-BA nach den §§ 136 bis 136c SGBV zu beachten. § 15f TPG betrifft die Datenübermittlung durch die Transplantationsregisterstelle und räumt dazu die Möglichkeit ein, Daten im Rahmen eines automatisierten Ablaufverfahrens zu übermitteln.[576] Dieses Verfahren wird wiederum durch den Spitzenverband Bund der Krankenkassen, die Bundesärztekammer und die Deutsche Krankenhausgesellschaft oder die Bundesverbände der Krankenhausträger gemeinsam unter Beteiligung des Fachbeirates sowie im Einvernehmen mit dem Verband der Privaten Krankenversicherung und dem Bundesbeauftragten für den Datenschutz und die Informationsfreiheit in einer Verfahrensordnung festgelegt.[577] § 15g TPG regelt die Datenübermittlung durch die Transplantationsregisterstelle zu Forschungszwecken und den Datenaustausch und eröffnet die Möglichkeit, Daten in anonymisierter Form[578] oder pseudonymisierter Form[579] weiterzugeben. Eine solche Übermittlung kann nur auf Antrag erfolgen, über den gemäß § 15g Abs. 2 S. 2 TPG die Spitzenverbände des Gesundheitswesens im Einvernehmen mit der Privaten Krankenversicherung und nach Anhörung des Fachbeirates entscheiden.

576 § 15f Abs. 1 S. 2 TPG.
577 § 15f Abs. 2 TPG.
578 § 15g Abs. 1 TPG.
579 § 15g Abs. 2 S. 1 TPG.

Die Löschungs- und Aufbewahrungsfristen für Daten der Transplantationsregisterstelle und der Vertrauensstelle bestimmt § 15h TPG. § 15i TPG sieht schließlich Verordnungsermächtigungen des Bundesministeriums für Gesundheit vor. Sofern ein Transplantationsregisterstellenvertrag nach § 15b Abs. 4 TPG bis zum 01.11.2019 nicht zustande kommt, bestimmt danach das Bundesministerium in einer Rechtsverordnung mit der Zustimmung des Bundesrates eine Transplantationsregisterstelle. Außerdem soll die Rechtsverordnung nähere Regelungen zu den Aufgaben, dem Betrieb und der Finanzierung der Transplantationsregisterstelle enthalten. Gleiches gilt, wenn ein Vertrag mit der Vertrauensstelle nach § 15c Abs. 3 TPG nicht bis zu diesem Datum abgeschlossen wird. Für diesen Fall benennt das Bundesministerium für Gesundheit eine Vertrauensstelle und regelt das Nähere zu deren Aufgaben, zu dem Verfahren der Datenpseudonymisierung, dem Verfahren der Zusammenführung der Daten sowie zur Finanzierung der Vertrauensstelle.

II. Regelungen zur Organtransplantation auf Landesebene

Die gesetzlichen Regelungen zur Transplantation von Organen, Geweben und Zellen unterfallen gemäß Art. 74 Abs. 1 Nr. 26 GG dem Bereich der konkurrierenden Gesetzgebung. Der Bundesgesetzgeber hat nach Art. 72 Abs. 2 GG das Gesetzgebungsrecht auf diesem Gebiet, wenn und soweit die Herstellung gleichwertiger Lebensverhältnisse im Bundesgebiet oder die Wahrung der Rechts- oder Wirtschaftseinheit im gesamtstaatlichen Interesse eine bundesgesetzliche Regelung erforderlich macht. Beim Transplantationsrecht wird eine bundeseinheitliche Normsetzung als zur Wahrung der Rechtseinheit erforderlich angesehen. Bei unterschiedlichen Regelungen in den Ländern bestünde ansonsten die konkrete Gefahr, dass die erforderlichen gleichwertigen Qualitäts- und Sicherheitsanforderungen bei der Entnahme und Übertragung von Organen insgesamt oder teilweise im Bundesgebiet nicht erreicht würden.[580] Ferner entsprächen bundesgesetzliche Regelungen dem gesamtstaatlichen Interesse. Bei unterschiedlichen, voneinander abweichenden Regelungen im Bundesgebiet müsse eine unzumutbare Behinderung für die betroffenen Verkehrskreise, insbesondere Krankenhäuser, Koordinierungsstelle und Transportunternehmen, befürchtet werden.[581]

Den Ländern obliegt aber weiterhin nach Art. 74 Abs. 1 Nr. 19a, 72 Abs. 1, 2 GG die Gesetzgebungskompetenz für die wirtschaftliche Sicherung der

580 BT-Drs. 17/7376, S. 16.
581 BT-Drs. 17/7376, S. 16.

Krankenhäuser. Der Bundesgesetzgeber hat von einer konkurrierenden Gesetzgebungskompetenz auf diesem Kompetenzgebiet keinen Gebrauch gemacht.[582] Über diesen Kompetenztitel sind auch die einzelnen Bundesländer als normgebende Akteure in das Organtransplantationswesen eingebunden. So sieht es der Transplantationsgesetzgeber im Zusammenhang mit der Krankenhausplanung und -finanzierung als deren Aufgabe an, die strukturellen Grundlagen für eine Zusammenarbeit nach § 11 Abs. 4 TPG für die Entnahmekrankenhäuser und Transplantationszentren des jeweiligen Bundeslandes zu sichern.[583] Darüber hinaus sind die Länder gemäß der ausdrücklichen Zuweisung aus § 9b Abs. 3 TPG verpflichtet, die mit dem „Gesetz zur Änderung des Transplantationsgesetzes" seit 2012 in § 9b TPG normierte Bestellung von Transplantationsbeauftragten in den Entnahmekrankenhäusern näher auszugestalten.[584] Dabei sollen insbesondere Bestimmungen zur Einsetzung, Qualifikation, organisationsrechtlichen Stellung und Freistellung von Transplantationsbeauftragen vorgesehen werden.[585] Landesgesetzliche Regelungen zur Ausführung des TPG sind in sämtlichen Bundesländern – wenn auch mit unterschiedlicher Regelungsdichte – erlassen worden. Teils ist dies mittels Verabschiedung von Ausführungsgesetzen zum TPG geschehen, teils durch die Änderung bereits bestehender Gesetze.[586]

III. Untergesetzliche Regelsetzung

Die Steuerung und Regulierung des Transplantationswesens erfolgt nicht allein über die parlamentsgesetzliche Normsetzung in Form des TPG. Weil es sich bei den dortigen Bestimmungen zumeist um ausfüllungsbedürftige Rahmensetzungen, Zielvorgaben und Direktiven handelt, ist das TPG auf eine weitere Regelbildung für die dort strukturierten Abläufe der Organspende, -entnahme und -übertragung auf untergesetzlicher Ebene angewiesen. Dabei sind die Entscheidungsprozesse des Transplantationswesens auf eine Weise strukturiert, dass die an den Transplantationsprozessen beteiligten Akteure und Betroffenen mit eingebunden sind. Die hier erfolgenden Regelsetzungen sollen im Folgenden freilich bloß grob umrissen werden.

---

582 *Rosenberg*, Die postmortale Organtransplantation, S. 102.

583 BT-Drs. 31/4355, S. 25.

584 Vgl. dazu auch *Neft*, MedR 2013, 82 (85).

585 Vgl. Bericht der Bundesregierung über den Fortgang der eingeleiteten Reformprozesse, mögliche Missstände und sonstige aktuelle Entwicklungen in der Transplantationsmedizin, BT-Drs. 18/3566, S. 14.

586 Dazu weiterführend *Rosenberg*, Die postmortale Organtransplantation, S. 102 ff.

1. Rechtsverordnungen des Bundesministeriums für Gesundheit

Das TPG sieht an mehreren Stellen die Befugnis vor, dass das Bundesministerium für Gesundheit bestimmte Aspekte des Rechts der Organspende mittels exekutiver Rechtsverordnungen ausgestaltet. So wird nach § 2 Abs. 3 TPG ermöglicht, durch Rechtsverordnung einer Stelle die Aufgabe zu übertragen, ein Organ- und Gewebespenderregister zu führen. Gemäß § 10a Abs. 4 TPG kann das Bundesministerium für Gesundheit außerdem eigene inhaltliche Vorgaben zur Organ- und Spendercharakterisierung und zum Transport von Spenderorganen verfassen und gemäß § 13 Abs. 4 TPG Verfahrensregeln betreffend den Umgang mit schwerwiegenden Zwischenfällen und unerwünschten Reaktionen im dort bestimmten Umfang formulieren.

2. Regelsetzung durch die Akteure des Transplantationswesens

Daneben findet eine Regelsetzung im Rang unterhalb des Parlamentsgesetzes in ganz unterschiedlichen Verfahrensweisen durch die gesellschaftlichen Akteure des Transplantationswesens statt.

Als prominentestes Beispiel der untergesetzlichen Regelsetzung im Transplantationsrecht ist wohl der Richtlinienerlass durch die Bundesärztekammer nach § 16 Abs. 1 S. 1 TPG zu nennen. Nach dieser Vorschrift stellt die Bundesärztekammer den Stand der Erkenntnisse der medizinischen Wissenschaft in Richtlinien fest. Diese Befugnis bezieht sich auf weitreichende Themenbereiche und betrifft die „zentralen Eckdaten des transplantationsmedizinischen Systems“.[587] Eine besonders hervorgehobene Bedeutung kommt vor allem den Richtlinien zu, die die Bundesärztekammer für Regeln zur Feststellung des Todes und die Verfahrensregeln zur Feststellung des endgültigen, nicht behebbaren Ausfalls der Gesamtfunktion des Großhirns, des Kleinhirns und des Hirnstamms erstellen soll,[588] sowie denjenigen zur Aufnahme auf die Warteliste[589] und für die Organvermittlung.[590] Die im TPG getroffenen und eher vagen Festlegungen – teils wird dort mit unbestimmten Rechtsbegriffen gearbeitet – gilt es durch die Bundesärztekammer zu konkretisieren und auszufüllen.[591] Dabei kommt der

587 *Höfling*, in: Höfling (Hrsg.), TPG, § 16 Rn. 32.
588 § 16 Abs. 1 S. 1 Nr. 1 TPG.
589 § 16 Abs. 1 S. 1 Nr. 2 TPG.
590 § 16 Abs. 1 S. 1 Nr. 5 TPG.
591 *Bader*, Organmangel und Organverteilung, S. 134 ff.

Bundesärztekammer mitunter ein erheblicher Bewertungsspielraum zu,[592] etwa wenn für die Richtlinien der Organvermittlung gesetzlich allein vorgegeben ist, dass Organe nach Regeln, die dem Stand der Erkenntnisse der medizinischen Wissenschaft entsprechen, insbesondere nach Erfolgsaussicht und Dringlichkeit einer Transplantation für geeignete Empfänger einer bundeseinheitlichen Warteliste zu vermitteln seien.[593] Vielfach wird daraus geschlussfolgert, normativ-steuernde Entscheidungen zu wichtigen Fragen der Transplantationsmedizin würden regelmäßig nicht etwa im TPG, sondern erst durch die Richtlinien der Bundesärztekammer getroffen werden.[594] Auch wenn der Gesetzgeber zu den Richtlinien der Bundesärztekammer die bloße Vermutung in § 16 Abs. 1 S. 2 TPG formuliert hat, dass diese den Stand der Erkenntnisse der medizinischen Wissenschaft wiedergeben, gelten diese für die Praxis faktisch als verbindlich.[595]

Als weiteres, inhaltliche sowie organisatorische Festlegungen treffendes Instrument nutzt das TPG Verträge, die zwischen dem Spitzenverband Bund der Krankenkassen, der Bundesärztekammer und der deutschen Krankenhausgesellschaft oder den Bundesverbänden der Krankenhausträger gemeinsam jeweils als Auftraggeber, mit der Vermittlungsstelle, der Koordinierungsstelle, einer Transplantationsregisterstelle und der Vertrauensstelle zu schließen sind. Der Koordinierungsstellenvertrag mit der DSO regelt – „mit Wirkung für die Transplantationscentren und Entnahmekrankenhäuser“[596] – die Aufgaben der

592 Vgl. *Augsberg*, in: Höfling (Hrsg.), Die Regulierung der Transplantationsmedizin in Deutschland, S. 45 (48 f.).

593 Vgl. § 12 Abs. 3 TPG. Vgl. zur Formulierung des § 12 Abs. 3 TPG beispielsweise *Gutmann/Fateh-Moghadam*, in: Gutmann u.a. (Hrsg.), Grundlagen einer gerechten Organverteilung, S. 37 (41 ff.).

594 *Augsberg*, in: Höfling (Hrsg.), Die Regulierung der Transplantationsmedizin in Deutschland, S. 45 (48 f.); *Höfling*, in: Höfling (Hrsg.), TPG, § 16 Rn. 2; *Lang*, MedR 2005, 269 (270). In diese Richtung auch *Gutmann/Fateh-Moghadam*, in: Gutmann u.a. (Hrsg.), Grundlagen einer gerechten Organverteilung, S. 37 (51 ff.).

595 *Augsberg*, in: Höfling (Hrsg.), Die Regulierung der Transplantationsmedizin in Deutschland, S. 45 (51); *Bader*, Organmangel und Organverteilung, S. 136, 143; *Deutsch*, NJW 1998, 777 (780); *Höfling*, in: Höfling (Hrsg.), TPG, § 16 Rn. 2; Nickel u.a. (Hrsg.), TPG, § 16 Rn. 20. Einen Überblick über den Meinungsstand in der Literatur gibt *Uhl*, Richtlinien der Bundesärztekammer, S. 127 ff. Zur hoch umstrittenen Frage nach der rechtsdogmatischen Einordnung dieser Richtlinienkompetenz und der Rechtsnatur der Richtlinien der Bundesärztekammer vgl. etwa *Bader*, Organmangel und Organverteilung, S. 173 ff.; *Woinikow*, Richtlinien der Transplantationsmedizin, S. 75 ff.; 193 ff.

596 Vgl. § 11 Abs. 2 S. 1 TPG.

Koordinierungsstelle, ferner deren Organisation und Finanzierung.[597] Der Vermittlungsstellenvertrag mit Eurotransplant konkretisiert die Aufgaben der Vermittlungsstelle gemäß § 12 Abs. 4 S. 1 TPG entsprechend den dort gesetzlich getroffenen Vorgaben und hat dabei auch Wirkung für die Transplantationszentren.[598] Im Transplantationsregisterstellenvertrag nach § 15b Abs. 3 TPG vereinbaren die Vertragsparteien die gesetzlich bestimmten Vertragsgegenstände, die insbesondere die Aufgaben, den Betrieb und die Finanzierung der Transplantationsregisterstelle betreffen. Mit der zu beauftragenden Vertrauensstelle regeln der Spitzenverband Bund der Krankenkassen, die Bundesärztekammer und die Deutsche Krankenhausgesellschaft oder die Bundesverbände der Krankenhausträger gemeinsam durch vertragliche Vereinbarung gemäß § 15c Abs. 3 TPG das Nähere zu den Aufgaben der Vertrauensstelle, den Verfahren einer Datenpseudonymisierung und einer Datenzusammenführung sowie ihrer Finanzierung.

Für die konkrete organspezifische Vermittlungsentscheidung hat Eurotransplant als gegenwärtige Vermittlungsstelle, differenziert nach den jeweiligen Organen, eigene Anwendungsregeln in einem Eurotransplant Manual veröffentlicht, das jeweils für die vermittlungspflichtigen Spenderorgane die nationalen Vorgaben aus dem TPG, dem Vermittlungsstellenvertrag und den einschlägigen Transplantationsrichtlinien der Bundesärztekammer aufnimmt, gewichtet, und mit einem Verfahren des internationalen Organaustauschs zu Allokationsalgorithmen kombiniert.[599] Weil die Vermittlungsstelle dabei nicht allein die bestehenden Kriterien anwendet, sondern auch selbst Kriterien gewichtet und eigene Allokationskriterien – insbesondere durch Etablierung einer Austauschbilanz zum internationalen Organaustausch – mit einfließen lässt, wirkt die

597 Vgl. § 11 Abs. 1a S. 4, Abs. 2 S. 1 Nrn. 1 bis 6, Abs. 3 S. 7 TPG.

598 § 12 Abs. 4 S. 1 TPG.

599 Vgl. § 5 Vermittlungsstellenvertrag (Fn. 97). Dazu *Bader*, Organmangel und Organverteilung, S. 144 f.; *Gutmann*, Für ein neues Transplantationsgesetz, S. 138; *Höfling*, in: Höfling (Hrsg.), TPG, § 12 Rn. 15; *Krüger*, Die Organvermittlungstätigkeit Eurotransplants im Sinne des § 12 TPG, S. 30 ff.; *Mohammadi-Kangarani*, Die Richtlinien der Organverteilung im Transplantationsgesetz – verfassungsgemäß?, S. 43 f. Das Eurotransplant Manual ist abrufbar über die Homepage von Eurotransplant unter „Publications": https://www.eurotransplant.org/cms/index.php?page=et_manual (Zuletzt abgerufen am 20.01.2019). *Bader*, Organmangel und Organverteilung, S. 133 f. stellt zutreffend fest, dass die Vermittlungs- und Anwendungsregeln Eurotransplants zwar nicht den nationalen Regelungen zuzuordnen sind, mit den nationalen Rechtsquellen aber so eng verwoben sind, dass sie kaum sinnvoll losgelöst von diesen erläutert werden können.

Vermittlungsstelle ebenfalls an der Festlegung der endgültigen Entscheidungskriterien für eine Organvermittlung mit.[600]

Mit dem „Gesetz zur Änderung des Transplantationsgesetzes" ist seit 2012 die Koordinierungsstelle gemäß § 11 Abs. 1a S. 2 TPG berechtigt, unter Berücksichtigung der Richtlinien der Bundesärztekammer nach § 16 Abs. 1 TPG Verfahrensanweisungen zur Organisation der Zusammenarbeit der Organentnahme bei verstorbenen Spendern sowie zur Durchführung aller bis zur Organübertragung erforderlichen Maßnahmen mit Ausnahme der Organvermittlung zu erlassen. Diese Regelwerke entfalten Geltung für die Entnahmekrankenhäuser und Transplantationszentren, die gesetzlich dazu verpflichtet sind, die entsprechenden Festlegungen der Koordinierungsstelle einzuhalten.[601] Auch insofern findet folglich für das Transplantationswesen aufgrund gesetzlicher Vorgaben eine Regelsetzung durch gesellschaftliche Akteure statt.

C. Zwischenfazit: TPG als zentrales, staatliches Steuerungsinstrument

Ein Überblick über die Normen und Rechtsquellen, die auf das Transplantationswesen einwirken, hat verdeutlicht, dass das zentrale, staatliche Steuerungsinstrument das bundesgesetzliche TPG mit seinen darauf beruhenden und an ihm ausgerichteten untergesetzlichen Formen der Regelsetzung ist. Dabei hat der Normgeber den gesamten Prozess der postmortalen Organtransplantation umfassenden rechtlichen Regelungen zugeführt, die Organisationsstrukturen und Festlegungen jedoch mit unterschiedlicher Regelungsdichte und teils bloß rahmenförmig vorgegeben und die weitere Konkretisierung der entstehenden Entscheidungsspielräume ausgewählten Akteuren des Transplantationswesens zur Beantwortung übertragen. Durch diese Konzeption ist es auf nationaler Ebene zu einer Vielzahl unterschiedlicher Rechtsquellen gekommen. Neben der Verfassung, dem TPG und den Rechtsverordnungen des Bundesministeriums für Gesundheit besteht das „Kompetenz- und Rechtsgefüge" des Transplantationswesens aus den Richtlinien der Bundesärztekammer, den transplantationsrechtlichen Verträgen mit der Koordinierungs-, Vermittlungs-, Transplantationsregister- und Vertrauensstelle, den Verfahrensanweisungen der Koordinierungsstelle sowie den Anwendungsregeln der Vermittlungsstelle.[602]

---

600 *Bader*, Organmangel und Organverteilung, S. 144 ff.

601 Vgl. für die Entnahmekrankenhäuser § 9a Abs. 2 Nr. 4 TPG sowie für die Transplantationszentren. § 10 Abs. 2 S. 1 Nr. 3 TPG. Dazu auch Weyd, Jura 2013, 437 (442).

602 *Lang*, in: Höfling (Hrsg.), TPG, § 11 Rn. 2.

Ein Rückblick auf die Novellierungen des TPG seit Erlass des Gesetzes ermöglicht es nachzuvollziehen, dass es sich beim Transplantationswesen um eine (Gesetzes-)Materie handelt, die – obgleich wesentliche Aspekte ohnehin der Entscheidungsfindung durch die Transplantationsakteure überlassen bleiben – immer wieder im Interesse eines effektiven, funktionsfähigen Systems der postmortalen Organspende und -transplantation Anpassungen durch den Gesetzgeber erfährt und sich damit in einem stetigen Prozess der Veränderung befindet. Dabei hat sich bislang keine Abkehr von den so strukturierten kooperativen staatlich-gesellschaftlichen Strukturen erkennen lassen. Ganz im Gegenteil, die stark an die Expertise der Betroffenenkreise anknüpfende Vorgehensweise, Beteiligteninstitutionen auf eine Weise in das Transplantationswesen einzubinden, dass diese selbst die Akteure bestimmter Funktionen beauftragen und deren Aufgabengebiet spezifizieren, ist zuletzt weiter ausgeprägt worden.

3. Teil: Die postmortale Organtransplantation nach dem System des TPG

Anwendungsgegenstand des TPG ist gemäß § 1 Abs. 2 TPG die Spende und die Entnahme von menschlichen Organen und Geweben zum Zwecke der Übertragung sowie die Übertragung der Organe und Geweben einschließlich der Vorbereitung dieser Maßnahmen. Dabei ist sowohl die postmortale Spende als auch die Lebendspende Regelungsgegenstand. In den Abschnitten zwei und vier behandelt das TPG die Totenspende von menschlichen Organen. Die §§ 3 bis 7 TPG legen fest, unter welchen Voraussetzungen die Entnahme von Organen und Geweben beim verstorbenen Spender zulässig ist. Die §§ 9 bis 12 TPG betreffen die Entnahme, Vermittlung und Übertragung der Organe; das TPG unterscheidet beim Vorgang einer postmortalen Organexplantation und -transplantation zwischen diesen drei separaten Regelungsbereichen[603] mit jeweils unterschiedlichen organisatorischen Abläufen und Akteuren.

Der Gesetzgeber hat sich dabei, das dürfte bereits anhand der bisherigen Darstellungen deutlich hervorgetreten sein, an der Idee einer staatlich regulierten gesellschaftlichen Selbstregulierung orientiert[604] und versucht, die zuvor ausschließlich gesellschaftlich verwurzelten, selbstregulativen Strukturen normativ für eine gemeinwohlorientierte, eigene Steuerung fruchtbar zu machen. In der Gesetzesbegründung wird insofern zur Charakterisierung des intendierten Lösungsansatzes der Terminus des „Subsidiaritätsgrundsatzes" herangezogen und begründet, die staatliche Gewährleistung schließe privatrechtliche Mittel nicht aus.[605] Nach diesem Vorbild hat der Parlamentsgesetzgeber zur Sicherung betroffener Gemeinwohlbelange den gesetzlichen Rahmen eines Organisationsystems vorgegeben.[606] Daneben hat er Vorkehrungen getroffen, die die Einhaltung der gesetzlichen Festlegungen gewährleisten sollen. Von diesem

603 Vgl. § 9 Abs. 1, Abs. 2 TPG.

604 Vgl. etwa statt vieler *Augsberg*, in: Höfling (Hrsg.), Die Regulierung der Transplantationsmedizin, S. 45 (46); *Bader*, Organmangel und Organverteilung, S. 167; *Holznagel*, DVBl. 1997, 393 (398 f.); *Schmidt-Aßmann*, Grundrechtspositionen und Legitimationsfragen im öffentliche Gesundheitswesen, S. 80 f.

605 BT-Drs. 13/4355, S. 14. So auch *Bader*, Organmangel und Organverteilung, S. 167 mit Fn. 276.

606 *Bader*, Organmangel und Organverteilung, S. 167; *Thoma*, Regulierte Selbstregulierung im Ordnungsverwaltungsrecht, S. 41.

konzeptionellen Ansatz zur Errichtung und Absicherung funktionsfähiger Strukturen der Kooperation gesellschaftlicher Akteure sind die gesetzlich festgelegten Organisationsstrukturen und das dort normierte Verteilungsverfahren ganz wesentlich geprägt.

A. Akteure und Organisationsstrukturen bei der postmortalen Organtransplantation

Im Rahmen eines normativ nicht in allen Einzelheiten festgelegten, sondern im TPG bloß strukturierten und mitunter eher skizzierten Verfahrensablaufs,[607] sind die Bundesärztekammer, die Krankenhäuser in ihren Funktionen als Entnahmekrankenhäuser und Transplantationszentren, eine Koordinierungs- sowie eine Vermittlungsstelle als zentrale Akteure des postmortalen Orantransplantationsprozesses bestimmt worden.[608] Die nähere Konkretisierung der Abläufe und der Beauftragungen beteiligter Institutionen bleibt dabei vertraglichen Ausgestaltungen überlassen.[609] Durch die Vorgehensweise des parlamentarischen Gesetzgebers, das Transplantationswesen in dieser Weise in einem Muster der Kooperation einer Vielzahl von staatlichen und gesellschaftlichen Akteuren zu organisieren,[610] präsentiert sich das Transplantationswesen als eine nicht nur medizinisch, sondern auch organisatorisch, durchaus komplexe Materie.[611]

---

607 *Mohammadi-Kangarani*, Die Richtlinien der Organverteilung im Transplantationsgesetz – verfassungsgemäß?, S. 47.

608 *Weyd*, Jura 2013, 437 (440).

609 *Mohammadi-Kangarani*, Die Richtlinien der Organverteilung im Transplantationsgesetz – verfassungsgemäß?, S. 47.

610 *Norba*, Rechtsfragen der Organtransplantation, S. 100, meint, kaum eine medizinische Behandlung umfasse so viele Akteure wie die Organtransplantation aufgrund einer postmortalen Organspende.

611 *Bader*, Organmangel und Organverteilung, S. 109, schreibt, es handle sich um ein höchst komplexes und unübersichtliches Organisationskonzept. *Höfling*, VVDStRL 61 (2002), 260 (290), beschreibt es als ein kompliziert gesponnenes Netz von Kooperationsmustern und Entscheidungsprozessen, in dem öffentlich-rechtliche und privatrechtliche Rechtsträger in einem wahren ‚public-private-crossover' agieren würden. *Weyd*, Jura 2013, 437 (440), spricht von einem „Zuständigkeits- und Verantwortungsgeflecht".

I. Die Bundesärztekammer im TPG

Die Bundesärztekammer[612] bewegt sich im Themengebiet der Transplantationsmedizin bereits seit den 1990er Jahren und gründete im Jahre 1994 die Ständige Kommission Organtransplantation mit dem Ziel, für diesen medizinischen Bereich beratend und empfehlend tätig zu werden, und dessen Entwicklung über Maßnahmen zur Qualitätssicherung und die Information der Öffentlichkeit zu fördern.[613]

Seit der Einführung spezialgesetzlicher Bestimmungen umfasst der Tätigkeitsbereich der Bundesärztekammer im Prozess der postmortalen Organtransplantation nunmehr zwei ganz wesentliche Bereiche.[614] Sie ist zum einen Vertragspartner der Koordinierungs-, Vermittlungs-, Transplantationsregister- sowie Vertrauensstelle.[615] Zum anderen kommt der Bundesärztekammer die Funktion zu, sogenannte „Richtlinien zum Stand der Erkenntnisse der medizinischen Wissenschaft bei Organen" gemäß § 16 Abs. 1 TPG zu erlassen.[616]

1. *Die Bundesärztekammer als Arbeitsgemeinschaft der Landesärztekammern*

Ungeachtet der umfangreichen Einbindung der Bundesärztekammer in die Gesundheitsversorgung, und des dort versammelten Sachverstands, agiert sie in erster Linie als Dachverband – die Bundesärztekammer ist als Verbandskörperschaft der deutschen Landesärztekammern auf Bundesebene in der Rechtsform eines privatrechtlichen, nicht eingetragenen Vereins nach § 54 BGB organisiert.[617] Die Bundesärztekammer beruht demzufolge nicht etwa

---

612 http://www.bundesaerztekammer.de

613 Vgl. dazu *Bader*, Organmangel und Organverteilung, S. 84.

614 *Augsberg*, in: Höfling (Hrsg.), Die Regulierung der Transplantationsmedizin in Deutschland, S. 45 (45 f).

615 § 11 Abs. 1 S. 1, § 12 Abs. 1 S. 1 und § 15b Abs. 1 S. 1, § 15c Abs. 1 S. 1 TPG.

616 Dazu statt vieler nur *Augsberg*, in: Höfling (Hrsg.), Die Regulierung der Transplantationsmedizin in Deutschland, S. 45 (45 ff.); *Mohammadi-Kangarani*, Die Richtlinien der Organverteilung im Transplantationsgesetz – verfassungsgemäß?, passim; *Woinikow*, Richtlinien der Transplantationsmedizin, passim.

617 *Augsberg*, in: Höfling (Hrsg.), Die Regulierung der Transplantationsmedizin in Deutschland, S. 45 (45); *Berger*, Die Bundesärztekammer, S. 21, 44 ff.; *Höfling*, in: Höfling (Hrsg.), TPG, § 16 Rn. 6; *Lang*, in: Höfling (Hrsg.), Die Regulierung der Transplantationsmedizin in Deutschland, S. 61 (68); *ders.*, MedR 2005, 269 (270); *Schmidt-Aßmann*, Grundrechtspositionen und Legitimationsfragen im Gesundheitswesen, S. 102.

auf gesetzlicher Grundlage, sondern fußt auf einer vom Deutschen Ärztetag beschlossenen Satzung.[618] Gegründet wurde die Bundesärztekammer bereits im Oktober 1947 als Arbeitsgemeinschaft der Westdeutschen Landesärztekammer.[619] Die Ärzteschaft knüpfte mit dieser Gründung an eine langjährige deutsche Tradition ärztlicher Selbstverwaltung an.[620] Ihren heutigen Namen trägt die Bundesärztekammer seit ihrer Umbenennung im Jahre 1955.[621] Auch wenn das Anliegen eines öffentlich-rechtlich organisierten Spitzenverbandes als Selbstverwaltungsorgan der Ärzteschaft durchaus artikuliert worden ist,[622] zu der Einrichtung eines solchen Dachverbandes der Landesärztekammern ist es in der Bundesrepublik Deutschland nicht gekommen.[623] Dies hätte zur Voraussetzung gehabt, dass die Gesetzgebungskompetenz für das Arztrecht bei Verfassungsgebung für die Bundesrepublik Deutschland in die Gesetzgebungskompetenz des Bundes aufzunehmen gewesen wäre oder später, per Verfassungsänderung, auf den Bundesgesetzgeber hätte übertragen werden müssen. Seit Gründung der Bundesrepublik ist die Bundeskompetenz nämlich gemäß Art. 74 Abs. 1 Nr. 19 GG auf den Bereich der Arztzulassung begrenzt.[624] Es ist daher de lege lata dem Bundesgesetzgeber nicht möglich, eine Spitzenorganisation der Landesärztekammern in Form einer bundesunmittelbaren Körperschaft nach Art. 87 Abs. 3 S. 1 GG zu errichten.[625] An einer privatrechtlichen Einordnung ändert im Übrigen auch die öffentlich-rechtliche Organisation ihrer freiwilligen Mitglieder, der insgesamt 17 als Körperschaften des öffentlichen Rechts verfassten

618 Satzung der Bundesärztekammer, Arbeitsgemeinschaft der Deutschen Ärztekammer, in der vom 117. Deutschen Ärztetag 2014 beschlossenen Fassung, im folgenden Satzung/BÄK, abrufbar unter http://www.bundesaerztekammer.de/ueber-uns/satzungen-und-statuten/satzung/ (zuletzt abgerufen am 20.01.2019). Im Folgenden: Satzung/BÄK.

619 „Arbeitsgemeinschaft der westdeutschen Ärztekammer“, vgl. *Höfling*, in: Höfling (Hrsg.), TPG, § 16 Rn. 6; *Laufs*, in: Laufs/Uhlenbruck (Hrsg.), Handbuch des Arztrechts, § 13 Rn. 13; *Wiegand*, Die Beleihung mit Normsetzungskompetenzen, S. 60.

620 Vgl. dazu nur *Berger*, Die Bundesärztekammer, S. 21 ff.; *Kluth*, Funktionale Selbstverwaltung, S. 82 ff.; *Wiegand*, Die Beleihung mit Normsetzungskompetenzen. S. 60 f.

621 *Gerst*, DÄBl. 1996, A-2389 (A-2392); *Stobrawa*, Die ärztlichen Organisationen in Deutschland, S. 96; *Wiegand*, Die Beleihung mit Normsetzungskompetenzen, S. 60.

622 *Gerst*, DÄBl. 1996, A-2389 (A-2389 ff.).

623 *Wiegand*, Die Beleihung mit Normsetzungskompetenzen, S. 62.

624 Vgl. dazu *Wiegend*, Die Beleihung mit Normsetzungskompetenzen, S. 62.

625 *Berger*, Die Bundesärztekammer, S. 38 m.w.N.; *Höfling*, in: Höfling (Hrsg.), TPG, § 16 Rn. 6; *Wiegand*, Die Beleihung mit Normsetzungskompetenzen, S. 62.

Landesärztekammern,[626] nichts.[627] Die vor dem Hintergrund der starken gesetzlichen Einbindung der Bundesärztekammer in das Gesundheitswesen[628] teils merkwürdig anmutende Verfasstheit als nicht eingetragener, privatrechtlicher Verein und freiwilliger Zusammenschluss der Landesärztekammern lässt sich so aber nachvollziehen.[629]

Als Arbeitsgemeinschaft dient sie in ihrer klassischen Funktion dem Erfahrungsaustausch und der gegenseitigen Abstimmung der Ziele und Tätigkeiten der Landesärztekammern.[630] Sie nimmt Aufgaben der berufsständischen Interessenvertretung wahr, beteiligt sich aber auch an der gesundheitspolitischen Meinungsbildung.[631] Außerdem ist die Bundesärztekammer durch zahlreiche legislative Vorschriften explizit in das deutsche Gesundheitsrechtswesen einbezogen worden.[632] Sie handelt dabei durch ihre Organe, die Hauptversammlung – den Deutschen Ärztetag – und ihren Vorstand.[633] Zur Aufgabenwahrnehmung hat sich unter der Organisation der Bundesärztekammer eine Vielzahl unterschiedlicher Ausschüsse, Arbeitsgruppen und -kreise, ständiger Konferenzen, Kommissionen und anderer ständiger oder zeitweiliger Gremien gebildet.[634]

---

626 *Höfling*, in: Höfling (Hrsg.), TPG, § 16 Rn. 6; *Wiegand*, Beleihung mit Normsetzungskompetenzen, S. 63.

627 *Augsberg*, in: Höfling (Hrsg.), Die Regulierung der Transplantationsmedizin, S. 45 (45), *Wiegand*, Die Beleihung mit Normsetzungskompetenzen, S. 66.

628 Dazu etwa *Berger*, Die Bundesärztekammer, S. 80 ff.

629 So auch *Wiegend*, Die Beleihung mit Normsetzungskompetenzen, S. 62 f.

630 Vgl. § 2 Abs. 1 Satzung/BÄK (Fn. 618).

631 *Bader*, Organmangel und Organverteilung, S. 84. *Augsberg*, MedR 2016, 699 (705), weist in diesem Zusammenhang darauf hin, dass es sich bei der Bundesärztekammer nicht um ein „Organ der (ärztlichen) Selbstverwaltung im rechtstechnischen Sinne" handle.

632 Vgl. exemplarisch nur § 4a Medizinproduktegesetz, §§ 136a, 137, 137b bis 137f SGB V, §§ 17, 17b Krankenhausfinanzierungsgesetz, § 206 SGB VII. Eine Aufzählung findet sich bei *Berger*, Die Bundesärztekammer, S. 80 ff.

633 Vgl. § 3 Satzung/BÄK (Fn. 618).

634 Eine Auflistung aller Gremien der Bundesärztekammer ist abrufbar unter https://www.bundesaerztekammer.de/fileadmin/user_upload/downloads/pdf-Ordner/Geschaeftsstelle/Gremien/Gremien_BAEK.pdf (zuletzt abgerufen am 20.01.2019). Siehe dazu auch *Mohammadi-Kangarani*, Die Richtlinien der Organverteilung im Transplantationswesen – verfassungsgemäß?, S. 89 f.

2. *Aufgaben nach dem TPG*

Die Bundesärztekammer ist im TPG an zahlreichen Stellen als Akteur vorgesehen. Sie ist gemeinsam mit anderen Spitzenverbänden des Gesundheitswesens Auftraggeberin solcher transplantationsgesetzlicher Institutionen, auf die sich der Gesetzgeber selbst nicht festgelegt hat, und aus dieser Funktion heraus zu verschiedenen Aufgabenwahrnehmungen verpflichtet. Außerdem ist sie gemäß § 16 Abs. 1 TPG damit beauftragt worden, Richtlinien für das Transplantationswesen zu erlassen. Darüber hinaus ist die Bundesärztekammer mit dem Spitzenverband Bund der Krankenkassen und der Deutschen Krankenhausgesellschaft oder dem Bundesverbänden der Krankenhausträger gemeinsam sowie anderer Mitwirkender seit Einführung eines bundeseinheitlichen, gesetzlichen Transplantationsregisters im November 2016 dazu berufen, Festlegungen zur Datenübermittlung an und durch die Transplantationsregisterstelle zu treffen.[635]

a. *Auftraggeberin transplantationsgesetzlicher Institutionen*

Die Bundesärztekammer ist zusammen mit dem Spitzenverband Bund der Krankenkassen sowie der Deutschen Krankenhausgesellschaft oder den Bundesverbänden der Krankenhausträger dazu beauftragt worden, geeignete Einrichtungen als Koordinierungsstelle, Vermittlungsstelle, Transplantationsregisterstelle sowie Vertrauensstelle zu bestimmen oder – im Falle der Koordinierungs- und Vermittlungsstelle – selbst zu gründen.[636] Den Spitzenverbänden kommt also die Aufgabe zu, eine institutionelle Ausgestaltung des Transplantationswesens näher zu strukturieren. Die Auftraggeber verhandeln dazu mit der jeweils auftragnehmenden Institution einen Vertrag, der insbesondere deren Aufgaben sowie sonstige gesetzlich bestimmte Vertragsgegenstände, wie beispielsweise die Finanzierung oder Organisation, näher bestimmt.[637] Der

635 Vgl. zur Mitwirkung der Bundesärztekammer zum Transplantationsregister § 15e Abs. 4 TPG: Erlass einer Verfahrensordnung zur Übermittlung von Daten an die Transplantationsregisterstelle und Vertrauensstelle; § 15e Abs. 5 TPG: Vereinbarung eines bundesweit einheitlichen Datensatzes zur Übermittlung transplantationsmedizinischer Daten; § 15e Abs. 8 TPG: Erlass einer Verfahrensordnung zur Pseudonymisierung und Übermittlung transplantationsmedizinischer Daten aus dem Zeitraum vom 01.01.2006 bis 31.10.2016; § 15f Abs. 2 TPG: Erlass einer Verfahrensordnung zur Datenübermittlung durch die Transplantationsregisterstelle; § 15g Abs. 2 TPG: Entscheidung über Anträge auf Datenübermittlung durch die Transplantationsregisterstelle zu Forschungszwecken.

636 § 11 Abs. 1 S. 1, § 12 Abs. 1 S. 1, 15b Abs. 1 S. 1 und 15c Abs. 1 S. 1 TPG.

637 Dazu §§ 11 Abs. 2, 12 Abs. 4, 15b Abs. 4, 15c Abs. 3 TPG.

Abschluss solcher Verträge bedarf des Einvernehmens mit dem Verband der Privaten Krankenversicherung. Die Verträge sind durch das Bundesministerium für Gesundheit zu genehmigen und im Bundesanzeiger bekannt zu machen.[638] Außerdem ist die Bundesärztekammer jeweils als Auftraggeberin an der Kontrolle und Überwachung der Koordinierungs- und Vermittlungsstelle beteiligt. Sie ist gemeinsam mit den weiteren Spitzenverbänden gesetzlich zur Einrichtung einer Überwachungskommission und einer Prüfungskommission verpflichtet und gehört mit jeweils zwei Vertretern diesen Kommissionen an.[639] Daneben obliegt den Auftraggebern der Transplantationsregisterstelle sowie der Vertrauensstelle gemeinsam die Überwachung der Einhaltung der Vertragsbestimmungen aus dem Transplantationsregisterstellen- und Vertrauensstellenvertrag.[640] Dem bei der Transplantationsregisterstelle eingerichteten Fachbeirat nach § 15d TPG gibt sie zusammen mit dem Spitzenverband Bund der Krankenkassen und der Deutschen Krankenhausgesellschaft oder den Bundesverbänden der Deutschen Krankenhausträger im Einvernehmen mit dem Verband der Privaten Krankenversicherung gemäß § 15d Abs. 3 TPG eine Geschäftsordnung, die dessen Zusammensetzung, Arbeitsweise und das Verfahren bestimmt.

b. Richtlinien zum Stand der Erkenntnisse der medizinischen Wissenschaft bei Organen

In § 16 Abs. 1 TPG ist der Bundesärztekammer die Kompetenz übertragen worden, für die gesetzlich geregelte Organtransplantation[641] zu entscheiden, welche Regelungen dem jeweils aktuellen Stand der Erkenntnisse der medizinischen Wissenschaft entsprechen und diese Feststellungen in Richtlinien zu fassen.[642] Diese Richtlinien betreffen sämtliche Stufen der Durchführung einer postmortalen Organtransplantation[643] und sind gemäß der Auflistung in § 16 Abs. 1 TPG zur Feststellung des Todes gemäß § 3 Abs. 1 S. 1 Nr. 2 TPG sowie zur Feststellung des Hirntodes nach § 3 Abs. 2 Nr. 2 TPG[644] und zur Feststellung des Todes des Embryos oder Fötus nach § 4a Abs. 1 Nr. 1 TPG[645] zu erlassen. Außerdem

638 §§ 11 Abs. 3, 12 Abs. 5, 15c Abs. 4, 15d Abs. 5 TPG.

639 §§ 11 Abs. 3 S. 3 und 4, 12 Abs. 5 S. 3 und 4 TPG.

640 §§ 15b Abs. 6, 15c Abs. 5 TPG.

641 Mit den Vorgängen der Entnahme, Vermittlung und Übertragung von menschlichen Organen.

642 *Rissing-van Saan*, NStZ 2014, 233 (234).

643 *Rissing-van Saan*, NStZ 2014, 233 (234).

644 § 16 Abs. 1 S. 1 Nr. 1 TPG.

645 § 16 Abs. 1 S. 1 Nr. 1a TPG.

soll die Bundesärztekammer Richtlinien erstellen, die den Stand der Erkenntnisse der medizinischen Wissenschaft für Regeln zur Entscheidung über die Aufnahme auf die Warteliste gemäß § 10 Abs. 2 Nr. 2 TPG[646] und für die ärztliche Begutachtung eines als Organspender in Betracht kommenden Patienten[647] enthalten. Transplantationsrichtlinien sollen auch die Organ- und Spendercharakterisierung nach § 10a TPG ergänzen, indem Anforderungen an die im Zusammenhang mit einer Organentnahme zum Schutz des Organempfängers erforderlichen Maßnahmen einschließlich ihrer Dokumentation bestimmt werden.[648] Die Richtlinienkompetenz der Bundesärztekammer erstreckt sich des Weiteren darauf, den Stand der Erkenntnisse der medizinischen Wissenschaft für die Regeln zur Organvermittlung nach § 12 Abs. 3 S. 1 TPG festzustellen.[649] Transplantationsrichtlinien sind schließlich vorgesehen, um den Stand der medizinischen Erkenntnisse für die Anforderungen an die im Zusammenhang mit der Organentnahme und -übertragung erforderlichen Maßnahmen zur Qualitätssicherung[650] und die Anforderungen an die Aufzeichnung der Lebendorganspende nach § 10 Abs. 2 Nr. 6 TPG zu bestimmen.[651] § 16 Abs. 1 S. 2 TPG normiert insofern eine Vermutungswirkung, dass von den Akteuren des Organtransplantationsprozesses der Stand der Erkenntnisse der medizinischen Wissenschaft tatsächlich eingehalten ist, wenn die transplantationsmedizinischen Richtlinien der Bundesärztekammer aus § 16 Abs. 1 S. 1 TPG beachtet worden sind.

Als Verfahrensvorgaben für die Richtlinienerstellung bei der Bundesärztekammer bestimmt § 16 Abs. 2 S. 3 TPG, dass die Zusammensetzung eines geeigneten Gremiums unter der Beteiligung von Sachverständigen der betroffenen Fach- und Verkehrskreise, einschließlich des Spitzenverbandes Bund der Krankenkassen, der Deutschen Krankenhausgesellschaft, der Deutschen Transplantationsgesellschaft, der Koordinierungs- sowie Vermittlungsstelle und der zuständigen Behörden der Länder erfolgt. Bei der Abfassung der Richtlinien des § 16 Abs. 1 S. 1 Nrn. 1, 1a sowie 5 TPG sollen von den Organentnahme- und Übertragungsvorgängen unabhängige und neutrale Ärzte maßgeblich beteiligt sein. Personen mit der Befähigung zum Richteramt sowie Personen aus dem Kreis der Patienten sollen an der Richtlinienerarbeitung nach § 16 Abs. 1 S. 1

646 § 16 Abs. 1 S. 1 Nr. 2 TPG.
647 § 16 Abs. 1 S. 1 Nr 3 TPG.
648 Vgl. § 16 Abs. 1 Nr. 4 a bis c TPG.
649 § 16 Abs. 1 Nr. 5 TPG.
650 § 16 Abs. 1 S. 1 Nr. 6 TPG.
651 § 16 Abs. 1 S. 1 Nr. 7 TPG.

Nrn. 2 und 5 TPG mitwirken; bei den Richtlinien nach § 16 Abs. 1 Nr. 5 TPG sollen außerdem Personen aus dem Kreis der Angehörigen nach §§ 3 oder 4 TPG angemessen vertreten sein.

Das Verfahren für die Erarbeitung der Richtlinien und deren Beschlussfassung festzulegen, ist gemäß § 16 Abs. 2 S. 1 TPG die Aufgabe der Bundesärztekammer. Es besteht die gesetzliche Pflicht, die Transplantationsrichtlinien zu begründen und insbesondere darzulegen, woraus sich die Feststellung des Standes der Erkenntnisse der medizinischen Wissenschaft herleitet.[652] Sämtliche Richtlinien sowie deren Änderungen bedürfen der Genehmigung durch das Bundesministerium für Gesundheit. Innerhalb des Genehmigungsverfahrens kann das Bundesministerium zur Beurteilung gemäß § 16 Abs. 3 TPG ergänzende Informationen und Stellungnahmen der Bundesärztekammer anfordern.

Die Anfertigung und Aktualisierung der Transplantationsrichtlinien nach § 16 Abs. 1 TPG ist innerhalb der Bundesärztekammer – mit Ausnahme derjenigen zur Todesfeststellung nach § 16 Abs. 1 S. 1 Nr. 1 TPG, die direkt von deren Wissenschaftlichen Beirat erstellt werden[653] – bei einer Ständigen Kommission Organtransplantation angesiedelt.[654] Dieses Gremium hat einzig die Funktion, zur Verwirklichung der nach § 16 Abs. 1 S. 1 TPG übertragenen Richtlinienkompetenz der Bundesärztekammer Transplantationsrichtlinien auszuarbeiten und fortzuschreiben.[655] Die Ständige Kommission Organtransplantation ist daher als Expertengremium angelegt und dem Wissenschaftlichen Beirat der Bundesärztekammer untergeordnet.[656] Das Gremium hat ein eigenes Organisationsstatut, das „Statut der Ständigen Kommission Organtransplantation der Bundesärztekammer“[657] (Statut-StäKO), sowie eine ergänzende und

652 § 16 Abs. 2 S. 2 TPG.

653 Richtlinie gemäß § 16 Abs. 1 S. 1 Nr. 1 TPG für die Regeln zur Feststellung des Todes nach § 3 Abs. 1 S. 1 Nr. 2 TPG und die Verfahrensregeln zur Feststellung des endgültigen, nicht behebbaren Ausfalls der Gesamtfunktion des Großhirns, des Kleinhirns und des Hirnstamms nach § 3 Abs. 2 Nr. 2 TPG, vierte Fortschreibung 2015. Siehe dazu *Mohammadi-Kangarani*, Die Richtlinien der Organverteilung im Transplantationsgesetz, S. 91.

654 *Berger*, die Bundesärztekammer, S. 57 f.; *Mohammadi-Kangarani*, Die Richtlinien der Organverteilung im Transplantationsgesetz, S. 90; *Rissing-van Saan*, NStZ 2014, 233 (235); *Woinikow*, Richtlinien der Transplantationsmedizin, S. 78.

655 *Uhl*, Richtlinien der Bundesärztekammer, S. 319, 320.

656 *Uhl*, Richtlinien der Bundesärztekammer, S. 319, 320.

657 Das Statut der Ständigen Kommission Organtransplantation in der vom Vorstand der Bundesärztekammer am 21.11.2014 beschlossenen Fassung ist veröffentlicht im DÄBl, Heft 1-2 2015, S. A43 ff.

konkretisierende Verfahrensordnung, die „Verfahrensordnung der Ständigen Kommission Organtransplantation“[658], erhalten. Das Statut-StäKO legt unter anderem in § 1 die Aufgaben fest und bestimmt in § 2 die Zusammensetzung des Gremiums. Die in § 16 Abs. 2 TPG erfolgten Vorgaben werden in § 2 Statut-StäKO aufgegriffen und in dessen Abs. 2 dahin spezifiziert, dass die Ständige Kommission Organtransplantation entsprechend der im TPG vorgegebenen Zusammensetzung aus 23 Vertretern der dort gelisteten Institutionen und Interessengruppen mit entsprechender fachlicher Befähigung bestehen muss. Die Mitglieder der Ständigen Kommission Organtransplantation werden gemäß § 3 Statut-StäKO vom Vorstand der Bundesärztekammer für eine Amtsperiode von vier Jahren berufen. Die Verfahrensordnung der Ständigen Kommission Organtransplantation enthält genauere Bestimmungen zur Erarbeitung der Richtlinien nach § 16 Abs. 1 TPG, zu den Verfahren in den Arbeitsgruppen, zur Beschlussfassung über die Richtlinien sowie zum Einholen der Genehmigungen des Bundesministeriums für Gesundheit und zur Führung der Geschäfte durch die Ständige Kommission Organtransplantation.[659]

Durch die Ständige Kommission Organtransplantation sind nach dem Erlass des TPG ab November 1999 Richtlinien zu allen der in § 16 Abs. 1 S. 1 TPG vorgesehenen Bereichen erstellt und regelmäßig fortgeschrieben worden.[660] Dazu gehören aktuell unter anderem sechs Richtlinien zu den jeweils vermittlungspflichtigen Organen, die sich der Wartelistenführung nach § 16 Abs. 1 S. 1 Nr. 2 TPG sowie der Organvermittlung nach § 16 Abs. 1 S. 1 Nr. 5 TPG widmen.[661]

II. Organisationsrechtliche Vorgaben der §§ 9 bis 12 TPG

Die organisationsrechtlichen Vorgaben und normativen Strukturen zum Ablauf einer postmortalen Organexplantation mit anschließender Organtransplantation finden sich in den §§ 9 bis 12 TPG, die dazu verbindliche und abschließende

---

658 Die Verfahrensordnung vom 10./11.12.2015 ist veröffentlicht im DÄBl, Heft 8 2016, S. A346 ff.

659 Vgl. die Verfahrensordnung vom 10./11.12.2015, DÄBl, Heft 8 2016, S. A346 ff.

660 Zu den ersten Transplantationsrichtlinien findet sich eine Bekanntmachung in: DÄBl, Heft 7 2000.

661 Die einzelnen Richtlinien der Bundesärztekammer zum Transplantationsrecht sind über die Homepage der Bundesärztekammer unter der Adresse http://www.bundesaerztekammer.de/richtlinien/richtlinien/transplantationsmedizin/ abrufbar (zuletzt abgerufen am 20.01.2019). Vgl. zur Strukturierung der organspezifischen Transplantationsrichtlinien *Rissing-van Saan*, NStZ 2014, 233 (235).

Regelungen für den Geltungsbereich des Gesetzes enthalten.[662] In diesem Abschnitt des TPG werden die „Entnahme, Vermittlung und Übertragung von Organen" sowie die „Zusammenarbeit bei der Entnahme von Organen und Geweben" geregelt. Diese Vorschriften werden wegen ihrer herausgehobenen Bedeutung im gesamtgesetzlichen System als „organisationsrechtliche[s] Kernstück"[663] oder „organisationsrechtliches Herzstück"[664] des TPG bezeichnet.

§ 9 Abs. 1 und 2 TPG bestimmt, dass eine Entnahme und Übertragung postmortaler Spenderorgane überhaupt nur dann zulässig sein soll, wenn die Organentnahme im Einklang mit den §§ 9a bis 12 TPG stattgefunden hat. § 9 Abs. 2 TPG sieht dabei eine organisatorische und verantwortliche Differenzierung zwischen der Entnahme und Übertragung von Organen vor. Bei der Transplantation vermittlungspflichtiger Organe tritt gemäß § 9 Abs. 2 S. 3 TPG die – ebenfalls zwingend vorgesehene – Vermittlungsentscheidung der Vermittlungsstelle noch als weiterer organisatorisch getrennter Schritt im Ablauf der postmortalen Organtransplantation hinzu.[665] Diese Trennung soll die nach den medizinischen Kriterien beste und eine im Interesse der wartenden Patienten gerechte Verteilung der zur Verfügung stehenden Organe absichern.[666] Der Gesetzgeber hat bei der Organspende – entsprechend dieser organisatorischen und verantwortlichen Aufspaltung des Gesamtkomplexes Organtransplantation – auch eine institutionelle Trennung zwischen den einzelnen Akteuren vorgenommen und deren Zusammenwirken in diesem Abschnitt des TPG strukturiert. Die Entnahme von Organen verstorbener Spender darf gemäß § 9 Abs. 1 TPG ausschließlich in den Entnahmekrankenhäusern nach § 9a TPG vorgenommen werden. Dieser Entnahmevorgang ist einschließlich der Vorbereitung von Entnahme, Vermittlung und Übertragung gemeinschaftliche Aufgabe der Transplantationszentren und der Entnahmekrankenhäuser in regionaler Zusammenarbeit, § 11 S. 1 TPG. Die Koordinierungsstelle organisiert dabei die Kooperation von Transplantationszentren und Entnahmekrankenhäusern bei den zur Organentnahme und aller bis zur Durchführung einer Organübertragung erforderlichen Maßnahmen. Ausgenommen hiervon ist die Vermittlungsentscheidung. Die Vermittlung der vermittlungspflichtigen Spenderorgane ist – entsprechend der Aufgliederung

662 *Bader*, Organmangel und Organverteilung, S. 111; *Schmidt-Aßmann*, in: Kern u.a. (Hrsg.), FS Laufs, S. 1049 (1061).

663 So *Rissing-van Saan*, NStZ 2014, 233 (234).

664 So *Rixen*, in: Höfling (Hrsg.), TPG, Vorbem. zu §§ 9 ff. Rn. 1.

665 BT-Drs. 13/4355, S. 14. Vgl. so auch *Bader*, Organmangel und Organverteilung, S. 110 f.

666 So ausdrücklich BT-Drs. 13/4355, S. 14.

der einzelnen Prozesse – aus dem Aufgabenbereich der Koordinierungsstelle und anderer Akteure ausgenommen und nach § 12 TPG von einer eigenständigen Vermittlungsstelle vorzunehmen.[667] Die Übertragung der Spenderorgane erfolgt gemäß § 9 Abs. 2 Satz 1 TPG in den nach § 10 TPG zugelassenen Transplantationszentren.

1. Entnahmekrankenhäuser, § 9a TPG

Die Entnahme eines Spenderorgans vom Verstorbenen darf rechtmäßig ausschließlich in den nach § 9a TPG als sogenannte Entnahmekrankenhäuser bestimmten Krankenhäusern vorgenommen werden, § 9 Abs. 1 TPG. Als Entnahmekrankenhaus im Sinne des TPG definiert § 9a Abs. 1 S. 1 TPG diejenigen Krankenhäuser, die gemäß § 108 SGB V oder nach anderen gesetzlichen Bestimmungen zugelassen wurden[668] und nach ihrer räumlichen und personellen Ausstattung in der Lage sind, Organentnahmen von möglichen Spendern nach Maßgabe des § 11 Abs. 4 S. 5 TPG zu ermöglichen. Sie müssen also die für die Entnahme eines parenchymertösen Organs erforderlichen intensivmedizinischen Vorrichtungen bereithalten.[669] Sämtliche Krankenhäuser, die diese Anforderungen erfüllen, werden von den zuständigen Behörden an die Koordinierungsstelle als Entnahmekrankenhäuser benannt und dort gemäß § 11 Abs. 5 TPG in einem dazu angelegten Verzeichnis geführt. Die Entnahmekrankenhäuser selbst werden über diese Benennung informiert, § 9a Abs. 1 S. 2 TPG.

Die Entnahmekrankenhäuser haben die zentrale Funktion im Prozess der postmortalen Organtransplantation, mögliche Organspender als solche zu erkennen.[670] So haben sie bei den Patienten, die nach ärztlicher Beurteilung als Organspender in Betracht kommen, gemäß § 9a Abs. 2 Nr. 1 TPG den endgültigen und nicht behebbaren Ausfall der Gesamtfunktion des Großhirns, des Kleinhirns und des Hirnstammes nach § 5 TPG festzustellen und der Koordinierungsstelle unverzüglich mitzuteilen. Im Sinne der Erfüllung einer „gemeinschaftlichen Aufgabe" des § 11 TPG sind die Entnahmekrankenhäuser dazu

---

667 § 9 Abs. 2 S. 3 TPG.

668 In Betracht kommt hier insbesondere § 30 GewO, vgl. dazu *Norba*, Rechtsfragen der Transplantationsmedizin aus deutscher und europäischer Sicht, S. 102; *Rixen*, in: Höfling (Hrsg.), TPG, § 9a Rn. 2.

669 *Norba*, Rechtsfragen der Transplantationsmedizin aus deutscher und europäischer Sicht, S. 102.

670 *Norba*, Rechtsfragen der Transplantationsmedizin aus deutscher und europäischer Sicht, S. 102.

verpflichtet, die erhobenen, erforderlichen Personalien und personenbezogenen Daten des postmortalen Spenders dorthin zu übermitteln.[671] Bei der Organentnahme haben die Entnahmekrankenhäuser sicherzustellen, dass die Entnahme in einem Operationssaal durchgeführt wird, der dem Stand der medizinischen Wissenschaft und Technik entspricht und dass das eingesetzte medizinische Personal für seine Aufgabe qualifiziert ist, § 9a Abs. 2 Nr. 2 TPG. Die Entnahmekrankenhäuser sind außerdem verpflichtet, bei der Erfüllung ihrer Aufgaben in Zusammenarbeit mit der Koordinierungsstelle und den Transplantationszentren die auf Grund des § 11 TPG getroffenen Regelungen zur Organentnahme, also nach einem hier zu Grunde gelegten weiten Verständnis insbesondere diejenigen Regelungen des Koordinierungsstellenvertrages nach § 11 Abs. 2 TPG und der Verfahrensanweisungen der Koordinierungsstelle nach § 11 Abs. 1a TPG, einzuhalten.[672] So verpflichtet § 3 Abs. 2 des Koordinierungsstellenvertrags die Entnahmekrankenhäuser, notwendige organisatorische Vorkehrungen zu treffen, um ihren gesetzlichen Verpflichtungen aus § 9a Abs. 2 TPG ausreichend nachkommen zu können. Außerdem tragen die Entnahmekrankenhäuser gemäß § 3 Abs. 3 des Koordinierungsstellenvertrags dafür Sorge, dass der von der Koordinierungsstelle beauftragte DSO-Koordinator von dem nach § 7 Abs. 2 TPG zur Auskunft verpflichteten ärztlichen Personal der Entnahmekrankenhäuser die nach § 7 Abs. 1 TPG erforderlichen Auskünfte unverzüglich erhält.

2. Transplantationsbeauftragte, § 9b TPG

Fachlich qualifizierte, bei der Wahrnehmung ihrer Aufgaben unabhängige und weisungsfreie Transplantationsbeauftragte sind gemäß § 9b Abs. 1 TPG an allen Entnahmekrankenhäusern im Sinne des TPG zu bestellen. Die Entnahmekrankenhäuser haben durch organisatorische Maßnahmen sicherzustellen, dass die Transplantationsbeauftragten ihre übertragenen Aufgaben ordnungsgemäß erfüllen können und sie dabei zu unterstützen. Insofern besteht vor allem die Pflicht, die Transplantationsbeauftragten im erforderlichen Maße von ihrer anderweitigen Tätigkeit freizustellen.

Transplantationsbeauftragte haben gemäß § 9b Abs. 2 Nr. 1 TPG in erster Linie sicherzustellen und zu überwachen, dass die Entnahmekrankenhäuser ihrer Pflicht, mögliche postmortale Organspender als solche zu erkennen und

---

671 § 11 Abs. 4 TPG.

672 § 9a Abs. 2 Nr. 4 TPG. Vgl. dazu auch *Rixen*, in: Höfling (Hrsg.), TPG, § 9a Rn. 7.

an die Koordinierungsstelle zu melden, tatsächlich nachkommen.[673] Ihnen ist außerdem in § 9b Abs. 2 Nr. 3 TPG die Verantwortlichkeit dafür übertragen worden, dass die Zuständigkeiten und Handlungsabläufe in den Entnahmekrankenhäusern zur Erfüllung der Pflichten aus dem TPG festgelegt werden. Daneben liegt es in der Verantwortung der Transplantationsbeauftragten, für eine angemessene Begleitung der Angehörigen der Organspender zu sorgen und das ärztliche und pflegerische Personal in dem jeweiligen Entnahmekrankenhaus regelmäßig über die Bedeutung und den Prozess der Organspende zu informieren, § 9b Abs. 2 Nrn. 2 und 4 TPG. Die nähere Ausgestaltung dieser grundsätzlichen Positionierung von Transplantationsbeauftragten an den Entnahmekrankenhäusern – insbesondere Regelungen zu deren Qualifikation, organisationsrechtliche Stellung und Freistellung – ist den landesrechtlichen Bestimmungen vorbehalten worden, § 9b Abs. 3 TPG.[674]

3. *Transplantationszentren, § 10 TPG*

Die Übertragung postmortal entnommener Spenderorgane erfolgt nach der Konzeption des TPG nach §§ 9 Abs. 2 S. 1, 10 Abs. 1 S. 1 TPG ausschließlich in dazu zugelassenen und auf die Übertragung des jeweiligen Spenderorgans spezialisierten Krankenhäusern.[675] Dabei handelt es sich nach der Legaldefinition[676] des § 10 Abs. 1 S. 1 TPG um „Krankenhäuser oder Einrichtungen an Krankenhäusern, die nach § 108 SGB V oder nach anderen gesetzlichen Bestimmungen für die Übertragung von Organen verstorbener Spender sowie für die Entnahme und Übertragung von Organen lebender Spender zugelassen sind". Die sogenannten Transplantationszentren wirken bei der Vorbereitung der Organübertragung in regionaler Zusammenarbeit mit den Entnahmekrankenhäusern und der Koordinierungsstelle mit.[677] Sie haben im Vorfeld der Organübertragung festzustellen, dass die Organ- und Spendercharakterisierung durchgeführt und

---

673 *Mohammadi/Hampe*, WzS 2013, 78 (80), gehen davon aus, der Transplantationsbeauftragte solle die Identifikation potentieller Spender selbst vornehmen.

674 Dazu etwa *Neft*, MedR 2013, 82 (85); *Rixen*, in: Höfling (Hrsg.), TPG, § 9a Rn. 3, 10; *Weyd*, Jura 2013, 437 (441).

675 Siehe dazu *Weyd*, Jura 2013, 437 (441). Zur Zulassung der Transplantationszentren *Böning*, Kontrolle im Transplantationsgesetz, S. 25 f.; *Norba*, Rechtsfragen der Transplantationsmedizin aus deutscher und europäischer Sicht, S. 109 f.; sowie *Mohammadi-Kangarani*, Die Richtlinien der Organverteilung im Transplantationsgesetz – verfassungsgemäß?, S. 40 f. Vgl. dazu auch BT-Drs. 13/4355, S. 22.

676 So *Bader*, Organmangel und Organverteilung, S. 120, 121.

677 § 11 Abs. 1 S. 1 und 2, Abs. 1a S. 1 TPG.

dokumentiert worden ist und die Bedingungen für die Konservierung und den Transport eingehalten wurden.[678] Bei der Organübertragung ist von ihnen eine lückenlose Dokumentation der Transplantation zum Zwecke einer möglichen Rückverfolgung sicherzustellen.[679] Zum Aufgabenbereich der Organübertragung zählt das TPG auch die psychologische Betreuung des Organempfängers und die Durchführung von Qualitätssicherungsmaßnahmen, welche gemäß § 10 Abs. 2 S. 1 Nrn. 7 und 8 TPG jeweils durch die Transplantationszentren sicherzustellen sind.

Neben der Organübertragung und den erforderlichen Vor- und Nachbereitungsmaßnahmen erfolgt in den Transplantationszentren die Besetzung und Führung der organspezifischen Wartelisten mit potentiellen Empfängern. Dazu sind bei den Transplantationszentren ständige, interdisziplinäre und organspezifische Transplantationskonferenzen gebildet worden, die für die Anmeldung und Abmeldung der Patienten auf die Warteliste und für das Führen der Warteliste verantwortlich sind.[680] Die dort aufgenommenen und zur Organvermittlung erforderlichen Patientendaten werden – nach schriftlicher Einwilligung des Patienten – an die Vermittlungsstelle zwecks Berücksichtigung bei den Vermittlungsentscheidungen übermittelt, § 13 Abs. 3 S. 3 TPG. Vermittlungsentscheidungen der Vermittlungsstelle werden folglich auf der Basis dieser Empfängerlisten vorgenommen, sodass allein für die durch die Transplantationszentren als potentielle Empfänger angenommenen Patienten die Möglichkeit eines Organerhalts besteht.[681] Die Transplantationszentren treffen gemäß § 10 Abs. 2 S. 1 Nr. 1 TPG die Entscheidung über die Aufnahme auf die Warteliste anhand von Regelungen, die dem Stand der Erkenntnisse der medizinischen Wissenschaft entsprechen, „insbesondere nach Notwendigkeit und Erfolgsaussicht einer Organübertragung". Dieser Stand der Erkenntnisse der medizinischen Wissenschaft wird vor allem durch die Richtlinien der Bundesärztekammer nach § 16 Abs. 1 S. 1 Nr. 2 TPG spezifiziert.[682] Das Führen der Warteliste umfasst daneben auch, die Wartelisten regelmäßig zu aktualisieren und Dringlichkeitsmeldungen sowie Veränderungen im medizinischen Status

---

678 § 10 Abs. 2 Nr. 4 TPG.

679 § 10 Abs. 2 S. 1 Nr. 5 TPG.

680 Vgl. beispielsweise die „Richtlinien zur Organtransplantation gem. § 16 Abs. 1 S. 1 Nrn. 2 u. 5 TPG (Allgemeiner Teil Lunge)", S. 3 f. (Fn. 1).

681 *Krüger*, Die Organvermittlungstätigkeit Eurotransplants im Sinne des § 12 TPG, S. 81; *Lang*, in: Höfling (Hrsg.), TPG, § 10 Rn. 7.

682 *Bader*, Organmangel und Organverteilung, S. 136 ff.

der Patienten anzupassen.[683] Außerdem befugt § 10 Abs. 2 Nr. 1 TPG die Transplantationszentren, zur Entscheidung darüber, ob ein Patient von der Warteliste heruntergenommen werden soll. Die Konzeption des § 10 Abs. 2 Nr. 2 TPG – wonach nur über die Aufnahme in die Warteliste nach Regeln zu entscheiden ist, die dem Stand der Erkenntnisse der medizinischen Wissenschaft entsprechen, insbesondere nach Notwendigkeit und Erfolgsaussicht einer Organübertragung – spricht dafür, dass diese Herausnahmeentscheidung keiner solchen Bindung unterliegt.[684] Hierbei wird allerdings angenommen, dass es sich um ein gesetzgeberisches Versehen handelt, weil eine Herausnahme eines bedürftigen Patienten von der Warteliste zur Organallokation nur unter Anwendung der selben Kriterien sinnvoll erscheint, die von vornherein zu einer ablehnenden Entscheidung über die Aufnahme auf die Warteliste geführt hätten.[685]

4. Koordinierungsstelle, § 11 TPG

Das gesetzliche System des Organtransplantationswesens sieht nach § 11 Abs. 1 S. 2 TPG vor, dass die Organisation der regionalen Zusammenarbeit der Entnahmekrankenhäuser und der Transplantationszentren bei der Entnahme von Spenderorganen sowie den Vorbereitungsmaßnahmen für die Entnahme, Vermittlung und Übertragung dieser Organe Aufgabe einer bundesweit agierenden Koordinierungsstelle ist. Sind Organe im Geltungsbereich des TPG entnommen worden, dann ist ihre Übertragung nur zulässig, wenn die Organentnahme nach § 11 Abs. 4 S. 5 TPG durch diese Koordinierungsstelle organisiert und unter Beachtung der weiteren Regeln nach § 11 TPG durchgeführt worden ist.[686]

So klärt die Koordinierungsstelle gemäß § 11 Abs. 4 S. 2 TPG insbesondere ab, ob die Voraussetzungen für eine Organentnahme vorliegen. Dazu erhebt sie die Personalien des möglichen Organspenders sowie die weiteren, für die Durchführung der Organentnahme und -vermittlung erforderlichen, personenbezogenen Daten. Nach § 11 Abs. 4 S. 5 TPG organisiert sie die Organentnahme und lässt diese durch beauftragte Ärzte durchführen. Zur Koordinierungsstellentätigkeit gehört es außerdem, ein Verzeichnis mit den Entnahmekrankenhäusern nach § 9a TPG sowie den Transplantationszentren nach § 10 TPG zu führen.[687] Die

---

683 *Krüger*, Die Organvermittlungstätigkeit Eurotransplants im Sinne des § 12 TPG, S. 82; *Lang*, in: Höfling, (Hrsg.), TPG, § 10 Rn. 9; Nickel u.a., TPG, § 10 Rn. 2.

684 *Lang*, in: Höfling (Hrsg.), TPG, § 10 Rn. 47.

685 *Bader*, Organmangel und Organverteilung, S. 137; *Lang*, in: Höfling (Hrsg.), TPG, § 10 Rn. 47.

686 § 9 Abs. 2 S. 2 TPG.

687 § 11 Abs. 5 TPG.

Koordinierungsstelle dokumentiert darüber hinaus ihre Tätigkeiten und veröffentlicht jährlich einen Bericht, der die Tätigkeit der Entnahmekrankenhäuser und Transplantationszentren für das zurückliegende Kalenderjahr darstellt. Insgesamt zielt die Koordinierungsstellentätigkeit für die organisatorischen Abläufe im Behandlungsablauf der Organtransplantation damit laut § 11 Abs. 1a S. 1 TPG darauf ab, „die vorhandenen Möglichkeiten der Organspende wahrzunehmen und durch die Entnahme und Bereitstellung geeigneter Spenderorgane die gesundheitlichen Risiken der Organempfänger so gering wie möglich zu halten".

Die Beauftragung oder Errichtung einer geeigneten Einrichtung als Koordinierungsstelle ist gemäß § 11 Abs. 1 S. 2 TPG dem Spitzenverband Bund der Krankenkassen, der Bundesärztekammer sowie der Deutschen Krankenhausgesellschaft oder den Bundesverbänden der Krankenhausträger gemeinsam vorbehalten. Diese haben dafür eine Institution auszuwählen, die auf Grund ihrer finanziell und organisatorisch eigenständigen Trägerschaft, der Zahl und Qualifikation ihrer Mitarbeiter, ihrer betrieblichen Organisation sowie ihrer sachlichen Ausstattung die Gewähr dafür bietet, dass die Maßnahmen nach § 11 Abs. 1 S. 1 TPG in Zusammenarbeit zwischen den Transplantationszentren und Entnahmekrankenhäusern nach den Vorschriften des TPG durchgeführt werden. Die Aufgaben der Koordinierungsstelle sind gemäß § 11 Abs. 2 TPG von den auftraggebenden Spitzenverbänden gemeinsam mit der Koordinierungsstelle und im Einvernehmen mit dem Verband der Privaten Krankenversicherung in einem gemeinsamen Vertrag festzulegen, der insbesondere die dort vorgegebenen zentralen Themenbereiche als Mindestinhalt abdeckt.[688] Gegenstand der vertraglichen Vereinbarung sollen daneben die von der Koordinierungsstelle gemäß § 11 Abs. 1a TPG zu erstellenden Verfahrensanweisungen sein, mit denen für die Akteure des Organspendeprozesses – insbesondere also die Behandler aus Entnahmekrankenhäusern und Transplantationszentren – die Schritte der dort vorgegebenen Abläufe des Organtransplantationsprozesses zu beschreiben und die dafür zu verwendenden Materialen und Methoden sowie das zu erwartende Ergebnis darzulegen sind.[689] Ein solcher Vertragsabschluss ist durch einen am 16.07.2000 in Kraft getretenen Vertrag mit der DSO[690] abgeschlossen

688 *Norba*, Rechtsfragen der Transplantationsmedizin aus deutscher und europäischer Sicht, S. 118.

689 Vgl. die Legaldefinition aus § 1a Nr. 10 TPG.

690 https://www.dso.de

worden, die seitdem die bundesweite Koordinierungsstelle für das Transplantationswesen ist.[691]

Die vertragliche Vereinbarung zwischen den Auftraggebern und der Koordinierungsstelle wie auch deren Änderungen bedürfen gemäß § 11 Abs. 3 S. 1 und 2 TPG der Genehmigung durch das Bundesministerium für Gesundheit, welches den Vertrag auf seine Vereinbarkeit mit dem TPG und sonstigem Recht prüft. Außerdem sind die Vertragsstücke im Bundesanzeiger bekanntzumachen.

Die Einhaltung der Vertragsbedingungen durch die Koordinierungsstelle wird durch die beauftragenden Vertragspartner überwacht, die dazu gemäß § 11 Abs. 3. S. 4 und 5 TPG eine mit gesetzlich vorgesehenen Auskunfts- und Vorlagebefugnissen gegenüber der Koordinierungsstelle sowie den Entnahmekrankenhäusern und Transplantationszentren ausgestattete Überwachungskommission einzusetzen haben. Grundsätzliche Festlegungen zur Überwachungskommission sind im TPG vorgegeben.[692] Die nähere Ausgestaltung des Kontrollsystems soll hingegen gemäß § 11 Abs. 3 S. 7 TPG Gegenstand des Vermittlungsstellenvertrags sein. Festgelegt ist in § 11 Abs. 3 S. 4 TPG, dass die Kommission zumindest aus jeweils einem Vertreter des Spitzenverbandes Bund der Krankenkassen, der Bundesärztekammer sowie der Deutschen Krankenhausgesellschaft oder der Bundesverbände der Krankenhausträger gemeinsam sowie zwei Vertretern der Länder zusammengesetzt sein muss, § 11 Abs. 3 S. 4 TPG. Sowohl die Koordinierungsstelle als auch die Transplantationszentren und Entnahmekrankenhäuser sind verpflichtet, der Kommission die erforderlichen Auskünfte zu erteilen. Die Kommission wiederum wird verpflichtet, Erkenntnisse über Verstöße gegen das TPG oder die auf Grund des TPG erlassenen Rechtsverordnungen an die zuständigen Behörden der Länder weiterzuleiten.

5. Vermittlungsstelle, § 12 TPG

Gemäß den §§ 9 Abs. 1 S. 3, 12 Abs. 1 S. 1 TPG ist die Entscheidung über die Vermittlung der als vermittlungspflichtig gekennzeichneten Organe Herz, Lunge, Leber, Niere, Bauchspeicheldrüse und Darm[693] einer Vermittlungsstelle vorbehalten. Diese Vermittlungsstelle soll vom Spitzenverband Bund der Krankenkassen, der Bundesärztekammer sowie der Deutschen Krankenhausgesellschaft oder den Bundesverbänden der Krankenhausträger gemeinsam errichtet oder

---

691 Bekanntmachung des Vertrags und seiner Genehmigung vom 27.06.2000 im BAnz. Nr. 131a vom 15.07.2000.

692 Vgl. § 11 Abs. 3 S. 3 bis 6 TPG.

693 Vgl. § 1a Nr. 2 TPG.

beauftragt werden. Eine geeignete Institution muss gemäß § 12 Abs. 1 S. 2 TPG auf Grund einer finanziell und organisatorisch eigenständigen Trägerschaft, der Zahl und Qualifikation ihrer Mitarbeiter, ihrer betrieblichen Organisation sowie ihrer sachlichen Ausstattung die Gewähr dafür bieten, dass die Organvermittlung nach den Vorschriften des TPG erfolgt. § 12 Abs. 3 TPG ermöglicht explizit, dass mit der Vermittlungsstellentätigkeit auch eine Institution beauftragt werden kann, die ihren Sitz außerhalb des Geltungsbereichs des TPG[694] hat, um Organe innerhalb eines internationalen Organaustauschs – unter Anwendung der Vorschriften des TPG zur Organvermittlung – zu vermitteln. Dann muss sichergestellt sein, dass die datenschutzrechtlichen Vorschriften der §§ 14 und 15 TPG zumindest sinngemäß Anwendung finden und eine angemessene Datenschutzaufsicht gewährleistet ist. Soweit die Vermittlungsstelle innerhalb des Geltungsbereichs des TPG Organe vermittelt, die nicht aus Mitgliedstaaten der EU oder einem anderen Vertragsstaat des Abkommens über den Europäischen Wirtschaftsraum stammen, oder Organe aus dem Geltungsbereich des TPG innerhalb dieser Länder vermitteln will, muss sie gemäß § 12 Abs. 1 S. 3 TPG gewährleisten, dass dabei die zum Schutz der Organempfänger erforderlichen Maßnahmen nach dem Stand der Erkenntnisse der medizinischen Wissenschaft durchgeführt und die Qualitäts- und Sicherheitsanforderungen erfüllt werden, die den Vorgaben des TPG und der darauf beruhenden Rechtsverordnungen gleichwertig sind und dass zugleich eine lückenlose Rückverfolgbarkeit auch solcher Organe sichergestellt ist. § 12 Abs. 1 S. 4 TPG sieht einen ordre-public-Vorbehalt vor,[695] nach dem allein Organe vermittelt werden dürfen, die im Einklang mit den am Ort der Entnahme geltenden Rechtsvorschriften entnommen worden sind, soweit diese Rechtsanwendung nicht zu dem Ergebnis führen würde, dass damit gegen wesentliche Grundsätze des deutschen Rechts verstoßen würde.

Die Aufgaben der Vermittlungsstelle sind nach § 12 Abs. 4 TPG mittels eines Vermittlungsstellenvertrags mit der entsprechenden Institution zu vereinbaren, der die transplantationsgesetzlichen Vorgaben mit Wirkung auch für die Transplantationszentren spezifiziert und konkretisiert. Dieser Vertrag bedarf, wie auch seine Änderungen, nach einer präventiven Prüfung auf seine Vereinbarkeit mit dem TPG und dem übrigen Recht der Genehmigung durch das Bundesministerium für Gesundheit und der Bekanntmachung im Bundesanzeiger, § 12

694 Der räumliche Geltungsbereich erstreckt sich gemäß § 1 Abs. 1 S. 1 TPG auf das Gebiet der Bundesrepublik Deutschland.

695 Vgl. *Höfling*, in: Höfling (Hrsg.), TPG, § 12 Rn. 22.

Abs. 5 S. 1 und 2 TPG. Mit der Wahrnehmung der Vermittlungsstellentätigkeit haben diese auftraggebenden Spitzenverbände die im niederländischen Leiden ansässige, privatrechtliche und gemeinnützige Stiftung Eurotransplant International Foundation[696] beauftragt. Der dazu geschlossene Vertrag legt zugleich auch die Inhalte des Vermittlungsstellenvertrags gemäß § 12 Abs. 4 TPG fest.[697] Gemäß § 2 Abs. 1 des Vermittlungsstellenvertrags hat Eurotransplant dabei als Vermittlungsstelle für das deutsche Transplantationswesen die Aufgabe, die von der Koordinierungsstelle gemeldeten postmortalen Spenderorgane nach den Bestimmungen aus § 5 des Vermittlungsstellenvertrags an geeignete Empfänger aus den bei den Transplantationszentren geführten Wartelisten zu vermitteln. Vertraglich ist Eurotransplant dabei dazu verpflichtet worden, die Regelungen des deutschen TPG sowie des Vermittlungsstellenvertrags einzuhalten und die Auftraggeber darüber in Kenntnis zu setzen, welche übrigen Kooperationsbeziehungen sie führt.[698] Eurotransplant ist zugleich auch für die Vermittlung postmortaler Spenderorgane aus Belgien, den Niederlanden, Kroatien, Luxemburg, Österreich, Slowenien sowie Ungarn zuständig.[699] Gemäß § 7 des Vermittlungsstellenvertrags ist Eurotransplant bei der Vermittlung gemeldeter Spenderorgane auch berechtigt, diese außerhalb des Geltungsbereichs des TPG anzubieten. Die so ermöglichte zwischenstaatliche Organisation der Organverteilung dient dem Zweck, bei Bedarf einen internationalen Organaustausch zwischen den Mitgliedstaaten vornehmen zu können und auf diese Weise die in den Eurotransplant-Mitgliedsländern verfügbaren Spenderorgane optimal unter den bedürftigen Patienten zu vermitteln,[700] drohende Organverluste zu vermeiden und bei akuter Lebensgefahr von Patienten schnellere Transplantationsmöglichkeiten anbieten zu können.[701]

---

696 https://www.eurotransplant.org

697 Bundesanzeiger Nr. 131a vom 15.07.2000. Vgl. dazu etwa *Bader*, Organmangel und Organverteilung, S. 127 f.; *Norba*, Rechtsfragen der Transplantationsmedizin aus deutscher und europäischer Sicht, S. 126.

698 Vgl. § 1 Abs. 4 Vermittlungsstellenvertrag (Fn. 97).

699 Vgl. *Corads*, Rechtliche Grundsätze der Organallokration, 2000, S. 42 ff.; *Höfling*, in: Höfling (Hrsg.), TPG, § 12 Rn. 12; *Norba*, Rechtsfragen der Transplantationsmedizin aus deutscher und europäischer Sicht, 2009, S. 125 ff. Zwecks vergleichbarer Vermittlungseinrichtungen haben sich auch andere Staaten zusammengeschlossen, beispielsweise Scandiatransplant mit Dänemark, Finnland, Island, Norwegen und Schweden oder Balttransplant mit Estland, Lettland und Litauen.

700 *Bader*, Organmangel und Organverteilung, S. 80. Kritisch *Norba*, Rechtsfragen der Transplantationsmedizin aus deutscher und europäischer Sicht, S. 136.

701 *Rissing-van Saan*, NStZ 2014, 233 (233).

Die Vermittlungsentscheidung wird von Eurotransplant dergestalt vorgenommen, dass zunächst sämtliche durch die Transplantationszentren geführten Wartelisten nach den jeweiligen Organarten zu einer bundeseinheitlichen Warteliste zusammenführt werden.[702] Die auf den Wartelisten eingetragenen Patienten sind von Eurotransplant gemäß § 5 Abs. 3 des Vermittlungsstellenvertrags grundsätzlich gleich zu behandeln. Die verfügbaren Spenderorgane sind ihnen unter Einhaltung der gesetzlichen Vorgaben des § 12 Abs. 3 S. 1 TPG nach Regeln, die dem Stand der Erkenntnisse der medizinischen Wissenschaft entsprechen, insbesondere nach Erfolgsaussicht und Dringlichkeit zuzuteilen.[703] Zur Entscheidung, welcher Patient ein verfügbares Spenderorgan im Einzelfall erhalten soll, soll die Vermittlungsstelle gemäß § 5 Abs. 1 des Vermittlungsstellenvertrags auf Grundlage der Richtlinien der Bundesärztekammer nach § 16 Abs. 1 S. 1 Nr. 5 TPG organspezifische Anwendungsregelungen[704] erstellen, die insbesondere die in § 5 Abs. 2 des Vermittlungsstellenvertrags festgelegten Kriterien aufnehmen. So sollen sich die Anwendungsregelungen zur Vermittlung von Spenderherzen exemplarisch nach der Blutgruppenkompatibilität, der Dringlichkeit, der Wartezeit, der Konservierungszeit sowie den Entscheidungen der Audit-Gruppen bestimmen.[705] Der Verfahrensablauf zur Umsetzung der spezifischen Vermittlungsentscheidung ist in § 5 Abs. 4 des Vermittlungsstellenvertrags bestimmt. Danach erstellt die Vermittlungsstelle anhand der Informationen zum konkreten Organ unter den Patienten der Warteliste eine Rangliste geeigneter Patienten. Dies erfolgt mittels rechnergestützter Allokationsalgorithmen.[706] Das Spenderorgan wird dann entsprechend dieser Entscheidung zunächst unter Fristsetzung dem Transplantationszentrum des ranghöchsten Patienten, und gleichzeitig unverbindlich auch dem Transplantationszentrum des nächstgeeigneten Patienten zur Übertragung angeboten. Die Entscheidung, ob ein Organ tatsächlich dem von der Vermittlungsstelle bestimmten Patienten übertragen wird, obliegt dann dem zuständigen Arzt des jeweiligen Transplantationszentrums.[707] Sofern das Transplantationszentrum nach Entscheidung des behandelnden Arztes ein verbindliches Vermittlungsangebot ablehnen sollte, ist Eurotransplant verpflichtet, dieses dem Transplantationszentrum des jeweils rangniedrigeren Patienten nun verbindlich zu unterbreiten.

---

702 § 12 Abs. 4 Nr. 2 TPG, § 2 Abs. 2, § 3 Abs. 1 Vermittlungsstellenvertrag (Fn. 97).

703 § 12 Abs. 4 Nr. 3 TPG, § 5 Abs. 1 Vermittlungsstellenvertrag (Fn. 97).

704 Diese sind im Eurotransplant-Manual zusammengefasst worden.

705 § 5 Abs. 1 Nr. 1 Vermittlungsstellenvertrag (Fn. 97).

706 *Gutmann*, Für ein neues Transplantationsgesetz, S. 138.

707 § 5 Abs. 5 des Vermittlungsstellenvertrags (Fn. 97).

Eine laufende und nachträgliche Kontrolle der Vermittlungsstellentätigkeit und insbesondere der Vermittlungsentscheidungen Eurotransplants auf Einhaltung der Vertragsbedingungen ist gesetzlich nach § 12 Abs. 5 S. 3 bis 7 den auftraggebenden Akteuren übertragen worden.[708] Diese bilden dazu eine Überwachungskommission unter Beteiligung von zwei Vertretern der Länder, welche vom Gesetzgeber gemäß § 12 Abs. 5 S. 5 TPG mit Einsichts- und Auskunftsrechten gegenüber der Vermittlungsstelle ausgestattet ist. Die Kommission ist wiederum gesetzlich dazu verpflichtet, Verstöße gegen das TPG oder die auf Grund des TPG erlassenen Rechtsverordnungen weiterzugeben und den zuständigen Behörden der Länder mitzuteilen. Die nähere Ausgestaltung der Überwachungstätigkeit, also Bestimmungen zur Zusammensetzung der Kommission, ihrer Arbeitsweise und dem Überwachungsverfahren, ist nach § 12 Abs. 5 S. 7 TPG den Vertragsparteien im Vermittlungsstellenvertrag überlassen worden. Dort ist die Überwachungskommission in den §§ 10 und 14 geregelt.

B. Die Zu- und Verteilungsordnung bei postmortalen Organspenden

Die Zuordnung eines vermittlungspflichtigen, postmortal entnommenen Spenderorgans zum bedürftigen Empfänger beinhaltet zwei Entscheidungen der Transplantationsakteure: Zunächst muss die – rein medizinisch zu verortende – Frage beantwortet werden, welchen Patienten das zur Verfügung stehende Organ sinnvoll als indizierte Behandlungsmethode Abhilfe bei gesundheitlichen Leiden oder zumindest Entlastung schaffen kann.[709] Da das zur Verfügung stehende Organ regelmäßig nicht nur für einen Wartelistenpatienten, sondern für mehrere potentielle Organempfänger medizinisch geeignet ist, bedarf es im Transplantationswesen des Weiteren einer Entscheidung, nach welchen Kriterien solche Konkurrenzsituationen aufgelöst werden.[710] Diese Beurteilung lässt sich nicht bloß anhand medizinischer Kriterien treffen. Es müssen weitere, auch normative Bestimmungen hinzugezogen werden, um die medizinischen Kriterien zu gewichten, unter ihnen eventuell sogar eine Rangfolge festzulegen und so unter Anwendung auf das jeweils zur Vermittlungsentscheidung stehende Spenderorgan mit seinen spezifischen Eigenschaften zu einer Lösung zu gelangen.[711]

---

708 Vgl. auch *Bader*, Organmangel und Organverteilung, S. 132 f.

709 *Bader*, Organmangel und Organverteilung, S. 102 f.

710 *Bader*, Organmangel und Organverteilung, S. 102 f. Dazu auch *Norba*, Rechtsfragen der Transplantationsmedizin aus deutscher und europäischer Sicht, S. 166.

711 *Bader*, Organmangel und Organverteilung, S. 102 f.

Der Entscheidungsfindungsprozess hin zu einer konkreten Vermittlungsentscheidung darüber, welchem Patienten ein verfügbares Spenderorgan zur Organtransplantation angeboten werden soll, ist nach der Konzeption des TPG über mehrere Stufen durch verschiedene Akteure zu konkretisieren.

Zunächst werden potentielle Empfänger ausschließlich auf den dafür bei den Transplantationszentren eingerichteten Wartelisten gemäß § 10 Abs. 2 S. 1 Nrn. 1 und 2 TPG geführt. Die Entscheidung darüber, wer Zugang zu diesen Listen erhält und unter welchen Voraussetzungen der einmal gewährte Zugang erhalten bleibt, ist eine erste „Hürde", die potentielle Organempfänger zu nehmen haben. Die Kriterien, nach denen sich diese Entscheidung bestimmt, werden im Transplantationssystem über mehrere Stufen von unterschiedlichen sachverständigen Akteuren entwickelt und konkretisiert. Der Gesetzgeber gibt in § 10 Abs. 2 Nr. 2 TPG vergleichsweise abstrakte Parameter vor. Eine genauere Spezifizierung obliegt dann gemäß § 16 Abs. 1 S. 1 Nr. 2 TPG der Bundesärztekammer, die für die Wartelistenentscheidung organspezifische Transplantationsrichtlinien erstellt. Auf der Grundlage der gesetzlichen Vorgaben und der einschlägigen Transplantationsrichtlinien entscheiden die Transplantationszentren – gemäß § 10 Abs. 2 Nr. 2 TPG nach Regeln, die dem Stand der Erkenntnisse der medizinischen Wissenschaft entsprechen, insbesondere nach Notwendigkeit und Erfolgsaussicht einer Organübertragung – über den Zugang zu und den Verbleib der Patienten auf den Wartelisten.

Die eigentliche Vermittlungsentscheidung ist durch die Vermittlungsstelle gemäß § 12 Abs. 1 S. 1, Abs. 3 TPG vorzunehmen. Der Gesetzgeber hat auch insoweit in § 12 Abs. 3 S. 1 Vorgaben formuliert, zu denen gemäß § 13 Abs. 1 S. 1 Nr. 5 TPG die Bundesärztekammer in Richtlinien den Stand der Erkenntnisse der medizinischen Wissenschaft feststellt. Die Vermittlungsentscheidung soll desweiteren im Vermittlungsstellenvertrag nach § 12 Abs. 4 S. 2 Nr. 3 TPG Regelungsgegenstand sein und kann folglich auch dort durch die auftraggebenden Spitzenverbände, also den Spitzenverband Bund der Krankenkassen, die Bundesärztekammer sowie die Deutsche Krankenhausgesellschaft oder die Bundesverbände der Krankenhausträger gemeinsam und die zu beauftragende Institution selbst weiter spezifiziert werden.[712] Je nach Regelungsdichte dieser im Vorfeld in den Transplantationsrichtlinien und dem Vermittlungsstellenvertrag aufgestellten Entscheidungsparameter verbleibt der Vermittlungsstelle Eurotransplant ein mehr oder weniger ausgeprägter Bewertungsspielraum.[713]

712 Vgl. zum Voranstehenden auch *Bader*, Organmangel und Organverteilung, S. 128.

713 *Gutmann*, in: Schroth u.a. (Hrsg.), TPG, § 12 Rn. 10; *ders.*, Für ein neues Transplantationsgesetz, S. 137 f.; *Höfling*, in: Höfling (Hrsg.), TPG, § 12 Rn. 15; *Norba*,

Sie entwickelt anhand der Vorgaben Anwendungsregeln und kombiniert diese mit einem verbundbezogenen Austauschsystem. Für das Allokationsverfahren werden daraus Allokationsalgorithmen erstellt, die von Eurotransplant auf die Patienten sämtlicher Wartelisten einheitlich angewendet werden.

Letztlich lassen sich alle Kriterien der Vermittlung postmortaler, vermittlungspflichtiger Spenderorgane gewissen Leitideen des Transplantationsrechts zuordnen. Danach sollen für die Entscheidung, bei welchem Patienten eine Transplantation vorgenommen wird, die Eignung des Patienten, die Erfolgsaussichten, Dringlichkeit und Notwendigkeit einer Organtransplantation sowie die Chancengleichheit der Wartelistenpatienten bedacht werden. Außerdem lassen sich gewisse Allokationsentscheidungen auch auf die Notwendigkeit eines funktionsfähigen Transplantationssystems zurückführen.[714]

I. Aufnahmeentscheidung zur Warteliste

Am Anfang einer Vermittlungs- und Verteilungsordnung im Transplantationswesen steht nach dieser Konzeption des TPG – wie geschildert – die Entscheidung über die Aufnahme von Patienten auf die Warteliste zur Organtransplantation. Diese Aufnahme und die sich anschließende Registrierung bei der Vermittlungsstelle sind Voraussetzung für eine Organvermittlung.[715]

Sobald ein behandelnder Arzt feststellt, dass bei einem Patienten die Übertragung vermittlungspflichtiger Organe medizinisch indiziert ist, hat er gemäß § 13 Abs. 3 S. 1 TPG nach dessen schriftlicher Einwilligung den Patienten mit den dazu erforderlichen Angaben an das zuständige Transplantationszentrum zu melden. Dort entscheidet eine in den Transplantationszentren tätige ständige, organspezifische und interdisziplinär besetzte Transplantationskonferenz,[716] ob ein Patient zur Organübertragung angenommen und auf die Warteliste des Transplantationszentrums aufgenommen wird.[717] Diese Aufnahmeentscheidung soll gemäß § 10 Abs. 2 Nr. 2 TPG nach Regeln erfolgen, die dem Stand der Erkenntnisse der medizinischen Wissenschaft entsprechen. Dabei gibt der

---

Rechtsfragen der Transplantationsmedizin aus deutscher und europäischer Sicht, S. 129.

714 So *Bader*, Organmangel und Organverteilung, S. 282.

715 Vgl. dazu beispielsweise die „Richtlinie gem. § 16 Abs. 1 S. 1 Nrn. 2 u. 5 TPG für die Wartelistenführung und Organvermittlung zur Lebertransplantation", S. 3 (Fn. 1).

716 Vgl. dazu etwa die „Richtlinien zur Organtransplantation gem. § 16 Abs. 1 S. 1 Nrn. 2 u. 5 TPG für die Wartelistenführung und Organvermittlung zur Lebertransplantation", S. 1 f., 6 (Fn. 1).

717 § 10 Abs. 2 Nr. 1 TPG.

Transplantationsgesetzgeber insbesondere die Kriterien der Notwendigkeit und Erfolgsaussicht einer Organübertragung vor. Den Stand der Erkenntnisse der medizinischen Wissenschaft für Richtlinien zur Aufnahme auf die Warteliste festzulegen – die nach § 10 Abs. 2 Nr. 2 TPG bestimmten Kriterien also zu konkretisieren – ist gemäß § 16 Abs. 1 Nr. 2 TPG eine Aufgabe, die die Bundesärztekammer über ihre Transplantationsrichtliniengebung zu erfüllen hat.[718]

Die vorgegebenen gesetzlich angelegten Entscheidungsparameter bedürfen dazu als unbestimmte Rechtsbegriffe der Auslegung, um für das Transplantationswesen praktikable Kriterien zu entwickeln. In der Gesetzesbegründung heißt es insofern, die Wartelistenentscheidung solle allein nach medizinisch begründeten Kriterien erfolgen. Nichtmedizinische Kriterien, etwa soziale oder finanzielle Erwägungen, müssten außen vor bleiben.[719] Notwendigkeit wird man hier aufgrund der Funktion der Wartelistenführung im Gesamtzusammenhang der Organvermittlung – die Patienten, denen mit einer medizinisch indizierten Behandlung dieser Art medizinisch geholfen werden kann, sollen auf dieser Stufe zu einer potentiell gleichberechtigten Empfängergruppe zusammengefasst werden – im Sinne rein medizinischer Notwendigkeit verstehen müssen. Die Behandlung mittels einer Organtransplantation erscheint nach dieser Einordnung bereits dann notwendig im Sinne des § 10 Abs. 2 Nr. 2 TPG, wenn sie dem Patienten überhaupt medizinisch irgendwie nutzen würde.[720] Das ist der Fall, wenn eine Transplantation die Überlebenswahrscheinlichkeit erhöhte und gleichzeitig oder alternativ die Lebensqualität des Empfängers durch die Organtransplantation im Vergleich zu einer ausbleibenden Transplantation und eventuell möglicher Alternativtherapie besser ausfiele.[721] Das Kriterium der Notwendigkeit schließt damit solche Patienten von der Wartelistenführung aus, die nicht medizinisch bedürftig sind.[722] Der Umschreibung von Erfolgsaussichten einer Organtransplantation ist bei der Entscheidung über die Besetzung der Warteliste – anders als bei der Vermittlungsentscheidung gemäß § 12 Abs. 3 S. 1 TPG – sehr weit zu fassen und bereits als grundsätzliche Transplantationseignung des Patienten auf Grundlage einer „generellen Prognose der Heilungschancen“ zu verstehen.[723] Es muss lediglich eine gewisse Wahrscheinlichkeit

---

718 *Weyd*, Jura 2013, 437 (444).

719 BT-Drs. 13/8017, S. 42.

720 *Bader*, Organmangel und Organverteilung, S. 359; *Norba*, Rechtsfragen der Transplantationsmedizin aus deutscher und europäischer Sicht, S. 171.

721 *Bader*, Organmangel und Organverteilung, S. 370.

722 *Oelert*, Allokation von Organen in der Transplantationsmedizin, S. 103.

723 *Oelert*, Allokation von Organen in der Transplantationsmedizin, S. 107.

dafür bestehen, dass dem Patienten nach seiner Grunderkrankung und den aktuellen medizinischen Möglichkeiten im Wege einer Organtransplantation ein medizinischer Nutzen zugeführt werden könnte.[724] Als Kriterien der Erfolgsaussicht gelten folglich nach den Transplantationsrichtlinien das Überleben des Empfängers, eine längerfristige gesicherte Transplantationsfunktion sowie die verbesserte Lebensqualität.[725] Dabei wird jeweils die individuelle medizinische Gesamtsituation des Patienten, insbesondere sein körperlicher und seelischer Zustand, miteinbezogen, um zu beurteilen, ob eine Transplantation den erwünschten Erfolg erwarten lässt. Ausdrücklich soll dazu auch die Eigenverantwortlichkeit des Patienten, also dessen Fähigkeit und Bereitschaft, an den erforderlichen Behandlungsabläufen mitzuwirken, als sogenannte Compliance gehören.[726]§ 10 Abs. 2 Nr. 2 TPG gebietet es folglich, eine Konkretisierung der Aufnahmeentscheidung zur Warteliste in den Richtlinien der Bundesärztekammer dergestalt auszugestalten, dass alle Patienten auf die Warteliste aufzunehmen sind, bei denen eine Transplantation medizinisch indiziert ist, also die Therapie der Wahl wäre, ohne dass medizinische Kontraindikationen dieser Behandlung entgegenstünden.[727] Das ist laut den Transplantationsrichtlinien der Fall, wenn die Organtransplantation mit größerer Wahrscheinlichkeit eine Lebensverlängerung oder eine Verbesserung der Lebensqualität im Vergleich zu sonstigen verfügbaren Behandlungen der Erkrankung erwarten lässt.

Nach positiver Aufnahmeentscheidung auf die am Transplantationszentrum geführte Warteliste und damit der Feststellung, dass eine medizinische Indikation für eine Organübertragung besteht,[728] meldet das Transplantationszentrum diese Entscheidung samt der für eine Organvermittlung erforderlichen medizinischen Angaben nach § 13 Abs. 3 S. 3 TPG an die Vermittlungsstelle, damit der potentielle Empfänger bei den dort zu treffenden Vermittlungsentscheidungen

---

724 *Oelert*, Allokation von Organen in der Transplantationsmedizin, S. 106 f.; *Woinikow*, Richtlinien der Transplantationsmedizin, S. 342 f.

725 Vgl. beispielsweise die „Richtlinien zur Organtransplantation gem. § 16 Abs. 1 S. 1 Nrn. 2 u. 5 TPG (Allgemeiner Teil Herz- und Herz-Lungen)", S. 6 (Fn. 1); *Bader*, Organmangel und Organverteilung, S. 283.

726 Vgl. beispielsweise die „Richtlinien zur Organtransplantation gem. § 16 Abs. 1 S. 1 Nrn. 2 u. 5 TPG (Allgemeiner Teil Herz- und Herz-Lungen)", S. 4 (Fn. 1). Dazu auch *Bader*, Organmangel und Organverteilung, S. 208 ff.; *Weyd*, Jura 2013, 437 (444).

727 *Bader*, Organmangel und Organverteilung, S. 357; *Norba*, Rechtsfragen der Transplantationsmedizin aus deutscher und europäischer Sicht, S. 171.

728 *Stockter*, in: Höfling (Hrsg.), TPG, § 13 Rn. 46.

über die im Vermittlungsgebiet gewonnenen Organe auf der einheitlichen Warteliste Berücksichtigung findet.

II. Das Vermittlungsverfahren bei postmortalen Organspenden

Für die in einem Vermittlungsverfahren durch die Vermittlungsstelle Eurotransplant zu treffende Vermittlungsentscheidung ist – wie skizziert wurde – das Zusammenwirken transplantationsgesetzlich bestimmter respektive vorbestimmter und durch die Bundesärztekammer in ihren Transplantationsrichtlinien sowie durch den Vermittlungsstellenvertrag näher spezifizierter und schließlich durch Eurotransplant in den Anwendungsregelungen zu Allokationsalgorithmen zusammengestellter Kriterien charakteristisch.[729] Diese Allokationsalgorithmen nehmen die zuvor getroffenen Maßgaben dabei in sich auf und strukturieren diese auf eine Weise, dass sie eine individuell-konkrete Entscheidung der Organvermittlung ermöglichen.[730]

1. Die gesetzlichen Vermittlungskriterien des § 12 Abs. 3 TPG

Der Transplantationsgesetzgeber hat in § 12 Abs. 3 S. 1 TPG festgelegt, dass die Organvermittlung vermittlungspflichtiger Organe nach Regeln erfolgen soll, die dem Stand der Erkenntnisse der medizinischen Wissenschaft entsprechen. Insbesondere muss nach Erfolgsaussicht und Dringlichkeit an geeignete Patienten vermittelt werden. Dabei verpflichtet § 12 Abs. 3 S. 2 TPG dazu, die Wartelisten aller Transplantationszentren bei der Vermittlungsentscheidung als eine einheitliche Warteliste zu behandeln. Damit hat sich der parlamentarische Gesetzgeber darauf beschränkt, auslegungsbedürftige, unbestimmte Rechtsbegriffe zu formulieren, die bloß als Parameter wirken können und denen für die Vermittlungsverfahren der spezifischen Organe genauere Konturen verliehen werden müssen.[731]

Die gesetzliche Konzeption der Verteilungsregeln ist dabei in die Kritik geraten. Beanstandet wird, dass der Gesetzgeber insgesamt unzureichende und im Übrigen widersprüchliche Vorgaben gemacht habe.[732] Außerdem wird von

729 *Krüger*, Die Organvermittlungstätigkeit Eurotransplants im Sinne des § 12 TPG, S. 206, 208.

730 *Krüger*, Die Organvermittlungstätigkeit Eurotransplants im Sinne des § 12 TPG, S. 208.

731 *Oelert*, Allokation von Organen in der Transplantationsmedizin, S. 90.

732 Dazu beispielsweise *Bader*, Organmangel und Organverteilung, S. 189 ff; *Gutmann*, in: Middel u.a. (Hrsg.), Novellierungsbedarf des Transplantationsrechts, S. 17 (18 ff.); *ders.*, Für ein neues Transplantationsgesetz, S. 119 ff.; *ders.*, in: Höfling (Hrsg.), Die

einem Kategoriefehler gesprochen, weil § 12 Abs. 3 S. 1 TPG von Regeln spricht, die dem Stand medizinischer Wissenschaft entsprechen. Eine Vermittlung nach „medizinisch begründeten Regeln“[733] sei nicht möglich; die Medizin vermöge die sich nach § 12 Abs. 3 S. 1 TPG ergebenden Zielkonflikte, insbesondere zwischen Erfolgsaussicht und Dringlichkeit einer Transplantation, nicht aufzulösen.[734] Dies betreffe materielle Gerechtigkeitsprobleme.[735] Dabei wird betont, medizinische Gründe, eine durch Behandlung mögliche Heilung des Patienten oder jedenfalls Verlängerung des Lebens nicht vorzunehmen, gebe es nicht.[736]

Den Stand der Erkenntnisse der medizinischen Wissenschaft für die Regeln zur Organvermittlung in Richtlinien festzulegen, ist gemäß § 16 Abs. 1 S. 1 Nr. 5 TPG Aufgabe der Bundesärztekammer. Die gesetzlichen Parameter für die Organvermittlung haben in den auf Grundlage dieser Ermächtigung erlassenen transplantationsgesetzlichen Richtlinien eine Auslegung durch die Ständige Kommission Organtransplantation erfahren. Als Kriterien der Erfolgsaussichten einer Transplantation sollen danach die längerfristige ausreichende Transplantatfunktion und ein damit gesichertes Überleben des Empfängers mit verbesserter Lebensqualität gelten.[737] Dabei ist der zu erwartende individuelle Nutzen maßgebend, es wird also diejenige Transplantation angestrebt, die den größtmöglichen Erfolg erwarten lässt.[738] Dieses Kriterium kennzeichnet im Kontext des § 12 Abs. 3 S. 1 TPG das Ziel, die vorhandenen Spenderorgane den bedürftigen Patienten der Warteliste möglichst effektiv und zweckmäßig zu transplantieren.[739] Den Grad der Dringlichkeit definieren die Transplantationsrichtlinien indes nach dem gesundheitlichen Schaden, der durch die Transplantation

Regulierung der Transplantationsmedizin in Deutschland, S. 113 (115 ff.); *ders./Fateh-Moghadam*, in: Gutmann u.a. (Hrsg.), Grundlagen einer gerechten Organverteilung, S. 37 (46 ff., 71); *dies.*, NJW 2002, 3365 (3368 f.); *Lang*, MedR 2005, 269 (277 f.).

733 So die Entwurfsbegründung zu § 11 Abs. 3 S. 1 E-TPG, vgl. BT-Drs, 13/4355, S. 26.

734 Dazu *Gutmann*, in: Schoth u.a. (Hrsg.), TPG, § 12 Rn. 21; *Höfling*, in: Höfling (Hrsg.), TPG, § 12 Rn. 30.

735 *Höfling*, in: Höfling (Hrsg.), TPG, § 12 Rn. 32; *Lang*, MedR 2005, 269 (274).

736 *Lang*, MedR 2005, 269 (275); *Höfling*, in: Höfling (Hrsg.), TPG, § 12 Rn. 30; *Gutmann*, in: Schroth u.a. (Hrsg.), TPG, § 12 Rn. 20, 24; *Norba*, Rechtsfragen der Transplantationsmedizin aus deutscher und europäischer Sicht, S. 198.

737 Vgl. beispielsweise die „Richtlinien zur Organtransplantation gem. § 16 Abs. 1 S. 1 Nrn. 2 u. 5 TPG (Allgemeiner Teil Herz- und Herz-Lungen)“, S. 6 (Fn. 1).

738 *Woinikow*, Richtlinien der Transplantationsmedizin, S. 343.

739 *Schmidt*, Ausschuss-Drs. 602/13, S. 25 ff.; *Woinikow*, Richtlinien der Transplantationsmedizin, S. 343.

verhindert werden soll.[740] Besondere Dringlichkeit meint in diesem Zusammenhang, dass sich der Patient in einer Situation befindet, in der eine akute Lebensgefahr abzuwenden ist.[741] Entsprechend heißt es in den Transplantationsrichtlinien: „Patienten, die ohne Transplantation unmittelbar vom Tod bedroht sind, werden bei der Organvermittlung vorrangig berücksichtigt."[742] Das Dringlichkeitskriterium wird folglich vom Gesundheitszustand des Patienten und der Wahrscheinlichkeit seines Überlebens beeinflusst.[743]

Aus der Vorgabe des § 12 Abs. 3 S. 2 TPG, Organe allein über die bundeseinheitliche Warteliste aller Transplantationszentren zu vermitteln, wird das Gebot einer größtmöglichen Chancengleichheit aller Patienten hergeleitet.[744] Insofern bestimmen die Transplantationsrichtlinien der Bundesärztekammer zur Organvermittlung, es dürfe für die Aussichten auf den Erhalt eines Spenderorgans insbesondere nicht ausschlaggebend sein, ob der Patient auf die Warteliste eines bestimmten Transplantationszentrums im Bundesgebiet aufgenommen werde, auch müssten Kriterien wie der Wohnort, der soziale Status oder die finanzielle Situation eines möglichen Organempfängers unberücksichtigt bleiben.[745] Außerdem ist es in den Richtlinien der Bundesärztekammer aus Gesichtspunkten der Chancengleichheit vorgesehen, „schicksalhafte Nachteile" möglichst auszugleichen. Dieser Funktion dient neben der Berücksichtigung der Wartezeit eine relative Bevorzugung von Patienten bei bestimmten medizinischen Merkmalen, mit denen sich die Wahrscheinlichkeit einen passenden Spender zu finden, verringert. Dementsprechend enthalten die Richtlinien besondere Maßgaben für Patienten mit seltenen Gewebeeigenschaften, seltenen Blutgruppen oder Unverträglichkeiten.[746]

740 „Richtlinien zur Organtransplantation gem. § 16 Abs. 1 S. 1 Nrn. 2 u. 5 TPG (Allgemeiner Teil Herz- und Herz-Lungen)", S. 6 (Fn. 1).

741 *Woinikow*, Richtlinien der Transplantationsmedizin, S. 344.

742 „Richtlinien zur Organtransplantation gem. § 16 Abs. 1 S. 1 Nrn. 2 u. 5 TPG (Allgemeiner Teil Herz- und Herz-Lungen)", S. 6 (Fn. 1).

743 *Holznagel*, DVBl. 1997, 393 (397); Nickel u.a. (Hrsg.), TPG, Erl. § 12 Rn. 9.

744 *Norba*, Rechtsfragen der Organallokation aus deutscher und europäischer Sicht, S. 199.

745 „Richtlinien zur Organtransplantation gem. § 16 Abs. 1 S. 1 Nrn. 2 u. 5 TPG (Allgemeiner Teil Herz- und Herz-Lungen)", S. 7 (Fn. 1).

746 So beispielsweise zur Herz- und Herz-Lungen-Transplantation in den „Richtlinien zur Organtransplantation gem. § 16 Abs. 1 S. 1 Nrn. 2 u. 5 TPG (Allgemeiner Teil Herz- und Herz-Lungen)", S. 7 (Fn. 1).

2. *Die Vermittlungsverfahren nach den Transplantationsrichtlinien der Bundesärztekammer*

Das Verteilungsverfahren, in dem ein verfügbares Spenderorgan unter den auf der Warteliste geführten Patienten vermittelt wird, ergibt sich aus den organspezifischen Richtlinien der Bundesärztekammer für die Organvermittlung.[747] Dabei ist ein sogenanntes Standardverfahren als grundsätzliche Vermittlungsart und – für besondere Ausnahmefälle – ein beschleunigtes Verfahren vorgesehen. Daneben können Organe mit beeinträchtigter Funktionsfähigkeit, die dann als „eingeschränkt vermittlungsfähige Organe" gekennzeichnet werden, unter den besonderen Bedingungen in einem davon abweichenden, modifizierten Vermittlungsverfahren an einen Empfänger vergeben[748] oder über das beschleunigte Vermittlungsverfahren transplantiert werden.[749] Soweit es also geboten ist, die Qualität und Funktionsfähigkeit der Spenderorgane durch eine möglichst kurze kalte Ischämiezeit günstig zu beeinflussen, ermöglichen es diese Verfahrensarten, abweichend von den üblichen Allokationsalgorithmen an einen – mitunter in räumlicher Nähe zum Entnahmekrankenhaus befindlichen Patienten – zu transplantieren.[750] Um solche Organe ohne besonderen Zeitverlust einer erfolgreichen Vermittlungsentscheidung zuzuführen, haben die Transplantationszentren der Vermittlungsstelle vorab zentrenbezogene sowie jeweils individuelle, patientenbezogene Akzeptanzkriterien[751] mitzuteilen,

---

747 Vgl. zu den Vermittlungsverfahren auch *Höfling*, in: Höfling (Hrsg.), TPG, § 12 Rn. 36 ff. Kritisch dazu wegen des entgegenstehenden Wortlauts des § 16 Abs. 1 S. 1 Nr. 5 TPG beispielsweise *Gutmann*, in: Schoth u.a. (Hrsg.), TPG, § 12 Rn. 32; *ders./ Fateh-Moghadam*, in: Gutmannn u.a. (Hrsg.), Grundlagen einer gerechten Organverteilung, S. 37 (57).

748 *Schroth*, NStZ 2013, 438 (438). Vgl. zu den Kriterien der Einschränkung der Vermittlungsfähigkeit sowie dem Ablauf des modifizierten Vermittlungsverfahrens zur Herz- und Herz-Lungen-Transplantation in den „Richtlinien zur Organtransplantation gem. § 16 Abs. 1 S. 1 Nrn. 2 u. 5 TPG (Allgemeiner Teil Herz- und Herz-Lungen)", S. 9 f. (Fn. 1).

749 So beispielsweise zur Herz- und Herz-Lungen-Transplantation in den „Richtlinien zur Organtransplantation gem. § 16 Abs. 1 S. 1 Nrn. 2 u. 5 TPG (Allgemeiner Teil Herz- und Herz-Lungen)", S. 9 (Fn. 1).

750 *Viebahn*, in: Höfling (Hrsg.), Die Regulierung der Transplantationsmedizin in Deutschland, S. 20 (21).

751 Sog. Zentrums- sowie Patientenprofil.

unter denen sie funktionsbeeinträchtigte Spenderorgane akzeptieren und transplantieren.[752]

a. Das Standardverfahren

Im Standardverfahren erfolgt die Organvermittlungsentscheidung Eurotransplants unter den Empfängern der einheitlichen Warteliste aufgrund ihrer jeweils organspezifisch erstellten Allokationsalgorithmen.[753] Die Vermittlungskriterien sollen dabei auf eine Weise gewichtet werden, wie es dem Stand der Erkenntnisse der medizinischen Wissenschaft entspricht. Dies ist von der Vermittlungsstelle fortlaufend auf seine Aktualität hin zu überprüfen und gegebenenfalls durch Veränderung der Allokationsalgorithmen anzupassen.[754] Bei der Organvermittlung werden in einer patientengerichteten Kombination zumeist ein Dringlichkeitsstufensystem und ein besondere Vermittlungskriterien berücksichtigendes Punktesystem zu einem – je nach Organart unterschiedlich ausgestalteten – Verfahren zusammengeführt, das sich aus den Richtlinien der Bundesärztekammer ergibt und in den Anwendungsregeln der Vermittlungsstelle, dem Eurotransplant-Manual, beschrieben wird.[755] Alle in den Transplantationsrichtlinien sowie dem Vermittlungsstellenvertrag[756] als relevant erachteten Kriterien, welche die Erfolgsaussicht und Chancengleichheit einer Transplantation abbilden sollen, werden dazu organspezifisch mittels des Punktesystems gewichtet.[757] Sodann wird dieses Punktesystem mit dem nach Dringlichkeitserwägungen differenzierenden Stufensystem[758] kombiniert.

---

752 So beispielsweise zur Herz- und Herz-Lungen-Transplantation in den „Richtlinien zur Organtransplantation gem. 16 Abs. 1 S. 1 Nrn. 2 u. 5 TPG (Allgemeiner Teil Herz- und Herz-Lungen)“, S. 7, 9 (Fn. 1).

753 Vgl. die „Richtlinie gem. § 16 Abs. 1 S. 1 Nrn. 2 u. 5 TPG für die Wartelistenführung und Organvermittlung zur Lebertransplantation“, S. 3 (Fn. 1).

754 So beispielsweise zur Herz- und Herz-Lungen-Transplantation in den „Richtlinien zur Organtransplantation gem. § 16 Abs. 1 S. 1 Nrn. 2 u. 5 TPG (Allgemeiner Teil Herz- und Herz-Lungen)“, S. 8 (Fn. 1).

755 *Bader*, Organmangel und Organverteilung, S. 281; *Norba*, Rechtsfragen der Transplantationsmedizin aus deutscher und europäischer Sicht, S. 196; *Schroth*, NStZ 2013, 438 (439). Vgl. dazu die Darstellungen bei *Woinikow*, Richtlinien der Transplantationsmedizin, S. 327 ff. sowie *Norba*, Rechtsfragen der Organtransplantation aus deutscher und europäischer Sicht, S. 176 ff. Vgl. auch BT-Drs. 13/4355, S. 26.

756 Vgl. § 5 Abs. 2 Vermittlungsstellenvertrag (Fn. 97).

757 *Bader*, Organmangel und Organverteilung, S. 243.

758 *Schroth*, NStZ 2013, 438 (439).

Die Vermittlungsentscheidung ist nach den Richtlinien der Bundesärztekammer an den gesetzlich vorgegebenen Leitprinzipien Erfolgsaussicht, Dringlichkeit und Chancengleichheit des § 12 Abs. 3 TPG ausgerichtet.[759] Für die Allokationsentscheidung sämtlicher Organe soll dabei die Blutgruppenkompatibilität im A-B-0-System als wichtigstes Kriterium für das Gelingen einer Organtransplantation herangezogen werden.[760] Daneben können organspezifisch nach medizinischen Besonderheiten weitere Kriterien zu berücksichtigen und zu priorisieren sein und die Vermittlungsverfahren entsprechend voneinander abweichen.[761] Die Nierentransplantation richtet sich so nach zusätzlichen Kriterien wie der HLA-Kompatibilität und der Mismatch-Wahrscheinlichkeit, der Wartezeit sowie der Konservierungszeit.[762] Für die Lebertransplantation werden neben der Blutgruppenkompatibilität die Dringlichkeitsstufe, die Konservierungszeit und die Wartezeit als Allokationskriterien berücksichtigt.[763] Die Transplantation von Spenderherzen erfolgt gemäß der entsprechenden Transplantationsrichtlinie der Bundesärztekammer unter den Patienten der Warteliste insbesondere nach Größenprofil und Blutgruppe und unter Berücksichtigung der Wartezeiten.[764]

Exemplarisch soll im Folgenden das zur Vermittlung von Spenderherzen entwickelte Standardverfahren skizziert werden: Dabei erfolgt die Vermittlung von Organtransplantaten vornehmlich durch die Bildung verschiedener Dringlichkeitsstufen unter den Patienten der Warteliste und innerhalb dieser Dringlichkeitsstufen durch Priorisierung sowie nach Kriterien wie dem Größenprofil,

759 *Bader*, Organmangel und Organverteilung, S. 212 ff.

760 *Bader*, Organmangel und Organverteilung, S. 217 ff.

761 *Rosenau*, in: FS Erwin Deutsch, S. 436; *ders.*, in: Middel u.a. (Hrsg.), Novellierungsbedarf des Transplantationsrechts, S. 69 (70). Eine Gegenüberstellung aller Allokationsverfahren vermittlungspflichtiger Organe in den Transplantationsrichtlinien findet sich bei *Woinikow*, Richtlinien der Transplantationsmedizin, S. 327 ff. sowie bei *Schneider*, Verfassungsmäßigkeit des Rechts der Organallokation, S. 241 ff.

762 „Richtlinien zur Organtransplantation gem. § 16 Abs. 1 S. 1 Nrn. 2 u. 5 TPG (Besonderer Teil Niere)", S. 13 ff. (Fn. 1). Dazu etwa Krüger, Organvermittlungstätigkeit Eurotransplants im Sinne des § 12 TPG, S. 30 ff.; *Norba*, Rechtsfragen der Transplantationsmedizin aus deutscher und europäischer Sicht, S. 177 ff.; *Rosenau*, in: Ahrens u.a. (Hrsg.), FS Deutsch, S. 435 (436).

763 Siehe dazu die „Richtlinie gem. § 16 Abs. 1 S. 1 Nrn. 2 u. 5 TPG für die Wartelistenführung und die Organvermittlung zur Lebertransplantation", S. 1 ff., 6 ff. (Fn. 1). Vgl. dazu auch Woinikow, Richtlinien der Transplantationsmedizin, S. 330 ff.

764 Vgl. die „Richtlinien zur Organtransplantation gem. § 16 Abs. 1 S. 1 Nrn. 2 u. 5 TPG (Besonderer Teil Herz- und Herz-Lungen)", S. 13 (Fn. 1).

der Blutgruppe und der verstrichenen Wartezeit.[765] Die erste Stufe eines derart strukturierten Verteilungssystems bilden Patienten, deren Transplantationsbedarf durch eine Auditgruppe als besonders dringlich eingestuft worden ist. Solche Patienten befinden sich in akuter Lebensgefahr. Sie werden daher, zunächst für einen Zeitraum von acht Wochen bis zu einer weiteren Begutachtung, als „High Urgency (HU)"-Patienten geführt und bevorzugt bei der Organvermittlung berücksichtigt.[766] Kinder und Jugendliche werden – da sie sich in einem besonderen Prozess körperlicher Weiterentwicklung befinden und ihnen bei Organerkrankungen daher besondere Schäden drohen – gemäß der Transplantationsrichtlinie der Bundesärztekammer auch ohne Vorliegen weiterer Voraussetzungen bis zu ihrem 16. Lebensjahr stets in diesem Status geführt.[767] Innerhalb der Patientengruppe der HU-Patienten werden dann weitere Priorisierungen vorgenommen, die dazu führen, dass bestimmte Patienten innerhalb dieser Gruppierung wiederum vorrangig bei der Organvermittlung berücksichtigt werden. Diesen Patienten wird eine besonders hervorgehobene Dringlichkeit zugesprochen.[768] So werden Patienten, bei denen eine stationäre Behandlung wegen des klinischen Zustandes als Folge der Grunderkrankung erforderlich ist, bei der Allokation bevorzugt berücksichtigt.[769] Auch sogenannte hochimmunisierte Patienten sollen nach den Vorgaben der einschlägigen Transplantationsrichtlinie vorrangig bei den Vermittlungsentscheidungen berücksichtigt werden.[770] Ansonsten wird bei der Allokation von Herzen unter den potentiellen Empfängern aus der HU-Kategorie das Größenprofil als Ausschlusskriterium herangezogen und nach unterschiedlichen Stufen der Blutgruppenkompatibilität unterschieden.[771] Transplantationen sollen zunächst bevorzugt zwischen einem Spender und einem Empfänger identischer Blutgruppen erfolgen, sodass

765 Vgl. die „Richtlinien zur Organtransplantation gem. § 16 Abs. 1 S. 1 Nrn. 2 u. 5 TPG (Besonderer Teil Herz- und Herz-Lungen)", S. 13 (Fn. 1).

766 „Richtlinien zur Organtransplantation gem. § 16 Abs. 1 S. 1 Nrn. 2 u. 5 TPG (Besonderer Teil Herz- und Herz-Lungen)", S. 14 f. (Fn. 1).

767 „Richtlinien zur Organtransplantation gem. § 16 Abs. 1 S. 1 Nrn. 2 u. 5 TPG (Besonderer Teil Herz- und Herz-Lungen)", S. 15 (Fn. 1).

768 „Richtlinien zur Organtransplantation gem. § 16 Abs. 1 S. 1 Nrn. 2 u. 5 TPG (Besonderer Teil Herz- und Herz-Lungen)", S. 14 f. (Fn. 1).

769 „Richtlinien zur Organtransplantation gem. § 16 Abs. 1 S. 1 Nrn. 2 u. 5 TPG (Besonderer Teil Herz- und Herz-Lungen)", S. 15 (Fn. 1).

770 „Richtlinien zur Organtransplantation gem. § 16 Abs. 1 S. 1 Nrn. 2 u. 5 TPG (Besonderer Teil Herz- und Herz-Lungen)", S. 15 (Fn. 1).

771 Vgl. Schneider, Verfassungsmäßigkeit des Rechts der Organtransplantation, S. 241 f.

entsprechenden HU-Patienten Organe vorrangig zugeteilt werden. Falls eine solche Allokation nicht möglich ist, wird in den Richtlinien der Bundesärztekammer nach einer Blutgruppenkompatibilität eine Abstufung vorgesehen, sodass auch eine Transplantation zu einem HU-Patienten möglich ist, dessen Blutgruppe zumindest mit der des Organspenders kompatibel ist.[772] Insofern sieht die Richtlinie nochmals Abstufungen in der Kompatibilität von Blutgruppen vor. Innerhalb der Gruppe der HU-Patienten wird aufgrund der generell bestehenden besonderen Dringlichkeit bei sämtlichen möglichen Empfängern darüber hinaus allein nach der Wartezeit eine Allokationsentscheidung getroffen.[773]

Patienten, deren gesundheitlich vergleichsweise stabiler Zustand einer Einstufung als HU-Patient entgegensteht, bei denen dennoch aber eine Spenderherztransplantation medizinisch indiziert ist und die folglich die Kriterien für den Zugang zur Warteliste erfüllt haben, werden als elektive Patienten geführt und in die Dringlichkeitskategorie „transplantabel – T" – eingeordnet. Sie finden bei der Organvermittlungsentscheidung erst nachrangig nach den Patienten der HU-Kategorie Berücksichtigung.[774] Auch innerhalb dieser Gruppe der elektiven Patienten werden die hochimmunisierten Patienten bei einer Allokation bevorzugt transplantiert – ihnen wird ein Organ angeboten, soweit sie nach HLA-Analyse für eine Transplantation des spezifischen Spenderorgans geeignet erscheinen.[775] Ansonsten erfolgt die Vermittlungsentscheidung wiederum nach Größenprofil und Blutgruppenkompatibilität, wobei zunächst versucht wird, das Organtransplantat einem blutgruppenidentischen Empfänger zu vermitteln und ansonsten, wie bei den HU-Patienten auch, nach Blutgruppenkompatibilität eine Abstufung erfolgt.[776] Soweit nach diesen Kriterien mehrere der T-Patienten als möglicher Organempfänger in Betracht kommen, erfolgt eine Zuteilung unter Berücksichtigung der dokumentierten Wartezeiten.[777]

---

772 „Richtlinien zur Organtransplantation gem. § 16 Abs. 1 S. 1 Nrn. 2 u. 5 TPG (Besonderer Teil Herz- und Herz-Lungen)", S. 16 (Fn. 1).

773 „Richtlinien zur Organtransplantation gem. § 16 Abs. 1 S. 1 Nrn. 2 u. 5 TPG (Besonderer Teil Herz- und Herz-Lungen)", S. 17 (Fn. 1).

774 „Richtlinien zur Organtransplantation gem. § 16 Abs. 1 S. 1 Nrn. 2 u. 5 TPG (Besonderer Teil Herz- und Herz-Lungen)", S. 17 (Fn. 1).

775 „Richtlinien zur Organtransplantation gem. § 16 Abs. 1 S. 1 Nrn. 2 u. 5 TPG (Besonderer Teil Herz- und Herz-Lungen)", S. 17 (Fn. 1).

776 „Richtlinien zur Organtransplantation gem. § 16 Abs. 1 S. 1 Nrn. 2 u. 5 TPG (Besonderer Teil Herz- und Herz-Lungen)", S. 17 f. (Fn. 1).

777 „Richtlinien zur Organtransplantation gem. § 16 Abs. 1 S. 1 Nrn. 2 u. 5 TPG (Besonderer Teil Herz- und Herz-Lungen)", S. 18 (Fn. 1).

Schließlich kann es vorkommen, dass Patienten, die auf der Warteliste als mögliche Empfänger eines Spenderorgans geführt werden, wegen bestimmter Kontraindikationen vorübergehend nicht für eine Transplantation in Betracht kommen. Diese Patienten werden dann nach entsprechender Entscheidung durch das zuständige Transplantationszentrum über die Einstufung des Patienten bei der Vermittlungsentscheidung durch die Vermittlungsstelle in einer Gruppe als „nicht transplantabel – NT" geführt und finden folglich keine Berücksichtigung bei den anstehenden Allokationsentscheidungen. Wenn hingegen ein Zustand eintritt, bei dem eine dauerhafte Kontraindikation gegen eine Transplantation zu erwarten ist, soll der Patient nicht bloß als NT eingestuft, sondern völlig von der Warteliste hinuntergenommen werden.[778]

In den jeweiligen Dringlichkeitsstufen – sowohl bei den HU-Patienten als auch den T-Patienten – haben außerdem laut Festlegung in den Richtlinien der Bundesärztekammer Patienten mit geplanter kombinierter Organtransplantation den Vorrang vor solchen, bei denen lediglich eine isolierte Transplantation medizinisch indiziert ist. Für Herz-Lungen-Transplantationen ist dieser Vorrang als ein grundsätzlicher gegenüber isolierten Herz- und Lungentransplantationen formuliert, sodass Organe für eine geplante Herz-Lungen-Transplantation nicht nach dem sogenannten Lung-Allocation-Score (LAS), sondern allein nach den Regelungen für Herz- und Herz-Lungen-Transplantationen vermittelt werden.[779] Anderen Kombinationen als diejenige thorakaler Organe wird hier – bei der Kombination des Herztransplantats mit einem nicht-renalen Organ – der Vorrang nur dann eingeräumt, wenn die Kombinationstransplantation nach Prüfung durch die Auditgruppe als besonders dringlich eingestuft wird.[780]

Anhand solcher, wie den vorangegangen geschilderten Kriterien, mittels derer die Bundesärztekammer in den organspezifischen Transplantationsrichtlinien das nationale Standardverfahren jeweils – wie hier für die Herztransplantation hat die Bundesärztekammer vergleichbare Richtlinienvorgaben auch für die übrigen, vermittlungspflichtigen Organe erlassen – vorstrukturiert hat, soll ein abgestimmter Allokationsalgorithmus entwickelt werden, unter dessen Anwendung sich im Einzelfall durch die Vermittlungsstelle Eurotransplant ermitteln lässt, welchem auf der Warteliste geführten Patienten ein Spenderorgan zur

---

778 Dazu *Bader*, Organmangel und Organverteilung, S. 141.

779 „Richtlinien zur Organtransplantation gem. § 16 Abs. 1 S. 1 Nrn. 2 u. 5 TPG (Besonderer Teil Herz- und Herz-Lungen)", S. 17 (Fn. 1).

780 „Richtlinien zur Organtransplantation gem. § 16 Abs. 1 S. 1 Nrn. 2 u. 5 TPG (Besonderer Teil Herz- und Herz-Lungen)", S. 19 (Fn. 1).

Transplantation tatsächlich anzubieten ist.[781] Es ergibt sich insbesondere folgende und insofern verbindlich feststehende Vermittlungsreihenfolge für das Standardverfahren: In erster Linie soll eine Allokation an einen geeigneten Patienten aus dem Kreise der HU-Patienten erfolgen, wobei dabei wiederum bestimmte Patientengruppen vorrangig berücksichtigt werden. Sofern kein Patient auf der Warteliste geführt wird, der diese Voraussetzungen erfüllt, wird in der Gruppe der übrigen, elektiven Patienten eine Spenderorganvermittlung vorgenommen, wobei auch hier an bestimmte Patienten vorrangig eine Allokation erfolgen soll.[782] Unter den elektiven Patienten werden Organtransplantate ansonsten – soweit keine bevorzugte Berücksichtigung stattfindet – im Wege eines organspezifischen Rangfolgesystems zugeteilt.[783]

b. Das beschleunigte Verfahren

Neben dem Standardverfahren sehen die Transplantationsrichtlinien der Bundesärztekammer jeweils auch ein sogenanntes „beschleunigtes Verfahren" zur Organallokation vor.[784] Wenn aufgrund besonderer Bedingungen oder Vorkommnisse, beispielsweise aus logistischen, aus organisatorischen, aus spender- oder organbedingten Gründen, der mögliche Verlust des Spenderorgans droht, kann von der Vermittlungsstelle ein solches Verfahren eingeleitet werden.[785] Als spenderbedingter Grund kommt beispielsweise eine Kreislaufinstabilität des postmortalen Organspenders in Betracht. Organisatorische Gründe werden vor allem dann angenommen, wenn die Vermittlungsbemühungen im Standardverfahren bereits längere Zeit in Anspruch genommen haben und insofern ein weiteres Zuwarten nicht für möglich gehalten wird.[786]

Das beschleunigte Vermittlungsverfahren soll bezwecken, in solchen Ausnahmefällen die kalte Ischämiezeit der Spenderorgane im weiteren Vermittlungsprozess kurz zu halten und zielt daher auf eine möglichst orts- und zeitnahe Transplantation ab. Um dies zu ermöglichen, kann dann von einer Organallokation anhand der in § 12 Abs. 3 TPG und den Richtlinien der Bundesärztekammer

781 Vgl. für die Herztransplantation die „Richtlinien zur Organtransplantation gem. § 16 Abs. 1 S. 1 Nrn. 2 u. 5 TPG (Besonderer Teil Herz- und Herz-Lungen)", S. 19 (Fn. 1).

782 Vgl. für die Herztransplantation die „Richtlinien zur Organtransplantation gem. § 16 Abs. 1 S. 1 Nrn. 2 u. 5 TPG (Besonderer Teil Herz- und Herz-Lungen)", S. 19 (Fn. 1).

783 Für die Leberallokation dazu *Schroth*, NStZ 2013, 438 (439).

784 Siehe dazu etwa *Schroth*, NStZ 2013, 438 (439).

785 Vgl. für die Herztransplantation die „Richtlinien zur Organtransplantation gem. § 16 Abs. 1 S. 1 Nrn. 2 u. 5 TPG (Besonderer Teil Herz- und Herz-Lungen)", S. 10 (Fn. 1).

786 *Schroth*, NStZ 2013, 438 (439).

bestimmten Kriterien unter den Patienten der bundeseinheitlichen Warteliste abgewichen werden. Das Organ wird nach der Einleitung des beschleunigten Verfahrens stattdessen allen Transplantationszentren der Koordinierungsstellenregion sowie den weiteren naheliegenden Zentren zur Transplantation angeboten, in dem sich das Spenderorgan zum Zeitpunkt des Vermittlungsangebotes befindet.[787] Die kontaktierten Transplantationszentren können in diesem Fall aus der bei ihnen geführten Warteliste bis zu zwei geeignete Organempfänger auswählen und der Vermittlungsstelle mitteilen. Die Vermittlungsstelle trifft anhand der in der jeweiligen Richtlinie der Bundesärztekammer zum Spenderorgan festgelegten Verteilungsregeln anschließend eine Entscheidung, welchem Patienten aus der auf diese Weise herausgebildeten Empfängergruppe das Organ transplantiert wird.[788] Sofern eine Vermittlung auch in dieser Modifikation zum Standardverfahren zu scheitern droht, sehen die Richtlinien zur Organvermittlung die Möglichkeit der Vermittlungsstelle vor, das Spenderorgan auch weiteren Zentren anzubieten, die daraufhin der Vermittlungsstelle einen gegenwärtig am besten geeigneten Empfänger mitteilen. Sofern auf diese Weise mehr als ein geeigneter Empfänger an die Vermittlungsstelle rückgemeldet wird, richtet sich die Vermittlungsentscheidung nach der Reihenfolge des Eingangs der Akzeptanzerklärungen der zuständigen Transplantationszentren bei der Vermittlungsstelle.[789] Wenn auf die beschriebene Verfahrensweise eine Organvermittlung im Zuständigkeitsbereich der Vermittlungsstelle nicht gelingt, steht es ihr schließlich offen, anderen Organaustauschorganisationen das betreffende Spenderorgan anzubieten.[790]

3. *Vermittlungsentscheidung anhand der Anwendungsregeln Eurotransplants*

Schließlich findet eine Spezifizierung der Allokationsentscheidungen durch die Anwendungsregelungen der Vermittlungsstelle im Eurotransplant-Manual statt. Eurotransplant hat zwar im Hinblick auf die Entscheidung über den Zugang der

---

787 Für die Herztransplantation die „Richtlinien zur Organtransplantation gem. § 16 Abs. 1 S. 1 Nrn. 2 u. 5 TPG (Besonderer Teil Herz- und Herz-Lungen)“, S. 10 (Fn. 1).

788 Für die Herztransplantation die „Richtlinien zur Organtransplantation gem. § 16 Abs. 1 S. 1 Nrn. 2 u. 5 TPG (Besonderer Teil Herz- und Herz-Lungen)“, S. 10 (Fn. 1).

789 Für die Herztransplantation die „Richtlinien zur Organtransplantation gem. § 16 Abs. 1 S. 1 Nrn. 2 u. 5 TPG (Besonderer Teil Herz- und Herz-Lungen)“, S. 10 (Fn. 1).

790 Für die Herztransplantation die „Richtlinien zur Organtransplantation gem. § 16 Abs. 1 S. 1 Nrn. 2 u. 5 TPG (Besonderer Teil Herz- und Herz-Lungen)“, S. 10 (Fn. 1).

Patienten zur Warteliste für Organtransplantationen keinerlei eigene Entscheidungs- oder Regelungskompetenzen.[791] Dafür kann sie über Festlegungen in den Anwendungsregelungen – in welchen sie die organspezifischen Allokationsalgorithmen für die Organvermittlungsentscheidungen gewissermaßen vorformuliert – gewisse Einflussnahmen auf die Entscheidungsfindungen ausüben.[792]

Dabei ist Eurotransplant vertraglich verpflichtet, die Regelungen des TPG und des Vermittlungsstellenvertrags einzuhalten.[793] Obgleich die Vermittlung der Organe nach den Vorschriften des § 12 Abs. 3 TPG gemäß § 12 Abs. 4 S. 2 Nr. 3 TPG zwischen den Spitzenverbänden und der Vermittlungsstelle im Vermittlungsstellenvertrag geregelt werden sollte, beschränken sich die dortigen Regelungen zur Organallokation auf die Formulierung genereller und abstrakter Festlegungen.[794] Nach § 5 Abs. 1 des Vermittlungsstellenvertrags ist die Vermittlungsentscheidung nach Regeln, die dem Stand der Erkenntnisse der medizinischen Wissenschaft entsprechen, insbesondere nach Erfolgsaussicht und Dringlichkeit, zu treffen. Die zu diesem Zweck zu erstellenden Anwendungsregelungen für die Organvermittlung sollen auf der Grundlage der jeweils geltenden Richtlinien der Bundesärztekammer und der im Vermittlungsstellenvertrag getroffenen Bestimmungen erarbeitet werden. § 5 Abs. 2 des Vermittlungsstellenvertrags gibt insofern vor, welche Kriterien die Anwendungsregelungen bei der Vermittlung der einzelnen vermittlungspflichtigen Spenderorgane insbesondere zu berücksichtigen haben. So werden im Vermittlungsstellenvertrag für die einzelnen vermittlungspflichtigen Organe beispielsweise die Blutgruppenkompatibilität, die Dringlichkeit, die Wartezeit oder die Organkonservierungszeit ausdrücklich als Kriterien einer Allokationsentscheidung vorgegeben. Über eine nicht abschließende und abstrakte Aufzählung von Kriterien geht der Vermittlungsstellenvertrag jedoch nicht hinaus, spezifische Vermittlungsregelungen sind nicht enthalten.[795] Stattdessen ist gemäß § 5 Abs. 1 S. 2 des

---

791 *Bader*, Organmangel und Organverteilung, S. 142.

792 Vgl. *Bader*, Organmangel und Organverteilung, S. 144 f.; *Gutmann*, Für ein neues Transplantationsgesetz, S. 138; *Höfling*, in: Höfling (Hrsg.), TPG, § 12 Rn. 15; *Krüger*, Die Organvermittlungstätigkeit Eurotransplants im Sinne des § 12 TPG, S. 30 ff.; *Mohammadi-Kangarani*, Die Richtlinien der Organverteilung im Transplantationsgesetz – verfassungsgemäß?, S. 43 f.; *Norba*, Rechtsfragen der Transplantationsmedizin aus deutscher und europäischer Sicht, S. 129.

793 Vgl. § 1 Abs. 4 Vermittlungsstellenvertrag (Fn. 97).

794 Dazu auch *Gutmann*, in: Schroth u.a. (Hrsg.), TPG, § 12 Rn. 31.

795 So auch *Gutmann*, in: Schroth u.a. (Hrsg.), TPG, § 12 Rn. 31.

Vermittlungsstellenvertrags Eurotransplant verpflichtet, die „organspezifischen Anwendungsregelungen für die Organvermittlung" aufzustellen.

Das Eurotransplant-Manual hält sich im Wesentlichen an die Festlegungen der Transplantationsrichtlinien der Bundesärztekammer und konkretisiert – wie gezeigt – anhand dieser Vorgaben das Verfahren für die Vermittlungsentscheidung.[796] Dort sind die Verfahrensregeln formuliert und sämtliche Kriterien für die Allokationsalgorithmen der einzelnen Organvermittlungsprozesse niedergelegt.[797] Die Anwendungsregelungen sind dabei als einheitliche Grundlage für die Vermittlung sämtlicher Organe des mitgliedstaatlichen Eurotransplant-Verbundes gefasst.[798] Diejenigen nationalen Vorgaben aus den Transplantationsrichtlinien der Bundesärztekammer, die sich in dieses allgemeine Allokationsregelwerk nicht haben einfügen lassen, werden über nationale Sonderklauseln entsprechend berücksichtigt.[799] Neben allgemeinen, für sämtliche vermittlungspflichtige Organe geltenden Vorgaben, die insbesondere die Chronologie des Allokationsverfahrens beschreiben,[800] stellt das Eurotransplant-Manual für die Allokation von thorakalen Spenderorganen, Leber und Niere spezielle Kriterien und Verfahren auf.[801]

Zwar ist Eurotransplant vertraglich an die Festlegungen des TPG gebunden und verpflichtet, die Anwendungsregelungen des Eurotransplant-Manual auf Grundlage der Transplantationsrichtlinien der Bundesärztekammer zu erarbeiten. Dem lässt sich aber nicht entnehmen, dass das Eurotransplant-Manual abschließend nur auf den dort spezifizierten Festlegungen und Kriterien beruhen dürfte und keine eigenen Auswahlkriterien Eurotransplants hinzutreten könnten.[802] Ganz im Gegenteil, um einen funktionierenden internationalen Organaustausch zu ermöglichen, müssen die nationalen Vermittlungsverfahren zwangsläufig miteinander in Einklang gebracht werden, was eigene Festlegungen Eurotransplants notwendig macht. In diesem Sinne sind von der Vermittlungsstelle gewisse, eigene Kriterien in die vermittlungsentscheidenden Algorithmen

796 So auch *Norba*, Rechtsfragen der Transplantationsmeizin aus deutscher und europäischer Sicht, S. 129.

797 Vgl. dazu *Bader*, Organmangel und Organverteilung, S. 145.

798 Vgl. dazu *Bader*, Organmangel und Organverteilung, S. 145.

799 Vgl. dazu *Bader*, Organmangel und Organverteilung, S. 145.

800 Kapitel 3 – Allgemeiner Allikokationsprozess des Eurotransplant Maunal. Siehe auch *Bader*, Organmangel und Organverteilung, S. 145.

801 Kapitel 4-6 des Eurotransplant-Manual. *Bader*, Organmangel und Organverteilung, S. 145.

802 Dazu *Bader*, Organmangel und Organverteilung, S. 146.

eingebunden worden.[803] Nicht in den Richtlinien der Bundesärztekammer vorgesehen, aber im Eurotransplant Manual bestimmt und in den Allokationsalgorithmen berücksichtigt wird so beispielsweise eine nationale Austauschbilanz. Ziel ist es, hier zu möglichst ausgeglichenen Bilanzen beim Organaustausch zwischen den Mitgliedstaaten zu gelangen. Dabei wird die Differenz herangezogen, die sich bei der Anzahl der gewonnenen und transplantierten Spenderorgane in den einzelnen Ländern ergeben hat.[804] Diese Differenz wird täglich neu berechnet und aktualisiert und in eine Kalkulation über die vergangenen 365 Tage einbezogen. Denjenigen Patienten eines Landes mit einer positiven Austauschbilanz werden dann beispielsweise bei der Herz- oder Nierentransplantation über einen bestimmten Schlüssel Punkte für die Allokationsentscheidung im Wege des Organvermittlungsverfahrens gutgeschrieben.[805] Bei der Leberallokation ist eine Angebotspflicht des Empfängerlandes für das nächste Lebertransplantat der identischen Blutgruppe an das Spenderland vorgesehen.[806] Diese Patienten werden daher gegenüber anderen Patienten in gewissem Maße bevorzugt behandelt.[807] Diese nationale Austauschbilanz soll vor allem eine gerechte Verteilung der verfügbaren Spenderorgane zwischen den einzelnen Mitgliedstaaten gewährleisten und so das Funktionieren des eingerichteten Verbundsystems aus den nationalen Transplantationssystemen der Eurotransplant-Mitgliedstaaten sicherstellen.[808]

Ein anderes Beispiel für zunächst eigene Vermittlungskriterien Eurotransplants ist das sogenannte Eurotransplant Senior Programm für die postmortale Nierenspende, nach dem die Organtransplantate von Spendern im Alter von über 65 Jahren vorzugsweise an Organempfänger mit einem Alter von über 65 Jahren abgegeben werden sollen. Damit wird das Ziel verfolgt, diese Organe möglichst effektiv zu nutzen – es wird davon ausgegangen, dass jüngeren Patienten mit solchen Organen wegen einer zu erwartenden kürzeren Funktionsrate weniger geholfen ist[809] – und angestrebt, gleichzeitig die Anzahl der

803 Zu den eigenen Regeln Eurotransplants etwa *Schneider*, Verfassungsmäßigkeit des Rechts der Organallokation, S. 268 f.

804 *Bader*, Organmangel und Organverteilung, S. 230; *Schneider*, Verfassungsmäßigkeit des Rechts der Organallokation, S. 269 in Fn. 930.

805 *Bader*, Organmangel und Organverteilung, S. 230 f., 279; *Schneider*, Verfassungsmäßigkeit des Rechts der Organallokation, S. 269 in Fn. 930.

806 Dazu ausführlich *Bader*, Organmangel und Organverteilung, S. 264 f.

807 *Höfling*, JZ 2007, 481 (485).

808 *Bader*, Organmangel und Organverteilung, S. 230 f.; 286.

809 *Bader*, Organmangel und Organverteilung, S. 284.

Spenderorgane durch den Rückgriff auch auf marginale Organe zu erhöhen.[810] Die Bundesärztekammer hat sich aus diesen Gesichtspunkten heraus mittlerweile einem modifizierten Verteilungsmodus in ihrer Transplantationsrichtlinie zur Nierentransplantation angeschlossen.[811]

Unter Anwendung der im Eurotransplant-Manual beschriebenen Allokationsalgorithmen wird schließlich die Vermittlungsentscheidung über die an Eurotransplant gemeldeten, verfügbaren Spenderorgane getroffen. Sobald eine solche Meldung durch die Koordinierungsstelle eingeht, erstellt die Vermittlungsstelle – im Standardverfahren – eine Rangliste geeigneter Patienten, aus der dann die Vermittlungsentscheidung hervorgeht.[812] Diese Entscheidung wird gemäß § 12 Abs. 3 S. 3 TPG der Koordinierungsstelle mitgeteilt, gleichzeitig wird dem Transplantationszentrum des ranghöchsten Wartelistenpatienten das Spenderorgan unter Angabe einer Frist verbindlich angeboten. Direkt im Anschluss an dieses Angebot wird das Organ gleichzeitig dem Transplantationszentrum des auf der zusammengestellten Warteliste auf der nächsten Position stehenden Patienten unverbindlich angeboten.[813] Sofern das zunächst kontaktierte Transplantationszentrum das verbindliche Angebot der Vermittlungsstelle annimmt, erfolgt dorthin der Transport des Spenderorgans zwecks einer durchzuführenden Organübertragung. Falls das Transplantationszentrum ein Vermittlungsangebot ablehnt oder die Frist zur Rückmeldung ungenutzt verstreichen lässt, wird das Spenderorgan von Eurotransplant verbindlich demjenigen Transplantationszentrum angeboten, das zunächst bloß ein unverbindliches Angebot erhalten hatte. Sofern auch hier die Vermittlungsentscheidung durch das Transplantationszentrum abgelehnt wird oder eine entsprechende Frist verstreicht, wird das Spenderorgan wiederum dem nächsten Transplantationszentrum der organspezifischen Warteliste angeboten.[814] Die Letztentscheidungsbefugnis, ob ein Spenderorgan auf den ermittelten Empfänger tatsächlich übertragen werden soll, liegt nach dieser Konzeption nicht bei der Vermittlungsstelle, sondern beim Transplantationszentrum des möglichen Empfängers und wird dort durch den

---

810 *Bader*, Organmangel und Organverteilung, S. 239.

811 „Richtlinien zur Organtransplantation gem. § 16 Abs. 1 S. 1 Nrn. 2 u. 5 TPG (Besonderer Teil Niere)", S. 18 ff. (Fn. 1). Vgl. dazu näher *Bader*, Organmangel und Organverteilung, S. 240.

812 Vgl. § 5 Abs. 4 des Vermittlungsstellenvertrags (Fn. 97).

813 § 5 Abs. 4 des Vermittlungsstellenvertrags (Fn. 97).

814 § 5 Abs. 4 des Vermittlungsstellenvertrags (Fn. 97).

behandelnden Transplantationsmediziner anhand der konkreten medizinischen Umstände wahrgenommen.[815]

C. Zwischenfazit: Postmortale Organtransplantation als kooperativer Aufgabenbereich der Transplantationsakteure

Das System für postmortale Organspenden und -transplantationen ist in den §§ 9 bis 12 TPG rechtlich dergestalt festgelegt worden, dass die Entnahme, die Vermittlung und die Übertragung der Spenderorgane jeweils als eigene Aufgabenbereiche mit eigenen Verfahrensabläufen und Verantwortlichkeiten strukturiert sind. Diese Prozesse werden entsprechend abgestimmt von spezifischen Akteuren wahrgenommen.

Die Bundesärztekammer erlässt gemäß § 16 Abs. 1 TPG Richtlinien zu den normativ bestimmten Aspekten einer postmortalen Organtransplantation, die die gesetzlichen Vorgaben unter Einbezug des aktuellen Standes der Erkenntnisse der medizinischen Wissenschaft konkretisieren sollen und deren Inhalte sich an die übrigen Akteure des Transplantationsprozesses richten. Zentrale Adressaten sind die Entnahmekrankenhäuser und Transplantationszentren, eine Koordinierungs- sowie eine Vermittlungsstelle. Diesen obliegt es dann, die erforderlichen Vorgänge für eine erfolgreiche postmortale Organtransplantation zu erbringen. Um dabei möglichst effektiv Ergebnisse zu erzielen, müssen sie von der Identifikation geeigneter Spender bis hin zum Abschluss der Transplantation auf einen Empfänger kooperativ zusammenwirken. Dies beginnt beim Führen der Wartelisten mit geeigneten Organempfängern an den Transplantationszentren, die ihre Entscheidungen stets und ohne größere zeitliche Verzögerungen auch der Vermittlungsstelle übermitteln müssen. Die Identifikation geeigneter Organspender erfolgt als gemeinsame Aufgabe in Kooperation zwischen den Entnahmekrankenhäusern, den Transplantationszentren und der Koordinierungsstelle. Liegen dabei die Voraussetzungen einer postmortalen Organtransplantation vor, werden die für eine Vermittlungsentscheidung erforderlichen Daten erhoben und der Vermittlungsstelle mitgeteilt, die unter Beachtung des TPG und der einschlägigen Richtlinien der Bundesärztekammer anhand der vorgesehenen Vermittlungsverfahren entscheidet, welchen geeigneten Empfängern aus den als einheitliche Warteliste zusammengeführten Wartelisten der Transplantationszentren die Spenderorgane vermittelt werden. Wenn feststeht, in welchem Transplantationszentrum die einzelnen Organtransplantation auf

815 *Weyd*, Jura 2013, 447 (447).

einen ausgewählten Empfänger erfolgen soll, informiert die Vermittlungsstelle dann wiederum auch die Koordinierungsstelle. Dieser obliegt es, die Entnahme von Spenderorganen einschließlich der Vorbereitung von Entnahme, Vermittlung und Übertragung als eine gemeinschaftliche Aufgabe gemeinsam mit den Entnahmekrankenhäusern und Transplantationszentren wahrzunehmen und zu organisieren. Dies umfasst erforderlich werdende Maßnahmen, die die Explantation, die Konservierung und den Transport des Spenderorgans sowie die Transplantation auf den Empfänger einschließlich dessen ärztlicher Nachbehandlung betreffen.

4. Teil: Die Koordinierungsstellentätigkeit nach § 11 TPG

Gemäß § 11 Abs. 1 S. 1 TPG ist die Entnahme von Organen verstorbener Spender einschließlich der Vorbereitung von Entnahme, Vermittlung und Übertragung eine gemeinschaftliche Aufgabe der Transplantationszentren und der Entnahmekrankenhäuser in regionaler Zusammenarbeit. Der gesetzlich vorgesehenen Koordinierungsstelle obliegt es dabei, den Prozess dieser Zusammenarbeit zu organisieren und zu koordinieren und auf diesem Wege das Funktionieren sicherzustellen, § 11 Abs. 1 S. 2 TPG. Jedoch vermag diese einleitende Aufgabenumschreibung die rechtliche und tatsächliche Stellung der Koordinierungsstelle im Transplantationswesen kaum zu erfassen. Das mit der Einführung des TPG erfolgte Abrücken von einem fast ausschließlich zentrumsbezogenen Organtransplantationsprozess hin zu einer zentralisierten Organentnahme, -vermittlung und -übertragung und die organisatorische und institutionelle Trennung dieser Abläufe haben bewirkt, dass gerade die Rolle bundesweit agierender und koordinierender Institutionen für den Prozess der Organtransplantation erheblich an Bedeutung gewonnen hat.[816] So mag die gesetzgeberische Formulierung in § 11 Abs. 1 S. 1 und 2 TPG zwar den Eindruck nahelegen, dass die Koordinierungsstelle den Entnahmekrankenhäusern und Transplantationszentren als Hauptakteuren des umschriebenen Organentnahmeprozesses unterstützend in einer Hilfsposition zur Seite gestellt ist. Die in § 11 TPG näher konkretisierten und insgesamt weitreichenden Zuständigkeiten und Befugnisse der Koordinierungsstelle beim Prozess der Entnahme, der Vorbereitung von Entnahme und Vermittlung und Übertragung von Organen bewirken jedoch in ihrer Gesamtheit, dass der Aufgabenbereich der Gewinnung postmortaler Spenderorgane für das Transplantationswesen letztlich vorrangig der Koordinierungsstelle als bestimmendem Akteur obliegt[817] und

---

816 *Lang*, in: Höfling (Hrsg.), TPG, § 11 Rn. 2; *Norba*, Rechtsfragen der Transplantationsmedizin aus deutscher und europäischer Sicht, S. 118.

817 *Breyer/Kliemt*, in: Höfling (Hrsg.), Die Regulierung der Transplantationsmedizin in Deutschland, S. 29 (40). Vgl. dazu auch § 11 Abs. 1a S. 1 TPG, wonach die Organisation der Zusammenarbeit durch die Koordinierungsstelle dazu dienen soll, „die vorhandenen Möglichkeiten der Organspende wahrzunehmen und durch die Entnahme und Bereitstellung geeigneter Spenderorgane die gesundheitlichen Risiken der Organempfänger so gering wie möglich zu halten."

dieser dadurch eine „zentrale Rolle im Prozess der postmortalen Organspende zukommt".[818]

A. Gesetzliche Vorgaben

Mit der Regelung aus § 11 Abs. 1 TPG sieht der Normgeber die vertragliche Beauftragung oder Errichtung einer Koordinierungsstelle als Bestandteil des von ihm gesetzlich vorgesehenen organisatorisch-institutionellen Systems des Organtransplantationswesens vor, der im Wesentlichen koordinierende, unterstützende, die Vorgaben des Gesetzes konkretisierende und sonstige organisatorische Funktionen zur Wahrnehmung zugewiesen werden. Diese Zuweisung gilt dabei exklusiv, die vorgesehene Tätigkeit kann gesetzmäßig allein von der beauftragten Koordinierungsstelle erfüllt werden und steht keiner anderen Institution offen.[819] § 9 Abs. 2 S. 2 TPG bestimmt dazu, dass eine Übertragung der im Geltungsbereich des TPG entnommenen Organe nur zulässig ist, wenn die Organentnahme nach § 11 Abs. 4 S. 5 TPG durch diese Koordinierungsstelle organisiert und unter Beachtung der weiteren Regeln des § 11 TPG durchgeführt worden ist. Ein Zuwiderhandeln, gleich ob vorsätzlich oder fahrlässig begangen, ist nach § 20 Abs. 1 Nr. 5 TPG in den Katalog der Ordnungswidrigkeiten aufgenommen worden und gemäß § 20 Abs. 2 TPG mit einem Bußgeld von bis zu dreißigtausend Euro belegt.

Mit Blick auf das Transplantationswesen vor Einführung des TPG im Jahre 1997 übernimmt die Koordinierungsstelle über die gesetzliche Zuweisung Aufgaben, die zuvor zunächst ausschließlich den Transplantationszentren selbst oblagen und seit 1976 vom KfH für die Nierentransplantation[820] sowie seit ihrer Gründung ab 1984 für die übrigen Organe von der DSO, wahrgenommen wurden.[821]

I. Errichtung oder Beauftragung einer Koordinierungsstelle

Im TPG selbst ist die Zuweisung der Koordinierungsstellentätigkeit zu einer bestimmten Institution nicht vorgenommen worden. Stattdessen errichten oder beauftragen gemäß § 11 Abs. 1 S. 2 TPG der Spitzenverband Bund der

---

818 BT-Drs. 17/7376, S. 1. Vgl. auch *Lang*, in: Höfling (Hrsg.), TPG, § 11 Rn. 18.

819 Kritisch dazu *Höfling*, in: Höfling (Hrsg.), Die Regulierung der Transplantationsmedizin in Deutschland, S. 3 (5).

820 BT-Drs. 13/4355, S. 10.

821 Vgl. *Feuerstein*, Das Transplantationssystem, S. 131 f. Siehe dazu bereits oben auf S. 40 f.

Krankenkassen, die Bundesärztekammer und die Deutsche Krankenhausgesellschaft oder die Bundesverbände der Krankenhausträger gemeinsam eine geeignete Einrichtung als Koordinierungsstelle.

Bei den als Auftraggebern benannten Spitzenverbänden des Gesundheitswesens handelt es sich um Körperschaften und juristische Personen des Öffentlichen oder Privaten Rechts, die allesamt mit Selbstverwaltungsaufgaben betraut sind: Der von den gesetzlichen Krankenkassen[822] nach § 217a Abs. 1 SGB V gebildete Spitzenverband Bund der Krankenkassen ist als eine Körperschaft des Öffentlichen Rechts mit Selbstverwaltung organisiert.[823] Mit der umfassenden Organisationsreform auf der Grundlage des „Gesetz[es] zur Stärkung des Wettbewerbs in der gesetzlichen Krankenversicherung" vom 26.03.2007[824] mit Wirkung zum 01.07.2008 ist er an die Stelle der bisherigen Bundesverbände getreten. Bis dahin waren die Spitzenverbände der Krankenkassen die nach dem TPG vorgesehenen Auftraggeber der Koordinierungsstelle.[825] Als gesetzlich vorgesehener Spitzenverband auf Bundesebene obliegen dem Spitzenverband Bund der Krankenkassen Aufgaben der gesetzlichen Krankenkassen in der gemeinsamen Selbstverwaltung.[826] Er hat dazu die ihm gesetzlich zugewiesenen Aufgaben zu erfüllen, § 217f Abs. 1 SGB V. Diese Aufgabenzuweisungen sind recht umfangreich und finden sich in verschiedenen Regelungsbereichen des SGB V.[827] Der Spitzenverband Bund der Krankenkassen unterstützt etwa gemäß § 217f Abs. 2 bis 7 SGB V die Krankenkassen und ihre Landesverbände bei der Erfüllung ihrer Aufgaben und bei der Wahrnehmung ihrer Interessen. Daneben nimmt er die gemäß § 219a SGB V übertragenen internationalen Aufgaben wahr und ist – im Wege der Organleihe – darüber hinaus auch gemäß § 53 SGB XI mit Aufgaben des Spitzenverbandes Bund der Pflegekassen betraut. Der Spitzenverband Bund der Krankenkassen untersteht gemäß § 217d Abs. 1 SGB V der Aufsicht durch das Bundesministerium für Gesundheit und bei Aufgabewahrnehmung nach § 217f Abs. 3 SGB V der Aufsicht durch das Bundesministerium für Arbeit und Soziales.[828] Die Deutsche Krankenhausgesellschaft ist ein Zusammenschluss

---

822 Vgl. § 4 SGB V, diese sind selbst rechtsfähige Körperschaften des öffentlichen Rechts mit Selbstverwaltung.

823 Vgl. §§ 217a Abs. 2, 217b Abs. 1 S. 1 SGB V.

824 BGBl. I, S. 378.

825 *Höfling*, in: Höfling (Hrsg.), TPG, § 12 Rn. 10.

826 *Krauskopf*, in: Krauskopf (Hrsg.), Soziale Krankenversicherung, § 217a SGB V Rn. 15.

827 *Koch*, in: Schlegel/Engelmann (Hrsg.), jurisPK SGB V, § 217f Rn. 6. Vgl. dazu nur die Auflistung, ebd. Rn. 7 ff.

828 Vgl. auch *Höfling*, in: Höfling (Hrsg.), TPG, § 12 Rn. 10.

der 16 Landeskrankenhausgesellschaften[829] und der zwölf Spitzenverbände der Krankenhausträger auf Bundesebene.[830] Organisiert ist die Deutsche Krankenhausgesellschaft als eingetragener privatrechtlicher Verein nach den §§ 21 ff. BGB.[831] Sowohl die Mitgliedschaft in der Deutschen Krankenhausgesellschaft als auch diejenige in den Landeskrankenhausgesellschaften und den Spitzenverbänden der Krankenhausträger beruht auf freiwilliger Basis und erfolgt durch Beitritt.[832] Jedoch ist, ungeachtet dieser Organisationsform, der Kreis ihrer Mitglieder gesetzlich festgelegt worden.[833] Soweit in § 108a S. 2 SGB V die Mitgliedschaft der Landeskrankenhausgesellschaften vorgesehen ist, statuiert das Gesetz eine Pflichtmitgliedschaft.[834] Die Mitgliedschaft der Spitzenverbände der Krankenhausträger ist hingegen als freiwillige Entscheidung ausgestaltet.[835] Die Deutsche Krankenhausgesellschaft nimmt gemäß § 2 Abs. 1 S. 4 ihrer Satzung die ihr durch Gesetz übertragenen und durch Satzung und Vertrag übernommenen Aufgaben wahr.[836] Dabei bündelt sie die Interessen der Krankenhausträger auf Bundesebene.[837] Sie unterstützt ihre Mitglieder bei der Erfüllung ihrer Aufgaben auf dem Gebiet des Krankenhauswesens[838] und vertritt die Interessen des Krankenhauswesens auf der europäischen und internationalen Verbandsebene.[839] Gesetzlich sind der Deutschen Krankenhausgesellschaft vielfältige

---

829 Diese sind selbst Zusammenschlüsse im Form eingetragener Vereine von Trägern zugelassener Krankenhäuser im jeweiligen Bundesland, vgl. § 108a S. 1 SGB V.

830 § 108a S. 2, 3 SGB V, § 2 Abs. 1 der Satzung der Deutschen Krankenhausgesellschaft. Die Satzung der Deutschen Krankenhausgesellschaft ist abrufbar unter http://www.dkgev.de/dkg.php/cat/27/aid/2256/title/Satzung_der_Deutschen_Krankenhausgesellschaft%2A (zuletzt abgerufen am 20.01.2019). Vgl. dazu auch *Degener-Hencke*, in: Huster/Kaltenborn (Hrsg.), Krankenhausrecht, § 5 Rn. 177; *Grühn*, in: Eichenhofer/Wenner (Hrsg.), SGB V, § 108a Rn. 7 mit Fn. 10; *Höfling*, in: Höfling (Hrsg.), TPG, § 12 Rn. 11; *Schrinner*, in: Dettling/Gerlach (Hrsg.), Krankenhausrecht, § 108a SGB V Rn. 4.

831 § 1 Satzung der Deutschen Krankenhausgesellschaft (Fn. 830). Vgl. auch *Höfling*, in: Höfling (Hrsg.), TPG, § 12 Rn. 11.

832 *Becker*, in: Becker/Kingreen (Hrsg.), SGB V, § 108a Rn. 5; *Grühn*, in: Eichenhofer/Wenner (Hrsg.), SGB V, § 108a Rn. 7.

833 Vgl. § 108a SGB V. Siehe dazu auch *Becker*, in: Becker/Kingreen (Hrsg.), SGB V, § 108a Rn. 5.

834 So *Wahl*, in: Schlegel/Engelmann (Hrsg.), jurisPK SGB V, § 108a Rn. 21.

835 *Wahl*, in: Schlegel/Engelmann (Hrsg.), jurisPK SGB V, § 108a Rn. 22.

836 Vgl. Fn. 833.

837 § 2 Abs. 1 S. 2 Satzung der Deutschen Krankenhausgesellschaft (Fn. 830).

838 § 2 Abs. 2 S. 1 Satzung der Deutschen Krankenhausgesellschaft (Fn. 830).

839 § 2 Abs. 2 S. 5 Satzung der Deutschen Krankenhausgesellschaft (Fn. 830).

Aufgabenwahrnehmungen zugewiesen.[840] So obliegt ihr etwa die Vereinbarung von Rahmenempfehlungen für die Verträge auf Landesebene nach §§ 112 Abs. 5, 115 Abs. 5 SGB V, ferner gemeinsam mit den dort benannten weiteren Spitzenverbänden des Gesundheitswesens eine Vereinbarung des Katalogs der ambulanten Operationen einschließlich der Vergütungsregelungen nach § 115b SGB V und nicht zuletzt eine personelle Beteiligung am G-BA gemäß § 91 Abs. 1 SGB V, der Schiedsstelle nach § 18a Abs. 6 KHG[841] sowie weiteren Einrichtungen des Gesundheitswesens.[842] Alternativ sieht § 11 Abs. 1 S. 2 TPG vor, dass auch die Bundesverbände der Krankenhausträger gemeinsam anstelle der Deutschen Krankenhausgesellschaft als Vertragspartei des Koordinierungsstellenvertrags in Betracht kommen. Diese sind selbst eingetragene privatrechtliche Vereine und ihrerseits nach § 108a S. 3 SGB V Mitglieder der Deutschen Krankenhausgesellschaft.[843] Bei der Bundesärztekammer hingegen handelt es sich um die Arbeitsgemeinschaft der 17 selbst als Körperschaften des öffentlichen Rechts organisierten Landesärztekammern der Bundesrepublik Deutschland. Diese haben sich in der Rechtsform eines privatrechtlichen, nicht eingetragenen Vereins nach bürgerlichem Recht (§ 54 BGB) zusammengeschlossen.[844] Als Zweck der Bundesärztekammer ist der ständige Erfahrungsaustausch unter den Ärztekammern und die gegenseitige Abstimmung ihrer Ziele und Tätigkeiten vorgesehen, § 2 Abs. 2 S. 1 Satzung/BÄK.[845] Die Bundesärztekammer ist einmal als Dachverband der Landesärztekammern und Spitzenorganisation der ärztlichen Selbstverwaltung im Gesundheitswesen tätig.[846] In dieser Funktion nimmt sie gemäß ihrer Satzung berufliche Belange der Ärzteschaft wahr, insbesondere all diejenigen Angelegenheiten, die über den Zuständigkeitsbereich eines Landes hinausgehen. Sie wirkt darauf hin, möglichst einheitliche Regelungen der Berufspflichten und

---

840 Vgl. dazu nur die Auflistungen bei *Schrinner*, in: Detting/Gerlach (Hrsg.), Krankenhausrecht, § 108a Rn. 4; *Wahl*, in: Schlegel/Engelmann (Hrsg.), jurisPK SGB V, § 108a Rn. 27.

841 Gesetz zur wirtschaftlichen Sicherung der Krankenhäuser und zur Regelung der Krankenhauspflegesätze (Krankenhausfinanzierungsgesetz), BGBl. I, S. 886.

842 *Wahl*, in: Schlegel/Engelmann (Hrsg.), jurisPK SGB V, § 108a Rn. 27.

843 *Schrinner*, in: Dettling/Gerlach (Hrsg.), Krankenhausrecht, § 108a SGB V Rn. 4.

844 Vgl. *Berger*, Die Bundesärztekammer, S. 44 ff. m.w.N.; *Laufs*, in: Laufs/Kern (Hrsg.), Handbuch des Arztrechts, § 13 Rn. 13.

845 Vgl. Fn. 618.

846 *Berger*, Die Bundesärztekammer, S. 66 ff. *Augsberg*, MedR 2016, 699 (705), weist indes darauf hin, dass es sich bei der Bundesärztekammer jedoch nicht um ein „Organ der (ärztlichen) Selbstverwaltung im rechtstechnischen Sinne“ handle.

der Grundsätze für die ärztliche Tätigkeit auf allen Gebieten zu gewährleisten, vgl. § 2 Abs. 2 S. 1 Satzung/BÄK. Dies erfolgt insbesondere durch das Erstellen vom (Muster-)Regelwerken.[847] Daneben ist die Bundesärztekammer gesetzlich mit unterschiedlichen Aufgaben im Gesundheitswesen betraut worden. Dazu zählen insbesondere Norm- und Richtliniengebungen, wie sie etwa auch im Organtransplantationssystem nach dem TPG vorgesehen sind.[848] Direkte staatliche Aufsichtsrechte gegenüber der Bundesärztekammer bestehen nicht. Sie untersteht jedoch einer indirekten Aufsicht durch die Länder, weil eine solche gegenüber den Mitgliedern der Bundesärztekammer, den Landesärztekammern, besteht.[849]

Diese Spitzenverbände haben mit einem am 15.07.2000 im Bundesanzeiger veröffentlichten und am 16.07.2000 in Kraft getretenen Vertrag die DSO als Auftragnehmerin des Koordinierungsstellenvertrags mit der Koordinierungsstellentätigkeit beauftragt.[850] Damit haben sie sich gegen die eigene Errichtung und für die Beauftragung einer bestehenden Einrichtung entschieden.[851] Die DSO ist seit dem 16.07.2000 offiziell als Koordinierungsstelle nach dem TPG in das 1997 neu organisierte Transplantationswesen integriert worden.[852] Die in § 11 Abs. 6 TPG a.F.[853] vorgesehene, zwei Jahre ab Inkrafttreten des Gesetzes betragende Frist für die Beauftragung einer Koordinierungsstelle ist mit diesem Vertragsschluss zwar nicht eingehalten worden. Danach wäre nach Ablauf dieses gesetzten Zeitrahmens das Bundesministerium für Gesundheit dazu befugt, eine Koordinierungsstelle und ihre Aufgaben durch Rechtsverordnung mit Zustimmung des Bundesrates zu bestimmen. Nach einhelliger Auffassung handelte es sich hierbei jedoch nicht gleichzeitig um eine Ausschlussfrist[854] und eine solche Bestimmung durch das Bundesministerium ist freilich unterblieben.

---

847 *Berger*, Die Bundesärztekammer, S. 67 ff.

848 Vgl. zur legislativen Einnbeziehung der Bundesärztekammer *Berger*, Die Bundesärztekammer, S. 80 ff.

849 *Höfling*, in: Höfling (Hrsg.), TPG, § 12 Rn. 11.

850 BAnz vom 15.07.2000, Nr. 131a).

851 *Lang*, in: Höfling (Hrsg.), TPG, § 11 Rn. 5.

852 *Lang*, in: Höfling (Hrsg.), TPG, § 11 Rn. 6.

853 Vgl. die Ursprüngliche Bekanntmachung vom 11.11.1997, BGBl. I S. 2635. Diese Vorschrift ist inzwischen, mit Art. 1 des Gewebegesetzes vom 20.07.2007 (BGBl. I, S. 1574) mit Wirkung zum 01.08.2007 ersatzlos aus § 11 TPG gestrichen worden.

854 *Lang*, in: Höfling (Hrsg.), TPG, § 11 Rn. 6; Nickel u.a., TPG, § 11 Rn. 23. Argumentativ wird dabei angeführt, dass sich die Norm so verstehen ließe, dass mit Ablauf der Frist dem Bundesministerium für Gesundheit die Möglichkeit eröffnet werde, die Koordinierungsstelle zu bestimmen.

II. Zu den gesetzlichen Mindestanforderungen aus § 11 Abs. 1 TPG

Die vom Gesetzgeber in § 11 Abs. 1 S. 2 TPG formulierte Vorgabe einer „geeigneten Einrichtung" die vertraglich zu beauftragen oder zu errichten sei, wird in § 11 Abs. 1 S. 3 und 4 TPG konkretisiert. Die Koordinierungsstelle muss auf Grund ihrer finanziell und organisatorisch eigenständigen Trägerschaft, der Zahl und Qualifikation ihrer Mitarbeiter, ihrer betrieblichen Organisation sowie sachlichen Ausstattung die Gewähr dafür bieten, dass die in § 11 Abs. 1 S. 1 TPG genannten Aufgaben – die Entnahme von Organen verstorbener Spender einschließlich der Vorbereitung von Entnahme, Vermittlung und Übertragung – in Zusammenarbeit mit den Transplantationszentren und Entnahmekrankenhäusern nach den Vorschriften des TPG durchgeführt werden. Mit dieser Regelung sollte zum einen zum Ausdruck gebracht werden, dass der Träger der Koordinierungsstelle von medizinisch-therapeutischen Leistungen, die nicht der Organübertragung dienen, unabhängig sein muss.[855] Zum anderen setzt diese Vorschrift eine regionale Untergliederung voraus, um das gesetzlich vorgesehene Zusammenwirken der Akteure gewährleisten zu können.[856] Des Weiteren müssen die Transplantationszentren gemäß § 11 Abs. 1 S. 4 TPG in der Koordinierungsstelle angemessen vertreten sein. Diese Anforderung wurde vom Gesetzgeber formuliert, um die notwendige, enge Zusammenarbeit von Koordinierungsstelle und Transplantationszentren zu erleichtern.[857] Eine über diese allgemeine Formulierung einer „angemessenen Vertretung" hinausgehende gesetzliche Konkretisierung ist nicht erfolgt, sondern obliegt nach dem vom Gesetzgeber verfolgten Konzept den Vertragsparteien des Koordinierungsstellenvertrages.[858] Jedenfalls setzt eine angemessene Beteiligung im Sinne des § 11 Abs. 1 S. 4 TPG nach der Gesetzesbegründung nicht voraus, dass eine hauptberufliche Vertretung der Transplantationszentren in den Organisationseinheiten der Koordinierungsstelle erfolgen müsse.[859]

Gemäß § 11 Abs. 1 S. 5 TPG ist es an den Auftraggebern, darauf zu achten, dass die Koordinierungsstelle die gesetzlichen Vorgaben des § 11 Abs. 1 S. 3 TPG erfüllt und dabei nach den Grundsätzen der Wirtschaftlichkeit arbeitet. Dazu ist in § 11 Abs. 1 S. 6 TPG die Regelung getroffen worden, dass grundsätzliche finanzielle wie organisatorische Entscheidungen der Koordinierungsstelle diesen

855 BT-Drs. 13/8017, S. 42.
856 BT-Drs. 13/4355, S. 23.
857 BT-Drs. 13/4355, S. 23; vgl. auch *Lang*, in: Höfling (Hrsg.), TPG, § 11 Rn. 10.
858 *Lang*, in: Höfling (Hrsg.), TPG, § 11 Rn. 11.
859 BT-Drs. 13/4355, S. 23.

unverzüglich vorzulegen sind. Der Spitzenverband Bund der Krankenkassen, die Bundesärztekammer und die Deutsche Krankenhausgesellschaft oder die Bundesverbände der Krankenhausträger gemeinsam haben die Befugnis, eine Prüfung der Haushaltslegung oder des Bestehens der finanziellen Eigenständigkeit der Koordinierungsstelle zu veranlassen. Die Koordinierungsstelle ist weiter gemäß § 11 Abs. 1 S. 8 TPG zur Veröffentlichung eines jährlichen Geschäftsberichtes verpflichtet. Die Einhaltung dieser Vorgabe wird vom Spitzenverband Bund der Krankenkassen, der Bundesärztekammer und der Deutschen Krankenhausgesellschaft oder den Bundesverbänden der Krankenhausträger gemeinsam nach § 11 Abs. 1 S. 9 TPG sichergestellt.

III. Gesetzliche Aufgabenfestlegung

Die Aufgabenfestlegung und -zuweisung an die Koordinierungsstelle erfolgt in mehreren Schritten. Der Gesetzgeber hat deren Tätigkeiten im System der Organspende und Organtransplantation in § 11 Abs. 1 S. 1, Abs. 1a S. 1 TPG in Form eines eher abstrakten Aufgabenprogramms normiert und gibt ferner mit § 11 Abs. 2 S. 2 TPG verbindlich vor, welche Tätigkeiten der Koordinierungsstelle „insbesondere" als Regelungsgegenstand des Koordinierungsvertrags zugewiesen sein sollen. Außerdem weist der Gesetzgeber der Koordinierungsstelle in § 11 Abs. 1a S. 2 TPG die Befugnis zu, entsprechend ihrer Aufgabe – die Zusammenarbeit der Entnahmekrankenhäuser und Transplantationszentren zu koordinieren und damit die vorhandenen Möglichkeiten der Organspende wahrzunehmen und durch die Entnahme und Bereitstellung geeigneter Spenderorgane die gesundheitlichen Risiken der Organempfänger so gering wie möglich zu halten – sogenannte Verfahrensanweisungen zu erstellen. Gesetzlich bestimmt ist, wozu „insbesondere" Verfahrensanweisungen ergehen sollen. Eine Konkretisierung sämtlicher Aufgaben, sowohl derjenigen nach § 11 Abs. 2 TPG als auch derer nach § 11 Abs. 1a TPG, obliegt daran anknüpfend der gesetzlich vorgesehenen vertraglichen Ausgestaltung zwischen den Auftraggebern und der Auftragnehmerin in einem Koordinierungsstellenvertrag. In diesem werden die Aufgaben näher bestimmt und ihre Erledigung der DSO zugewiesen.[860]

1. § 11 Abs. 1, 1a TPG: Organisation der Zusammenarbeit

Während die Entnahme vermittlungspflichtiger Organe einschließlich der Vorbereitung von Entnahme, Vermittlung und Übertragung gemäß § 11 Abs. 2 S. 1

860 *Bader*, Organmangel und Organverteilung, S. 125.

TPG die gemeinsame Aufgabe der Transplantationszentren und Entnahmekrankenhäuser in regionaler Zusammenarbeit ist, obliegt die Organisation dieser Vorgänge gemäß § 11 Abs. 1 S. 2 TPG der Koordinierungsstelle. *Jens Weyd* hat ihre Funktion insofern zutreffend als diejenige der „Managerin" des Organspendeprozesses umschrieben.[861] Dabei lassen sich zwei Tätigkeitsschwerpunkte bilden; zum einen die Organisation der Zusammenarbeit der beteiligten Akteure nach § 11 Abs. 1 S. 1 und 2, Abs. 1a S. 1 TPG, zum anderen die zur Erfüllung dieser Aufgabe erfolgende Erstellung von Verfahrensanweisungen gemäß § 11 Abs. 1a S. 2 TPG.

a. Koordinierung und Organisation der Zusammenarbeit

Die Koordinierungsstelle hat – ausdrücklich allein bei der postmortalen Organspende – gemäß der gesetzlichen Aufgabenbeschreibung die Zusammenarbeit zur Organentnahme und die Durchführung aller bis zur Übertragung erforderlichen zentrumsübergreifenden Maßnahmen mit Ausnahme der gemäß § 12 TPG von der Vermittlungsstelle zu treffenden Vermittlungsentscheidung unter Beachtung der Transplantationsrichtlinien der Bundesärztekammer zu organisieren. Dabei gestaltet sich ihre Tätigkeit bei der Organisation der Zusammenarbeit in der Form, dass die Koordinierungsstelle sämtliche Maßnahmen der Organentnahme, der Vorbereitung der Entnahme, Vermittlung und Übertragung organisiert und – wie § 11 Abs. 4 S. 4 TPG in Bezug auf die Organentnahme verdeutlicht – Ärzte mit der Ausführung beauftragt. Die Einsetzung einer Koordinierungsstelle im Prozess der Organtransplantation zielt insofern darauf ab, dass die vorhandenen Möglichkeiten der Organspende wahrgenommen und durch die Entnahme und Bereitstellung geeigneter Spenderorgane die gesundheitlichen Risiken der Organempfänger so gering wie möglich gehalten werden, § 11 Abs. 1a S. 1 TPG. Diese Formulierung lässt sich als ein Optimierungsauftrag an die Koordinierungsstelle verstehen.[862] Die vom Gesetzgeber getroffene Verpflichtung zur Entnahme und Bereitstellung geeigneter Spenderorgane schließt dabei zum einen die Verwendung von für Transplantationszwecke ungeeigneten Spenderorganen aus, dürfte aber zum anderen insbesondere der Klarstellung dienen, dass die Koordinierungsstelle – schon aus der Natur der Regelungsmaterie heraus – nicht zu einer Versorgung mit optimalen Organen verpflichtet sein kann.[863]

---

861 *Weyd*, Jura 2013, 437 (442).

862 Vgl. *Lang*, in: Höfling (Hrsg.), TPG, § 11 Rn. 22.

863 *Lang*, in: Höfling (Hrsg.), TPG, § 11 Rn. 23.

b. Erstellung von Verfahrensanweisungen

Die Koordinierungsstelle ist gemäß § 11 Abs. 1a S. 2 TPG zur Erfüllung der ihr nach § 11 Abs. 1a S. 1 TPG übertragenen Aufgaben verpflichtet, unter Beachtung der Richtlinien der Bundesärztekammer nach § 16 TPG Verfahrensanweisungen zu erstellen. Der Gesetzgeber gibt dazu in § 11 Abs. 1a S. 2 Nrn. 1 bis 9 TPG einen Themenkatalog vor und erklärt die Verfahrensanweisungen in §§ 9a Abs. 2 Nr. 4, 10 Abs. 2 S. 1 Nr. 3 TPG für die Entnahmekrankenhäuser und Transplantationszentren für verbindlich.[864] Die näheren Festlegungen zu den Verfahrensanweisungen der Koordinierungsstelle hat der Gesetzgeber den auftraggebenden Spitzenverbänden im Koordinierungsstellenvertrag überlassen.

Mit der Einführung von Verfahrensanweisungen in das Organisationssystem des TPG hat der nationale Gesetzgeber in Umsetzung der OS-RL[865] gehandelt.[866] Danach obliegt es den Mitgliedstaaten zu gewährleisten, dass ein System für Qualität und Sicherheit geschaffen wird, das alle Phasen von der Spende bis zur Transplantation oder Entsorgung gemäß den in der OS-RL festgelegten Vorschriften abdeckt.[867] Das Regelungsinstrument der Verfahrensanweisung ist dabei vom Richtliniengeber vorgegeben worden. In Art. 3 lit. p) OS-RL wird der Begriff der Verfahrensanweisung als schriftliche Anweisung definiert, die die Schritte eines spezifischen Verfahrens beschreibt, einschließlich der zu verwendenden Materialien und Methoden und des erwarteten Ergebnisses. Diese Legaldefinition ist vom nationalen Gesetzgeber übernommen und in den Katalog der Begriffsbestimmungen in § 1a Nr. 10 TPG aufgenommen worden. Der Richtliniengeber hat inhaltlich die Regelungsgebiete, die nunmehr in § 11 Abs. 1a S. 2 Nrn. 1 bis 9 TPG Eingang in das nationale Recht gefunden haben, in Art. 4 Abs. 2 lit. a bis h OS-RL vorgegeben. Die dort benannten Themengebiete behandeln organisatorische Aspekte insbesondere des Spende- und Entnahmeprozesses. Umfasst wird nach § 11 Abs. 1a S. 2 TPG der Vorgang der Meldung potentieller Organspender durch die Entnahmekrankenhäuser nach § 9a Abs. 2 Nr. 1 TPG,[868] die Überprüfung der Spenderidentität,[869] die Überprüfung der Einzelheiten der Einwilligung des Spenders nach § 3 TPG oder der Zustimmung anderer Personen nach § 4

---

864 Vgl. auch *Weyd*, Jura 2013, 437 (442).

865 Vgl. Fn. 443.

866 So *Lang*, in: Höfling (Hrsg.), TPG, § 11 Rn. 24, der aber darauf hinweist, dass die vom nationalen Gesetzgeber ermöglichte Beauftragung einer nationalen Stiftung mit dieser Aufgabe „europarechtlich natürlich nicht erzwungen" ist.

867 Vgl. Art. 4 I OS-RL.

868 § 11 Abs. 1a S. 2 Nr. 1 TPG.

869 § 11 Abs. 1a S. 2 Nr. 2 TPG.

TPG,[870] die Überprüfung des Abschlusses der Organ- und Spendercharakterisierung nach § 10a Abs. 1 TPG[871] und ferner die Sicherstellung, dass die Angaben zur Organ- und Spendercharakterisierung das Transplantationszentrum, bei vermittlungspflichtigen Organen die Vermittlungsstelle nach § 12 TPG, rechtzeitig erreichen.[872] Verfahrensanweisungen sollen auch zur Entnahme, Konservierung, Verpackung und Kennzeichnung von Organen[873] sowie für den Transport der Organe[874] erlassen werden, darüber hinaus zur Sicherstellung der Rückverfolgbarkeit nach § 13 Abs. 1 TPG[875] und zur Sicherstellung einer unverzüglichen Meldung schwerwiegender Zwischenfälle und schwerwiegender unerwünschter Reaktionen und der in diesem Zusammenhang getroffenen Maßnahmen auf der Grundlage der Rechtsverordnung nach § 13 Abs. 4 TPG.[876]

2. *Weitere Aufgaben der Koordinierungsstelle*

Neben den Aufgabenzuweisungen an die Koordinierungsstelle in § 11 Abs. 1 und 1a TPG zur Organisation der Zusammenarbeit von Transplantationszentren und Entnahmekrankenhäusern beim Transplantationsprozess finden sich weitere Aufgabenzuweisungen in den Normen des TPG. Diese betreffen insbesondere die durch die Koordinierungsstelle vorzunehmende Prüfung, ob die Voraussetzungen einer postmortalen Organentnahme beim potentiellen Organspender erfüllt sind (§ 11 Abs. 4 TPG), die sich dem anschließende Organ- und Spendercharakterisierung (§ 10a TPG) und die Verschlüsselung und Weitergabe der erhobenen Daten zu Zwecken der Organvermittlung an die Vermittlungsstelle sowie die anschließende Übermittlung der zu den Organtransplantaten erstellten Begleitpapiere an die transplantierenden Transplantationszentren (§ 13 Abs. 1, 2 TPG). Außerdem obliegen der Koordinierungsstelle gewisse Dokumentations- und Berichtspflichten, welche die Tätigkeit der Entnahmekrankenhäuser und Transplantationszentren betreffen (§ 11 Abs. 5 TPG).

---

870 § 11 Abs. 1a S. 2 Nr. 3 TPG.
871 § 11 Abs. 1a S. 2 Nr. 4 TPG.
872 § 11 Abs. 1a S. 2 Nr. 5 TPG.
873 § 11 Abs. 1a S. 2 Nr. 6 TPG.
874 § 11 Abs. 1a S. 2 Nr. 7 TPG.
875 § 11 Abs. 1a S. 2 Nr. 8 TPG.
876 § 11 Abs. 1a S. 2 Nr. 9 TPG.

a. Klärung des Vorliegens der Voraussetzungen einer Organentnahme

An die Verpflichtung der Entnahmekrankenhäuser aus § 9a Abs. 2 Nr. 1 TPG anknüpfend, wonach diese einen endgültigen, nicht behebbaren Ausfall der Gesamtfunktion des Großhirns, des Kleinhirns und des Hirnstamms von Patienten, die als Spender von Organen in Betracht kommen, an die Koordinierungsstelle zu melden haben, verpflichtet § 11 Abs. 4 S. 2 TPG die Koordinierungsstelle dazu festzustellen, ob die Voraussetzungen für eine Organentnahme vorliegen. Sie erhebt dazu gemäß § 11 Abs. 4 S. 3 TPG die Personalien möglicher Organspender und die weiteren für die Durchführung der Organentnahme und Organvermittlung erforderlichen personenbezogenen Daten. Die Entnahmekrankenhäuser sind insofern nach § 11 Abs. 4 S. 4 TPG dazu verpflichtet, die von ihnen erhobenen Daten an die Koordinierungsstelle zu übermitteln.

b. Organ- und Spendercharakterisierung

Der unter anderem die Organ- und Spendercharakterisierung regelnde § 10a TPG weist die Organisation dieser Tätigkeit der Koordinierungsstelle zu.[877] Die Norm wurde mit dem „Gesetz zur Änderung des Transplantationsgesetzes" vom 21.07.2012 in das TPG eingefügt und diente dabei der Umsetzung der Art. 6 Abs. 1, Art. 7 und Art. 8 der OS-RL.[878] Der Vorgang der Organ- und Spendercharakterisierung war zuvor nicht explizit Regelungsgegenstand des TPG[879] und wurde erst im Rahmen dieser Gesetzesänderung ausdrücklich der Koordinierungsstelle übertragen.[880] Als organisatorische Angelegenheit war die Erledigung dieser Tätigkeit allerdings bereits zuvor dem Aufgabenbereich der Koordinierungsstelle nach dem TPG zugewiesen.

Die Koordinierungsstelle beauftragt nach § 10a Abs. 1 S. 1 TPG Personen, die unter ärztlicher Beratung und Anleitung sicherstellen, dass Spenderorgane für eine Übertragung nur freigegeben werden, wenn nach ärztlicher Beurteilung die Organ- und Spendercharakterisierung nach dem Stand der medizinischen Wissenschaft und Technik ergeben hat, dass die Organe für eine Übertragung geeignet sind. Sie stellt außerdem sicher, dass die für die Organ- und Spendercharakterisierung erforderlichen Laboruntersuchungen in Laboren durchgeführt werden, die über qualifiziertes Personal und geeignete Einrichtungen und Ausrüstungen verfügen. Diese Labore sollen geeignete Verfahrensanweisungen

---

877 BT-Drs. 17/7376, S. 14.

878 BT-Drs. 17/7376, S. 21.

879 *Engels*, in: Höfling (Hrsg.), TPG, § 10a Rn. 3.

880 Vgl. BT-Drs. 17/7376, 14.

erhalten, um zu gewährleisten, dass die Angaben zur Organ- und Spendercharakterisierung der Koordinierungsstelle unverzüglich übermittelt werden, § 10a Abs. 2 S. 2 TPG.

Soweit es darum geht, die sachdienlichen Angaben über den Spender, die zur Bewertung seiner Eignung zur Organspende erforderlich sind und die Angaben über die Merkmale des Organs, die für die Organ- und Spendercharakterisierung erforderlich sind, zu erheben, richtet sich dies gemäß § 10a Abs. 1 S. 2 TPG nach Maßgabe einer Rechtsverordnung, die vom Bundesministerium für Gesundheit zum Themenbereich der Organ- und Spendercharakterisierung gemäß § 10a Abs. 4 TPG zu erlassen ist. Außerdem erlässt die Koordinierungsstelle gemäß § 11 Abs. 1a S. 2 Nr. 4 TPG ergänzend Verfahrensanweisungen zur Überprüfung des Abschlusses der Organ-und Spendercharakterisierung.

c. *Verschlüsselung der Spenderdaten und Meldung der Spenderorgane an die Vermittlungsstelle*

§ 13 TPG normiert datenschutzrechtliche Festlegungen und verpflichtet die Koordinierungsstelle zur Einhaltung des in § 13 Abs. 1 und 2 TPG geregelten Verfahrens beim Umgang mit den personenbezogenen Daten des Organspenders und den für die Übertragung erforderlichen medizinischen Angaben.[881] § 13 Abs. 1 TPG beschreibt insofern das Verfahren, nach dem die von der Koordinierungsstelle erhobenen und für die Organvermittlungsentscheidung der Vermittlungsstelle erforderlichen Daten verschlüsselt, aufbereitet und übermittelt werden.[882] Die Koordinierungsstelle nimmt dazu in einem mit den Transplantationszentren abgestimmten Verfahren die Verschlüsselung der Spenderdaten in Form einer Pseudonymisierung vor und bildet eine Kennnummer.[883] Diese wird dann in die Begleitpapiere zu den betreffenden Spenderorganen aufgenommen, § 13 Abs. 1 S. 2 TPG. Die Koordinierungsstelle meldet schließlich gemäß § 13 Abs. 1 S. 4 TPG das Spenderorgan nebst Kennnummer und den für die Organvermittlung erforderlichen medizinischen sonstigen Vermittlungsangaben an die Vermittlungsstelle, wo über die Vergabe des Spenderorgans anhand der übermittelten Daten entschieden werden kann. Auf die Unterrichtung durch die Vermittlungsstelle über die Vermittlungsentscheidung entsprechend § 12 Abs. 3 S. 3 TPG hin übermittelt die Koordinierungsstelle die Begleitpapiere samt

881 *Stockter*, in: Höfling (Hrsg.), TPG, § 13 Rn. 3.
882 Vgl. *Stockter*, in: Höfling (Hrsg.), TPG, § 13 Rn. 5 f.
883 *Stockter*, in: Höfling (Hrsg.), TPG, § 13 Rn. 16.

der für eine Organübertragung erforderlichen Daten an das die Transplantation vornehmende Transplantationszentrum.[884]

Der damit in § 13 Abs. 1 TPG formulierte Grundsatz, dass Spenderdaten von der Koordinierungsstelle nur in verschlüsselter Form weitergegeben werden dürfen, sowie der Grundsatz der Anonymität aus § 14 Abs. 2 S. 1 und 2 TPG,[885] erfahren in § 13 Abs. 2 TPG eine Ausnahmeregelung. Soweit dies zur Abwehr einer zu befürchtenden gesundheitlichen Gefährdung der Organempfänger erforderlich ist, darf die Koordinierungsstelle danach die Angaben aus den Begleitpapieren mit den personenbezogenen Daten des Organspenders zur Erlangung weiterer Informationen gemeinsam verwenden, zusammenführen und auch an diejenigen Transplantationszentren weitergeben, in denen den gefährdeten Organempfängern Spenderorgane transplantiert worden sind.

d. Dokumentations- und Berichtspflichten

Gemäß § 11 Abs. 5 TPG gehört es auch in den Aufgabenbereich der Koordinierungsstelle, Verzeichnisse über die Entnahmekrankenhäuser nach § 9a TPG und die Transplantationszentren nach § 10 TPG zu führen. Außerdem dokumentiert die Koordinierungsstelle die Tätigkeit der Entnahmekrankenhäuser und Transplantationszentren. Sie erstellt und veröffentlicht jährlich anhand der in § 11 Abs. 5 S. 2 Nrn. 1 bis 7 TPG enthaltenen Vorgaben einen Bericht, der über die Tätigkeiten für das vorangegangene Kalenderjahr Auskunft gibt.

IV. Kontrolle der Koordinierungsstelle

Die gesetzliche Regelung zur staatlichen Kontrolle der Koordinierungsstellentätigkeit erschöpft sich darin, dass § 11 Abs. 3 S. 1 TPG im Hinblick auf den Abschluss des Koordinierungsstellenvertrags und seiner Änderungen vorsieht, dass es insofern der Genehmigung durch das Bundesministerium für Gesundheit bedarf. Dieser Genehmigungsvorbehalt ist unter anderem ein Ausfluss des staatlichen Aufsichtsrechts durch das Bundesministerium für Gesundheit über den Spitzenverband Bund der Krankenkassen.[886] Das Bundesministerium für

---

884 Vgl. dazu ausführlich *Stockter*, in: Höfling (Hrsg.), TPG, § 13 Rn. 23 ff.

885 *Stockter*, in: Höfling (Hrsg.), TPG, § 13 Rn. 33.

886 BT-Drs. 13/4355, S. 24. Der Spitzenverband Bund der Krankenkassen ist laut der dort getroffenen Begründung gesetzlich der Aufsicht des Bundesministeriums für Gesundheit beziehungsweise des diesem unterstehenden Bundesversicherungsamtes unterworfen (vgl. §§ 217d Abs. 1, 208 Abs. 2 SGB V, §§ 87 bis 90 Abs. 1 SGB IV). Vgl. auch *Bader*, Organmangel und Organverteilung, S. 126; *Lang*, in: Höfling (Hrsg.), TPG, § 11 Rn. 55; *Norba*, Rechtsfragen der Transplantationsmedizin, S. 119.

Gesundheit prüft dazu die Vertragswerke darauf hin, ob die Vorschriften des TPG und sonstigen Rechts eingehalten wurden, § 11 Abs. 3 S. 1, 2 TPG. Die Genehmigung ist folglich zu erteilen, wenn der Vertrag wie auch seine Änderungen dem TPG und sonstigem Recht entsprechen, aufgrund der eindeutigen Formulierung bleibt für die Aufnahme etwaiger kondominialer Mitspracherechte der Staatsverwaltung kein Raum.[887] Die Aufsicht ist als reine Rechtsaufsicht ausgestaltet.[888]

Dagegen obliegt die darüber hinausgehende Kontrolle der Koordinierungsstelle nach der Konzeption des § 11 TPG den auftraggebenden Spitzenverbänden, mithin dem Spitzenverband Bund der Krankenkassen, der Bundesärztekammer und der Deutschen Krankenhausgesellschaft oder den Bundesverbänden der Krankenhausträger gemeinsam. Diese haben gemäß § 11 Abs. 1 S. 5 TPG darauf zu achten, dass die beauftragte Institution die gesetzlichen Mindestanforderungen einer Koordinierungsstelle aus § 11 Abs. 1 S. 3 TPG erfüllt und nach den Grundsätzen der Wirtschaftlichkeit arbeitet. Dazu muss die Koordinierungsstelle ihre grundsätzlichen finanziellen und organisatorischen Entscheidungen gemäß § 11 Abs. 1 S. 6 TPG den Auftraggebern vorlegen. Diesen ist gesetzlich die Befugnis übertragen worden, die Haushaltslegung und die finanzielle Eigenständigkeit der Koordinierungsstelle durch unabhängige Sachverständige prüfen zu lassen. § 11 Abs. 1 S. 8 TPG verpflichtet die Koordinierungsstelle ergänzend dazu, jährlich einen Geschäftsbericht über ihre Tätigkeit zu veröffentlichen. Die Aufgabe sicherzustellen, dass sie dieser gesetzlichen Pflicht nachkommt, ist wiederum dem Spitzenverband Bund der Krankenkassen, der Bundesärztekammer und der Deutschen Krankenhausgesellschaft oder den Bundesverbänden der Krankenhausträger gemeinsam überantwortet worden.

Gemäß § 11 Abs. 3 S. 3 TPG ist die weitere Überwachung der Koordinierungsstellentätigkeit – präziser: der Einhaltung der Vertragsbestimmungen – wiederum den Auftraggebern des Koordinierungsstellenvertrags überlassen worden.[889] Dies soll nach § 11 Abs. 3 S. 4 TPG durch die Einsetzung einer gemeinsamen Kommission (Überwachungskommission) erfolgen, die jeweils

887 So ausdrücklich *Lang*, in: Höfling (Hrsg.), TPG, § 11 Rn. 56.

888 *Böning*, Kontrolle im Transplantationsgesetz, S. 74; Nickel u.a. (Hrsg.), TPG, § 11 Rn. 15.

889 *Lang*, in: Höfling (Hrsg.), TPG, § 11 Rn. 59. Wobei dem Bundesministeriums für Gesundheit aus seinem Aufsichtsrecht gegenüber dem Spitzenverband Bund der Krankenkassen die Befugnis zustehen soll, jederzeit verlangen zu können, über die Einhaltung der Vertragsbestimmungen Bericht erstattet zu bekommen. Vgl. dazu BT-Drs. 13/4355, S. 24.

aus mindestens einem Vertreter der Spitzenverbände besteht; zusätzlich sind zwei Vertreter der Länder vorgesehen. Diese gesetzliche Vorgabe ist als Mindestbesetzung der Kommission zu verstehen.[890]

Die eingesetzte Überwachungskommission überprüft entsprechend § 11 Abs. 3 S. 3 TPG die Einhaltung der auf der Grundlage des TPG vertraglich bestimmten Aufgaben der Koordinierungsstelle. Sie kontrolliert, inwieweit den vertraglichen Verpflichtungen nachgekommen wird und insbesondere, ob die zur Organisation übertragenen Angelegenheiten tatsächlich in Zusammenarbeit mit den Transplantationszentren und Entnahmekrankenhäusern und unter Beachtung der gesetzlichen wie vertraglichen Regelungen durchgeführt werden.[891] Die Überwachungskommission hat zur Erfüllung dieser Funktion gemäß § 11 Abs. 3 S. 5 TPG ein gesetzlich verankertes Auskunftsrecht gegen die Koordinierungsstelle; diese hat des Weiteren der Kommission die zur Wahrnehmung der Kontrolle erforderlichen Unterlagen zur Verfügung zu stellen. Die Überwachungskommission nimmt zunächst eine differenzierte Prüfung der von der Koordinierungsstelle nach § 11 Abs. 5 TPG erstellten Berichte vor. Darüber hinaus nimmt sie auf Grundlage des § 11 Abs. 3 TPG in den Transplantationszentren Kontrollen vor.[892] Durch die gesetzliche Zuweisung einer Überwachungskompetenz ist es der Kommission möglich, sowohl anlassbezogene als auch verdachtsunabhängige Prüfungen durchzuführen. Dies erfolgt dergestalt, dass jedes Transplantationszentrum nach einem von der Überwachungskommission festgelegten Schema und teilweise stichprobenartig, nach einheitlichen organspezifischen Kriterien geprüft wird. Soweit die Überwachungskommission bei ihrer Prüfung Auffälligkeiten feststellt, für deren Aufklärung weitere Untersuchungen erforderlich sind, erfolgt eine Nachprüfung, die regelmäßig durch eine Sonderprüfungsgruppe vorgenommen wird.[893] Die Kommission selbst ist

890 *Lang*, in: Höfling (Hrsg.), TPG, § 11 Rn. 59. Aktuell setzt sich die Überwachungskommission aus jeweils drei Vertretern der Auftragnehmer und den zwei Vertretern der Länder zusammen. Vgl. BT-Drs. 18/3566, S. 9.

891 Bericht 2013/14 der Überwachungskommission gem. § 11 Abs. 3 S. 4 TPG und der Prüfungskommission gem. § 12 Abs. 5 S. 4 TPG, S. 6. Die Jahresberichte sind abrufbar über die Homepage der Bundesärztekammer unter http://www.bundesaerztekammer.de/aerzte/medizin-ethik/transplantationsmedizin/jahresberichte/ (zuletzt abgerufen am 20.01.2019).

892 Bericht 2013/14 der Überwachungskommission gem. § 11 Abs. 3 S. 4 TPG und der Prüfungskommission gem. § 12 Abs. 5 S. 4 TPG, S. 6 (Fn. 891).

893 Vgl. Bericht der Bundesregierung über den Fortgang der eingeleiteten Reformprozesse, mögliche Missstände und sonstige aktuelle Entwicklungen in der Transplantationsmedizin, BT-Drs. 18/3566, S. 9.

nach § 11 Abs. 3 S. 6 TPG verpflichtet, Erkenntnisse über Verstöße gegen das TPG oder die auf Grund des TPG erlassenen Rechtsverordnungen an die zuständigen Behörden der Länder weiterzuleiten.[894]

B. Der Vertrag zwischen Auftraggebern und Koordinierungsstelle

Die entscheidende, aufgabenspezifische Zuweisungsnorm für die einzelnen Tätigkeiten der Koordinierungsstelle im Organspende-, Organvermittlungs- und Übertragungsprozess ist nach dem hier vorgestellten Konzept einer eher rahmenhaften Normierung nicht im TPG selbst zu verorten, sondern Regelungsgegenstand des Koordinierungsstellenvertrages.[895] Der Gesetzgeber hat in § 11 Abs. 2 TPG festgelegt, dass der Spitzenverband Bund der Krankenkassen, die Bundesärztekammer, die Deutsche Krankenhausgesellschaft oder die Bundesverbände der Krankenhausträger gemeinsam mit der Koordinierungsstelle das Nähere zu deren Aufgaben mittels vertraglicher Vereinbarung regeln. Der Vertragsschluss muss gemäß § 11 Abs. 2 S. 2 TPG im Einvernehmen mit dem Verband der Privaten Krankenversicherung erfolgen. Die Konkretisierung der gesetzlichen Vorgaben gilt gemäß § 11 Abs. 2 S. 1 TPG mit Wirkung auch für die am Vertragsschluss nicht unmittelbar beteiligten Transplantationszentren und Entnahmekrankenhäuser. Die Entnahmekrankenhäuser sind insofern nach § 9a Abs. 2 Nr. 4 TPG, die Transplantationszentren nach § 10 Abs. 2 S. 1 Nr. 3 TPG dazu verpflichtet, „die auf Grund des § 11 TPG getroffenen Regelungen zur Organentnahme" - dazu gehören auch solche des Koordinierungsstellenvertrages[896] - einzuhalten.

Das TPG gibt zum Inhalt des Koordinierungsstellenvertrags in § 11 Abs. 2 S. 3 verbindlich vor, was es „insbesondere" zu regeln gilt. Diese Aufzählung ist

---

894 Die Überwachung durch die Kommission hat mit Inkrafttreten der TPG-Novelle am 01.08.2012 (BGBl. I, S. 1601) Eingang in das TPG gefunden. Diese Kommission war zuvor nach § 10 des Koordinierungsstellenvertrages vorgesehen, § 13 Abs. 2 verpflichtete die Koordinierungsstelle, der Kommission die zur Überwachung erforderlichen Unterlagen zur Verfügung zu stellen und Auskünfte zu erteilen. Eine Mindestbesetzung war hingegen vertraglich nicht vereinbart. Die Pflichten der Kommission wurden im Rahmen der Gesetzesnovelle wesentlich erweitert. So war sie ursprünglich nach § 10 Abs. 2 S. 1 des Vertrages lediglich dazu verpflicht, die Auftraggeber in regelmäßigen Abständen über die Einhaltung der Vertragesbestimmungen zu informieren.

895 Vgl. *Rosenberg*, Die postmortale Organtransplantation, S. 76.

896 *Rixen*, in: Höfling (Hrsg.), TPG, § 9a Rn. 7.

daher nicht abschließend.[897] Vertragsgegenstand sollen die Anforderungen an die im Zusammenhang mit einer Organentnahme zum Schutz der Organempfänger erforderlichen Maßnahmen sowie die Rahmenregelungen für die Zusammenarbeit der Beteiligten, die Zusammenarbeit sowie der Erfahrungsaustausch mit der Vermittlungsstelle und die Unterstützung der Transplantationszentren bei Maßnahmen der Qualitätssicherung sein. Darüber hinaus umfasst der Koordinierungsstellenvertrag gemäß den gesetzlichen Vorgaben Regelungen zum Ersatz angemessener Aufwendungen der Koordinierungsstelle für deren gesetzliche Aufgabenerledigung einschließlich der Abgeltung derjenigen Leistungen, die die Entnahmekrankenhäuser im Rahmen der Organentnahme erbringen, sowie für die Bestellung von Transplantationsbeauftragten von der Koordinierungsstelle erhalten. Außerdem ist vorgesehen, dass die Vertragsparteien ein Schlichtungsverfahren für den Fall vereinbaren, dass eine Einigung über den Ersatz angemessener Aufwendungen nach § 11 Abs. 2 S. 3 Nr. 4 TPG nicht erreicht werden kann.[898]

Der Koordinierungsstellenvertrag sowie seine Änderungen bedürfen zu ihrer Wirksamkeit gemäß § 11 Abs. 3 S. 1 TPG der Genehmigung durch das Bundesministerium für Gesundheit.[899] Eine Bekanntmachung des Vertrages muss gemäß § 11 Abs. 3 S. 1 TPG im Bundesanzeiger erfolgen. Dieser ist als Amtsblatt, ebenso wie das Bundesgesetzblatt, ein Verkündungs- und Bekanntmachungsorgan der deutschen Bundesbehörden. Der Koordinierungsstellenvertrag in seiner aktuell geltenden Fassung wurde am 07.01.2016 genehmigt und mit Bekanntmachung vom 15.02.2016 im Bundesanzeiger abgedruckt.[900] Der bis dahin gültige Vertrag wurde mit Inkrafttreten des aktuellen Koordinierungsstellenvertrags gemäß § 12 Abs. 2 des Koordinierungsstellenvertrags aufgehoben. Regelungsgegenstände des aktuellen Koordinierungsstellenvertrags sind die Beauftragung, die Aufgaben, die Organisation und die Finanzierung der Koordinierungsstelle.[901]

---

897 *Lang*, in: Höfling (Hrsg.), TPG, § 11 Rn. 41.

898 Vgl. § 11 Abs. 2 S. 2 TPG.

899 Vgl. dazu oben S. 186.

900 „Vertrag nach § 11 Absatz 2 des Transplantationsgesetzes zur Beauftragung einer Koordinierungsstelle (Koordinierungsstellenvertrag)", BAnz AT 18.02.2016, S. 2 ff.

901 Vgl. § 1 Abs. 1 S. 2 Koordinierungsstellenvertrag (Fn. 900).

I. § 1: Beauftragung

§ 1 des Koordinierungsstellenvertrags regelt die Beauftragung der DSO als Koordinierungsstelle. Dort werden die in § 11 Abs. 1 S. 3 TPG vorgegebenen Mindestanforderungen an eine Koordinierungsstelle, nämlich dass diese auf Grund ihrer finanziell und organisatorisch eigenständigen Trägerschaft insbesondere unabhängig ist von medizinisch-therapeutischen Leistungen, die nicht der Organübertragung dienen, und der Zahl und Qualifikation ihrer Mitarbeiter, ihrer betrieblichen Organisation sowie ihrer sachlichen Ausstattung die Gewähr dafür bietet, dass die Aufgaben der Koordinierungsstelle nach den Vorschriften des TPG und des Koordinierungsstellenvertrags erfüllt werden, aufgegriffen. Die Auftragnehmerin wird in § 1 Abs. 2 des Koordinierungsstellenvertrags verpflichtet, diese Anforderungen zu erfüllen. Nach § 1 Abs. 3 des Koordinierungsstellenvertrags überzeugen sich die Auftraggeber vor dem Abschluss des Vertrages, im Rahmen jährlicher Budgetverhandlungen mit der Auftragnehmerin sowie bei wesentlichen Änderungen insbesondere in der Organisationsstruktur oder beim Stiftungskapital der DSO durch Einsicht in die Unterlagen und persönliche Begutachtung davon, dass die gesetzlich formulierten und vertraglich konkretisierten Anforderungen erfüllt werden. Nach § 1 Abs. 4 des Koordinierungsstellenvertrags verpflichtet sich die Auftragnehmerin dazu, entsprechende wesentliche Änderungen den Vertragspartnern mitzuteilen. Außerdem verpflichtet sie sich, bei der Erfüllung ihrer Aufgaben die Regelungen des TPG und die Vereinbarungen des Koordinierungsstellenvertrages einzuhalten.

II. § 2: Aufgaben

Die Aufgaben der Koordinierungsstelle sind in § 2 des Koordinierungsstellenvertrags vereinbart worden. § 2 Abs. 1 greift dazu die Formulierung des Aufgabenprogramms aus § 11 Abs. 1a S. 1 und 2 TPG auf, wonach die Koordinierungsstelle „die Zusammenarbeit zur Organentnahme und Durchführung aller weiteren bis zur Transplantation (Übertragung) erforderlichen Maßnahmen mit Ausnahme der Organvermittlung unter Beachtung der gesetzlichen Regelungen und der Richtlinien nach § 16 TPG zu organisieren“ hat. „Dies hat den Zweck, die vorhandenen Möglichkeiten der Organspende wahrzunehmen und durch Entnahme und Bereitstellung geeigneter Spenderorgane für Transplantationen die gesundheitlichen Risiken der Organempfänger so gering wie möglich zu halten.“ In Konkretisierung der gesetzlichen Vorgaben wird in § 2 Abs. 1 S. 5 des Koordinierungsstellenvertrags explizit darauf hingewiesen, dass eine Haftung der Koordinierungsstelle für eine bestimmungsgemäße und rechtzeitige Verwendung des Organs mit dem Zeitpunkt der Übergabe an den

Empfangsberechtigten des Transplantationszentrums an dieses übergeht. § 2 Abs. 2 des Koordinierungsstellenvertrags bestimmt zur Aufgabenausführung durch die Auftragnehmerin, dass es dieser mit Unterrichtung der Vertragspartner und des PKV-Verbandes möglich sein soll, auch Dritte mit der Erfüllung einzelner Aufgaben zu beauftragen. Dies erfolgt unbeschadet einer bei der Koordinierungsstelle verbleibenden Gesamtverantwortung.

Eine Konkretisierung der gesetzlichen Vorgaben des TPG erfolgt dann in § 2 Abs. 3 des Koordinierungsstellenvertrags. Dort sind die einzelnen Tätigkeitsbereiche der Koordinierungsstelle in einem Aufgabenkatalog dargelegt. Die Auftragnehmerin hat danach zur Zweckerreichung Verfahrensanweisungen nach § 11 Abs. 1a TPG für die regionale Zusammenarbeit der Koordinierungsstelle, der Entnahmekrankenhäuser und der Transplantationszentren bei verstorbenen Spendern zu erstellen (§ 2 Abs. 3 Nr. 1 des Koordinierungsstellenvertrags), die Entnahme von Organen als gemeinschaftliche Aufgabe zu organisieren (§ 2 Abs. 3 Nr. 2 des Koordinierungsstellenvertrags), und die Entnahmekrankenhäuser bei der Wahrnehmung ihrer Aufgaben nach dem TPG zu unterstützen (§ 2 Abs. 3 Nr. 3 des Koordinierungsstellenvertrags). Außerdem ist es gemäß der Vereinbarung im Koordinierungsstellenvertrag Aufgabe der Koordinierungsstelle, unter Beachtung der Richtlinien nach § 16 Abs. 1 S. 1 Nrn. 3, 4a, 4b TPG sowie § 10a Abs. 1 und 2 TPG, notwendige Datenerhebungen und Untersuchungen sicherzustellen und zu klären, ob die Voraussetzungen für eine Organentnahme vorliegen (§ 2 Abs. 3 Nr. 4 des Koordinierungsstellenvertrags). Ferner hat die Koordinierungsstelle durch organisatorische Maßnahmen sicherzustellen, dass die Entnahme durch hierzu qualifizierte Ärzte sowie die Perfusion, Konservierung, Verpackung und Kennzeichnung von Organen unter deren Aufsicht und Kontrolle erfolgt (§ 2 Abs. 3 Nr. 5 des Koordinierungsstellenvertrags). Ihr obliegt die Organisation der notwendigen, nationalen und internationalen Transporte nach § 10a TPG (§ 2 Abs. 3 Nr. 6 des Koordinierungsstellenvertrags), außerdem fällt es in den Tätigkeitsbereich der Koordinierungsstelle, die personenbezogenen Daten des Spenders entsprechend der Vorgaben des § 13 Abs. 1 TPG zu verschlüsseln (§ 2 Abs. 3 Nr. 7 des Koordinierungsstellenvertrags) und der Vermittlungsstelle nach § 12 Abs. 1 TPG das Organ, die Kennnummer und die für die Organvermittlung erforderlichen Angaben zu melden (§ 2 Abs. 3 Nr. 8 des Koordinierungsstellenvertrags). Nach der Entscheidung der Vermittlungsstelle hat sie die Begleitpapiere an das zuständige Transplantationszentrum zu übermitteln (§ 2 Abs. 3 Nr. 9 des Koordinierungsstellenvertrags) und sicherzustellen, dass die datenschutzrechtlichen Anforderungen des § 14 TPG und die Aufbewahrungs- und Löschungsfristen nach § 15 TPG eingehalten werden (§ 2 Abs. 3 Nr. 10 des Koordinierungsstellenvertrags). Der Koordinierungsstellenvertrag überträgt es der Auftragnehmerin, ein geeignetes Datenverarbeitungssystem vorzuhalten und weiterzuentwickeln (§ 2 Abs. 3 Nr. 11 des Koordinierungsstellenvertrags). Gemäß der vertraglichen Vereinbarung hat sie die Transplantationszentren bei Maßnahmen der Qualitätssicherung zu unterstützen (§ 2 Abs. 3 Nr. 12 des Koordinierungsstellenvertrags). Die Auftragnehmerin hat die Verpflichtung zur Berichterstattung nach § 11 Abs. 5 TPG einzuhalten (§ 2 Abs. 3 Nr. 13 des Koordinierungsstellenvertrags). Zu den vertraglichen Aufgaben gehört es außerdem, mit den Entnahmekrankenhäusern, den Transplantationszentren und der Vermittlungsstelle eng zusammenzuarbeiten (§ 2 Abs. 3 Nr. 14 des Koordinierungsstellenvertrags). Sie unterstützt die Entnahmekrankenhäuser bei der Wahrnehmung ihrer Meldepflicht gemäß § 9a Abs. 2 S. 1 Nr. 1 TPG insbesondere dadurch, dass sie ein geeignetes, einheitliches Meldeverfahren zur Verfügung stellt (§ 2 Abs. 3 Nr. 15 des Koordinierungsstellenvertrags); gleiches gilt, wenn die Koordinierungsstelle Einrichtungen der medizinischen Versorgung bei ihrer Meldepflicht nach § 11 Abs. 1a S. 2 Nrn. 8, 9 TPG unterstützt – auch hierbei stellt sie insbesondere ein geeignetes und einheitliches Meldeverfahren zur Verfügung (§ 2 Abs. 3 Nr. 16 des Koordinierungsstellenvertrags). Schließlich ist im Aufgabenkatalog des § 2 Abs. 3 des Koordinierungsstellenvertrags vorgesehen, dass die Auftragnehmerin die Transplantationszentren bei der Erfüllung ihrer Pflichten zur Feststellung des Abschlusses und der ordnungsgemäßen Dokumentation der Organ- und Spendercharakterisierung und der Überprüfung der Einhaltung der Konservierungs- und Transportbedingungen nach § 10 Abs. 2 S. 1 Nr. 4 TPG nach Maßgabe der Verfahrensanweisungen des § 11 Abs. 1a S. 2 TPG unterstützt (§ 2 Abs. 3 Nr. 17 des Koordinierungsstellenvertrags). Dabei stellt die Koordinierungsstelle ein einheitliches Übergabeprotokoll zur Verfügung. Darüber hinaus unterstützt die DSO als Auftragnehmerin nach Abstimmung mit den Auftraggebern und dem PKV-Verband die nach dem TPG zuständigen Stellen bei der Aufklärung der Bevölkerung über das Thema Organspende, die Voraussetzungen einer Organentnahme und die Bedeutung der Übertragung, § 2 Abs. 4 des Koordinierungsstellenvertrages. Zur Erfüllung der gesetzlich und vertraglich übernommenen Tätigkeiten gewährleistet die Koordinierungsstelle gemäß § 2 Abs. 5 des Koordinierungsstellenvertrags eine 24-Stunden-Bereitschaft. In § 2 Abs. 3 S. 2 des Koordinierungsstellenvertrags ist vorgesehen, dass Einzelheiten der Durchführung dieses Aufgabenkatalogs durch gesonderte Anlagen vereinbart und näher bestimmt werden können.

III. § 3: Zusammenarbeit mit Entnahmekrankenhäusern und Transplantationszentren

In § 3 des Koordinierungsstellenvertrags ist die „vertrauensvoll[e]" Zusammenarbeit der Koordinierungsstelle mit den Entnahmekrankenhäusern und Transplantationszentren geregelt. Dabei geht es insbesondere um die Erfüllung der Aufgaben der Entnahmekrankenhäuser aus § 9a TPG. Diese werden in § 3 Abs. 2 des Koordinierungsstellenvertrags dazu verpflichtet, die notwendigen organisatorischen Vorkehrungen zu treffen, um ihre Verpflichtungen nach § 9a Abs. 2 Nrn. 1 bis 4 TPG zu erfüllen. Sie teilen die als Spender nach § 9a Abs. 2 Nr. 1 TPG in Betracht kommenden Personen der Koordinierungsstelle mit, arbeiten bei der Organentnahme mit deren regionalen Untergliederungen zusammen und übermitteln die zur Aufgabenerledigung erforderlichen Informationen an die Koordinierungsstelle, § 3 Abs. 1 S. 2 des Koordinierungsstellenvertrags. Die Koordinierungsstelle hat nach § 3 Abs. 4 des Koordinierungsstellenvertrags die Entnahmekrankenhäuser auf deren Verlangen bei der Feststellung der Voraussetzungen für die postmortale Organspende zu unterstützen. Der Auftragnehmerin wird es zur Erfüllung der von ihr übernommenen Aufgaben eingeräumt, mit den Entnahmekrankenhäusern und Transplantationszentren gesonderte Vereinbarungen zu treffen, § 3 Abs. 5 des Koordinierungsstellenvertrages.

IV. § 4: Regionale Strukturen

§ 4 des Koordinierungsstellensvertrags bestimmt – in Umsetzung des gesetzlichen Auftrags einer regionalen Zusammenarbeit zwischen der Koordinierungsstelle, den Entnahmekrankenhäusern und den Transplantationszentren in § 11 Abs. 1 S. 1 TPG – dass die Auftragnehmerin eine organisatorisch von den Transplantationszentren unabhängige regionale Untergliederung in Form unselbstständiger Verwaltungsstellen zu bilden und einen kontinuierlichen Erfahrungsaustausch aller regionalen Untergliederungen zu gewährleisten hat. Die Zahl der Verwaltungsstellen und die regionale Struktur der Koordinierungsstelle sind gesondert als Anlage zum Vertrag festzulegen.

V. § 5: Verzeichnis-, Dokumentations- und Berichtspflichten

§ 5 des Koordinierungsstellenvertrags regelt, dass die Auftragnehmerin ein öffentlich zugängliches Verzeichnis über die zugelassenen Entnahmekrankenhäuser und Transplantationszentren zu führen hat. Außerdem dokumentiert die Koordinierungsstelle deren Tätigkeit und veröffentlicht diese Informationen jährlich in einem Tätigkeitsbericht. Ergänzend dazu erfolgt die Veröffentlichung eines zweiten Berichts, dem sogenannten Ergänzungsbericht, in dem die Ergebnisse einer externen, vergleichenden Qualitätssicherung dargestellt werden.

VI. § 6: Unterstützung der Transplantationszentren bei Lebendspenden

Gemäß § 6 des Koordinierungsstellenvertrags kann die Koordinierungsstelle den Transplantationszentren bei Bedarf auch Unterstützung bei der Vorbereitung und Durchführung der Lebendorganspenden anbieten.

VII. § 7: Finanzierung

Die Regelungen zur Finanzierung der Koordinierungsstelle sind in § 7 des Koordinierungsstellenvertrags festgelegt. Dabei ist vorgesehen, dass die Koordinierungsstelle für jedes transplantierte Organ eine pauschale Vergütung erhält, deren Höhe einer gesonderten Vereinbarung der Vertragsparteien überlassen bleibt. Die Koordinierungsstelle verpflichtet sich nach § 7 Abs. 4 und 5 des Koordinierungsstellenvertrags, den Entnahmekrankenhäusern und Transplantationszentren für ihre in Zusammenhang mit der Organentnahme und der Vorbereitung der Organentnahme erbrachten Leistungen eine Aufwandserstattung und den Transplantationszentren zusätzlich für die Tätigkeit der Transplantationsbeauftragten einen pauschalen Zuschlag zu zahlen. Auch die Höhe dieser Erstattungen und Pauschalen soll gemäß des Vertrages in einer gesonderten Vereinbarung geregelt werden. In Form einer Anlage zum Koordinierungsstellenvertrag sollen gemäß der Regelung in § 7 Abs. 6 außerdem das Verrechnungsverfahren und die Höhe der Erstattungspauschale für diejenigen Organe vereinbart werden, die in Deutschland entnommen und im Ausland transplantiert werden. Daneben umfasst die Anlage Regelungen zum Verrechnungsverfahren und der Erstattungspauschale für Organe, die im Ausland entnommen und nach Vermittlung durch die Vermittlungsstelle in einem deutschen Transplantationszentrum transplantiert werden.

VIII. § 8: Vertragliche Schlichtungsverfahren

Für den Fall, dass eine Vereinbarung nach § 7 Abs. 1 oder 5 des Koordinierungsstellenvertrags nicht zustande kommt und von einer Partei oder dem PKV-Verband das Scheitern der Verhandlungen erklärt wird, ist in § 8 Abs. 1 des Koordinierungsstellenvertrags ein Schlichtungsverfahren vorgesehen. Die Person des Schlichters wird für einen Zeitraum von drei Jahren unter den zusätzlichen Voraussetzungen des § 7 Abs. 2 benannt. Ein davon zu trennendes Schlichtungsverfahren bestimmt § 2 Abs. 3 Nr. 1 des Koordinierungsstellenvertrags für die Verfahrensanweisungen – dieses richtet sich jedoch ebenfalls nach den Vorschriften des § 8 des Koordinierungsstellenvertrags. Vorgesehen ist, dass für dieses Verfahren eine gesonderte Person als Schlichter benannt wird, § 8 Abs. 3 des Koordinierungsstellenvertrags. Die Ergebnisse des Schlichtungsverfahrens bedürfen gemäß § 8 Abs. 6 des Koordinierungsstellenvertrags der Annahme durch die Vertragspartner und durch den PKV-Verband.

IX. § 9: Pflichten der auftragnehmenden Institution

§ 9 Abs. 1 des Koordinierungsstellenvertrags statuiert eine Pflicht der Auftragnehmerin, grundsätzliche finanzielle und organisatorische Entscheidungen den Auftraggebern und dem PKV-Verband vorzulegen. Nach § 9 Abs. 2 des Koordinierungsstellenvertrags legt die Koordinierungsstelle ferner jährlich einen Bericht über die Erfüllung ihrer vertraglich übernommenen Aufgaben und gemäß § 9 Abs. 3 des Koordinierungsstellenvertrags die notwendigen Unterlagen zur Ermittlung der Finanzierungspauschalen des § 7 Abs. 1 und 4 des Koordinierungsstellenvertrags vor. Gemäß § 9 Abs. 4 des Koordinierungsstellenvertrags muss anhand der vorgelegten Unterlagen auch eine Eigenständigkeitsprüfung der Auftragnehmerin entsprechend der Kriterien des § 1 Abs. 2 und 3 des Koordinierungsstellenvertrags erfolgen können. Den Auftraggebern und dem PKV-Verband wird des Weiteren in § 9 Absatz 5 des Koordinierungsstellenvertrags die Möglichkeit eröffnet, die Haushaltslegung und die finanzielle Eigenständigkeit der Koordinierungsstelle auch durch einen unabhängigen Sachverständigen ermitteln zu lassen.

X. § 10: Überwachungskommission

Die gesetzlich in § 11 Abs. 3 S. 3 TPG vorgesehene Kommission zur Überwachung der Koordinierungsstelle ist in § 10 des Koordinierungsstellenvertrags näher geregelt. Dort ist deren gesetzlich als Mindestmitgliederzahl vorgegebene Zusammensetzung näher bestimmt worden. Die Kommission setzt sich demnach aus jeweils drei Vertretern der Auftraggeber, zwei Vertretern der Bundesländer und als beratende Mitglieder je einem Vertreter der Auftragnehmerin, der Vermittlungsstelle und des PKV-Verbandes zusammen. Die Überwachungskommission gibt sich gemäß § 10 Abs. 1 S. 2 des Koordinierungsstellenvertrags eine Geschäftsordnung, die über die Webseite ihrer Geschäftsstelle Transplantationsmedizin veröffentlicht wird. In § 10 Abs. 2

des Koordinierungsstellenvertrags wird das Verfahren der Kommission zur Erfüllung ihrer Prüfungspflichten geschildert. Diese hat verdachtsabhängige und verdachtsunabhängige, kontinuierliche sowie flächendeckende Prüfungen durchzuführen. Dabei muss die Prüfungskommission, soweit erforderlich, in der jeweiligen Einrichtung prüfend tätig werden; ansonsten steht es ihr frei auch im schriftlichen Verfahren und unter Einbeziehung externer Sachverständiger Prüfungen vorzunehmen. Zur Durchführung der Prüfungen sind sowohl die Auftragnehmerin als auch die Entnahmekrankenhäuser und die Transplantationszentren verpflichtet, Auskünfte zu erteilen und der Überwachungskommission die erforderlichen Unterlagen zur Verfügung zu stellen, § 10 Abs. 3 des Koordinierungsstellenvertrags. Über die Ergebnisse ihrer Tätigkeit und die Einhaltung der Vertragsbestimmungen unterrichtet die Überwachungskommission jährlich ihre Auftraggeber des Vertrags und den PKV-Verband. Ein zu erstellender Jahresbericht wird gemäß § 10 Abs. 4 S. 3 des Koordinierungsstellenvertrags veröffentlicht.

XI. §§ 11 bis 13: Laufzeit/Inkrafttreten/Vertragsänderungen

Für den Koordinierungsstellenvertrag ist gemäß § 11 des Koordinierungsstellenvertrags eine Kündigungsfrist von 12 Monaten jeweils zum 31. Dezember eines Kalenderjahres vorgesehen. Nur bei wichtigem Grund kann von dieser Frist abgesehen und fristlos gekündigt werden. Eine Kündigung ist gemäß des Absatzes 4 der Regelung an einen Vermittlungsversuch unter Leitung des Bundesministeriums für Gesundheit geknüpft und kann nur erfolgen, soweit dieser erfolglos geblieben ist. Auch für den Fall einer Kündigung wirken die Bestimmungen des Koordinierungsstellenvertrags bis zum Abschluss einer den gekündigten Vertrag ersetzenden Vereinbarung fort, § 11 Abs. 6 des Koordinierungsstellenvertrags.

Der Koordinierungsstellenvertrag wird im Bundesanzeiger durch das Bundesministerium für Gesundheit nach erfolgter Genehmigung veröffentlicht und tritt am Tag nach der dortigen Bekanntmachung in Kraft, § 12 Abs. 1 des Koordinierungsstellenvertrags. Gemäß § 11 Abs. 2 des Koordinierungsstellenvertrags wird mit dem Inkrafttreten des Vertrages der bis dahin gültige Vertragsabschluss aufgehoben.

§ 13 des Koordinierungsstellenvertrags enthält die Bestimmung, dass Änderungen und Ergänzungen des Vertragswerks der Schriftform bedürfen und nach Genehmigung des Bundesministeriums für Gesundheit im Bundesanzeiger bekannt zu machen sind.

C. Die DSO: Aufbau und Struktur

Die DSO wurde am 07.10.1984 in Neu-Isenburg durch den gemeinnützigen Verein KfH gegründet.[902] Sie ist gemäß § 1 der Stiftungsratssatzung der DSO[903] als rechtsfähige Stiftung bürgerlichen Rechts organisiert und hat ihren Sitz in Frankfurt am Main. Die DSO verfolgt gemeinnützige Zwecke im Sinne der §§ 51 ff. Abgabenordnung (AO). Sie dient laut § 2 Abs. 1 Satzung/DSO „der Förderung der öffentlichen Gesundheitspflege im Bereich der Organtransplantation, insbesondere durch die Wahrnehmung spezifischer Aufgaben nach dem Transplantationsgesetz. Die Stiftung verfolgt das Ziel, die Patientinnen und Patienten auf der Warteliste durch die Förderung der Organspende sowie durch die Unterstützung der im Bereich der Organtransplantation tätigen Einrichtungen und Personen mit lebenswichtigen Organen zu versorgen und die gesundheitlichen Risiken für diese so gering wie möglich zu halten."

I. Staatliche Stiftungsaufsicht

Als Stiftung nach bürgerlichem Recht unterliegt die DSO wie jede rechtsfähige, privatrechtliche deutsche Stiftung einer Staatsaufsicht gemäß den §§ 80 ff. BGB und den jeweiligen landesrechtlichen Vorschriften. Diese ergeben sich für die DSO aus dem Stiftungsgesetz des Landes Hessen (StiftG/Hessen)[904].[905] Danach ist eine Überwachung seitens der Aufsicht dahingehend vorgesehen, dass die Stiftung im Einklang mit den Gesetzen und der Verfassung der Stiftung verwaltet wird, § 10 Abs. 1 StiftG/Hessen.[906] Die Stiftung hat dazu ihren Unterrichtungspflichten gegenüber der Aufsichtsbehörde aus § 7 StiftG/Hessen nachzukommen. Der Aufsichtsbehörde stehen wiederum zur Wahrnehmung ihrer Tätigkeit die Handlungsbefugnisse aus den §§ 12 bis 16 StiftG/Hessen zu. Für die privatrechtlichen rechtsfähigen Stiftungen des Landes Hessen ist in den §§ 10, 11 StiftG/Hessen bestimmt, dass zuständige Aufsichtsbehörde das Regierungspräsidium ist, in dessen Bezirk die Stiftung ihren Sitz genommen hat. Stiftungen mit Sitz im Gebiet der Stadt Frankfurt am Main unterfallen dem Bezirk Darmstadt

---

902 BT-Drs. 13/4355, S. 10.

903 „Satzung der DSO", abrufbar unter: http://www.dso.de/dso/aufgaben-und-ziele/satzung-der-dso.html (zuletzt abgerufen am 20.01.2019). Im Folgenden: Satzung/DSO.

904 Hessisches Stiftungsgesetz vom 04.04.1966 (GVBl. I, S. 77), zuletzt geändert durch Art. 5 des Gesetzes vom 27.09.2012 (GVBl. I, S. 290).

905 *Lang*, in: Höfling (Hrsg.), Die Regulierung der Transplantationsmedizin, S. 61 (67).

906 Vgl. dazu auch *Lang*, in: Höfling (Hrsg.), Die Regulierung der Transplantationsmedizin in Deutschland, S. 61 (67).

und unterliegen folglich der Aufsicht durch das dortige Regierungspräsidium. § 28 StiftG/Hessen sieht jedoch die Ausnahme vor, nach der das Regierungspräsidium Darmstadt ermächtigt ist, seine Aufsichtsbefugnisse aus § 12 StiftG/Hessen für solche Stiftungen, die ihren Sitz in Frankfurt am Main haben, auf den Magistrat der Stadt Frankfurt zu übertragen. Eine solche Befugnis stand zuvor – bis zur Auflösung des damaligen Regierungsbezirks Wiesbaden und Zuordnung der kreisfreien Stadt Frankfurt am Main zum Regierungsbezirk Darmstadt im Jahre 1968 – auch dem seinerzeitigen, dortigen Regierungspräsidenten zu. Mit Verfügung vom 16.09.1966 hat der Regierungspräsident in Wiesbaden von dieser Befugnis Gebrauch gemacht, die Verfügung des Regierungspräsidenten von Wiesbaden gilt insoweit fort. Die Stiftungsaufsicht für die DSO übernimmt daher bezüglich der Befugnisse aus § 12 StiftG/Hessen als zuständige Aufsichtsbehörde der Magistrat der Stadt Frankfurt am Main.

II. Struktur: Hauptverwaltung und Regionen

Ergänzend zum Sitz der Hauptverwaltung in Frankfurt am Main gemäß § 1 Abs. 3 Satzung/DSO weist die DSO einen regionalen Unterbau auf. Diese Struktur dient der besseren regionalen Zusammenarbeit mit den Entnahmekrankenhäusern und Transplantationszentren im Prozess der postmortalen Organspende und -transplantation entsprechend § 11 Abs. 1 S. 1 und 2 TPG. Die Unterteilung der DSO findet ihre Grundlage in § 4 des zwischen den Auftraggebern aus § 11 Abs. 1 S. 2 TPG und der DSO als Auftragnehmerin geschlossenen Koordinierungsstellenvertrags. Darin ist eine Untergliederung der Koordinierungsstelle in von den regionalen Transplantationszentren organisatorisch unabhängige und in ihrer Struktur unselbstständige Verwaltungsstellen vorgesehen. Die genaue Ausgestaltung der regionalen Struktur soll laut § 4 des Koordinierungsstellenvertrags in einer zum Vertrag zu vereinbarenden Anlage 2 festgelegt werden. Gemäß dieser von den Parteien separat verhandelten Anlage[907], welche die Durchführungsbestimmungen zur Organisationsstruktur der Koordinierungsstelle regelt, orientiert sich die regionale Struktur der DSO an den Grenzen der einzelnen Bundesländer des Bundesgebietes. Da die Einwohnerzahlen in kleineren oder bevölkerungsschwächeren Bundesländern dabei keine eigenen

907 Veröffentlicht: BAnz AT 18.02.2016 B2, S. 9.

regionalen Organspendestrukturen erfordern, ist über deren Zusammenfassung eine Aufteilung des Bundesgebietes in insgesamt sieben einzelne Regionen erfolgt.[908]

III. Die Organe der DSO

Die DSO besteht ihren organschaftlichen Strukturen nach gemäß § 5 der Satzung/DSO aus einem Stiftungsrat, einem Vorstand und den Fachbeiräten. Bei den Fachbeiräten ist lediglich die Stellung des Bundesfachbeirats gemäß § 11 Abs. 1 und 3 Satzung/DSO verbindlich vorgegeben. Zur Unterstützung können außerdem regionale Fachbeiräte gegründet werden.

1. Umstrukturierung der organschaftlichen Stiftungsorganisation ab 2013

Die Organe der DSO haben, trotz der privatrechtlichen Verfasstheit der Stiftung, in Folge der im Jahre 2012 vom Stiftungsrat der DSO beschlossenen Umstrukturierungsmaßnahmen ab 2013 zunehmend einen „öffentlich-rechtlichen Charakter" erhalten.[909] Damit werden insbesondere Vorgaben für eine stärkere Beteiligung von Vertretern der mittelbaren und unmittelbaren Staatsverwaltung an den organschaftlichen Strukturen umschrieben. Zu den Umsetzungsmaßnahmen dieses Restrukturierungsprozesses der Stiftungsorganisation wird es auch gezählt, dass in der Zeit vom 01.01.2013 bis zum 31.03.2014 Rainer Hess als langjähriger, ehemaliger Vorsitzender des G-BA,[910] dem wichtigsten Beschlussgremium der Gemeinsamen Selbstverwaltung der Ärzte, Zahnärzte, Psychotherapeuten, Krankenhäuser und Krankenkassen in Deutschland,[911] als Interimsvorstand die Geschäfte der Stiftung führte und zur Umsetzung der vorgesehenen Maßnahmen und zur Neuordnung beitrug.[912] Die durch die Umstrukturierung eingeführten neuen Strukturen innerhalb der Organe der Stiftung haben keine Verankerung in den Normen des TPG, sondern stützen sich allein auf die stiftungseigene Regelsetzung. Sie wurden insbesondere mittels Satzung des Stiftungsrates der DSO vom 08.07.2013[913] beschlossen.

---

908 Regionen: Nord, Nord-Ost, Ost, Bayern, Baden-Württemberg, Mitte, Nordrhein-Westfalen. Vgl. die Angaben auf der Homepage der DSO: http://www.dso.de/dso/struktur-der-dso.html (zuletzt abgerufen am 20.01.2019).

909 BT-Drs. 18/3566, S. 8 f.

910 Siehe zum G-BA bereits auf S. 32.

911 Vgl. nur *Schimmelpfeng-Schütte*, GesR 2004, 361 (364), die vom „Machtzentrum der GKV schlechthin" spricht.

912 BT-Drs. 18/3566, S. 8.

913 Vgl. Fn. 903.

2. Der Stiftungsrat

Der Stiftungsrat ist das Aufsichtsgremium der DSO. Dessen Aufgaben richten sich nach den entsprechenden Regelungen der Satzung; sie sind insbesondere in § 7 Satzung/DSO festgelegt. Die seit 2013 erfolgende Umstrukturierung der DSO ging insofern auch damit einher, dass Befugnisse des Stiftungsrates gegenüber dem Vorstand der DSO zunehmend gestärkt worden sind. So obliegt dem Stiftungsrat die Bestellung und Abberufung der Vorstandsmitglieder, § 7 Abs. 1 S. 1, Abs. 2 Satzung/DSO. Seine Hauptfunktion ist es aber, die Tätigkeit des Vorstandes zu überwachen. Dazu stellt er gemäß § 7 Abs. 3 Satzung/DSO dessen Jahresabschluss fest und genehmigt den Wirtschaftsplan. Außerdem ist der Stiftungsrat nach §§ 6 Abs. 12, 7 Abs. 3 S. 2, 11 Abs. 4 Satzung/DSO befugt, sich selbst, den Fachbeiräten und dem Vorstand der Stiftung Geschäftsordnungen zu gegeben. Um die Position des Stiftungsrates als stiftungsinternes Kontrollgremium zu gewährleisten, ist in § 7 Abs. 3 S. 3 Satzung/DSO vorgesehen, dass Aufgaben der Geschäftsführung der DSO auf dieses Organ nicht übertragen werden können.

Die mitgliedschaftlichen Strukturen, organisatorische Festlegungen und die Aufgaben sowie Befugnisse des Stiftungsrates werden in § 6 Satzung/DSO geregelt. Die Mitglieder des Stiftungsrates sind ehrenamtlich tätig, § 6 Abs. 1 Satzung/DSO. § 6 Abs. 2 Satzung/DSO bestimmt Anforderungen an ihre fachlichen Qualifikationen und sieht dazu vor, dass mindestens vier der Mitglieder Mediziner sind; davon sollen zwei als Hochschullehrer tätig sein, die Erfahrungen in dem Bereich der Transplantationsmedizin haben. Zwei weitere Mitglieder müssen laut Satzung/DSO „im Wirtschaftsleben erfahrene Personen" sein; eines muss zum Richteramt befähigt sein. Es ist vorgesehen, dass ein ärztliches Mitglied des Stiftungsrates zu dessen Vorsitzenden, ein nichtärztliches Mitglied zum stellvertretenden Vorsitzenden gewählt wird, § 6 Abs. 8 Satzung/DSO. Im Einzelnen stellt sich die Zusammensetzung des Stiftungsrates nach § 6 Abs. 3 Satzung/DSO so dar, dass zwei Mitglieder jeweils vom GKV-Spitzenverband und von der Deutschen Krankenhausgesellschaft gestellt werden. Zwei stammen wiederum jeweils von der Bundesärztekammer und der Deutschen Transplantationsgesellschaft. Beide Institutionen berufen mindestens einen Arzt in den Stiftungsrat. Das Bundesministerium für Gesundheit und die Gesundheitsministerkonferenz sind mit zwei Vertretern am Stiftungsrat beteiligt. Die Bestellung der Mitglieder erfolgt durch die schriftliche Erklärung der Institutionen gegenüber dem Stiftungsvorstand. Alle Mitglieder des Stiftungsrats sind mit einer Stimme stimmberechtigt. Daneben benennt der Stiftungsrat gemäß § 6 Abs. 5 Satzung/DSO auf Vorschlag von Patientenverbänden auf Bundesebene mit Ausrichtung auf die Wahrnehmung der Belange Organtransplantierter zwei Vertreter als teilnahme- und antragsberechtigte, aber nicht stimmberechtigte, Mitglieder für die Teilnahme an den Sitzungen des Stiftungsrates. Die Benennung sämtlicher Mitglieder erfolgt unbeschadet der Regelungen in § 6 Abs. 6, Abs. 7 Satzung/DSO für eine Amtszeit von fünf Jahren.

Beschlüsse des Stiftungsrates erfolgen gemäß § 6 Abs. 9 Satzung/DSO mit der Mehrheit der abgegebenen Stimmen seiner Mitglieder. Bei Stimmengleichheit steht die Entscheidungsbefugnis dem Vorsitzenden zu. Die dabei vorgesehenen Möglichkeiten einer Beschlussfassung im Stiftungsrat verdeutlichen die gewollten Auswirkungen der erfolgten Umstrukturierungen. Gegen die Stimmen der Vertreter von Bund und Ländern und derjenigen der Vertreter des GKV-Spitzenverbandes kann im Stiftungsrat mit der neuen Zusammensetzung eine Entscheidung nur noch durch den Vorsitzenden des Stiftungsrates getroffen werden. § 6 Abs. 9 S. 3 Satzung/DSO sieht außerdem vor, dass ein Beschluss dann nicht zustande kommt, wenn die Auftraggebervertreter der in § 11 Abs. 2 TPG benannten Spitzenverbände ein einheitliches Votum gegen das Votum der übrigen Mitglieder treffen.

3. Der Vorstand

Der Vorstand der DSO ist deren geschäftsführendes Organ und der gesetzliche Vertreter der Stiftung. Seine Aufgaben sind in § 8 Abs. 3 Satzung/DSO geregelt und umfassen sämtliche Stiftungstätigkeiten, die nicht der Ausführung durch den Stiftungsrat vorbehalten sind. Ihm obliegt daher insbesondere die Geschäftsführung. Dabei hat der Vorstand gemäß § 8 Abs. 3 S. 3 bis 5 Satzung/DSO „[...] in besonderem Maße dafür Sorge zu tragen, dass die Stiftung die gesetzlichen Voraussetzungen zur Wahrnehmung der Aufgabe als Koordinierungsstelle im Sinne des Transplantationsgesetzes erfüllt und alle daraus erwachsenden Aufgaben und Pflichten ordnungsgemäß wahrnimmt. Der Vorstand ist berechtigt und verpflichtet, alle Maßnahmen zu treffen, die er für die Erreichung dieser Ziele im Rahmen der ordnungsgemäßen Leitung der Stiftung erforderlich erachtet. Maßnahmen des Vorstandes, die für die Stiftung und ihre Entwicklung von struktureller Bedeutung sind, bedürfen der Zustimmung des Stiftungsrates.“ Dazu ist in der Geschäftsordnung des Vorstandes der DSO konkretisierend festgelegt worden, dass der Jahreswirtschaftsplan sowie Rechtsgeschäfte der DSO ab einem finanziellen Volumen von 250.000 Euro dem Stiftungsrat zur Genehmigung vorzulegen sind.[914] Gemäß § 9 Satzung/DSO erstellt der Vorstand nach

914 BT-Drs. 18/3566, S. 9.

dem Abschluss eines jeden Kalenderjahres einen Jahresabschluss und einen Bericht über die Erfüllung des Stiftungszwecks. Der Jahresabschluss bedarf der Prüfung durch einen Wirtschaftsprüfer oder eine Wirtschaftsprüfungsgesellschaft. Dessen beziehungsweise deren Beauftragung erfolgt durch die zuständige Aufsichtsbehörde nach Beschlussfassung durch den Stiftungsrat und unter Berücksichtigung von dessen Empfehlungen, § 9 S. 3 Satzung/DSO. Nach dieser Prüfung wird der Abschluss gemäß § 9 S. 4 Satzung/DSO zwecks Feststellung vom Vorstand dem Stiftungsrat zugeleitet.

Der Vorstand soll nach § 8 Abs. 1 Satzung/DSO aus mindestens zwei Personen bestehen, eines der Vorstandsmitglieder soll ein Arzt sein. Regelmäßig werden die Geschäfte der DSO entsprechend dieser Vorgabe von einem medizinischen und einem kaufmännischen Vorstand geleitet. Soweit der Vorstand gemäß der satzungsgemäßen Festlegung aus mehreren Personen besteht, ist vorgesehen, dass zwei Vorstandsmitglieder die Stiftung als gemeinschaftlich handelnde Vorstandsmitglieder vertreten, § 8 Abs. 1 Satzung/DSO, §§ 26, 86 BGB. Die Amtszeit des Vorstandes beträgt nach § 8 Abs. 2 Satzung/DSO fünf Jahre, soweit vom Stiftungsrat dazu keine abweichenden Regelungen getroffen werden. Die Satzung überlässt dem Stiftungsrat daneben die Entscheidung, ob eines der Mitglieder des Vorstandes zum Vorsitzenden und ein weiteres Mitglied zum stellvertretenden Vorsitzenden des Vorstandes bestellt werden soll, § 8 Abs. 2 S. 3 Satzung/DSO.

Beschlüsse des Vorstandes werden gemäß § 8 Abs. 4 und 5 Satzung/DSO mit der einfachen Mehrheit der abgegebenen Stimmen gefasst. Bei eventueller Stimmengleichheit ist eine erneute Abstimmung vorgesehen. Zuvor ist ein Votum des Vorsitzenden oder des stellvertretenden Vorsitzenden des Vorstandes einzuholen. Beschlussfassungen außerhalb der in der Geschäftsordnung des Vorstands vorgesehenen Vorstandssitzungen sollen gemäß § 8 Abs. 5 Satzung/DSO nur unter der zusätzlichen Voraussetzung wirksam möglich sein, dass sämtliche Vorstandsmitglieder an der Abstimmung teilnehmen.

4. Die Fachbeiräte: Bundesfachbeirat und regionale Fachbeiräte

Weiteres Organ der DSO ist ein Bundesfachbeirat, der seine Grundlage in § 11 Satzung/DSO findet.[915] Dieser hat die Funktion, die DSO – den Stiftungsrat und den Stiftungsvorstand – bei den als Koordinierungsstelle aufgrund des Koordinierungsstellenvertrags nach § 11 Abs. 2a TPG zu erfüllenden gesetzlichen und vertraglichen Aufgaben zu unterstützen und zu beraten. Dies bezieht sich

915 Vgl. auch Nickel u.a. (Hrsg.), TPG, § 11 Rn. 6.

insbesondere auf fachmedizinische und wissenschaftliche Fragestellungen. Der Bundesfachbeirat soll damit die Einhaltung eines einheitlichen medizinischen Standards in allen Regionen der DSO bei der Durchführung der Organspendemaßnahmen gewährleisten.[916] Insofern hat der Bundesfachbeirat gemeinsam mit weiteren Experten der DSO auch die Tätigkeit übernommen, die Verfahrensanweisungen nach § 11 Abs. 1a S. 2 TPG zu erstellen.[917]

Dem Bundesfachbeirat, dessen Zusammensetzung ist in § 11 Abs. 2 Satzung/DSO festgelegt ist, gehören mindestens acht Mitglieder an. Einen Vertreter stellen jeweils die Deutsche Transplantationsgesellschaft und die Eurotransplant International Foundation sowie das Bundesministerium für Gesundheit. Zwei Mitglieder sind von der Gesundheitsministerkonferenz der Länder zu bestimmen. Die Gesetzliche Krankenversicherung, die Bundesärztekammer und die Deutsche Krankenhausgesellschaft berufen jeweils ein weiteres Mitglied des Bundesfachbeirates. Zu diesen in der Satzung festgelegten Mitgliedern kann der Stiftungsrat der DSO bis zu fünf weitere Fachbeiratsmitglieder bestellen, § 11 Abs. 2 S. 2 Satzung/DSO.

Weitere regionale Fachbeiräte können auf der Grundlage des § 11 Abs. 3 Satzung/DSO auf Ebene der einzelnen Regionen der DSO gegründet werden und beratende Aufgaben in Bezug auf diesen regionalen Bereich wahrnehmen. Bei der Aufgabenwahrnehmung sind die Fachbeiräte an die Beratungsergebnisse des Bundesfachrates gemäß § 11 Abs. 3 S. 4 Satzung/DSO gebunden. Deren Einrichtung erfolgt auf Antrag des Bundeslandes oder der Bundesländer, auf die sich der Aufgabenbereich der regionalen Verwaltungsstelle erstreckt und bedarf der Zustimmung des Stiftungsrates, § 11 Abs. 3 S. 1 Satzung/DSO. Derzeit werden sämtliche Regionen durch einen solchen Fachbeirat unterstützt.[918]

Die Zusammensetzung der regionalen Fachbeiräte ist einheitlich in § 11 Abs. 3 S. 2 Satzung/DSO bestimmt. Den regionalen Fachbeiräten gehören danach pro an der Region beteiligtem Bundesland ein Vertreter des zuständigen Ministeriums, der jeweiligen Landesärztekammer, der Krankenhausgesellschaft, des Krankenkassenverbandes und der Ersatzkassen sowie der regionalen Vertreter der Transplantationschirurgen an. Je Fachbeirat kann der Stiftungsrat der

---

916 Dazu die Funktionsbeschreibung auf der Homepage der DSO: http://www.dso.de/dso/aufgaben-und-ziele/fachbeiraete.html (zuletzt abgerufen am 20.01.2019).

917 BT-Drs. 18/3566, S. 9.

918 BT-Drs. 18/7269, S. 11. Vgl. dazu die Homepage der DSO unter: http://www.dso.de/dso/aufgaben-und-ziele/fachbeiraete.html (zuletzt abgerufen am 20.01.2019) und die jeweiligen Seiten der regionalen Fachbeiräte. Dort ist auch die jeweilige personelle Zusammensetzung der Mitglieder der regionalen Fachbeiräte abrufbar.

DSO auf Vorschlag des geschäftsführenden Arztes der Region noch bis zu drei weitere Vertreter bestimmen, § 11 Abs. 3 S. 3 Satzung/DSO.

Der Stiftungsvorstand ist gemäß § 11 Abs. 4 Satzung/DSO befugt, den Fachbeiräten eine mit dem Bundesfachbeirat abgestimmte Geschäftsordnung zu geben. Von dieser Befugnis wurde Gebrauch gemacht: Seit 2014 ist eine für alle Fachbeiträte einheitliche Geschäftsordnung in Kraft.[919]

IV. Finanzierung

§ 11 Abs. 2 S. 2 Nrn. 4 und 5 TPG sieht vor, dass die finanziellen Aspekte in Zusammenhang mit der Ausübung der Koordinierungsstellentätigkeit, insbesondere zum „Ersatz angemessener Aufwendungen der Koordinierungsstelle für die Erfüllung ihrer Aufgaben [...] einschließlich der Abgeltung von Leistungen, die Entnahmekrankenhäuser im Rahmen der Organentnahme erbringen", und zur Festlegung eines „angemessenen pauschalen Zuschlag[s] an die Entnahmekrankenhäuser für die Bestellung von Transplantationsbeauftragen", durch den Koordinierungsvertrag zu bestimmen sind. Dazu haben die Vertragsparteien in § 7 Abs. 1 des Koordinierungsstellenvertrags die Regelung getroffen, dass die DSO für ihre Tätigkeit als Koordinierungsstelle für jedes in Deutschland transplantierte Organ eine angemessene, pauschalisierte Vergütung erhält. Die Höhe dieser Pauschalvergütung ist einer gesonderten Vereinbarung durch die Vertragsparteien in Anlage 4 zum Koordinierungsstellenvertrag überlassen. Festgelegt worden ist, dass diese stets „der Entwicklung folgend anzupassen" ist, § 7 Abs. 1 S. 2 des Koordinierungsstellenvertrags. Die DSO und die Deutsche Krankenhausgesellschaft, die Bundesärztekammer und der GKV-Spitzenverband vereinbaren diesbezüglich, im Einvernehmen mit dem Verband der Privaten Krankenversicherung e. V., jährlich das der Koordinierungsstelle zur Verfügung stehende Budget anhand eines Schätzwertes der zu erwartenden Anzahl an Organtransplantationen prospektiv für ein Kalenderjahr.[920] Für das Kalenderjahr 2016 wurden so beispielsweise etwa 3.160 transplantierte Organe

---

919 BT-Drs. 18/7269, S. 11.

920 Vgl. etwa Anlage 4 zum DSO-Budget 2016: BAnz AT 27.06.2016 B2, S. 2 ff. Die Budget-Vereinbarungen sind ferner abrufbar über die Homepage der DSO: http://www.dso.de/servicecenter/downloads/dso-spezifische-dokumente.html (zuletzt abgerufen am 20.01.2019). Budgetvereinbarung für 2017: https://www.dso.de/uploads/tx_dsodl/KH_DSO-Budget_2017_2016_12_16.pdf (zuletzt abgerufen am 20.01.2019): Budgetvereinbarung für 2016: http://www.dso.de/uploads/tx_dsodl/KH_DSO-Budget_2016_2015_12_16.pdf (zuletzt abgerufen am 20.01.2019); Budgetvereinbarung für 2015: http://www.dso.de/uploads/tx_dsodl/DSO-Budget_2015.

prognostiziert.[921] Die dazu getroffene Budgetvereinbarung[922] umfasst verschiedene Abrechnungskomponenten, namentlich Organisationspauschalen, Pauschalen für Aufwandszahlungen an die Entnahmekrankenhäuser, Pauschalen für Flugtransporte extrarenaler Organe und solche für die Finanzierung der Transplantationsbeauftragen an den Entnahmekrankenhäusern. Die Abrechnung entsprechend der vereinbarten Pauschalen erfolgt nach § 7 Abs. 2 des Vermittlungsstellenvertrags durch die Koordinierungsstelle gegenüber dem Kostenträger mittels Rechnungsstellung je transplantierten Organs. Kostenträger ist gemäß § 7 Abs. 2 S. 2 des Koordinierungsstellenvertrags – mit Ausnahme privat versicherter Patienten – der Sozialleistungsträger des Organempfängers, also regelmäßig die gesetzliche Krankenversicherung gemäß § 21 SGB I. Die Abrechnung gegenüber substitutiv privat Krankenversicherten – § 7 Abs. 2 S. 3 des Koordinierungsstellenvertrags spricht von „privat vollversicherten Organempfängern" – richtet sich nach gesonderten Vereinbarungen der Auftraggeber des Koordinierungsstellenvertrags mit dem PKV-Verband. Die privaten Krankenkassen übernehmen dabei bislang regelmäßig die Verhandlungsergebnisse der Vertragspartner aus den Anlagen zum Koordinierungsstellenvertrag, sodass die privat Krankenversicherten das DSO-Budget insofern mittragen.

Separate Vergütungsvereinbarungen treffen die Vertragspartner entsprechend § 7 Abs. 6 des Koordinierungsstellenvertrags in Einvernehmen mit dem PKV-Verband für solche Spenderorgane, die in Deutschland entnommen, aber in einem der anderen Eurotransplant-Staaten transplantiert werden sowie für solche Organe, die aus einem anderen Mitgliedstaat stammen aber von der Vermittlungsstelle an einen Patienten in Deutschland vermittelt und dort in einem Transplantationszentrum transplantiert werden. Hierzu sollen gemäß der Vorgaben aus § 7 Abs. 6 S. 1 des Koordinierungsstellenvertrags das Verrechnungsverfahren und die Höhe der jeweiligen Erstattungspauschale festgelegt werden. Die dazu vereinbarte Anlage 6 des Koordinierungsstellenvertrags sieht in den Nrn. 1 und 2 vor, dass die Vermittlungsstelle und die Koordinierungsstelle dazu einvernehmlich Verrechnungseinheiten pro Organ festlegen.[923] Die Verrechnungseinheit wird gemäß Nr. 3 UAbs. 2 jährlich zwischen der Koordinierungsstelle, der Vermittlungsstelle, dem GKV-Spitzenverband, der Bundesärztekammer und

pdf (zuletzt abgerufen am 20.01..2019); Budgetvereinbarung für 2014: http://www.dso.de/uploads/tx_dsodl/DSO-Budget_2014.pdf (zuletzt abgerufen am 20.01.2019).

921 Ziffer 1.2 „DSO-Budget für 2016": BAnz AT 27.06.2016 B2, S. 2.

922 Anlage 4 des Koordinierungsstellenvertrags (Fn. 900).

923 BAnz AT 27.06.2016 B2, S. 41.

der Deutschen Krankenhausgesellschaft in Einvernehmen mit dem Verband der Privaten Krankenversicherungen vereinbart. Die Verrechnung soll gemäß Nr. 3 der Anlage quartalsweise durch eine Pauschalerstattung je Organ erfolgen.

Die Regelung des Budgets der DSO in Anlage 4 des Vermittlungsstellenvertrags enthält außerdem Bezugnahmen auf die von den Vertragspartnern zum Einsatz und zur Finanzierung von Organ Care Systems (OCS) separat vereinbarten Regelungen aus der Ergänzungsvereinbarung zur sechsten Fortschreibung der Durchführungsbestimmung zum Aufwendungsersatz nach § 8 Abs. 1 des Vertrags nach § 11 TPG für das Jahr 2011. Darin geht es um den Einsatz eines transportablen Medizinproduktes, welches der Reanimation, Beurteilung und Behandlung von Spenderherzen dient. Mittels OCS besteht unter anderem die Möglichkeit, die Organfunktion des Spenderorgans außerhalb des menschlichen Körpers aufrechtzuerhalten. Dies zielt darauf ab, die kalte Ischämiezeit zu verkürzen und das Organ länger konservieren zu können. Die Nutzungsmöglichkeiten von Spenderherzen sollen unter Zuhilfenahme des Organ Care Systems erhöht werden. Allerdings gilt der Nutzen dieses Systems noch nicht als belegt. Der Einsatz erfolgt entsprechend der Ergänzungsvereinbarung zur sechsten Fortschreibung der Durchführungsbestimmung zum Aufwendungsersatz nach § 11 TPG für das Jahr 2011 und der als Anlage Bestandteil gewordenen separaten Vereinbarung zwischen der DSO und der Herstellungsfirma des OCS im Transplantationswesen unter kontrollierten Studienbedingungen. Diese Durchführungsbestimmung sieht einen zusätzlichen Zahlbetrag des Sozialleistungsträgers an die DSO je transplantiertem Herz vor, das unter Einsatz des OCS transplantiert wurde.[924]

Die Koordinierungsstelle wiederum zahlt den Entnahmekrankenhäusern und Transplantationszentren nach § 11 Abs. 2 S. 2 Nr. 3 TPG, § 7 Abs. 4 des Koordinierungsstellenvertrags für solche Leistungen Aufwandserstattungen aus ihrem Budget, die in Zusammenhang mit der Organentnahme oder deren Vorbereitung erbracht wurden. Die Höhe solcher Aufwandserstattungen wird gemäß § 7 Abs. 4 des Koordinierungsstellenvertrags durch die Vertragspartner in der Vereinbarung zum Budget der DSO jährlich verhandelt. Die Vergütung der Entnahmekrankenhäuser und Transplantationszentren erfolgt dabei nach

---

924 Vgl. dazu etwa Ziffer 5. „DSO-Budget für 2016“: BAnz AT 27.06.2016 B2, S. 4. Ergänzungsvereinbarung zur sechsten Fortschreibung der Durchführungsbestimmung zum Aufwendungsersatz nach § 8 Abs. 1 des Vertrags nach § 11 TPG für das Jahr 2011, abrufbar unter: https://www.dso.de/uploads/tx_dsodl/2_1_1_2_2_OCS_Vereinbarung_DSO-Budget_2011_17752.pdf (zuletzt abgerufen am 20.01.2019).

aktuellem Stand über ein pauschalisiertes Modulsystem und richtet sich der Höhe nach danach, ob das Organentnahmeverfahren erfolgreich durchgeführt wurde oder in welchem Stadium des Vorgangs es zu einem Abbruch gekommen ist und bei erfolgreichen Entnahmen danach, ob eine einfache Organentnahme oder Multiorganentnahme erfolgte.[925] Die Leistungen der Entnahmekrankenhäuser und Transplantationszentren, die im Zusammenhang mit der Vorbereitung der Organentnahme und der Organentnahme erbracht werden sollen und von der Vergütungspauschale umfasst sind, sind im Anhang zu der Vereinbarung festgelegt worden.[926] Die Koordinierungsstelle zahlt den Entnahmekrankenhäusern neben dieser Aufwandserstattung für Organentnahmen einen angemessenen pauschalen Zuschlag für die Bestellung der Transplantationsbeauftragen im Sinne des § 11 Abs. 2 S. 2 Nr. 5 TPG. Die Festlegung des jeweiligen Gesamtfinanzierungsbetrags, der für deren Bestellung bereitzustellen ist, ist gemäß § 7 Abs. 5 des Koordinierungsstellenvertrags ebenfalls Gegenstand der Budgetvereinbarung des DSO.[927] Die Grundsätze der Verteilung auf die Entnahmekrankenhäuser und die sonstigen Modalitäten der Finanzierung der Transplantationsbeauftragen sind hingegen Gegenstand der „Vereinbarung zur Tätigkeit und Finanzierung von Transplantationsbeauftragen“, welche als Anlage 5 des Koordinierungsstellenvertrags geführt wird.[928]

Die Vereinbarung des DSO-Budgets enthält daneben eine Verpflichtung der DSO zur Abführung von Beträgen zwecks Finanzierung der Geschäftsstelle Transplantationsmedizin, wie dies im „Vertrag über die Zusammenarbeit der Selbstverwaltung nach dem Transplantationsgesetz“ (TPG-Kooperationsvertrag) vorgesehen ist.[929] Insofern wird in der Anlage 4 des Koordinierungsstellenvertrags auf die Vereinbarungen aus dem TPG-Kooperationsvertrag verwiesen. Die Geschäftsstelle Transplantationsmedizin führt insbesondere die Überwachungs- und Prüfungskommission nach den §§ 11 Abs. 3 S. 4, 12 Abs. 5 S. 4 TPG sowie eine eingerichtete Vertrauensstelle Transplantationsmedizin.

925 Vgl. dazu etwa Ziffer 2. „DSO-Budget für 2016“: BAnz AT 27.06.2016 B2, S. 2 f.
926 BAnz AT 27.06.2016 B2, S. 6 f.
927 Vgl. dazu etwa Ziffer 4. „DSO-Budget für 2016“: BAnz AT 27.06.2016 B2, S. 4.
928 BAnz AT 18.02.2016 B2, S. 31 ff.
929 Vgl. dazu etwa Ziffer 6. „DSO-Budget für 2016“: BAnz AT 27.06.2016 B2, S. 4.

D. Zwischenfazit: Koordinierungsstellentätigkeit als Aufgabenbereich zwischen gesetzlicher Normierung und vertraglicher Vereinbarung

Im vorangegangenen Abschnitt hat sich veranschaulichen lassen, dass die Aufgabenwahrnehmung der Koordinierungsstelle auf eine durchaus bemerkenswerte Weise organisiert worden ist. Es finden sich zunächst für sie Verbindlichkeit beanspruchende Vorgaben unmittelbar im TPG. Zentrales Regelwerk ist dabei § 11 TPG, der Mindestanforderungen an eine Koordinierungsstelle formuliert, Aufgaben festlegt und ein Kontrollsystem vorgibt. Einer für die Praxis aber wohl nochmal bedeutsamere Funktion kommt den vertraglichen Abreden zu, die auf Basis des § 11 TPG geschlossen werden und eine Koordinierungsstellentätigkeit erst ermöglichen. Die für den Koordinierungsstellenvertrag erforderlichen Regelungen zu formulieren, ist gemäß des § 11 Abs. 2 S. 1 TPG die Aufgabe des Spitzenverbandes Bund der Krankenkassen, der Bundesärztekammer sowie der Deutschen Krankenhausgesellschaft oder der Bundesverbände der Krankenhausträger, die diesen Vertrag als Vertragspartner mit der Koordinierungsstelle abschließen. Auf dieser Ebene findet bei der Ausgestaltung des Transplantationswesens die Zuweisung des gesetzlichen Aufgabenbereichs zu einer geeigneten Institution statt, im Koordinierungsstellenvertrag nebst seiner Anlagen werden die gesetzlichen Maßgaben einer Aufgabenerledigung aufgegriffen, spezifiziert und die beauftragte Einrichtung entsprechend auf ihre Einhaltung verpflichtet. Außerdem sind erforderliche Kontrollmaßnahmen, insbesondere die Einrichtung der Überwachungskommission, ebenfalls Gegenstand des Koordinierungsstellenvertrags.

Über dieses zentrale vertragliche Regelwerk mit seinen Anlagen und gesondert zu treffenden Abreden hinaus fußt auch die Aufgabenerledigung der Koordinierungsstelle in hohem Maße auf einer im TPG vorgesehenen vertraglichen Kooperation mit den übrigen Beteiligten der Transplantationsprozesse. Dementsprechend schließt sie im Rahmen der für die Koordinierung der Organtransplantation einschließlich Organspende, Organentnahme und Organübertragung erforderlichen Zusammenarbeit mit Entnahmekrankenhäusern, Transplantationszentren, und ärztlichem Personal Verträge, die das Zusammenwirken der Akteure auf eine konkrete Grundlage stellen. Die Koordinierungsstelle findet sich in einem hybriden Aufgabenbereich wieder – sie steht zwischen einer auf sie bezugnehmende gesetzlichen Normierung und einem entsprechend abgestimmten Netzwerk vertraglicher Vereinbarungen.

5. Teil: Die Koordinierungsstelle als privatrechtlicher Akteur des Transplantationswesens

Weil mit der Koordinierungsstellentätigkeit von den beauftragenden Spitzenverbänden eine Stiftung nach bürgerlichem Recht, und damit eine privatrechtlich verfasste Institution für die Umsetzung einer – wie oben festgestellt[930] – öffentlich-rechtlichen Ordnung beauftragt worden ist, widmet sich der nun folgende fünfte Teil der Einbindung gesellschaftlicher, dass heißt in den Organisationsformen des Privatrechts verfasster, also privatrechtlicher, Akteure in Prozesse staatlicher Aufgabenwahrnehmung. Schon eingangs ist erläutert worden, dass die sich immer mannigfaltiger ausprägenden und rasch verändernden gesellschaftlichen Lebensbereiche den Staat als Akteur vor Herausforderungen stellen, will er die klassischer Weise staatlich belegten Aufgaben auch weiter effektiv wahrnehmen können. Auf diese neuen Bedingungen in der Gesellschaft wird vermehrt mit sich wandelnden staatlichen Handlungsformen unter Rückgriff auf privatrechtliche Akteure reagiert. *Hans-Heinrich Trute* fasst diesen Prozess prägnant zusammen, indem er erläutert, veränderte staatliche Handlungsbedingungen fänden „ihren Ausdruck in der Differenzierung und Pluralisierung der Staatsorganisation, der Nutzung privater Organisationen für Gemeinwohlziele und in der Ausbildung von Verhandlungssystemen staatlicher und privater Akteure. Sie führen zu einem diffus werdenden Bereich der Überschneidung von staatlicher und privater Organisation."[931] Umschrieben ist damit die vermehrte Nutzung privatrechtlicher Handlungsformen durch den Staat auf der einen, und gleichzeitig die immer ausgeprägter werdende Einbindung gesellschaftlicher Akteure bei der staatlichen Aufgabenwahrnehmung auf der anderen Seite. Angedeutet werden auch die sich daraus ergebenden Abgrenzungsschwierigkeiten. Es lässt sich häufig nicht ohne Weiteres erkennen, wer in solchen Kooperationsmustern tatsächlich Entscheidungen trifft, ob es also staatliche Vorgaben sind, die umgesetzt werden, oder ob anhand eines staatlichen Rahmens mehr oder minder autonome Entscheidungen außerhalb des staatlichen hierarchischen

---

930 Dazu oben auf S. 62 ff.

931 *Trute*, in: Schmidt-Aßmann/Hoffmann-Riem (Hrsg.), Verwaltungsorganisationsrecht als Steuerungsressource, S. 261 m.w.N. *Heintzen*, VVDStRL 63 (2003), 220 (237), spricht von einem heterogenen und unübersichtlichen Phänomen.

Verwaltungsaufbaus getroffen werden. Hinzu tritt, dass von außen mitunter nicht sofort erkennbar ist, ob handelnde privatrechtliche Akteure tatsächlich auch private Substanz aufweisen oder sich der Staat nur privatrechtlichen Organisations- und Handlungsformen bedient. Dies gilt umso mehr, wenn es auch innerhalb der Organisationen zu Verzahnungen und Vermengungen, zu staatlichen Beteiligungen an Unternehmen oder der Mitwirkung von staatlichen Entscheidungsträgern in Institutionen und an Institutionsentscheidungen kommt. Kurzum: Die Zeiten, in denen man als Figuren zwischen Staat und Gesellschaft den Verwaltungshelfer und den Beliehenen kannte, diese relativ problemlos unterscheiden und beinahe sämtliche Akteure diesen dogmatischen Formen zuordnen konnte, scheinen inzwischen endgültig vorbei zu sein.[932] Stattdessen lässt sich eine Bandbreite völlig unterschiedlicher Formen und Abstufungen eines Zusammenwirkens staatlicher und gesellschaftlicher Einflüsse und Handlungsbeiträge unterscheiden.[933] Die dazu in den letzten Jahren entwickelten Klassifizierungsansätze, die einen Versuch darstellen, diesen beschriebenen Bereich zwischen staatlicher und privater Organisation in neue, flexiblere Ordnungsmuster einzuordnen, sind vielfältig, häufig sehr weit und offen gefasst und im Übrigen teils kaum sicher voneinander abgrenzbar.

Im Folgenden soll das Feld staatlich-gesellschaftlichen Zusammenwirkens näher beleuchtet werden, indem auf die entwickelten Modelle der Beteiligung Privater an staatlichen Aufgaben und die Handlungsformen der Kooperation des Staates mit privaten Akteuren eingegangen wird. Schließlich ist es das Ziel dieses Kapitels, die Einbindungsform der Koordinierungsstelle nach § 11 TPG in diesen Fundus an Kooperationsformen einzuordnen und dabei freilich zugleich aufzuzeigen, inwieweit sich diese den klassischen Formen, etwa des Verwaltungshelfers oder des Beliehenen, annähert oder sich von diesen unterscheidet.

A. Grundlage: Staatliche Regimewahlfreiheit

Als Grundlage all der mannigfaltigen Verzahnungen, Überschneidungen und Kooperationsformen zwischen Staatlichkeit und gesellschaftlichen Akteuren kann die Regimewahlfreiheit des Staates im Hinblick auf die öffentlichen Aufgaben ausgemacht werden. Diese unterschiedlichen Erscheinungsformen lassen sich allesamt auf die allgemeine Annahme zurückführen, dass es den

---

932 So auch *Trute*, in: Schmidt-Aßmann/Hoffmann-Riem (Hrsg.), Verwaltungsorganisationsrecht als Steuerungsressource, S. 261.

933 *Trute*, in: Schmidt-Aßmann/Hoffmann-Riem (Hrsg.), Verwaltungsorganisationsrecht als Steuerungsressource, S. 261.

demokratisch legitimierten Staatsorganen nach ihrem Ermessen und in ihrem Zuständigkeitsbereich obliegt, unter Beachtung des – höherrangigen – Rechts die Entscheidungen darüber zu treffen, nach Maßgabe welchen Rechtsregimes sich öffentliche Aufgabe am besten, also für das Gemeinwohl am effektivsten, erfüllen lassen.[934]

Aus der Verfassungsordnung lassen sich insofern nur selten verbindliche Vorgaben entnehmen. Ausnahmsweise trifft beispielsweise Art. 7 Abs. 1 GG eine verfassungsrechtliche Zuordnung, indem dort für das Schulwesen die institutionelle Garantie einer staatlichen Aufsicht statuiert wird.[935] Auch Art. 87 Abs. 2 und Abs. 3 GG knüpft bestimmte Rechtsfolgen an die Organisationsform der öffentlich-rechtlichen Körperschaft.[936] An anderer Stelle in der Verfassung wird hingegen sogar ausdrücklich die Möglichkeit eingeräumt, Verhalten in Privatrechtsform zu organisieren, so etwa in Art. 87d Abs. 1 S. 2 GG. Mitunter wird eine privatrechtliche Organisationsform sogar zwingend von der Verfassung angeordnet, beispielsweise in Art. 87e Abs. 3 S. 3 und Art. 143b Abs. 1 S. 1 GG.[937] Es bleibt aber dabei, dass für die meisten Aufgabenbereiche eine solche Zuordnung zu einem bestimmten Rechtsregime fehlt. Der Gesetzgeber ist insofern in der Entscheidung weitgehend frei, wie er öffentliche Aufgaben wahrnimmt oder wahrnehmen lässt.[938] Es ist an ihm, dazu auch die Wahl des Rechtsregimes zu treffen.[939] Er kann in diesen Bereichen eine Aufgabenerfüllung mittels Einrichtung eines öffentlich-rechtlichen Regimes, durch gesellschaftliche Akteure innerhalb eines Privatrechtsregimes oder aber durch Formen der Verzahnung von Elementen des Öffentlichen Rechts und des Privatrechts oder der Kooperation von staatlichen und gesellschaftlichen Akteuren nach jeweils eigenen

---

934 *Böning*, Kontrolle im Transplantationsgesetz, S. 53 ff.; *Britz*, VerwArch 2000, 418 (427); *Hermesmeier*, Staatliche Beteiligungsverwaltung, S. 52 f.; *Osterloh*, VVDStRL 54, S. 222 ff.

935 *Isensee*, in: Isensee/Kirchhof (Hrsg.), Handbuch des Staatsrechts, Band IV, § 73 Rn. 43.

936 *Burgi*, in: Hoffmann-Riem/Schmidt-Aßmann/Voßkuhle (Hrsg.) Grundlagen des Verwaltungsrechts, Band I, § 18 Rn. 57.

937 Vgl. dazu *Remmert*, in Maunz/Dürig (Hrsg.), GG, Art. 19 Abs. 3 Rn. 57.

938 *Böning*, Kontrolle im Transplantationsgesetz, S. 55; *Kluth*, in: Wolff u.a. (Hrsg.), Verwaltungsrecht, Band II, § 80 Rn. 51 f.; *Reit*, Public-Private Partnership und materielle Privatisierung kommunaler Krankenhäuser im Lichte der Investitionskostenfinanzierung, S. 24.

939 *Burgi*, in: Hoffmann-Riem/Schmidt-Aßmann/Voßkuhle (Hrsg.), Grundlagen des Verwaltungsrechts, Band I, § 18 Rn. 59; *Reit*, Public-Private Partnership und materielle Privatisierung kommunaler Krankenhäuser im Lichte der Investitionskostenfinanzierung, S. 24 f.

Teilrechtsordnungen – mithin einen Weg der Kombination beider Regime – initiieren.[940] Wenn der parlamentarische Normgeber zu dem Schluss gelangt, öffentliche Aufgaben ließen sich am effektivsten im gesellschaftlichen Wirkungskreis, unter Nutzung privatrechtlicher Handlungs- und Organisationsformen oder in einer Kooperation staatlicher Funktionsträger mit Privaten erfüllen, dann kann er dementsprechend einen gesetzlichen Rahmen festlegen.[941] Dieser trifft folglich zwei Entscheidungen: Einmal entschließt er sich, sich einer öffentlichen Aufgabe überhaupt zur Normsetzung anzunehmen. Zum anderen entscheidet der Gesetzgeber, ob und auf welche Weise für die Erledigung der darin geregelten öffentlichen Aufgaben Privatrechtssubjekte herangezogen oder staatliche Leistungserbringer verpflichtet werden sollen.[942]

Soweit der Normgeber von dieser beschriebenen, recht umfassenden Gestaltungsfreiheit, bei der Zuordnung und Wahl von Organisations- und Handlungsformen für den Bereich der Exekutive[943] nicht umfassend Gebrauch gemacht hat, steht es der öffentlichen Verwaltung im Rahmen ihres Zuständigkeitsbereichs und unter Einhaltung des Verfassungsrechts und einfachen Rechts[944] frei, sich nach eigenem Ermessen für die Erfüllung des vorgegebenen, materiellen Programms auf Handlungs- und Organisationsformen des Öffentlichen Rechts oder des Privatrechts festzulegen.[945] Sie kann dabei also grundsätzlich auf die gesamte Rechtsordnung und ihre Instrumentarien zurückgreifen.[946] Der Exekutive sind

---

940 Vgl. dazu *Böning*, Kontrolle im Transplantationsgesetz, S. 53; *Burgi*, in: Hoffmann-Riem/Schmidt-Aßmann/Voßkuhle (Hrsg.) Grundlagen des Verwaltungsrechts, Band I, § 18 Rn. 23; *Hermesmeier*, Staatliche Beteiligungsverwaltung, S. 53; *Trute*, in: Hoffmann-Riem/Schmidt-Aßmann/Voßkuhle (Hrsg.), Grundlagen des Verwaltungsrechts, Band I, § 6 Rn. 58.

941 *Britz*, VerwArch 2000, 418 (427).

942 *Burgi*, in: Hoffmann-Riem/Schmidt-Aßmann/Voßkuhle (Hrsg.), Grundlagen des Verwaltungsrechts, Band I, § 18 Rn. 23; *Clement*, Der Rechtsschutz der potentiellen Organempfänger nach dem Transplantationsgesetz, S. 108 m.w.N in Fn. 437.

943 Vgl. dazu etwa *Burgi*, in: Hoffmann-Riem/Schmidt-Aßmann/Voßkuhle (Hrsg.) Grundlagen des Verwaltungsrechts, Band I, § 18 Rn. 58 f.; *Kluth*, in: Wolff u.a. (Hrsg.), Verwaltungsrecht, Band II, § 80 Rn. 53; *Trute*, in: Hoffmann-Riem/Schmidt-Aßmann/Voßkuhle (Hrsg.), Grundlagen des Verwaltungsrechts, Band I, § 6 Rn. 58.

944 *Kluth*, in: Wolff u.a.(Hrsg.), Verwaltungsrecht, Band II, § 80 Rn. 58.

945 Vgl. dazu *Burgi*, in: Hoffmann-Riem/Schmidt-Aßmann/Voßkuhle (Hrsg.), Grundlagen des Verwaltungsrechts, Band I, § 18 Rn. 59; *Ehlers*, in: Ehlers/Pünder (Hrsg.), Allgemeines Verwaltungsrecht, § 2 Rn. 35 f.; *Kluth*, in: Wolff u.a. (Hrsg.), Verwaltungsrecht, Band II, § 80 Rn. 58.

946 *Stober*, in: Wolff u.a. (Hrsg.), Verwaltungsrecht, Band II, § 92 Rn. 8.

jedoch bei ihrer Aufgabenwahrnehmung im Hinblick auf die Organisationswahl insbesondere durch den organisationsrechtlichen Gesetzesvorbehalt Grenzen gesetzt.[947] Dies betrifft zumindest die Verwendung öffentlich-rechtlicher Organisationsformen. Privatrechtliche Organisationsformen stehen hingegen dem allgemeinen Rechtsverkehr ohne Beschränkungen zur Verfügung.[948] Insofern gilt als umstritten, ob der organisationsrechtliche Gesetzesvorbehalt auch die Entscheidung über die Wahl privatrechtlicher Organisationsformen durch die Exekutive dem parlamentarischen Gesetzgeber zuweist.[949] Soweit der organisationsrechtliche Gesetzesvorbehalt greift, steht der Exekutive die Wahl der Organisationsform jedenfalls nur nach Maßgabe der gesetzlichen Vorgaben zu.[950]

Die Grenzen der Regimewahlfreiheit sind ansonsten insbesondere durch die Anforderungen des Verfassungsrechts markiert. Sie findet ihre Grenzen dabei in den allgemeinen Grundsätzen der Verfassung – das Rechtsstaatsprinzip verpflichtet den Staat, mit seinem Handeln im Rahmen des rechtlich Zulässigen zu bleiben.[951] Die Grenzen der Wahlfreiheit können sich insbesondere aus den umfassenden Schutzpflichten der Grundrechte als Schutz-, Leistungsrechte- und Teilhaberechte, dem Rechtsschutzgebot des Art. 19 Abs. 4 GG und dem Demokratieprinzip des Art. 20 Abs. 2 GG sowie aus Verfahrens- und Organisationselementen herleiten lassen.[952] Privatrechtliche Mittel können nur dann zur Wahl gestellt werden, wenn mittels dieser die Aufgabenerfüllung durch Private oder durch eine privatrechtlich agierende Verwaltung adäquat erfüllt werden können.[953] Eine sichere Grenze der Regimewahlfreiheit hin zu privatrechtlichen Handlungsformen wird ganz überwiegend und unter Rekurs auf Art. 33 Abs. 4 GG jedenfalls dort ausgemacht, wo klassisches Eingriffshandeln ermöglicht

947 *Burgi*, in: Hoffmann-Riem/Schmidt-Aßmann/Voßkuhle (Hrsg.), Grundlagen des Verwaltungsrechts, Band I, § 18 Rn. 58; *Kluth*, in: Wolff u.a. (Hrsg.), Verwaltungsrecht, Band II, § 80 Rn. 52, 59.

948 Dazu *Kluth*, in: Wolff u.a. (Hrsg.), Verwaltungsrecht, Band II, § 80 Rn. 52.

949 *Burgi*, in: Hoffmann-Riem/Schmidt-Aßmann/Voßkuhle (Hrsg.), Grundlagen des Verwaltungsrechts, Band I, § 18 Rn. 58 m.w.N.; *Kluth*, in: Wolff u.a. (Hrsg.), Verwaltungsrecht, Band II, § 80 Rn. 64.

950 *Burgi*, in: Hoffmann-Riem/Schmidt-Aßmann/Voßkuhle (Hrsg.) Grundlagen des Verwaltungsrechts, Band I, § 18 Rn. 58.

951 *Hermesmeier*, Staatliche Beteiligungsverwaltung, S. 53.

952 *Böning*, Kontrolle im Transplantationsgesetz, S. 55; *Clement*, Der Rechtsschutz der potentiellen Organempfänger nach dem Transplantationsgesetz, S. 114.

953 In diese Richtung auch *De Wall*, Die Anwendbarkeit privatrechtlicher Vorschriften im Verwaltungsrecht, S. 49.

wird – dabei sei der Staat auf die Handlungsformen des Öffentlichen Rechts festgelegt.[954]

B. Allgemein: Einbindung Privater in die staatliche Aufgabenwahrnehmung

Die Beteiligung Privater an staatlichen Aufgabenbereichen wird mitunter noch immer als ein Ausnahmefall, eine „erklärungsbedürftige Anomalie“ neben dem „demokratisch und grundrechtlich-rechtsstaatlichen Normalfall“ der Betätigung der öffentlichen Hand mittels eigener Funktionsträger in den Formen der mittelbaren und unmittelbaren Staatsverwaltung angesehen.[955] Dass sich diese Einschätzung recht hartnäckig zu halten vermag, könnte dem Umstand geschuldet sein, dass sie – auf den ersten Blick – durchaus in der Konzeption des Grundgesetzes eine Bestätigung findet. In der Fassung noch vom Inkrafttreten im Jahre 1949 ist der Begriff des Privaten überhaupt nur in Art. 7 Abs. 4 und 5 GG bei den Einrichtungen von Privatschulen verwendet worden, aber auch mit Entwicklung der Bundesrepublik in den letzten Jahrzehnten haben lediglich vereinzelt Hinweise auf privatrechtliche Organisationsformen Eingang in die Verfassung gefunden.[956] Dies sollte indes nicht darüber hinwegtäuschen, dass Formen des staatlich-privaten Zusammenwirkens seit Längerem in der Praxis auf dem Vormarsch befindlich sind, dort vielfältige Ausgestaltungsformen angenommen haben und längst nicht mehr als etwas Außergewöhnliches empfunden werden. Gemeinsamer Anknüpfungspunkt aller dieser Aufgabenerfüllungen ist der Umstand, dass der Staat gewisse Erfüllungspflichten, wenn auch mitunter auf unterschiedliche Art und Weise, in einen gesellschaftlichen Bereich auf Private verschiebt.[957]

I. Zur Abgrenzung von privatrechtsförmiger Verwaltung und öffentlicher Verwaltungstätigkeit Privater

Die Beteiligungsformen Privater an staatlichen Aufgabenwahrnehmungen sind also vielfältig und können mitunter recht unterschiedlich ausgestaltet sein. Dies

954 *Clement*, Der Rechtsschutz der potentiellen Organempfänger, S. 113 m.w.N. in Fn. 453; *Maurer*, in: Manssen u.a. (Hrsg.), FS Steiner, S. 528 (531); *Rennert*, in: Eyermann (Hrsg.), Verwaltungsgerichtsordnung, § 40 Rn. 54.

955 *Heintzen*, VVDStRL 62 (2003), 220 (222).

956 Vgl. dazu *Heintzen*, VVDStRL 62 (2003), 220 (222).

957 *Di Fabio*, VVDStRL 1997, 235 (240); *Krüger*, Die Organverteilungstätigkeit Eurotransplants im Sinne des § 12 TPG, S. 179.

findet seine Ursache unter anderem darin, dass sich unter solch eine Beschreibung begrifflich diverse Formen der Aufgabenwahrnehmung zusammenfassen lassen.[958] So ist zu Recht darauf hingewiesen worden, dass eine Beteiligung Privater sowohl nach der Aufgabenträgerschaft – also organisatorisch – als auch nach der Aufgabenwahrnehmung – das heißt funktionell – verstanden werden kann und damit ein entsprechend weites Feld erschlossen wird.[959] Folglich lassen sich hier jeweils völlig unterschiedliche verwaltungsrechtliche Organisationsmuster wiederfinden:[960] zum einen nämlich das privatrechtsförmige Verwaltungshandeln,[961] also das sogenannten Verwaltungsprivatrecht sowie die Wirtschaftstätigkeit der öffentlichen Hand,[962] und zum anderen die Einbindung privater Akteure in die Erfüllung exekutiver Verwaltungsaufgaben. Obgleich selbst zwischen diesen Formen gewisse fließende Übergangsformen möglich erscheinen,[963] weisen die Organisationsmuster in ihren Grundformen freilich erhebliche Unterschiede auf und sind folglich nicht ohne Weiteres miteinander vergleichbar.

Wenn sich der Gesetzgeber oder die Verwaltung nach dem jeweiligen Ermessen entschließen, Aufgaben in der Rechtsform respektive in den Handlungsformen des Privatrechts wahrzunehmen, dann tun sie dies aus der Erwägung heraus, dass sich die zu erfüllenden Aufgaben ebenso gut oder besser in den Organisations- und Handlungsformen des Privatrechts erledigen lassen und es deshalb keiner öffentlich-rechtlichen Befugnisse bedarf. Der Staat macht sich die Handlungs- und Organisationsformen des Privatrechts zu nutze, dies führt zu einer Einbeziehung „der privatrechtlichen Organisation aus dem Bereich des Gesellschaftlichen in den Bereich der organisierten Staatlichkeit".[964] Die Wahl einer privatrechtlichen Handlungs- oder Organisationsform ändert aber letztlich nichts daran, dass Aufgabenträger trotz dieser Ausgestaltung der Staat bleibt. Es handelt sich folglich nicht um die Einbeziehung materiell Privater in eine öffentliche Verwaltung, sondern um die Tätigkeit der öffentlichen Hand in den Organisations- und Handlungsformen des Privatrechts.[965] Insofern lassen

---

958 Vgl. zu diesem Spektrum etwa *Voßkuhle*, VVDStRL 62 (2003), 266 (279 f.).

959 *Heintzen*, VVDStRL 62 (2003), 221 (232).

960 *Stober*, in: Wolff u.a. (Hrsg.), Verwaltungsrecht, Band II, § 92 Rn. 9.

961 Vgl. dazu etwa *Dreier*, in: Dreier (Hrsg.), GG, Band II, Art. 20 D Rn. 132 ff; *Ehlers*, Verwaltung in Privatrechtsform, insb. S. 6 ff.

962 Vgl. kritisch zu dieser Differenzierung etwa *Krebs*, in: Isensee/Kirchhof (Hrsg.), Handbuch des Staatsrechts Band V, § 108 Rn. 12 m.w.N.

963 Vgl. dazu *Krebs*, in: Isensee/Kirchhof (Hrsg.), Handbuch des Staatsrechts, Band V, § 108 Rn. 13.

964 *Krebs*, in: Isensee/Kirchhof (Hrsg.), Handbuch des Staatsrechts, Band V, § 108 Rn. 13.

965 So *Stober*, in: Wolff u.a. (Hrsg.), Verwaltungsrecht, Band II, § 92 Rn. 14.

sich noch die unmittelbaren Tätigkeiten des Staates in den Formen des Privatrechts[966] von der Aufgabenerledigung durch rechtlich verselbstständigte, aber vom Staat gegründeter und beherrschter Privatrechtssubjekte abgrenzen.[967] Ein unmittelbares Tätigwerden des Staates in den Gestaltungsformen des Privatrechts lässt sich bei der Bedarfsdeckungsverwaltung, den erwerbswirtschaftlichen Betätigungen der Verwaltung, aber auch teils bei der Wahrnehmung von klassischen Verwaltungsaufgaben wiederfinden.[968] Privatrechtlich organisierte Verwaltungsträger sind hingegen juristische Personen des Privatrechts.[969] Sie sind wegen ihrer Organisationsform zwar rechtlich verselbstständigt, ihre Existenz geht jedoch auf einen Gründungsakt durch den Staat zurück. Regelmäßig sind gleichzeitig bestimmte Verwaltungsaufgaben durch den Staat übertragen worden, welcher auch mehrheitlich Anteilseigner an der juristischen Personengesellschaft bleibt[970] und beeinflussend und steuernd auf die juristischen Personen einwirkt.[971]

Diese vorangehend beschriebenen Formen privatrechtlichen Verwaltungshandelns sollen im Folgenden nicht Gegenstand einer Betrachtung sein, wenn von der Beteiligung Privater an staatlicher Aufgabenwahrnehmung die Rede ist. Gemeint sind stattdessen die Kooperations- und Zusammenwirkungsformen, bei denen sich der Staat zur Aufgabenerledigung nicht allein privater Handlungs- oder Organisationsformen, sondern formell wie materiell Privater, das heißt solchen Privaten, die als Grundrechtsträger nicht selbst dem Staat zuzurechnen sind,[972] bedient. Diese Handlungsformen nutzt der Staat regelmäßig aus der Intention heraus, auf diesem Wege gesellschaftlich verwurzelte Ressourcen, wie Sachkunde, Initiative, technische oder finanzielle Mittel oder die Dynamik privater Kooperationen, für die eigene Aufgabenerfüllung fruchtbar zu machen und sich selbst gleichzeitig zu entlasten.[973] Bei dieser Art der Inanspruchnahme bleibt es daher trotz Beteiligung an der Erledigung öffentlicher, staatlich verantworteter Aufgaben bei der Verwurzelung des Privaten in der gesellschaftlichen Sphäre.[974]

---

966 So *Maurer/Waldhoff*, Allgemeines Verwaltungsrecht, § 3 Rn. 18.

967 So *Maurer/Waldhoff*, Allgemeines Verwaltungsrecht, § 3 Rn. 18.

968 *Maurer/Waldhoff*, Allgemeines Verwaltungsrecht, § 3 Rn. 20 ff.

969 Umfassend *Stober*, in: Wolff u.a. (Hrsg.), Verwaltungsrecht, Band II, § 92 Rn. 24.

970 Vgl. dazu *Maurer/Waldhoff*, Allgemeines Verwaltungsrecht, § 21 Rn. 15.

971 *Stober*, in: Wolff u.a. (Hrsg.), Verwaltungsrecht, Band II, § 92 Rn. 11.

972 *Voßkuhle*, VVDStRL 62 (2003), 266 (276).

973 Vgl. *Bader*, Organmangel und Organverteilung, S. 174; *Maurer/Waldhoff*, Allgemeines Verwaltungsrecht, § 23 Rn. 63.

974 *Krebs*, in: Isensee/Kirchhof (Hrsg.), Handbuch des Staatsrechts, Band V, § 108 Rn. 13.

II. Formen der Beteiligung Privater an staatlichen Aufgaben

Trotz der erfolgten Abgrenzung der Beteiligung Privater von einer bloßen Nutzung privater Handlungs- und Organisationsformen ist das Feld möglicher Ausgestaltungsformen staatlicher Aufgabenwahrnehmung in diesem Bereich noch immer weit gefächert. Gleichwohl haben sich dabei typische Organisationsmuster herausgebildet, die die Rolle des Privaten einzuordnen versuchen und dabei – mal mehr, mal weniger feste – Strukturen beschreiben. Die hier häufiger in Erscheinung tretenden Muster sollen im Folgenden kurz beschrieben werden.

1. Die Verlagerung staatlicher Aufgaben durch Privatisierung

Wenn es um die Wahrnehmung vormals allein staatlicher Aufgaben durch Private geht, ist dabei die Privatisierungsdebatte als besonders prominent zu bezeichnen. Unter dem Schlüsselwort[975] „Privatisierung" beschäftigt sich die Literatur mit Fragen um die Möglichkeiten, Grenzen und Voraussetzungen einer Verlagerung von staatlichen Aufgaben – insbesondere von Verwaltungsaufgaben – in den gesellschaftlichen Bereich.[976] Sie zielt darauf ab, deren Formen und teils auch Bedingungen in Privatisierungskonzepten festzulegen.[977] Ganz nach dem Leitbild eines „schlanken" beziehungsweise „konzentrierten" Staates, der einem auf das Wesentliche reduzierte Aufgabenspektrum nachgeht,[978] sollen diese Konzepte verdeutlichen, in welchen Formen vormals allein durch den Staat wahrgenommene Aufgaben in den privatrechtlichen respektive gesellschaftlichen Bereich verlagert werden können.[979] Dem Oberbegriff der „Privatisierung" lassen sich daher ganz allgemein diejenigen Vorgänge zuordnen, bei denen „Staatsaufgaben auf private Rechtssubjekte oder Einheiten unter Beteiligung Privater übertragen werden".[980]

---

975 *Gramm*, Privatisierung und notwendige Staatsaufgaben, S. 17.

976 *Maurer*, in: Manssen u.a. (Hrsg.), FS Steiner, S. 528 (530); *Weisel*, Das Verhältnis von Privatisierung und Beleihung, S. 46.

977 Als Stichwort soll hier das Privatisierungsfolgenrecht benannt werden, vgl. dazu etwa *Burgi*, in: Isensee/Kirchhof (Hrsg.), Handbuch des Staatsrechts, Band IV, § 75 Rn. 28 ff.; *Kämmerer*, Privatisierung, S. 426 ff.

978 Vgl. nur *Gramm*, Privatisierung und notwendige Staatsaufgaben, S. 18.

979 *Bauer*, Privatisierung von Verwaltungsaufgaben, VVDStRL 54 (1995), 243 (250); *Maurer/Waldhoff*, Allgemeines Verwaltungsrecht, § 23 Rn. 67. Vgl. auch *Burgi*, Funktionale Privatisierung, S. 13.

980 *Reit*, Public Private Partnership und materielle Privatisierung kommunaler Krankenhäuser im Lichte der Investitionskostenfinanzierung, S. 25.

Das Schrifttum differenziert unter diesem Oberbegriff zwischen teils völlig unterschiedlichen Formen und Intensitäten der Verlagerung von Aufgaben. Dabei herrscht eine Unterscheidung insbesondere nach den Formen der formellen Privatisierung, der funktionalen Privatisierung und der materiellen Privatisierung vor.[981] Umschrieben werden Formen unterschiedlich intensiver Aufgabenverlagerungen in den gesellschaftlichen Bereich, die meist als „idealtypische Grundmodelle“ verstanden werden und in der Praxis derart klar differenziert und eindeutig wohl eher selten auftreten dürften.[982]

a. *Formelle Privatisierung*

Die formelle Privatisierung, die in der Literatur teils auch als Organisationsprivatisierung bezeichnet wird, umschreibt Verlagerungsvorgänge, bei denen der Staat Aufgaben nicht mehr selbst in den Formen des Öffentlichen Rechts und durch den eigenen, unmittelbaren Behördenapparat wahrnimmt, sondern auf von ihm gegründete und gehaltene juristische Personen des Privatrechts überträgt, die diese Aufgaben dann in den Handlungsformen des Privatrechts erfüllen.[983] Formelle Privatisierung erfolgt vorwiegend im Bereich der Leistungsverwaltung, indem der Staat bei der Aufgabenwahrnehmung in privatrechtliche Organisationsformen wie Kapitalgesellschaften wechselt und sich bei der Leistungsvergabe den Formen des Privatrechts bedient. Wenn der Staat Aufgaben formell privatisiert, dann findet regelmäßig tatsächlich allein ein Wechsel der Rechtsform, in der er auftritt, statt, die Anteile der Gesellschaften verbleiben dabei ganz – jedenfalls aber mehrheitlich – in staatlicher Hand.[984] Formelle Privatisierung beschreibt daher keine Privatisierung der Aufgabe als solcher, sondern ausschließlich eine Verlagerung der Organisation und des Verfahrens in den gesellschaftlichen Bereich.[985] Da allein ein Form- und Organisationswandel

---

981 Diese werden teils auch als Organisationsprivatisierung, Erfüllungsprivatisierung und Aufgabenprivatisierung bezeichnet. Vgl. dazu *Burgi*, in: Isensee/Kirchhof (Hrsg.), Handbuch des Staatsrechts, Band IV, § 75 Rn. 6 ff.; *Maurer*, in: Manssen u.a. (Hrsg.), FS Steiner, S. 528 (530).

982 *Maurer*, in: Manssen u.a. (Hrsg.), FS Steiner, S. 528 (533).

983 *Maurer*, in: Manssen u.a. (Hrsg.), FS Steiner, S. 528 (530); *Stober*, in: Wolff u.a. (Hrsg.), Verwaltungsrecht, Band II, § 89 Rn. 14; *Weisel*, Das Verhältnis von Privatisierung und Beleihung, S. 50.

984 *Maurer/Waldhoff*, Allgemeines Verwaltungsrecht, § 23 Rn. 68; *Weisel*, Das Verhältnis von Privatisierung und Beleihung, S. 50.

985 *Di Fabio*, JZ 1999, 585 (588); *Lämmerzahl*, Die Beteiligung Privater an der Erledigung öffentlicher Aufgaben, S. 101 m.w.N. in Fn. 36; *Maurer*, in: Manssen u.a. (Hrsg.), FS

bei der Aufgabenerledigung eintritt, ist neben dem Staat bei der formellen Privatisierung klassischerweise überhaupt kein weiterer Rechtsträger an dem Vorgang der Neuordnung beteiligt.[986]

Wegen des bei der formellen Privatisierung gleichbleibenden Akteurs der Aufgabenerfüllung, wird eine formelle Privatisierung mitunter nicht als eine Form echter Privatisierung verstanden.[987] Andere Stimmen erkennen diese Abweichung von anderen Formen der Privatisierung zwar ebenfalls an. Sie ziehen daraus jedoch nicht den Schluss, es handle sich deshalb um keine Privatisierung. Stattdessen machen sie bei der formellen Privatisierung eine „schwache, so doch langfristig ausgerichtete Form der Privatisierung" aus.[988]

b. Erfüllungsprivatisierung

Als Erfüllungsprivatisierung oder funktionale Privatisierung wird ein Vorgang beschrieben, bei dem der Staat die Verwaltungsaufgabe auch weiterhin in seinem Zuständigkeits- und Verantwortungsbereich behält, zur Erfüllung aber nunmehr Private heranzieht, um deren Sachkunde, Fähigkeiten oder sonstige spezifische Merkmale für die eigene Aufgabenwahrnehmung nutzbar zu machen.[989] Der Private erbringt hierdurch einen vorbereitenden oder durchführenden Teilbeitrag zu einer staatlichen und anderenfalls auch von der öffentlichen Hand wahrgenommenen Aufgabe. Der Private wird dabei regelmäßig in der Figur eines Verwaltungshelfers tätig.[990]

Zu der bei der Erfüllungsprivatisierung erhalten bleibenden Zuständigkeit und Verantwortlichkeit des Staates für den Aufgabenbereich[991] tritt innerhalb

---

Steiner, S. 528 (531); *Stober*, in: Wolff u.a. (Hrsg.), Verwaltungsrecht, Band II, § 89 Rn. 14.

986 *Lämmerzahl*, Die Beteiligung Privater an der Erledigung öffentlicher Aufgaben, S. 102.

987 Beispielsweise *Hänsle*, Streik und Daseinsvorsorge, S. 189; *Maurer*, in: Manssen u.a. (Hrsg.), FS Steiner, S. 530 (531); *Rüppel*, Privatisierung des Strafvollzugs, S. 34.

988 So beispielsweise *Lämmerzahl*, Die Beteiligung Privater an der Erledigung öffentlicher Aufgaben, S. 101.

989 *Maurer/Waldhoff*, Allgemeines Verwaltungsrecht, § 23 Rn. 69; *Maurer*, in: Manssen u.a. (Hrsg.), FS Steiner, S. 528 (532); *Weisel*, Das Verhältnis von Privatisierung und Beleihung, S. 49. Vgl. auch *Burgi*, Funktionale Privatisierung und Verwaltungshilfe; *Stober*, in: Wolff u.a. (Hrsg.), Verwaltungsrecht, Band II, § 89 Rn. 19.

990 *Burgi*, Funktionale Privatisierung und Verwaltungshilfe, S. 145 ff.; *ders.*, in: Isensee/ Kirchhof (Hrsg.), Handbuch des Staatsrechts, Band IV, § 75 Rn. 7; *Stober*, in: Wolff u.a. (Hrsg.), Verwaltungsrecht, Band II, § 89 Rn. 19; *Weisel*, Das Verhältnis von Privatisierung und Beleihung, S. 49.

991 *Maurer/Waldhoff*, Allgemeines Verwaltungsrecht, § 23 Rn. 69.

der Aufgabenerledigung eine Verantwortungsstrukturierung zwischen dem Staat und dem zur Erfüllung der Aufgabe herangezogenen Privaten. Diesen trifft als Vertragspartner insofern eine Erfüllungsverantwortung.[992]

c. *Aufgabenprivatisierung*

Wenn sich der Staat aus einer bislang von ihm wahrgenommenen Aufgabe vollständig zurückzieht und diese auch der Verantwortlichkeit nach dem privaten, gesellschaftlichen Bereich überlässt, ist von einer Aufgabenprivatisierung oder auch materiellen Privatisierung die Rede.[993] Dabei handelt es sich um die eigentliche Form der Privatisierung nach dem eingangs beschriebenen Verständnis einer Ausgliederung beziehungsweise Verlagerung staatlicher Aufgaben.[994] Nach erfolgter Aufgabenprivatisierung werden die vormals staatlichen Aufgaben ohne fortbestehende Zugriffsmöglichkeiten des Staates[995] selbstregulativ von der Gesellschaft erfüllt.[996] Mit der Aufgabenprivatisierung geht ein Wechsel des Verantwortungsträgers vom Staat hin zum gesellschaftlichen Bereich vonstatten.[997]

2. *Aufgabenwahrnehmung durch Private*

Neben der Privatisierungsdebatte kennt die Literatur verschiedene Formen und Modelle der Einbindung Privater in den Bereich staatlicher Aufgabenwahrnehmung, die teils zugleich den Privatisierungsformen als Handlungsformen des staatlich-privaten Zusammenwirkens zugeordnet werden können.[998]

---

992 *Lämmerzahl*, Die Beteiligung Privater an der Erledigung öffentlicher Aufgaben, S. 106.

993 *Hermesmeier*, Staatliche Beteiligungsverwaltung, S. 116; *Krüger*, Die Organvermittlungstätigkeit Eurotransplants im Sinne des § 12 TPG, S. 187; *Maurer*, in: Manssen u.a. (Hrsg.), FS Steiner, S. 528 (533); *Stober*, in: Wolff u.a. (Hrsg.), Verwaltungsrecht, Band II, § 89 Rn. 17.

994 *Maurer/Waldhoff*, Allgemeines Verwaltungsrecht, § 23 Rn. 70; *Stober*, in: Wolff u.a. (Hrsg.), Verwaltungsrecht, Band II, § 89 Rn. 17.

995 *Gramm*, Privatisierung und notwendige Staatsaufgaben, S. 340.

996 *Krüger*, Die Organvermittlungstätigkeit Eurotransplants im Sinne des § 12 TPG, S. 187; *Voßkuhle*, VVDStRL 62 (2003, 268 (276); *Weisel*, Das Verhältnis von Privatisierung und Beleihung, S. 47.

997 *Lämmerzahl*, Die Beteiligung Privater an der Erledigung öffentlicher Aufgaben, S. 97 m.w.N.

998 Vgl. *Burgi*, in: Isensee/Kirchhof (Hrsg.), Handbuch des Staatsrechts, Band IV, § 75 Rn. 7 ff.

a. Beleihung

Seit Längerem verfassungs- und verwaltungsgerichtlich anerkannt ist die Rechtsfigur des Beliehenen,[999] die mitunter auch als „Klassiker des modernen Verwaltungsrechts“ bezeichnet wird.[1000] Sie gilt als älteste und dogmatisch ausgeformteste Art der Beteiligung Privater an der Erledigung staatlicher Aufgaben.[1001] Nach gängiger Definition entsprechend der vorherrschenden Kombinationstheorie[1002] ist als Beliehener tätig, wem als Privatperson die Kompetenz zur selbstständigen Wahrnehmung bestimmter Verwaltungsaufgaben beziehungsweise staatlicher Aufgaben in den hoheitlichen Handlungsformen des Öffentlichen Rechts im eigenen Namen übertragen worden ist.[1003] Es geht folglich um die Übertragung von hoheitlichen Aufgaben und gleichzeitig entsprechenden hoheitlichen Befugnissen zur Aufgabenwahrnehmung.[1004] Es bleibt trotz Verlagerung der Aufgabenwahrnehmung unter Nutzung der Sach- und Fachkunde sowie der persönlichen und sachlichen Mittel Privater[1005] auf diese Weise gewährleistet, dass die Erledigung in der als notwendig erachteten oder zumindest erwünschten hoheitlichen Form erfolgt.[1006] Als Adressat der Beleihung kommen nur Private, also alle natürlichen Personen und juristische Personen des Privatrechts, in Betracht.[1007] In Folge der Befähigung zum hoheitlichen Handeln, welches sowohl schlicht-hoheitliche wie obrigkeitliche Befugnisse der

---

999 Vgl. nur zur Rechtsgeschichte der Beleihung schon *Terrahe*, Die Beleihung als Rechtsinstitut der Staatsorganisation, S. 49 ff.

1000 *Burgi*, in: FS Maurer, 2001, S. 581 ff. Vgl. auch *Lämmerzahl*, Die Beteiligung Privater an der Erledigung öffentlicher Aufgaben, S. 183 m.w.N. in Fn. 8.

1001 *Heintzen*, in: VVDStRL 62 (2003), 220 (240) m.w.N. in Fn. 95.

1002 Zu den Merkmalen der daneben insbesondere vertretenen Aufgabentheorie sowie Rechtsstellungstheorie sowie näher zu der diese Ansätze aufnehmenden Kombinationstheorie vgl. etwa *Stadler*, Die Beleihung in der neueren Bundesgesetzgebung, S. 6 ff. m.w.N.

1003 So z.B. *Burgi*, Funktionale Privatisierung und Verwaltungshilfe, S. 80; *Franzius*, Der Staat 42 (2003), 493 (501); *Maurer/Waldhoff*, Allgemeines Verwaltungsrecht, § 23 Rn. 63; *Stadler*, Die Beleihung in der neueren Gesetzgebung, S. 10, 14.

1004 So zutreffend *Lämmerzahl*, Die Beteiligung Privater an der Erledigung öffentlicher Aufgaben S. 185.

1005 *Maurer/Waldhoff*, Allgemeines Verwaltungsrecht, § 23 Rn. 65; *Stober*, in: Wolff u.a. (Hrsg.), Verwaltungsrecht, Band II, § 90 Rn. 3.

1006 *Maurer/Waldhoff*, Allgemeines Verwaltungsrecht, § 23 Rn. 65.

1007 *Lämmerzahl*, Die Beteiligung Privater an der Erledigung öffentlicher Aufgaben, S. 186; *Sodan*, in: Sodan/Ziekow (Hrsg.), VwGO, § 40 Rn. 359.

klassischen Hoheitsverwaltung umfasst,[1008] wird der Beleihungsadressat in Ausübung der Beleihungstätigkeit in die mittelbare Staatsverwaltung des Bundes beziehungsweise des jeweiligen Landes einbezogen, er behält jedoch darüber hinaus seinen Status als Privatrechtssubjekt.[1009] Die Beleihung rückt damit ihrer Konzeption nach in die Nähe der formellen Privatisierung und wird teils als Ausprägung dieser Privatisierungsform angesehen.[1010]

Um verfassungsrechtlichen Anforderungen zu genügen, bedarf die Beleihung stets einer gesetzlichen Grundlage. Dies gilt zum einen schon deshalb, weil sie als Verselbstständigung von Verwaltungseinheiten einem ungeschriebenen institutionell-organisatorischen Gesetzesvorbehalt unterliegt,[1011] zum anderen aber auch, weil mit der Beleihung die Übertragung von Hoheitsrechten einhergeht.[1012] Öffentlich-rechtliche Handlungsinstrumentarien sind jedoch von Rechts wegen ausschließlich dem Staat vorbehalten.[1013] Beliehen werden kann folglich durch Gesetz oder aufgrund gesetzlicher Ermächtigung.[1014] Beleihungsverhältnisse können demnach direkt im Gesetz begründet oder durch Rechtsverordnung, im Wege eines Verwaltungsvertrages oder mittels Verwaltungsaktes, gestützt jeweils auf eine entsprechende gesetzliche Ermächtigungsnorm, eingegangen werden. Es kommt durch die Beleihung zwischen dem Beleihenden und dem Beliehenen ein öffentlich-rechtliches Auftragsverhältnis zustande.[1015] Durch die Einbeziehung in die mittelbare Staatsverwaltung und die Befugnis zur hoheitlichen Aufgabenwahrnehmung tritt der Beliehene in seiner spezifischen Funktion als Hoheitsträger auf und ist im Außenverhältnis bei der Ausübung der übertragenen Befugnisse selbst Behörde im Sinne des § 1 Abs. 4 VwVfG. Er unterliegt, trotz des Status als Privatrechtssubjekt insoweit den öffentlich-rechtlichen

---

1008 Inzwischen wohl h.M., vgl. etwa *Schmidt am Busch*, DÖV 2007, 535; *Stadler*, Die Beleihung in der neueren Bundesgesetzgebung, S. 12 m.w.N. in Fn. 75; *Stober*, in: Wolff u.a. (Hrsg.), Verwaltungsrecht, Band II, § 90 Rn. 18 f.; *Voßkuhle*, VVDStRL 62 (2002), 266 (303).

1009 *Burgi*, Funktionale Privatisierung und Verwaltungshilfe, S. 80.

1010 Vgl. dazu *Lämmerzahl*, Die Beteiligung Privater an der Erledigung öffentlicher Aufgaben, S. 188 m.w.N.

1011 *Kiefer*, NVwZ 2011, 1300 (1300); *Stadler*, Die Beleihung in der neueren Bundesgesetzgebung, S. 23.

1012 *Maurer/Waldhoff*, Allgemeines Verwaltungsrecht, § 23 Rn. 64; *Stadler*, Die Beleihung in der neueren Bundesgesetzgebung, S. 23.

1013 *Burgi*, Funktionale Privatisierung und Verwaltungshilfe, S. 81; *Steiner*, Öffentliche Verwaltung, S. 66 ff.

1014 *Stadler*, Die Beleihung in der neueren Bundesgesetzgebung, S. 23.

1015 *Maurer/Waldhoff*, Allgemeines Verwaltungsrecht, § 23 Rn. 64.

Vorschriften wie allgemeinen Verwaltungsgrundsätzen und ist dann auch Grundrechtsverpflichteter.[1016]

b. Verwaltungshilfe

Beim Rechtsinstitut des Verwaltungshelfers findet – wie bei der Beleihung auch – die Heranziehung Privater zur Erledigung von Verwaltungsaufgaben statt. Anders als der Beliehene nimmt der Verwaltungshelfer jedoch hoheitliche Aufgaben nicht in eigener Zuständigkeit und Verantwortung unter eigenem Namen wahr, sondern wird lediglich im Verwaltungsvollzug der insoweit allein zuständigen und verantwortlichen Behörde in deren Auftrag und nach deren Weisungen sowie in deren Namen tätig.[1017] Dem Verwaltungshelfer wird keine Hoheitsgewalt übertragen, er kann weder schlichthoheitlich noch obrigkeitlich handeln.[1018] Er ist Hilfsorgan und als solches lediglich in die Erledigung hoheitlicher Aufgaben durch den Staat eingeschaltet, ohne dabei selbst in einer unmittelbaren Rechtsbeziehung zu einem Dritten Entscheidungen zu treffen.[1019] Daraus folgt, dass die Entscheidungsbefugnis bei der Rechtsfigur des Verwaltungshelfers jedenfalls letztverantwortlich bei der zuständigen Verwaltung verbleiben muss.[1020]

Da mit der Einbindung von Verwaltungshelfern weder die Verselbstständigung von Verwaltungseinheiten noch eine Übertragung von Hoheitsrechten einhergeht, bedarf sie anders als die Beleihung regelmäßig keiner gesetzlichen Ermächtigung.[1021] Es genügt zumeist, wenn die Einbindung des Verwaltungshelfers im Rahmen eines privatrechtlichen Vertrags oder eines Verwaltungsvertrags zwischen der Verwaltungsbehörde und der Privatperson geregelt wird.[1022] Die

---

1016 *Maurer/Waldhoff*, Allgemeines Verwaltungsrecht, § 23 Rn. 65.

1017 *Gramm*, Privatisierung und notwendige Staatsaufgaben, S. 121; *Heintzen*, VVDStRL 62 (2003), 221 (254); *Lämmerzahl*, Die Beteiligung Privater an der Erledigung öffentlicher Aufgaben, S. 192; *Maurer/Waldhoff*, Allgemeines Verwaltungsrecht, § 23 Rn. 66; *Stadler*, Die Beleihung in der neueren Bundesgesetzgebung, S. 17.

1018 *Lämmerzahl*, Die Beteiligung Privater an der Erledigung öffentlicher Aufgaben, S. 192.

1019 *Stadler*, Die Beleihung in der neueren Bundesgesetzgebung, S. 18; *Stober*, in: Wolff u.a. (Hrsg.), Verwaltungsrecht, Band II, § 91 Rn. 2, 24.

1020 *Maurer/Waldhoff*, Allgemeines Verwaltungsrecht, § 23 Rn. 66.

1021 *Gramm*, Privatisierung und notwenidge Staatsaufgaben, S 121; *Maurer/Waldhoff*, Allgemeines Verwaltungsrecht, § 23 Rn. 66; *Peine*, DÖV 1997, 357. Als streitig erachtet dies hingegen *Stober*, in: Wolff u.a. (Hrsg.), Verwaltungsrecht, Band II, § 91 Rn. 31 ff.

1022 *Maurer/Waldhoff*, Allgemeines Verwaltungsrecht, § 23 Rn. 66; *Peine*, DÖV 1997, 357.

Verwaltungshilfe gilt damit als das typische Instrument der Umsetzung einer Erfüllungsprivatisierung.[1023]

c. Verwaltungssubstitution

Teilweise wird in der Diskussion um die Beteiligung Privater an staatlichen Aufgaben noch eine weitere eigenständige Form der Mitwirkung, die Verwaltungssubstitution, angeführt und im Zwischenbereich zwischen der Verwaltungshilfe und dem Institut der Beleihung eingeordnet.[1024] Von der Verwaltungssubstitution sollen Private erfasst sein, die an der Durchführung staatlicher Aufgaben beteiligt sind, indem sie selbstständig und eigenverantwortlich auf der Ebene des Verwaltungsvollzugs mit einer schlicht-hoheitlichen Aufgabenwahrnehmung tätig sind.[1025] Jedenfalls sofern man – wie manche Stimmen in der Literatur – anerkennen will, dass eine Beleihung auch mit schlicht-hoheitlichen Handlungsformen zulässig ist, verliert diese Form der Einbindung Privater allerdings ihren eigenständigen Charakter.[1026]

d. Inpflichtnahme Privater

Die Inpflichtnahme beziehungsweise Indienstnahme Privater[1027] ist eine weitere Möglichkeit, Private in die Erfüllung von Verwaltungsaufgaben miteinzubeziehen[1028] und bezeichnet die – regelmäßig gesetzliche[1029] – Auferlegung bestimmter öffentlicher Pflichten gegenüber einem Privaten zur Sicherstellung der Erledigung öffentlicher Aufgaben.[1030] Dabei kann es sich um berufsbezogene, eigentums- oder betriebsbezogene Pflichten, oder auch um sogenannte „Bürgerpflichten“[1031] handeln, die dazu dienen potentielle Gefahren abzuwehren.[1032]

1023 *Schuppert*, Verwaltungswissenschaft, S. 371 f.

1024 *Brüning*, SächsVBl. 1998, 201 (203) m.w.N.

1025 *Brüning*, SächsVBl. 1998, 201 (203); *von Heimburg*, Verwaltungsaufgaben und Private, S. 139; *Stadler*, Die Beleihung in der neueren Bundesgesetzgebung, S. 18.

1026 So auch *Stober*, in: Wolff u.a. (Hrsg.), Verwaltungsrecht, Band II, § 91 Rn. 25.

1027 Zu dieser Figur bereits *Ipsen*, in: FS Kaufmann, 1950, S. 141 ff.; grundlegend auch *Jani*, Die partielle verwaltungsrechtliche Inpflichtnahme Privater zu Handlungs- und Leistungspflichten, passim.

1028 *Sodan*, in: Sodan/Ziekow (Hrsg.), VwGO, § 40 Rn. 365.

1029 Vgl. *Stober*, in: Wolff u.a. (Hrsg.), Verwaltungsrecht, Band II, § 91 Rn. 49.

1030 *Dreier*, Hierarchische Verwaltung im demokratischen Staat, S. 248; *Weiss*, Privatisierung und Staatsaufgaben, S. 47.

1031 *Ehlers*, in: Schoch u.a. (Hrsg.), VwGO, § 40 Rn. 428; *Gramm*, Privatisierung und notwendige Staatsaufgaben, S. 126.

1032 *Stober*, in: Wolff u.a. (Hrsg.), Verwaltungsrecht II, § 91 Rn. 48.

Mit dieser Aufgabenübertragung geht keine Befugnis zu hoheitlichem Handeln einher,[1033] vielmehr handelt es sich um ein Heranziehen zu „sachlichen oder persönlichen Dienstleistungen zugunsten eines Hoheitsträgers" als eigene Angelegenheit in Erfüllung einer Rechtspflicht.[1034] Die Einbeziehung ist regelmäßig dem Umstand geschuldet, dass der Private gewissen öffentlichen Aufgaben – etwa bei der Pflicht zur Bevorratung gewisser Mengen an Erdölerzeugnissen[1035] oder der Wegereinigungspflicht durch den Anlieger[1036] – näher steht als die öffentliche Verwaltung.[1037] Der Private wird weder in die öffentliche Verwaltung eingebunden, noch kann der Exekutive sein Verhalten zugerechnet werden.[1038] Die Indienstnahme wird daher als eine Form der materiellen Privatisierung eingeordnet.[1039]

e. *Funktionale Selbstverwaltung*

Zu den Formen der Erfüllung staatlicher Aufgaben durch Private wird auch die funktionale Selbstverwaltung[1040] gezählt.[1041] Als funktionale Selbstverwaltung wird zumeist unter Kombination formaler und materialer Begriffsmerkmale[1042]

1033 *Sodan*, in: Sodan/Ziekow (Hrsg.), VwGO, § 40 Rn. 364; *Stober*, in: Wolff u.a. (Hrsg.), Verwaltungsrecht, Band II, § 91 Rn. 50.

1034 *Gramm*, Privatisierung und notwendige Staatsaufgaben, S. 126 f.; *Stober*, in: Wolff u.a. (Hrsg.), Verwaltungsrecht, Band II, § 91 Rn. 48.

1035 Vgl. dazu *Plewa*, Die Verfassungsmäßigkeit der Indienstnahme Privater für Verwaltungsaufgaben am Beispiel des Gesetzes über Mindestvorräte an Erdölerzeugnissen vom 09.09.1965 in der Fassung vom 04.09.1975, passim.

1036 *Schulze-Fielitz*, in: Hoffmann-Riem/Schmidt-Aßmann/Voßkuhle (Hrsg.), Grundlagen des Verwaltungsrechts, Band I, § 12 Rn. 107.

1037 *Sodan*, in: Sodan/Zietow (Hrsg.), VwGO, § 40 Rn. 364.

1038 *Lämmerzahl*, Die Beteiligung Privater an der Erledigung öffentlicher Aufgaben, S. 198.

1039 So *Gramm*, Privatisierung und notwendige Staatsaufgaben, S. 127; *Vitzthum*, AöR 104, 580 (594).

1040 Zu den Einzelheiten funktionaler Selbstverwaltung siehe etwa *Böckenförde*, in: Isensee/Kirchhof (Hrsg.), Handbuch des Staatsrechts, Band II, § 24 Rn. 33 ff.; *Dreier*, Hierarchische Verwaltung im demokratischen Staat, S. 228 ff.; *Emde*, Die demokratische Legitimation der funktionalen Selbstverwaltung, passim; *Hendler*, in: Isensee/Kirchhof (Hrsg.), Handbuch des Staatsrechts, Band IV, § 143; *Jestaedt*, Demokratieprinzip und Kondominialverwaltung, S. 64 ff.; *Kluth*, Funktionale Selbstverwaltung, passim.

1041 *Schulze-Fielitz*, in: Hoffmann-Riem/Schmidt-Aßmann/Voßkuhle (Hrsg.), Grundlagen des Verwaltungsrechts, Band II, § 12 Rn. 88.

1042 Vgl. dazu etwa *Jestaedt*, Demokratieprinzip und Kondominialverwaltung, S. 66 ff.

eine rechtlich wie institutionell gegenüber dem klassischen, staatsunmittelbaren Behördenaufbau verselbstständigte und regelmäßig öffentlich-rechtlich organisierte[1043] Verwaltungseinheit verstanden.[1044] In dieser Ordnungseinheit sollen staatliche Exekutivaufgaben unter der Beteiligung der besonders berührten Personenkreise – den Betroffenen – kraft staatlicher Zuweisung eigenverantwortlich und in körperschaftlichen Strukturen erfüllt werden.[1045]

Die Träger funktionaler Selbstverwaltung sind daher regelmäßig als juristische Personen des Öffentlichen Rechts,[1046] häufig in Form einer Körperschaft,[1047] organisiert und lassen sich auf einen hoheitlichen Gründungsakt durch oder auf Grund eines Gesetzes zurückführen.[1048] Das bedeutet, dass die funktionale Selbstverwaltung nicht etwa als ein „Produkt gesellschaftlicher Selbstorganisation" gesehen werden kann, sondern eine „Zweckschöpfung des Staates" ist.[1049] Durch den Gründungsakt sind neben der Ausgestaltung der Binnenorganisation des Selbstverwaltungsträgers mittels der Zuweisung von Aufgaben und Wahrnehmungsbefugnissen auch dessen Tätigkeitsbereiche hoheitlich bestimmt.[1050] Trotz ihrer Verselbstständigung ist die funktionale Selbstverwaltung Teil der Staatsverwaltung und wird als solcher mehrheitlich der sogenannten

1043 *Hendler*, in: Isensee/Kirchhof (Hrsg.), Handbuch des Staatsrechts, Band IV, § 143 Rn. 22 ff.

1044 *Chun-Chen Hsu*, Institutionen körperschaftlicher Selbstverwaltung, S. 1; *Hendler*, Selbstverwaltung als Ordnungsprinzip, S. 284; *ders.*, in: Isensee/Kirchhof (Hrsg.), Handbuch des Staatsrechts, Band IV, § 143 Rn. 19.

1045 *Chun-Chen Hsu*, Institutionen körperschaftlicher Selbstverwaltung, S. 1; *Hendler*, Selbstverwaltung als Ordnungsprinzip, S. 284; *ders.*, in: Isensee/Kirchhof (Hrsg.), Handbuch des Staatsrechts, Band IV, § 143 Rn. 19, 28 ff.; *Trute*, in: Hoffmann-Riem/Schmidt-Aßmann/Voßkuhle (Hrsg.), Grundlagen des Verwaltungsrechts, Band II, § 6 Rn. 82.

1046 *Jestaedt*, Demokratieprinzip und Kondominialverwaltung, S. 71, weist darauf hin, dass auch bloß teilrechtsfähige Organisationseinheiten als selbstverwaltungsfähig einzustufen sein können.

1047 *Hendler*, in: Isensee/Kirchhof (Hrsg.), Handbuch des Staatsrechts, Band IV, § 143 Rn. 27; *Kluth*, Funktionale Selbstverwaltung, S. 232 ff. Vgl. ferner *Jestaedt*, Demokratieprinzip und Kondominialverwaltung, S. 70, der darauf hinweist, dass funktionale Selbstverwaltung auch in den Organisationsformen der Anstalt oder Stiftung des öffentlichen Rechts vorkommen kann.

1048 *Kluth*, Funktionale Selbstverwaltung, S. 231.

1049 *Kluth*, Funktionale Selbstverwaltung, S. 369.

1050 *Kluth*, Funktionale Selbstverwaltung, S. 231; *Trute*, in: Hoffmann-Riem/Schmidt-Aßmann/Voßkuhle (Hrsg.), Grundlagen des Verwaltungsrechts, Band II, § 6 Rn. 82.

mittelbaren Staatsverwaltung zugeordnet.[1051] Sie unterliegt dabei allerdings nicht der spezifischen Aufsichts- und Weisungsstruktur einer hierarchischen Ministerialverwaltung. Aufsichtsbefugnisse gegenüber den Einrichtungen der funktionalen Selbstverwaltungseinrichtung beschränken sich regelmäßig auf eine reine Rechtsaufsicht.[1052]

Die funktionale Selbstverwaltung ist ihrer Trägerschaft nach auf bestimmte, funktionsbezogene Aufgaben ausgerichtet[1053] und zielt schon begrifflich auf die Verwaltung und Entscheidung eigener Angelegenheiten ab.[1054] Sie ist eine „Betroffenen-Selbstverwaltung", die die Erledigung von Exekutivaufgaben zum Gegenstand hat. Dabei sind ihre Mitglieder in einer thematisch oder persönlich spezifischen Weise betroffen, die über das Maß einer „allgemeine[n] Betroffenheit als Staatsbürger" hinausgeht.[1055] Funktionale Selbstverwaltung knüpft bei der Aufgabenerledigung an den spezifischen Sachverstand an, den ihre Mitglieder als Betroffene, durch die Zugehörigkeit zu einem bestimmten Berufsstand oder aufgrund sonstiger besonderer Umstände erlangt haben.[1056] In den Entscheidungsorganen und -strukturen wirken diese als Mitgliedergesamtheit und durch die Besetzung der Organe und Gremien an den übertragenen Selbstverwaltungsaufgaben mit.[1057] Über die Entscheidung der eigenen Angelegenheiten hinaus wird ein Handeln gegenüber Dritten, die nicht selbst Mitglieder der

---

1051 So etwa *Grzeszick*, in: Maunz/Dürig (Hrsg.), GG, Art. 20 II Rn. 173. Über die Frage, ob die funktionale Selbstverwaltung tatsächlich der mittelbaren Staatsverwaltung zuzuordnen ist, herrscht jedoch im Schrifttum durchaus Uneinigkeit, vgl. zum Sachstand *Hendler*, in: Isensee/Kirchhof (Hrsg.), Handbuch des Staatsrechts, Band IV, § 143 Rn. 40 ff.

1052 *Grzeszick*, in: Maunz/Dürig (Hrsg.), GG, Art. 20 II Rn. 173; *Hendler*, Selbstverwaltung als Ordnungsprinzip, S. 284; *Kluth*, Funktionale Selbstverwaltung, S. 24.

1053 *Böckenförde*, in: Isensee/Kirchhof (Hrsg.), Handbuch des Staatsrechts, Band II, § 24 Rn. 33; *Emde*, Die demokratische Legitimation der funktionalen Selbstverwaltung, S. 9; *Köller*, Funktionale Selbstverwaltung und ihre demokratische Legitimation, S. 26. Zu den Erscheinungsformen der funktionalen Selbstverwaltung vgl. *Kluth*, in: Wolff u.a. (Hrsg.), Verwaltungsrecht, Band II, § 99 Rn. 35 ff.

1054 *Kluth*, Funktionale Selbstverwaltung, S. 18, 25; *Köller*, Funktionale Selbstverwaltung und ihre demokratische Legitimation, S. 25.

1055 *Kluth*, in: Wolff u.a. (Hrsg.), Verwaltungsrecht, Band II, § 100 Rn. 4.

1056 *Kluth*, in: Wolff u.a. (Hrsg.), Verwaltungsrecht, Band II, § 99 Rn. 2.

1057 *Böckenförde*, in: Isensee/Kirchhof (Hrsg.), Handbuch des Staatsrechts, Band II, § 24 Rn. 33; *Grzeszick*, in: Maunz/Dürig (Hrsg.), GG, Art. 20 II Rn. 173; *Schulze-Fielitz*, in: Hoffmann-Riem/Schmidt-Aßmann/Voßkuhle (Hrsg.), Grundlagen des Verwaltungsrechts, Band II, § 12 Rn. 89.

jeweiligen funktionalen Selbstverwaltung sind, dagegen nur in engen Grenzen und unter zusätzlichen Voraussetzungen als zulässig erachtet. Das Bundesverfassungsgericht sieht es hierfür als erforderlich an, dass dahingehende „Aufgaben und Handlungsbefugnisse der Organe in einem von der Volksvertretung beschlossenen Gesetz ausreichend vorherbestimmt sind und ihre Wahrnehmung der Aufsicht personell demokratisch legitimierter Amtswalter unterliegt".[1058]

3. *Gestaltungskonzepte staatlich-gesellschaftlichen Zusammenwirkens: Der regulierende und kooperierende Staat*

Neben diesen Kategorien befinden sich – gerade in den letzten Jahrzehnten – andersartige Ausprägungen der Einbindung Privater in die Tätigkeitsbereiche des Staates auf dem Vormarsch, die vorliegend als staatlich-gesellschaftliche, kooperative Gestaltungskonzepte bezeichnet werden sollen.[1059] Solche Modelle zeichnen sich dadurch aus, dass nicht allein Handlungsbeiträge staatlicher Aufgabenwahrnehmung auf Private übertragen werden, sondern die Aufgabenerfüllung im Kooperationsverhältnis, also in einem arbeitsteiligen Zusammenwirken, zwischen Staat und Privatem erfolgt.[1060]

Die Entwicklung verdeutlicht einen Erkenntnisprozess, dass gerade dort, wo der Staat mangels eigener Expertise schlicht nicht in der Lage zu sein scheint, selbst über die traditionellen Steuerungsformen regulierend und lenkend auf bestimmte Lebensbereiche einzuwirken,[1061] es keine Abhilfe zu verschaffen verspricht, die Forderung nach einer Ausweitung der hierarchischen öffentlichen Verwaltung verlauten zu lassen. Stattdessen ist die Zweckmäßigkeit und mitunter sogar Notwendigkeit der Einbeziehung gesellschaftlicher Dynamiken, Erfahrungen und Expertisen für diese zumeist komplexen, sich rasch wandelnden und teils wenig erforschten Regelungsgebiete durchaus anerkannt worden.[1062] Aus

---

1058 BVerfGE 107, 59 (94). Vgl. dazu auch *Puhl*, in: Isensee/Kirchhof (Hrsg.), Handbuch des Staatsrechts, Band III, § 48 Rn. 44.

1059 Vgl. *Holzmann*, Das Kooperationsprinzip, S. 29 ff.; *Schmidt-Aßmann*, Grundrechtspositionen und Legitimationsfragen im öffentlichen Gesundheitswesen, S. 56 ff., insb. S. 73 ff.

1060 *Çalışkan*, Die medizinrechtlichen Ordnungsstrukturen, S. 29, 77 f., 92; *Holzmann*, Das Kooperationsprinzip, S. 29 ff.

1061 *Çalışkan*, Die medizinrechtlichen Ordnungsstrukturen, S. 88; *Rosenau*, in: Ahrens u.a. (Hrsg.), FS Deutsch, S. 435 (447).

1062 *Augsberg*, in: Höfling (Hrsg.), Die Regulierung der Transplantationsmedizin in Deutschland, S. 45 (46 f.); *Rosenau*, in: Ahrens u.a. (Hrsg.), FS Deutsch, S. 435 (447). *Hase* weist darauf hin, dass schlechterdings nicht sämtliche Entscheidungen auf der

einem vermeintlichen Dilemma heraus hat sich so der heutige Staat zu einem „modernen, auf Kooperation, Verantwortungs- und Arbeitsteilung angelegten Verwaltungsstaat" entwickelt.[1063] Dabei entspricht es dem „Kalkül moderner Staatsverwaltung", private und staatliche Handlungsbeiträge zur gemeinwohlgerichteten Erfüllung öffentlicher Aufgaben in einen gemeinsamen Kontext zu bringen.[1064] Staat und Private werden durch ein Zusammenwirken über das bekannte und herkömmliche Maß hinaus auf neuartige, häufig auf Kooperation beruhende Weise vereint.[1065] Zu diesen Gestaltungsoptionen des Staates kann man Kategorien wie insbesondere die gruppenpluralistische Entscheidungsteilhabe, die Nutzung des Sachverstands von Sachverständigengremien bei staatlichen Aufgabenwahrnehmungen, die Ausformungen der Public-Private Partnership und das Regelungskonzept der regulierten gesellschaftlichen Selbstregulierung zählen.[1066]

a. Kondominialverwaltung

Als eine der vergleichsweise jüngeren Formen der Einbindung Privater lässt sich zunächst die Kondominialverwaltung benennen.[1067] Hierbei handelt es sich um eine gruppenpluralistische Entscheidungsteilhabe privater Repräsentanten an staatlichen Entscheidungsprozessen in Kollegialorganen der öffentlichen

---

Ebene des Gesetzes vollständig konkretisiert werden können, sondern dass es dafür umfassender und subtiler Fachkenntnisse sowie einer engen Vertrautheit mit der Frage der Organspende, -vermittlung und -transplantation bedarf und dass diese Voraussetzungen allein auf der Fachebene gegeben sind. (Stellungnahme zur öffentlichen Anhörung des Ausschusses für Gesundheit am 24.06.2013 zu den Anträgen der Fraktionen von CDU/CSU, SPD, FDP, Die Linke sowie Bündnis 90/Die Grünen zum Thema „Organspende").

1063 *Stober*, in: Wolff u.a. (Hrsg.), Verwaltungsrecht, Band II, § 90 Rn. 2. Vgl. auch *Dederer*, Korporative Staatsgewalt, 2003, S. 66 ff.; *Schmidt-Preuß*, VVDStRL 56 (1997), 160, 166 ff.; *Schmidt am Busch*, DÖV 2007, 533 ff.

1064 *Augsberg*, in: Höfling (Hrsg.), Die Regulierung der Transplantationsmedizin in Deutschland, S. 45 (46).

1065 Dazu *Rosenau*, in: Ahrens u.a. (Hrsg.), FS Deutsch, S. 435 (447).

1066 Wie hier wohl *Çalışkan*, Die medizinrechtlichen Ordnungsstrukturen, S. 123. Anders hingegen *Holzmann*, Das Kooperationsprinzip, S. 29 ff., die Sachverständigengremien, Public-Private Partnership und regulierte Selbstregulierung aus ihrer Betrachtung staatlich-privater Kooperation ausklammert.

1067 Dazu insbesondere *Jestaedt*, Demokratieprinzip und Kondominialverwaltung, passim; *Schreyer*, Pluralistische Entscheidungsgremien im Bereich sozialer und kultureller Staatsaufgaben, passim.

Verwaltung.[1068] Dabei werden die Gremien oder Organe der öffentlichen Verwaltungsträger, die staatliche Entscheidungen treffen sollen, gruppenpluralistisch auch mit privaten Vertretern besetzt.[1069] Es entstehen gemischt zusammengesetzte „staatlich-administrative Organisations- und Funktionseinheiten", in denen staatliche Funktionsträger und nichtstaatliche, aus Interessenverbänden rekurrierte, Gremiumsmitglieder gemeinsam Entscheidungen treffen sollen.[1070] Die Privaten können in der Kondominialverwaltung selbst die Entscheidungsergebnisse – frei von staatlichen Weisungen[1071] – mitbestimmen, und sind nicht etwa bloß an den Entscheidungsprozessen über Anhörungsrechte, Beratungs- oder Anregungsbefugnisse beteiligt.[1072] Besonders charakteristisch ist dabei, dass die staatsinternen Steuerungsinstrumente, Kontroll- und Verantwortungsmechanismen auf sie trotz ihres erheblichen, unmittelbaren Einflusses auf staatliche Entscheidungen nicht ausgedehnt werden.[1073]

Statt dass der Staat Entscheidungen allein von seinen Funktionsträgern treffen lässt oder die Aufgabe völlig in den gesellschaftlichen Bereich verlagert, ist mit der Kondominialverwaltung eine Form der gleichberechtigten Kooperation staatlicher und privater Akteure geschaffen worden.[1074] Verwaltungsaufgaben werden hier nicht eigenständig entweder von der organisierten Staatlichkeit oder von Privaten erfüllt, sondern obliegen der Entscheidung durch ein Zusammenwirken in einem gemeinsamen Gremium.[1075] Mittels gruppenpluralistischer Entscheidungsteilhabe soll die fachliche Qualität der Aufgabenwahrnehmung und Entscheidungsfindung der öffentlichen Verwaltung optimiert und die Akzeptanz

---

1068 *Heintzen*, VVDStRL 62 (2003), 220 (244); *Jestaedt*, Demokratieprinzip und Kondominialverwaltung, S. 26 f., 72 ff.; *Kluth*, Funktionale Selbstverwaltung, S. 29; *Schulze-Fielitz*, in: Hoffmann-Riem/Schmidt-Aßmann/Voßkuhle (Hrsg.), Grundlagen des Verwaltungsrechts, Band I, § 12 Rn. 84.

1069 *Kluth*, Funktionale Selbstverwaltung, S. 29. Vgl. auch *Schaefer*, Die Umgestaltung des Verwaltungsrechts, S. 201.

1070 *Jestaedt*, Demokratieprinzip und Kondominialverwaltung, S. 26 f, 82.

1071 Vgl. *Jestaedt*, Demokratieprinzip und Kondominialverwaltung, S. 27.

1072 *Jestaedt*, Demokratieprinzip und Kondominialverwaltung, S. 26; *Schreyer*, Pluralistische Entscheidungsgremien im Bereich sozialer und kultureller Staatsaufgaben, S. 23.

1073 *Jestaedt*, Demokratieprinzip und Kondominialverwaltung, S. 27.

1074 Vgl. *Jestaedt*, Demokratieprinzip und Kondominialverwaltung, S. 27.

1075 *Jestaedt*, Demokratieprinzip und Kondominialverwaltung, S. 61 f.

der Entscheidungen durch die Betroffenen gesteigert werden.[1076] Die Kondominialverwaltung zielt durch die Beteiligung der Interessenvertreter[1077] – einem in Bezug auf die zu regelnde Materie mit besonderer Sach- und Fachnähe ausgestatteten Personenkreis – an den Kollegialorganen darauf ab, externen Sachverstand und zusätzliche Informationen für die dort zu treffenden Entscheidungen zu gewinnen[1078] und gleichzeitig für eine hinreichende Berücksichtigung der häufig widerstreitenden Interessen der Betroffenenkreise sorgen zu können.[1079]

Mitunter wird vertreten, Private würden hier in einer Funktion als Amtsträger an Entscheidungen teilhaben.[1080] Dies erscheint jedoch wenig überzeugend. Bei der Kondominialverwaltung agieren Private vielmehr als Vertreter bestimmter Interessengruppen und wirken als solche unmittelbar rechtlich verbindlich an administrativen, staatlichen Entscheidungen mit.[1081] Man wird davon ausgehen müssen, dass die Privaten dabei in der Kondominialverwaltung primär nicht Gemeinwohlzwecke im Blick haben, sondern die subjektiven Eigeninteressen ihres Interessenkreises durchzusetzen versuchen. Ungeachtet dieser Frage sind die gruppenpluralistischen Gremien in ihrer Gesamtheit jedenfalls im verwaltungsorganisatorischen Sinne Behörden und werden der herkömmlichen Dogmatik folgend dem Bereich der unmittelbaren Staatsverwaltung zugerechnet.[1082]

1076 *Jestaedt*, Demokratieprinzip und Kondominialverwaltung, S. 133 ff.; *Schulze-Fielitz*, in: Hoffmann-Riem/Schmidt-Aßmann/Voßkuhle (Hrsg.), Grundlagen des Verwaltungsrechts, Band I, § 12 Rn. 85.

1077 Vgl. dazu insb. *Schreyer*, Pluralistische Entscheidungsgremien im Bereich sozialer und kultureller Staatsaufgaben, S. 41 ff.

1078 So *Schulze-Fielitz*, in: Hoffmann-Riem/Schmidt-Aßmann/Voßkuhle (Hrsg.), Grundlagen des Verwaltungsrechts, Band I, § 12 Rn. 85; *Jestaedt*, Demokratieprinzip und Kondominialverwaltung, S. 42 f, 133.

1079 *Jestaedt*, Demokratieprinzip und Kondominialverwaltung, S. 41 ff., 133; *Schulze-Fielitz*, in: Hoffmann-Riem/Schmidt-Aßmann/Voßkuhle (Hrsg.), Grundlagen des Verwaltungsrechts, Band I, § 12 Rn. 84. Zu dieser Einordnung auch schon *Dagtoglou*, Der Private in der Verwaltung als Fachmann und Interessenvertreter, insb. S. 28 ff.

1080 *Schulze-Fielitz*, in: Hoffmann-Riem/Schmidt-Aßmann/Voßkuhle (Hrsg.), Grundlagen des Verwaltungsrechts, Band I, § 12 Rn. 84.

1081 *Jesaedt*, Demokratieprinzip und Kondominialverwaltung, S. 26 ff., 36 ff.; *Schulze-Fielitz*, in: Hoffmann-Riem/Schmidt-Aßmann/Voßkuhle (Hrsg.), Grundlagen des Verwaltungsrechts, Band I, § 12 Rn. 84.

1082 *Jestaedt*, Demokratieprinzip und Kondominialverwaltung, S. 62.

b. Private Sachverständige und Sachverständigengremien

Zum Bereich der staatlichen Aufgabenwahrnehmung unter Mitwirkung Privater kann es auch gezählt werden, wenn für den staatlichen Entscheidungsfindungsprozess privater, das heißt nicht im verwaltungsinternen Bereich vorhandener, Sachverstand abgerufen wird,[1083] denn dieser ist dann originär dem gesellschaftlichen Bereich zuzuordnen.[1084] Die Einbindung privaten Sachverstands in die staatliche Aufgabenerfüllung kann in zahlreichen unterschiedlichen Formen verwirklicht werden, etwa indem der Sachverständige beratend gegenüber dem staatlichen Funktionsträger tätig wird, oder wenn zur Ausgestaltung gesetzlicher Generalklauseln auf Regelwerke privater oder halbprivater Normverbände zurückgegriffen und der private Sachverstand auf diese Weise rezipiert wird.[1085] Es ist aber ebenso gut denkbar, dass bestimmte Verwaltungsaufgaben oder sogar Entscheidungen auf externe Sachverständige, Sachverständigengremien oder unter anderem mit privaten Sachverständigen besetzte Kollegialgremien ausgelagert werden.[1086]

Schon reine Sachverständigenberatungen können auf die zu treffenden Entscheidungen staatlicher Funktionsträger entscheidenden Einfluss ausüben, insbesondere dann, wenn diese mangels eigenem Sachverstand maßgeblich auf die Inhalte gutachterlicher Stellungnahmen angewiesen sind und ihre Entscheidungen wesentlich auf die daraus gewonnenen Erkenntnisse stützen.[1087] Sachverständigenberatungen sind notwendigerweise stets auch mit gewissen persönlichen Einschätzungen und Wertungen des Sachverständigen verbunden und allenfalls in extremen Ausnahmefällen die bloße wertungs- und gewichtungsfreie Wiederhabe von Fachwissen in seiner reinsten Form.[1088] Da die Einbeziehung von Sachverständigen und Sachverständigengremien in die staatliche Aufgabenwahrnehmung selbst bei bloßen Beratungsaufgaben insofern über

---

1083 *Nussberger*, AöR 129 (2004), 282 (287); *Voßkuhle*, in: Isensee/Kirchhof (Hrsg.), Handbuch des Staatsrechts, Band III, § 43 Rn. 54 ff. In diese Richtung außerdem *Dederer*, Korporative Staatsgewalt, S. 79; vgl. auch *Schmidt-Aßmann*, in: Kern u.a. (Hrsg.), FS Laufs, 1049 (1057 ff.).

1084 *Nussberger*, AöR 129 (2004), 282 (306).

1085 Vgl. nur *Voßkuhle*, in: Isensee/Kirchhof (Hrsg.), Handbuch des Staatsrechts, Band III, § 43 Rn. 8, 59.

1086 *Nussberger*, AöR 129 (2004), 282 (302); *Voßkuhle*, in: Isensee/Kirchhof (Hrsg.), Handbuch des Staatsrechts, Band III, § 43 Rn. 23, 60.

1087 Vgl. *Dederer*, Korporative Staatsgewalt, S. 80 m.w.N.

1088 Vgl. dazu die Ausführungen bei *Dederer*, Korporative Staatsgewalt, S. 81; *Voßkuhle*, in: Isensee/Kirchhof (Hrsg.), Handbuch des Staatsrechts, Band III, § 43 Rn. 19.

eine völlig neutrale Informationsbeschaffung hinausgehen muss, wird damit auch ein gewisses Maß an Entscheidungsteilhabe Privater an der staatlichen Aufgabenwahrnehmung ermöglicht. Hinzu kommt, dass die Beratung durch Sachverständige regelmäßig als ein Prozess zu verstehen ist, in dem die staatlichen Funktionsträger mit den beratenden Sachverständigen in Dialog treten. Solche Beratungsprozesse legen gegenseitige Beeinflussungen nahe.[1089] Dies gilt umso mehr, wenn die Sachverständigen Kraft staatlichen Ernennungsaktes zu Teilen eines behördlichen Gremiums gemacht, wenn also Verwaltungsaufgaben zur letztverantwortlichen Mitentscheidung auf Sachverständige übertragen werden.[1090] In diesen Fällen ist die Mitwirkung Privater an staatlichen Aufgaben offenkundig. Hierbei ist freilich ein fließender Übergang hin zu einer gruppenpluralistisch besetzten Kondominialverwaltung erkennbar, die sich ebenfalls dadurch auszeichnet, das in der Gesellschaft vorhandene Wissen und den dort vorhandenen Sachverstand fruchtbar zu machen.[1091] Während bei der Kondominialverwaltung stärker die Interessenrepräsentation im Fokus steht, wird bei Sachverständigengremien das professionelle Element betont. Jedoch lassen sich die zunächst gegensätzlich erscheinenden und in der Literatur getrennten Kriterien der Interessenvertretung und des Sachverstandes in der Praxis freilich nicht stets eindeutig voneinander abgrenzen.[1092]

c. *Public-Private Partnership*

Eine eher als Sammelkategorie fungierende Funktion übernimmt der in der Literatur noch wenig akzentuierte Begriff der Public-Private Partnership, der ebenfalls staatlich-private Kooperationsformen zur Erfüllung öffentlicher Aufgaben umschreiben soll.[1093] Als Merkmal der Public-Private Partnership wird benannt, dass eine Aufgabenerledigung mittels eines aufgabenbezogenen

---

1089 So *Voßkuhle*, in: Isensee/Kirchhof (Hrsg.) Handbuch des Staatsrechts, Band III, § 43 Rn. 22.

1090 Dazu *Nussberger*, AöR 129 (2004), 282 (297); *Schmidt-Aßmann*, in: Kern u.a. (Hrsg.), FS Laufs, 1049 (1057 f.).

1091 *Voßkuhle*, in: Isensee/Kirchhof (Hrsg.), Handbuch des Staatsrechts, Band III, § 43 Rn. 33. Zu diesem gleichgelagerten Ziel einer Kondominialverwaltung vgl. nur *Schulze-Fielitz*, in: Hoffmann-Riem/Schmidt-Aßmann/Voßkuhle (Hrsg.), Grundlagen des Verwaltungsrechts, Band II, § 12 Rn. 85; *Jestaedt*, Demokratieprinzip und Kondominialverwaltung, S. 42 f, 133.

1092 Vgl. *Voßkuhle*, in: Handbuch des Staatsrechts, Band III, § 43 Rn. 17 ff.

1093 *Berger*, Die Bundesärztekammer, S. 101; *Burgi*, Funktionale Privatisierung, S. 98; *Stober*, in: Wolff u.a. (Hrsg.), Verwaltungsrecht, Band II, § 93 Rn. 1.

Zusammenwirkens der öffentlichen Hand und des Privaten in der Form einer Partnerschaft erfolgen müsse.[1094] Diese Kooperationsform sei durch anteilige Beiträge zur Erreichung gemeinwohlorientierter Leistungen mit einem Mindestmaß an konvergierenden, gemeinsamen Zielen der Partner gekennzeichnet.[1095] Teils werden noch Aspekte wie die Langfristigkeit der Kooperationsbeziehungen oder die Finanzierung als Merkmale einer Public-Private Partnership mitherangezogen.[1096]

Nach diesem weit gefassten und entwicklungsoffenen Konzept[1097] erfolgt das Zusammenwirken des Staates mit dem Privaten regelmäßig auf der Grundlage vertraglicher Vereinbarungen, in den Formen des Gesellschaftsrechts oder auch durch informelle Kooperation.[1098] Public-Private Partnership wird also als ein Sammelbegriff verschiedener Ausprägungen funktionaler Privatisierung verstanden.[1099] Es ist regelmäßig so, dass die öffentliche Hand eine Aufgabenverantwortung beibehält und Zielvorgaben formuliert, die Aufgabenerfüllung hingegen dem kooperierenden Privaten durch privatrechtliche Instrumente des Vertrags- und Gesellschaftsrechts auferlegt wird.[1100]

Die mitunter konturenlos erscheinende Umschreibung des Begriffs von Public-Private Partnership führt dazu, dass manche Stimmen in der Literatur fast schon jede Form kooperativen Zusammenwirkens der öffentlichen Hand

---

1094 *Böhm*, Öffentlich-private Partnerschaft, S. 20; *John-Koch*, Organisationsrechtliche Aspekte der Aufgabenwahrnehmung im modernen Staat, S. 91.

1095 *John-Koch*, Organisationsrechtliche Aspekte der Aufgabenwahrnehmung im modernen Staat, S. 92; *Loer*, Public Private Partnership und Public Public Partnership, S. 31.

1096 Vgl. etwa *Loer*, Public Private Partnership und Public Public Partnership, S. 31 ff.; *Reit*, Public Private Partnership und materielle Privatisierung kommunaler Krankenhäuser im Lichte der Investitionskostenfinanzierung, S. 26.

1097 Vgl. *Stober*, in: Wolff u.a. (Hrsg.), Verwaltungsrecht, Band II, § 93 Rn. 5 m.w.N. Ähnlich *John-Koch*, Organisationsrechtliche Aspekte der Aufgabenwahrnehmung im modernen Staat, S. 90 f.

1098 Vgl. zu den Erscheinungsformen und Modellformen der Public-Private Partnership *Bressler*, Private Partnership im Bank- und Börsenrecht durch Beleihung mit einer Anstaltsträgerschaft, S. 22; *Stober*, in: Wolff u.a. (Hrsg.), Verwaltungsrecht, Band II, § 93 Rn. 7 ff. *John-Koch*, Organisationsrechtliche Aspekte der Aufgabenwahrnehmung im modernen Staat, S. 92, ist indes der Auffassung, dass Public-Private Partnership einem Mindestmaß an Formalisierung bedürfe und rein informelle Kooperationen folglich aus dem Begriff ausschieden.

1099 *Stober*, in: Wolff u.a. (Hrsg.), Verwaltungsrecht, Band II, § 93 Rn. 4.

1100 Vgl. *Hermesmeier*, Staatliche Beteiligungsverwaltung, S. 122; *Loer*, Public Private Partnership und Public Public Partnership, S. 32.

mit privaten Akteuren darunter fassen wollen,[1101] wohingegen von anderen als Reaktion darauf versucht wird, über weitere inhaltliche Anforderungen zu einer klareren Konturierung der Public-Private Partnership zu gelangen.[1102] Überzeugend erscheint es, von Public-Private Partnership jedenfalls nur dann zu sprechen, wenn die Zusammenarbeit zwischen der öffentlichen Hand und privatrechtlichen Unternehmen gemeint ist.[1103] Dieses insgesamt enge, aber auch mit deutlicheren Merkmalen ausgestattete, Verständnis macht die Kategorie greifbarer und lässt weitere Differenzierungen zu. So kann danach bei Public-Private Partnership zwischen institutionell-organisatorischen Kooperationsverhältnissen, also gesellschaftsrechtlichen Kooperationsformen wie insbesondere gemischtwirtschaftlichen Unternehmen, und vertraglichen Kooperationsverhältnissen, unterschieden werden.[1104] Insgesamt ist die tatsächliche Reichweite dieser Kategorie von staatlich-privater Aufgabenerfüllung jedoch umstritten und ungeklärt[1105] und eine stärker akzentuierte und zugleich überwiegend gebilligte Definition von Public-Private Partnership hat die Diskussion bisweilen noch nicht hervorgebracht.[1106] Daher mag sich eine Grenzziehung zu anderen Konzeptionen kooperativer Aufgabenwahrnehmung im Einzelfall durchaus schwierig gestalten.

e. *Regulierte Selbstregulierung*

In den letzten zurückliegenden Jahrzehnten werden Kooperationsformen staatlich-privatem Zusammenwirkens nunmehr auch mit dem Steuerungskonzept[1107]

1101 Vgl. dazu die umfangreichen Nachweise bei *Voßkuhle*, VVDStRL 62 (2003), 266 (283 in Fn. 283).

1102 Vgl. dazu die umfangreichen Nachweise bei *Voßkuhle*, VVDStRL 62 (2003), 266 (283 in Fn. 283).

1103 *John-Koch*, Organisationsrechtliche Aspekte der Aufgabenwahrnehmung im modernen Staat, S. 94 ff.; *Loer*, Public Private Partnership und Public Public Partnership, S. 34 ff.

1104 *John-Koch*, Organisationsrechtliche Aspekte der Aufgabenwahrnehmung im modernen Staat, S. 94 ff.; *Loer*, Public Private Partnership und Public Public Partnership, S. 34 ff.

1105 John-Koch, Organisationsrechtliche Aspekte der Aufgabenwahrnehmung im modernen Staat, S. 90 m.w.N. in Fn. 347; *Stober*, in: Wolff u.a. (Hrsg.), Verwaltungsrecht, Band II, § 93 Rn. 4.

1106 Vgl. dazu statt vieler *Prinay*, Public Private Partnerships und deren Einordnung in das Europäische Wettbewerbsrecht, S. 15 ff.

1107 So *Bader*, Organmangel und Organverteilung, S. 167. *Franzius*, VerwArch 2008, 351 (354) spricht von der „Gestaltungsoption regulierter Selbstregulierung";

regulierter Selbstregulierung kategorisiert. Dieser Begriff hat sich in der verwaltungsrechtswissenschaftlichen Debatte in der Zwischenzeit zu einem anerkannten Schlüsselbegriff des Verwaltungsrechts entwickelt.[1108] Gemeint sind damit neuere Formen der Beteiligung Privater an staatlichen Aufgaben,[1109] die aus zunehmend auftretenden „weitreichende[n] Geflechte[n] " zwischen der öffentlichen Hand und privaten Entscheidungsträgern hervorgegangen sind[1110] und deren „Wirkungszusammenhänge im Grenzbereich zwischen staatlichen und gesellschaftlichen Aktivitäten" entfaltet werden.[1111] Regulierte Selbstregulierung wird als eine hybride Steuerungsform zwischen unmittelbarer staatlicher Aufgabenerfüllung und reiner gesellschaftlichen Selbstregulierung eingeordnet.[1112]

Die Kooperationsform der regulierten Selbstregulierung verbindet – wie schon die Begriffskombination eröffnet – Formen dynamischer gesellschaftlicher Selbstregulierung, also der privatautonomen Eigenorganisation privater Akteure, mit Instrumenten staatlicher Steuerung[1113] zu einer staatlich-gesellschaftlichen Regelungsstruktur.[1114] Dazu wirkt der Staat auf ein weitgehend autonom agierendes und geschlossenes gesellschaftliches System gezielt durch eigene, zumeist normative, Vorgaben ein.[1115] Er konzentriert seine Steuerungsleistung darauf, durch Initiierung und Anleitung eine in der Gesellschaft erfolgende Aufgabenwahrnehmung anzuleiten.[1116] Eine nähere Konkretisierung fällt jedoch schwer: Schon das Begriffsverständnis einer gesellschaftlichen Selbstregulierung

---

Schmidt-Aßmann, Die Verwaltung 2001, Beiheft 4, 253 (253 ff.), betrachtet regulierte Selbstregulierung als Element der verwaltungsrechtlichen Systembildung.

1108 *Collin/Rudischhauser*, in: Collin u.a. (Hrsg.), Regulierte Selbstregulierung, Rn. 8; *Schmidt-Aßmann*, Die Verwaltung 2001, Beiheft 4, 253 (254); *Voßkuhle*, VVDStRL 62 2003, 266 (284).

1109 *Thoma*, Regulierte Selbstregulierung im Ordnungsverwaltungsrecht, S. 42.

1110 Vgl. dazu eingehend *Schmidt-Aßmann*, in: Maunz/Dürig (Hrsg.), GG, Art. 19 Abs. 4 Rn. 3.

1111 *Schmidt-Aßmann*, Die Verwaltung 2000, Beiheft 4, 253 (254).

1112 So beispielsweise *Hoffmann-Riem*, in: ders./Schmidt-Aßmann (Hrsg.), Öffentliches Recht und Privatrecht als wechselseitige Auffangordnungen, S. 261 (300 ff.); Hoffmann-Riem/Schulz/Held (Hrsg.), Konvergenz und Regulierung, S. 48; *Schmidt-Aßmann*, Die Verwaltung 2001, Beiheft 4, 253 (254); *Schmidt-Preuß*, VVDStRL 56 (1997), 160 (221). Vgl. auch *Collin/Rudischhauser*, in: Collin u.a. (Hrsg.), Regulierte Selbstregulierung, die schon im Titel von hybriden Regelungsstrukturen sprechen.

1113 *Böning*, Kontrolle im Transplantationsgesetz, S. 63 f.

1114 *Collin/Rudischhauser*, in: Collin u.a. (Hrsg.), Regulierte Selbstregulierung, Rn. 10.

1115 *Böning*, Kontrolle im Transplantationsgesetz, S. 64.

1116 *Voßkuhle*, VVDStRL 62 (2003), 266 (285).

lässt sich nicht einhellig herausarbeiten. So wird Selbstregulierung teils als eine im gesellschaftlichen Bereich erfolgende individuelle oder kollektive Verfolgung von Privatinteressen als Ausdruck grundrechtlicher Freiheit zum legitimen Eigennutz beschrieben.[1117] Danach würde praktisch fast jedes menschliche Verhalten dem Begriff zugeordnet werden können.[1118] Selbstregulierung umfasst nach engerem – und damit vorzugswürdigen – Verständnis hingegen einen Vorgang, in dem Private den Maßstab ihres Verhaltens autonom zu setzen und zu überwachen befugt sind.[1119] Es lässt sich insofern auch von der „Erfüllung einer öffentlichen Aufgabe durch gesellschaftliche Kräfte in organisierter Form" sprechen.[1120] Gesellschaftliche Selbstregulierung beschreibt folglich Maßnahmen privater, in einem gewissen Maße institutionalisierter,[1121] Akteure, die dazu dienen, für das eigene Verhalten im Hinblick auf andere Beteiligte Maßstäbe aufzustellen und so in den Formen der Selbstverpflichtung ein kollektives Ordnungsmuster zu bewirken.[1122] Den Begriff der Regulierung nutzt die rechtswissenschaftliche Diskussion um eine Reform des Verwaltungsrechts hingegen als Oberbegriff für die verschiedenen Modi staatlicher Aufgabenerfüllung.[1123] Regulierung konkretisiert sich beim Modell der regulierten Selbstregulierung durch eine mehr oder weniger starke hoheitliche Überformung des selbstregulierten, gesellschaftlichen Lebensbereichs mittels staatlicher Steuerungsinstrumente.[1124] Diese Regulierung muss in Abgrenzung zu den sonstigen rechtsetzenden Tätigkeiten des Staates in Beeinflussung gesellschaftlicher Prozesse gerade „selbstregulierungsspezifisch" erfolgen, dabei die eigenen Handlungslogiken gesellschaftlicher Systeme

---

1117 *Krüger*, Die Organvermittlungstätigkeit Eurotransplants im Sinne des § 12 TPG, S. 182; *Schmidt-Aßmann*, in: Kern (Hrsg.), FS Laufs, S. 1059; *Schmidt-Preuß*, VVDStRL 56 (1997), 160 (162).

1118 Vgl. dazu *Thoma*, Regulierte Selbstregulierung, S. 32.

1119 *Böning*, Kontrolle im Transplantationssystem, S. 63; *Calliess*, AfP 2002, 465 (466). Dazu auch *Schmidt-Aßmann*, Die Verwaltung 2001, Beiheft 4, 253 (255).

1120 *Thoma*, Regulierte Selbstregulierung, S. 34. Vgl. auch *Di Fabio*, VVDStRL 56 (1997), 235 (238).

1121 Dazu *Thoma*, Regulierte Selbstregulierung, S. 34.

1122 Vgl. *Schmidt-Aßmann*, Die Verwaltung 2000, Beiheft 4, 253 (255).

1123 So ausdrücklich *Eifert*, in: Hoffmann-Riem/Schmidt-Aßmann/Voßkuhle (Hrsg.), Verwaltungsrecht, Band I, § 19 Rn. 4. Vgl. auch *Hoffmann-Riem*, in: Hoffmann-Riem/Schmidt-Aßmann (Hrsg.), Öffentliches Recht und Privatrecht als wechselseitige Auffangordnungen, S. 261 (300 ff.); *Schmidt-Aßmann*, Die Verwaltung 2001, Beiheft 4, 253 (255).

1124 *Eifert*, Die Verwaltung 2001, Beiheft 4, 137 (137); *Schmidt-Aßmann*, Die Verwaltung 2000, Beiheft 4, 253 (255).

akzeptieren[1125] und sich allein auf das Verfahren, die Vorgaben, den Rahmen und die Ziele einer Selbstregulierung beziehen.[1126] Bei der regulierten Selbstregulierung werden folglich beide Instrumente in einem gemeinsamen Ordnungskonzept zusammengeführt, in dem sie aufeinander Bezug nehmen und sich ergänzen sollen.[1127]

Charakteristisch für die regulierte Selbstregulierung ist damit, dass vom Staat „private Beiträge zur Erfüllung öffentlicher Aufgaben bewirkt und [ge]steuert" werden.[1128] Es kommt zu einer Verschränkung der Handlungslogiken staatlicher und gesellschaftlicher Akteure und Funktionsbereiche.[1129] Regulierte Selbstregulierung eröffnet es den Regulierungsbehörden, vor allem über Zielbestimmungen, die verfolgten öffentlichen Interessen der Gemeinwohlsicherung auch in einer Ordnung privater Selbstregulierung sicherzustellen und diesen Bereich zu beeinflussen.[1130] Ziel des Konzeptes ist es, die gesellschaftlichen Handlungslogiken, also beispielsweise spezifische Expertise, die Erfahrung und die Dynamik gesellschaftlicher Aufgabenträger, für staatliche Zwecke der Gemeinwohlsicherung nutzbar zu machen.[1131] Es geht darum, die „Eigenverantwortung, Motivation und Innovation" gesellschaftlicher Bereiche möglichst zu erhalten, diese jedoch einem staatlichen Rahmen und einer gewissen staatlichen Strukturierung und Steuerung zugänglich zu machen.[1132] Beide Instrumente – die gesellschaftliche Selbstregulierung und die staatliche Regulierung – sollen so zur Geltung gebracht werden und ihre Vorzüge entfalten.[1133] Um diese Ziele zu verwirklichen ist es erforderlich, dem Privaten zwar Handlungsalternativen vorzugeben, innerhalb des gesteuerten Rahmens aber gesellschaftliche, freie Entwicklungen

---

1125 *Eifert*, in: Hoffmann-Riem/Schmidt-Aßmann/Voßkuhle (Hrsg.), Grundlagen des Verwaltungsrechts, Band I, § 19 Rn. 54.

1126 *Thoma*, Regulierte Selbstregulierung, S. 38, 41.

1127 *Schmidt-Aßmann*, Die Verwaltung 2000, Beiheft 4, 253 (255).

1128 *Thoma*, Regulierte Selbstregulierung, S. 39.

1129 So *Eifert*, in: Hoffmann-Riem/Schmidt-Aßmann/Voßkuhle (Hrsg.), Grundlagen des Verwaltungsrechts, Band I, § 19 Rn. 14.

1130 *Trute*, DVBl. 1996, 950 (953).

1131 *Böning*, Kontrolle im Transplantationsgesetz, S. 64; *Eifert*, in: Hoffmann-Riem/Schmidt-Aßmann/Voßkuhle (Hrsg.), Grundlagen des Verwaltungsrechts, Band I, § 19 Rn. 14 f.

1132 *Eifert*, in: Hoffmann-Riem/Schmidt-Aßmann/Voßkuhle (Hrsg.), Grundlagen des Verwaltungsrechts, Band I, § 19 Rn. 54; *Thoma*, Regulierte Selbstregulierung, S. 41. Vgl. dazu auch *Trute*, DVBl. 1996, 950 (955).

1133 *Thoma*, Regulierte Selbstregulierung, S. 39 m.w.N.

zu ermöglichen.[1134] Der Staat gibt die Ziele und den Rahmen vor, formuliert Anforderungen an die agierenden privaten Akteure, schafft eine Struktur für die privaten Handlungsformen und geeignete Kontrollmaßnahmen und hält sich für eventuelle weitere Steuerungen bereit.[1135]

Wegen der Weite des Begriffsverständnisses kann regulierte Selbstregulierung in unterschiedlichen Erscheinungsformen und mit unterschiedlichen Abstufungen des Verhältnisses und der Intensität von staatlicher Regulierung und gesellschaftlicher Selbstregulierung auftreten.[1136] Außerdem lassen sich aus funktionaler Perspektive regulierte Selbstregulierung in den Bereichen der Normsetzung und der Normdurchsetzung sowie regulierte Selbstregulierung justizieller Art unterscheiden.[1137] Typisches Merkmal regulierter Selbstregulierung ist dabei stets, dass dem gesellschaftlichen Handlungsbereich die klassischen, zivilrechtlichen Handlungsformen erhalten bleiben und sich nicht etwa zu hoheitlichen Handlungsformen wandeln.[1138] Denn die Befugnis zum hoheitlichen Handeln kann nicht mehr als Ausfluss eines der regulierten Selbstregulierung typischen gesellschaftlichen Prozesses eingeordnet werden, sondern ist allein einem staatlichen Steuerungsgefüge zuzuordnen.[1139]

1134 In diese Richtung auch *Krüger*, Die Organvermittlungstätigkeit Eurotransplants im Sinne des § 12 TPG, S. 183.

1135 So *Thoma*, Regulierte Selbstregulierung, S. 40 f.

1136 Einzelne Referenzgebiete regulierter Selbstregulierung wie das Umweltrecht, das Telekommunikationsrecht, das Handels- und Gesellschaftsrecht, das Produktsicherheitsrecht, das Wissenschaftsrecht und das Transplantationsrecht beschreibt *Schmidt-Aßmann*, Die Verwaltung 2001, Beiheft 4, 253 (256 ff.). Zu den abstrakten Erscheinungsformen und Abstuftungen regulierter Selbstregulierung vgl. *Schmidt-Aßmann*, Die Verwaltung 2001, Beiheft 4, 253 (259 ff.), dieser unterscheidet Selbstregulierung mit vorrangig normativen Regulierungstechniken, Selbstregulierung mit obligatorischen eigenen Implementationsinstanzen, Selbstregulierung mit staatlichen Implementationsinstanzen sowie kooperative Organisationen. Zu den unterschiedlichen Ausprägungen bei Regelungsstrukturen zwischen staatlicher Steuerung und gesellschaftlicher Selbstregulierung auch *Trute*, DVBl. 1996, 950 (951 ff.).

1137 Vgl. *Collin/Rudischhauser*, in: Collin u.a. (Hrsg.), Regulierte Selbstregulierung, Rn. 20 ff. Zur Rechts- und Regelsetzung in der regulierten Selbstregulierung vgl. etwa *Franzius*, in: Darnaculleta i Gardella u.a. (Hrsg.), Strategien des Rechts im Angesicht von Ungewissheit und Globalisierung, S. 248 (250 ff).

1138 *Krüger*, Die Organvermittlungstätigkeit Eurotransplants im Sinne des § 12 TPG, S. 183 f.

1139 *Krüger*, Die Organvermittlungstätigkeit Eurotransplants im Sinne des § 12 TPG, S. 186.

C. Rechtliche Einordnung der Koordinierungsstelle

Bezogen auf die Strukturen der Aufgabenwahrnehmung im Transplantationsrecht und dort insbesondere im Hinblick auf die Einbindung einer Koordinierungsstelle mit ihren spezifischen Aufgaben stellt sich nunmehr die Frage, ob sich die initiierte Art der Aufgabenerledigung einer der bekannten Formen staatlich-privaten Zusammenwirkens zuordnen lässt. Eine solche Zuordnung hätte zur Folge, dass die Koordinierungsstelle deren – mehr oder minder gesicherten – verfassungsrechtlichen Status und das zu fordernde Muster grundgesetzlicher Legitimation teilen würde.[1140] Die insoweit einschlägigen Organisationsmuster des TPG könnten dementsprechend an den zu stellenden Anforderungen gemessen werden.

Hier erscheint es zur Gewinnung von Erkenntnissen allein zielführend, das Gesamtverhältnis aus gesetzlichen Vorgaben, ministeriellen Rechtsverordnungen, vertraglichen Bestimmungen und tatsächlicher, kooperativer Ausführung durch die DSO als Koordinierungsstelle in den Blick zu nehmen und insofern zu versuchen, diese spezifische Ordnungsstruktur einer Zuordnung zuzuführen.[1141] Das Transplantationswesen zeichnet sich gerade dadurch aus, dass neben einer gesetzlichen Ordnung und dem Erlass von behördlichen Rechtsverordnungen Festlegungen in Verträgen und Kooperationen auf Basis der gesetzlichen Vorgaben getroffen werden und anhand dieser Strukturierung der Aufgabenbereiche eine Ausführung durch die Akteure erfolgt. Bei der Organisation des Transplantationswesens und seiner Akteure ist insofern mehrfach eine vergleichbare Vorgehensweise gewählt worden. Dabei sind die Institutionen, die als Akteure agieren sollen, nicht direkt im Gesetz bestimmt worden. Stattdessen sollen geeignete Institutionen gegründet oder beauftragt und durch einen Vertragsschluss auf ihre Aufgaben festgelegt werden.[1142] Es erscheint diesem mehrstufigen Konzept nicht gerecht zu werden, würde man einzelne Handlungsstränge aus den Ordnungsmustern herausgelöst betrachten und versuchen, diese einer Fallgruppe staatlich-privater Aufgabenerledigung zuzuteilen. Andernfalls drohte das Risiko, bei einer Zuordnung den das Transplantationsrecht beherrschenden Umstand, dass es sich gerade um ein „vom Gesetzgeber konzipiertes Zusammenspiel mehrerer Beteiligter“[1143] handelt, bei dessen Kategorisierung nicht hinreichend zu berücksichtigen. Außerdem gelangte man zu mitunter sehr

---

1140 So argumentiert *Jestaedt*, Demokratieprinzip und Kondominialverwaltung, S. 26, 64.
1141 In diese Richtung auch *Böning*, Kontrolle im Transplantationsgesetz, S. 51 f.
1142 Vgl. §§ 11 Abs. 1 S. 2, 12 Abs. 1 S. 1, 15b Abs. 1 S. 1, 15c Abs. 1 S. 1 TPG.
1143 *Böning*, Kontrolle im Transplantationsgesetz, S. 51.

komplexen Fragen, die aber im Hinblick auf das Transplantationssystem kaum befriedigende oder weiterführende Feststellungen liefern könnten: So käme man etwa dahin, beantworten zu müssen, ob die Verträge der Spitzenverbände nach den §§ 11 und 12 TPG privatrechtlich einzuordnen oder dem Öffentlichen Recht zuzuordnen sind, ob dabei beispielsweise eine gesetzliche Beleihung zum Vertragsschluss oder ein öffentlich-rechtlicher Vertrag in Betracht käme[1144] und was darauf für das Handeln der Koordinierungsstelle beziehungsweise der Vermittlungsstelle auf der Grundlage dieser Verträge folgt. Schon diese kurze Überlegung verdeutlicht aber, dass die so betrachteten einzelnen Handlungsstränge in Anbetracht des Gesamtkonzeptes stets unvollständig erscheinen und darüber hinaus kaum befriedigend unter die klassischen Formen der Aufgabenwahrnehmung durch Private gefasst werden können.

I. Besondere Charakteristika der Aufgabenstrukturierung des § 11 TPG

Zwecks einer angestrebten Einordnung sollen die besonderen Charakteristika der Tätigkeitsübertragung auf die Koordinierungsstelle im Aufgabenbereich der postmortalen Organtransplantation noch einmal im Überblick skizziert werden:

Die Tätigkeit der Koordinierungsstelle beruht zunächst auf bundesgesetzlicher Grundlage. § 11 TPG sieht vor, dass eine solche Institution an dem Prozess der postmortalen Organtransplantation mitwirkt. Der Gesetzgeber macht dazu Vorgaben zu den strukturellen Voraussetzungen einer Koordinierungsstelle, deren Aufgaben und der Kontrolle ihrer Organisationsstruktur und Arbeitsleistung. Eine „geeignete Einrichtung“ im Sinne des § 11 Abs. 1 S. 2 TPG muss gemäß § 11 Abs. 2 S. 3 und 4 TPG durch eine finanziell und organisatorisch eigenständige Trägerschaft, die betriebliche Organisation, die Anzahl und Qualifikation der Mitarbeiter sowie eine entsprechende sachliche Ausstattung die Gewähr dafür bieten, dass sie ihre Aufgaben entsprechend der gesetzlichen Vorgaben erfüllen kann. Diese Aufgaben bestehen darin, sämtliche Handlungsabläufe der Organentnahme sowie der Vorbereitung von Entnahme, Vermittlung und Übertragung in Zusammenarbeit mit Entnahmekrankenhäusern und

1144 Ein Einordnungsversuch zum Vertrag nach § 12 Abs. 4 TPG bei *Schneider*, Verfassungsmäßigkeit des Rechts der Organallokation, S. 58, die den Vertrag als „nicht öffentlich-rechtlich“ einordnet (vgl. ebd., S. 60), ihn dann aber als staatliche Aufgabe mit Entscheidungscharakter dennoch einer Prüfung anhand des Demokratieprinzips des Art. 20 Abs. 2 GG unterzieht, ebd., S. 86 f.

Transplantationszentren zu organisieren und ärztliches Personal mit den erforderlichen Ausführungen zu beauftragen, § 11 Abs. 4 S. 4 TPG.

§ 11 Abs. 1 TPG bestimmt, dass die Beauftragung oder Errichtung einer geeigneten Einrichtung als Koordinierungsstelle dem Spitzenverband Bund der Krankenkassen, der Bundesärztekammer und der Deutschen Krankenhausgesellschaft oder den Bundesverbänden der Krankenhausträger gemeinsam obliegt. Gemäß § 11 Abs. 2 TPG schließen diese mit der entsprechenden Einrichtung einen Koordinierungsstellenvertrag, der insbesondere die dort benannten Themenbereiche abdeckt. So wird nicht nur festgelegt, dass vertragliche Rahmenregelungen für die Zusammenarbeit der Beteiligten zu erstellen sind und der Erfahrungsaustausch und die Zusammenarbeit mit der Vermittlungsstelle Vertragsgegenstand sein sollen. Den dortigen Festlegungen ist auch zu entnehmen, dass die erforderlichen Maßnahmen zum Schutz des Organempfängers in Zusammenhang mit der Organentnahme und die Unterstützung der Transplantationszentren bei Maßnahmen zur Qualitätssicherung in den Aufgabenbereich der Koordinierungsstelle fallen. Gemäß § 11 Abs. 1 S. 5 bis 9 TPG sind es die Auftraggeber, die dafür Sorge zu tragen haben, dass eine Einrichtung bei Vertragsschluss und während der Vertragslaufzeit des Koordinierungsstellenvertrags die strukturellen Voraussetzungen erfüllt. Dazu sind ihnen gesetzlich gewisse Kontrollbefugnisse eingeräumt worden, etwa Prüfungen der Haushaltslegung der Koordinierungsstelle und ihrer finanziellen Eigenständigkeit zu veranlassen. Gleichzeitig ist eine Pflicht der Koordinierungsstelle normiert, grundlegende finanzielle und organisatorische Entscheidungen den Auftraggebern unverzüglich vorzulegen und jährlich einen Geschäftsbericht zu veröffentlichen. Zur Kontrolle der Tätigkeit der Koordinierungsstelle sind gemäß § 11 Abs. 3 S. 3 und 4 TPG die Vertragspartner verpflichtet, die dazu eine Kommission einzurichten haben. Die nähere Ausgestaltung, etwa im Hinblick auf deren Zusammensetzung oder Arbeitsweise bleibt vertraglichen Vereinbarungen überlassen, § 11 Abs. 3 S. 6 TPG. Eine behördliche Überwachung erfolgt durch die Festlegung, dass sowohl der Koordinierungsstellenvertrag selbst als auch dessen Änderungen der Genehmigung durch das Bundesministerium für Gesundheit bedürfen. Insofern wird eine Kontrolle vorgenommen, ob sich die Vertragsparteien bei ihren Regelungen in den Grenzen des geltenden Rechts gehalten haben.

Sämtliche Spezifizierungen der gesetzlichen Vorgaben – zunächst die Auswahl einer Koordinierungsstelle, aber auch die nähere Ausgestaltung ihrer strukturellen Voraussetzungen, die Festlegung ihrer Aufgaben und der Art ihrer Aufgabenwahrnehmung sowie die Überwachung durch die Überwachungskommission – erfolgen folglich durch die Einigung der Vertragsparteien im Koordinierungsstellenvertrag und den dazugehörigen Anlagen.

II. Ein Einordnungsversuch

Das TPG ist im Vergleich zu anderen Aufgabenbereichen, in die private Akteure integriert werden, insofern atypisch, als dass mit der Einführung der Strukturen des TPG nicht von einer Art Rückzug oder einer stärkeren Zurückhaltung des Staates für den Bereich des Transplantationswesens die Rede sein kann. Die Entwicklung der Transplantationsmedizin und der langjährige Weg bis zum Erlass des ersten deutschen TPG[1145] bewirkten, dass sich der Staat der Aufgaben, die Organspende, -entnahme und -transplantation zu organisieren, mit dem Erlass des TPG überhaupt erstmals explizit selbst angenommen hat. Bei solchen Vorgängen besteht Uneinigkeit, ob sie von den Privatisierungskategorien überhaupt umfasst sein sollen,[1146] oder ob Privatisierung ausschließlich Fallgruppen umfasst, bei denen zuvor von der öffentlichen Hand wahrgenommene Aufgaben in den gesellschaftlichen Bereich verlagert werden.[1147] Es mag allerdings an dieser Stelle darauf verzichtet werden, Position zu beziehen und den Streit für diese Darstellung zu beantworten. Da Privatisierung ohnehin anhand der geschilderten Formen des staatlich-privaten Zusammenwirkens erfolgt, kann sich eine Kategorisierung der Aufgabenerfüllung durch die Koordinierungsstelle nach § 11 TPG auf diese Formen konzentrieren. Ob es sich in Folge der erstmaligen rechtlichen Ordnung des Transplantationswesens durch das TPG allein um eine Aufgabenerfüllung in einer der Kooperationsformen handelt, oder gleichzeitig auch von einer Privatisierung gesprochen werden kann, hat für die hier interessierenden Fragen einer ausreichenden demokratischen Rückbindung des Akteurs keine Auswirkung. Insofern werden sich die folgenden Überlegungen auf die zuvor in den Blick genommenen Einbindungskategorien konzentrieren.

1. Koordinierungsstellentätigkeit als Beleihung oder Verwaltungshilfe

Zunächst lässt sich fragen, ob die DSO in ihrer Funktion als Koordinierungsstelle nach § 11 TPG womöglich kraft eines Beleihungsverhältnisses Aufgaben wahrnimmt. Die DSO wäre als juristische Person des Privatrechts freilich allemal eine geeignete Beleihungsadressatin. Sie tritt bei Erledigung ihrer Aufgaben auch unter eigenem Namen auf.[1148] Die Aufgabenbereiche der Koordinierungsstelle

---

1145 Vgl. dazu S. 43 ff.

1146 So *Burgi*, Funktionale Privatisierung und Verwaltungshilfe, S. 11.

1147 So etwa *Gramm*, Privatisierung und notwendige Staatsaufgaben, S. 127; *Krebs*, in: Isensee/Kirchhof (Hrsg.), Handbuch des Staatsrechts, Band V, § 108 Rn. 14.

1148 Ebenfalls jeweils bejahend *Stadler*, Die Beleihung in der neueren Bundesgesetzgebung, S. 169.

finden ihre Grundlage außerdem – das mag den Anschein einer Beleihung bekräftigen – in den gesetzgeberischen Festlegungen des § 11 TPG. Die Aufgaben der Koordinierungsstelle sind dort zumindest im Wesentlichen normiert worden; gleiches gilt für ihre strukturellen Anforderungen. Dass diese Tätigkeiten von der DSO erfüllt werden dürfen, beruht im Übrigen auf einer Aufgabenübertragung auf Grundlage des § 11 Abs. 2 TPG. Nicht jeder gesellschaftliche Akteur könnte demnach beliebig die Aufgaben der Koordinierungsstelle wahrnehmen, selbst wenn er die gesetzlichen Anforderungen erfüllte. Dies bleibt exklusiv der beauftragen Institution vorbehalten. Einer Zuordnung als Beleihung dürfte aber nicht zuletzt entgegenstehen, dass die DSO trotz ihrer Alleinstellung als Koordinierungsstelle im Transplantationswesen gerade nicht befugt ist, ihre Aufgaben in den Handlungsformen des Öffentlichen Rechts, das heißt hoheitlich, zu erfüllen.[1149] Diese ist bei der Erledigung ihrer Aufgaben – nicht anders als vor dem Inkrafttreten des TPG – auf die Handlungsformen des Privatrechts beschränkt. Die Regelung des § 11 TPG eröffnet keine Möglichkeit, die dort vorgesehenen Tätigkeiten in hoheitlichen Handlungsformen vorzunehmen.[1150] So beauftragt die DSO beispielsweise, wie § 11 Abs. 4 S. 4 TPG ausdrücklich bestimmt, das erforderliche ärztliche Personal, greift also auf eine vertragliche Ausgestaltung zurück. Auch enthalten weder der § 11 TPG noch der Koordinierungsstellenvertrag Weisungsbefugnisse der Koordinierungsstelle gegenüber den Transplantationszentren oder Entnahmekrankenhäusern bei der Organisation der Aufgaben nach § 11 TPG.[1151] Desweiteren kann auch in dem Erlass der Verfahrensanweisungen insofern keine hoheitliche Maßnahme erblickt werden.[1152] Die Verfahrensanweisungen sind in § 1a Nr. 10 TPG als „schriftliche Anweisungen, die die Schritte eines spezifischen Verfahrens beschreiben, einschließlich der zu verwendenden Materialien und Methoden und des zu erwartenden Ergebnisses" definiert. Zwar sind die Entnahmekrankenhäuser und Transplantationszentren

---

1149 So aber die Definitionsmerkmale der herrschenden Kombinationstheorie, vgl. dazu: *Burgi*, Funktionale Privatisierung und Verwaltungshilfe, S. 80; *Franzius*, Der Staat 42 (2003), 493 (501); *Maurer/Waldhoff*, Allgemeines Verwaltungsrecht, § 23 Rn. 63.

1150 So auch *Stadler*, Die Beleihung in der neueren Gesetzgebung, S. 170; in diese Richtung ebenfalls *Rosenberg*, Die postmortale Organtransplantation, S. 78 f.

1151 Vgl. *Höfling*, in: Höfling (Hrsg.), TPG, § 11 Rn. 11; *König*, in: Schroth u.a. (Hrsg.), TPG, § 11 Rn. 8; Nickel u.a. (Hrsg.), TPG, § 11 Rn. 6.

1152 So auch *Mohammadi/Hampe*, WzS 2013, S. 78 (79). A.A. ist hingegen *Stenner*, WzS 2014, 67 (76). Dieser schreibt, der Gesetzgeber habe der Koordinierungsstelle eine Rechtsetzungsbefugnis zugebilligt.

gemäß §§ 9a Abs. 2 Nr. 4, 10 Abs. 2 S. 1 Nr. 3 TPG zur Einhaltung der Verfahrensanweisung verpflichtet. Diese dienen jedoch vorwiegend der Erleichterung der regionalen Zusammenarbeit der Koordinierungsstelle, der Entnahmekrankenhäuser und der Transplantationszentren.[1153] Das Erstellen der Verfahrensanweisungen zielt damit, wie die Tätigkeit der Koordinierungsstelle insgesamt, darauf ab, die Abläufe der Organentnahme, -vermittlung und -übertragung zu koordinieren und zu vereinheitlichen, indem den handelnden Fachkreisen eine Art Leitfaden über den Ablauf der postmortalen Organtransplantation zur Verfügung gestellt wird. Die Festlegungen der Verfahrensanweisungen erschöpfen sich in einer inhaltlichen Beschreibung der Abläufe des postmortalen Transplantationsprozesses. Geschildert wird darin, welche Aufgabenerledigung im Verantwortungsbereich der Koordinierungsstelle, den Entnahmekrankenhäusern und den Transplantationszentren nach den Festlegungen des TPG jeweils zu erfüllen ist und wie die einzelnen Abläufe nach den Vorgaben des TPG und den medizinischen Standards entsprechend abzulaufen haben. Ihr Zweck besteht also darin, die vergleichsweise abstrakten gesetzlichen Vorgaben aus dem TPG auf den Organspende- und Organtransplantationsprozess anzuwenden und entsprechende praxisgerechte Maßgaben zu formulieren. Die Verfahrensanweisungen beinhalten sonach nicht etwa eigene Festlegungen zum Ablauf der postmortalen Organspende oder beeinflussen gar die Organvermittlung.[1154] Es handelt sich um rein verfahrensrechtliche Direktiven.[1155] Damit lassen sie sich wohl am ehesten als Formulierung professioneller Verhaltensstandards in Form medizinischer Leitlinien[1156] einordnen. Solche Leitlinien werden definiert als „wissenschaftlich begründete und praxisorientierte Handlungsempfehlungen“, die als „Orientierungshilfen im Sinne von Handlungs- und Entscheidungskorridoren“ wirken.[1157] Letztlich werden in den Verfahrensanweisungen der DSO – wie für medizinische Leitlinien charakteristisch – für die betreffenden Behandlungssituationen Abfolgen diagnostischer sowie therapeutischer Behandlungsschritte formuliert.[1158] Die transplantationsgesetzlichen Verfahrensanweisungen gehören

1153 Vgl. § 2 Abs. 3 Nr. 1 Koordinierungsstellenvertrag (Fn. 900).

1154 *Mohammadi/Hampe*, WzS 2013, 78 (79).

1155 So *Mohammadi/Hampe*, WzS 2013, 78 (79).

1156 Formulierung nach *Taupitz*, NJW 2003, 1145 (1145).

1157 *Hart*, medgen 13 (2001), S. 63 ff.; *Hart*, Ärztliche Leitlinien und Haftungsrecht, in: Hart (Hrsg.), Ärztliche Leitlinien, S. 137 (140 f.).

1158 Dazu *Seewald*, in: Schnapp/Wigge, Handbuch des Vertragsarztrechts, § 19 Rn. 61 m.w.N.

damit dem Bereich der professionellen, außerrechtlichen und medizinische Verbindlichkeit entfaltenden Standards an.[1159]

Gegen die Beleihung der DSO als Koordinierungsstelle spricht freilich außerdem die Konzeption des § 11 TPG. Da mit der Beleihung die Übertragung hoheitlicher Handlungsformen auf einen außerhalb des Staates stehenden Privaten vollzogen wird, ist eine Beleihung nur durch oder auf Grund eines Gesetzes wirksam möglich, sie unterliegt einem institutionellem Gesetzesvorbehalt.[1160] Die DSO ist selbst weder in § 11 TPG als Koordinierungsstelle benannt, noch über eine Rechtsverordnung eingesetzt worden, noch wurde sie von staatlichen Funktionsträgern im Wege eines Verwaltungsvertrags oder durch Verwaltungsakt aufgrund gesetzlicher Ermächtigungsnorm beliehen. § 11 Abs. 1 S. 2 TPG sieht die Beauftragung stattdessen durch die gesetzlich dazu angehaltenen Spitzenverbände des Gesundheitswesens vor. Der Vertrag, den die Spitzenverbände des Gesundheitswesens aufgrund gesetzlicher Ermächtigung mit der DSO geschlossen haben, genügt solchen Anforderungen schon offensichtlich nicht.[1161]

Auch die Rechtsfigur der Verwaltungshilfe mag die Tätigkeit der Koordinierungsstelle nicht zu erfassen. Zwar ist dafür weder erforderlich, dass die Befugnis zu hoheitlichem Handeln übertragen wird, noch wird die Einsetzung eines Verwaltungshelfers an bestimmte formelle Voraussetzungen geknüpft. Die weitgehend selbstständige Erfüllung der ihr als Koordinierungsstelle obliegenden Aufgaben durch die DSO bewegt sich aber nicht in dem Rahmen, der für eine Verwaltungshilfe charakteristisch und üblich ist. Von deren Definitionsmerkmalen, dem Verwaltungsvollzug im Namen, im Auftrag und auf Weisung einer zuständigen und verantwortlichen Behörde,[1162] ist die Tätigkeit der DSO weit entfernt. Sie nimmt Aufgaben aufgrund vertraglicher Vereinbarung und im Rahmen der gesetzlichen Vorgaben selbstständig, eigenverantwortlich und im eigenen Namen wahr. Sie tritt dabei auch mit den in ihrem Befugnisbereich getroffenen Entscheidungen regelmäßig in Rechtsbeziehung zu Dritten – wenn sie etwa Verträge abschließt oder Verfahrensanweisungen nach § 11 Abs. 1a TPG

1159 Vgl. *Taupitz*, NJW 2003, 1145 (1145).

1160 *Böning*, Kontrolle im Transplantationsgesetz, S. 49.

1161 So auch *Böning*, Kontrolle im Transplantationsgesetz, S. 49.

1162 *Gramm*, Privatisierung und notwendige Staatsaufgaben, S. 121; *Heintzen*, VVDStRL 62 (2003), 221 (254); *Lämmerzahl*, Die Beteiligung Privater an der Erledigung öffentlicher Aufgaben, S. 192; *Maurer/Waldhoff*, Allgemeines Verwaltungsrecht, § 23 Rn. 66; *Stadler*, Die Beleihung in der neueren Bundesgesetzgebung, S. 17.

erlässt.[1163] Sie ist gerade kein klassisches Hilfsorgan, das mit Handlungsbeiträgen in die Erledigung hoheitlicher Aufgaben durch den Staat selbst eingeschaltet ist.

2. Koordinierungsstellentätigkeit als funktionale Selbstverwaltung

Teils wird das Transplantationswesen auch mit der funktionalen Selbstverwaltung in Verbindung gebracht.[1164] Der Grundgedanke funktionaler Selbstverwaltung, dass staatliche Exekutivaufgaben unter der Beteiligung der besonders berührten Personenkreise – den Betroffenen – kraft staatlicher Zuweisung eigenverantwortlich erfüllt werden sollen,[1165] scheint so auch auf das Transplantationsrecht jedenfalls in den Grundzügen zuzutreffen. Das Transplantationswesen knüpft, wie es auch der funktionalen Selbstverwaltung eigen ist, bei der Aufgabenerledigung an den spezifischen Sachverstand an, den die Akteure durch die Zugehörigkeit zu einem bestimmten Berufsstand oder aufgrund der sonstigen besonderen Betroffenheit im Transplantationswesen erlangt haben.[1166] In den auftraggebenden Spitzenverbänden nach §§ 11 Abs. 1 S. 2, 12 Abs. 1 S. 1, 15b Abs. 1 S. 1 sowie 15c Abs. 1 S. 1 TPG kann man durchaus die von Organspendeprozess selbst betroffenen Kreise repräsentiert sehen: Der Spitzenverband Bund der Krankenkassen als Vertreter der Patienten, die Bundesärztekammer als Zusammenschluss der Ärzteschaft und die Deutsche Krankenhausgesellschaft

---

1163 Dies sind Handlungsformen, die dem Verwaltungshelfer hingegen fremd sind, vgl. *Stadler*, Die Beleihung in der neueren Bundesgesetzgebung, S. 18; *Stober*, in: Wolff u.a. (Hrsg.), Verwaltungsrecht, Band II, § 91 Rn. 2, 24.

1164 Vgl. z.B. *Dreier*, in: Dreier (Hrsg.), GG, Band II, Art. 20 D Rn. 130: „Als besonders komplex erweisen sich hier die Verhältnisse etwa im Gesundheitsrecht, im Transplantationsrecht oder auch auf dem Feld der Ethikkommissionen, die teils bei Trägern unmittelbarer Staatsverwaltung, teils bei Trägern funktionaler Selbstverwaltung angesiedelt, teils als Beliehene ausgestaltet sind." Dazu beispielsweise auch *Clement*, Der Rechtsschutz der potentiellen Organempfänger nach dem Transplantationsgesetz, S. 141 ff.; Krüger, Die Organvermittlungstätigkeit Eurotransplants im Sinne des § 12 TPG, S. 181 ff.; *Scheider*, Verfassungsmäßigkeit des Rechts der Organallokation, S. 36 ff.

1165 *Chun-Chen Hsu*, Institutionen körperschaftlicher Selbstverwaltung, S. 1; *Hendler*, Selbstverwaltung als Ordnungsprinzip, S. 284; *ders.*, in: Isensee/Kirchhof (Hrsg.), Handbuch des Staatsrechts, Band IV, § 143 Rn. 19; *Trute*, in: Hoffmann-Riem/Schmidt-Aßmann/Voßkuhle (Hrsg.), Grundlagen des Verwaltungsrechts, Band II, § 6 Rn. 82.

1166 Für die funktionale Selbstverwaltung vgl. *Kluth*, in: Wolff u.a. (Hrsg.), Verwaltungsrecht, Band II, § 99 Rn. 2.

als Interessenvertretung der Krankenhäuser.[1167] Stellt man allerdings das Transplantationswesen einmal neben das Modell einer funktionalen Selbstverwaltung, so eröffnen sich deutliche Unterschiede. Entscheidend gegen eine funktionale Selbstverwaltung spricht schon die privatrechtliche Verfasstheit der handelnden Akteure im Transplantationswesen. Bei der funktionalen Selbstverwaltung handelt es sich hingegen um öffentlich-rechtlich verfasste Verwaltungseinheiten, die sich auf einen hoheitlichen Gründungsakt durch oder auf Grund eines Gesetzes zurückführen lassen.[1168] Sie sind allein aus dem staatsunmittelbaren Behördenaufbau verselbstständigt worden,[1169] verbleiben aber innerhalb des staatlichen Steuerungsgefüges.[1170] Die Akteure des Transplantationswesens sind hingegen zumeist nicht öffentlich-rechtlich verfasst, sowohl die DSO als Koordinierungsstelle als auch Eurotransplant als Vermittlungsstelle sind als Stiftungen nach bürgerlichem Recht juristische Personen des Privatrechts. Die Bundesärztekammer ist als privatrechtlicher Verein organisiert. Diese Akteure des Transplantationswesens gehen jeweils nicht auf staatliche, sondern gesellschaftliche Gründungsakte zurück.[1171] Die Bundesärztekammer wird man dennoch, jedenfalls soweit sie innerhalb der berufsständischen Selbstverwaltung der Ärzteschaft Aufgaben wahrnimmt, dem Bereich der Selbstverwaltung zurechnen können. Als Arbeitsgemeinschaft der 17 öffentlich-rechtlich organisierten Landesärztekammern gegründet, dient sie als Spitzenverband der ärztlichen Selbstverwaltung. Gleiches gilt für die übrigen Vertragspartner der Koordinierungs- und Vermittlungsstelle, auch bei diesen handelt es sich um Akteure, die auch Selbstverwaltungsaufgaben wahrnehmen.[1172] Dies ändert im Hinblick auf das Transplantationswesen nichts daran, dass die dort handelten Akteuren nicht als Einrichtungen funktionaler Selbstverwaltung verstanden werden können.

Vor allem sind die Binnenstrukturen funktionaler Selbstverwaltung mit denjenigen der Akteure des Transplantationswesens nicht im Ansatz vergleichbar.

1167 So *Weyd*, Jura 2013, 437 (442).

1168 *Kluth*, Funktionale Selbstverwaltung, S. 231.

1169 Vgl. etwa *Chun-Chen Hsu*, Institutionen körperschaftlicher Selbstverwaltung, S. 1; *Hendler*, Selbstverwaltung als Ordnungsprinzip, S. 284; *ders.*, in: Isensee/Kirchhof (Hrsg.), Handbuch des Staatsrechts, Band IV, § 143 Rn. 19; *Krüger*, Die Organvermittlungstätigkeit Eurotransplants im Sinne des § 12 TPG, S. 182.

1170 *Krüger*, Die Organvermittlungstätigkeit Eurotransplants im Sinne des § 12 TPG, S. 182.

1171 So auch *Clement*, Der Rechtsschtuz der potentiellen Organempfänger nach dem Transplantationsgesetz, S. 142.

1172 Siehe oben S. 174 ff.

Die funktionale Selbstverwaltung, die schon begrifflich auf die Verwaltung und Entscheidung eigener Angelegenheiten abzielt,[1173] ist zur Verwirklichung dieser Zwecke körperschaftlich, das heißt mitgliedschaftlich, strukturiert. Ihre Mitglieder, die auch die Entscheidungsorgane der Selbstverwaltungskörperschaften besetzen, sind die von den Entscheidungen besonders Betroffenen oder ihre Vertreter. An den Organisationen des Transplantationswesens wirken hingegen vielerlei Akteure und deren Interessenvertreter beziehungsweise Spitzenverbände in Formen der Kooperation mit. Dies betrifft zum einen die Spitzenverbände als Vertragspartner der Vermittlungs-, Koordinierungs-, Transplantationsregister- und Vertrauensstelle mit den daraus erwachsenden Verantwortlichkeiten, darüber hinaus auch die Bundesärztekammer, wenn sie Richtlinien nach § 16 TPG erstellt. Hinzu kommen die Privaten Krankenversicherungen und Patienten- sowie Angehörigenvertreter. Einzelne Gremien, sei es die Ständige Kommission Organtransplantation der Bundesärztekammer zur Erarbeitung der Richtlinien oder der Stiftungsrat der DSO, sind wiederum mit Vertretern der übrigen Akteure, teils auch mit vom Bundesministerium für Gesundheit oder der Gesundheitsministerkonferenz der Länder zu bestimmenden Vertretern, besetzt. Dieses führt zu einem durchaus komplexen Konstrukt der gegenseitigen Verzahnung der Akteure des Transplantationswesens. Eine Art körperschaftliche, mitgliedschaftliche Struktur der von den Fragen der postmortalen Organtransplantation besonders Betroffenen ist dem Transplantationswesen hingegen fremd. So ist auch die DSO als Stiftung nach bürgerlichem Recht nicht mitgliedschaftlich organisiert.[1174] Stattdessen finden sich regelmäßig gemischt zusammengesetzte Gremien beziehungsweise Organe, die für die juristischen Personen handeln, wie dies bei der DSO oder der Ständigen Kommission Organtransplantation der Bundesärztekammer vorzufinden ist. Dies lässt sich exemplarisch an den oben bereits erörterten organschaftlichen Strukturen der DSO näher verdeutlichen: Weil die DSO auf keiner mitgliedschaftlich verfassten Organisation beruht, können ihre Organe auch nicht, wie in der funktionalen Selbstverwaltung, mit Vertretern dieser mitgliedschaftlichen Substanz besetzt sein. Stattdessen leitet die Geschicke der DSO ihr Vorstand, der sich regelmäßig aus einem medizinischen und einem kaufmännischen Vorstand zusammensetzt. Der Stiftungsrat der DSO besteht aus Vertretern des Spitzenverbandes Bund der Krankenkassen, der Deutschen Krankenhausgesellschaft,

1173 *Kluth*, Funktionale Selbstverwaltung, S. 18, 25; *Köller*, Funktionale Selbstverwaltung und ihre demokratische Legitimation, S. 25.

1174 Vgl. *Ellenberger*, in: Palandt (Hrsg.), BGB, Einf. v. § 21 Rn. 4.

der Bundesärztekammer, der Deutschen Transplantationsgesellschaft, des Bundesministeriums für Gesundheit und der Gesundheitsministerkonferenz der Länder. Der Bundesfachbeirat setzt sich aus Vertretern der Deutschen Transplantationsgesellschaft, Eurotransplants, des Bundesministeriums für Gesundheit, der Gesundheitsministerkonferenz der Länder, der Gesetzlichen Krankenversicherung, der Bundesärztekammer und der Deutschen Krankenhausgesellschaft zusammen. Den regionalen Fachbeiräten gehören jeweils Mitglieder des zuständigen Ministeriums, der Ärztekammer, der Krankenhausgesellschaft, des Krankenkassenverbandes und der Ersatzkassen sowie regionale Vertreter der Transplantationschirurgie an. Hierdurch wird deutlich, dass im Transplantationswesen eine Vielzahl an Akteuren auf eine ebenso vielfältige Anzahl von Angelegenheiten und Interessen trifft, die das Transplantationswesen zu regeln versucht. Dies sind teils Fragen des Krankenversicherungsrechts – beispielsweise Regelungen zur Kostentragung für die mit einer postmortalen Organtransplantation in Zusammenhang stehenden medizinischen Leistungen –, teils die Organisation der Krankenhäuser als Entnahmekrankenhäuser oder Transplantationszentren oder die ärztliche Berufsausübung betreffende Fragen. Vor allem geht es allerdings um Angelegenheiten der an der postmortalen Organübertragung beteiligten Patienten, der potentiellen Organspender und Organempfänger. Gerade diese sind allerdings in den Gremien des Transplantationswesens vergleichsweise wenig beteiligt. Auch diese Feststellung dürfte verdeutlichen, dass mit einer Verwaltung eigener Angelegenheiten im Sinne einer funktionalen Selbstverwaltung nur am Rande Ähnlichkeiten bestehen.[1175]

3. *Koordinierungsstellentätigkeit als Public-Private Partnership*

Die im Transplantationsrecht vorherrschenden vertraglichen Kooperationsmuster, insbesondere zwischen den Spitzenverbänden des Gesundheitswesens und der Koordinierungs-, Vermittlungs-, Transplantationsregister- und Vertrauensstelle lassen es auch denkbar erscheinen, solche Kooperationsformen der Sammelkategorie der Public-Private Partnership zuzuordnen. Wie bei der Public-Private Partnership ist auch bei den Kooperationsstrukturen des

---

1175 Dass es sich beim Transplantationswesen gerade nicht um eine Regelung eigener Angelegenheiten durch die Betroffenen handelt, ist vielfach festgestellt worden: *Clement*, Der Rechtsschutz der potentiellen Organempfänger nach dem Transplantationsgesetz, S. 143; *Gutmann/Fateh-Moghadam*, in: Gutmann u.a. (Hrsg.), Grundlagen einer gerechten Organverteilung, S. 37 (48 ff.); *Lang*, MedR 2005, 269 (275).

Transplantationswesens eine gewisse Aufgabenverantwortung des Staates trotz der Einbindung privater Akteure schon wegen der Einrichtung dieser Ordnungssysteme erkennbar. So lässt sich § 11 TPG die Formulierung von Zielvorgaben entnehmen, die über Instrumente des Vertragsrechts erreicht werden sollen.[1176] Indes kommen an einer solchen Zuordnung allerdings Zweifel auf, hat der Gesetzgeber die Vertragsschlüsse zur Einbindung der jeweiligen Institution – Beispielsweise der Koordinierungsstelle in § 11 TPG – doch nicht durch staatliche Funktionsträger vorgesehen, sondern an Verbände des Gesundheitswesens übertragen. Unter den Auftraggebern finden sich insofern nicht dem Staat zuzurechnende, juristische Personen des Privatrechts. Es bleibt also festzustellen, dass nicht staatliche Akteure im Transplantationsrecht die vertraglichen Kooperationsverhältnisse eingehen. Vielmehr gibt der Gesetzgeber einen inhaltlichen Rahmen vor und lässt diesen durch von ihm bestimmte Auftraggeber in Kooperation mit den von diesen zu beauftragenden Institutionen ausfüllen. Damit verlässt das Transplantationsrecht den Bereich der Public-Private Partnership, die jedenfalls vertragliche Verbindungen zwischen der öffentlichen Hand und privaten Akteuren[1177] und nicht lediglich gesetzlich vorgesehene Vertragsschlüsse voraussetzt.

4. *Koordinierungsstellentätigkeit als Kondominialverwaltung*

Die obigen Schilderungen zu der Zusammensetzung der Ständigen Kommission Organtransplantation bei der Bundesärztekammer oder des Stiftungsrates und der Fachbeiräte der DSO lassen es hingegen durchaus möglich erscheinen, dass es sich hierbei um Formen gruppenpluralistischer Entscheidungsteilhabe – womöglich auch im Übergangsbereich zu Sachverständigenmitwirkung – handelt. Tatsächlich sind die Organe und Gremien der Akteure des Transplantationswesens vielfach gruppenpluralistisch, insbesondere mit Standesvertretern ärztlicher Selbstverwaltung und mit dem Transplantationswesen vertrauten Berufsträgern,[1178] besetzt. Dies gilt für den Berufsstand der Ärzteschaft, aber auch die Krankenhausträger und Kostenträger des Transplantationswesens.[1179] Für die DSO

1176 Vgl. die für die Public-Private Partnership entsprechenden Vorgaben bei *Hermesmeier*, Staatliche Beteiligungsverwaltung, S. 122; *Loer*, Public Private Partnership und Public Public Partnership, S. 32.

1177 Vgl. dazu *John-Koch*, Organisationsrechtliche Aspekte der Aufgabenwahrnehmung im modernen Staat, S. 94 ff.; *Loer*, Public Private Partnership und Public Public Partnership, S. 34 ff.

1178 *Augsberg*, Gesetzliche Regelungen zur Organ- und Gewebespende, S. 15.

1179 *Augsberg*, Gesetzliche Regelungen zur Organ- und Gewebespende, S. 18.

gilt dies, wie oben bereits angemerkt, für den Stiftungsrat, der sich aus Vertretern des Spitzenverbandes Bund der Krankenkassen, der Deutschen Krankenhausgesellschaft, der Bundesärztekammer, der Deutschen Transplantationsgesellschaft, des Bundesministeriums für Gesundheit und der Bundesgesundheitsministerkonferenz der Länder zusammensetzt. Außerdem sind die Fachbeiräte mit Vertretern verschiedener Interessenverbände besetzt: Den Bundesfachbeirat bilden Vertreter der Deutschen Transplantationsgesellschaft, Eurotransplants, des Bundesministeriums für Gesundheit, der Gesundheitsministerkonferenz der Länder, der Gesetzlichen Krankenversicherung, der Bundesärztekammer und der Deutschen Krankenhausgesellschaft; den regionalen Fachbeiräten gehören jeweils Mitglieder des zuständigen Ministeriums, der Ärztekammer, der Krankenhausgesellschaft, des Krankenkassenverbandes und der Ersatzkassen sowie regionale Vertreter der Transplantationschirurgie an. Insofern wirken offenbar unterschiedliche Interessenvertreter und Vertreter der Institutionen des Transplantationswesens unter Beteiligung staatlicher Funktionsträger bei der Entscheidungsfindung der Gremien zusammen. Ähnliche Strukturen lassen sich an anderer Stelle im Transplantationswesen wiederfinden – etwa bei der Ständigen Kommission Organspende der Bundesärztekammer gemäß § 16 Abs. 2 S. 3, 4 TPG oder beim Fachbeirat der Transplantationsregisterstelle nach § 15d Abs. 1 TPG.

Zweifelsohne vereinen diese Gremien, soweit sie beispielsweise zur Erarbeitung von Transplantationsrichtlinien und Anwendungsregeln oder mit allgemeinen Fragen und Abläufen des Transplantationswesens beschäftigt sind, besonderen fachlichen, medizinischen, teilweise auch ethischen oder rechtlichen Sachverstand. Auf diesen Anspruch wird in § 16 Abs. 2 S. 3 TPG explizit hingewiesen. Danach werden die Richtlinien der Bundesärztekammer nach § 16 Abs. 2 S. 3 TPG unter angemessener Beteiligung von Sachverständigen der betroffenen Fach- und Verkehrskreise, einschließlich des Spitzenverbandes Bund der Krankenkasse, der Deutschen Krankenhausgesellschaft, der Deutschen Transplantationsgesellschaft, der Koordinierungsstelle, der Vermittlungsstelle und der zuständigen Behörden der Länder, erstellt. Soweit es um die Erarbeitung der Richtlinien nach § 16 Abs. 1 S. 1 Nr. 1a und 5 TPG, also um diejenige, die den Stand der Erkenntnisse der medizinischen Wissenschaft für die Regeln zur Feststellung des Todes und der Organvermittlung feststellen, geht, müssen gemäß § 16 Abs. 2 S. 4 TPG darüber hinaus an den Organentnahmen und -übertragungen unbeteiligte Ärzte, Personen mit der Befähigung zum Richteramt und Personen aus dem Kreis der Patienten angemessen vertreten sein. Darüber hinaus bedarf die Erstellung von Richtlinien nach § 16 Abs. 1 Nr. 5 TPG auch einer angemessenen Beteiligung des Kreises der Angehörigen im Sinne der §§ 3 und 4 TPG. Der Gesetzgeber ging offenbar davon aus, dass es nicht bloß um eine Interessenvertretung der Beteiligten gehe, sondern bei diesen gerade besonderer Sachverstand zu finden sei. Dass der Gesetzgeber bei all den im Transplantationswesen besetzten Gremien auch eine besondere Expertise erwartet, machen auch dessen Regelungen zur Zusammensetzung des Fachbeirates bei der Registerstelle nach § 15d TPG und die dabei erfolgende Wortwahl deutlich. Dort ermöglicht es § 15d Abs. 1 S. 2 TPG explizit, „weitere Experten" im Einzelfall heranzuziehen.

Jedoch fehlt es trotz allem an einem typischen Merkmal der Kondominialverwaltung, nämlich der Einbindung der gruppenpluralistischen Entscheider in die Gremien oder Organe öffentlicher Verwaltungsträger.[1180] Kondominialverwaltung bezeichnet gerade gemischt zusammengesetzte „staatlich-administrative Organisations- und Funktionseinheiten", in denen staatliche Funktionsträger und nichtstaatliche aus Interessenverbänden rekurrierte Gremiumsmitglieder gemeinsam Entscheidungen treffen sollen.[1181] Dagegen sind die Kollegialorgane des Transplantationswesens staatsfern bei dessen Akteuren, den juristischen Personen des Privatrechts, angesiedelt. Danach verfolgen die Strukturen des Transplantationswesens offenbar andere Ziele als die Kondominialverwaltung. Es kann nicht darum gehen, externen Sachverstand und Interessenvertretung in die Organisation der Staatsverwaltung einzubeziehen. Stattdessen findet eine Organisation der gruppenpluralistischen Strukturen durch die Akteure selbst und teils dann unter Hinzuziehung von Vertretern der organisierten Staatlichkeit statt. Häufig ergibt sich die gruppenpluralistische Zusammensetzung aus Interessenvertretern der beteiligten Akteure auch nicht – wie dies bei der Ständigen Kommission Organtransplantation der Bundesärztekammer und dem Fachbeirat bei der Transplantationsregisterstelle der Fall ist – aus dem TPG, sondern wird mittels Satzung festgelegt.[1182]

5. *Koordinierungsstellentätigkeit als regulierte Selbstregulierung*

Da sich die Einbindung der Koordinierungsstelle in das Transplantationswesen keiner der zuvor besprochenen Kategorien der Beteiligung Privater überzeugend zuordnen lässt, stellt sich die Frage, ob diese Form der Kooperation dem Steuerungskonzept einer regulierten Selbstregulierung entspricht. Wie bereits

1180 Vgl. zum Merkmal der Kondominialverwaltung *Kluth*, Funktionale Selbstverwaltung, S. 29; *Schaefer*, Die Umgestaltung des Verwaltungsrechts, S. 201.

1181 *Jestaedt*, Demokratieprinzip und Kondominialverwaltung, S. 26 f., S. 82.

1182 Vgl. für die DSO auf S. 200 ff.

beschrieben, fußte das Transplantationswesen bis zur Einführung des TPG im Jahre 1997 auf den Strukturen einer gesellschaftlichen Selbstregulierung der an den Handlungsbereichen der postmortalen Organtransplantation beteiligten Akteure.[1183] Es ist vielfach in der rechtswissenschaftlichen Diskussion festgestellt worden – das Leitbild des Normgebers war es offenbar, das gesetzliche Transplantationssystem anhand dieser gewachsenen Strukturen im Wege staatlich regulierter gesellschaftlicher Selbstregulierung aufzubauen.[1184] Dies ist zwar in solch einer Deutlichkeit vom Gesetzgeber selbst gar nicht vermeldet worden, doch finden sich durchaus recht klare Hinweise in der Gesetzesbegründung. Wenn darin der Subsidiaritätsgrundsatz zur Begründung herangezogen wird, dass eine staatliche Gewährleistung privatrechtliche Mittel im Transplantationswesen nicht ausschließe,[1185] impliziert dies ein Konzept, das staatliche Verantwortlichkeit mit privaten Handlungsbeiträgen verbindet.[1186]

Dieses gesetzgeberische Konzept einer Kombination zweier Regelungsbereiche, der staatlichen Regulierung und der gesellschaftlichen Selbstregulierung, scheint anhand der gesetzlichen Vorgaben des § 11 TPG für das deutsche Transplantationswesen deutlich zum Ausdruck zu gelangen und soll anhand dieses Beispiels skizziert werden: Der Gesetzgeber hat mit dieser Vorschrift eine hoheitliche, nämlich normative, Überformung für die Tätigkeit der Koordinierungsstelle beim Prozess der postmortalen Organspende und -transplantation geschaffen, die darauf abzielt, dass die gesetzlichen Vorgaben mittels eigener Aktivitäten der dortigen Akteure ergänzt und spezifiziert werden. Diese normative Regulierung des Transplantationswesens ist augenscheinlich – in Abgrenzung zu den sonstigen rechtsetzenden Tätigkeiten des Staates – gerade „selbstregulierungsspezifisch" erfolgt, indem der Gesetzgeber auf die Formung der gesellschaftlichen Selbstregulierung im Transplantationswesen Bezug genommen hat.[1187] Die Vorgaben des TPG enthalten die für regulierte Selbstregulierung

1183 S. 48. So beispielsweise auch *Augsberg*, Gesetzliche Regelungen zur Organ- und Gewebespende, S. 15.

1184 So z.B. *Augsberg*, in: Höfling (Hrsg.), Die Regulierung der Transplantationsmedizin, S. 45 (46 f.); *Bader*, Organmangel und Organverteilung, S. 167; *Holznagel*, DVBl. 1997, 393 (398 f.); *Neft*, MedR 2013, 82 (85); *Schmidt-Aßmann*, Grundrechtspositionen und Legitimationsfragen im Gesundheitswesen, S. 80 f.; *ders.*, Die Verwaltung 2001, Beiheft 4, 253 (258 f.).

1185 BT-Drs. 13/4355, S. 14.

1186 So auch *Bader*, Organmangel und Organverteilung, S. 167 mit Fn. 276; *Krüger*, Die Organvermittlungstätigkeit Eurotransplants im Sinne des § 12 TPG, S. 183 in Fn. 895.

1187 Zur „selbstregulierungsspezifischen" Normsetzung siehe *Thoma*, Regulierte Selbstregulierung, S. 38, 41.

typischen Zielvorgaben, geben den Rahmen der Tätigkeiten und Anforderungen an die agierenden privaten Akteure vor, schaffen eine Struktur für die privaten Handlungsformen und veranlassen die Schaffung geeigneter Kontrollmaßnahmen. So formulierte der Gesetzgeber in § 11 TPG für die Tätigkeit der Koordinierungsstelle zunächst allgemein gehaltene Zielvorgaben, nämlich dass die Koordinierungsstelle die Zusammenarbeit mit den Entnahmekrankenhäusern und Transplantationszentren unter Beachtung der Richtlinien der Bundesärztekammer zu organisieren hat, um die vorhandenen Möglichkeiten der Organspende wahrzunehmen und durch die Entnahme und Bereitstellung geeigneter Spenderorgane die gesundheitlichen Risiken der Organempfänger so gering wie möglich zu halten, vgl. § 11 Abs. 1 S. 1 und 2, Abs. 1a S. 1 TPG. Darüber hinaus hat er einen gewissen Rahmen geschaffen, indem er Anforderungen an den als Koordinierungsstelle agierenden Akteur vorgegeben und dessen wesentlichen Aufgabenbereich formuliert hat. Als solche Einrichtung kommt nur eine Institution in Betracht, die auf Grund ihrer finanziell und organisatorisch eigenständigen Trägerschaft, der Zahl und Qualifikation ihrer Mitarbeiter, ihrer betrieblichen Organisation sowie ihrer sachlichen Ausstattung die Gewähr dafür bietet, dass die gesetzlich vorgesehenen Aufgaben nach den Vorschriften des TPG durchgeführt werden, § 11 Abs. 1 S. 3 TPG. Ob die Kooperation mit einer öffentlich-rechtlichen oder privatrechtlichen Stelle als Koordinierungsstelle erfolgt, hat der Gesetzgeber nicht vorbestimmt.[1188] Die Entscheidung, ob eine entsprechende Einrichtung gegründet oder eine bestehende Institution mit den Aufgaben der Koordinierungsstelle beauftragt wird, haben stattdessen allein die in § 11 Abs. 1 S. 2 TPG bestimmten Auftraggeber zu treffen. Neben eher allgemein gehaltenen Aufgabenbeschreibungen der Koordinierungsstellentätigkeit in § 11 Abs. 1 S. 1 und 2, 11 Abs. 1a S. 1 TPG finden sich nähere Angaben in § 11 Abs. 1a S. 2 und Abs. 2 TPG. Besonders deutlich tritt die Selbstregulierungsspezifik der gesetzlichen Bestimmungen hier anhand des § 11 Abs. 2 TPG hervor. Dieser zielt mit seinen inhaltlichen Direktiven offenbar primär darauf ab, die Kooperationsprozesse der privaten Akteure bei der Organisation der Entnahme sowie Vorbereitung von Entnahme, Vermittlung und Übertragung abzusichern. So soll der von den Auftraggebern mit der Koordinierungsstelle zu schließende Koordinierungsstellenvertrag insbesondere Rahmenregelungen für die Zusammenarbeit der Beteiligten enthalten, die Zusammenarbeit und den Erfahrungsaustausch der Koordinierungsstelle mit der Vermittlungsstelle regeln und bestimmen, wie die Koordinierungsstelle die Transplantationszentren bei

---

1188 Vgl. § 14 Abs. 1 S. 1 TPG.

Maßnahmen der Qualitätssicherung unterstützt.[1189] Die daneben zu erzielende Einigung über die Finanzierung der gemeinsamen Aufgabe Organentnahme[1190] ist, ganz im Sinne einer Selbstregulierung, durch ein Schlichtungsverfahren abgesichert, das wiederum ebenfalls Gegenstand der vertraglichen Bestimmung sein soll.[1191]

Kontrollmaßnahmen wurden in der Form normativ abgesichert, dass das Bundesministerium für Gesundheit den Koordinierungsstellenvertrag und dessen Änderungen genehmigen muss, § 11 Abs. 2 S. 3 TPG. Dadurch unterliegen die vertraglichen Regelungen der auftraggebenden und auftragnehmenden Akteure der Rechtsaufsicht.[1192] Auf diese Weise ist sichergestellt, dass keine rechtswidrigen Regelungen ausgehandelt werden. Des Weiteren achten der Spitzenverband Bund der Krankenkassen, die Bundesärztekammer, die Deutsche Krankenhausgesellschaft oder die Bundesverbände der Krankenhausträger gemeinsam als Auftraggeber darauf, dass die Koordinierungsstelle die gesetzlich formulierten Anforderungen erfüllt.[1193] Der Gesetzgeber sichert diese Kontrolltätigkeit der Auftraggeber ab, indem er ihre Befugnisse und die Pflichten der Koordinierungsstelle bestimmt. Zudem unterliegt die Koordinierungsstelle gemäß § 11 Abs. 3 S. 4 TPG der Kontrolle durch eine Überwachungskommission. Mit der Einrichtung dieser Kommission erfüllen die Auftraggeber der Koordinierungsstelle ihre gesetzliche Verpflichtung aus § 11 Abs. 3 S. 3 TPG, welcher sie zur Kontrolle der Auftragnehmerin durch eine solche Kommission verpflichtet. Gesetzlich vorgesehen ist eine Mitgliedschaft der Vertreter der Spitzenverbände sowie zweier Vertreter der Länder. Die Koordinierungsstelle, die Entnahmekrankenhäuser und die Transplantationszentren sind dazu verpflichtet, der Kommission die für ihre Arbeit erforderlichen Unterlagen zur Verfügung zu stellen und die erforderlichen Auskünfte zu erteilen.[1194] Soweit die Überwachungskommission Erkenntnisse über Verstöße gegen das TPG oder auf Grund des TPG erlassene Rechtsverordnungen erhält, ist diese wiederum verpflichtet, diese Erkenntnisse auch an die zuständigen Behörden der Länder, mithin staatliche Funktionsträger, weiterzugeben.[1195] Darüber hinaus behält der Staat ein Rückgriffsrecht auf das

---

1189 § 11 Abs. 2 S. 2 Nr. 1 bis 3 TPG.

1190 § 11 Abs. 2 S. 2 Nr. 4, 5 TPG.

1191 § 11 Abs. 2 S. 2 Nr. 6 TPG.

1192 *Böning*, Kontrolle im Transplantationsgesetz, S. 74; Nickel u.a. (Hrsg.), TPG, § 11 Rn. 15.

1193 § 11 Abs. 1 S. 5 TPG.

1194 § 11 Abs. 3 S. 5 TPG.

1195 § 11 Abs. 3 S. 6 TPG.

System des Transplantationswesens zunächst schon dadurch, dass er jederzeit die rechtlichen Grundlagen des TPG durch Gesetzesänderungen als Reaktion auf die tatsächlichen Gegebenheiten anpassen, und so beispielsweise auch die Tätigkeiten der Koordinierungsstelle ändern, konkretisieren, oder ihr gar Aufgaben teils oder vollständig entziehen kann. Darüber hinaus war vor Abschluss des Koordinierungsvertrags gemäß § 11 Abs. 6 TPG a.F.[1196] die Möglichkeit des Bundesministeriums für Gesundheit vorgesehen, nach Ablauf einer Frist von zwei Jahren ab Inkrafttreten des TPG in einer Rechtsverordnung die Koordinierungsstelle selbst zu bestimmen und deren Aufgaben festzulegen.[1197] Für den Fall, dass eine vertragliche Einigung über die Koordinierungsstelle von den beauftragten Spitzenverbänden nicht hätte herbeigeführt werden können, war auf diese Weise ein staatliches Zugriffsrecht gesichert. Das Bundesministerium für Gesundheit kann darüber hinaus im Rahmen der gesetzlich vorgesehenen Themengebiete selbst verbindliche inhaltliche Vorgaben in Rechtsverordnungen treffen und so auf das Transplantationswesen Einfluss nehmen.[1198]

Schließlich hat der Gesetzgeber mit § 11 TPG auch die Strukturen für private Handlungsformen vorgegeben. Er verpflichtet in § 11 Abs. 1 S. 2 TPG den Spitzenverband Bund der Krankenkassen, die Bundesärztekammer und die Deutsche Krankenhausgesellschaft oder die Bundesverbände der Krankenhausträger gemeinsam zur Beauftragung oder Errichtung einer Koordinierungsstelle und gemäß § 11 Abs. 2 TPG zum Abschluss eines im Einvernehmen mit dem Verband der Privaten Krankenversicherung stehenden Vertrags, in dem vor allem die Aufgaben und Pflichten der Koordinierungsstelle näher bestimmt werden. Soweit der Gesetzgeber in § 11 Abs. 1, Abs. 1a TPG eine Kooperation zwischen den Akteuren zur Erfüllung der Aufgaben des TPG vorsieht, stellt er dieses Zusammenwirken über die Vorschrift des § 11 Abs. 4 TPG sicher. Dort verpflichtet er die betreffendem Akteure, also die Entnahmekrankenhäuser, die Transplantationszentren und die Koordinierungsstelle, zu einer gemeinsamen Zusammenarbeit. Außerdem ist normativ festgelegt worden, dass die Regelungen des abzuschließenden Koordinierungsstellenvertrags auch Wirkung gegenüber den Transplantationszentren und Entnahmekrankenhäusern entfalten.[1199] Sowohl die Entnahmekrankenhäuser als auch die Transplantationszentren sind

1196 Diese Regelung ist inzwischen durch Art. 1 des Gewebegesetzes vom 20.07.2007 (BGBl. I, S. 1574.) mit Wirkung zum 01.08.2007 ersatzlos aus § 11 TPG gestrichen worden.

1197 Vgl. dazu schon S. 178.

1198 Vgl. beispielsweise die Regelung des § 13 Abs. 4 TPG.

1199 § 11 Abs. 2 S. 1 TPG.

außerdem gesetzlich zur Einhaltung der aufgrund des § 11 TPG getroffenen Regelungen verpflichtet.[1200]

Innerhalb dieser gesetzlichen Vorgaben hingegen herrscht eine autonome Selbstregulierung der beteiligten Akteure, die sich in privatrechtlichen Handlungsformen, zumeist denen des Vertragsrechts, vollzieht.[1201] Klassische Handlungsformen der Exekutive, verwaltungsinterne Weisungen oder nach außen gerichtete Verwaltungsakte sind den Abläufen des Transplantationsprozesses indes weitgehend fremd:[1202] Der Spitzenverband Bund der Krankenkasse, die Bundesärztekammer und die deutsche Krankenhausgesellschaft haben zur Umsetzung des § 11 TPG die Entscheidung getroffen, keine neue Einrichtung zu schaffen, sondern die bereits bestehende DSO mit den Aufgaben der Koordinierungsstelle zu beauftragen. Das Nähere zu den Organisationsstrukturen und Aufgaben der DSO als Koordinierungsstelle haben die Vertragsparteien mittels eines privatrechtlichen Vertrages bestimmt.[1203] Dessen Inhalt lag – im Rahmen des geltenden Rechts – im Ermessen der Auftraggeber und der Auftragnehmerin. Die Überwachung der Koordinierungsstelle bei der Ausübung der ihr übertragenen Aufgaben ist ebenfalls den Spitzenverbänden als Auftraggebern zugewiesen worden, die diese Pflicht mittels der gesetzlich bestimmten Mittel in eigener Koordination unter Beachtung der gesetzlichen Vorgaben erfüllen. Der DSO wiederum bleiben bei der Organisation der Abläufe der postmortalen Organspende anhand der Vorgaben aus dem TPG und dem Koordinierungsstellenvertrag und der Kooperation mit den anderen Institutionen erhebliche Spielräume, die sie über vertragliche Zusammenarbeit mit den übrigen Akteuren strukturiert.

Die Koordinierungsstelle ist mithin, gesetzlich reguliert und vorbestimmt, in einer Art gesellschaftlicher Selbstregulierung tätig. § 11 TPG veranschaulicht, wie das Transplantationswesen aus einer vormals allein gesellschaftlichen Selbstregulierung quasi „in einen zwingenden Rahmen eingebettet"[1204] worden ist. Dies betrifft insgesamt sowohl inhaltliche Bestimmungen über die Vermittlung

---

1200 § 9a Abs. 2 Nr. 4 beziehungsweise § 10 Abs. 2 S. 1 Nr. 3 TPG.

1201 So auch *Böning*, Kontrolle im Transplantationsgesetz, S. 52.

1202 Andere Ansicht hingegen bei *Schneider*, Verfassungsmäßigkeit des Rechts der Organallokation, die beispielsweise die Entscheidungen Eurotransplants als Verwaltungsakte einordnet, S. 60 ff., insbesondere S. 62; ferner so auch *Clement*, Der Rechtsschutz der potentiellen Organempfänger nach dem Transplantationsgesetz, S. 122 f.; *Krüger*, Die Organvermittlungstätigkeit Eurotransplants im Sinne des § 12 TPG, z.B. S. 208 ff.

1203 Vgl. BT-Drs. 13/4355, S. 23; Nickel u.a. (Hrsg.), TPG, § 11 Rn. 7.

1204 *Bader*, Organmangeln und Organverteilung, S. 111.

postmortal gespendeter Organe, als auch den organisatorischen Rahmen mit seinen Akteuren und Abläufen. Neben der Koordinierungsstelle betreffen die gesetzlichen Regelungen des TPG auch sämtliche andere mit der Organtransplantation befassten Akteure, etwa die einzelnen Krankenhäuser als Entnahmekrankenhäuser und Transplantationszentren, die Vermittlungsstelle oder die Bundesärztekammer.[1205] Das Transplantationswesen ist zentriert, hierarchische Strukturen sind gebildet und Verantwortlichkeiten deutlich voneinander abgegrenzt worden.[1206]

D. Zwischenfazit: Regulierte gesellschaftliche Selbstregulierung

Das rechtliche Organisationsmodell des Transplantationswesens lässt sich – wie anhand des § 11 TPG veranschaulicht worden ist – dem Konzept einer staatlich regulierten gesellschaftlichen Selbstregulierung zuordnen. Dies findet seinen Grund insbesondere in der Beibehaltung der charakteristisch privatrechtlichen Ordnungsstrukturen und Handlungsformen des Transplantationswesens, das sich seit jeher über vertragliche Abreden organisiert und strukturiert.[1207] Diese regulierte gesellschaftliche Selbstregulierung zeichnet sich dadurch aus, dass eine autonome, gesellschaftliche Selbststeuerung auf eine überformende, auf die Sicherstellung von Gemeinwohlinteressen abzielende Regelungsstruktur und Rahmengebung des Staates trifft.[1208] In diesem System sollen beide Ordnungen – die private und die staatliche – nebeneinander erhalten bleiben. Die staatliche Umformung setzt gerade eine gesellschaftliche Selbstregulierung voraus und wirkt typischerweise auf den Erhalt beziehungsweise die Stabilisierung dieser Strukturen hin.

Dazu lassen sich folgende – auch im Transplantationsrecht wiederzufindende – Charakteristika einer staatlichen Rahmenordnung regulierter Selbstregulierung zusammenfassen: Das Gesetz gibt Zielvorgaben vor, setzt den Rahmen der Tätigkeit der selbstregulierenden Akteure, formuliert Anforderungen an die privaten Akteure, schafft eine Struktur für deren privaten Handlungsformen,

1205 *Weyd*, Jura 2013, 437 (440).

1206 *Bader*, Organmangel und Organverteilung, S. 167 ff.

1207 Vgl. zur historischen Ordnung des Transplantationswesens seit den 1950er Jahren oben S. 38 ff.

1208 *Trute*, in: Hoffmann-Riem/Schmidt-Aßmann (Hrsg.), Öffentliches Recht und Privatrecht als wechselseitige Auffangordnungen, S. 167 (182, 197).

initiiert geeignete Kontrollmaßnahmen und behält für eine eventuell erforderlich werdende weitere staatliche Steuerung Zugriffsmöglichkeiten bereit.[1209]

Ziel des Konzeptes der staatlich regulierten gesellschaftlichen Selbstregulierung ist es, die spezifische Expertise, die Erfahrung und die Dynamik gesellschaftlicher Aufgabenträger für staatliche Zwecke nutzbar zu machen.[1210] Es geht darum, die „Eigenverantwortung, Motivation und Innovation" gesellschaftlicher Bereiche möglichst zu erhalten, diese jedoch einem staatlichen Rahmen und einer gewissen staatlichen Steuerung zugänglich zu machen.[1211] Beide Instrumente – die gesellschaftliche Selbstregulierung und die staatliche Regulierung – sollen so zur Geltung gebracht werden und ihre jeweiligen Vorzüge für die betreffende Regelungsmaterie entfalten.[1212] Es handelt sich beim Konzept regulierter Selbstregulierung in der gesetzlichen Umsetzung in Folge dessen nicht nur um ein vergleichsweise neuartiges, sondern auch um ein besonders herausforderndes und komplexes System.[1213]

1209 Vgl. *Thoma*, Regulierte Selbstregulierung, S. 40 f.

1210 *Böning*, Kontrolle im Transplantationsgesetz, S. 64.

1211 *Thoma*, Regulierte Selbstregulierung, S. 41. Vgl. dazu auch *Trute*, DVBl. 1996, 950 (955).

1212 *Thoma*, Regulierte Selbstregulierung, S. 39 m.w.N.

1213 *Schmidt-Preuß*, VVDStRL 56 (1997), 160 (165), bezeichnet sie als „neuartige Formen der Verzahnung und Durchmischung gesteuerter Selbstregulierung".

6. Teil: Rechtsstaatlich-demokratische Steuerung und Rückbindung der regulierten Selbstregulierung

Die staatlich regulierte gesellschaftliche Selbstregulierung vereint zwei Handlungsinstrumente zu einem gemeinsamen Konzept. Neben der hinzutretenden oder induzierend wirkenden staatlichen Regulierung, die sich vor allem dem Medium „Recht“ bedient,[1214] sollen auch Elemente gesellschaftlicher Selbstregulierung erhalten bleiben. Dies bedingt und impliziert notwendige Handlungsfreiräume für die dort autonom agierenden privaten Akteure, innerhalb des staatlich vorgesehenen, zumeist gesetzlichen, Handlungsrahmens. Im vorliegenden Fall ist eine regulierte Selbstregulierung der Koordinierungsstellentätigkeit in § 11 TPG dergestalt ausgestaltet, dass sich der Gesetzgeber auf die Strukturierung und Institutionalisierung der dort gegenständlichen Abläufe postmortaler Organtransplantation konzentriert hat. Es sind exklusive Verantwortungs- und Handlungsbereiche für die Akteure des Transplantationswesens vorgesehen. Denkbar erscheinenden Verselbstständigungstendenzen transplantationsmedizinischer Abläufe über die vorgesehenen, geordneten Handlungsbereiche hinaus ist gesetzlich durch Gebote, Verbote, Straf- und Ordnungswidrigkeitentatbestände vorzubeugen versucht worden.

Dieses Zusammentreffen staatlicher und privater Handlungsbeiträge außerhalb der gängigen und mittlerweile vergleichsweise gefestigten Formen der Einbindung Privater, wie Beleihung oder Verwaltungshilfe, wirft die Frage auf, ob derartige abweichende Kooperationsformen verfassungskonform ausgestaltet werden können. Dabei sind es zuvörderst nicht etwa die Grundrechte und grundrechtsbedingten staatlichen Pflichten, die den Maßstab und eventuelle Grenzen für solch ein Konzept bilden würden,[1215] denn selbst in Regelungsbereichen mit hoher Grundrechtsrelevanz steht dem Gesetzgeber bei der Wahrnehmung grundrechtlicher Schutzpflichten ein derart weiter Gestaltungsspielraum zu, der erst dann als überschritten gilt, wenn der Staat völlig untätig bleibt oder das gewählte Mittel grundsätzlich nicht mehr dazu geeignet erscheint, einen

1214 So *Eifert*, in: Hoffmann-Riem/Schmidt-Aßmann/Voßkuhle (Hrsg.), Grundlagen des Verwaltungsrechts, Band I, § 19 Rn. 5.

1215 In diese Richtung *Burgi*, Die Verwaltung 33 (2000), 183 (190); *ders.*, Funktionale Privatisierung und Verwaltungshilfe, S. 363.

ausreichenden Grundrechtsschutz tatsächlich zu gewährleisten.[1216] Soweit staatlich-privaten Kooperationsformen daher nicht schon die allgemeine Eignung in diesem Sinne abzusprechen ist – wofür wohl keine Anhaltspunkte bestehen – genügen auch Formen regulierter gesellschaftlicher Selbstregulierung im Sinne der weiten Einschätzungsprärogative des Gesetzgebers bei der Ausgestaltung staatlicher Schutzpflichten dem Grundrechtsschutz.

Es stellt sich allerdings – und vor allem – die Frage, ob ein solches Konzept einer regulierten gesellschaftlichen Selbstregulierung mit seinen Charakteristiken überhaupt einer ausreichenden, verfassungsrechtlichen Anforderungen rechtsstaatlich-demokratischer Legitimation entsprechenden Ausrichtung am Grundgesetz zugänglich ist. Anders gewendet lässt sich also fragen: Ist ein solches Konzept mit den tragenden Staatsstrukturentscheidungen des Grundgesetzes in Einklang zu bringen? Nur dann könnten auf die beschriebene Weise verfassungsrechtmäßig gesellschaftliche Akteure in die staatliche Aufgabenwahrnehmung eingebunden sein. Ob insoweit die Nutzung regulierter gesellschaftlicher Selbstregulierung verfassungsgemäß erfolgt, soll daher im Folgenden anhand des in den Blick genommenen Beispiels der Koordinierungsstelle aus § 11 TPG näher untersucht werden.

A. Die demokratischen Steuerungs- und Rückbindungsinstrumente des Grundgesetzes

Die demokratische Legitimität aller Staatsgewalt im Sinne einer wirksamen Steuerung, Rückbindung und Rückführbarkeit anhand der vom Volk und durch die Volksvertreter getroffenen Sach- und Personalentscheidungen,[1217] fußt nach den Strukturbestimmungen des Grundgesetzes insbesondere auf dem Rechtsstaats- sowie Demokratieprinzip. Diese beiden Verfassungsprinzipien prägen entscheidend die verfassungsrechtlichen Anforderungen einer Organisations- und Legitimationsordnung staatlicher Machtausübung.[1218] Im demokratischen Rechtsstaat[1219] formulieren sie Vorgaben des Verfahrens zur Legitimation staatlicher Herrschaftsausübung[1220] und bilden damit den Maßstab für die Frage, wann

---

1216 BVerfGE 79, 174 (202); 85, 191 (212); 88, 203 (251 ff., 254 f.); 92, 26 (46); 96, 56 (64); *Holznagel*, DVBl. 1997, 393 (399); *Spilker*, ZRP 2014, 112 (115).

1217 *Wahl*, Kooperationsstrukturen im Vertragsarztrecht, S. 402.

1218 *Burgi*, Die Verwaltung 33 (2000), 183 (190); *Kluth*, Funktionale Selbstverwaltung, S. 23.

1219 So *Schmidt-Aßmann*, Grundrechtspositionen und Legitimationsfragen im öffentlichen Gesundheitswesen, S. 57.

1220 *Burgi*, Die Verwaltung 33 (2000), 183 (190).

von einer ausreichenden demokratischen Steuerung staatlicher Gewalt gesprochen werden kann. Es lassen sich also verfassungsrechtliche Vorgaben für die „Staats- und Verwaltungsorganisation" unmittelbar aus dem Rechtsstaats- und Demokratieprinzip entnehmen,[1221] die sich damit als die dogmatische Basis der Legitimationsordnung des Grundgesetzes erweisen.[1222]

Sowohl das Rechtsstaats- als auch das Demokratieprinzip bedienen sich dem positiven Recht als Medium – dies bedingt eine gewisse Parallelität und eine Überscheidung in ihren Anforderungen und Wirkungen.[1223] Das zentrale Gestaltungsmittel beider Prinzipien ist dabei das Parlamentsgesetz, dem eine „rechtsstaatlich wie auch demokratisch fundierte Funktion"[1224] als klassisches, staatliches Legitimationsmittel[1225] zukommt.[1226]

Indes bleibt zu beachten: Sowohl das Rechtsstaats- als auch das Demokratiegebot finden die Grenzen ihrer Anwendbarkeit als Strukturgeber einer Organisations- und Legitimationsordnung dort, wo die Akteure und Tätigkeitsausübungen nicht mehr dem staatlichen Bereich zugerechnet werden können.[1227] Die Organisationswirkung der Verfassungsprinzipien richtet sich ausschließlich an die institutionalisierte Staatsgewalt.[1228] Die vermehrt auftretenden und vielfältiger werdenden Kooperationsformen von staatlichen und privaten Akteuren in durch Parlamentsgesetz strukturierten Lebensbereichen erweisen sich vor diesem Hintergrund als Herausforderung, wird eine strikte Trennung der Handlungsbeiträge solcher Kooperationsmuster und Unterscheidung zwischen grundrechtsberechtigter privater Tätigkeit und verfassungsgebundenen

1221 *Weisel*, Das Verhältnis von Privatisierung und Beleihung, S. 122.

1222 *Schmidt-Aßmann*, AöR 116 (1991), 329 (332).

1223 So *Wahl*, Kooperationsstrukturen im Vertragsarztrecht, S. 402. Vgl. auch *Pieroth*, JuS 2010, 473 (474).

1224 *Schmidt-Aßmann*, AöR 116 (1991), 329 (332).

1225 *Reimer*, in: Hoffmann-Riem/Schmidt-Aßmann/Voßkuhle (Hrsg.), Grundlagen des Verwaltungsrechts, Band I, § 9 Rn. 10.

1226 *Schmidt-Aßmann*, AöR 116 (1991), 329 (332); *ders.*, Grundrechtspositionen und Legitimationsfragen im öffentlichen Gesundheitswesen, S. 57; *Wahl*, Kooperationsstrukturen im Vertragsarztrecht, S. 396.

1227 Im Hinblick auf die demokratische Legitimation *Trute*, in: Hoffmann-Riem/Schmidt-Aßmann/Voßkuhle (Hrsg.), Grundlagen des Verwaltungsrechts, Band I, § 6 Rn. 89. Zum Rechtsstaatsprinzip, das danach alle Träger öffentlicher Gewalt bindet, vgl. *Schulze-Fielitz*, in: Dreier (Hrsg.), GG, Band II, Art. 20 R Rn. 223 m.w.N.

1228 *Gersdorf*, Öffentliche Unternehmen im Spannungsfeld zwischen Demokratie- und Wirtschaftlichkeitsprinzip, S. 44; *Sachs*, in: Sachs (Hrsg.), GG, Art. 20 Rn. 15; *Krüger*, Die Organvermittlungstätigkeit im Sinne des § 12 TPG, S. 268.

staatlichen Handlungen diesen neuen Kooperationsspektren doch zumeist kaum gerecht.[1229] Gleichwohl muss es der Ausgangspunkt einer weiteren Betrachtung sein, „dass die staatlichen Handlungsbeiträge legitimationsbedürftig sind, und dass die Privaten auch dort, wo sie in Kooperationsbeziehungen zur öffentlichen Verwaltung stehen, selbstverständlich von ihrer Freiheit Gebrauch machen",[1230] will man sich nicht im bloß rechtspolitischen Diskurs verlieren.

I. Rechtsstaatsprinzip: Parlamentsvorbehalt im Lichte der Wesentlichkeitsdoktrin

Das Rechtsstaatsprinzip findet seine Verankerung in der Verfassungsordnung vor allem in Art. 20 Abs. 2 S. 2, Abs. 3, Art. 28 Abs. 1 S. 1 GG.[1231] Rechtsstaatlichkeit meint dabei, dass „die Ausübung staatlicher Macht nur auf der Grundlage der Verfassung und von formell und materiell verfassungsgemäß erlassenen Gesetzen mit dem Ziel der Gewährleistung von Menschenwürde, Freiheit, Gerechtigkeit und Rechtssicherheit zulässig ist".[1232] Das Rechtsstaatsprinzip fordert daher die Gesetzmäßigkeit der Verwaltung, die Rechtsbindung der Rechtsprechung sowie die Verfassungsbindung der Gesetzgebung. Wesentliche Elemente sind ferner die Grundrechtsbindung der Staatsorgane, der Grundsatz der Gewaltenteilung, die Verfassungsstaatlichkeit, der Gerichtsschutz und ein verfassungsrechtliches Übermaßverbot.[1233]

Aus Gesichtspunkten der demokratischen Steuerung und Rückführbarkeit der Ausübung staatlicher Gewalt, um die es in diesem Teil der Bearbeitung geht, sind als Kernelemente des Rechtsstaatsprinzips die „Herrschaft des demokratischen und ausreichend bestimmten Gesetzes" und damit notwendig einhergehend die Rechtsgebundenheit der vollziehenden Gewalt auszumachen.[1234] Wie bereits erörtert, erweist sich also insoweit das parlamentarische Gesetz als das zentrale Steuerungselement des Rechtsstaates.[1235] Dazu sind in der Verfassung

1229 Vgl. dazu mit Beispielen *Trute*, in: Hoffmann-Riem/Schmidt-Aßmann/Voßkuhle (Hrsg.), Grundlagen des Verwaltungsrechts, Band I, § 6 Rn. 89 f.

1230 *Trute*, in: Hoffmann-Riem/Schmidt-Aßmann/Voßkuhle (Hrsg.), Grundlagen des Verwaltungsrechts, Band I, § 6 Rn. 90.

1231 *Schmidt-Aßmann*, in: Isensee/Kirchhof (Hrsg.), Handbuch des Staatsrechts, Band II, § 26 Rn. 3; *Schulze-Fielitz*, in: Dreier (Hrsg.), GG, Band II, Art. 20 R Rn. 40.

1232 *Stern*, Staatsrecht, Band I, Art. 20 S. 781.

1233 Dazu *Kloepfer*, Verfassungsrecht, Band I, § 10 Rn. 33; *Stern*, Staatsrecht, Band I, Art. 20 S. 787 ff.

1234 Vgl. dazu *Schulze-Fielitz*, in: Dreier (Hrsg.), GG, Band II, Art. 20 R Rn. 39.

1235 *Schulze-Fielitz*, in: Dreier (Hrsg.), GG, Band II, Art. 20 R Rn. 52.

besondere Gesetzesvorbehalte angelegt, die bestimmtes Handeln allein durch Gesetz erlauben.[1236] Neben diesen von Verfassungs wegen einer parlamentarischen Entscheidung vorbehaltenen Feldern, entnimmt man vorwiegend aus dem Rechtsstaatsprinzip die Existenz eines weitergehenden – ausdrücklich im Verfassungstext nicht vorgesehenen – allgemeinen Gesetzesvorbehaltes,[1237] denn die verfassungsrechtliche Bindung der vollziehenden Gewalt und der Rechtsprechung nach Art. 20 Abs. 3 GG würde ihre Wirkung verfehlen, sehe die Verfassung selbst nicht gleichzeitig eine Steuerung durch gesetzliche Maßgaben vor, indem bestimmte Fragen allein dem Gesetzgeber obliegen und von diesem entschieden werden müssen.[1238] Der allgemeine Gesetzesvorbehalt besagt demzufolge, dass in einer parlamentarischen Demokratie auch diejenigen staatlichen Entscheidungen vom Parlament selbst getroffen werden müssen, die zentrale Aspekte der gemeinschaftlichen Ordnung betreffen, selbst wenn sie nicht einem der geschriebenen ausdrücklichen Verfassungsvorbehalte unterfallen.[1239] Indem abgesichert wird, dass „staatliches Handeln in bestimmten grundlegenden Bereichen durch förmliches Gesetz legitimiert wird“, entfaltet dieser allgemeine Gesetzesvorbehalt eine legitimationssichernde Wirkung.[1240]

An diese zentrale rechtsstaatliche Stellung des Gesetzes anknüpfend und diese abstützend und ergänzend ist in der Rechtsprechung des Bundesverfassungsgerichtes über die Wesentlichkeitsdoktrin parlamentsgesetzlicher Normen dem allgemeinen Gesetzesvorbehalt Kontur verliehen worden. Der parlamentarische Gesetzgeber soll demnach in den grundlegenden normativen Bereichen, insbesondere im Bereich der Grundrechtsausübung, alle wesentlichen Entscheidungen selbst treffen, freilich nur soweit sie überhaupt einer staatlichen Regelung zugänglich sind.[1241] Die Wesentlichkeitsrechtsprechung hat zur Folge,

1236 *Grzeszick*, in: Maunz/Dürig (Hrsg.), GG, Art. 20 Rn. 91 ff.; *Reimer*, in: Hoffmann-Riem/Schmidt-Aßmann/Voßkuhle (Hrsg.), Grundlagen des Verwaltungsrechts, Band I, § 9 Rn. 10, 30.

1237 BVerfGE 101, 1 (34); 136, 69 Rn. 102; 137, 350 Rn. 33. Vgl. dazu zusammenfassend die Darstellung bei *Grzeszick*, in: Maunz/Dürig (Hrsg.), GG, Art. 20 Rn. 97 ff.

1238 BVerfGE 40, 237 (248).

1239 *Stern*, Staatsrecht, Band I, Art. 20 S. 811.

1240 BVerfGE 98, 218 (251).

1241 BVerfGE 49, 89 (126); 98, 218 (251, Rn. 136); 101, 1 (34, Rn. 124); 108, 282 (312, Rn. 69); 123, 39 (78, Rn. 132); BVerwGE 65, 323 (325); 68, 69 (72); 121, 103 (108 ff.); 138, 201 (204, Rn. 26). Vgl. dazu auch *Schulze-Fielitz*, in: Dreier (Hrsg.), GG, Band II, Art. 20 R Rn. 113 ff.; *Sommermann*, in: von Mangoldt u.a. (Hrsg.), GG, Band II, Art. 20 Rn. 273 ff.

dass die ausführende Gewalt ihr Handeln nicht nur stets auf eine einschlägige formell-gesetzliche Handlungsgrundlage zu stützen hat, sondern darüber hinaus bestimmte Entscheidungen im Sinne eines Parlamentsvorbehalts allein der Beurteilung durch das Parlament obliegen und nicht weiter auf andere Staatsorgane oder andere Instanzen wie gesellschaftliche Verbandsmächte übertragbar sind.[1242] Die Wesentlichkeitstheorie umfasst mithin zwei Komponenten: zum einen die Aussage, dass die Kompetenz zur Regelung bestimmter Rechtsbereiche allein dem parlamentarischen Gesetzgeber obliegt,[1243] zum anderen die Festlegung, dass dabei grundlegende Entscheidungen des zu regelnden Bereichs im Gesetz getroffen sein müssen.[1244] Über diese Wesentlichkeitsformel des Bundesverfassungsgerichtes ist der rechtsstaatliche Gesetzesvorbehalt um eine entscheidend demokratiesichernde Komponente ergänzt worden.[1245] Auf diese Weise stellt das Rechtsstaatsprinzip nämlich sicher, dass sich bestimmte Entscheidungen ohne eine weitere Verdünnung von Legitimation direkt an den Volkswillen rückbinden lassen. Das Rechtsstaatprinzip dient damit der Sicherung demokratisch angemessen legitimierter hoheitlicher Entscheidungen.[1246]

Die Beurteilung, wann eine Entscheidung im Sinne dieser Doktrin als wesentlich zu erachten und einem Parlamentsvorbehalt zu unterwerfen ist, gestaltet sich im Einzelfall ausgesprochen schwierig.[1247] Sie lässt sich – so die dazu ergangene Rechtsprechung – auf der Grundlage der tragenden Prinzipien des Grundgesetzes treffen.[1248] Um mit einer gewissen Verlässlichkeit zu einer Einordnung zu gelangen, haben sich im Schrifttum verschiedene Fallgruppen herausgebildet, bei denen eine solche Wesentlichkeit der Entscheidungen regelmäßig angenommen wird.[1249] Dies betrifft vor allem die Entscheidung besonders

1242 *Grzeszick*, in: Maunz/Dürig (Hrsg.), GG, Art. 20 Rn. 105 f.; *Schmidt-Aßmann*, in: Grundrechtspositionen und Legitimationsfragen im öffentlichen Gesundheitswesen, S. 57; Sommermann, in: von Mangoldt u.a. (Hrsg.), GG, Band II, Art. 20 Rn. 273.

1243 BVerfGE 83, 130 (152); *Reimer*, in: Hoffmann-Riem/Schmidt-Aßmann/Voßkuhle (Hrsg.), Grundlagen des Verwaltungsrechts, Band I, § 9 Rn. 47.

1244 BVerfGE 49, 130 (142); *Reimer*, in: Hoffmann-Riem/Schmidt-Aßmann/Voßkuhle (Hrsg.), Grundlagen des Verwaltungsrechts, Band I, § 9 Rn. 47.

1245 Vgl. BVerfGE 49, 89, 126; *Buhck*, Überwachungsgemeinschaften im Umweltrecht, S. 228; *Gutmann/Fateh-Moghadam*, NJW 2002, 3365 (3365).

1246 *Schmidt-Aßmann*, Das allgemeine Verwaltungsrecht als Ordnungsidee, S. 194.

1247 *Sommermann*, in: von Mangoldt u.a. (Hrsg.), GG, Band II, Art. 20 Rn. 275.

1248 BVerfGE 47, 46 (79); 49, 89 (127); 98, 218 (258).

1249 Vgl. *Grzeszick*, in: Maunz/Dürig (Hrsg.), GG, Art. 20 Rn. 107 ff.; *Sommermann*, in: von Mangoldt u.a. (Hrsg.), GG, Band II, Art. 20 Rn. 275 ff.

grundrechtsrelevanter Fragen, daneben die Verwirklichung von Staatszielbestimmungen, die grundlegenden Regelungen der Leistungsverwaltung sowie institutionelle oder organisatorische Entscheidungen des Staatsaufbaus.[1250] Aus der Wesentlichkeitstheorie wird gefolgert, dass grundlegende Entscheidungen dieser Bereiche der demokratisch unmittelbar legitimierte parlamentarische Gesetzgeber regelmäßig selbst vorgeben muss und solche Entscheidungsprozesse einer Delegation nicht zugänglich sind.[1251] Die dem Parlamentsvorbehalt derart unterfallenden Regelungsbereiche müssen dann zugleich ausreichend bestimmt sein und ein gewisses Maß an Regelungsdichte aufweisen.[1252]

II. Demokratieprinzip

Grundlegende Maßgaben einer ausreichenden demokratischen Rückbindung aller staatlichen Gewalt lassen sich außerdem dem verfassungsrechtlichen Demokratieprinzip entnehmen. Das Demokratieprinzip ist in Art. 20 Abs. 1, Abs. 2 und Art. 28 Abs. 1 GG als Staats- und Regierungsform abgesichert.[1253] In dieser Ausprägung ist es Staatslegitimationsprinzip und zugleich Staatsorganisationsprinzip, da das Demokratieprinzip und die darauf beruhende Legitimationsdogmatik – wie zu zeigen sein wird – bestimmte organisationsrechtliche Rahmenbedingungen voraussetzen, die unverzichtbar erscheinen, um eine legitimatorische Rückführbarkeit aller Staatsgewalt auf das Volk zu ermöglichen.[1254]

1. Demokratische Legitimation nach Art. 20 Abs. 2 GG

Die zentrale und konturverleihende Norm des Demokratieprinzips ist Art. 20 Abs. 2 GG.[1255] Danach ist bestimmt, dass alle Staatsgewalt vom Volk ausgeht und durch das Volk in Wahlen und Abstimmungen und durch besondere Organe der Gesetzgebung, der vollziehenden Gewalt und der Rechtsprechung ausgeübt wird. Art. 20 Abs. 2 GG bringt mit dieser Festlegung das geltende Prinzip der

1250 *Sommermann*, in: von Mangoldt u.a. (Hrsg.), GG, Band II, Art. 20 Rn. 276 ff. Vgl. auch *Grzeszick*, in: Maunz/Dürig (Hrsg.), GG, Art. 20 Rn. 111 ff.

1251 Dazu *Grzeszick*, in: Maunz/Dürig (Hrsg.), GG, Art. 20 Rn. 106; *Sommermann*, in: von Mangoldt u.a. (Hrsg.), GG, Band II, Art. 20 Rn. 273.

1252 Vgl. *Schmidt-Aßmann*, Das allgemeine Verwaltungsrecht als Ordnungsidee, S. 194.

1253 *Böckenförde*, in: Isensee/Kirchhof (Hrsg.), Handbuch des Staatsrechts, Band II, § 24 Rn. 1; *Ehlers*, in: Faber/Frank (Hrsg.), FS Stein, S. 125 (125); *Kluth*, in: Wolff u.a. (Hrsg.), Verwaltungsrecht, Band II, § 80 Rn. 142.

1254 *Kluth*, in: Wolff u.a. (Hrsg.), Verwaltungsrecht, Band II, § 80 Rn. 142.

1255 Vgl. *Köller*, Funktionale Selbstverwaltung und ihre demokratische Legitimation, S. 35.

Volkssouveränität zum Ausdruck.[1256] Inhaltliches Kernelement der Volkssouveränität ist die verfassungsrechtliche Zentrierung aller staatlichen Gewalt beim Volk.[1257] Das Volk ist zugleich „Träger“ und „Legitimationsspender“ der Staatsgewalt.[1258]

Auf Grundlage dieser eher noch allgemein gehaltenen Festlegungen des Art. 20 Abs. 2 GG und des dort skizzierten Legitimationsgefüges sind mittels Interpretation der einschlägigen Verfassungsnormen von der Rechtsprechung und der Literatur Vorgaben für die Legitimationsordnung des verfassungsrechtlichen Demokratieprinzips entwickelt worden, die zu einer spezifischen Ausgestaltung beigetragen haben.[1259] Das klassische Modell des Legitimationssystems differenziert zwischen aufeinander Bezug nehmenden Elementen.[1260] Im Legitimationsverhältnis ist das Volk das Legitimationssubjekt, die Staatsgewalt das Legitimationsobjekt.[1261] Die Ausübung aller staatlichen Gewalt muss auf den Volkswillen rückführbar sein.[1262] Zur Herstellung eines solchen Legitimationszusammenhangs zwischen dem Legitimationssubjekt und dem Legitimationsobjekt – also zwischen Volk und staatlicher Herrschaft[1263] – dienen Instrumente der Legitimation, die in ihrem Zusammenspiel ein bestimmtes Legitimationsniveau sicherstellen sollen.[1264]

a. Legitimationssubjekt: Volk

Mit der Festlegung in Art. 20 Abs. 2 S. 1 GG, wonach alle Staatsgewalt vom Volk ausgeht, ist zum Ausdruck gebracht, dass die Ausübung von Herrschaftsgewalt

---

1256 BVerfGE 93, 37 (66); 83, 60 (71); *Böckenförde*, in: Isensee/Kirchhof (Hrsg.), Handbuch des Staatsrechts, Band II, § 24 Rn. 2 ff. Vgl. auch *Dreier*, in: Dreier (Hrsg.), GG, Band II, Art. 20 D Rn. 82 ff.; *Grzeszick*, in: Maunz/Dürig (Hrsg.), GG, Art. 20 Rn. 60.

1257 BVerfGE 47, 253 (275); 83, 60 (71 f.); 93, 37 (66); 107, 59 (87); vgl. auch *Grzeszick*, in: Maunz/Dürig, GG, Art. 20 Rn. 61.

1258 *Ehlers*, in: Faber/Frank (Hrsg.), FS Stein, S. 125 (125).

1259 *Kluth*, in: Wolff u.a. (Hrsg.), Verwaltungsrecht, Band II, § 80 Rn. 145, 166; *Schmidt-Aßmann*, AöR 116 (1991), 329 (337).

1260 Vgl. dazu *Trute*, in: Hoffmann-Riem/Schmidt-Aßmann/Voßkuhle (Hrsg.), Grundlagen des Verwaltungsrechts, Band I, § 6 Rn. 4.

1261 *Grzeszick*, in: Maunz/Dürig (Hrsg.), GG, Art. 20 Rn. 61; *Sommermann*, in: von Mangoldt u.a. (Hrsg.), GG, Band II, Art. 20 Rn. 144.

1262 *Grzeszick*, in: Maunz/Dürig (Hrsg.), GG, Art. 20 Rn. 61; *Huster/Rux*, in: Epping/Hillgruber (Hrsg.), Beck`scher Online-Kommentar GG, Art. 20 Rn. 93.

1263 BVerfGE 83, 60 (71 f.).

1264 Siehe etwa *Trute*, in: Hoffmann-Riem/Schmidt-Aßmann/Voßkuhle (Hrsg.), Grundlagen des Verwaltungsrechts, Band I, § 6 Rn. 4 ff.

einer „rechtfertigenden Herleitung" – der demokratischen Legitimation – bedarf. Diese Legitimation kann allein von dem in Art. 20 Abs. 2 GG benannten Volk und von keiner daneben bestehenden Instanz hergeleitet werden.[1265] Staatsgewalt soll nach dem Demokratieverständnis des Grundgesetzes also „in einer Weise organisiert [sein], daß ihre Ausübung [...] von den Bürgern konstituiert, legitimiert und kontrolliert wird und darin als Form der Selbstbestimmung und Selbstregulierung des Volkes erscheint, an der alle Bürger gleichberechtigt teilzunehmen befugt sind".[1266]

Das Demokratieprinzip des Grundgesetzes bezieht die demokratische Legitimation staatlicher Gewalt ganz überwiegender Ansicht nach in einem demokratischen Begriffssinne auf das Volk als Staatsorgan,[1267] meint also das Staatsvolk.[1268] Damit wird vorherrschend[1269] eine monistische, keine pluralistische Demokratietheorie zugrunde gelegt.[1270] Statusmäßig an die jeweilige Staatsangehörigkeit anknüpfend ist das Staatsvolk diejenige „Gesamtheit von Menschen, die im Staat als politische[r] Handlungs- und Wirkeinheit zusammengeschlossen sind und ihn tragen".[1271] Das deutsche Staatsvolk umfasst dabei alle deutschen Staatsangehörigen und die nach Art. 116 Abs. 1 GG gleichgestellten Personen.[1272]

Aus einer Zusammenschau mit Art 28 Abs. 1 S. 2 GG ergibt sich nach allgemeiner Ansicht, dass Volk im Sinne des Art. 20 Abs. 2 GG – und damit ein

1265 *Böckenförde*, in: Isensee/Kirchhof (Hrsg.), Handbuch des Staatsrechts, Band II, § 24 Rn. 3.

1266 *Böckenförde*, in: Isensee/Kirchhof (Hrsg.), Handbuch des Staatsrechts, Band II, § 24 Rn. 9.

1267 Vgl. nur BVerfGE 83, 37 (51 ff.); *Jestaedt*, Demokratieprinzip und Kondominialverwaltung, S. 205 ff.; *Kluth*, Funktionale Selbstverwaltung, S. 356.

1268 *Böckenförde*, in: Isensee/Kirchhof (Hrsg.), Handbuch des Staatsrechts, Band II, § 24 Rn. 26; vgl. auch *Dreier*, in: Dreier (Hrsg.), GG, Band II, Art. 20 D Rn. 90 m.w.N.; *Grzeszick*, in: Maunz/Dürig (Hrsg.), GG, Art. 20 Rn. 79; *Sommermann*, in: von Mangoldt u.a. (Hrsg.), GG, Band II, Art. 20 Rn. 148.

1269 So etwa *Köller*, Funktionale Selbstverwaltung und ihre demokratische Legitimation, S. 50.

1270 Begriffsbezeichnung nach *Groß*, Das Kollegialprinzip in der Verwaltungsorganisation, S. 164 mit Fn. 1. Dazu insbesondere *Köller*, Funktionale Selbstverwaltung und ihre demokratische Legitimation, S. 45 ff.

1271 *Böckenförde*, in: Isensee/Kirchhof (Hrsg.), Handbuch des Staatsrechts, Band II, § 24 Rn. 26. Vgl. auch BVerfGE 83, 37 (51).

1272 *Grzeszick*, in: Maunz/Dürig (Hrsg.), GG, Art. 20 Rn. 79; *Schmidt-Aßmann*, AöR 116 (1991), 329 (351); *Sommermann*, in: von Mangoldt u.a. (Hrsg.), GG, Band II, Art. 20 Rn. 148.

allgemeines Volk[1273] – neben dem Bundesstaatsvolk auch dasjenige der jeweiligen Bundesländer und der Gemeinden und Kreise bezeichnet.[1274] Andere Formen der Untergliederung – etwa in nach funktionalen oder sonstigen Merkmalen abgrenzbare „Teilvölker" – werden hingegen überwiegend nicht als Volk im Sinne des Art. 20 Abs. 2 GG verstanden und vermögen demzufolge keine demokratische Legitimation zu vermitteln.[1275]

b. Legitimationsobjekt: Staatsgewalt

Als Legitimationsobjekt benennt Art. 20 Abs. 2 S. 1 GG „alle Staatsgewalt". Was aber unter diesen Begriff konkret gefasst werden soll und dann notwendig einer demokratischen Legitimation bedarf, ist allein aus dieser Norm heraus nicht zu bestimmen, sondern muss im Wege der Auslegung ermittelt werden. Tendenziell wird die Staatsgewalt nach dem Verständnis von Rechtsprechung und Literatur eher weit verstanden.[1276] Das Grundgesetz erstrecke die Legitimationsbedürftigkeit damit auf den gesamten Umfang des staatlichen Handelns.[1277]

Nach der stetigen Rechtsprechung des Bundesverfassungsgerichtes soll unter Art. 20 Abs. 2 GG jedenfalls „jedes amtliche Handeln mit Entscheidungscharakter" gefasst werden.[1278] Das gerichtliche Begriffsverständnis umfasst ausdrücklich auch solche staatlichen Entscheidungen, die nicht mit Außenwirkung aus dem verwaltungsinternen Bereich heraustreten, da solche behördeninternen Handlungen als Voraussetzung zur Ausübung von Amtsaufgaben einzuordnen seien.[1279] Ausgenommen sind hingegen diejenigen Tätigkeiten, die rein

1273 *Schmidt-Aßmann*, AöR 116 (1991), 329 (349 f.).

1274 *Dreier*, in: Dreier (Hrsg.), GG, Band II, Art. 20 D Rn. 91 f.; *Grzeszick*, in: Maunz/Dürig (Hrsg.), GG, Art. 20 Rn. 83 f.; *Kluth*, Funktionale Selbstverwaltung, S. 356. A.A. hingegen *Jestaedt*, Demokratieprinzip und Kondominialverwaltung, S. 210 ff, 224. Dieser bezeichnet die Landesvölker sowie Kreis- und Gemeindevölker als Volksteile beziehungsweise Teilmenge des Bundesvolkes.

1275 Vgl. nur *Böckenförde*, in: Isensee/Kirchhof (Hrsg.), Handbuch des Staatsrechts, Band II, § 24 Rn. 33 f.; *Jestaedt*, Demokratieprinzip und Kondominialverwaltung, S. 213 ff.; *Kluth*, Funktionale Selbstverwaltung, S. 356, 371 f.; *Schmidt-Aßmann*, AöR 116 (1991), 329 (348 ff.). Siehe dazu auch BVerfGE 83, 37 (51).

1276 *Sommermann*, in: von Mangoldt u.a. (Hrsg.), GG, Band II, Art. 20 Rn. 145.

1277 *Böckenförde*, in: Isensee/Kirchhof (Hrsg.), Handbuch des Staatsrechts, Band II, § 24 Rn. 12.

1278 BVerfGE 47, 253 (273); 83, 60 (73); 93, 37 (68); 107, 59 (87).

1279 BVerfGE 83, 60 (73); BVerfGE 93, 37 (68); BVerfGE 107, 59 (98).

konsultativ, vorbereitend oder technisch sind.[1280] Es sind folglich von diesem weiten bundesverfassungsgerichtlichen Begriffsverständnis der Ausübung von Staatsgewalt sämtliche Staatsorgane und ihre Amtswalter „in der Summe ihrer legislativen, exekutiven und judikativen Funktion erfasst".[1281]

In der Literatur wird auf Basis dieser höchstrichterlichen Rechtsprechung und unter Berücksichtigung des aktuellen Staatsverständnisses davon ausgegangen, dass Staatsgewalt die Ausübung von Herrschaftsbefugnissen ist.[1282] Da der Staat mitunter auch als leistender Staat auftrete oder sich schlicht-hoheitlichen oder privatrechtlichen Handlungsformen bediene, dürfe das Verständnis von Staatsgewalt nicht auf bloß hoheitliches Eingriffshandeln verengt werden.[1283] Staatliche Herrschaftsbefugnis umfasse demzufolge nicht nur das hoheitliche Eingriffshandeln in den Formen des Öffentlichen Rechts, sie umschreibe – insofern ist die Literaturansicht im Übrigen deckungsgleich zum Verständnis der einschlägigen Rechtsprechung des Bundesverfassungsgerichtes – sämtliche vom Staat in Anspruch genommene Aufgaben mit Entscheidungscharakter.[1284] Das bedingt, dass für die Ausübung von Staatsgewalt jedenfalls – als deren formelles Element[1285] – eine rechtserhebliche Wirkung als erforderlich erachtet wird.[1286] Die Tätigkeit der Staatsorgane soll bei der Ausübung von Staatsgewalt gestaltend auf den Gemeinschaftsbereich einwirken.[1287] Ausschlaggebend müsse dabei sein, ob rechtlich bedeutsame Folgen, Veränderungen oder Gestaltungen bewirkt

1280 BVerfGE 47, 253 (273); 83, 60 (74); 93, 37 (68 ff.); 107, 59 (87). Vgl. dazu auch *Emde*, Die demokratische Legitimation der funktionalen Selbstverwaltung, S. 214 f.; *Jestaedt*, Demokratieprinzip und Kondominialverwaltung, S. 255 ff. Ablehnend z.B. *Grzeszick*, in: Maunz/Dürig (Hrsg.), GG, Art. 20 Rn. 92 m.w.N.

1281 *Grzeszick*, in: Maunz/Dürig (Hrsg.), GG, Art. 20 Rn. 90. Ferner auch *Dreier*, in: Dreier (Hrsg.), GG, Band II, Art. 20 D Rn. 90.

1282 *Jestaedt*, Demokratieprinzip und Kondominialverwaltung, S. 234; *Kluth*, Funktionale Selbstverwaltung, S. 355; *Köller*, Funktionale Selbstverwaltung und ihre demokratische Legitimation, S. 39.

1283 *Böckenförde*, in: Isensee/Kirchhof (Hrsg.), Handbuch des Staatsrechts, Band II, § 24 Rn. 12; *Jestaedt*, Demokratieprinzip und Kondominialverwaltung, S. 234; *Kluth*, Funktionale Selbstverwaltung, S. 355.

1284 *Böckenförde*, in: Isensee/Kirchhof (Hrsg.), Handbuch des Staatsrechts, Band II, § 24 Rn. 12.

1285 *Jestaedt*, Demokratieprinzip und Kondominialverwaltung, S. 255 ff.

1286 Vgl. nur *Emde*, Die demokratische Legitimation der funktionalen Selbstverwaltung, S. 214; *Jestaedt*, Demokratieprinzip und Kondominialverwaltung, S. 255 ff.; *Köller*, Funktionale Selbstverwaltung und ihre demokratische Legitimation, S. 39.

1287 *Kluth*, Funktionale Selbstverwaltung, S. 355.

werden.[1288] Auch schlicht-hoheitliches sowie privatrechtliches und fiskalisches Verwaltungshandeln würden solche formellen Elemente aufweisen und sollen als staatliche Gewalt im Sinne des Art. 20 Abs. 2 GG angesehen werden. Weder die Rechtsform des Handelns, noch die Organisationsform des Handelnden beeinflussen diese Zuordnung zum staatlichen Handeln.[1289] Aus dem Begriff der staatlichen Gewalt ausgenommen werden nach der in der Literatur vorherrschenden Auffassung insofern – ebenfalls – solche Tätigkeiten, die ausschließlich konsultativer Natur sind, die eine staatliche Entscheidung vorbereiten oder schlicht technisch-instrumentelle Verrichtungen darstellen.[1290]

c. *Legitimationszusammenhang*

Damit die Staatsgewalt im Sinne des Art. 20 Abs. 2 S. 1 GG tatsächlich vom Volke ausgehen kann, muss zwischen dem Legitimationssubjekt Volk und dem Legitimationsobjekt Staatsgewalt ein wirksamer Legitimationszusammenhang gebildet werden können, indem sich die Ausübung der Staatsgewalt auf den Willen des Volkes zurückführen lässt. Insofern macht Art. 20 Abs. 2 S. 2 GG gewisse Vorgaben: Danach wird die Staatsgewalt durch das Volk in Wahlen und Abstimmungen und durch die besonderen Organe der Gesetzgebung, der vollziehenden Gewalt und der Rechtsprechung ausgeübt.[1291]

Eine unmittelbare demokratische Legitimation lässt sich diesem Verständnis nach allein vom Volk durch Wahlen und Abstimmungen erreichen.[1292] In diesen Handlungsformen tritt es selbst als Staatsorgan hervor und übt Staatsgewalt aus.[1293] Bei Abstimmungen werden durch die stimmberechtigten Staatsbürger Sachentscheidungen getroffen.[1294] Der Begriff der Wahlen bezeichnet die direkte Einflussnahme des Volkes auf die personelle Besetzung oder Zusammensetzung

---

1288 *Kluth*, Funktionale Selbstverwaltung, S. 355.

1289 *Böckenförde*, in: Isensee/Kirchhof (Hrsg.), Handbuch des Staatsrechts, Band II, § 24 Rn. 13; *Jestaedt*, Demokratieprinzip und Kondominialverwaltung, S. 234; *Köller*, Funktionale Selbstverwaltung und ihre demokratische Legitimation, S. 39; *Sommermann*, in: von Mangoldt u.a. (Hrsg.), GG, Band II, Art. 20 Rn. 146.

1290 *Böckenförde*, in: Isensee/Kirchhof (Hrsg.), Handbuch des Staatsrechts, Band II, § 24 Rn. 13.

1291 *Grzeszick*, in: Maunz/Dürig (Hrsg.), GG, Art. 20 Rn. 107.

1292 *Sommermann*, in: von Mangoldt u.a. (Hrsg.), GG, Band II, Art. 20 Rn. 157.

1293 BVerfGE 83, 60 (71); *Dreier*, in: Dreier (Hrsg.), GG, Band II, Art. 20 D Rn. 94; *Kluth*, Funktionale Selbstverwaltung, S. 357.

1294 *Schmidt-Aßmann*, AöR 116 (1991), 329 (354).

eines anderen Staatsorgans.[1295] Daher ist die Bedeutung von Abstimmungen im Vergleich zu derjenigen von Wahlen schon der Ausgestaltung nach im demokratischen Staat geringer, denn während auf diesem Wege eine bloß punktuelle Legitimationswirkung zu der entschiedenen, einzelnen Sachfrage ergehen kann, geht von Wahlen eine längerfristige Legitimationswirkung aus.[1296] Sie werden im Sinne des Art. 20 Abs. 2 S. 2 GG als periodisch wiederkehrende, unmittelbar durch das Volk getroffene Entscheidungen ausgeübt.[1297] Wahlen legitimieren stets nur für den Zeitraum der vorgesehenen Legislaturperiode des Staatsorgans[1298] und vermögen für diesen Zeitraum ein eigenständiges Legitimationsgefüge zu schaffen.[1299] Ein durch den Wahlvorgang hergestellter Legitimationszusammenhang muss folglich in regelmäßigen Abständen erneut hergestellt werden.[1300]

Das Bundesverfassungsgericht hat die besondere Bedeutung der Wahl im Sinne des Art. 20 Abs. 2 S. 2 GG als „für die Willensbildung im demokratischen Staat entscheidenden Akt" schon früh besonders hervorgehoben.[1301] Auf diese Weise dienen vor allem die Wahlen zum Deutschen Bundestag und den jeweiligen Landesparlamenten der demokratischen Legitimationsvermittlung.[1302] Über die Vorschrift des Art. 28 Abs. 1 S. 2 GG werden die Wahlen zu den Vertretungsorganen kommunaler Gebietskörperschaften den Parlamentswahlen gleichgestellt, auch sie vermögen daher im Sinne des Art. 20 Abs. 2 S. 2 GG demokratische Legitimation zu vermitteln.[1303]

Art. 20 Abs. 2 GG stellt neben diese unmittelbaren Formen der demokratischen Herrschaftsausübung die Ausübung von Staatsgewalt durch die besonderen Organe der Gesetzgebung, der vollziehenden Gewalt und der Rechtsprechung, also Formen nur mittelbarer Demokratie.[1304] Dort fallen das Innehaben und die Ausübung der Staatsgewalt zwischen dem Volk und den besonderen Staatsorganen auseinander.[1305] Weil gleichwohl auch hier Staatsgewalt ausgeübt

---

1295 *Schmidt-Aßmann*, AöR 116 (1991), 329 (352); *Sommermann*, in: von Mangoldt u.a. (Hrsg.), GG, Band II, Art. 20 Rn. 158.
1296 *Schmidt-Aßmann*, AöR 116 (1991), 329 (352).
1297 So *Schmidt-Aßmann*, AöR 116 (1991), 329 (352).
1298 *Sommermann*, in: von Mangoldt u.a. (Hrsg.), GG, Band II, Art. 20 Rn. 159.
1299 *Schmidt-Aßmann*, AöR 116 (1991), 329 (352).
1300 BVerfGE 18, 151 (154); 20, 56 (113); 41, 399 (414); 123, 267 (340).
1301 BVerfGE 20, 56 (113); 29, 145 (164 f.).
1302 *Schmidt-Aßmann*, AöR 116 (1991), 329 (352).
1303 Vgl. dazu eingehender *Schmidt-Aßmann*, AöR 116 (1991), 329 (353).
1304 *Grzeszick*, in: Maunz/Dürig (Hrsg.), GG, Art. 20 Rn. 63.
1305 *Dreier*, in: Dreier (Hrsg.), GG, Band II, Art. 20 D Rn. 109; *Grzeszick*, in: Maunz/Dürig (Hrsg.), GG, Art. 20 Rn. 117.

wird, bedarf es einer Rückführbarkeit auf den Willen des Volkes.[1306] Zwischen der Ausübung der Staatsgewalt durch die Staatsorgane und der Willenskundgabe durch das Volk muss dazu ein ununterbrochener demokratischer Legitimationszusammengang bestehen.[1307] Erforderlich ist, dass das Volk einen hinreichenden Einfluss auf die Ausübung der Staatsgewalt durch die staatlichen Organe behält.[1308] Dies führt allerdings nicht dazu, dass das Volk in der Lage sein müsste, auf jede durch die besonderen Organe aus Art. 20 Abs. 2 GG getroffene Detailentscheidung Einfluss zu nehmen.[1309] Aus diesem Erfordernis ist in der Rechtsprechung und Literatur eine Dogmatik demokratischer Legitimationsvermittlung entwickelt worden, die insbesondere auf sachlich-inhaltliche und organisatorisch-personelle Aspekte abstellt und aus der sich verschiedene Legitimationsformen entwickelt haben.[1310] Teils wird insofern argumentiert, schon Art. 20 Abs. 2 S. 2 GG würde dieses Verständnis vorgeben. Mit den vom Volk unmittelbar ausgeübten Entscheidungsbestandteilen „Wahlen und Abstimmungen" sei eine personelle und eine materielle Komponente zur Vermittlung demokratischer Legitimation kraft Festlegung in der Verfassung bestimmt, auf der auch die weitere Legitimationsdogmatik fuße.[1311]

2. *Legitimationsformen des Art. 20 Abs. 2 GG*

Unterschieden werden nach dem herkömmlichen Demokratieverständnis[1312] von Rechtsprechung und Literatur zumeist drei Formen demokratischer Legitimation, mittels derer die Zurechnung der Staatsgewalt auf das Volk bewirkt

---

1306 BVerfGE 77, 1 (40); 83, 60 (72); 93, 37 (66); 107, 59 (87). Vgl. auch *Grzeszick*, in: Maunz/Dürig (Hrsg.), GG, Art. 20 Rn. 107.

1307 *Dreier*, in: Dreier (Hrsg.), GG, Band II, Art. 20 D Rn. 109; *Grzeszick*, in: Maunz/Dürig (Hrsg.), GG, Art. 20 Rn. 117.

1308 BVerfGE 38, 258 (271); 47, 253 (272 ff.); 77, 1 (49); 83, 60 (71 f.); 89, 155 (182); 93, 37 (60). Vgl. dazu auch *Grzeszick*, in: Maunz/Dürig, GG, Art. 20 Rn. 117.

1309 *Huster/Rux*, in: Epping/Hillgruber (Hrsg.), Beck`scher Online-Kommentar GG, Art. 20 Rn. 93.

1310 Vgl. dazu nur *Grzeszick*, in: Maunz/Dürig (Hrsg.), GG, Art. 20 Rn. 118 f.; *Huster/Rux*, in: Epping/Hillgruber (Hrsg.), Beck`scher Online-Kommentar GG, Art. 20 Rn. 93 ff.

1311 *Jestaedt*, Demokratieprinzip und Kondominialverwaltung, S. 266 f.; *Köller*, Funktionale Selbstverwaltung und ihre demokratische Legitimation, S. 124 f. A.A. hingegen *Böckenförde*, in: Isensee/Kirchhof (Hrsg.), Handbuch des Staatsrechts, Band II, § 24 Rn. 14.

1312 So *Clement*, Der Rechtsschutz der potentiellen Organempfänger nach dem Transplantationsgesetz, S. 138.

werden soll.[1313] Dies sind die funktionell-institutionelle, die sachlich-inhaltliche und die organisatorisch-personelle Legitimation.[1314]

a. *Funktionell-institutionelle Legitimation*

Die funktionell-institutionelle Legitimation[1315] der Staatsgewalten wird aus Art. 20 Abs. 2 S. 2 GG hergeleitet und begründet sich darin, dass der Verfassungsgeber selbst dort die Gesetzgebung, die vollziehende Gewalt und die Rechtsprechung als besondere Organe und spezifische Organisations- und Funktionsformen vorgesehen hat.[1316] Daher habe er diese Staatsgewalten „je für sich als demokratisch autorisierte Ausübung von Staatsgewalt" anerkannt.[1317] Gestützt auf die Annahme, die Verfassung selbst verfüge über ein Höchstmaß an Legitimation, wird allein aus der textlichen Erwähnung der drei Staatsgewalten als Organe zur Ausübung von Staatsgewalt auf eine Grundlegitimation geschlossen.[1318]

b. *Sachlich-inhaltliche Legitimation*

Die sachlich-inhaltliche demokratische Legitimation staatlicher Gewalt soll sicherstellen, dass sich die hierbei zutage tretenden Entscheidungen dem Inhalt

---

1313 *Sommermann*, in: von Mangoldt u.a. (Hrsg.), GG, Band II, Art. 20 Rn. 163; *Trute*, in: Hoffmann-Riem/Schmidt-Aßmann/Voßkuhle (Hrsg.), Grundlagen des Verwaltungsrechts, Band I, § 6 Rn. 7.

1314 Vgl. dazu etwa *Böckenförde*, in: Handbuch des Staatsrechts, Band II, § 24 Rn. 14 ff.; *Grzeszick*, in: Maunz/Dürig (Hrsg.), GG, Art. 20 Rn. 120 ff.; *Trute*, in: Hoffmann-Riem/Schmidt-Aßmann/Voßkuhle (Hrsg.), Grundlagen des Verwaltungsrechts, Band I, § 6 Rn. 7 ff.

1315 Häufig wiederum wird zwischen einer funktionellen und einer institutionellen Legitimation unterschieden, so etwa: BVerfGE 49, 89 (125); 68, 89 (109; 107, 59 (87); *Böckenförde*, in: Isensee/Kirchhof (Hrsg.), Handbuch des Staatsrechts, Band II, § 24 Rn. 15; *Jestaedt*, Demokratieprinzip und Kondominialverwaltung, S. 276 ff.

1316 BVerfGE 49, 89 (125); BVerfGE 68, 1 (89); *Böckenförde*, in: Isensee/Kirchhof (Hrsg.), Handbuch des Staatsrechts, Band II, § 24 Rn. 15; *Köller*, Funktionale Selbstverwaltung und ihre demokratische Legitimation, S. 125; *Krüger*, Die Organvermittlungstätigkeit Eurotransplants im Sinne des § 12 TPG, S. 270 f.

1317 *Böckenförde*, in: Isensee/Kirchhof (Hrsg.), Handbuch des Staatsrechts, Band II, § 24 Rn. 15.

1318 Vgl. BVerfGE 49, 89 (125); *Böckenförde*, in: Handbuch des Staatsrechts, Band II, § 24 Rn. 15; *Kluth*, in: Wolff u.a. (Hrsg.), Verwaltungsrecht, Band II, § 80 Rn. 147.

nach auf den Willen des Volkes zurückführen lassen.[1319] Daher muss Legitimation insofern bewirken, dass das Staatsvolk einen hinreichenden Einfluss auf die Art der Ausübung der Staatsgewalt durch die übrigen Staatsorgane und die dort getroffenen Entscheidungen behält.[1320] Sachlich-inhaltliche Legitimation lässt sich zum einen dadurch sicherstellen, dass das Gesetzgebungsrecht dem Parlament als unmittelbar vom Volk gewählten Repräsentationsorgan zusteht und alle übrigen staatlichen Organe an diese gesetzgeberischen Entscheidungen und inhaltlichen Vorgaben gemäß Art. 20 Abs. 3 GG gebunden sind.[1321] Auf diese Weise fungiert das parlamentarische Gesetz als Verbindungsstück zwischen der Entscheidung staatlicher Organe und dem Willen des Volkes.[1322] Zum anderen kann sachlich-inhaltliche Legitimation in einem gewissen Maße über das Haushaltsrecht vermittelt,[1323] und vor allem über eine demokratische Verantwortlichkeit in Form von Aufsicht, Weisung und Kontrolle gewährleistet werden.[1324] So untersteht das Parlament der Verantwortlichkeit gegenüber dem Volk selbst, das mittels des Wahlaktes in regelmäßigen, periodischen Abständen über dessen Arbeit befindet. Die Regierung hingegen ist gegenüber dem Parlament verantwortlich, sie unterliegt der parlamentarischen Kontrolle.[1325] Alle nachgeordneten Behörden unterstehen durch das Ressortprinzip dann jeweils dem zuständigen Fachminister, der Beeinflussungsmöglichkeiten nutzen sowie Aufsichts- und

---

1319 *Böckenförde*, in: Isensee/Kirchhof (Hrsg.), Handbuch des Staatsrechts, Band II, § 24 Rn. 21; *Gersdorf*, Öffentliche Unternehmen im Spannungsfeld zwischen Demokratie- und Wirtschaftlichkeitsprinzip, S. 34.

1320 *Grzeszick*, in: Maunz/Dürig (Hrsg.), GG, Art. 20 Rn. 121.

1321 *Böckenförde*, in: Isensee/Kirchhof (Hrsg.), Handbuch des Staatsrechts, Band II, § 24 Rn. 21; *Sommermann*, in: von Mangoldt u.a. (Hrsg.), GG, Band II, Art. 20 Rn. 168.

1322 Vgl. BVerfGE 83, 60 (72); 93, 37 (66); *Gersdorf*, Öffentliche Unternehmen im Spannungsfeld zwischen Demokratie- und Wirtschaftlichkeitsprinzip, S. 34.

1323 Dazu beispielsweise *Schmidt-Aßmann*, Das allgemeine Verwaltungsrecht als Ordnungsidee, S. 91.

1324 *Böckenförde*, in: Isensee/Kirchhof (Hrsg.), Handbuch des Staatsrechts, Band II, § 24 Rn. 21 f.; *Grzeszick*, in: Maunz/Dürig (Hrsg.), GG, Art. 20 Rn. 122; *Jestaedt*, Demokratieprinzip und Kondominialverwaltung, S. 270 ff.; *Sommermann*, in: von Mangoldt u.a. (Hrsg.), GG, Band II, Art. 20 Rn. 145; *Trute*, in: Hoffmann-Riem/Schmidt-Aßmann/Voßkuhle (Hrsg.), Grundlagen des Verwaltungsrechts, Band I, § 6 Rn. 10.

1325 So *Böckenförde*, in: Isensee/Kirchhof (Hrsg.), Handbuch des Staatsrechts, Band II, § 24 Rn. 21; vgl. auch Köller, Funktionale Selbstverwaltung und ihre demokratische Legitimation, S. 142.

Weisungsrechte geltend machen kann.[1326] Hinzu tritt die eher theoretische Möglichkeit, dass das Volk inhaltliche Vorgaben gegenüber der Staatsgewalt auch durch die Abstimmung über Sachfragen – in den recht engen Grenzen der Art. 29, 118, 118a GG – machen kann.[1327]

Zwischen der Gesetzesbindung und der demokratischen Verantwortlichkeit sowie Weisungsabhängigkeit besteht bei der sachlich-inhaltlichen Legitimation zum Zweck der wirksamen Rückbindung an den Volkswillen ein wechselseitiges Zusammenwirken.[1328] Im Hinblick auf die exekutive Staatsgewalt bedeutet dies: Je weniger ein gesetzlicher Handlungsrahmen bestimmt ist, je mehr also mittels unbestimmter Rechtsbegriffe, Generalklauseln oder Ermessensspielräumen wesentliche Entscheidungsbefugnisse der Exekutive zugewiesen werden und die Steuerungsfunktion des unmittelbar vom Parlament erlassenen Rechts sich verringert,[1329] desto intensiver muss eine sachlich-inhaltliche Rückbindung an den Volkswillen im Sinne des Art. 20 Abs. 2 GG über Verantwortlichkeiten und Weisungsbefugnisse gesichert werden.[1330]

c. *Organisatorisch-personelle Legitimation*

Schließlich wird aus Art. 20 Abs. 2 S. 2 GG entnommen, dass die Ausübung von Staatsgewalt durch den einzelnen Amtswalter organisatorisch-personell demokratisch legitimiert sein muss. Eine organisatorisch-personelle Legitimation wird in ständiger Rechtsprechung des Bundesverfassungsgerichtes angenommen, wenn sich eine ununterbrochene Legitimationskette vom Volk hin zu den betrauten Amtswaltern und den Organen bilden lässt.[1331] Innerhalb der gebildeten Legitimationsketten kann zwischen originären Legitimationsakten

---

1326 Dazu *Köller*, Funktionale Selbstverwaltung und ihre demokratische Legitimation, S. 142 f.; *Mehde*, Neues Steuerungsmodell und Demokratieprinzip, S. 188 ff.

1327 *Jestaedt*, Demokratieprinzip und Kondominialverwaltung, S. 270 f.; *Köller*, Funktionale Selbstverwaltung und ihre demokratische Legitimation, S. 141.

1328 *Böckenförde*, in: Isensee/Kirchhof (Hrsg.), Handbuch des Staatsrechts, Band II, § 24 Rn. 22; *Krüger*, Die Organvermittlungstätigkeit Eurotransplants im Sinne des § 12 TPG, S. 300.

1329 Dazu *Krüger*, Die Organvermittlungstätigkeit Eurotransplants im Sinne des § 12 TPG, S. 284.

1330 *Böckenförde*, in: Isensee/Kirchhof (Hrsg.), Handbuch des Staatsrechts, Band II, § 24 Rn. 22; *Dreier*, in: Dreier (Hrsg.), GG, Band II, Art. 20 D Rn. 112.

1331 So etwa BVerfGE 47, 253 (275); 52, 95 (130); 77, 2 (40); 83, 60 (72 f.); 93, 37 (66); 207, 59 (87); 119, 331 (366); 123, 39 (69). Vgl. auch *Böckenförde*, in: Isensee/Kirchhof (Hrsg.), Handbuch des Staatsrechts, Band II, § 24 Rn. 16, *Sommermann*, in: von Mangoldt u.a. (Hrsg.), GG, Band II, Art. 20 Rn. 164.

und mittelbaren personellen Legitimationsakten unterschieden werden.[1332] Originäre Legitimationsakte sind solche, die direkt vom Volk ausgeübt werden und eine Bestellung des Amtswalters durch Wahl zum Gegenstand haben.[1333] Mittelbare personelle Legitimation hingegen wird nicht direkt vom Volk vermittelt, sondern über selbst originär oder mittelbar personell legitimierte Amtswalter in Form von Bestellungsakten weitergegeben.[1334] Ein ausreichender Bestellungsakt erfordert dabei die konkrete Bestimmung jeder einzelnen Amtsperson, ein nur abstrakt-generell verfasstes Verfahren zur Bestimmung der Funktionsträger öffentlicher Ämter genügt dafür hingegen nicht.[1335] Über das Prinzip der einzelnen, individuellen Berufungsakte der Amtswalter wird neben einer personellen Komponente der Legitimation auch eine organisatorische Legitimation zugunsten des Staatsorgans hergestellt, für das der Funktionsträger tätig wird.[1336] Die Legitimationskette des Volkes hin zum Amtswalter legitimiert daher auch das jeweilige Staatsorgan.[1337] Um diese organisatorische Komponente der organisatorisch-personellen Legitimation zu gewährleisten, ist es jedoch zumindest erforderlich, dass die Benennung des jeweiligen Amtswalters in Übertragung eines konkreten Amtes mit einem bestimmten Aufgabenbereich erfolgt.[1338]

d. Zusammenwirken der Formen demokratischer Legitimation

Damit eine lückenlose demokratische Legitimation der Ausübung von Staatsgewalt durch Rückführbarkeit auf den Volkswillen tatsächlich gewährleistet ist,

---

1332 Vgl. dazu etwa *Kluth*, in: Wolff u.a. (Hrsg.), Verwaltungsrecht, Band II, § 80 Rn. 151 ff.

1333 *Kluth*, in: Wolff u.a. (Hrsg.), Verwaltungsrecht, Band II, § 80 Rn. 151.

1334 *Kluth*, in: Wolff u.a. (Hrsg.), Verwaltungsrecht, Band II, § 80 Rn. 151 ff.

1335 *Gersdorf*, Öffentliche Unternehmen im Spannungsfeld zwischen Demokratie- und Wirtschaftlichkeitsprinzip, S. 30 f.

1336 *Gersdorf*, Öffentliche Unternehmen im Spannungsfeld zwischen Demokratie- und Wirtschaftlichkeitsprinzip, S. 32. In diese Richtung auch *Köller*, Funktionale Selbstverwaltung und ihre demokratische Legitimation, S. 129.

1337 *Böckenförde*, in: Isensee/Kirchhof (Hrsg.), Handbuch des Staatsrechts, Band I, § 22 Rn. 16; *Gersdorf*, Öffentliche Unternehmen im Spannungsfeld zwischen Demokratie- und Wirtschaftlichkeitsprinzip, S. 32.

1338 *Gersdorf*, Öffentliche Unternehmen im Spannungsfeld zwischen Demokratie- und Wirtschaftlichkeitsprinzip, S. 32; Oebecke, Weisungs- und unterrichtungsfreie Räum, S. 84.

braucht es nach überwiegender Ansicht eines Zusammenspiels der sachlich-inhaltlichen und organisatorisch-personellen Legitimation.[1339]

Die daneben stehende funktionell-institutionelle Legitimation wird insofern schon dadurch erlangt, dass sich die staatliche Gewalt einer der drei Staatsgewalten aus Art. 20 Abs. 2 GG zuordnen lässt. Weil diese Form der Legitimation von Staatsorganen sich allein darauf zurückführen lässt, dass diese in der Verfassung zur Ausübung von Staatsgewalt vorgesehen sind, vermag sie jedoch den konkreten Organwalter und dessen Handeln gegenüber dem Volk nicht zu legitimieren.[1340] Für den konkreten Akt der Ausübung von Staatsgewalt trägt diese Legitimationsform nicht zur Rückführbarkeit auf den Willen des Volkes bei. Stattdessen werden allein die Institutionen der Ausübung von Staatsgewalt und ihre Kompetenzen „verfassungsrechtlich" legitimiert.[1341] Legitimationssubjekt einer solchen funktionell-institutionellen Legitimation ist, anders als bei einer demokratischen sachlich-inhaltlichen und organisatorisch-personellen Legitimation, das Volk als Verfassungsgeber.[1342] Um eine im Sinne des Art. 20 Abs. 2 GG geforderte Rückführbarkeit auf den Willen des Volkes herzustellen, müssen daher die sachlich-inhaltliche und organisatorisch-personelle Legitimation als konkrete Legitimationsbeiträge hinzutreten,[1343] die sich nicht auf den Verfassungsgeber, sondern auf das Volk als Staatsorgan, und damit auf ein anderes – das nach dem Prinzip der Volkssouveränität in Art. 20 Abs. 2 GG verankerte – Legitimationssubjekt beziehen.[1344]

Die Formen sachlich-inhaltlicher und organisatorisch-personeller Legitimation wirken gemeinsam auf das demokratische Legitimationsniveau ein, sie vermitteln jedoch jeweils für sich eigene und eigenständige, sich voneinander unterscheidende Legitimation.[1345] Die organisatorisch-personelle Legitimation

1339 BVerfGE 83, 60 (72); 93, 37 (66 f.); 107, 59 (87); *Böckenförde*, in: Isensee/Kirchhof (Hrsg.), Handbuch des Staatsrechts, Band II, § 24 Rn. 23; *Grzeszick*, in: Maunz/Dürig (Hrsg.), GG, Art. 20 Rn. 127.

1340 *Trute*, in: Hoffmann-Riem/Schmidt-Aßmann/Voßkuhle (Hrsg.), Grundlagen des Verwaltungsrechts, Band I, § 6 Rn. 8.

1341 *Trute*, in: Hoffmann-Riem/Schmidt-Aßmann/Voßkuhle (Hrsg.), Grundlagen des Verwaltungsrechts, Band I, § 6 Rn. 8.

1342 *Jestaedt*, Demokratieprinzip und Kondominialverwaltung, S. 277; *Kluth*, Funktionale Selbstverwaltung, S. 357.

1343 *Böckenförde*, in: Isensee/Kirchhof (Hrsg.), Handbuch des Staatsrechts, Band II, § 24 Rn. 15.

1344 Vgl. dazu *Kluth*, in: Wolff u.a. (Hrsg.), Verwaltungsrecht, Band II, § 80 Rn. 149.

1345 *Gersdorf*, Öffentliche Unternehmen im Spannungsfeld zwischen Demokratie- und Wirtschaftlichkeitsprinzip, S. 171; *Grzeszick*, in: Maunz/Dürig (Hrsg.), GG, Art. 20 Rn. 127. *Jestaedt*, Demokratieprinzip und Kondominialverwaltung, S. 282, geht

vermag dabei allein sicherzustellen, dass die Entscheidungsträger hinreichend legitimiert werden, ohne dass darüber aber auch eine Einflussnahme des Volkes hinsichtlich des Inhalts der Entscheidung gewährleistet werden könnte. Um die Ausübung der Staatsgewalt umfassend, auch inhaltlich, auf den Volkswillen zurückführen zu können, bedarf es als zusätzlichem Element der sachlich-inhaltlichen Legitimation.[1346]

Wegen dieser Verzahnung der Legitimationsformen wird angenommen, dass sie sich bis zu einem gewissen Maße zueinander in Ausgleich bringen lassen,[1347] solange sich die Ausübung von Staatsgewalt weiter über ein Mindestmaß beider Legitimationsstränge effektiv auf den Willen des Volkes zurückbeziehen lässt.[1348] Hingegen wird es zumeist nicht als zulässig erachtet, dass eine Legitimationskomponente vollständig zurücktritt und von der anderen ersetzt wird.[1349] Eng mit der Frage ihrer Austauschbarkeit verknüpft ist indes die Überlegung in der rechtswissenschaftlichen Literatur, ob die sachlich-inhaltliche und organisatorisch-personelle Legitimation zueinander in einem bestimmten Rangverhältnis stehen. Nach einer Auffassung sind beide Legitimationsformen gleichgeordnet,[1350] nach anderen Auffassungen wird der organisatorisch-personellen beziehungsweise sachlich-inhaltlichen Legitimationsform jeweils ein Vorrang vor der anderen Form zugesprochen.[1351] Das Bundesverfassungsgericht hat dazu

---

davon aus, dass beide Legitimationskomponenten Formen ein und derselben Legitimation darstellen, da sie über eine „zielidentische normative Ausrichtung" verfügten.

1346 *Böckenförde*, in: Isensee/Kirchhof (Hrsg.) Handbuch des Staatsrechts, Band II, § 24 Rn. 23.

1347 *Böckenförde*, in: Isensee/Kirchhof (Hrsg.) Handbuch des Staatsrechts, Band II, § 24 Rn. 23; *Emde*, Die demokratische Legitimation der funktionellen Selbstverwaltung, S. 328; *Grzeszick*, in: Maunz/Dürig (Hrsg.), GG, Art. 20 Rn. 127; *Jestaedt*, Demokratieprinzip und Kondominialverwaltung, S. 283.

1348 *Böckenförde*, in: Isensee/Kirchhof (Hrsg.), Handbuch des Staatsrechts, Band II, § 24 Rn. 23.

1349 So z.B. BVerfGE 83, 60 (72); *Böckenförde*, in: Isensee/Kirchhof (Hrsg.), Handbuch des Staatsrechts, Band II, § 24 Rn. 23.; *Emde*, Die demokratische Legitimation der funktionalen Selbstverwaltung, S. 329, 331. A.A. hingegen bei *Gersdorf*, Öffentliche Unternehmen im Spannungsfeld zwischen Demokratie- und Wirtschaftlichkeitsprinzip, S. 173; *Grzeszick*, in: Maunz/Dürig (Hrsg.), GG, Art. 20 Rn. 128 ff.

1350 So z.B. *Grzeszick*, in: Maunz/Dürig (Hrsg.), GG, Art. 20 Abs. 2 Rn. 130; *Jestaedt*, Demokratieprinzip und Kondominialverwaltung, S. 281 ff.; *Köller*, Funktionale Selbstverwaltung und ihre demokratische Legitimation, S. 170.

1351 Zu einem Vorrang organisatorisch-personeller Legitimation gelangt beispielsweise *Kluth*, Funktionale Selbstverwaltung, S. 358 ff. Einen Vorrang sachlich-inhaltlicher Legitimation sieht hingegen *Emde*, Die demokratische Legitimation der funktionalen

bislang keine eindeutige Entscheidung getroffen, sondern allein zum Ausdruck gebracht, dass „nicht die Form der Legitimation, sondern die Effektivität, mit der die Entscheidungsprozesse demokratisch gesteuert werden" von Bedeutung sei.[1352] Dabei betont das Gericht stets, es komme auf ein Zusammenwirken der verschiedenen Legitimationsgrundlagen an. Eine verminderte Legitimation über den einen Legitimationsstrang könne durch eine verstärkte Legitimation über andere Stränge ausgeglichen werden.[1353] Soweit man jedoch annimmt, dass die Legitimationsformen sich in Folge ihrer Verzahnung in ein gegenseitiges Ausgleichverhältnis bringen lassen, spricht dies für eine grundsätzliche Gleichordnung der organisatorisch-personellen und sachlich-inhaltlichen Legitimation.[1354]

3. *Legitimationsniveau*

Demokratische Legitimation in den Formen des Art. 20 Abs. 2 GG verfolgt freilich keinen Selbstzweck, es geht dabei stets darum, eine effektive Durchsetzung der verfassungsrechtlichen Volkssouveränität, der Herrschaft des Volkes bei der Ausübung von Staatsgewalt durch die besonderen Staatsorgane, sicherzustellen.[1355] Mit dem Begriff des Legitimationsniveaus wird daher die Legitimationsdichte beschrieben, ab der die verfassungsrechtlich gebotene Rückführbarkeit der Ausübung von staatlicher Gewalt auf das Volk als Legitimationssubjekt angenommen werden kann.[1356] Dies setzt voraus, dass sich Legitimation zu einem bestimmten Grad verdichten lässt, ab dem die als Staatsgewalt bezeichneten individuellen Handlungen derart an das Volk angebunden sind, dass dem in Art. 20 Abs. 2 GG formulierten Anspruch genügt wird.[1357]

Vom Bundesverfassungsgericht wird gefordert, dass dieser Zurechnungszusammenhang zwischen der Ausübung von Staatsgewalt und dem Volk als dessen Träger hinreichend effektiv und wirksam sein muss.[1358] Erforderlich sei

---

Selbstverwaltung, S. 46. Insgesamt dazu auch *Köller*, Funktionale Selbstverwaltung und ihre demokratische Legitimation, S. 169.

1352 BVerfGE 135, 317 (239, Rn. 235 m.w.N. der eigenen Rechtsprechung).

1353 BVerfGE 135, 317 (239, Rn. 235 m.w.N. der eigenen Rechtsprechung).

1354 So auch *Köller*, Funktionale Selbstverwaltung und ihre demokratische Legitimation, S. 170.

1355 *Wahl*, Kooperationsstrukturen im Vertragsarztrecht, S. 404.

1356 *Jestaedt*, Demokratieprinzip und Kondominialverwaltung, S. 285.

1357 In diese Richtung auch *Krüger*, Die Organvermittlungstätigkeit Eurotransplants im Sinne des § 12 TPG, S. 270.

1358 BVerfGE 93, 37 (66); 83, 60 (72); 106, 64 (74).

keine bestimmte Form der demokratischen Legitimation staatlichen Handelns, stattdessen müsse ein für die jeweilige Ausübung von Staatsgewalt angemessenes Legitimationsniveau erreicht und sichergestellt werden.[1359] Für die Bestimmung, ob ein hinreichender Gehalt demokratischer Legitimation erreicht wird, seien nicht die entwickelten Formen demokratischer Legitimation je für sich ausschlaggebend, entscheiden müsse stattdessen deren spezifisches Zusammenwirken.[1360] Damit kann es sich beim Legitimationsniveau um keine feste Größe handeln,[1361] umschrieben wird stattdessen ein im jeweiligen Einzelfall hinreichend effektiver Einfluss des Volkes auf die Ausübung der Staatsgewalt.[1362] Dieses soll über ein Zusammenwirken der sachlich-inhaltlichen und organisatorisch-personellen Legitimationsstränge erreicht werden, ein wirksames Legitimationsniveau erfordert also eine gewisse Rückführbarkeit sowohl im Hinblick auf das ausführende Organ als auch das konkrete inhaltliche Handeln.[1363] Obgleich sich die im wechselseitigen Verhältnis stehenden Legitimationsarten und -stränge nach überwiegender Ansicht gegenseitig in einem gewissen Maße ausgleichen lassen,[1364] gilt eine hinreichende Legitimationsdichte jedenfalls dann als nicht mehr erreichbar, wenn einer der Legitimationsstränge völlig ausfällt[1365] und das Volk so die Einflussnahmemöglichkeit auf eine dieser beiden Komponenten – auf die personelle Struktur oder eine inhaltliche Ausrichtung – verliert.

a. Erfordernis eines bestimmten Legitimationsniveaus

Demokratische Legitimation im Sinne des Art. 20 Abs. 2 GG zielt damit jedenfalls nicht auf ein Optimierungs- oder Maximierungsgebot in dem Sinne ab, dass stets die im Einzelfall erreichbare, höchstmögliche Form an Legitimationswirkung zu fordern wäre.[1366] Notwendig, aber auch ausreichend, ist stattdessen ein insgesamt „hinreichendes Legitimationsniveau" für jedes einzelne

1359 So beispielsweise BVerfGE 83, 60 (72); 93,37 (66 f.); 107, 59 (87); 119, 331 (336).

1360 BVerfGE 93, 37 (66); 83, 60 (72); BVerfGE 106, 64 (74).

1361 *Sommermann*, in: von Mangoldt u.a. (Hrsg.), GG, Band II, Art. 20 Rn. 185.

1362 BVerfGE 83, 60 (71 f.); 93, 37 (66); *Böckenförde*, in: Isensee/Kirchhof (Hrsg.), Handbuch des Staatsrechts, Band II, § 24 Rn. 8, 10 ff.

1363 BVerfGE 93, 37 (66); 83, 60 (72); BVerfGE 106, 64 (74).

1364 *Sommermann*, in: von Mangoldt u.a. (Hrsg.), GG, Band II, Art. 20 Rn. 170.

1365 *Sommermann*, in: von Mangoldt u.a. (Hrsg.), GG, Band II, Art. 20 Rn. 170.

1366 *Schmidt-Aßmann*, AöR 116 (1991), S. 329 (366); dem zustimmend *Köller*, Funktionale Selbstverwaltung und ihre demokratische Legitimation, S. 171.

Legitimationsobjekt.[1367] Alle Akte der Staatsgewalt sollen in dem jeweils notwendigen Maße auf den Willen des Staatsvolkes zurückgehen.[1368]

Weil ein so verstandenes Legitimationsniveau insofern nicht als eine feststehende und gleichbleibende Größe vorgegeben ist, an der alle Staatsgewalt gemessen werden könnte, unterliegen die Staatsgewalten der Judikative, Exekutive und Legislative je für sich unterschiedlichen Anforderungen.[1369] Selbst innerhalb der einzelnen Staatsgewalten sind Differenzierungen geboten, so beispielsweise bei der Exekutive aufgrund der Funktionenteilung zwischen der für politische Gestaltungsfragen zuständigen und parlamentarisch verantwortlichen Gubernative und der gesetzesvollziehenden Verwaltung.[1370] Wie hoch das Legitimationsniveau im Einzelfall tatsächlich sein muss, soll sich nach der Bedeutung und Reichweite der zu treffenden Entscheidung richten. Je gewichtiger diese eingeschätzt wird, desto höher soll der Legitimationsgehalt ausgeprägt sein.[1371] Das Legitimationsniveau muss daher jeweils unter Bezugnahme auf das handelnde Staatsorgan und nach Maßgabe der dort getroffenen Entscheidungen bestimmt werden.[1372]

b. Insbesondere: Legitimationsgehalt administrativer Verwaltung

An diese Feststellung, dass es nach der Rechtsprechung des Bundesverfassungsgerichtes für die drei Staatsgewalten Exekutive, Judikative und Legislative kein einheitliches Legitimationsniveau gibt und auch innerhalb der Exekutive für die Bereiche der Gubernative und der Verwaltung abweichende Anforderungen an einen hinreichenden Legitimationsgehalt zu stellen sind,[1373] schließt sich die für die vorliegende Betrachtungsweise – es geht letztlich um eine Beurteilung der Tätigkeit der Koordinierungsstelle nach dem TPG – entscheidende Frage an, ob aus dem Grundgesetz überhaupt auf ein spezifisches, zugleich einheitliches Rückbindungsverhältnis für die administrative Verwaltung im Sinne des

---

1367 *Gersdorf*, Öffentliche Unternehmen im Spannungsfeld zwischen Demokratie- und Wirtschaftlichkeitsprinzip, S. 168.

1368 *Jestaedt*, Demokratieprinzip und Kondominialverwaltung, S. 301.

1369 BVerfGE 93, 37 (66); 83, 60 (72); 106, 64 (74).

1370 BVerfGE 93, 37 (66); 83, 60 (72); 106, 64 (74); *Köller*, Funktionale Selbstverwaltung und ihre demokratische Legitimation, S. 171.

1371 *Schmidt-Aßmann*, AöR 116 (1991), S. 329 (367); *Sommermann*, in: von Mangoldt u.a. (Hrsg.), GG, Band II, Art. 20 Rn. 186.

1372 BVerfGE 83, 60 (72); 93,37 (66 f.); 107, 59 (87). So auch *Grzeszick*, in: Maunz/Dürig (Hrsg.), GG, Art. 20 Rn. 126.

1373 Ausdrücklich BVerfGE 93, 37 (66); 83, 60 (72); 106, 64 (74).

Art. 20 Abs. 2 GG geschlossen werden kann oder eventuell weitere, die notwendige Legitimationsdichte beeinflussende Anhaltspunkte für eine Differenzierung im Verfassungsrecht vorzufinden sind.[1374] Die Existenz eines Regelmodells der Verwaltungslegitimation setzt notwendig voraus, dass das Grundgesetz eine bestimmte Organisationsform administrativer Staatshandlungen erkennen lässt, die verallgemeinerungsfähige Rückschlüsse für ein erforderliches, hinreichendes Legitimationsniveau der Verwaltung im Allgemeinen ermöglicht.[1375]

Ausgangspunkt einer solchen Betrachtungsweise bilden also diejenigen verfassungsrechtlichen Vorschriften, die Rückschlüsse auf die Vorstellung des Verfassungsgebers zu den Verwaltungsorganisationen erlauben.[1376] Dazu gehört zunächst Art. 28 Abs. 2 GG. Darin benennt und garantiert die Verfassung ausdrücklich das Modell einer rechtlich verselbstständigten, kommunalen Selbstverwaltung.[1377] Es wird das Recht der Gemeinden und Gemeindeverbände statuiert, Angelegenheiten der örtlichen Gemeinschaft in eigener Verantwortung zu regeln. Als weitere Form der administrativen Verwaltung beschreibt das Grundgesetz in Art. 114 Abs. 2 die verfassungsrechtliche Stellung des Bundesrechnungshofes.[1378] Dieser ist als ein oberstes Bundesorgan eingerichtet und entsprechend der Konzeption des Art. 114 Abs. 2 GG von den übrigen Staatsorganen unabhängig. Der Bundesrechnungshof ist nicht in die politische Verantwortung eingebunden, sondern nur der Verfassung und dem Gesetz unterworfen.[1379] Seine Mitglieder besitzen gemäß Art. 114 Abs. 2 S. 1 GG die richterliche Unabhängigkeit. Daneben ermöglicht es die Verfassung dem Bund in den Art. 86 und 87 GG, Gesetze durch Körperschaften und Anstalten des Öffentlichen Rechts ausführen zu lassen. Für die überregionalen sozialen Versicherungsträger sieht Art. 87 Abs. 2 GG sogar explizit vor, dass diese als bundesunmittelbare

---

1374 So auch *Gersdorf*, Öffentliche Unternehmen im Spannungsfeld zwischen Demokratie- und Wirtschaftlichkeitsprinzip, S. 181; *Jestaedt*, Demokratieprinzip und Kondominialverwaltung, S. 301.

1375 *Jestaedt*, Demokratieprinzip und Kondominialverwaltung, S. 301 f.

1376 Wobei das Grundgesetz zur Regelung der Organisationsgewalt des Staates insgesamt nur vereinzelt überhaupt Bestimmungen vorhält, vgl. *Çalışkan*, Die medizinrechtlichen Ordnungsstrukturen, S. 22 f.

1377 Vgl. dazu auch *Köller*, Funktionale Selbstverwaltung und ihre demokratische Legitimation, S. 173.

1378 Die Verortung des Bundesrechnungshofs innerhalb der klassischen drei Staatsgewalten ist allerdings umstritten, vgl. dazu nur die umfassenden Nachweise bei *Heun*, in: Dreier (Hrsg.), GG, Band III, Art. 114 Rn. 20 mit Fn. 67.

1379 *Heun*, in: Dreier (Hrsg.), GG, Band III, Art. 114 Rn. 20; *Kirchhof*, in: Maunz/Dürig (Hrsg.), GG, Art. 83 Rn. 27; *Stern*, DÖV 1990, 261 (264).

Körperschaften des Öffentlichen Rechts geführt werden.[1380] Es ist also regelmäßig auch eine zulässige Form der Bundesverwaltung, Verwaltungsaufgaben auf juristische Personen des Öffentlichen Rechts zu verlagern und auf diesem Wege aus der unmittelbaren in eine mittelbare Bundesverwaltung zu überführen.[1381] Neben diesen ausdrücklich benannten Formen der Verwaltungsorganisation zeichnet sich im Grundgesetz allerdings in verschiedenen Vorschriften auch ein von diesen Spielarten administrativer Verwaltung deutlich abweichendes Modell ab, das die Form einer hierarchisch-bürokratischen Ministerialverwaltung annimmt.[1382] Die Ministerialverwaltung ist als solche weder ausdrücklich in der Verfassung verankert noch in ihren Einzelheiten dort ausgebildet – es finden sich jedoch in den Vorschriften des Grundgesetzes zahlreiche implizite Hinweise auf eine solche Ausgestaltung des hierarchisch-bürokratischen Typus der Verwaltung.[1383] Dazu zählen die Art. 62 bis 65 GG, die den Aufbau und die Verantwortung der Regierung thematisieren und ohne eine untergeordnete hierarchisch-bürokratische Ministerialverwaltung nicht sinnvoll erscheinen, oder die grundsätzlichen Regelungen der Verwaltungsorganisation, die insbesondere in den Art. 33, 84 bis 87, 108 Abs. 3 GG festgelegt sind.[1384]

Das Grundgesetz sieht folglich mehrere Formen der exekutiven Verwaltungsorganisation vor, die schon offensichtlich jeweils für sich auch auf differenzierte Legitimationsformen der Rückbindung an das Volk angewiesen sind und nicht über ein einheitliches Legitimationsniveau abgesichert sein können.[1385] Ein Legitimationsmodell, das für alle Verwaltungsformen gleichermaßen gilt, kann es aufgrund der erheblichen Unterschiede ihrer Organisationen, die schon nach dem Grundgesetz ansatzweise nachgezeichnet sind, jedenfalls nicht geben.

1380 Zum materiellrechtlichen und organisationsrechtlichen Gehalt des Art. 87 Abs. 2 GG vgl. nur die Ausführungen bei *Hermes*, in: Dreier (Hrsg.), GG, Band III, Art. 87 Rn. 60 ff.

1381 Vgl. dazu *Hermes*, in: Dreier (Hrsg.), GG, Band III, Art. 86 Rn. 30 ff.; *Köller*, Funktionale Selbstverwaltung und ihre demokratische Legitimation, S. 173.

1382 *Köller*, Funktionale Selbstverwaltung und ihre demokratische Legitimation, S. 172 f.

1383 Siehe dazu *Kluth*, in: Wolff u.a. (Hrsg.), Verwaltungsrecht, Band II, § 80 Rn. 273.

1384 Vgl. dazu nur *Grzeszick*, in: Maunz-Düring (Hrsg.), GG, Art. 20 Abs. 2 Rn. 139; *Kluth*, in: Wolff u.a. (Hrsg.), Verwaltungsrecht, Band II, § 85 Rn. 2.

1385 *Kluth*, Funktionale Selbstverwaltung, S. 363. Zur Legitimation der kommunalen Selbstverwaltung vgl. nur *Dreier*, in: Dreier (Hrsg.), GG, Band II, Art. 20 D Rn. 125 ff.

aa. Hierarchisch-bürokratische Ministerialverwaltung als Grundmodell demokratischer Verwaltungslegitimation

Dennoch wird die Ministerialverwaltung nach überwiegender Ansicht als das Grundmodell der Verwaltungsorganisation und als Maßstab einer demokratischen Legitimation von Exekutivorganen verstanden.[1386] In Anbetracht dessen, dass das Grundgesetz nicht von einer einheitlichen Verwaltungsorganisation ausgeht und – ganz im Gegenteil – die Ministerialverwaltung nicht einmal zu dessen ausdrücklichen Regelungsgegenständen gehört, erscheint dieser Rückschluss allerdings begründungsbedürftig. Man mag die Tendenz in der rechtswissenschaftlichen Literatur, zu einem solchen „Grundmodell" zu gelangen, darauf zurückführen, dass die übrigen Verwaltungsorganisationsformen zumeist in ihrem Anwendungsbereich schon in der Verfassung in vergleichsweise hohem Maße Kontur verliehen bekommen haben, damit allerdings auch in ihrem Anwendungsbereich begrenzt sind. So wird argumentiert, die in der Verfassung eher punktuell eingeführten Formen der Verwaltungsorganisation ermöglichten es jedenfalls kaum, verallgemeinerungsfähige Legitimationsstrukturen aus den knappen Regelungen abzuleiten.[1387] Beispielsweise weist Art. 28 Abs. 2 GG den Gemeinden und Gemeindeverbänden allein die Angelegenheiten der örtlichen Gemeinschaft zur Regelung in kommunaler Selbstverwaltung zu, womit alle Aufgaben von Bedeutung über diesen Bereich hinaus schon Kraft verfassungsrechtlicher Festlegung nicht mehr in diesem Verwaltungsmodell wahrgenommen werden können. Noch deutlicher wird dies im Hinblick auf Art. 114 Abs. 2 S. 2 GG. Dem Bundesrechnungshof ist danach die verfassungsgesetzlich konkretisierte, aber auch begrenzte Aufgabe zugewiesen, eine umfassende Finanzkontrolle der gesamten Haushalts- und Wirtschaftsführung des Bundes anhand der Jahresrechnung des Bundesministers der Finanzen über die Einnahmen und Ausgaben und über das Vermögen sowie die Schulden des Bundes nach Art. 114 Abs. 1 GG vorzunehmen.[1388] Dies weist auf einen Ausnahmecharakter hin, der den Verwaltungsformen der Art. 115 Abs. 2, 86, 87 GG zugesprochen wird.[1389]

1386 *Dreier*, in: Dreier (Hrsg.), GG, Band II, Art. 20 D Rn. 121 f.; *Emde*, Die demokratische Legitimation der funktionalen Selbstverwaltung, S. 337 ff.; *Grzeszick*, in: Maunz/Dürig (Hrsg.), GG, Art. 20 Abs. 2 Rn. 139.

1387 Vgl. *Köller*, Funktionale Selbstverwaltung und ihre demokratische Legitimation, S. 174.

1388 *Heun*, in: Dreier (Hrsg.), GG, Band III, Art. 114 Rn. 19, 23.

1389 *Jestaedt*, Demokratieprinzip und Kondominialverwaltung, S. 329; *Kluth*, Funktionale Selbstverwaltung, S. 365 f.; *Köller*, Funktionale Selbstverwaltung und ihre demokratische Legitimation, S. 174.

Als Hauptargument für die Benennung der Ministerialverwaltung als Regelmodell der Verwaltungslegitimation wird jedoch das grundgesetzlich errichtete, demokratische und parlamentarisch-gewaltenteilige Regierungssystem herangezogen. Dieses setze auf Ebene der vollziehenden Gewalt notwendig eine hierarchisch-bürokratische Verwaltungsstruktur voraus.[1390] Ministerialverwaltung meint in diesem Sinne die Exekutive in einem hierarchischen, mehrstufigen Verwaltungs- und Behördenaufbau, an deren Spitze der zuständige Ressortminister steht.[1391] Dieser sichert – da er zugleich die Spitze der Ministerialverwaltung bildet und Mitglied der Regierung ist – die notwenige Verbindung der Exekutive zur Gubernative und damit eine Verantwortlichkeit der Verwaltung gegenüber dem Parlament und dessen Kontrollbefugnissen.[1392] In der Ministerialverwaltung wirke der Minister als Mittler zwischen dem unmittelbar durch das Volk demokratisch legitimierten Parlament und der Verwaltung, derer gegenüber das Parlament – sieht man von budgetrechtlichen Einwirkungsmöglichkeiten und der Lenkung durch Parlamentsgesetz ab[1393] – keine eigenen direkten Steuerungsbefugnisse besitzt.[1394]

bb. Beispiel: Bundesministerialverwaltung

Die hierarchisch-bürokratische Ministerialverwaltung findet sich in der Bundesverwaltung und in den Landesverwaltungen der einzelnen Bundesländer.[1395] Am Beispiel der Ministerialverwaltung auf Bundesebene[1396] sollen die

---

1390 So früh schon *Fichtmüller*, AöR 91 (1966), 297 (326). Ferner so auch etwa *Emde*, Die demokratische Legitimation der funktionalen Selbstverwaltung, S. 338 f.; *Sachs*, NJW 1987, 2338 (2342 f.). Diesen Gedanken aufgreifend außerdem *Jestaedt*, Demokratieprinzip und Kondominialverwaltung, S. 305 ff.

1391 *Peilert*, in: Wolff u.a. (Hrsg.), Verwaltungsrecht, Band II, § 84 Rn. 11.

1392 *Emde*, Die demokratische Legitimation der funktionalen Selbstverwaltung, S. 340 f., 343 ff.; *Jestaedt*, Demokratieprinzip und Kondominialverwaltung, S. 318; *Loeser*, System des Verwaltungsrechts, Band II, § 10 Rn. 109; *Peilert*, in: Wolff u.a. (Hrsg.), Verwaltungsrecht, Band II, § 84 Rn. 11.

1393 *Jestaedt*, Demokratieprinzip und Kondominialverwaltung, S. 312.

1394 *Emde*, Die demokratische Legitimation der funktionalen Selbstverwaltung, S. 340 f., 343 ff.; *Gersdorf*, Öffentliche Unternehmen im Spannungsfeld zwischen Demokratie- und Wirtschaftlichtkeitsprinzip, S. 182; *Jestaedt*, Demokratieprinzip und Kondominialverwaltung, S. 312; *Krüger*, Die Organvermittlungstätigkeit Eurotransplants im Sinne des § 12 TPG, S. 278.

1395 *Peilert*, in: Wolff u.a. (Hrsg.), Verwaltungsrecht, Band II, § 84 Rn. 1 f.

1396 Vgl. dazu ausführlich *Peilert*, in: Wolff u.a. (Hrsg.), Verwaltungsrecht, Band II, § 84 Rn. 12 ff. Zu den unterschiedlichen Organisationsmustern der Ministerialverwaltung

Grundzüge dieser Verwaltungsform im Folgenden knapp erläutert werden: Die Ministerialverwaltung wird stets durch einen mehrstufigen und hierarchischen Verwaltungsaufbau, beginnend mit der Verwaltungsspitze, gekennzeichnet.[1397] Die Spitze der Ministerialverwaltung des Bundes umfasst die Bundesregierung, bestehend gemäß Art. 63 bis 65 GG aus dem Bundeskanzler und den jeweiligen Bundesministern.[1398] Durch den Geschäftsverteilungsplan des Bundeskanzlers sind den einzelnen Ministern jeweils Geschäftsbereiche zugewiesen.[1399] Das Bundeskanzleramt ist dem Bundeskanzler zur Unterstützung bei der Ausübung seiner Richtlinienkompetenz gegenüber den übrigen Regierungsmitgliedern zugeordnet.[1400] Die einzelnen Bundesminister leiten nach dem Ressortprinzip aus Art. 65 S. 2 GG ihren Geschäftsbereich selbstständig und in eigener Verantwortung. Die Bundesministerien fungieren im Verwaltungsaufbau der Ministerialverwaltung als oberste Bundesbehörden. Der weitere Behördenaufbau untergliedert sich sodann in Bundes-Oberbehörden, Bundes-Mittelbehörden und Bundes-Unterbehörden.[1401] Diese unterstehen der Fach- und Dienstaufsicht, im Falle der Bundes-Oberbehörden und Bundes-Mittelbehörden einer obersten Bundesbehörde,[1402] bei den Bundes-Unterbehörden regelmäßig derjenigen einer übergeordneten Bundes-Mittelbehörde.[1403] Die als hierarchisch-bürokratisch gekennzeichnete Ministerialverwaltung prägen gleichzeitig spezifische verwaltungsinterne Organisationsmuster.[1404] Die schon äußerlich erkennbare hierarchische Struktur bestimmt auch die verwaltungsinterne Organisation, die sich als eine Über- und Unterordnungsstruktur beschreiben lässt. Die Ministerialverwaltungsbehörden sind strukturell ganz überwiegend nach Referaten, Abteilungen und nach Sachgebieten aufgegliedert und erhalten so das bürokratische Element der hierarchisch-bürokratischen Verwaltung.[1405]

Dem Bundesminister kommt als Leiter seines Ressorts eine umfassende Leitungsbefugnis betreffend aller diesen Bereich umfassenden Maßnahmen und

---

auf Landesebene *Peilert*, in: Wolff u.a. (Hrsg), Verwaltungsrecht, Band II, § 84 Rn. 21 ff.

1397 *Peilert*, in: Wolff u.a. (Hrsg.), Verwaltungsrecht, Band II, § 84 Rn. 11.

1398 *Peilert*, in: Wolff u.a. (Hrsg.), Verwaltungsrecht, Band II, § 84 Rn. 11.

1399 *Peilert*, in: Wolff u.a. (Hrsg.), Verwaltungsrecht, Band II, § 84 Rn. 13.

1400 Dazu *Peilert*, in: Wolff u.a. (Hrsg.), Verwaltungsrecht, Band II, § 84 Rn. 14.

1401 Vgl. dazu *Peilert*, in: Wolff u.a. (Hrsg.), Verwaltungsrecht, Band II, § 84 Rn. 12 ff.

1402 *Peilert*, in: Wolff u.a. (Hrsg.), Verwaltungsrecht, Band II, § 84 Rn. 15 f.

1403 *Peilert*, in: Wolff u.a. (Hrsg.), Verwaltungsrecht, Band II, § 84 Rn. 17.

1404 Dazu *Peilert*, in: Wolff u.a. (Hrsg.), Verwaltungsrecht, Band II, § 84 Rn. 36.

1405 *Peilert*, in: Wolff u.a. (Hrsg.), Verwaltungsrecht, Band II, § 84 Rn. 36.

Angelegenheiten aus Art. 65 S. 2 GG zu, die sich bis in den untergeordneten Behördenaufbau hinein erstreckt.[1406] Insofern wird von einer „Sachentscheidungshoheit, Organisationshoheit, Personal- und Finanzhoheit" des Ministers ausgegangen.[1407] Ein kennzeichnendes, zentrales Instrument der Ministerialverwaltung ist dabei die Einzelweisung als Lenkungsmittel der Verwaltungsspitze gegenüber dem jeweiligen ausführenden und weisungsunterworfenen Verwaltungsorgan.[1408] Daneben treten weitere Steuerungsmittel innerhalb der Verwaltungshierarchie, wie Selbsteintrittsrechte, Beanstandungsmöglichkeiten oder Genehmigungsvorbehalte.[1409] Außerdem besteht die Einflussnahmemöglichkeit über Verwaltungsvorschriften und – soweit ermächtigt – die Möglichkeit der Exekutive zum Rechtsverordnungserlass gemäß Art. 80 Abs. 1 GG.[1410] Bei der Ministerialverwaltung können die Leitungsbefugnisse innerhalb der hierarchischen Struktur wiederum stufenweise von der Verwaltungsspitze aus weitergegeben werden.[1411] Die Ministerialverwaltung bewirkt damit eine Verklammerung von Regierung und Verwaltung mittels Willensbildungs-, Weisungs- und Gehorsamshierarchie.[1412]

cc. Legitimationsmodus der Ministerialverwaltung als Maßstab

Die Ministerialverwaltung wird als „organisationsrechtliche Regelung der Verfassung" betrachtet, die als Grundmodell auch Rückschlüsse auf die Formen und das hinreichende Niveau einer Verwaltungslegitimation im Allgemeinen zulassen soll.[1413] Aus diesem Modell wird abgeleitet, dass die Verwaltungslegitimation

---

1406 Vgl. dazu nur *Gersdorf*, Öffentliche Unternehmen im Spannungsfeld zwischen Demokratie- und Wirtschaftlichkeitsprinzip, S. 187 ff.; *Jestaedt*, Demokratieprinzip und Kondominialverwaltung, S. 319 ff.

1407 So *Jestaedt*, Demokratieprinzip und Kondominialverwaltung, S. 323; *Kluth*, in: Wolff u.a. (Hrsg.), Verwaltungsrecht, Band II, § 80 Rn. 211 ff. Ähnlich *Peilert*, in: Wolff u.a. (Hrsg.), Verwaltungsrecht, Band II, § 84 Rn. 39.

1408 Vgl. dazu *Emde*, Die demokratische Legitimation der funktionalen Selbstverwaltung, S. 344 ff.; *Jestaedt*, Demokratieprinzip und Kondominialverwaltung, S. 323 f., 345 f.; *Köller*, Funktionale Selbstverwaltung und ihre demokratische Legitimation, S. 152 f.

1409 Zu den konkreten Steuerungsmitteln der Verwaltungsspitze vgl. *Jestaedt*, Demokratieprinzip und Kondominialverwaltung, S. 342 ff.; *Köller*, Funktionale Selbstverwaltung und ihre demokratische Legitimation, S. 152 ff.

1410 *Jestaedt*, Demokratieprinzip und Kondominialverwaltung, S. 340 f.; *Köller*, Funktionale Selbstverwaltung und ihre demokratische Legitimation, S. 150 f.

1411 *Peilert*, in: Wolff u.a. (Hrsg.), Verwaltungsrecht, Band II, § 84 Rn. 39.

1412 *Jestaedt*, Demokratieprinzip und Kondominialverwaltung, S. 294.

1413 *Grzeszick*, in: Maunz/Dürig (Hrsg.), GG, Art. 20 II Rn. 140.

ein angemessenes Legitimationsniveau allein über die klassischen Legitimationsstränge funktionell-institutioneller, sachlich-inhaltlicher und organisatorisch-personeller Legitimation erreichen könne.[1414] Diese Legitimationsstrukturen der Ministerialverwaltung werden als Regelanforderung an den Legitimationsmodus und die Legitimationsdichte administrativer Organisation verstanden.[1415] Folglich bedürfe die Exekutive grundsätzlich eines dem vergleichbaren Legitimationsniveaus, das sich ebenfalls auf sämtliche Legitimationsstränge stützen lasse.

Die demokratische Legitimation der Ausübung von Staatsgewalt innerhalb der Bundesministerialverwaltung lasse sich zum einen darauf zurückführen, dass das Parlament als unmittelbar vom Volk gewähltes Repräsentationsorgan gemäß Art. 63 Abs. 1 GG auf Vorschlag des Bundespräsidenten hin den Bundeskanzler wählt. Der Bundeskanzler schlägt sodann die Bundesminister vor, welche wiederum nach Art. 64 Abs. 1 GG vom Bundespräsidenten ernannt werden. Die Bundesminister treffen für ihr Ressort kraft der gemäß Art. 65 S. 1 GG bestehenden Personalhoheit die Auswahl der – nach Art. 60 Abs. 1 GG durch den Bundespräsidenten zu ernennenden – dort tätigen Beamten.[1416] Insoweit besteht ein organisatorisch-personelles Element der Legitimation über eine ununterbrochene Legitimationskette aus Wahl- sowie Benennungsakten vom Volk bis hin zum einzelnen Funktionsträger der Verwaltung. Hinzu trete eine sachlich-inhaltliche Legitimation, diese bilde sich vor allem auf Grund der Bindung der Exekutive an das Parlamentsgesetz aus Art. 20 Abs. 3 GG heraus, wonach die Verwaltung den Vorbehalt und den Vorrang des Gesetzes zu beachten hat.[1417] Die Exekutive ist nach diesen Verfassungsprinzipien zum Handeln nur aufgrund gesetzlicher Ermächtigung berechtigt, sie trifft eine Gesetzesvollziehungs- und Gesetzesbeachtungspflicht.[1418] Darüber hinaus bestimmt Art. 65 GG die parlamentarische Verantwortlichkeit des Bundeskanzlers und der Bundesminister.[1419] Dieses Abhängigkeitsverhältnis der Regierung gegenüber dem Parlament tritt in unterschiedlichen verfassungsrechtlichen Regelungen zutage, etwa bei der Wahl und Abberufung des Bundeskanzlers aus Art. 63 Abs. 1, 67 Abs. 1 GG,

---

1414 *Grzeszick*, in: Maunz/Dürig (Hrsg.), GG, Art. 20 II Rn. 140.

1415 *Jestaedt*, Demokratieprinzip und Kondominialverwaltung, S. 329 ff.

1416 *Böckenförde*, in: Isensee/Kirchhof (Hrsg.), Handbuch des Staatsrechts, Band II, § 24 Rn. 24; *Jestaedt*, Demokratieprinzip und Kondominialverwaltung, S. 330 f.

1417 *Dreier*, in: Dreier (Hrsg.), GG, Band II, Art. 20 D Rn. 121.

1418 *Jestaedt*, Demokratieprinzip und Kondominialverwaltung, S. 336.

1419 *Böckenförde*, in: Isensee/Kirchhof (Hrsg.), Handbuch des Staatsrechts, Band II, § 24 Rn. 24; *Emde*, Die demokratische Legitimation der funktionalen Selbstverwaltung, S. 341 f.

außerdem durch die Abhängigkeit der Dauer der Regierungsämter von den Legislaturperioden des Parlaments gemäß Art. 69 Abs. 2 GG sowie durch das Zitier- und Interpellationsrecht des Bundestages gegenüber den Mitgliedern der Bundesregierung nach Art. 43 Abs. 1 GG und die Möglichkeit des Parlaments, Untersuchungsausschüsse nach Art. 44 GG einzusetzen.[1420] Eine parlamentarische Verantwortlichkeit der Minister als Regierungsmitglieder erstrecke sich, soweit Personalhoheit, Weisungs- und Leitungsbefugnisse der Minister aus dem Ressortprinzip des Grundgesetzes bestehen, wegen deren gleichzeitiger Position als Spitze der Ministerialverwaltung jedenfalls mittelbar auch auf den nachgeordneten hierarchischen Verwaltungsaufbau.[1421]

B. Staatsgewalt in den staatlich-gesellschaftlichen Kooperationsstrukturen regulierter Selbstregulierung

Eingangs ist bereits erörtert worden, dass die Festlegungen des Gesetzgebers im TPG eine staatliche Aufgabenwahrnehmung für den regulierten Bereich des Transplantationswesens kennzeichnen.[1422] Am Beispiel der Regelungsstrukturen des § 11 TPG konnte zudem verdeutlicht werden, dass das Transplantationswesen damit dem Konzept staatlich regulierter gesellschaftlicher Selbstregulierung folgt.[1423] Damit ist eine komplexe Zwischenkategorie beschrieben, bei der sich staatlich-private Kooperationsformen zwischen grundrechtlicher Autonomie und staatlicher Verantwortung bewegen.[1424] Das Modell zeichnet sich dadurch aus, staatliche und gesellschaftliche Handlungsbeiträge in einer spezifischen Ergänzungsform zu verbinden, also eine Verzahnung beider Bereiche zu bewirken. Regulierte Selbstregulierung soll staatliche Einflussnahme ermöglichen

---

1420 Dazu umfassend *Gersdorf*, Öffentliche Unternehmen im Spannungsfeld zwischen Demokratie- und Wirtschaftlichkeitsgebot, S. 183; ferner *Jestaedt*, Demokratieprinzip und Kondominialverwaltung, S. 313; *Köller*, Funktionale Selbstverwaltung und ihre demokratische Legitimation, S. 142.

1421 *Böckenförde*, in: Isensee/Kirchhof (Hrsg.), Handbuch des Staatsrechts, Band II, § 24 Rn. 24; vgl. auch *Emde*, Die demokratische Legitimation der funktionalen Selbstverwaltung, S. 343 ff.; *Jestaedt*, Demokratieprinzip und Kondominialverwaltung, S. 314 ff.; *Köller*, Funktionale Selbstverwaltung und ihre demokratische Legitimation, S. 142 f.

1422 Dazu oben S. 84 ff.

1423 Vgl. bereits oben S. 255 ff. So im Übrigen beispielsweise auch *Engels*, Die Verwaltung 44 (2011), 347 (347 ff.).

1424 *Krüger*, Die Organvermittlungstätigkeit Eurotransplants im Sinne des § 12 TPG, S. 182 f.

und gesellschaftliche Dynamiken und Handlungsrationalitäten bewahren.[1425] Es kommt in Bereichen regulierter Selbstregulierung zu einem Zusammentreffen und Zusammenwirken staatlicher Regulierung und gesellschaftlicher, privater Selbstregulierung zur Aufgabenerledigung und Zielverwirklichung. Handlungsspektren solcher Bereiche sind charakteristisch durch die besondere Ausdifferenzierung staatlicher Bewirkungsformen gekennzeichnet, die teilweise mit dem gesellschaftlichen Bereich und dessen Handlungsbeiträgen verwischen, und dessen Resultate sich dann weder dem gesellschaftlichen noch dem staatlichen Bereich eindeutig zuordnen lassen.[1426] Dies führt zu Problemen bei der Bestimmung des Merkmals „Staatsgewalt",[1427] welche die besondere Schwierigkeit ausmachen, solche Konzepte auf die Anforderungen verfassungsgebotener rechtsstaatlich-demokratischer Steuerung und Rückbindung hin zu untersuchen.[1428] Es wird also immer schwieriger festzustellen, was in diesen Kooperationsverhältnissen legitimationsbedürftige Staatsgewalt ausmacht.[1429]

Auch wenn dem Terminus der Ausübung von Staatsgewalt im Sinne des Art. 20 Abs. 2 GG durch Rechtsprechung und Literatur durchaus Kriterien an die Hand gestellt worden sind, die in vielen Fällen eine Bestimmung fast zweifelsfrei ermöglichen,[1430] für den vielfältig ausgestalteten Bereich der staatlich-privaten Aufgabenerfüllung sind die Umstände noch weitgehend ungeklärt, unter denen Aufgabenerledigungen als Ausübung von Staatsgewalt anzuerkennen und am Rechtsstaats- sowie Demokratieprinzip zu messen sind.[1431] So sehr sich die Legitimationsdogmatik in anderen Fragen auch bereits verfestigt haben mag, wenn sich der Staat in Kooperationsverhältnisse mit Privaten begibt, führt

---

1425 Vgl. *Böning*, Kontrolle im Transplantationsgesetz, S. 64 f.; *Trute*, DVBl. 1996, 950 (955).

1426 *Schmidt-Aßmann*, AöR 116 (1991), 329 (338).

1427 *Schmidt-Aßmann*, AöR 116 (1991), 329 (338).

1428 So auch für die regulierte Selbstregulierung ausdrücklich *Franzius*, Der Staat 42 (2003), 493 (511). Ferner *Di Fabio*, in: VVDStRL 56 (1996), 235 (263 ff.). Vgl. auch *Britz*, VerwArch 2000, 418 (425 ff.); *Mehde*, VerwArch 2000, 540 (550 ff.); *Trute*, DVBl. 1996, 950 (954 f.).

1429 *Çalışkan*, Die medizinrechtlichen Ordnungsstrukturen, S. 126 f.; *Grzeszick*, in: Maunz/Dürig (Hrsg.), GG, Art. 20 II Rn. 95.

1430 In diese Richtung auch *Thoma*, Regulierte Selbstregulierung im Ordnungsverwaltungsrecht, S. 339.

1431 *Storr*, in: Huber u.a. (Hrsg.), Demokratie in Europa, S. 411 (416). Vgl. außerdem *Voßkuhle*, VVDStRL 62 (2003), 266 (293 ff.).

dies in einen von Unsicherheiten geprägten und wenig gefestigten Bereich der Legitimationsdogmatik.[1432]

Ohne die zweifelsfreie Zuordnung von Staatsgewalt kann jedoch nicht beantwortet werden, ob und unter welchen Voraussetzungen regulierte Selbstregulierung ein hinreichendes rechtsstaatlich-demokratisches Legitimationsniveau sicherstellen kann.[1433] Das Grundgesetz unterwirft nämlich „alle Staatsgewalt" den Anforderungen einer Rückbindung an das Volk – damit erstrecken sich allerdings unmissverständlich die Legitimationsvoraussetzungen auch nur auf die Ausübung von Staatsgewalt.[1434]

Ausgangspunkt der weiteren Überlegungen sollen einige wohl unstreitige und grundlegende Feststellungen bilden: Private Unternehmen, Verbände und andere private Akteure unterstehen bei autonomen Kooperationsformen der Selbstregulierung im gesellschaftlichen Bereich grundsätzlich weder den Maßstäben des Rechtsstaats- noch des Demokratieprinzips; sie bedürfen keiner verfassungsrechtlich verankerten Legitimation im Sinne des Art. 20 Abs. 2 GG.[1435] Die im gesellschaftlichen Bereich getroffenen Entscheidungen und eingegangenen Verpflichtungen sind Ausfluss grundrechtlicher, individueller und gesellschaftlicher Autonomie der Beteiligten.[1436] Demgegenüber bedarf jegliches Handeln der drei Staatsgewalten, also des institutionellen Staates, einer rechtsstaatlichen und demokratischen Legitimation.[1437] Wenn der Staat daher regulierend agiert, Gesetze erlässt und darin Anforderungen und Aufsichten statuiert oder Einschränkungen vornimmt, wenn er Rechtsverordnungen erlässt oder Aufsichtsrechte wahrnimmt, sind seine Handlungen zweifelsohne als „hoheitliches Handeln mit Entscheidungscharakter" der Ausübung von Staatsgewalt zuzuordnen und der Pflicht einer demokratischen Rückbindung an das Volk im

---

1432 Vgl. nur *Trute*, in: Hoffmann-Riem/Schmidt-Aßmann/Voßkuhle (Hrsg.), Grundlagen des Verwaltungsrechts, Band I, § 6 Rn. 89 ff.

1433 Ähnlich *Franzius*, Der Staat 42 (2003), 493 (511). Allgemein zu staatlich-privaten Kooperationsstrukturen so auch *Çalışkan*, Die medizinrechtlichen Ordnungsstrukturen, S. 127.

1434 So auch *Weisel*, Das Verhältnis von Privatisierung und Beleihung, S. 122.

1435 *Grzeszick*, in: Maunz/Dürig (Hrsg.), GG, Art. 20 II Rn. 95: „Nicht zur demokratisch legitimationsbedürftigen Staatsgewalt gehören Private."; *Holzmann*, Das Kooperationsprinzip, S. 22; *Thoma*, Regulierte Selbstregulierung im Ordnungsverwaltungsrecht, S. 343.

1436 Vgl. dazu *Schmidt-Aßmann*, in: Kern u.a. (Hrsg.), FS Laufs, S. 1049 (1061); *dens.*, AöR 116 (1991), 329 (339); *dens.*, Grundrechtspositionen und Legitimationsfragen im öffentlichen Gesundheitswesen, S. 80.

1437 *Thoma*, Regulierte Selbstregulierung im Ordnungsverwaltungsrecht, S. 340.

Sinne des Demokratieprinzips aus Art. 20 Abs. 2 GG und dem Rechtsstaatsprinzips aus Art. 20 Abs. 3, 28 Abs. 1 S. 1 GG zu unterwerfen.[1438]

Sobald sich der Staat jedoch in Kooperation mit Privaten begibt und sich den spezifischen Formen der regulierten gesellschaftlichen Selbstregulierung bedient, sich also auch die Dynamik gesellschaftlicher Lebens- und Aufgabenbereiche und ihrer agierenden Akteure bei seiner Aufgabenwahrnehmung gerade zu eigen macht und die eben dargelegten Bereiche verbindet, ist eine solche Grenzziehung – wie bereits erörtert worden ist – nicht mehr stets möglich. Dass sich in der Literatur ein Verständnis durchgesetzt hat, nach dem der Begriff der Staatsgewalt weit zu verstehen ist und die drei Staatsgewalten der Gesetzgebung, der vollziehenden Gewalt und der Rechtsprechung umfassend einschließt, womit die Exekutive neben den öffentlich-rechtlichen Handlungsformen auch das gesamte privatrechtliche und fiskalische Handeln der öffentlichen Hand, auch in privatrechtlichen Einrichtungen, mit umfassen soll,[1439] ist im Hinblick auf die regulierte Selbstregulierung kaum weiterführend und darf nicht dazu verleiten, die Verfassungsprinzipien auch für den gesellschaftlichen Bereich als einschlägig zu erklären. Auch wenn der Staat privatrechtlich handelt oder in den Organisationsformen des Privatrechts verfasst ist, lässt sich dieses Handeln doch stets eindeutig auf eine staatliche Substanz – mit anderen Worten, auf den Staat als Institution – zurückführen. Dieser Rückgriff auf eine institutionelle Zuordnung ermöglicht indes nicht die Beantwortung der Frage, wie im Kooperationsverhältnis zwischen gesellschaftlichen Akteuren und staatlichen Funktionseinheiten und Funktionsträgern deren Handlungsbeiträge im Hinblick auf die verfassungsrechtlichen Anforderungen zueinander in Bezug zu setzen sind. Bei einer Bestimmung dessen, was Staatsgewalt in den Formen regulierter Selbstregulierung ausmacht, erscheinen darüber hinaus selbst Rekursnahmen auf andere Formen der Mitwirkung Privater bei staatlicher Aufgabenerledigung, etwa im Modell der funktionalen Selbstverwaltung oder demjenigen der gruppenpluralistischen Entscheidungsteilhabe in behördlichen Gremien, als eher unergiebig. Denn solche Formen des staatlich-privaten Zusammenwirkens sind ganz entscheidend durch eine Organisation in öffentlich-rechtlichen Strukturen geprägt und knüpfen an diese Organisationseinheiten an. Gruppenpluralistische Entscheidungsteilhabe entfaltet sich bei der Kondominialverwaltung in behördlichen Gremien, die regelmäßig dem institutionellen Bereich der

---

1438 *Faber*, Selbstregulierungssysteme, S. 248 f.; *Thoma*, Regulierte Selbstregulierung im Ordnungsverwaltungsrecht, S. 340.

1439 Dazu *Grzeszick*, in: Maunz/Dürig (Hrsg.), GG, Art. 20 II Rn. 91, 96 jeweils m.w.N.

Exekutive angehören und in denen staatliche Funktionsträger und private Interessenvertreter gemeinsam an Entscheidungsprozessen mitwirken. Funktionale Selbstverwaltung wird hingegen der mittelbaren Staatsverwaltung zugeordnet, Private sind hier Kraft staatlichen Gründungsaktes körperschaftlich in der Organisationsform einer juristischen Person des Öffentlichen Rechts zur Aufgabenwahrnehmung berufen. Normativ ist deren Zusammensetzung, Organisation und Aufgabenbereich vorbestimmt. Dieses Anknüpfungsmerkmal öffentlich-rechtlicher Organisation und Einbindung vermittelt der funktionalen Selbstverwaltung ein nicht unerhebliches Maß an staatlicher Herrschaftsmöglichkeit, auf das sich das Merkmal der Staatlichkeit hier wesentlich stützen lässt.[1440] Solche Wesensmerkmale lassen sich bei regulierter Selbstregulierung hingegen nicht ausmachen. Regulierte Selbstregulierung vollzieht sich nicht in staatlichen Organisationsformen, sondern mittels staatlicher Regulierung sowie in und zwischen privatrechtlichen, gesellschaftlichen Zusammenschlüssen.

Die spezifische Kooperationsform regulierter Selbstregulierung eröffnet damit Räume für unterschiedliche mögliche Ansätze, nach denen sich Staatsgewalt im Sinne des Art. 20 Abs. 2 GG bestimmen ließe, die mitunter zu abweichenden Ergebnissen gelangen können.

I. Etatisierung auch privater Handlungsbeiträge unter den Begriff der Staatsgewalt

Da sich die notwendige rechtsstaatlich-demokratische Legitimation auf den gesamten Umfang staatlichen Handelns beziehen soll – Art. 20 Abs. 2 GG spricht davon, „alle Staatsgewalt“ gehe von Volke aus – wird man davon jedenfalls sämtliche Aufgaben als umfasst ansehen müssen, die vom Staat wahrgenommen werden. Das Demokratiegebot richtet folglich legitimationssichernde Anforderungen an diejenigen Aufgaben, die der Staat für sich in Anspruch genommen hat.[1441] Dieses umfassende Verständnis des Art. 20 Abs. 2 GG mag die Auffassung nahelegen, die Mitwirkung Privater an den vom Staat für sich in Anspruch genommenen Aufgaben mache auch eine demokratische Rückbindung dieser Handlungsbeiträge für eine Entfaltung des Art. 20 Abs. 2 GG notwendig.[1442] Das Legitimationsobjekt Staatsgewalt müsste also insofern extensiv weit verstanden

---

1440 Zur Einordnung der funktionalen Selbstverwaltung in die Systematik des Art. 20 Abs. 2 insoweit zutreffend *Schmidt-Aßmann*, AöR 116 (1991), 329 (344).

1441 So *Böckenförde*, in: Isensee/Kirchhof (Hrsg.), Handbuch des Staatsrechts, Band II, § 24 Rn. 12.

1442 Kritisch zu diesem Gedanken *Heintzen*, VVDStRL 62 (2003), 221 (234).

und auch auf den gesamten Kooperationsbereich staatlich-privaten Zusammenwirkens und Bewirkens erstreckt werden.[1443] Argumentativ lässt sich diese Auffassung insbesondere auf die Annahme stützen, regulierte Selbstregulierung führe durch eine untrennbare Verzahnung der Handlungsbeiträge aus den Bereichen staatlicher Regulierung und gesellschaftlicher Selbstregulierung zu einem gemeinsamen Entscheidungsergebnis. Daher müsse dieses Resultat als einheitlicher Akt staatlicher Gewalt betrachtet und als solcher der demokratischen Legitimation des Art. 20 Abs. 2 GG unterworfen werden. Ein derart gebildetes Endprodukt der Kooperation ermögliche eine Teilhabe Privater an staatlicher Herrschaft und räume diesen damit eine legitimationsbedürftige Machtposition ein.[1444]

II. Bestimmung von Staatsgewalt nach differenzierten Kriterien

Mitunter wird der Begriff der Staatsgewalt auch für den Bereich staatlich-privater Kooperation stärker ausdifferenziert und neben einer „formell-institutionellen" Deutung ein „materiell-funktionelles" Verständnis des Begriffs anerkannt. Staatsgewalt soll danach vorliegen, wenn die besonderen Organe der Rechtsprechung, der vollziehenden Gewalt und der Gesetzgebung handeln (formell-institutionelle Staatsgewalt) oder wenn sich das Handeln den jeweiligen Staatsfunktionen zuordnen lässt (materiell-funktionelle Staatsgewalt).[1445] Argumentativ wird dabei insbesondere angeführt, die mit dem Grundgesetz bezweckte umfassende und lückenlose Bindung aller Staatsgewalt an die Verfassung könne nur gewährleistet sein, wenn jeweils für sich das formell-institutionelle oder materiell-formelle Kriterium als ausreichend erachtet werde.[1446] Anderenfalls

---

1443 *Dederer*, Korporative Staatsgewalt, S. 45 ff., qualifiziert insofern privates Handeln dann als Staatsgewalt, wenn des sich dem Staat zurechnen lässt, weil die privaten Interessen staatliche Herrschaft steuern. Auch *Röhl*, Die Verwaltung 29 (1996), 487 (500), legt offenbar dieses Verständnis zugrunde. Er meint, das Strukturprinzip der demokratischen Legitimation müsse sich auf den gesamten Entscheidungsprozess, der die Ausübung staatlicher Gewalt determiniert, beziehen. Wie hier auch Überlegungen bei *Schmidt-Aßmann*, AöR 116 (1991), 329 (338).

1444 In diese Richtung für den Bereich normabwendender Selbstverpflichtung *Helberg*, Normabwendende Selbstverpflichtungen als Instrumente des Umweltrechts, S. 159 ff. Vgl. dazu auch *Faber*, Gesellschaftliche Selbstregulierung im Umweltrecht, S. 249.

1445 *Clement*, Der Rechtsschutz der potentiellen Organempfänger nach dem Transplantationsgesetz, S. 120 ff. Dazu auch *Holzmann*, Das Kooperationsprinzip, S. 24 ff.

1446 *Clement*, Der Rechtsschutz der potentiellen Organempfänger nach dem Transplantationsgesetz, S. 121.

drohe ein verfassungsrechtlicher Steuerungsverlust.[1447] Staatsgewalt solle also auch vorliegen, wenn der Regelungszusammenhang eines Gesetzes ergebe, dass Privatrechtssubjekten typisch öffentlich-rechtliche Gestaltungsmöglichkeiten übertragen worden sind.[1448] Dazu gehöre auch die Ausübung staatlicher Befugnisse durch Private.[1449]

Andere sprechen sich stattdessen dafür aus, dass die Qualifikation einer Handlungsform als Staatsgewalt kumulativ eines formellen wie eines materiellen Elements bedürfe.[1450] Insofern wird – ähnlich der vorangegangenen Einschätzung – an die Feststellung angeschlossen, dass der Begriff der Staatsgewalt einer Betrachtung aus zwei abweichenden Perspektiven zugänglich sei: Dabei wird angenommen, Staatsgewalt im materiellen Sinne beschreibe einen bestimmten gegenständlich-inhaltlichen Bereich, der ein staatliches „Moment der Herrschaftsentfaltung“ beinhalte.[1451] Staatsgewalt im formellen Sinne lege hingegen fest, auf welche Art und Weise staatliche Funktionen wahrgenommen werden müssten.[1452] Nach diesem Verständnis kann als Ausübung von Staatsgewalt materiell jede Ausübung von Staatsaufgaben betrachtet werden. Formell muss dies durch eine autonom rechtsfolgensetzende Willensbetätigung staatlicher Funktionsträger, also des Staates einschließlich seiner rechtlichen Trabanden, im Rahmen der Kompetenzen und Befugnisse erfolgen.[1453] Als Staatsaufgabe werden insofern alle Angelegenheiten verstanden, derer sich der Staat in verfassungskonformer Weise angenommen hat, die also durch die Verfassung selbst oder durch eine verfassungsmäßige Entscheidung des Gesetzgebers zu einer staatlichen Aufgabe erklärt und entsprechend organisiert worden sind.[1454] Autonom rechtsfolgensetzende Willensbetätigung soll jede rechtlich erhebliche, aus sich heraus rechtliche Verbindlichkeit erzeugende Äußerung des Staatswillens

---

1447 *Clement*, Der Rechtsschutz der potentiellen Organempfänger nach dem Transplantationsgesetz, S. 120.

1448 *Clement*, Der Rechtsschutz der potentiellen Organempfänger nach dem Transplantationsgesetz, S. 121 mit Verweis auf *Schmidt-Aßmann*, in: Maunz/Dürig (Hrsg), GG, Art. 19 Abs. 4 Rn. 56.

1449 So *Clement*, Der Rechtsschutz der potentiellen Organempfänger nach dem Transplantationsgesetz, S. 122. Sich dem anschließend *Böning*, Kontrolle im Transplantationsgesetz, S. 56.

1450 *Jestaedt*, Demokratieprinzip und Kondominialverwaltung, S. 225 ff.; *Weisel*, Das Verhältnis von Privatisierung und Beleihung, S. 122 ff.

1451 *Jestaedt*, Demokratieprinzip und Kondominialverwaltung, S. 225, S. 226 ff.

1452 *Jestaedt*, Demokratieprinzip und Kondominialverwaltung, S. 225.

1453 *Jestaedt*, Demokratieprinzip und Kondominialverwaltung, S. 263.

1454 *Jestaedt*, Demokratieprinzip und Kondominialverwaltung, S. 248.

sein.[1455] Staatsgewalt im „vollgültigen Sinne des Art. 20 Abs. 2 GG“ lasse sich aber nur dann annehmen, wenn beide Elemente zusammentreffen.[1456] Ausübung von Staatsgewalt könne folglich definiert werden als „die Inanspruchnahme von Entscheidungsbefugnissen in Wahrnehmung einer Staatsaufgabe“.[1457]

Teilweise wird beim Begriff der Staatsgewalt in der Literatur auch allein auf die Befugnis abgestellt, kollektiv bindende Entscheidungen treffen zu können und insofern auf ein materielles Element vollständig verzichtet.[1458] Autoritative Entscheidungsbefugnisse seien ein Charakteristikum staatlicher Gewalt, weil nur der Staat verbindliche Entscheidungen treffen und umsetzen könne.[1459] Private könnten aus eigener Rechtsstellung hingegen keine kollektiv bindenden Entscheidungen treffen, sondern müssten eine solche Machtstellung aus der staatlichen Sphäre, etwa im Wege einer Ermächtigung mittels Beleihungsakt, ableiten.[1460] Nur aufgrund solcher Übertragungsformen sei es auch Privaten möglich, Staatsgewalt auszuüben.[1461]

III. Differenzierung zwischen gesellschaftlicher Selbstregulierung und staatlicher Regulierung

An ein institutionelles Begriffsverständnis der Staatsgewalt anknüpfend, nach dem nur die organisierte Staatsgewalt dem zugeordnet werden soll und daher einer rechtsstaatlich-demokratischen Legitimation durch das Volk bedarf,[1462] ließe sich in Bereichen kooperativer Aufgabenerfüllung eine Bestimmung der Staatsgewalt auch anhand der handelnden Akteure vornehmen.[1463] Soweit sich

1455 *Jestaedt*, Demokratieprinzip und Kondominialverwaltung, S. 257.

1456 *Jestaedt*, Demokratieprinzip und Kondominialverwaltung, S. 225.

1457 *Jestaedt*, Demokratieprinzip und Kondominialverwaltung, S. 263.

1458 *Britz*, VerwArch 2000, 418 (428 ff.).

1459 Vgl. *Britz*, VerwArch 2000, 418 (428).

1460 *Britz*, VerwArch 2000, 418 (429).

1461 *Britz*, VerwArch 2000, 418 (429).

1462 So etwa *Sommermann*, in: von Mangoldt/Klein/Starck (Hrsg.), GG, Band II, Art. 20 Rn. 146.

1463 So für den Bereich regulierter Selbstregulierung etwa *Çalışkan*, Die medizinrechtlichen Ordnungsstrukturen, S. 288; *Engels*, Die Verwaltung 44 (2011), 347 (357 ff.); *Faber*, Selbstregulierungssysteme, S. 248 f.; *Masing*, in: Hoffmann-Riem/Schmidt-Aßmann/Voßkuhle (Hrsg.), Grundlagen des Verwaltungsrechts, Band I, § 7 Rn. 30 ff.; *Schmidt-Aßmann*, in: FS Laufs, S. 1036 (1059 f.); *Talidou*, Regulierte Selbstregulierung im Bereich des Datenschutzes, S. 116 f.; *Thoma*, Regulierte Selbstregulierung im Ordnungsverwaltungsrecht, S. 340. In diese Richtung ferner *Di Fabio*,

die Aufgabenwahrnehmung im staatlich-privaten Zusammenwirken dem Staat als Aufgabenträger zuordnen lasse, dieser also Zurechnungsobjekt des Tätigwerdens ist, könne von der Ausübung von Staatsgewalt ausgegangen werden.[1464] Umfasst sind dabei sämtliche Träger hoheitlicher Gewalt und ihre Organe. Für den Bereich der Exekutive zählen neben der unmittelbaren und mittelbaren Staatsverwaltung auch die Beliehenen dazu,[1465] da diesen kraft des Beleihungsaktes die Befugnis zu hoheitlichem Handeln übertragen wird und sie insofern bei Wahrnehmung ihrer Aufgabe als Verwaltungsbehörde fungieren. Nicht dem Bereich organisierter Staatsgewalt gehören hingegen private Akteure an, auch wenn diese in einem Kooperationsverhältnis zum Staat stehen.[1466] Bei Kooperationsformen staatlicher Stellen und privater Akteure erstreckt sich das Erfordernis einer demokratischen Legitimation gemäß Art. 20 Abs. 2 GG nach dieser Auffassung nicht auf den Kooperationsbereich als solchen, sondern allein auf den dabei erfolgenden staatlichen Beitrag zur Aufgabenwahrnehmung; nur dieser soll dazu veranlassen, von Staatsgewalt zu sprechen.[1467] „Im Ergebnis bedarf mithin jede Tätigkeit des Staates, gleich welcher Handlungsform (von der Rechtsprechung über den Verwaltungsakt und Verwaltungsvertrag bis hin zum schlicht-hoheitlichen Handeln) und gleich welcher Rechtsform (Handeln in öffentlich-rechtlichen oder privatrechtlichen Formen) der demokratischen Legitimation.“[1468] Das Handeln sämtlicher nicht der organisierten Staatlichkeit

---

VVDStRL 56 (1996), S. 235 (263 ff.); *Schmidt-Aßmann*, AöR 116 (1991), 329 (346 f.); *Trute*, DVBl. 1996, 950 (955).

1464 Dahingehend etwa *Krüger*, Die Organvermittlungstätigkeit Eurotransplants im Sinne des § 12 TPG, S. 262.

1465 Ausdrücklich *Sommermann*, in: von Mangoldt u.a. (Hrsg.), GG, Band II, Art. 20 Rn. 146.

1466 Vgl. dazu *Böning*, Kontrolle im Transplantationsgesetz, S. 51 ff., 64; *Clement*, Der Rechtsschutz der potentiellen Organempfänger nach dem Transplantationsgesetz, S. 116 f.; *Faber*, Gesellschaftliche Selbstregulierungssysteme im Umweltrecht, S. 248; *Höfling*, in: Höfling (Hrsg.), TPG, § 12 Rn. 4; *Holzmann*, Das Kooperationsprinzip, S. 66 f.; Holznagel, DVBl. 1997, 387 (398); *Talidou*, Regulierte Selbstregulierung im Bereich des Datenschutzes, S. 116; *Trute*, in: Hoffmann-Riem/Schmidt-Aßmann/Voßkuhle (Hrsg.), Grundlagen des Verwaltungsrechts, Band I, § 6 Rn. 90.

1467 *Faber*, Gesellschaftliche Selbstregulierung im Umweltrecht, S. 249; *Schmidt-Aßmann*, AöR 116 (1991), 329 (342, 377); *Talidou*, Regulierte Selbstregulierung im Bereich des Datenschutzes, S. 116.

1468 *Sommermann*, in: von Mangoldt u.a. (Hrsg.), GG, Band II, Art. 20 Rn. 146.

zuzurechnender privater Akteure wäre indes nicht an Art. 20 Abs. 2 GG zu messen.[1469]

Mit diesem Konzept wird die Selbstregulierung im Modell der staatlich regulierten gesellschaftlichen Selbstregulierung allein als grundrechtsausübende und -berechtigte Tätigkeit Privater verortet.[1470] Durch die staatlich-private Kooperation werde der rechtliche Status des Einzelnen gegenüber dem Staat nicht verändert, vielmehr baue dieser geradezu auf dem entscheidenden Umstand auf, dass der kooperierende Akteur als privates Rechtssubjekt autonom und im Eigeninteresse Ziele verfolge.[1471]

IV. Eigenes Konzept

Zunächst ist darauf hinzuweisen, dass Kooperationsverhältnisse schon wegen ihrer mannigfaltigen Ausprägungsformen stets im Einzelfall nach ihrer jeweiligen Ausgestaltung darauf zu untersuchen sind, wo sich der spezifische Gehalt von legitimationsbedürftiger Staatsgewalt zwischen staatlichen und privaten Handlungsbeiträgen ausmachen lässt.[1472] Weil vielfältige Organisationsformen in diesem Spektrum zwischen dem staatlichen Bereich auf der einen und dem gesellschaftlichen Bereich auf der anderen Seite denkbar sind, von der Beleihung und Verwaltungshilfe über Selbstverwaltungseinrichtungen, Verwaltungsprivatrecht bis hin zu Privatisierungserscheinungen,[1473] sind pauschale Aussagen nicht zu treffen. Das Erfordernis einer Beurteilung der jeweiligen Kooperationsformen nach den sie kennzeichnenden Mustern des Zusammenwirkens gilt umso mehr für die Formen staatlich-privater Aufgabenerledigung, die unter dem Begriff der regulierten Selbstregulierung zusammengefasst werden. Hier eröffnet sich ein weites Spektrum für eine Vielzahl sich unterscheidender Kooperationsformen, die alle an die Charakteristika regulierter Selbstregulierung anknüpfen.[1474] Im

1469 So auch *Clement*, Der Rechtsschutz der potentiellen Organempfänger nach dem Transplantationsgesetz, S. 117.

1470 *Çalışkan*, Die medizinrechtlichen Ordnungsstrukturen, S. 288; *Masing*, in: Hoffmann-Riem/Schmidt-Aßmann/Voßkuhle (Hrsg.), Grundlagen des Verwaltungsrechts, Band I, § 7 Rn. 31.

1471 *Masing*, in: Hoffmann-Riem/Schmidt-Aßmann/Voßkuhle (Hrsg.), Grundlagen des Verwaltungsrechts, Band I, § 7 Rn. 31.

1472 So auch *Schmidt-Aßmann*, AöR 116 (1991), 329 (338, 343).

1473 Um nur einzelne Beispiele zu nennen. Vgl. dazu oben S. 219 ff.

1474 Zum Spektrum regulierter Selbstregulierung vgl. bereits in Fn 1136. Dazu *Schmidt-Aßmann*, Die Verwaltung 2001, Beiheft 4, 253 (259 ff.); *Trute*, DVBl. 1996, 950 (952 ff.). Vgl. auch *Böning*, Kontrolle im Transplantationsgesetz, S. 63.

Zweifel bedarf es daher wohl einer Gesamtanalyse des Kooperationsbereichs, um entscheiden zu können, ob Handlungen der staatlichen Gewalt oder dem nicht-staatlichen Bereich zuzuordnen sind.[1475] Dabei ist beispielsweise auf Merkmale wie den Gründungsvorgang und die Rechtsform des handelnden Akteurs, die wahrgenommene Aufgabe, Aufsichtsbefugnisse oder die haushaltsmäßige Erfassung als Indizien zurückzugreifen.[1476]

Dort, wo Staatsgewalt ausgeübt wird, muss jedoch eine hinreichend effektive Einflussnahme des Volkes – sei es des Bundes-, des Landes- oder des Gemeindevolkes – stets gewährleistet sein, denn insofern ist der Gehalt des Art. 20 Abs. 2 GG eindeutig und formuliert unmissverständliche Vorgaben: Alle Staatsgewalt geht vom Volke aus. Der Staat soll sich diesem spezifischen Erfordernis demokratischer Rückbindung weder durch Handlungs- oder Organisationsformen des gesellschaftlichen Bereichs, noch durch Kooperationsformen in den gesellschaftlichen Bereich hinein entziehen können.

1. Staatsgewalt in den Strukturen regulierter Selbstregulierung

Trotz des eben beschriebenen weiten Spektrums regulierter gesellschaftlicher Selbstregulierung erscheint es möglich, das Kooperationsmodell seinen charakteristischen Strukturen entsprechend[1477] grundsätzlichen Regelannahmen zuzuführen, denn dieses Konzept weist stets zwei bestimmende Elemente auf: Die Aufgabenwahrnehmung erfolgt in einem durch Selbstregulierung geprägten Bereich. Dort handeln die privatrechtlichen Akteure weitgehend autonom und nach den Regeln eigens gesetzter Selbstverpflichtungen. Dazu tritt eine von außen durch den Staat erfolgende Regulierung, die selbstregulierungsspezifisch diesen Bereich in einem gewissen Maße durch Festlegungen und Regeln überformt, um das Erreichen staatlich bestimmter Ziele zu gewährleisten. Beide Beiträge müssen in einer regulierten Selbstregulierung notwendigerweise verwirklicht sein und zur Geltung gelangen. Tritt die gesellschaftliche Selbstregulierung zu Lasten staatlicher Regelungen völlig zurück oder geht die staatliche Einflussnahme über eine bloße Rahmengebung – ähnlich der Bestimmungen des Privatrechts – nicht hinaus, handelt es sich nicht um regulierte Selbstregulierung.

Überlegungen, wo in diesem Geflecht Staatsgewalt zu verorten ist, sollen im Ausgangspunkt auf der Annahme basieren, dass bei regulierter Selbstregulierung zwischen dieser staatlichen, spezifisch auf die Selbstregulierung

---

1475 *Schmidt-Aßmann*, AöR 116 (1991), 329 (343).

1476 So *Schmidt-Aßmann*, AöR 116 (1991), 329 (343).

1477 Dazu S. 237 ff.

bezugnehmenden Regulierung und einer nichtstaatlichen, gesellschaftlich verankerten Selbstregulierung gesellschaftlicher Akteure differenziert werden kann und muss.[1478] Wenn der Staat einen Bereich mittels eigener Zielsetzungen und Vorgaben reguliert und beeinflusst, nimmt er sich eines Aufgabenbereichs in rechtlicher Form an, und übernimmt insoweit eine staatliche Verantwortung für die Aufgabenerfüllung. Bei den dazu ergehenden Regulierungsmaßnahmen lässt sich der Staat zweifelsfrei als das Zurechnungsobjekt des Tätigwerdens identifizieren. Insofern liegt im Bereich regulierter Selbstregulierung nach klassischer Definition Staatsgewalt vor, sodass alles Handeln der Staatsorgane und ihrer Amtswalter sich in der Summe ihrer legislativen, exekutiven und judikativen Funktionen an den Willen des Volkes rückbinden lassen muss.[1479] Zugrunde gelegt wird also – ähnlich dem letztgenannten Meinungsbild – ein institutionelles Verständnis von Staatlichkeit, eine Aufgabenwahrnehmung muss sich dem Staat als Aufgabenträger zuordnen lassen, um als Ausübung von Staatsgewalt zu gelten. Rückbindung im Sinne des Art. 20 Abs. 2 GG bedarf in den Kooperationsmustern regulierter gesellschaftlicher Selbstregulierung somit stets eines dem Staat und seinen Funktionsträgern zuzuordnenden Regulierungsrahmens, ganz gleich mit welchen Rechts- und Handlungsformen hier gewirkt wird. Anders ist dies hingegen im Umfeld der Selbstregulierung. Die innerhalb des umhegten Rahmens autonom und selbstverpflichtend agierenden gesellschaftlichen Akteure bedürfen grundsätzlich und solange keiner direkten, eigenen rechtsstaatlich-demokratischen Legitimation, solange sie nicht der organisierten Staatlichkeit zuzuordnen sind.[1480] Ist ihnen jedoch mittels staatlicher Ermächtigung eine Aufgabe delegiert und selbst die Befugnis zu hoheitlichem Handeln übertragen worden, sind sie also funktional verstaatlicht worden, kann diese Einordnung nicht gelten. Agieren in einem konzeptionell als regulierte Selbstregulierung aufgestellten Modell private Akteure als Beliehene des Staates, dann verlieren sie insoweit freilich auch in diesem Kooperationsmuster nicht nur ihre Eigenschaft als Grundrechtsberechtigte, sondern treten bei Erfüllung des Beleihungsgegenstands als Teil der mittelbaren Staatsverwaltung – genauer, als Verwaltungsbehörde – auf. Solche Formen staatlich-privaten Zusammenwirkens,

1478 So auch *Faber*, Gesellschaftliche Selbstregulierung im Umweltrecht, S. 249.

1479 *Dreier*, in: Dreier (Hrsg.), GG, Band II, Art. 20 D Rn. 90; *Grzeszick*, in: Maunz/Dürig (Hrsg.), GG, Art. 20 Rn. 90.

1480 So die dazu wohl herrschende Auffassung, vgl. S. 300 ff. vgl. beispielsweise *Çalışkan*, Die medizinrechtlichen Ordnungsstrukturen, S. 288; *Schmidt-Aßmann*, AöR 116 (1991), 329 (342); *Talidou*, Regulierte Selbstregulierung im Bereich des Datenschutzes, S. 116 f.

die auch in den Konzepten der regulierten Selbstregulierung regelmäßig auftreten können, sind gerade keine gesellschaftlichen, autonomen und in der Ausübung grundrechtlicher Freiheiten begründeten Handlungen. Sie sind daher ebenfalls als Ausübung von Staatsgewalt zu qualifizieren.[1481]

Es ergibt sich also regelmäßig folgendes Legitimationsgefüge bei Anwendung auf die staatlich regulierte gesellschaftliche Selbstregulierung: Eine vom Staat im Sinne der organisierten Staatlichkeit bewirkte Regulierung, etwa durch Gesetz, Rechtsverordnung, Aufsicht oder Genehmigung, bedarf als Ausübung von Staatsgewalt stets einer rechtsstaatlich-demokratischen Legitimation in Anwendung der Art. 20 Abs. 2, 3, 28 GG und daher einer hinreichenden Rückführbarkeit auf den Volkswillen. Hierbei handelt es sich um den spezifischen staatlichen Beitrag in der verzahnend wirkenden staatlich regulierten gesellschaftlichen Selbstregulierung.[1482] Soweit innerhalb dieses Regulierungsrahmens hingegen gesellschaftliche Selbstregulierung erfolgt, ist damit grundsätzlich keine Ausübung von Staatsgewalt verbunden. Solche Handlungsformen müssen – und können – nicht den dazu entwickelten verfassungsrechtlichen Anforderungen genügen. Sie sind jedenfalls unmittelbar demokratischer und rechtsstaatlicher Steuerung nicht zugänglich.[1483] Etwas anderes gilt nur dann, wenn der Staat in der Kooperation das Recht zu hoheitlichem Handeln auf Private im Wege der Beleihung überträgt.

2. *Argumentationsansatz*

Für dieses Verständnis von Staatsgewalt in kooperativen Strukturen staatlich regulierter Selbstregulierung lassen sich triftige Gründe anführen, die zugleich insbesondere auch gegen das Erfordernis umfassender Legitimation in kooperativen staatlich-privaten Aufgabenwahrnehmungsstrukturen und damit eine Etatisierung der gesellschaftlichen Handlungsbeiträge unter den Begriff der Staatsgewalt sprechen.[1484]

1481 *Storr*, in: Huber u.a. (Hrsg.), Demokratie in Europa, S. 411 (421).

1482 *Faber*, Gesellschaftliche Selbstregulierung im Umweltrecht, S. 249, mit Verweis auf *Schmidt-Aßmann*, AöR 116 (1991), 329 (342).

1483 Vgl. *Faber*, Gesellschaftliche Selbstregulierung im Umweltrecht, S. 248 f. In diese Richtung *Thoma*, Regulierte Selbstregulierung im Ordnungsverwaltungsrecht, S. 340.

1484 Ablehnend ausdrücklich auch *Faber*, Gesellschaftliche Selbstregulierung im Umweltrecht, S. 249.

Zunächst einmal nimmt dieses Konzept die spezifischen Charakteristika einer regulierten Selbstregulierung soweit möglich in sich auf und wird solchen Strukturen daher wohl am ehesten gerecht. Regulierte Selbstregulierung hat ihre Funktion darin, die Dynamik, Spontanität, Innovation, Motivation und Eigenverantwortung gesellschaftlicher Bereiche zu erhalten und diese über einen Regulierungsrahmen einer gewissen staatlichen Steuerung und Beeinflussung zugänglich zu machen, also beide Handlungs- und Bewirkungsinstrumente in einem gemeinsamen Konzept zur Geltung zu bringen.[1485] Während die verfassungsrechtlichen Vorgaben aus dem Rechtsstaats- und Demokratieprinzip freilich für eine staatliche Steuerung recht unproblematisch umsetzbar sind, ist der gesellschaftliche Bereich typischerweise einer Legitimationsdogmatik, wie sie Rechtsprechung und Lehre für die Ausübung von Staatsgewalt entwickelt haben, nicht zugänglich.[1486] Ihre Autonomie lässt sich mit den Anforderungen organisatorisch-personeller und sachlich-inhaltlicher Legitimation kaum sinnvoll vereinbaren. Verfolgte man daher solch einen Ansatz, käme man entweder zu dem Erfordernis, selbstregulative Handlungsformen aus demokratischen und rechtsstaatlichen Gesichtspunkten wesentlich stärker als bisher den klassischen, staatlichen Strukturen angleichen zu müssen und sie damit im Ergebnis gerade dem gesellschaftlichen Bereich zu entziehen,[1487] oder man würde Kooperationsformen wie die staatlich regulierte gesellschaftliche Selbstregulierung dauerhaft latent dem Verdikt der Verfassungswidrigkeit aussetzen. Beides scheint mit Blick auf die heute zunehmend kooperativ zwischen Staat und Gesellschaft organisierte Aufgabenwahrnehmung kein befriedigender Lösungsansatz rechtsstaatlicher und demokratischer Rückbindung zu sein.

Darüber hinaus ermöglicht und fördert die Anknüpfung der Bestimmung von Staatsgewalt an die organisierte Staatlichkeit eine Unterscheidung der staatlichen und gesellschaftlichen Kooperationsbeiträge, wohingegen eine einheitliche Gesamtbetrachtung des Kooperationsbereichs die Verwischung der Grenzen zwischen Staat und Gesellschaft anregen und zu Gunsten des staatlichen Bereichs verlagern würde.[1488] *Eberhard Schmidt-Aßmann* weist

---

1485 Dazu insbesondere *Thoma*, Regulierte Selbstregulierung, S. 39 ff. Vgl. bereits S. 240.

1486 *Voßkuhle*, in: Isensee/Kirchhof (Hrsg.), Handbuch des Staatsrechts, Band III, § 43 Rn. 61 bringt es prägnant zum Ausdruck, wenn er schreibt, hierbei handle es sich um „auf die klassiche Vollzugsverwaltung zugeschnittene Anforderungen an das Handeln staatlicher Organisationseinheiten".

1487 Ähnlich *Voßkuhle*, in: Isensee/Kirchhof (Hrsg.), Handbuch des Staatsrechts, Band III, § 43 Rn. 61.

1488 In diese Richtung auch *Faber*, Gesellschaftliche Selbstregulierung im Umweltrecht, S. 249 f.

bezugnehmend auf die Legitimation von Kooperationsbereichen staatlich-privaten Zusammenwirkens insofern zutreffend darauf hin, dass es bei einer Einordnung legitimationsbedürftiger Staatsgewalt zu beachten bleibt, dass es dem Demokratieprinzip nach Art. 20 Abs. 2 GG um die Rechtfertigung staatlicher Herrschaft gegenüber dem Volk, und gerade nicht etwa um deren Ausdehnung geht.[1489] Es könne dem Demokratiegebot keine Forderung der Überführung gesellschaftlicher Betätigung in staatliche Herrschaft entnommen werden. Die Norm dürfe daher nicht missverstanden und dahingehend ausgelegt werden, dass eine „allgemeine Demokratisierung gesellschaftlicher Macht" in Form von Verbänden oder anderen Gruppen darauf gestützt werde.[1490] Anders gewendet lässt sich also sagen: Bevor übereilt Forderungen nach demokratischer Legitimation erhoben werden, muss im Blick behalten bleiben, dass auch grundrechtsgewährleistete Freiheit Machtpositionen vermitteln kann. Solche Machtpositionen sind aber kein Anlass, sie den Anforderungen demokratischer Legitimation zu unterwerfen. Den Begriff der Staatsgewalt daher, wie es teils angedacht wird,[1491] allein auf die Befugnis zu stützen, verbindliche Entscheidungen treffen zu können, erscheint vor diesem Hintergrund eher ungeeignet. Jedenfalls birgt dieser Ansatz das Risiko, gesellschaftliche Machtpositionen fälschlich dem Bereich der Staatsgewalt zuzuordnen und an verfassungsrechtlichen Anforderungen vor allem aus Art. 20 Abs. 2 GG zu messen.

Das mitunter formulierte Argument, eine wie hier erwogene Trennung zwischen staatlichen und privaten Handlungsbeiträgen eröffne dem Staat eine Möglichkeit zur „Flucht ins Privatrecht",[1492] scheint bei genauer Betrachtungsweise widerlegbar. Eine solche Auffassung geht von der Prämisse aus, in der regulierten Selbstregulierung würden die Entscheidungen konzeptionell nicht vom Staat selbst, sondern von den privaten Akteuren getroffen werden. Den Anforderungen einer Rückführbarkeit auf das Volk im Sinne einer demokratischen und rechtsstaatlichen Legitimation sei allerdings nur der zumeist eher

---

1489 *Schmidt-Aßmann*, AöR 116 (1991), 329 (339).

1490 So *Schmidt-Aßmann*, AöR 116 (1991), 329 (339). Vgl. auch BVerfGE 83, 60 (72); *Burgi*, Die Verwaltung 33 (2000), S. 183 (193).

1491 Siehe dazu oben auf S. 300.

1492 So Bedenken von *Clement*, Der Rechtsschutz der potentiellen Organempfänger nach dem Transplantationsgesetz, S. 117 f. Der Begriff Ausdruck „Flucht ins Privatrecht" ist maßgeblich von *Fleiner*, Institutionen des deutschen Verwaltungsrechts, S. 326, geprägt worden. Zu den Möglichkeiten und Grenzen privatrechtsförmiger Handlungs- und Organisationsformen statt vieler etwa *Ehlers*, Verwaltung in Privatrechtsform, passim.

vage gehaltene und allgemeine Zielvorgaben und Anforderungen formulierende staatliche Rahmen unterworfen. Die „‚harten' Auswahlkriterien" würden – im Transplantationsrecht – hingegen diesen Anforderungen entzogen.[1493] Es erscheint allerdings als Trugschluss, dieses Konzept als eine „Flucht des Staates in das Privatrecht" deklarieren zu wollen. Dieser Terminus umschreibt im Kern die Vorstellung, nach der der Staat in Handlungs- und Organisationsformen des Privatrechts unter Beanspruchung der alleinigen Geltung des Privatrechts tätig wird, um „sich dem als zu eng empfundenen Korsett öffentlich-rechtlicher Organisations- und Handlungsformen zu entledigen".[1494] Vermieden werden soll, dass der Staat sich so der Anwendung öffentlich-rechtlicher und verfassungsrechtlicher Vorschriften entziehen kann. Dafür bestehen bei der staatlich regulierten gesellschaftlichen Selbstregulierung, soweit ersichtlich, jedoch keine Anhaltspunkte: Soweit der Staat auf den betreffenden Aufgabenbereich einwirkt, unterliegt er stets auch den verfassungsrechtlichen Anforderungen und sonstigen öffentlich-rechtlichen Vorschriften. Für alle von ihm getroffenen Entscheidungen und Festlegungen ist unmittelbar eine demokratischen und rechtsstaatlichen Anforderungen genügende legitimatorische Rückführbarkeit auf das Volk erforderlich. Wenn der Staat gesetzlich Entscheidungsfreiräume für selbstregulative Tätigkeit Privater formuliert und dazu organisatorische Vorgaben trifft, bedarf auch diese Entscheidung einer Rückführbarkeit auf den Volkswillen. Soweit darüber hinaus private Akteure diese Entscheidungsfreiräume nutzen und – nochmals – in Ausübung ihrer grundrechtlich garantierten Autonomie Selbstregulierungen vornehmen, „flüchtet" der Staat gerade nicht in den gesellschaftlichen Bereich in der Form, dass er selbst sich privatrechtlichen Organisations- und Handlungsformen bediente. Der Staat überlässt hier vielmehr Entscheidungen dem gesellschaftlichen Bereich. Dass staatliche Entscheidungen insofern in den gesellschaftlichen Bereich hineinwirken können, indem die Handlungsbeiträge Privater auch der Umsetzung des Staatswillens dienen und dass es durch staatliche Rahmensetzung zu einem Wirkungs- und Machtanstieg der Akteure des Bereichs gesellschaftlicher Selbstregulierung kommen kann, bewirkt indes nicht, dass hier Staatsgewalt ausgeübt wird. Dem ist – dazu sogleich – über ein dem Kooperationsbereich regulierter Selbstregulierung spezifisches überwirkendes Legitimationskonzept Rechnung zu tragen.[1495]

1493 *Schmidt-Aßmann*, Grundrechtspositionen und Legitimationsfragen im öffentlichen Gesundheitswesen, S. 99.

1494 *Storr*, in: Huber u.a. (Hrsg.), Demokratie in Europa, S. 411 (412).

1495 Siehe S. 349 ff.

Die hier vorgeschlagene Einordnung regulierter Selbstregulierung lässt sich schließlich und nicht zuletzt auch auf den unmissverständlichen Wortlaut des Art. 20 Abs. 2 GG stützen, nach dem die Staatsgewalt vom Volk in Wahlen und Abstimmungen und ansonsten ausschließlich durch die besonderen Organe der Gesetzgebung, der vollziehenden Gewalt und der Rechtsprechung ausgeübt wird. Dies verdeutlicht, dass auch der Verfassungsgeber grundsätzlich die Ausübung von Staatsgewalt bei der organisierten und institutionalisierten Staatlichkeit als ein rein staatsbezogenes Organisationsprinzip verortet hat.[1496]

C. Zwischenfazit: Anwendbarkeit rechtsstaatlich-demokratischer Steuerungsinstrumente auf die regulierte Selbstregulierung

Die rechtsstaatlich-demokratischen Steuerungsinstrumente des Grundgesetzes entfalten ihre spezifischen Anforderungen nur dort, wo im verfassungsrechtlichen Sinne Staatsgewalt ausgeübt wird. Die besondere Herausforderung, staatlich-private Kooperationsstrukturen wie die staatlich regulierte gesellschaftliche Selbstregulierung darauf zu untersuchen, ob sie geeignet sind, die Vorgaben aus dem Rechtsstaats- und Demokratieprinzips einzuhalten, lässt sich insbesondere darauf zurückführen, dass sich hier mitunter nicht ohne Weiteres ausmachen lässt, wo Staatsgewalt ausgeübt wird. Teils scheinen dabei die Handlungsbeiträge derart ineinander überzugreifen, dass sie sich kaum noch voneinander lösen lassen; teils wird den gesellschaftlichen Kooperationsbeiträgen ein so hoher Einfluss auf die Ergebnisfindung zugesprochen, dass sich daraus die Tendenz entwickelt hat, auch solche Beiträge pauschal dem verfassungsrechtlichen Rückbindungserfordernis zu unterwerfen.

Dagegen scheint es durchaus möglich und sachangemessen, die Strukturen einer regulierten Selbstregulierung einer differenzierteren verfassungsrechtlichen Prüfung danach zu unterziehen, wo innerhalb dieser Strukturen tatsächlich von der Ausübung von Staatsgewalt ausgegangen werden kann, und wo stattdessen bloß gesellschaftliche Machtpositionen in Erscheinung treten. Als Unterscheidungsmerkmal bietet es sich insofern an, auf die Trägerschaft des jeweiligen Handlungsbeitrags abzustellen. Lässt sich diese innerhalb der Kooperationsstrukturen auf Akteure der organisierten Staatlichkeit zurückführen, wird hier

1496 *Gersdorf*, Öffentliche Unternehmen im Spannungsfeld zwischen Demokratie- und Wirtschaftlichkeitsprinzip, S. 44; *Krüger*, Die Organvermittlungstätigkeit Eurotransplants im Sinne des § 12 TPG; *Sachs*, in: Sachs (Hrsg.), GG, Art. 20 Rn. 15.

regelmäßig „amtliches Handeln mit Entscheidungscharakter" ausgeübt. Dies vorausgesetzt, lassen sich die rechtsstaatlich-demokratischen Steuerungsinstrumente des Grundgesetzes nach ihrer Konzeption, wie sie diese entsprechend der klassischen Verfassungsdogmatik erfahren haben, ohne größere Schwierigkeiten auf neue Konzepte wie das einer regulierten Selbstregulierung übertragen. Sie finden dort Anwendung, wo innerhalb der Kooperationsstrukturen tatsächlich Staatsgewalt ausgeübt wird. Insofern müssen die verfassungsrechtlichen Vorgaben eingehalten bleiben. Hingegen bleiben sie außen vor, wenn Handlungsbeiträge dem gesellschaftlichen Bereich zugeordnet sind.

7. Teil: Zur rechtsstaatlich-demokratischen Rückbindung der Koordinierungsstellentätigkeit nach § 11 TPG

Im Folgenden soll nun der Frage nachgegangen werden, ob sich die Tätigkeit der Koordinierungsstelle im Transplantationswesen nach § 11 TPG im Lichte der Verfassungsordnung des Grundgesetzes und der dazu entwickelten und in ihren Grundzügen zuvor skizzierten Dogmatik des Bundesverfassungsgerichts und der Literatur rechtsstaatlich-demokratisch ausreichend rückbinden und steuern lässt. Im Vorfeld ist bereits eine Zuordnung des Transplantationswesens in seinen durch § 11 TPG erfolgten Ausprägungen zum Bereich staatlich-privater Kooperation durch regulierte gesellschaftliche Selbstregulierung erfolgt.[1497] Dieses Konzept zeichnet sich dadurch aus, staatliche und gesellschaftliche Handlungsbeiträge in einer selbstregulierungsspezifischen Kooperations- und Ergänzungsform zu verbinden. Dabei nutzt der Staat das Regulierungssystem, um die gemeinwohlgenerierenden gesellschaftlichen Aktivitäten abzusichern, zu steuern und zur Verwirklichung eigener Ziele lenkend in diesen Bereich hineinzuwirken.[1498] Das deutsche Gesundheitswesen ist also im Allgemeinen und das Transplantationswesen ist im Besonderen nicht etwa von einer Art staatlichen Gesundheitsdienst beherrscht, den man vergleichsweise deutlich der staatlichen Exekutivgewalt zuordnen und anhand der Maßstäbe klassischer hoheitlicher und hierarchischer Vollzugsverwaltung messen könnte.[1499] „Vielmehr befinden sich [im deutschen Gesundheitswesen] Privatinitiative und administrative Steuerung, freiheitliche Leistungserbringung und staatliche Verantwortung, Selbstregulierung und Selbstverwaltung in einer Gemengelage, die das Auffinden einheitlicher Maßstäbe erheblich erschwert."[1500] Insofern ist das Augenmerk insbesondere auf die Frage zu legen, ob und inwieweit sich Rechtsstaats- und

---

1497 S. 255 ff.

1498 *Masing*, in: Hoffmann-Riem/Schmidt-Aßmann/Voßkuhle (Hrsg.), Grundlagen des Verwaltungsrechts, Band I, § 7 Rn. 30 ff.

1499 *Schmidt-Aßmann*, Grundrechtspositionen und Legitimationsfragen im öffentlichen Gesundheitswesen, S. 56.

1500 *Schmidt-Aßmann*, Grundrechtspositionen und Legitimationsfragen im öffentlichen Gesundheitswesen, S. 56.

Demokratiegebot in der Ausrichtung, welche sie durch ihre Auslegung und Entwicklung bislang erfahren haben, auf solche Konzepte und hybride Strukturen effektiv anwenden lassen. Gerade im Transplantationswesen erweist sich „die Aufgabe rechtsstaatlich-demokratischer Strukturierung [dabei als] eine besondere Herausforderung".[1501] Zwar wirkt auch hier das Parlamentsgesetz als zentrales, staatliches Steuerungsmedium, insoweit bewegt man sich auf einem bekannten Terrain der Rechtswissenschaft. Dieses ist allerdings selbstregulierungsspezifisch zum einen bewusst offen ausgestaltet und wirkt zum anderen – obgleich nicht privatrechtlicher Natur – vor allem in einen gesellschaftlichen Bereich mit privatrechtlichen Akteuren hinein. Das führt dazu, dass sich der bisherigen Untersuchung bislang wenig beachtete Überlegungen anschließen. Als entscheidend erweist sich dabei nicht zuletzt die Frage, wo sich in den auf § 11 TPG begründeten Strukturen tatsächlich Staatsgewalt im Sinne des Art. 20 Abs. 2 GG ausmachen lässt, und – des Weiteren – inwieweit staatlich beeinflusste und überformte Selbstregulierungsstrukturen womöglich auch dann, wenn diese nicht als Staatsgewalt an den Vorgaben der Verfassung zu messen sind, einer gewissen staatlichen, rechtsstaatlich-demokratisch legitimierten Einflussnahmemöglichkeit bedürfen. Denn gerade dort, wo der Staat nur Ziele vorgibt und Festlegungen zur Qualität der Erfüllung trifft, die Aufgabenerledigung aber im Bereich gesellschaftlicher Selbstregulierung erfüllt wird, kann eine wirksame Rückbindung an den Volkswillen wohl nur gesichert sein, wenn zugleich gewährleistet ist, dass Vorgaben und Ziele im gesellschaftlichen Bereich auch Beachtung finden und dort nach staatlicher Intention sachgerecht verwirklicht werden. Es geht bei regulierter Selbstregulierung schließlich gerade darum, eine Gemeinwohlkonkretisierung im kooperativen Verfahren durch Staat und Private zu verwirklichen.[1502]

A. Staatsgewalt im Transplantationssystem: Am Beispiel der Regelungsstrukturen des § 11 TPG

Die oben beschriebene Konzeption zur Anwendung des Art. 20 Abs. 2 GG auf Kooperationsstrukturen staatlich regulierter gesellschaftlicher Selbstregulierung gilt es nun für das Transplantationswesen am Beispiel der Koordinierungsstelle zur Anwendung zu bringen. Insofern gilt es zu klären, wo und auf welche Weise

---

1501 *Schmidt-Aßmann*, Grundrechtspositionen und Legitimationsfragen im öffentlichen Gesundheitswesen, S. 96.

1502 *Schmidt-Preuß*, VVDStRL 56 (1997), 160 (162).

im Kooperationsspektrum des Transplantationssystems nach § 11 TPG legitimationsbedürftige Staatsgewalt ausgeübt wird und folglich die verfassungsrechtlichen Anforderungen rechtsstaatlicher Rückgebundenheit und demokratischer Legitimation zur Erreichung eines ausreichenden Legitimationsniveaus unmittelbar gelten.

Dazu sind die staatlichen Regulierungsbeiträge von den gesellschaftlichen Selbstregulierungshandlungen zu unterscheiden. Dort, wo von der organisierten Staatlichkeit ein Regulierungsrahmen gesetzt wird, wird in den Kooperationsformen regulierter Selbstregulierung stets auch Staatsgewalt ausgeübt. Bei solchen Regulierungsmaßnahmen lässt sich der Staat zumeist zweifelsfrei als das Zurechnungsobjekt des Tätigwerdens identifizieren. Es können also für diese staatlichen Regulierungstätigkeiten die klassischen Definitionsmuster der Dogmatik des Art. 20 Abs. 2 GG herangezogen werden, wonach grundsätzlich alle Staatsorgane und ihre Amtswalter in der Summe ihrer legislativen, exekutiven und judikativen Funktionen Staatsgewalt ausüben und insofern sämtliche rechtserhebliche Tätigkeiten unabhängig der Rechts- oder Handlungsformen erfasst sind.[1503] Wenn hingegen innerhalb des umhegten Rahmens autonom und selbstverpflichtend agierende gesellschaftliche Akteure tätig werden, sind diese – soweit keine anderweitigen Anhaltspunkte zutage treten – gesellschaftlich verwurzelt und nicht mit der Ausübung von Staatsgewalt betraut.[1504]

Im Hinblick auf die Einbindung der Koordinierungsstelle in das System regulierter Selbstregulierung bedeutet dies zunächst, dass die Gesamtheit der dazu normativ getroffenen Festlegungen und Entscheidungen des TPG als Ausübung von Staatsgewalt der demokratischen Legitimation gemäß Art. 20 Abs. 2 GG bedarf. Staatlich regulierte gesellschaftliche Selbstregulierung setzt dabei die bewusste Entscheidung des Gesetzgebers für ein solches Konzept voraus, der entsprechende Strukturen eines Regulierungsrahmens entwerfen und gegebenenfalls die dazu erforderliche Selbstregulierung anregen, festigen oder in ein geeignetes Arrangement bringen muss. Regulierte Selbstregulierung kann, anders als die freie gesellschaftliche Selbstregulierung, allein durch staatliche Entscheidung bestimmt und eingeführt werden.[1505] Die Grenzen

---

1503 *Dreier*, in: Dreier (Hrsg.), GG, Band II, Art. 20 D Rn. 90 f.; *Grzeszick*, in: Maunz/Dürig (Hrsg.), GG, Art. 20 Rn. 90.

1504 So auch *Engels*, Die Verwaltung 44 (2011), 347 (357).

1505 Sog. institutioneller Gesetzesvorbehalt, so *Di Fabio*, JZ 1999, 585 (589 f.); *Schmidt-Aßmann*, AöR 116 (1991), 329 (377); *Thoma*, Regulierte Selbstregulierung im Ordnungsverwaltungsrecht, S. 343.

ihrer Wirksamkeit sind so stets der Letztentscheidung durch den Gesetzgeber vorbehalten.[1506]

Die gesetzliche Regulierung der Koordinierungsstellentätigkeit fußt zunächst ganz grundlegend auf der mit dem TPG normativ getroffenen Entscheidung, unter welchen Voraussetzungen eine postmortale Organtransplantation rechtlich zulässig sein soll.[1507] In § 9 Abs. 1 TPG ist dazu bestimmt, dass Organentnahmen nur in den dafür vorgesehenen Entnahmekrankenhäusern nach den Vorgaben des § 9a TPG erfolgen dürfen. § 9 Abs. 2 S. 2 und 3 TPG knüpft die Zulässigkeit einer Organübertragung an die Organisation der Organentnahme durch die Koordinierungsstelle unter Beachtung der Regeln des § 11 TPG und die Vermittlung vermittlungspflichtiger Organe durch die Vermittlungsstelle im Einklang mit den gesetzlichen Vorgaben des § 12 Abs. 3 S. 1 TPG. Die von diesem Transplantationsprozess abweichenden Handlungen, Abläufe und Akteure sind vom Vorgang einer postmortalen Organtransplantation gesetzlich ausgeschlossen worden – alternative Beschaffungswege sind neben dem normativ festgelegten Modell rechtmäßig nicht vorgesehen.[1508] Das Transplantationswesen auf diese Weise durch gesetzliche Ge- und Verbote auf das geschaffene System mit einem begrenzten Umfang an Handlungsalternativen und Kooperationspartnern als Rahmen einer Selbstregulierung zu verdichten, ist Ausübung von Staatsgewalt. Im Hinblick auf die Koordinierungsstellentätigkeit hat der Gesetzgeber zunächst die Entscheidung zu legitimieren, die Organisation der Organentnahme und aller weiteren, bis zur Organübertragung erforderlichen Maßnahmen für den Prozess der postmortalen Organtransplantation in Kooperationsmustern einer regulierten gesellschaftlichen Selbstregulierung bestimmen zu lassen. Dazu gehört der Entschluss des parlamentarischen Gesetzgebers, die Koordinierungsstelle nicht selbst zu bestimmen, sondern die Auswahl dem Spitzenverband Bund der Krankenkassen, der Bundesärztekammer und der Deutschen Krankenhausgesellschaft oder der Bundesverbände der Krankenhausträger gemeinsam, also ausgewählten, von den Vorgängen der Transplantationsmedizin betroffenen Akteuren des Gesundheitswesens zu überlassen. Diese sollen auch die näheren Bestimmungen über Struktur, Funktion und Finanzierung der Einrichtung gemeinsam mit der Koordinierungsstelle vertraglich

1506 *Talidou*, Regulierte Selbstregulierung im Bereich des Datenschutzes, S. 117.

1507 Vgl. insbesondere § 9 Abs. 1, 2 TPG. Siehe auch *Krüger*, Die Organvermittlungstätigkeit Eurotransplants im Sinne des § 12 TPG, S. 124.

1508 *Krüger*, Die Organvermittlungstätigkeit Eurotransplants im Sinne des § 12 TPG, S. 124. Vgl. dazu insbesondere auch die Bußgeldvorschriften aus § 20 TPG.

ausgestalten. Auch die Entscheidung, eine Überwachung und Kontrolle der Koordinierungsstelle hinsichtlich ihrer Struktur und bei Erfüllung ihrer Aufgaben nicht durch eigene Behörden wahrzunehmen, sondern im Selbstregulierungsbereich durch die beauftragenden Spitzenverbände zu veranlassen, ist eine gesetzlich erfolgte Regulierungsentscheidung, die als solche Ausübung von Staatsgewalt ist. Die hoheitliche Entscheidung des Gesetzgebers für das eingesetzte Kooperationsmuster einer regulierten Selbstregulierung aus § 11 TPG mit all seinen dort getroffenen Aspekten bedarf daher in seiner Gesamtheit der hinreichenden rechtsstaatlich-demokratischen Legitimation.

Rechtsstaatlich-demokratische Legitimation ist auch dort zu verlangen, wo gesetzlich über die bloße Strukturierung des Selbstregulierungsbereichs hinaus inhaltliche Entscheidungen zum Transplantationswesen getroffen werden. Auch für den Bereich einer regulierten Selbstregulierung sollte insofern nicht verkannt werden, dass sich der staatliche Regulierungsrahmen mitunter durchaus auf detaillierte inhaltliche Vorgaben verdichten kann. § 11 Abs. 1 S. 1 TPG fasst so die Organentnahme zu einer gemeinsamen Aufgabe regionaler Zusammenarbeit der Entnahmekrankenhäuser und Transplantationszentren in Organisation der Koordinierungsstelle zusammen. Der Gesetzgeber bestimmt, dass die Koordinierungsstelle auf Grund finanziell und organisatorisch eigenständiger Trägerschaft, der Zahl und Qualifikation ihrer Mitarbeiter, ihrer betrieblichen Organisation sowie der sachlichen Ausstattung die Gewähr dafür bieten muss, die Organisationsaufgaben gesetzmäßig durchzuführen. Dabei bindet er in § 11 Abs. 1a TPG die Koordinierungsstelle bei der Erfüllung ihrer Aufgaben an die nach § 16 TPG von der Bundesärztekammer erlassenen Richtlinien und verpflichtet sie, für die Organisation der Zusammenarbeit schriftliche Verfahrensanweisungen zu bestimmten medizinischen Fragestellungen und Abläufen in Zusammenhang mit der Organentnahme zu erstellen. Der Gesetzgeber bestimmt ferner, was im Koordinierungsstellenvertrag insbesondere zu regeln ist, und konzentriert sich hierbei vor allem auf selbstregulierungsspezifische Vorgaben zur Kooperation und Finanzierung. Schließlich ist gemäß § 11 Abs. 1 S. 8 TPG vorgesehen, dass die Koordinierungsstelle über die eigene Arbeit jährlich einen Geschäftsbericht veröffentlicht und die Tätigkeit der Transplantationszentren und Entnahmekrankenhäuser jährlich in einem den Anforderungen des § 11 Abs. 5 TPG entsprechenden Tätigkeitsbericht zusammenfasst. Auch zur Einrichtung von Kontrollsystemen sind gesetzliche Vorgaben getroffen worden. Die Auftraggeber haben insofern zu kontrollieren, ob die Koordinierungsstelle den qualitativen im TPG dazu formulierten Anforderungen genügt und nach dem Grundsatz der Wirtschaftlichkeit arbeitet. Sie haben außerdem sicherzustellen, dass die Koordinierungsstelle jährlich einen Geschäftsbericht veröffentlicht. Der

Gesetzgeber hat dazu in § 11 Abs. 1 TPG gewisse Befugnisse der Auftraggeber gegenüber der Auftragnehmerin etabliert. Um zu gewährleisten, dass die Koordinierungsstelle ihre Aufgaben entsprechend den Vorgaben des TPG erfüllt, ist in § 11 Abs. 3 TPG vorgesehen, dass die Auftraggeber eine Kommission zur Überwachung der Einhaltung der Vertragsbestimmungen einrichtet. Dort sind Vorgaben zu deren Zusammensetzung vorgegeben, und die Koordinierungsstelle, die Entnahmekrankenhäuser und Transplantationszentren zur Auskunft und Weitergabe erforderlicher Daten verpflichtet. Außerdem ist normiert, dass die Kommission Erkenntnisse über Verstöße gegen das TPG oder die auf Grund des TPG ergangenen Rechtsverordnungen an die zuständigen Behörden der Länder mitzuteilen hat.

Eindeutig dem Bereich der Staatlichkeit lässt sich auch das Genehmigungserfordernis des § 11 Abs. 2 S. 2 TPG zuordnen. Danach ist bestimmt, dass das Bundesministerium für Gesundheit den Vertragsschluss der Koordinierungsstelle und sämtliche Änderungen der vertraglichen Grundlage zu genehmigen hat. Das Bundesministerium ist verpflichtet, die Vertragsgestaltungen daraufhin zu prüfen, ob sie mit dem TPG und sonstigem Recht in Einklang stehen. Die vertraglichen Gestaltungen unterliegen also einer staatlich bestimmten und durchzuführenden Rechtsaufsicht.[1509] Es handelt sich hierbei zweifellos um „amtliches Handeln mit Entscheidungscharakter“ und folglich um die Ausübung von Staatsgewalt im Sinne der Rechtsprechung des Bundesverfassungsgerichtes.

Auf das System regulierter Selbstregulierung des § 11 TPG wirken teils ferner die vom Bundesministerium für Gesundheit zu erlassenden transplantationsrechtlichen Rechtsverordnungen ein.[1510] Dies gilt etwa, soweit das Bundesministerium für Gesundheit Rechtsverordnungen zur Organ- und Spendercharakterisierung und zum Transport der Spenderorgane erlässt, da die Organisation dieser Vorgänge jeweils in den Organisationsbereich der Koordinierungsstelle fällt. Auswirkungen auf die Koordinierungsstelle hat es auch, wenn das Bundesministerium verbindlich ein Verfahren für die Übermittlung der Angaben, die für die Sicherstellung der Rückverfolgbarkeit der Spenderorgane erforderlich sind, festlegt.[1511] Solche exekutiven Normsetzungsbefugnisse lassen sich der organisierten Staatsgewalt zuordnen und erfolgen in Erfüllung

---

1509 *Böning*, Kontrolle im Transplantationsgesetz, S. 74; Nickel u.a. (Hrsg.), TPG, § 11 Rn. 15.

1510 So z.B. diejenigen aus §§ 10a Abs. 4 und 13 Abs. 4 TPG.

1511 § 13 Abs. 4 Nr. 1 TPG.

ihrer Staatsfunktionen – sie sind als amtliches Handeln mit Entscheidungscharakter Ausübung von Staatsgewalt.

Von diesen staatlichen Regulierungsbeiträgen müssen die gesellschaftlichen Selbstregulierungsbeiträge aus § 11 TPG klar abgegrenzt werden, die als solche nicht dem Bereich der Staatsgewalt zugeordnet werden können.[1512] Hier lassen sich im Wesentlichen drei Selbstregulierungsaspekte unterscheiden: Diesem Bereich der gesellschaftlichen Selbstregulierung ist zum einen die Beauftragung der Koordinierungsstelle durch die beteiligten Spitzenverbände zuzuordnen. Diese haben sich dabei nach Maßgabe des ihnen eröffneten Handlungs- und Ausgestaltungsrahmens entschieden, nicht selbst eine geeignete Einrichtung zu gründen, sondern als Koordinierungsstelle die DSO durch Abschluss des Koordinierungsstellenvertrags zu beauftragen. Insofern sind – auf Grundlage der dazu gesetzlich erfolgten Vorgaben – der Aufgabenbereich der Koordinierungsstelle und deren Finanzierung autonom durch die Vertragsparteien ausgehandelt worden. Dem Bereich der Selbstregulierung gehört außerdem die Aufgabenwahrnehmung der Koordinierungsstelle im Ablauf der postmortalen Organtransplantation an. Die Organisation der Zusammenarbeit von Entnahmekrankenhäusern und Transplantationszentren bei der Organentnahme und Beauftragung des ärztlichen Personals mit dem medizinisch erforderlichen Leistungen erfolgt durch die DSO auf Grundlage und nach Maßgabe der vertraglichen Beauftragung durch die Spitzenverbände in den gesellschaftlichen Handlungsformen. Dies beinhaltet insbesondere den Abschluss von Vereinbarungen mit den Entnahmekrankenhäusern und Transplantationszentren und ärztlichem Personal.[1513] § 2 Abs. 2 des Koordinierungsstellenvertrags eröffnet der Koordinierungsstelle insofern sogar die Möglichkeit, auch Dritte mit der Erfüllung einzelner Aufgaben zu beauftragen. Die Abläufe der Organentnahme, der Vorbereitung von Entnahme, Vermittlung und Übertragung nach § 11 Abs. 1 S. 1 TPG sind also von Kooperationsstrukturen und Vereinbarungen der dabei agierenden Akteure geprägt. Schließlich erfolgt auch die Kontrolle und Überwachung der Koordinierungsstelle in einem Umfeld gesellschaftlicher Selbstregulierung.[1514] Diese Vorgänge sind zwar gesetzlich vorgesehen und auch in einem gewissen Umfang vorbestimmt, deren Ausgestaltung ist jedoch wiederum ganz entscheidend den interessenvertretenden Spitzenverbänden als Auftraggeber

1512 Für das Transplantationswesen so auch *Engels*, Die Verwaltung 44 (2011), 347 (357).

1513 Vgl. § 3 Abs. 5 Koordinierungsstellenvertrag (Fn. 900).

1514 So auch *Augsberg*, Gesetzliche Regelungen zur Organ- und Gewebespende, S. 19 ff., 29; *Böning*, Kontrolle im Transplantationsgesetz, S. 80 f.

der Koordinierungsstelle überlassen. Auch insofern wird – umhegt von gesetzlichen Regulierungsvorgaben – selbstregulierend agiert. Dies betrifft zum einen die Kontrolle, ob die Auftragnehmerin den qualitativen, strukturellen und organisatorischen Anforderungen einer Koordinierungsstelle genügt und nach dem Grundsatz der Wirtschaftlichkeit arbeitet, zum anderen die vertraglich vereinbarte Konformitätsprüfung der Verfahrensanweisungen auf deren Vereinbarkeit mit § 11 Abs. 1a TPG und den Richtlinien der Bundesärztekammer nach § 16 TPG durch die Auftraggeber und den PKV-Verband.[1515] Zu diesem Bereich der Selbstregulierung zählt auch die Tätigkeit der durch die Auftraggeber gegründeten Überwachungskommission zur Sicherstellung der Einhaltung der Vertragsvereinbarungen durch die DSO.

Im Hinblick auf die Koordinierungsstellentätigkeit nach § 11 TPG lässt sich also konstatieren: Die Transplantationsgesetzgebung, der Erlass von Rechtsverordnungen durch das Bundesministerium für Gesundheit auf Grundlage der Vorschriften des TPG und deren Genehmigungen der transplantationsgesetzlichen Verträgen und Vertragsänderungen müssen sich als Ausübung von Staatsgewalt rechtsstaatlich-demokratisch auf das Volk im Sinne des Art. 20 Abs. 2 GG rückführen lassen. Ganz im Zentrum stehen dabei insbesondere die umfangreichen, strukturierenden wie inhaltliche Festlegungen treffenden Regelungen des TPG. Das Handeln sämtlicher, nicht der organisierten Staatlichkeit zuzurechnender, privater Akteure, wie es insbesondere auch auf die Koordinierungsstelle nach § 11 TPG zutrifft, ist indes nicht an Art. 20 Abs. 2 GG zu messen.[1516] Hierbei handelt es sich – innerhalb des vorgegebenen Regulierungsgefüges – um Tätigkeit gesellschaftlicher Akteure in Wahrnehmung grundrechtlicher Freiheiten und Autonomie.

B. Demokratische und rechtsstaatliche Legitimation in den Strukturen des § 11 TPG

Die vorangegangenen Schilderungen haben gezeigt, dass sich im Transplantationswesen unter bestimmten Prämissen die Aspekte staatlicher Regulierung recht deutlich von denen der gesellschaftlichen Selbstregulierung trennen lassen. Vor diesem Hintergrund erscheint es nur konsequent, die Frage nach der Notwendigkeit einer rechtsstaatlich-demokratischen Legitimation und der Art

---

1515 Vgl. § 2 Abs. 3 Nr. 1 Koordinierungsstellenvertrag (Fn. 900).

1516 So auch *Clement*, Der Rechtsschutz der potentiellen Organempfänger nach dem Transplantationsgesetz, S. 117.

des Legitimationsniveaus für die staatliche Regulierung und die gesellschaftliche Selbstregulierung separat – und nicht etatisiert für das „Ergebnis" regulierter Selbstregulierung – zu beantworten.

Die staatliche Regulierung gesellschaftlicher Selbstregulierung ist Ausübung von Staatsgewalt im Sinne des Art. 20 Abs. 2 GG. Ein ausreichender Legitimationsgehalt solcher Entscheidungen ist stets unproblematisch erforderlich. Die entwickelte klassische Dogmatik lässt sich insofern – wie zu zeigen ist – überzeugend heranziehen, um eine ausreichende demokratische Legitimation dieser Handlungsbeiträge sicherzustellen. Die Beiträge gesellschaftlicher Selbstregulierung sind hingegen keine Ausübung von Staatsgewalt, sie unterstehen grundsätzlich keinem Erfordernis demokratischer Legitimation. Allerdings sollte bei allem nicht unberücksichtigt bleiben, dass sich staatlich regulierte gesellschaftliche Selbstregulierung doch von freier gesellschaftlicher Selbstregulierung mitunter deutlich unterscheidet und eine „Zwischenkategorie" zwischen staatlicher Verwaltung und freier Selbstregulierung einnimmt.[1517] Selbstregulierung erfolgt hier in staatlichen Entscheidungszusammenhängen;[1518] der Staat wirkt induzierend auf die private Initiative ein.[1519] So unterliegt und folgt diese Art einer Selbstregulierung den Anforderungen staatlicher Vorgaben: Die Kooperationen, Kooperationsinhalte und Kooperationspartner sind nicht allein Resultat gesellschaftlicher Autonomie und Dynamik, sondern gesetzlich mehr oder weniger detailliert vorbestimmt. Auch Entscheidungen werden regelmäßig nicht allein auf Grundlage freier Willensbildung der Akteure getroffen, sondern können gesetzlich jedenfalls mittels Vorgabe des Entscheidungsrahmens mitbestimmt sein. Dieser Einfluss staatlicher Regulierung in den Bereich der Selbstregulierung hinein vermittelt insofern nicht nur einen gewissen Einfluss des Staates auf die Handlungen und Resultate des Selbstregulierungsbeitrags, regulierte gesellschaftliche Selbstregulierung vermag auch die Position der Selbstregulierungsakteure im Vergleich zu denen einer freien Selbstregulierung deutlich zu stärken, stützen sich jene doch bei ihrer Aufgabenerfüllung auf eine verbindliche, spezialgesetzliche Grundlage.[1520]

Bei der Anwendung regulierter gesellschaftlicher Selbstregulierung sieht man sich daher mit der Frage konfrontiert, wie die zur freien Selbstregulierung hin

---

1517 *Krüger*, Die Organvermittlungstätigkeit Eurotransplants im Sinne des § 12 TPG, S. 183.

1518 Vgl. *Schmidt-Aßmann*, in: Kern u.a. (Hrsg.), FS Laufs, S. 1049 (1061).

1519 *Krüger*, Die Organvermittlungstätigkeit Eurotransplants im Sinne des § 12 TPG, S. 183; *Di Fabio*, VVDStRL 56 (1996), 235 (264).

1520 *Di Fabio*, VVDStRL 56 (1996), 235 (264).

auftretende Wesensänderung verfassungsrechtlich zu bewerten und wie dieser zu begegnen ist.

I. Demokratische Legitimation staatlicher Regulierungsentscheidungen

Die staatlichen Regulierungsbeiträge im Modell regulierter gesellschaftlicher Selbstregulierung bedürfen gemäß Art. 20 Abs. 2 GG eines hinreichenden Legitimationsniveaus, sie müssten sich also jeweils in ausreichender Weise auf das Volk als Legitimationssubjekt zurückführen lassen. Dabei ist die Legitimationsdichte exekutiver und legislativer Staatsgewalt je für sich genommen unterschiedlich ausgeprägt.[1521]

1. Legislative Staatsgewalt: Transplantationsgesetzgebung

Die Entscheidungen zu Gunsten einer regulierten gesellschaftlichen Selbstregulierung im Transplantationswesen und die Festlegung der erforderlichen Strukturen sind vom parlamentarischen Gesetzgeber getroffen worden und beruhen insbesondere auf den §§ 9 bis 12 TPG. Sie lassen sich also auf den Entschluss des einzig direkt durch das Bundesvolk gewählten, unmittelbar personell demokratisch legitimierten Staatsorgans zurückführen.[1522] Obwohl zu diesem Legitimationsgehalt keine sachlich-inhaltliche Legitimationsvermittlung hinzutritt, wird dem Parlament eine besonders hohe demokratische Legitimation zugesprochen,[1523] denn die Gesetzgebung ist schon von Verfassungs wegen gemäß Art. 20 Abs. 3 GG bei der Ausübung von Staatsgewalt allein an die verfassungsmäßige Ordnung gebunden und daher legitimatorisch nur auf eine personelle Rückbindung ausgerichtet. Das Bundesverfassungsgericht hat insofern die entscheidende Willensbildungsfunktion des Wahlaktes betont. Die Wahlen zur Volksvertretung seien der Grundakt demokratischer Legitimation.[1524] Hierdurch betätige sich der Bürger als Glied des Staatsorgans Volk im status activus.[1525] Wahlen seien der für

1521 BVerfGE 83, 60 (72); *Schmidt-Aßmann*, AöR 116 (1991), 329 (366 f.).

1522 Vgl. zur Stellung des Parlaments als unmittelbar demokratisch legitimiertes Staatsorgan z.B. *Grzeszick*, in: Maunz/Dürig (Hrsg.), GG, Art. 20 Abs. 2 Rn. 134; *Sommermann*, in: von Mangoldt u.a. (Hrsg.), GG, Band II, Art. 20 Rn. 186.

1523 *Kirchhof*, in: Maunz/Dürig (Hrsg.), GG, Art. 83 Rn. 24; *Schmidt-Aßmann*, AöR 116 (1991), 329 (364), spricht von einem „Legitimationsvorsprung."

1524 BVerfGE 122, 304 (307, Rn. 12).

1525 BVerfGE 83, 60 (71).

die „Willensbildung im demokratischen Staat entscheidende[n] Akt."[1526] Diese Höchstform demokratischer Legitimation, die allein aus der direkten, unmittelbaren Wahl durch das Volk abgeleitet wird, begründet die zentrale Stellung des Parlaments im Prozess der Legitimationsvermittlung nach der klassischen Legitimationsdogmatik, nach der alle organisatorisch-personelle und sachlich-inhaltliche Legitimation der übrigen Staatsorgane von dessen Entscheidungen abgeleitet werden.[1527] Das Parlament ist zum einen zentrales Glied in der Kette zur Weitergabe organisatorisch-personeller Legitimation, beispielsweise in der Bundesministerialverwaltung gemäß Art. 63 Abs. 1 GG, zum anderen bei der Vermittlung sachlich-inhaltlicher Legitimation durch den Erlass von Bundesgesetzen, an die die übrigen Staatsgewalten gemäß Art. 20 Abs. 2 GG gebunden sind.[1528]

Dieses Höchstmaß an demokratischer Legitimation und Effektivität der Steuerungsleistung[1529] wird aufgrund des mit dem Parlamentsvorbehalt verbundenen Gedankens der „Wesentlichkeitstheorie", nach der die besonders bedeutsamen Fragen vom Parlament selbst geklärt werden müssen,[1530] für die Grundentscheidung zur Einführung des Modells der regulierten gesellschaftlichen Selbstregulierung geradezu als zwingend erforderlich erachtet. Es wird als „Ausprägung des Demokratieprinzips" gesehen, „dass regulierte Selbstregulierung nur durch den Gesetzgeber [selbst] eingeführt werden kann".[1531] Die weniger stark demokratisch rückgebundene Verwaltung soll hingegen kein hinreichendes Legitimationsniveau erreichen, um solch substantielle Entscheidungen treffen zu können.[1532]

Soweit das TPG Verordnungsermächtigungen zu Gunsten des Bundesministeriums für Gesundheit enthält, muss der Gesetzgeber aus Gründen des

---

1526 BVerfGE 20, 56 (113); 29, 145 (164 f.). Siehe zur Bedeutung der Wahlen in der repräsentativen Demokratie statt vieler *Dreier*, in: Dreier (Hrsg.), GG, Band II, Art. 20 Rn. 94 ff., m.w.N. aus Rechtsprechung und Literatur.

1527 *Grzeszick*, in: Maunz/Dürig (Hrsg.), GG, Art. 20 Abs. 2 Rn. 135; *Sachs*, in: Sachs (Hrsg.), GG, Art. 20 Rn. 38 ff.

1528 Dazu *Grzeszick*, in: Maunz/Dürig (Hrsg.), GG, Art. 20 Abs. 2 Rn. 135.

1529 *Grzeszick*, in: Maunz/Dürig (Hrsg.), GG, Art. 20 Abs. 2 Rn. 135.

1530 Dazu etwa BverfGE 33, 125 (158); 40, 237 (248 ff.); 49, 89 (126 f.); 64, 208 (214 f.); 76, 171 (184 ff.); 80, 124 (132); 83, 130 (142); 84, 212 (226); 88, 103 (116); 98, 218 (251, Rn. 137); 108, 282 (312, Rn. 68); 123, 39 (78, Rn. 132); *Dreier*, in: Dreier (Hrsg.), GG, Band II, Art. 20 D Rn. 117.

1531 *Thoma*, Regulierte Selbstregulierung im Ordnungsverwaltungsrecht, S. 343. So auch *Di Fabio*, JZ 1999, 585 (589 f.).

1532 Vgl. dazu näher S. 332 ff.

Demokratie- und Rechtsstaatsprinzips darüber hinaus insbesondere die besonderen Vorgaben des Art. 80 GG beachten.[1533] Art. 80 GG dient der Konkretisierung verschiedener Verfassungsprinzipien und gestaltet so die Grenzen der Übertragbarkeit exekutiver Normsetzungskompetenzen aus.[1534] Der Parlamentsvorbehalt des Art. 80 Abs. 1 GG, der also sowohl dem Rechtsstaats- als auch dem Demokratieprinzip zuzuordnen ist, soll in der Bearbeitung bereits an dieser Stelle als ein legitimationssicherndes Element der Verfassung behandelt werden. Das Parlament darf sich danach seiner Prärogative bei der Rechtsetzung weder entäußern noch entziehen.[1535] Eine Übertragung von Rechtsetzungsbefugnissen in den exekutiven Bereich der Staatsgewalt soll – zur Gewährleistung eines effektiven Einflusses des unmittelbar demokratisch legitimierten Parlaments – nur in den verfassungsrechtlich bestimmten, engen Grenzen zulässig sein.[1536] Zur Normsetzung der Verwaltung durch Rechtsverordnung kann daher nur in einem Bundesgesetz ermächtigt werden. Der Kreis der Ermächtigungsadressaten ist auf die Bundesregierung, die einzelnen Bundesminister oder die Landesregierungen begrenzt.[1537] Außerdem muss der Gesetzgeber Inhalt, Zweck und Ausmaß der erteilten Ermächtigung zum Erlass von Rechtsverordnungen normativ bestimmen, Art. 80 Abs. 1 S. 2 GG. Über dieses Prinzip der begrenzten Einzelermächtigung soll gewährleistet sein, dass das Parlament nicht unbedacht umfassende Gesetzgebungsgewalten an die Exekutive überträgt.[1538] Die Verordnungsermächtigungen des TPG halten sich in den Grenzen des Art. 80 GG. Ermächtigungsadressat solcher Ermächtigungen, z.B. in § 10a Abs. 4 TPG oder § 13 Abs. 4 TPG, ist das Bundesministerium für Gesundheit, und damit ein Akteur aus dem Kreis der Erstdelegatare des Art. 80 Abs. 1 GG. Inhalt, Zweck und Ausmaß sind vom Bundesgesetzgeber in den transplantationsgesetzlichen Vorschriften jeweils detailliert vorgegeben. Beispielsweise bestimmt § 13 Abs. 4 TPG unter anderem, das Bundesministerium könne Rechtsverordnungen über das Verfahren für die Übermittlung der Angaben, die für die Sicherstellung der

1533 *Bauer*, in: Dreier (Hrsg.), GG, Band II, Art. 80 Rn. 14.

1534 *Bauer*, in: Dreier (Hrsg.), GG, Band II, Art. 80 Rn. 13; *Mann*, in: Sachs (Hrsg.), GG, Art. 80 Rn. 4; *Remmert*, in: Maunz/Dürig (Hrsg.), GG, Band II, Art. 80 Rn. 7; *Sannwald*, in: Schmidt-Bleibtreu u.a (Hrsg.), GG, Art. 80 Rn. 5; *Wallrabenstein*, in: von Münch/Kung (Hrsg.), GG, Art. 80 Rn. 4.

1535 *Dreier*, in: Dreier (Hrsg.), GG, Band II, Art. 20 D Rn. 117; *Mann*, in: Sachs (Hrsg.), GG, Art. 80 Rn. 4.

1536 *Bauer*, in: Dreier (Hrsg.), GG, Band II, Art. 80 Rn. 14.

1537 Vgl. dazu auch *Bauer*, in: Dreier (Hrsg.), GG, Band II, Art. 80 Rn. 20 ff.

1538 *Mann*, in: Sachs (Hrsg.), GG, Art. 80 Rn. 25 f.

Rückverfolgung von Organen nach § 13 Abs. 1 TPG notwendig sind, und über ein solches für die Meldung, Dokumentation, Untersuchung und Bewertung schwerwiegender Zwischenfälle und schwerwiegender unerwünschter Reaktionen erlassen. Die Anforderungen des Art. 80 GG sind vom Transplantationsgesetzgeber folglich eingehalten und die notwendigen Vorgaben selbst getroffen worden.

Da die Entscheidungen des TPG zur Errichtung einer regulierten Selbstregulierung folglich vom höchstmöglich demokratisch legitimierten Staatsorgan getroffen worden sind und der Gesetzgeber sich dabei insbesondere auch in den Grenzen des besonderen Parlamentsvorbehalts aus Art. 80 GG als spezielle Ausprägung des Demokratieprinzips bewegt hat, kann an einer ausreichenden demokratischen Rückbindung an den Volkswillen kein Zweifel bestehen. Dem Demokratiegebot aus Art. 20 Abs. 2 GG ist insoweit entsprochen worden.

2. *Exekutive Staatsgewalt: Rechtsverordnungserlass und Aufsicht*

Einer ausreichenden demokratischen Legitimation bedarf auch das Handeln der exekutiven Staatsgewalt. Wegen der unterschiedlichen organisatorischen Formen von Verwaltungshandeln wird die Vermittlung demokratischer Legitimation in diesem Bereich als differenzierungsbedürftig erachtet.[1539] Für den vorliegenden Fall kann es insofern jedoch dabei verbleiben, auf das Grundmodell demokratisch legitimierter Verwaltung, die hierarchisch-bürokratische Ministerialverwaltung,[1540] zurückzugreifen. Das Bundesministerium für Gesundheit, welches als Rechtsaufsicht über die Rechtmäßigkeit des Koordinierungsstellenvertrags und dessen Änderungen wacht und zum Erlass transplantationsgesetzlich begründeter Rechtsverordnungen ermächtigt ist, zählt zu eben diesem Grundmodell einer Verwaltungsorganisation.

Die Ministerialverwaltung leitet dabei ihre demokratische Legitimation insbesondere aus sachlich-inhaltlichen und organisatorisch-personellen Legitimationssträngen ab. Sachlich-inhaltliche Legitimation gewährleistet die umfassende Gesetzesbindung durch die Geltung des Vorrangs und Vorbehalts des Gesetzes und die gleichzeitige Weisungsabhängigkeit nachgeordneter Behörden in der hierarchischen Verwaltungsorganisationsstruktur.[1541] Organisatorisch-personelle Legitimation lässt sich in den hierarchischen Strukturen der Ministerialverwaltung durch eine ununterbrochene Legitimationskette vom unmittelbar

---

1539 *Dreier*, in: Dreier (Hrsg.), GG, Band II, Art. 20 D Rn. 120.

1540 Dazu m.w.N. oben S. 288 ff.

1541 *Dreier*, in: Dreier (Hrsg.), GG, Band II, Art. 20 D Rn. 121.

personell demokratisch legitimierten Parlament bis hin zum einzelnen Amtswalter herstellen.

Das Bundesministerium für Gesundheit kann sich bei Erfüllung ihrer transplantationsgesetzlichen Aufgaben auf zwei Legitimationsstränge stützen. Zum einen ist das Ministerium mit seinen Amtsträgern über eine unmittelbare, vom Volk ausgehende Legitimationskette organisatorisch-personell legitimiert. Das vom Volk gewählte Parlament hat auf Vorschlag des Bundespräsidenten den Bundeskanzler gewählt, welcher wiederum eine Auswahl über die zuständigen Ressortminister – so auch betreffend den Bundesminister für Gesundheit – getroffen und diese zur Ernennung dem Bundespräsidenten vorgeschlagen hat. Sämtliche im Bundesministerium tätigen Amtswalter lassen sich über Berufungsakte letztliche auf den durch Wahl geäußerten Volkswillen zurückführen. Zum anderen besteht auch eine sachlich-inhaltliche Legitimation des Bundesministeriums. Dieses kann und muss seine Tätigkeit im hier vorliegenden Fall jeweils an den Vorgaben des TPG ausrichten und ist insofern inhaltlich in seiner Tätigkeit vorbestimmt. Soweit das Bundesministerium zum Erlass von Rechtsverordnungen ermächtigt wird, ihm also exekutive Rechtssetzungsbefugnisse übertragen werden,[1542] muss dieser Delegationsvorgang aus Gründen des Demokratieprinzips wie dargelegt den Vorgaben des Art. 80 GG genügen und durch ein entsprechendes Gesetz erfolgen. Verordnungsermächtigung und Rechtsverordnung müssen sich in den verfassungsrechtlichen Grenzen bewegen, um die aus dem Demokratieprinzip abgeleitete Rechtssetzungsbefugnis des Parlaments, die nur eine eingeschränkte exekutive Normsetzung gestattet, ausreichend zu berücksichtigen.[1543] Die gesetzlichen Verordnungsermächtigungen des TPG genügen diesen Anforderungen, sodass darauf gestützte Rechtsvorordnungen des Bundesministeriums für Gesundheit, soweit sie sich innerhalb der gesetzlichen Ermächtigungen bewegen, auch insofern eine den Anforderungen den Art. 20 Abs. 2, 80 GG ausreichende sachlich-inhaltliche Legitimationsgrundlage aufweisen.

Mit der Ministerialverwaltung wird vorliegend für diesen Bereich des Transplantationswesens in Anwendung der klassischen Legitimationsdogmatik ein Höchstmaß demokratischer Legitimation für Verwaltungstätigkeit erreicht.[1544]

1542 *Bauer*, in: Dreier (Hrsg.), GG, Band II, Art. 80 Rn. 14.

1543 *Bauer*, in: Dreier (Hrsg.), GG, Band II, Art. 80 Rn. 14.

1544 *Gersdorf*, Öffentliche Unternehmen im Spannungsfeld zwischen Demokratie- und Wirtschaftlichkeitsprinzip, S. 190; *Krüger*, Die Organvermittlungstätigkeit Eurotransplants im Sinne des § 12 TPG, S. 280.

So lässt sich hier durchaus konspektieren, dass die Regulierungsbeiträge des Bundesministeriums als Teil der Bundesministerialverwaltung „die Anforderungen des Modells demokratischer [Verwaltungs-]Legitimation [...] gleichsam in der relativ reinsten Form“ realisieren.[1545]

3. *Staatliche Vertreter in der Stiftungsorganisation und ihre demokratische Legitimation*

Nicht etwa auf der Grundlage transplantationsgesetzlicher Festlegung, sondern im Wege der stiftungseigenen Selbststrukturierung ihrer organschaftlichen Zusammensetzung, hat die aktuelle Koordinierungsstelle nach § 11 TPG – die DSO – seit dem Jahre 2013 durch Umstrukturierung einen verstärkt „öffentlich-rechtlichen Charakter“ erfahren.[1546] Die Satzung des Stiftungsrates der DSO sieht dazu unter anderem eine Beteiligung von staatlichen Vertretern in den Organen der Stiftung vor.

So ist für den Stiftungsrat, dem institutionsinternen Aufsichtsgremium der DSO, nach § 6 Abs. 3 Satzung/DSO eine Zusammensetzung vorgesehen, in der die Hälfte der Mitglieder als Vertreter von Akteuren der unmittelbaren und mittelbaren Staatsverwaltung entsendet wird. Im Einzelnen sollen zwei Mitglieder jeweils vom Spitzenverband Bund der Krankenkassen und von der Deutschen Krankenhausgesellschaft gestellt werden. Zwei stammen jeweils von der Bundesärztekammer und der Deutschen Transplantationsgesellschaft. Das Bundesministerium für Gesundheit und die Gesundheitsministerkonferenz der Länder sind mit zwei Vertretern am Stiftungsrat beteiligt. Die Bestellung dieser Mitglieder erfolgt durch eine schriftliche Erklärung der entsendenden Institutionen gegenüber dem Vorstand der DSO. Alle Mitglieder des Stiftungsrats sind mit einer Stimme stimmberechtigt. Da die Beschlüsse des Stiftungsrates gemäß § 6 Abs. 8 Satzung/DSO mit der Mehrheit der abgegebenen Stimmen seiner Mitglieder erfolgen, sind gegen die Stimmen der Vertreter von Bund und Ländern und derjenigen der Vertreter des Spitzenverband Bund der Krankenkassen als Körperschaft des Öffentlichen Rechts im Stiftungsrat keine Entscheidungen wirksam zu treffen.

Die satzungsgemäßen Aufgaben des Stiftungsrates sind insbesondere in § 7 Satzung/DSO festgelegt.[1547] Seine Hauptfunktion ist es, die Tätigkeit des geschäftsführenden Vorstandes zu überwachen. Dazu stellt er nach § 7 Abs. 3

1545 So *Dreier*, in: Dreier (Hrsg.), GG, Band II, Art. 20 D Rn. 121.
1546 BT-Drs. 18/3566, S. 8 f. Dazu bereits auf S. 200.
1547 Vgl. S. 201 f.

Satzung/DSO dessen Jahresabschluss fest und genehmigt den Wirtschaftsplan. Außerdem ist der Stiftungsrat gemäß §§ 6 Abs. 12, 7 Abs. 3 S. 2, 11 Abs. 4 Satzung/DSO befugt, sich selbst, den Fachbeiräten und dem Vorstand der Stiftung Geschäftsordnungen zu geben. Nach § 8 Abs. 3 S. 5 Satzung/DSO bedürfen außerdem solche Maßnahmen des Vorstandes, die für die Stiftung und ihre Entwicklung von struktureller Bedeutung sind, der Zustimmung des Stiftungsrates. Das führt dazu, dass Rechtsgeschäfte der DSO ab einem finanziellen Volumen von 250.000 Euro dem Stiftungsrat zur Genehmigung vorzulegen sind.[1548]

Auch dem Bundesfachbeirat und den auf den regionalen Ebenen agierenden Landesfachbeiräten gehören Mitglieder der organisierten Staatlichkeit an. Der in § 11 Abs. 2 Satzung/DSO festgelegten Zusammensetzung des Bundesfachbeirates nach entsenden die Deutsche Transplantationsgesellschaft und die Eurotransplant International Foundation sowie das Bundesministerium für Gesundheit jeweils einen Vertreter. Zwei weitere Mitglieder sind von der Gesundheitsministerkonferenz der Länder zu bestimmen. Die Gesetzliche Krankenversicherung, die Bundesärztekammer und die Deutsche Krankenhausgesellschaft berufen jeweils ein weiteres Mitglied in den Bundesfachbeirat. Zu diesen satzungsgemäß bestimmten Mitgliedern können gemäß § 11 Abs. 2 S. 2 Satzung/DSO vom Stiftungsrat bis zu fünf weitere Fachbeiratsmitglieder bestimmt werden. Der Gremium Bundesfachbeirat dient insbesondere dazu, die anderen Organe der DSO – den Stiftungsrat und den Stiftungsvorstand – bei den als Koordinierungsstelle aufgrund des Koordinierungsstellenvertrags nach § 11 Abs. 2a TPG zu erfüllenden gesetzlichen und vertraglichen Aufgaben zu unterstützen und zu beraten. Diese Funktion bezieht sich wegen der dort zentrierten besonderen Expertise insbesondere auf fachmedizinische und wissenschaftliche Fragestellungen, um die Einhaltung eines einheitlichen medizinischen Standards in allen Regionen der DSO bei der Durchführung der Organspendemaßnahmen zu wahren.[1549] Seiner Funktion entsprechend wirkt der Bundesfachbeirat auch daran mit, die nach § 11 Abs. 1a S. 2 TPG vorgesehenen transplantationsmedizinischen Verfahrensanweisungen zu erarbeiten.[1550]

In den Organen der DSO wirken staatliche Vertreter folglich an den Aufgaben, die die DSO als Koordinierungsstelle übertragen bekommen hat, mit und beteiligen sich an institutionellen, stiftungsinternen Kontrollmaßnahmen.

1548 BT-Drs. 18/3566, S. 9.

1549 Dazu die Funktionsbeschreibung auf der Homepage der DSO: http://www.dso.de/dso/aufgaben-und-ziele/fachbeiraete.html (zuletzt abgerufen am 20.01.2019).

1550 BT-Drs. 18/3566, S. 9.

Durch diese Beteiligungsformen kann nicht in Abrede gestellt werden, dass innerhalb des hier skizzierten Systems transplantationsmedizinischer Selbstregulierung die Funktionsträger organisierter Staatlichkeit durchaus über eine Einflussnahme durch staatliche Regulierungstätigkeit hinaus auch bei der Umsetzung der regulierungsspezifischen gesetzlichen Vorgaben mitwirken können. Diese Partizipation innerhalb der Organe der DSO unterstreicht die besondere hybride Stellung solch eines Systems und seiner in Eigendynamik erfolgenden Regulierungs- und Strukturierungsbemühungen innerhalb gesetzlicher Mindestvorgaben. Im Ergebnis führt dies für die Koordinierungsstellentätigkeit der DSO jedoch dazu, dass staatliche Funktionsträger in einer gesetzlich nicht vorgesehenen Art und Weise und über bloß beratende Tätigkeiten hinaus, an der Entscheidungsfindung innerhalb der Strukturen des § 11 TPG mitwirken. Diese Beteiligungshandlungen können dem Staat als Träger zugerechnet werden – es lässt sich insofern also von einer „Wahrnehmung von dem Staat zugeordneten Entscheidungskompetenzen und -befugnissen" sprechen[1551] –, obwohl diese Zuordnung nicht auf gesetzlicher Grundlage erfolgt. Nach der Rechtsprechung des Bundesverfassungsgerichtes ist auch die Ausübung von Mitentscheidungsbefugnissen in diesem Sinne als amtliches Handeln mit Entscheidungscharakter und folglich legitimationsbedürftige Staatsgewalt im Sinne des Art. 20 Abs. 2 GG eingestuft worden.[1552] Daher müsse „der Entscheidungsberufene insofern, als er einen eigenen erkenntnis- und wertungsmäßigen Entscheidungsbeitrag leistet, demokratisch legitimiert sein".[1553] Nach dem obigen Verständnis der Ausübung von Staatsgewalt[1554] soll bei der Frage des Bezugspunktes notwendiger demokratischer Legitimation für das Konzept regulierter gesellschaftlicher Selbstregulierung nicht auf das Ergebnis staatlich-privater Kooperation, sondern allein auf die Handlungsbeiträge der Entscheidungsträger der organisierten Staatlichkeit abgestellt werden,[1555] denn anders als etwa

1551 So definiert *Jestaedt*, Demokratieprinzip und Kondominialverwaltung, S. 369, die Ausübung von Staatsgewalt.

1552 BVerfGE 83, 60 (73); 107, 59 (87).

1553 *Jestaedt*, Demokratieprinzip und Kondominialverwaltung, S. 369.

1554 S. 302 ff.

1555 Diese Unterscheidung nimmt auch *Jestaedt*, Demokratieprinzip und Kondominialverwaltung, S. 369 ff., vor. Insofern gleicher Ansicht sind beispielsweise *Faber*, Gesellschaftliche Selbstregulierung im Umweltrecht, S. 249; *Schmidt-Aßmann*, AöR 116 (1991), 329 (342, 377); *Talidou*, Regulierte Selbstregulierung im Bereich des Datenschutzes, S. 116.

in den Formen der Kondominialverwaltung[1556] geht es nicht um die gruppenpluralistische Entscheidungsfindung in Strukturen staatlich institutionalisierter Organisation zu einem öffentlich-rechtlichen Entscheidungsprodukts,[1557] sondern um ein Einwirken staatlicher Funktionsträger auf die Organisations- und Entscheidungsprozesse, die von gesellschaftlichen, privatrechtlichen Institutionen bewirkt werden sollen. Soweit hier privatrechtliche Akteure mit staatlichen Vertretern kooperieren, verändert sich dadurch weder deren rechtlicher Status, noch lässt sich die Ausrichtung auf die Verfolgung von Eigeninteressen auch im Kooperationsbereich in Frage stellen.[1558]

Folglich müssten sich die Beteiligungsbeiträge der Vertreter der mittelbaren und unmittelbaren Staatsverwaltung auf ein ausreichendes Maß demokratischer Legitimation stützen lassen. Deren Teilnahme an den organschaftlichen Entscheidungsprozessen der transplantationsgesetzlichen Koordinierungsstelle lässt sich dem Bereich der vollziehenden Gewalt zuzählen.[1559] Das Legitimationsniveau wäre folglich jedenfalls dann als ausreichend zu erachten, wenn sich die Legitimationsstränge in einem Modus entsprechend dem Grundmodell der Ministerialverwaltung ausrichten ließen.[1560] Nach den dazu oben – freilich bloß grob skizzierten – Vorstellungen der Legitimationsdogmatik müssten sich die staatlichen Funktionsträger gleichermaßen auf eine gewisse sachlich-inhaltliche wie personell-organisatorische Form der Legitimationsvermittlung stützen können, die gemeinsam eine der klassischen Ministerialverwaltung vergleichbare Rückführbarkeit auf den Volkswillen gewährleisten.[1561]

Die an der Stiftungsorganisation mitwirkenden Vertreter für den Stiftungsrat werden von den jeweiligen entsendenden Institutionen gemäß § 6 Abs. 3 Satzung/DSO mittels schriftlicher Erklärung gegenüber dem Vorstand der DSO bestellt, beziehungsweise für den Bundesfachbeirat gemäß § 11 Abs. 2 Satzung/DSO benannt. Insofern lässt sich entsprechend den Voraussetzungen

---

1556 Zum dortigen Meinungsstreit vgl. nur die Darstellungen bei *Jestaedt*, Demokratieprinzip und Kondominialverwaltung, S. 370 ff.

1557 Siehe dazu nur oben S. 253 ff. Ausführlich *Jestaedt*, Demokratieprinzip und Kondominialverwaltung, S. 120 ff.

1558 Vgl. dazu *Masing*, in: Hoffmann-Riem/Schmidt-Aßmann/Voßkuhle (Hrsg.), Grundlagen des Verwaltungsrechts, Band I, § 7 Rn. 31.

1559 So für den Bereich der Kondominialverwaltung auch *Jestaedt*, Demokratieprinzip und Kondominialverwaltung, S. 301.

1560 Zum Grundmodell der Ministerialverwaltung vgl. statt vieler beispielsweise *Jestaedt*, Demokratieprinzip und Kondominialverwaltung, S. 302 ff.

1561 Vgl. dazu *Jestaedt*, Demokratieprinzip und Kondominialverwaltung, S. 329 ff.

personell-organisatorischer Legitimation eine Kette von Berufungsakten bis zum einzelnen Amtswalter in seiner Funktion bilden.[1562] Außerdem sind die mitwirkenden Vertreter freilich bei der Ausführung ihrer Tätigkeit zur Berücksichtigung der Aufgabenbestimmungen für die Koordinierungsstelle aus dem TPG verpflichtet und unterliegen insofern einer Gesetzesbindung. Im Vergleich zu den Strukturen der hierarchischen Ministerialverwaltung kommt es allerdings bei der Bestellung von Vertretern für die Organe der DSO – deren Amtszeit beträgt gem. § 6 Abs. 7 Satzung/DSO fünf Jahre – zumindest zu einer erheblichen Einschränkung der Weisungs- sowie Einflussnahmemöglichkeiten, da von den innerhalb des verfassungsrechtlichen Grundmodells hierarchischen Staatsstrukturen abgewichen wird.[1563] Folglich ist das Niveau materiell-demokratischer Legitimation insofern vergleichsweise schwach. Gleichwohl wirken sowohl personell-organisatorische als auch sachlich-inhaltliche Legitimationskriterien auf die staatliche Aufgabenbeteiligung ein.

Fraglich erscheint eine demokratisch hinreichende Legitimation und damit die ausreichende Rückführbarkeit der Ausübung von Staatsgewalt auf das Volk allerdings vor allem deshalb, da Vertreter der organisierten Staatlichkeit in den gesellschaftlichen Strukturen einer privatrechtlichen Stiftung mitwirken, ohne dazu durch Parlamentsgesetz ermächtig worden zu sein. Stattdessen beruht solch eine Beteiligung allein auf der Grundlage der Satzungsbestimmungen der Stiftung. Die Mitwirkung staatlicher Funktionsträger an den Entscheidungen der Koordinierungsstelle ist folglich letztlich nicht Ausfluss einer Willensäußerung des Volkes, wie sie konkret in § 11 TPG zutage tritt. Dort ist allein von der Gründung oder Beauftragung einer geeigneten Institution die Rede, ohne die Mitwirkung staatlicher Akteure vorzusehen. Vielmehr wird diese Kooperation in den Strukturen der DSO durch die Satzungsgebung einer privatrechtlichen Stiftung

1562 Siehe dazu zur Bildung gruppenpluralistischer Gremien der Kondominialverwaltung *Jestaedt*, Demokratieprinzip und Kondominialverwaltung, S. 382 f. Unproblematisch ist dies jedenfalls, soweit Vertreter vom Bundesministerium für Gesundheit, vom Bund, von den Ländern oder der Gesundheitsministerkonferenz der Länder entsandt werden. Zur Frage hinreichender Legitimation in der funktionalen Selbstverwaltung und insbesondere der Selbstverwaltung der Gesetzlichen Krankenversicherung, für deren nähere Darlegung an dieser Stelle nicht der Ort sein soll, vgl. nur statt vieler allgemein *Dreier*, in: Dreier (Hrsg.), GG, Band II, Art. 20 D Rn. 128 ff.; zur Legitimation der Sozialen Selbstverwaltung zusammenfassend *Hase*, in: Isensee/Kirchhof (Hrsg.), Handbuch des Staatsrechts, Band VI, § 145 Rn. 36 f.

1563 Für den Bereich der Kondominialverwaltung so auch *Jestaedt*, Demokratieprinzip und Kondominialverwaltung, S. 405.

initiiert. Vor diesem Hintergrund ist zu hinterfragen, ob das vorhandene Maß an Legitimationsdichte für solche Formen der Ausübung von Staatsgewalt ausreichen kann oder ob es hier zur Verwirklichung ausreichender demokratischer Rückführbarkeit einer parlamentsgesetzlichen Bestimmung bedarf. Darauf soll an anderer Stelle – auch unter rechtsstaatlich-legitimationsabsichernden Kriterien – näher eingegangen werden.[1564]

II. Rechtsstaatliche Rückbindung staatlicher Regulierungsentscheidungen

Ferner stellt sich die Frage, inwieweit sich die Entscheidungen für das Modell einer regulierten gesellschaftlichen Selbstregulierung im Transplantationswesen mit dem Parlamentsvorbehalt in seiner Gestalt, wie dieser sie durch die Wesentlichkeitsdoktrin des Bundesverfassungsgerichtes erfahren hat, vereinbaren lassen. Wesentliche Entscheidungen müssen danach – wie oben erörtert[1565] – direkt durch den demokratisch rückgebundenen parlamentarischen Gesetzgeber selbst formellgesetzlich getroffen werden und sind einer Übertragung an andere Staatsorgane nicht zugänglich. Die Wesentlichkeitstheorie bedingt jedoch keinen Gewaltmonopolismus in der Form, dass sie als Einführung eines umfassenden Parlamentsvorbehalts zu verstehen ist.[1566] Vielmehr ergeben sich zwei entscheidende Fragestellungen: Was ist überhaupt in diesem Sinne als das Wesentliche zu erachten, und in welcher Dichte sind als wesentlich eingeordnete Entscheidungen parlamentarisch einer Steuerung vorbehalten?

1. Die Vorgaben des § 11 TPG im Lichte des Rechtsstaatsprinzips

Der Rechtsprechung des Bundesverfassungsgerichtes nach sollen vor allem grundrechtsrelevante Fragen einem solchen Parlamentsvorbehalt unterfallen,[1567] denn was wesentlich ist, das sei „den tragenden Prinzipien des Grundgesetzes, insbesondere den darin verbürgten Grundrechten" zu entnehmen.[1568] Insofern scheint die Transplantationsmedizin regelrecht ein Paradebeispiel grundrechtsrelevanter Regelungsgegenstände darzustellen. Dass das Organtransplantationswesen freilich insbesondere auch Fragen von besonders hoher

1564 S. 341 ff.

1565 S. 266 ff.

1566 *Schmidt-Aßmann*, in: Kern (Hrsg.), FS Laufs, S. 1052.

1567 *Sommermann*, in: von Mangoldt u.a. (Hrsg.), GG, Band II, Art. 20 Rn. 276 ff.; *Grzeszick*, in: Maunz/Dürig (Hrsg.), GG, Art. 20 IV Rn. 111 ff.

1568 BVerfGE 40, 237 (248 ff.).

Grundrechtsrelevanz für die Betroffenen beantwortet, ist offenkundig: Sei es, wer als postmortaler Spender in Betracht kommt und ab welchem Zeitpunkt der Sterbende im Sinne des Transplantationsrechts als verstorben gilt oder die Frage, welcher Patient auf die Warteliste potentieller Organempfänger aufgenommen wird und nach welchen Kriterien zwischen den Bedürftigen eine Versorgung mit Spenderorganen erfolgen soll. Für den letztgenannten Fall drängt sich regelrecht die Überlegung auf, inwieweit die Wesentlichkeitsrechtsprechung des Bundesverfassungsgerichtes, wie sie insbesondere durch die sogenannten „Numerus-clausus"-Entscheidungen[1569] zum Ausdruck kommt, auch auf Fragen der Organverteilung anwendbar sein kann.[1570] Das Bundesverfassungsgericht hat dort im Hinblick auf in den Grundrechtsbereich eingreifende Entscheidungen, die sich als „Zuteilung von Lebenschancen auswirken" können, entschieden, dass es die Aufgabe des Gesetzgebers sei, hierbei die grundlegenden Entscheidungen selbst zu verantworten. Dazu gehört es, über die Art der anzuwendenden Kriterien und deren Rangverhältnis selbst zu entscheiden.[1571] Auf der anderen Seite hat das Gericht vor allem in der „Kalkar"-Entscheidung schon früh am Beispiel des Technikrechts verdeutlicht, dass die jeweiligen Bestimmtheitsanforderungen anhand der Besonderheiten des Regelungsgegenstandes und der Regelungsintensität zu bestimmen sind und für vielgestaltige Sachverhalte oder bei sich rasch verändernden tatsächlichen Verhältnissen geringere Anforderungen an das Bestimmtheitserfordernis zu stellen sind.[1572] Grundrechtliche Interessen sollen also durch den parlamentarischen Gesetzgeber soweit möglich abstrakt zueinander ins Verhältnis gesetzt und in Ausgleich gebracht werden.[1573] Die hier nur exemplarisch skizzierte Rechtsprechung auch auf die Fragen postmortaler Organtransplantation sachangemessen zur Anwendung zu bringen und insofern einer verfassungsrechtlichen Prüfung zu unterziehen, ist ohne Frage eine zentrale und entscheidende Überlegung des Transplantationsrechts.[1574] Indes stellen sich solche Entscheidungen besonderer Grundrechtsrelevanz in den

1569 BVerfGE 33, 303 (345 f.); 45, 393 (399).

1570 Vgl. dazu bejahend etwa *Gutmann*, in: Schroth u.a. (Hrsg.), § 12 Rn. 23; *Höfling*, VVDStRL 61 (2002), 260 (289 f.). Siehe auch *Mohammadi-Kangarani*, Die Richtlinien der Organverteilung im Transplantationsgesetz – verfassungsgemäß?, S. 112 ff.

1571 So beispielsweise BVerfGE 33, 303 (345 f.).

1572 BVerfGE 49, 89 (insbesondere 133).

1573 Vgl. *Storr*, in: Huber u.a. (Hrsg.), Demokratie in Europa, S. 411 (428).

1574 Allgemein zur Anwendung der Wesentlichkeitstheorie auf die Normgebung im Gesundheitsrecht *Schmidt-Aßmann*, Grundrechtspositionen und Legitimationsfragen im öffentlichen Gesundheitswesen, S. 59 ff.

Strukturen des § 11 TPG und in Bezug auf die Koordinierungsstellentätigkeit nicht unmittelbar. Die Explantation postmortal zu entnehmender Spenderorgane setzt freilich die Feststellung des Todes des Spenders anhand geeigneter Kriterien voraus und auch die Vorbereitung von Vermittlung und Übertragung steht im Zusammenhang mit der Entscheidung, welcher Patient ein Spenderorgan erhält. Die zentralen transplantationsgesetzlichen Normen und Akteure der Entscheidungsfindung sind jedoch andere. Die grundrechtsrelevanten Fragen werden vor allem in § 12 Abs. 3 TPG sowie § 16 Abs. 1 TPG verortet, die Koordinierungsstelle trifft hingegen keine vergleichbar auf Grundrechte einwirkenden Entscheidungen.

Zur Beantwortung der Frage, ob die Regelungsstruktur des § 11 TPG der Wesentlichkeitsrechtsprechung des Bundesverfassungsgerichtes genügt, ist daher stattdessen auf den rechtsstaatlichen, institutionellen Gesetzesvorbehalt abzustellen.[1575] Über die Fälle der speziellen institutionellen Gesetzesvorbehalte des Verfassungsrechts[1576] hinaus werden nämlich schon wegen der Abhängigkeit der Grundrechtsverwirklichung auch von der Ausgestaltung von Organisation und Verfahren der Staatlichkeit grundlegende institutionelle Fragen der Staatsorganisation regelmäßig als so wesentlich erachtet, dass sie einem parlamentarischen Gesetzesvorbehalt unterliegen.[1577] Dabei beurteilt das Bundesverfassungsgericht anhand der in der Verfassung explizit festgelegten institutionellen und organisatorischen Vorbehalte, ob das jeweilige Staatshandeln dem Gesetzgeber selbst obliegen muss.[1578] Ausdrückliche Gesetzesvorbehalte und explizite Zuweisungen bestimmter Kompetenzen zur Exekutive und anderer verfassungsrechtlicher Regelungen geben insofern Aufschluss darüber, welche Bedeutung bestimmten Regelungsgegenständen und Vorgängen in der Verfassung zugemessen wird und welche Reichweite demzufolge einem an der Verfassung ausgerichteten allgemeinen Vorbehalt über die geschriebenen Gesetzesvorbehalte hinaus zukommen kann.[1579] Zu den danach „bedeutsamen Aufgaben der Staatsleitung" gehört

1575 Allgemein dazu *Burmeister*, Institutioneller Gesetzesvorbehalt; *Gross*, Das Kollegialitätsprinzip in der Verwaltungsorganisation, S. 239 ff.; *Schmidt-Aßmann*, Das allgemeine Verwaltungsrecht als Ordnungsidee, S. 189 f.

1576 Vgl. Art. 87 Abs. 1 S. 2, Abs. 3, 87d Abs. 1, 91 c Abs. 4, 101 Abs. 1 S. 2 GG

1577 *John-Koch*, Organisationsrechtliche Aspekte der Aufgabenwahrnehmung im modernen Staat, S. 167 f.; *Sommermann*, in: von Mangoldt u.a. (Hrsg.), GG, Band II, Art. 20 Rn. 283.

1578 Vgl. BVerfGE 68, 1 (87); 90, 286 ff.; so ausdrücklich *Grzeszick*, in: Maunz/Dürig (Hrsg.), GG, Art. 20 Abs. 4 Rn. 121.

1579 *Schmidt-Aßmann*, Das allgemeine Verwaltungsrecht als Ordnungsidee, S. 190; *Sommermann*, in: von Mangoldt u.a. (Hrsg.), Band II, GG, Art. 20 Rn. 275.

auch die „Steuerung und Kontrolle der Verwaltung" – daher können Entscheidungen, die die Verwaltungsorganisation betreffen, jedenfalls grundsätzlich die Schwelle der Wesentlichkeitstheorie überschreiten.[1580] Das soll insbesondere anzunehmen sein, wenn Grundfragen des Verwaltungsaufbaus betroffen sind oder Regelungen besondere Auswirkungen auf den Grundrechtsschutz oder die Grundrechtsausübungen Betroffener haben.[1581] So soll die Übertragung von klassischen Verwaltungsaufgaben auf Private oder Privatrechtsvereinigungen die Staatsleitung betreffen und eine gesetzgeberische Entscheidung erfordern.[1582] Ein solcher institutioneller Parlamentsvorbehalt gilt etwa für Vorgänge der Privatisierung, weil damit die Bürger durch staatliche Entscheidung den gesellschaftlichen Machtpositionen unterworfen werden können und sich Privatisierung auch immer auf die Entfaltung der Grundrechte auswirkt.[1583] Ein ungeschriebener Vorbehalt des Gesetzes soll auch für die Beleihung gelten, da auf diese Weise Aufgaben zur Erledigung in hoheitlicher Form an Private übertragen werden.[1584] Sämtliche Formen der Kooperation und Einbindung Privater führen zu einer unterschiedlich intensiven Verdünnung der Einflussnahmemöglichkeiten der Exekutivspitze. Sie berühren damit auch „die Grundsätze des parlamentarischen Regierungssystems".[1585] So lässt sich eine Tendenz erkennen, dass die Entstaatlichung von Aufgabenbereichen ohne die Mitwirkung des unmittelbar demokratisch legitimierten Gesetzgebers verhindert werden soll,[1586] indem solche Entscheidungen als wesentlich beurteilt und dem institutionellen Gesetzesvorbehalt unterworfen werden. Insofern fußt der institutionelle Gesetzesvorbehalt nicht nur auf dem Rechtsstaatsprinzip, sondern auch auf dem Grundsatz der Volkssouveränität aus dem Demokratieprinzip, das damit übereinstimmend

---

1580 *Krebst*, in: Isensee/Kirchhof (Hrsg.), Handbuch des Staatsrechts, Band V, § 108 Rn. 102.

1581 *Gross*, Das Kollegialprinzip in der Verwaltungsorganisation, S. 239 ff.; *Sommermann*, in: von Mangoldt u.a. (Hrsg.), GG, Band II, Art. 20 Rn. 283

1582 *Gross*, das Kollegialprinzip in der Verwaltungsorganisation, S. 240 f.; *Krebst*, in: Isensee/Kirchhof (Hrsg.), Handbuch des Staatsrechts, Band V, § 108 Rn. 102; *Schmidt-Aßmann*, Das allgemeine Verwaltungsrecht als Ordnungsidee, S. 254.

1583 Vgl. *Grzeszick*, in: Maunz/Dürig (Hrsg.), GG, Art. 20 Rn. 124; *Schmidt-Aßmann*, Grundrechtspositionen und Legitimationsfragen im öffentlichen Gesundheitswesen, S. 58.

1584 BVerwGE 137, 377; BVerwG, NVwZ 2006, 829 (829); BremStGH, NVwZ 2003, 81 (82); OVG Münster, NJW 1980, 1406; *Kiefer*, NVwZ 2011, S. 1300 (1300); *Ossenbühl*, VVDStRL 29 (1971), S. 137 (169 ff).

1585 *Burmeister*, Institutioneller Gesetzesvorbehalt, S. 317.

1586 *Ronellenfitsch*, in: Bader/Ronellenfitsch (Hrsg.), VwVfG, § 1 Rn. 73.

besagt, dass sämtliche wesentliche Fragen des Gemeinwesens der Entscheidung durch das demokratisch unmittelbar legitimierte Parlament vorbehalten bleiben müssen.[1587] Es folgt also aus dem Demokratie- wie Rechtsstaatsprinzip, dass im Ergebnis allein der parlamentarische Gesetzgeber dem erforderlichen, hohen Legitimationsniveau, wie es bei grundlegenden Entscheidungen wie bei Auslagerung von Entscheidungskompetenzen zu Gunsten Privater erreicht sein muss, gerecht werden soll.[1588] Daraus wird der Schluss gezogen, dass im Ergebnis auch die Überantwortung von Entscheidungen in den Bereich der regulierten gesellschaftlichen Selbstregulierung dem parlamentarischen Gesetzesvorbehalt unterfalle, ihre Einrichtung folglich durch Parlamentsgesetz erfolgen müsse.[1589] Solche Entscheidungen für Aufgabenwahrnehmungen im gesellschaftlichen Bereich sind nämlich zum einen dazu geeignet, die Grundrechtsverwirklichung der Betroffenen zu beeinflussen, sie führen vor allem aber, gerade wegen der spezifischen Struktur regulierter Selbstregulierung, dazu, dass das Maß staatlicher Einflussnahmemöglichkeiten begrenzt wird.

Um einiges schwieriger zu beantworten ist die sich anschließende und ebenfalls den institutionellen Gesetzesvorbehalt betreffende Frage, welche konkreten Festlegungen vom parlamentarischen Normgeber im Gesetz erfolgen müssen, welche Regelungsdichte der institutionelle Gesetzesvorbehalt also auslöst.[1590] Anders gewendet gilt es zu bestimmen, wie die Regelungsstrukturen des Parlamentsgesetzes ausgestaltet sein müssen, damit dessen Festlegungen für eine regulierte Selbstregulierung das Wesentliche erfassen und damit ausreichend bestimmt und genau sind.[1591] Ausgangspunkt muss die kompensatorische Funktion des institutionellen Gesetzesvorbehalts bilden, der in Folge abnehmender oder wegfallender staatlicher, insbesondere exekutiver, Weisungsbefugnisse und Einflussnahmemöglichkeiten ausgelöst wird.[1592] Die

---

1587 *Ossenbühl*, VVDStRL 29 (1971), S. 137 (170 bei Fn. 146); *Sahm*, Privatisierung der immissionsschutzrechtlichen Anlagenüberwachung, S. 198; *Sommermann*, in: von Mangoldt u.a. (Hrsg.), GG, Band II, Art. 20 Rn. 273.

1588 *Erbguth*, Die Zulässigkeit der funktionalen Privatisierung im Genehmigungsrecht, S. 373; *Sahm*, Privatisierung der immissionsschutzrechtlichen Anlagenüberwachung, S. 198; *Seidel*, Privater Sachverstand und staatliche Garantenstellung im Verwaltungsrecht, S. 116. Allgemein dazu *Sommermann*, in: von Mangoldt u.a. (Hrsg.), GG, Band II, Art. 20 Rn. 186 f.

1589 *Di Fabio*, JZ 1999, 585 (589 f.); *Schmidt-Aßmann*, AöR 116 (1991), 329 (377); *Thoma*, Regulierte Selbstregulierung im Ordnungsverwaltungsrecht, S. 343.

1590 Vgl. dazu BVerfGE 191, 1 (34); 57, 295 (327); 83, 130 (142).

1591 *Jarass*, in: Jarass/Pieroth (Hrsg.), GG, Art. 20 Rn. 78.

1592 Zusammenfassend *Burmeister*, Institutioneller Gesetzesvorbehalt, S 319.

demokratischen Einflussnahmestrukturen werden insbesondere bei Einführung von Verwaltungsorganisationen, die nicht dem Typus hierarchisch-bürokratischer Verwaltung entsprechen, deutlich modifiziert und verkürzt.[1593] Es ist deshalb Gegenstand des institutionellen Gesetzesvorbehalts, eine effektive demokratische Legitimation auch in diesen Strukturen sicherzustellen.[1594] Entsprechend der erforderlichen Legitimationsdichte ist dann eine mehr oder weniger starke legislative Bindung zu erwarten, die durch den Gesetzgeber nach personell-organisatorischen und sachlich-inhaltlichen Kriterien zusammenzuführen ist.[1595] „Insoweit wird der institutionelle Gesetzesvorbehalt auf die Sicherung der Legitimationsanforderungen ausgerichtet."[1596] Die notwendige Bestimmtheit des Gesetzes hängt also wiederum von der Wesentlichkeit der darin geregelten Entscheidung[1597] und deren Legitimationsbedürftigkeit ab. Daraus ergibt sich das Erfordernis, im Einzelfall nach dem jeweiligen Aufgabenbereich zu differenzieren. Die Anforderungen an die Bestimmtheit werden durch den betroffenen Sach- und Regelungsbereich unter Berücksichtigung des Normzwecks präzisiert.[1598] Je wesentlicher die dem Parlamentsgesetz gegenständlichen Entscheidungen sind, desto intensiver wird man solche Entscheidungen demokratischer Legitimation zuführen müssen und umso höher muss der Grad der erforderlichen Regelungsdichte und Bestimmtheit des Gesetzes ausfallen.[1599] Jedenfalls folgt aus dem rechtsstaatlichen Bestimmtheitsgebot und dem Gewaltenteilungsprinzip – diese Gebote überschneiden sich insoweit mit dem Vorbehalt des Gesetzes[1600] – eine Mindestregelungsdichte, die, unabhängig von einem wegen des eventuell erforderlichen demokratischen Legitimationsniveaus gesteigerten Maßes, eine Untergrenze rechtsstaatlicher Normenklarheit festlegt.[1601]

1593 *Gross*, Das Kollegialprinzip in der Verwaltungsorganisation, S. 240.

1594 *Burmeister*, Institutioneller Gesetzesvorbehalt, S. 319 ff.; *Gross*, Das Kollegialprinzip in der Verwaltungsorganisation, S. 240.

1595 *Burmeister*, Institutioneller Gesetzesvorbehalt, S. 320 f.; *Gross*, Das Kollegialprinzip in der Verwaltungsorganisation, S. 240.

1596 *Trute*, in: Hoffmann-Riem/Schmidt-Aßmann/Voßkuhle (Hrsg.), Grundlagen des Verwaltungsrechts, Band I, § 6 Rn. 58.

1597 BVerfGE 83, 130 (152); BVerwGE 134, 59 Rn. 34; *Grzeszick*, in: Maunz/Dürig (Hrsg.), GG, Art. 20 Abs. 4 Rn. 106.

1598 BVerfGE 102, 254 (337); 111, 191 (217); vgl. *Jarass*, in: Jarass/Pieroth (Hrsg.), GG, Art. 20 Rn. 78.

1599 *Grzeszick*, in: Maunz/Dürig (Hrsg.), GG, Art. 20 Abs. 4 Rn. 106.

1600 *Jarass*, in: Jarass/Pieroth (Hrsg.), GG, Art. 20 Rn. 82.

1601 *Schulze-Fielitz*, in: Dreier (Hrsg.), GG, Band II, Art. 20 R Rn. 128, spricht insofern von „rechtsstaatliche[n] Mindesterfordernissen."

Die gesetzlichen Regelungen, die eine regulierte Selbstregulierung induzieren, unterliegen – wie jede andere Rechtsvorschrift auch – also dem Bestimmtheitsgebot aus Art. 20 Abs. 3 GG.[1602] Auch dabei handelt es sich um keine feste Größe; das erforderliche Maß an Bestimmtheit ergibt sich stattdessen aus dem regulierungsbedürftigen Sachverhalt.[1603] Je nach Regelungsgegenstand sind die Rechtsvorschriften so genau und bestimmt zu fassen, „wie dies nach der Eigenart der zu ordnenden Lebenssachverhalte und mit Rücksicht auf den Normzweck möglich ist".[1604] Dabei bedarf es nicht etwa stets einer größtmöglichen, sondern allein einer hinreichenden Bestimmtheit.[1605] Insofern kann bei staatlich-gesellschaftlichen Kooperationsverhältnissen davon ausgegangen werden, dass sich aufgrund der Eigenart des normierten Lebensbereichs gesteigerte Ansprüche an das Maß der notwendigen Bestimmtheit der Aufgabenteilung stellen lassen.[1606] Jedenfalls bedarf es in solchen Fällen, in denen Aufgaben oder Aufgabenteile an gesellschaftliche Akteure übertragen werden und folglich verfassungsrechtliche Vorgaben zur staatlichen Binnenorganisation nicht mehr greifen, einer „Offenlegung und Dokumentation der Zusammenarbeit."[1607] Beim Abweichen von den Grundzügen des parlamentarischen Regulierungssystems gebietet es das Rechtsstaatsprinzip daher, zumindest Festlegungen über den Zweck sowie die Rekrutierung, die Strukturierung und die Aufsicht der Führungsorgane auch im Falle regulierter Selbstregulierung selbst zu treffen und einer rechtssatzmäßigen Festlegung zuzuführen.[1608] Diese strukturellen Mindestanforderungen wird man folglich für die Regelungsstrukturen des TPG zur Einführung regulierter gesellschaftlicher Selbstregulierung jedenfalls im Sinne einer rechtsstaatlichen Organisation und Aufgabenübertragung erwarten müssen. Darüber hinausgehende, am Bestimmtheitsgrundsatz zu orientierende und demokratische Legitimation vermittelnde beziehungsweise sie erhöhende, Anforderungen müssten

---

1602 Zum Gebot ausreichender Bestimmtheit von Rechtsvorschriften BVerfGE 49, 168 (181); 59, 104 (114); 62, 169 (183); 80, 103 (107 f.).

1603 BVerfGE 48, 210 (222); 59, 104 (114).

1604 BVerfGE 49, 168 (181); 59, 104 (114); 87, 234 (263); 89, 69 (84); 93, 20 (23). Vgl. auch *Schulze-Fielitz*, in: Dreier (Hrsg.), GG, Band II, Art. 20 R Rn. 130.

1605 BVerfGE 107, 104 (120); 111, 54 (96); *Schulze-Fielitz*, in: Dreier (Hrsg.), GG, Band II, Art. 20 R Rn. 130.

1606 Voßkuhle, VVDStRL 62 (2003), 266 (298). Vgl. dazu im Hinblick auf private Kontrolleinrichtungen im Umweltrecht *Reinhard*, DÖV 118 (1993), 617 (632 f.).

1607 *Voßkuhle*, VVDStRL 62 (2003), 266 (298).

1608 *Burmeister*, Institutioneller Gesetzesvorbehalt, S. 323 ff. So auch *Gross*, Das Kollegialprinzip in der Verwaltungsorganisation, S. 240 ff.

hingegen nach der klassischen Legitimationsdogmatik nur für den Fall gestellt werden, dass auch die Strukturen regulierter Selbstregulierung den Anforderungen demokratischer Legitimation zu unterwerfen wären. Denn demokratische Legitimation vermittelnde Strukturen bedarf es freilich nur dort, wo auch die normativ strukturierten Aufgabenbereiche bei staatlicher, exekutiver Wahrnehmung einer rechtsstaatlich-demokratischen Steuerung und Rückführbarkeit nach Art. 20 Abs. 2 GG bedürfen.

Die Vorschriften zur Koordinierungsstellentätigkeit, also insbesondere § 11 TPG, müssten demnach hinreichend bestimmt sein und dazu die oben spezifizierten Mindestanforderungen einhalten. Gerade dort, wo sich der Gesetzgeber durch selbstregulierungsspezifische Normen auf eine Induzierung und Strukturierung eines gesellschaftlichen Selbstregulierungsbereichs konzentriert und damit die Regelungsdichte im Vergleich zu exekutiver staatlicher Aufgabenerfüllung zumeist abnimmt, muss ausreichend deutlich aus dem Normgeflecht heraus in Erscheinung treten, dass es zu einer Aufgabenwahrnehmung in Kooperation mit nichtstaatlichen Akteuren kommt. Aus den transplantationsrechtlichen Vorschriften müsste trotz deren rahmenähnlichen Charakters jedenfalls der Normzweck hervorgehen, außerdem erfordert es spezifische Regelungen und Festlegungen zur Rekrutierung und Strukturierung der Selbstregulierungsakteure und ihrer Beaufsichtigung im Parlamentsgesetz.

§ 1 Abs. 2 TPG bestimmt, dass das TPG für die Spende und die Entnahme menschlicher Organe zum Zwecke der Übertragung sowie für die Organübertragung einschließlich der Vorbereitung dieser Maßnahme gilt. In § 11 Abs. 1 S. 1 und 2, Abs. 1a S. 1 TPG ist spezifiziert, dass die Zusammenarbeit zur Organentnahme bei verstorbenen Spendern und die Durchführung aller bis zur Übertragung erforderlichen Maßnahmen mit Ausnahme der Vermittlung der Organe von der Koordinierungsstelle zu organisieren ist. Dazu hat die Koordinierungsstelle gemäß § 11 Abs. 1a TPG die vorhandenen Möglichkeiten der Organspende wahrzunehmen und die gesundheitlichen Risiken der Organempfänger so gering wie möglich zu halten. § 11 Abs. 1a S. 2 TPG bestimmt, dass die Koordinierungsstelle außerdem für bestimmte Verfahrensabläufe im Zusammenhang mit der postmortalen Organtransplantation Verfahrensanweisungen zu erstellen hat. Obwohl § 11 TPG bei den Aufgabenbeschreibungen insgesamt auf eine genauere Konkretisierung im Selbstregulierungsbereich, vor allem durch den Koordinierungsstellenvertrag, ausgerichtet ist, lassen sich damit die Koordinierungsstellentätigkeiten und ihre wesentlichen Funktionen bestimmen, sodass sich der Normzweck hinreichend klar aus dem Parlamentsgesetz entnehmen lässt.

Auch finden sich grundlegende Bestimmungen zur Beaufsichtigung des Bereichs regulierter Selbstregulierung bereits in § 11 TPG. Die Bestimmungen des Koordinierungsstellenvertrags und deren Änderungen obliegen so der Rechtsaufsicht des Bundesministeriums für Gesundheit gemäß § 11 Abs. 3 S. 1 und 2 TPG.[1609] Der Gesetzgeber hat außerdem eine darüber hinausgehende Kontrolle der Koordinierungsstellentätigkeit ebenfalls zum Gegenstand des § 11 TPG gemacht und diese dabei gleichwohl selbstregulierungsspezifisch so ausgestaltet, dass die Kontrollmaßnahmen im Wege der Selbstkontrolle durch die beteiligten Akteure erfolgen und mitunter Gegenstand weiterer vertraglicher Konkretisierung sind.[1610] Die Einhaltung der gesetzlichen Mindestvoraussetzungen, über die die Koordinierungsstelle gemäß § 11 Abs. 1 S. 3 TPG verfügen muss, haben die Vertragspartner gemeinsam zu überwachen.[1611] Erforderliche Befugnisse sind dazu im TPG übertragen worden. Dass die Koordinierungsstelle ihre Aufgaben entsprechend der Vorgaben des Koordinierungsstellenvertrages erfüllt, überwachen die auftraggebenden Spitzenverbände durch eine Überwachungskommission. Die Pflichten der Entnahmekrankenhäuser, Transplantationszentren und Koordinierungsstelle gegenüber der Kommission sind, ebenso wie die wiederum die Kommission treffenden Pflichten, gesetzlich in § 11 Abs. 3 TPG festgelegt. Dort ist auch eine Mindestzusammensetzung der Überwachungskommission aus Vertretern der Auftraggeber sowie der Länder festgelegt. Insofern hat der Gesetzgeber Überwachungsinstanzen geschaffen, die durch Vertreter der organisierten Staatlichkeit letztlich auch eine Informationsbeschaffung ermöglichen und den Staat zu eventuell erforderlichen Einflussnahmemöglichkeiten auf die Aufsichts- und Kontrollmechanismen befähigen.[1612] Außerdem ermöglicht § 11 Abs. 3 S. 6 TPG eine Kontrolle der Kommissionspraxis, indem er die Überwachungskommission verpflichtet, „Erkenntnisse über Verstöße gegen dieses Gesetz oder gegen auf Grund dieses Gesetzes erlassene Rechtsverordnungen an die zuständigen Behörden der Länder weiterzuleiten".[1613] Soweit in der Literatur Kritik geäußert wird, da „die Prüfungs- und die Überwachungskommission nicht in ein klar strukturiertes Aufsichtssystem eingegliedert sind",[1614] ist dem

1609 *Böning*, Kontrolle im Transplantationsgesetz, S. 74; Nickel u.a. (Hrsg.), TPG, § 11 Rn. 15.

1610 *Augsberg*, Gesetzliche Regelungen zur Organ- und Gewebespende, S. 29. Dies war vor der Änderung TPG-Novelle vom 21.07.2012 noch prägnanter, vgl. *Augsberg*, Gesetzliche Regelungen zur Organ- und Gewebespende, S. 19 ff.; *Böning*, Kontrolle im Transplantationsgesetz, S. 81, 94 ff.

1611 Vgl. § 11 Abs. 1 S. 5 TPG.

1612 Kritisch zum Fehlen solcher staatlichen Zugriffsrechte vor der TPG-Novelle vom 21.07.2012 nur *Lilie*, in: Ahrens u.a. (Hrsg.), FS Deutsch, S. 331 (336).

1613 *Augsberg*, Gesetzliche Regelungen zur Organ- und Gewebespende, S. 33, 35.

1614 *Augsberg*, Gesetzliche Regelungen zur Organ- und Gewebespende, S. 32.

aus verfassungsrechtlicher Perspektive entgegenzuhalten, dass eine im Sinne des Rechtsstaatsprinzips gebotene Aufsichtsstruktur keine umfassende und lückenlose Kontrolle schuldet, sondern der Gesetzgeber sich so lange im Rahmen seiner Einschätzungsprärogative bewegt, solange ein hinreichend effektives, nicht völlig untaugliches Kontrollsystem geschaffen und aufrecht erhalten wird.[1615] Diesen Anforderungen scheinen die gesetzlichen Vorkehrungen wohl zu genügen.[1616] Dagegen spricht vorliegend auch nicht etwa, dass der Gesetzgeber überwiegend auf die Einrichtung einer privaten Fremdkontrolle durch die Transplantationsakteure setzt,[1617] denn der ihm bei der Einrichtung von Kontrolleinrichtungen zustehende Gestaltungsspielraum ist nicht etwa auf staatliche Instrumentarien verengt, sondern zielt bloß auf die Gewährleistung eines Mindestschutzniveaus des eingerichteten Kontrollsystems ab.[1618]

Fraglich ist aber, ob die Rekrutierung und Strukturierung der Selbstregulierungsakteure im Hinblick auf die Koordinierungsstelle in § 11 TPG in ausreichend bestimmter Form vorgenommen wurde. Als problematisch könnte es sich erweisen, dass die Koordinationsstelle, wie andere Institutionen des Transplantationswesens auch, nicht normativ benannt worden ist. Stattdessen hat der Gesetzgeber es den in § 11 Abs. 1 S. 2 TPG bestimmten Auftraggebern überantwortet, eine geeignete Einrichtung entweder zu gründen oder zu beauftragen. Demzufolge kann die Kenntnis bloß der transplantationsgesetzlichen Normen nicht genügen, um sämtliche handelnde Institutionen spezifisch zu bestimmen.

Das Rechtsstaatsprinzip gebietet es jedoch auch gar nicht, dass der Gesetzgeber sämtliche Selbstregulierungsakteure selbst benennt – dies würde das Konzept regulierter Selbstregulierung letztlich in seiner Umsetzung unmöglich machen. Stattdessen geht es lediglich um eine hinreichende Strukturierung

---

1615 A.A. ist offenbar *Höfling*, in: Höfling (Hrsg.), TPG, § 12 Rn. 60, der im Hinblick auf die Überwachungskommission an einer aus verfassungsnormativen Gesichtspunkten hinreichenden Lösung Zweifel äußert.

1616 *Augsberg*, Gesetzliche Regelungen zur Organ- und Gewebespende, S. 63 ff., kommt so in seinem im Jahre 2013 auf Ersuchen des Bundesministeriums für Gesundheit erstellten Rechtsgutachten zu den Kontrollstrukturen des TPG zu dem Ergebnis, es könne nicht von einer optimal oder problemlos funktionierenden Kontrolle ausgegangen werden. Ausfallerscheinungen würden indes jedoch nicht diagnostiziert und eine „weitreichende Untätigkeit" habe widerlegt werden können. Auch für die Annahme einer bewusst reduzierten „kontrollierten Kontrolle" bestünden keine Anhaltspunkte.

1617 Zur verfassungsrechtlichen Zulässigkeit vgl. *Eifert*, Die Verwaltung 39 (2006), 309 (317 ff.).

1618 *Eifert*, Die Verwaltung 39 (2006), 309 (319 f.).

des institutionellen Selbstregulierungsbereichs und um ausreichend bestimmte Festlegungen zur Rekrutierung der dort handelnden Akteure. Eine solche Strukturierung der transplantationsmedizinischen Selbstregulierung ist dem TPG wiederum durchaus immanent. Dieses differenziert bei der postmortalen Organtransplantation nach der Entnahme, der Übertragung und der Vermittlung von Spenderorganen mit jeweils unterschiedlichen zuständigen Akteuren, die institutionell voneinander getrennt sind. Die Organentnahme soll in Entnahmekrankenhäusern nach § 9a TPG erfolgen, die nach § 9b TPG über fachlich qualifizierte Transplantationsbeauftragte verfügen müssen. Die Organübertragung ist hingegen in den Transplantationszentren vorzunehmen, § 10 TPG. Diese führen auch die Wartelisten aller bedürftigen Patienten. Die Vermittlungsentscheidung trifft die Vermittlungsstelle gemäß § 12 TPG anhand der Vorgaben, die die Bundesärztekammer in den dazu erlassenen Richtlinien nach § 16 Abs. 1 TPG festgelegt hat. Der Koordinierungsstelle obliegt im Prozess der postmortalen Organtransplantation gemäß § 11 TPG die Aufgabe, die Zusammenarbeit von den Transplantationszentren und den Entnahmekrankenhäusern bei der Entnahme sowie Vorbereitung von Entnahme, Vermittlung und Übertragung zu organisieren. Auch die offengelassenen konkreten Rekrutierungsentscheidungen im Selbstregulierungsbereich sind normativ durchaus anhand von Kriterien vorbestimmt worden. Dabei sind die Vorgaben jeweils ähnlich ausgestaltet. Den vom TPG als Auftraggebern bestimmten Institutionen – dem Spitzenverband Bund der Krankenkassen, der Bundesärztekammer und der Deutschen Krankenhausgesellschaft oder den Spitzenverbänden der Krankenhausträger gemeinsam – wird die Möglichkeit eingeräumt, die gesetzlich vorgesehenen Einrichtungen selbst zu gründen oder geeignete Akteure zu beauftragen. Mittels eines Vertrags sind die Pflichten entsprechend den transplantationsgesetzlichen Vorgaben zu verhandeln. Dabei sind normativ, wie etwa in § 11 Abs. 1 S. 2 TPG für die Koordinierungsstelle, gewisse Mindestanforderungen an die Akteure vorgegeben, die die auftraggebenden Spitzenverbände bei der Auswahl einzuhalten haben. Die Rekrutierung der Selbstregulierungsakteure ist darüber hinaus über § 9 TPG gesetzlich abgesichert. Indem durch den parlamentarischen Gesetzgeber bestimmt worden ist, dass allein eine postmortale Organtransplantation entsprechend der Vorgaben und durch die Akteure des Transplantationswesens zulässig ist, wird Verselbstständigungserscheinungen und dem Dazutreten nicht durch das TPG vorgesehener Akteure vorgebeugt.

Das die regulierte Selbstregulierung einführende TPG enthält folglich detaillierte Vorgaben, die den Normzweck ausreichend deutlich hervorheben, die initiierten Aufsichtsmaßnahmen des Selbstregulierungssystems ausgestalten und eine Strukturierung und Rekrutierung der Institutionen transplantationsmedizinischer Selbstregulierungsakteure vorgeben. Die transplantationsgesetzlichen Vorgaben zur Koordinierungsstellentätigkeit sind entsprechend der entwickelten Vorgaben nach der Wesentlichkeitsdoktrin ausreichend bestimmt gefasst und genügen dem institutionellen Gesetzesvorbehalt.

2. Rechtsstaatsprinzip und Stiftungsorganisation

Mit Blick auf die stiftungsinternen Strukturen, die sich die DSO in der Satzung ihres Stiftungsrates gibt, und die eine Beteiligung von Vertretern der unmittelbaren und mittelbaren Staatsverwaltung vorgeben, drängt sich die Frage auf, ob solche Festlegungen einer staatlich-privaten Kooperation durch einen gesellschaftlichen Akteur aus rechtsstaatlich-demokratischen Gesichtspunkten hinreichend rückgebunden sein können.[1619] Zu fragen ist also, ob insoweit der in Art. 20 Abs. 3 GG vorausgesetzte, aber nicht explizit benannte institutionelle Vorbehalt des Gesetzes eine parlamentsgesetzliche Grundlage verlangt.[1620] Dabei kann hier auf die vorab dargestellte Ausprägung, die der Vorbehalt des Gesetzes durch die Wesentlichkeitsdoktrin der Rechtsprechung des Bundesverfassungsgerichts angenommen hat, rekurriert werden.[1621] Die Ausgestaltungen von Organisation und Verfahren der Staatlichkeit betreffen grundlegende institutionelle Fragen der Staatsorganisation, die mitunter als so wesentlich zu erachten sind, dass sie, je nach Lage des Falles, einem institutionellen Gesetzesvorbehalt in Form des Parlamentsvorbehaltes unterliegen können.[1622] Bejaht wird eine solche Wesentlichkeit jedenfalls dann, wenn klassische Verwaltungsaufgaben auf Private übertragen werden.[1623] Für die Organisation von staatlich-privaten Kooperationsbereichen gilt daher, dass nur der parlamentarische Gesetzgeber ein erforderliches Maß an demokratischer Legitimation vermitteln kann, um Entscheidungen wie der Auslagerung von Aufgaben oder Aufgabenbereichen

---

1619 Dazu bereits oben auf S. 325 ff.

1620 Vgl. BVerfGE 98, 218 (251, Rn. 136); *Grzeszick*, in: Maunz/Dürig (Hrsg.), GG, Art 20 Abs. 4 Rn. 75; Jarass, in: Jarass/Pieroth (Hrsg.), GG, Art. 20 Rn. 69, 76; *Schulze-Fielitz*, in: Dreier (Hrsg.), GG, Band II, Art. 20 R Rn. 105.

1621 Siehe oben S. 332 ff.

1622 Vgl. nur *John-Koch*, Organisationsrechtliche Aspekte der Aufgabenwahrnehmung im modernen Staat, S. 167 f.; *Sommermann*, in: von Mangoldt u.a. (Hrsg.), GG, Band II, Art. 20 Rn. 283.

1623 So beispielsweise *Krebst*, in: Isensee/Kirchhof (Hrsg.), Handbuch des Staatsrechts, Band V, § 108 Rn. 102; *Schmidt-Aßmann*, Das allgemeine Verwaltungsrecht als Ordnungsidee, S. 254.

zu Gunsten Privater gerecht zu werden.[1624] Diesen Anforderungen müssen demzufolge auch die Entscheidungsüberantwortungen im Modell regulierter Selbstregulierung genügen.[1625] Es folgt daraus, dass das Parlament die Entscheidung regulierter Selbstregulierung selbst beschließt.[1626] Die notwendige Dichte der parlamentsgesetzlichen Regelungen hängt von der Wesentlichkeit des Entscheidungsbereichs ab. Wenn sich der Staat mit Privaten in ein Kooperationsverhältnis gemeinsamer Aufgabenerledigung begibt, werden an ein solches Maß notwendiger Bestimmtheit regelmäßig erhöhte Anforderungen gestellt.[1627] Dies betreffe vor allem die Notwendigkeit, solche Formen der Kooperation normativ offenzulegen und zu dokumentieren.[1628] Insofern müsste der parlamentsgesetzliche Regulierungsrahmen – wie bereits oben näher dargelegt – als absolute Mindestvoraussetzungen immer Vorgaben über Zweck, Aufsicht und Rekrutierung sowie Strukturierung der besonderen Selbstregulierungsorgane benennen.[1629] Die staatlichen Kooperationsentscheidungen mit der Koordinierungsstelle und den weiteren Akteuren des Transplantationswesens sind in § 11 TPG, wie festgestellt, durchaus ausreichend transparent und ausführlich strukturiert. Auch im Hinblick auf die Benennung oder Gründung einer geeigneten Institution als Koordinierungsstelle hat der Parlamentsgesetzgeber dabei eigene Vorgaben festgelegt und eine Rekrutierung und Strukturierung insofern vorbestimmt.

Die Entscheidung, ob eine öffentlich-rechtliche oder privatrechtliche Stelle beauftragt wird, hat der Gesetzgeber, wie § 14 Abs. 1 S. 1 TPG zu entnehmen ist, bewusst offen gehalten. Insofern konnte freilich eine Stiftung nach bürgerlichem Recht mit der Erledigung der in § 11 TPG benannten Aufgaben beauftragt werden. Es hätte ebenso eine öffentlich-rechtliche Organisation an ihre Stelle treten können. Dass jedoch in den Organisationsstrukturen einer privatrechtlich

---

1624 *Erbguth*, Die Zulässigkeit der funktionalen Privatisierung im Genehmigungsrecht, S. 373; *Sahm*, Privatisierung der immissionsschutzrechtlichen Anlagenüberwachung, S. 198; *Seidel*, Privater Sachverstand und staatliche Garantenstellung im Verwaltungsrecht, S. 116. Allgemein dazu *Sommermann*, in: von Mangoldt u.a. (Hrsg.), GG, Band II, Art. 20 Rn. 186 f.

1625 So auch *Di Fabio*, JZ 1999, 585 (589 f.); *Schmidt-Aßmann*, AöR 116 (1991), 329 (377); *Thoma*, Regulierte Selbstregulierung im Ordnungsverwaltungsrecht, S. 343.

1626 Vgl. *Burmeister*, Institutioneller Gesetzesvorbehalt, S. 319 ff.; *Gross*, Das Kollegialprinzip in der Verwaltungsorganisation, S. 240.

1627 So ausdrücklich *Voßkuhle*, VVDStRL 62 (2003), 266 (298).

1628 Ausdrücklich *Voßkuhle*, VVDStRL 62 (2003), 266 (298).

1629 Dazu oben auf S. 336 f. Siehe weiterführend vor allem *Burmeister*, Institutioneller Gesetzesvorbehalt, S. 323 ff.

organisierten Koordinierungsstelle staatliche Vertreter an den organschaftlichen Entscheidungsprozessen beteiligt werden, wird weder im TPG nahe gelegt noch lässt sich solch eine Struktur der Beauftragung durch die Auftraggeber entnehmen. Wenn die Wesentlichkeitstheorie, wie vorliegend erörtert, dahingehend verstanden wird, dass innerhalb der regulierten Selbstregulierung zumindest die Kooperationsstrukturen der Entscheidung des parlamentarischen Gesetzgebers vorzubehalten sind und durch Normierung transparent gehalten sein müssen, spricht vieles dafür, derartige Kooperationsentscheidungen – weil sie von den üblichen Organisationsstrukturen evident abweichen – auch innerhalb der Organe der einzelnen Institutionen dem Parlamentsgesetzgeber vorzubehalten, der dann jedenfalls die Möglichkeit oder Pflicht der Mitwirkung staatlicher Funktionsträger innerhalb der dort benannten Akteure und die dazu notwendigen organschaftlichen Strukturen ausdrücklich bestimmen müsste. Dem Bestimmtheitsgebot lässt sich also das Gebot entnehmen, solche – wesentliche – Kooperationsentscheidungen innerhalb des Parlamentsgesetzes hinreichend transparent fest- und offenzulegen. Das bedeutet, dort Vorgaben zu vom Regelfall abweichenden organschaftlichen Strukturen der Akteure machen zu müssen und dann auch die Rekrutierung staatlicher und privater Funktionsträger als Vertreter innerhalb der zu bildenden Gremien zu thematisieren. Insofern lässt sich hier annehmen, dass die aktuellen Strukturierungsmaßnahmen der DSO soweit sie mit der Beteiligung staatlicher Akteure einhergehen, gegen den institutionellen Vorbehalt des Gesetzes in der Ausprägung, die er durch die Wesentlichkeitsdoktrin des Bundesverfassungsgerichtes erlangt hat, verstoßen. Als Element der Gesetzmäßigkeit der Verwaltung und Voraussetzung für den in Art. 20 Abs. 3 GG bestimmten Vorrang des Gesetzes[1630] führte ein solcher Verstoß regelmäßig zur Rechtswidrigkeit der ohne gesetzliche Ermächtigung vorgenommenen Verwaltungsmaßnahmen.[1631]

C. Selbstregulierung im Kontext einer staatlichen Regulierung

Die Anforderungen demokratischer und rechtsstaatlicher Rückbindung richten sich – wie gezeigt – ausschließlich an die staatlichen Regulierungsbeiträge im Modell staatlich regulierter gesellschaftlicher Selbstregulierung. Die daraus folgende Anwendung der klassischen Verfassungsrechtsdogmatik führt dazu, dass sich der staatliche Regulierungsrahmen im Transplantationsrecht

---

1630 Dazu *Schulze-Fielitz*, in: Dreier (Hrsg.), GG, Band II, Art. 20 R Rn. 105.

1631 BVerfGE 41, 251 (256); 51, 268 (287); *Schulze-Fielitz*, in: Dreier (Hrsg.), GG, Band II, Art. 20 R Rn. 105.

vergleichsweise problemlos auf ein ausreichendes rechtsstaatlich-demokratisches Legitimationsniveau stützen lässt. Bedenken einer effektiven Rückbindung an den Volkswillen können daher insofern kaum aufkommen. Diese scheinen gleichwohl zu bestehen – sie ergeben sich insbesondere aufgrund der spezifischen Kombination und Verzahnung dieser staatlichen Regulierungsbeiträge mit gesellschaftlichen, demokratisch nicht legitimierten und legitimierbaren Handlungsbeiträgen in einem gemeinsamen Kooperationsmuster.

I. Legitimationsdogmatische Herausforderungen regulierter Selbstregulierung

Die von privatrechtlichen Akteuren geprägte gesellschaftliche Selbstregulierung kann mangels Ausübung von Staatsgewalt den Anforderungen demokratischer Legitimation nicht unterworfen sein. Ihre Wirkungsmöglichkeiten gleichen dennoch nicht denen freier gesellschaftlicher Selbstregulierung, sondern nähern sich dem staatlichen Bereich an und nehmen eine hybride Position ein. Diese Zwischenkategorie lässt sich darauf zurückführen, dass der staatliche Regulierungsbeitrag induzierend und absichernd in den Bereich gesellschaftlicher Selbstregulierung hineinwirkt und sich dort verwirklicht.[1632] Selbstregulierung wird durch staatliche Entscheidungen bewusst freigesetzt;[1633] die Grenzen ihrer Wirksamkeit sind allein durch den staatlich geschaffenen Regulierungsrahmen bestimmt.[1634] Es kommt dadurch zu einem gewissen, der freien Selbstregulierung fremden und kraft staatlicher Konzeption vermittelten, anders gewendet aus der rechtlichen Regulierung herrührenden, faktischen und mitunter sogar rechtlichen Machtanstieg der agierenden Akteure und Organisationen, der sich im gesellschaftlichen Selbstregulierungsbereich verwirklicht.[1635]

Dabei lässt sich kaum in Abrede stellen, dass die Selbstregulierungsbeiträge durch ihre staatliche Induzierung in teils erheblichem Maße auf staatlicher

---

1632 *Faber*, Gesellschaftliche Selbstregulierung im Umweltrecht, S. 250; *Krüger*, Die Organvermittlungstätigkeit Eurotransplants im Sinne des § 12 TPG, S. 183; *Trute*, DVBl. 1996, 950 (953 f.).

1633 *Böning*, Kontrolle im Transplantationsgesetz, S. 56 ff.

1634 *Talidou*, Regulierte Selbstregulierung im Bereich des Datenschutzes, S. 117.

1635 *Di Fabio*, VVDStRL 56 (1996), 235 (264); *Trute*, DVBl. 1996, 950 (955); *ders.*, in: Schmidt-Aßmann/Hoffmann-Riem (Hrsg.), Verwaltungsorganisationsrecht als Steuerungsressource, S. 249 (288 f.). *Schmidt-Aßmann*, in: Kern u.a. (Hrsg.), FS Laufs, S. 1049 (1060), spricht von einem „besonderen Einfluss gesellschaftlicher Selbstregulierung." vgl. dazu insbesondere auch obige Ausführungen zum Konzept des TPG, S. 72 ff.

Einflussnahme und entsprechenden gesetzlichen Vorgaben beruhen. Regulierte Selbstregulierung eröffnet es dem Staat als Regulierungsinstanz insofern, beispielsweise über Zielbestimmungen, organisatorische Vorgaben, Verpflichtungen und Verbote sowie spezifische Einwirkungsrechte, die öffentlichen Interessen in einer Ordnung privater Selbstregierung sicherzustellen und diesen Bereich von außen zu beeinflussen.[1636] Gerade im Gesundheitsrecht werden so auch die gesellschaftlichen Akteure in beachtlichem Maße den normierten Gemeinwohlbelangen der Bevölkerung verpflichtet. Es ist nicht zu übersehen, dass der Staat auf die selbstregulativ gestalteten Handlungsszenarien steuernd einzuwirken vermag.[1637] Dies lässt sich wohl gar als eines der zentralen Ziele hoheitlich regulierter gesellschaftlicher Selbstregulierung ausmachen. Die Selbstregulierungsbeiträge stellen damit nicht das Resultat reiner autonomer gesellschaftlicher Verhandlungen dar.

Zugleich begibt sich der Staat allerdings selbst in eine wenig abgesicherte Position. Die Regulierungsbeiträge ermöglichen ihm zwar Einwirkungsoptionen, eine abschließende Ergebnisbeherrschung ist indes wegen der innerhalb des Selbstregulierungsrahmens autonom handelnden Akteure ausgeschlossen. Gemeinwohlziele werden in solchen hybriden Aufgabenspektren eben erst durch die Kooperation des Staates mit gesellschaftlichen Akteuren verwirklicht und nehmen schlussendlich mitunter erst in den Entscheidungen Privater ihre konkrete Gestalt an.[1638] Da private Akteure jedoch auch innerhalb der Strukturen einer regulierten Selbstregulierung der gesellschaftlichen Sphäre entstammen, agieren sie naturgemäß nicht vorwiegend gemeinwohlorientiert, sondern unterliegen den eigenen Interessenbindungen.[1639]

Der Staat akzeptiert mit der Einführung staatlich regulierter gesellschaftlicher Selbstregulierung in der hier näher beleuchteten Form daher einen deutlichen Verlust an abschließender Ergebnisbeherrschung. Sowohl die Entscheidungsprozesse als auch die Letztentscheidungsbefugnisse werden nicht von staatlichen Verwaltungsorganen, sondern von gesellschaftlichen Akteuren, wahrgenommen. Der Staat soll sich jedoch seiner Gemeinwohlverantwortlichkeit nicht dadurch in gewisser Weise entledigen können, dass er auf Formen regulierter Selbstregulierung zurückgreift, er allein einen Rahmen formuliert

---

1636 *Trute*, DVBl. 1996, 950 (953).

1637 Allgemein dazu *Hoffmann-Riem*, in: Schmidt-Aßmann/Hoffmann-Riem (Hrsg.), Verwaltungsorganisation als Steuerungsressource, S. 355 (375 f.).

1638 *Schmidt-Preuß*, VVDStRL 56 (1997), 160 (162).

1639 So allgemein für staatlich-private Kooperationsbereiche *Çalışkan*, Die medizinrechtlichen Ordnungsstrukturen, S. 22 f.

und Entscheidungen dem gesellschaftlichen Bereich überlässt.[1640] Die Kooperation ist anderen Gründen geschuldet: Es soll allein um die Fruchtbarmachung gesellschaftlicher Potentiale wie Autonomie, Dynamik, Sachverstand und spezifischen Fachwissens gehen.[1641] Für den Bereich der Transplantationsmedizin bedeutet dies, Entscheidungen insbesondere der „fortlaufenden Mitgestaltung, Überprüfung und Anpassung durch den medizinischen Sachverstand" zu öffnen.[1642]

Es erscheint daher unabdingbar, auch für diese durch eine hoheitliche Regulierung beeinflussten und geprägten Entscheidungen insoweit nach einer geeigneten Legitimationssicherung zur Rechtfertigung und Rückführbarkeit auf den Volkswillen zu suchen.[1643]

Die vorangegangenen Ergebnisse dürften hinreichend verdeutlicht haben, dass die Verfassung des Grundgesetzes auf ein solches „Mixtum aus Staat und Gesellschaft" nicht ausgerichtet ist.[1644] Für staatlich-private Kooperationen ist aus den dortigen Vorgaben eine Legitimationsdogmatik, die dem Rechtsstaats- und Demokratieprinzip des Grundgesetzes auch insofern Kontur verleihen könnte, noch nicht hinreichend entwickelt worden.[1645] Ein Rekurs auf klassische dogmatische Legitimationszusammenhänge erscheint deshalb naheliegend und ein Rückschluss auf verfassungsrechtliche Mängel damit fast unausweichlich.[1646] Jedoch gilt es zu beachten, dass die bestehende und gefestigte Legitimationsdogmatik entsprechend des verfassungsrechtlichen Zuschnitts des Art. 20 Abs. 2 GG auf die Ausübung von Staatsgewalt durch die besonderen Organe der gesetzgebenden, der vollziehenden und der rechtsprechenden Gewalt und nicht auf den Handlungsbereich gesellschaftlicher Akteure oder staatlich-privater Kooperation ausgerichtet ist[1647] und sich das Konzept einer regulierten Selbstregulierung auch

---

1640 *Engels*, Die Verwaltung 44 (2011), 347 (358).

1641 Vgl. etwa *Engels*, Die Verwaltung 44 (2011), 347 (353).

1642 *Schmidt-Aßmann*, in: Kern u.a. (Hrsg.), FS Laufs, S. 1049 (1053). Vgl. auch *Krüger*, Die Organvermittlungstätigkeit Eurotransplants im Sinne des § 12 TPG, S. 303.

1643 Ebenso *Engels*, Die Verwaltung 44 (2011), 347 (358); *Hoffmann-Riem*, in: Schmidt-Aßmann/Hoffmann-Riem (Hrsg.), Verwaltungsorganisation als Steuerungsressource, S. 355 (376); *Schmidt-Aßmann*, AöR 116 (1991), 329 (336 f.).

1644 *Grimm*, in: Die Verwaltung 2001, Beiheft 4, 9 (19).

1645 *Britz*, VerwArch 2000, 418 (421). Vgl. dazu etwa aber die Bemühungen bei *Holzmann*, Das Kooperationsprinzip, passim.

1646 *Engels*, Die Verwaltung 2011, 347 (361); *Grimm*, Die Verwaltung 2001, Beiheft 4, 9 (19); *Voßkuhle*, VVDStRL 62 (2003), 266 (295).

1647 Dazu statt vieler etwa *Schmidt-Aßmann*, AöR 116 (1991), 329 (366 f.).

im Übrigen weit vom exekutiven Regelmodell der Ausübung von Staatsgewalt, einer Ministerialverwaltung, entfernt hat.[1648] Mehr noch: Die Aufgabenwahrnehmung durch privatrechtliche Akteure scheint der hierarchischen Ministerialverwaltung aus Gesichtspunkten demokratischer Legitimation geradezu gegensätzlich zu sein.[1649] Es stellt sich vor diesem Hintergrund als Trugschluss dar, die Legitimationsvermittlung durch Legitimationsketten, vergleichbar mit der Legitimation der bürokratisch-hierarchischen staatlichen Verwaltung, jedenfalls entsprechend auch für einen gesellschaftlichen Selbstregulierungsbeitrag zu fordern und so indirekt zu dem Ergebnis einer Etatisierung zu gelangen.[1650] Ein solches Vorgehen erweckt den Anschein einer gewissen Widersprüchlichkeit, nicht zuletzt auch vor dem Hintergrund, dass die Verfassung selbst das Legitimationskonzept sogar für den Bereich der Ausübung von Staatsgewalt flexibel und ergebnisorientiert auf unterschiedliche Formen der Verwaltungsorganisation anwendet, indem sie vom – vermeintlichen – Grundmodell hierarchischer, parlamentsorientierter Verwaltung in Bereichen wie der funktionalen Selbstverwaltung oder der kommunalen Selbstverwaltung Abweichungen ermöglicht.[1651] Vom Bundesverfassungsgericht wird insofern stets besonders betont, dass nicht ein möglichst hohes, sondern ein angemessenes, ausreichendes Legitimationsniveau zu erreichen ist.[1652] Selbst wenn man das Erfordernis eines vergleichbaren Legitimationsniveaus für den Selbstregulierungsbeitrag regulierter Selbstregulierung anerkennen wollte, kann es nicht überzeugen, dieses Legitimationskonzept auf einen außerhalb des Anwendungsbereichs von Art. 20 Abs. 2 stehenden gesellschaftlichen und allein staatlich induzierten und regulierten Bereich starr übertragen zu wollen.

1648 Vgl. auch *Trute*, in: Schmidt-Aßmann/Hoffmann-Riem (Hrsg.), Verwaltungsrecht als Steuerungsressource, S. 249 (251 f.). Dieser beschreibt eine sich verringernde Vorbildfunktion der Ministerialverwaltung für die pluralistische Verwaltung. So auch *Mehde*, VerwArch 2000, 540 (563), nachdem es „ausgeschlossen [ist], das Hierarchiegebot auf alle Lebensbereiche mit staatlicher Beteiligung auszudehnen."

1649 *Krüger*, Die Organvermittlungstätigkeit Eurotransplants im Sinne des § 12 TPG, S. 280; *Trute*, DVBl. 1996, 950 (S. 962).

1650 Ablehnend auch *Dreier*, in: Dreier (Hrsg.), GG, Band II, Art. 20 D Rn. 142; *Trute*, DVBl. 1996, 950 (955 f.); *Voßkuhle*, VVDStRL 62 (2003), 266 (295); *Weiß*, in: DVBl. 2002, 1167 (1179). In diese Richtung allerdings i.E. *Augsberg*, in: Höfling (Hrsg.), Die Regulierung der Transplantationsmedizin in Deutschland, S. 45 (52 ff.); *Engels*, Die Verwaltung 44 (2011), 347 (358 ff.).

1651 Vgl. bereits oben S. 286 f. Dazu zusammenfassend *Grzeszick*, in: Maunz-Düring (Hrsg.), GG, Art. 20 Abs. 2 Rn. 144 f.

1652 Etwa BVerfGE 83, 60 (72); 93, 37 (66 f.); 107, 59 (87); 119, 331 (336).

Indes erscheint es allerdings auch grundlegend missverständlich, das Postulat einer entsprechenden demokratischen Legitimation auch für den gesellschaftlichen Bereich einer regulierten Selbstregulierung zu erheben. Dem Demokratieprinzip aus Art. 20 Abs. 2 GG ist gerade keine Forderung nach einer „allgemeine[n] Demokratisierung gesellschaftlicher Macht" zu entnehmen.[1653] Es muss stattdessen allein um die Rechtfertigung der zu Tage tretenden und in den Selbstregulierungsbereich vordringenden staatlichen Herrschaftselemente gehen.[1654] Man wird dabei wohl die grundsätzliche Forderung des Art. 20 Abs. 2 GG heranziehen können und erwarten müssen, dass auch insoweit ein effektiver Einfluss des Volkes gewahrt bleibt, wenn sich die Ausübung von Staatsgewalt gerade – gezielt und spezifisch – im gesellschaftlichen Bereich auswirkt und dort darauf beruhend Entscheidungen bewirkt werden. Diese Annahme trifft freilich zu, soweit Vorgaben induzierend und koordinierend den gesellschaftlichen Selbstregulierungsbereich regulierter Selbstregulierung zu beeinflussen vermögen, dem Staat diese dort verwirklichten Handlungsbeiträge aber über Art. 20 Abs. 2 GG direkt nicht als Staatsgewalt zugerechnet werden können. Dabei eröffnen sich die entscheidenden Unterschiede zur Einbindung Privater in Formen wie der Beleihung oder der funktionalen Selbstverwaltung, bei denen auch deren Handlungen als Ausübung von Staatsgewalt gelten sollen, die hier ein Weiterdenken erfordern. Es gilt also, stärker als es die bestehende, womöglich insofern überkommene Legitimationsdogmatik vermag, die Verzahnung staatlicher und gesellschaftlicher Beiträge in den Blick zu nehmen.[1655] Wie müssen Kooperationsbereiche staatlicher und privatrechtlicher Akteure also ausgestaltet sein, um legitimatorische Entscheidungszusammenhänge herzustellen?[1656] Hier Abhilfe versprechende, auf dieser Legitimationsdogmatik begründete und doch sachangemessen erscheinende Überlegungen zur erforderlichen Einflussnahme bei Kooperationen des Staates mit Privaten sind jedenfalls bislang nicht hinreichend entwickelt und ausreichend klar herausgearbeitet worden.[1657]

1653 *Schmidt-Aßmann*, AöR 116 (1991), 329 (339).

1654 Vgl. *Schmidt-Aßmann*, AöR 116 (1991), 329 (376 ff.).

1655 So auch *Franzius*, Der Staat (42) 2003, 493 (514); *Hoffmann-Riem*, in: Schmidt-Aßmann/Hoffmann-Riem (Hrsg.), Verwaltungsorganisationsrecht als Steuerungsressource, S. 355 (376). Vgl. auch *Voßkuhle*, VVDStRL 62 (2003), 266 (269).

1656 *Çalışkan*, Die medizinrechtlichen Ordnungsstrukturen, S. 22 f.

1657 So auch *Britz*, VerwArch 2000, 418 (421); *Grimm*, Die Verwaltung 2001, Beiheft 4, 9 (19).

II. Überwirkende Legitimationsverantwortung als Antwort auf die dogmatischen Herausforderungen?

Im Wege der Verfassungsinterpretation wurde jedoch als zielführender Problemlösungsvorschlag insbesondere ein Modell spezifischer Legitimationsverantwortung herausgebildet.[1658] Das Konzept der Legitimationsverantwortung zielt darauf ab, Kooperationsbereiche des Staates mit gesellschaftlichen Akteuren demokratisch legitimatorisch anzubinden und so eine Rückbindung und Rückführbarkeit zu ermöglichen.[1659] Dabei wird versucht, staatlich vermittelte Machtpositionen sowie das Hineinwirken des Staates in den gesellschaftlichen Bereich durch ein Mindestmaß an staatlicher Verfahrensbeherrschung in Ausgleich zu bringen und den mit der Kooperation einhergehenden Verlust an Ergebnisbeherrschung auf diese Weise zu kompensieren.[1660] Ein der regulierten Selbstregulierung immanentes Risiko, dass die staatlich bezweckte Gemeinwohlausrichtung innerhalb des Kooperationsbereichs von gesellschaftlichen Akteuren

---

1658 Dieses Konzept ist bereits mehrfach aufgegriffen worden. So etwa von *Augsberg*, in: Höfling (Hrsg.), Die Regulierung der Transplantationsmedizin in Deutschland, S. 45 (52 ff.); *Çalışkan*, Die medizinrechtlichen Ordnungsstrukturen, S. 147 ff., 153 ff.; *Engels*, Die Verwaltung 44 (2011), 347 (357 ff.); *Holzmann*, Das Kooperationsprinzip, S. 67; *Röhl*, Die Verwaltung 29 (1996), 465 (500 ff.); *Schmidt-Aßmann*, Die Verwaltung 2001, Beiheft 4, 253 (267); *ders.*, AöR 116 (1991), 329 (377 ff.); *ders.*, Grundrechtspositionen und Legitimationsfragen im öffentlichen Gesundheitswesen, S. 80 f.; *ders.*, in: Kern u.a. (Hrsg.), FS Laufs, S. 1049 (1060): „vorwirkende Legitimationsverantwortung"; *ders.*, Das allgemeine Verwaltungsrecht als Ordnungsidee, S. 100 f., S. 272 f.: „überwirkende Legitimationsverantwortung"; *Trute*, in: Hoffmann-Riem/Schmidt-Aßmann/Voßkuhle (Hrsg.), Grundlagen des Verwaltungsrechts, Band I, § 6 Rn. 58 f.; *ders.*, DVBl. 1996, 950 (955 ff.); *ders.*, in: Schmidt-Aßmann/Hoffmann-Riem (Hrsg.), Verwaltungsorganisationsrecht als Steuerungsressource, S. 249 (290 ff.); *Voßkuhle*, VVDStRL 62 (2003), 266 (296). Vgl. auch *Franzius*, Der Staat 42 (2003), 493 (501). Ablehnend hingegen *Burgi*, Funktionale Privatisierung und Verwaltungshilfe, S. 362 ff. Dieser spricht sich für die Fallgestaltung, in der private Vorbereitungshandlungen zu staatlichen Entscheidungen beitragen, für eine – vergleichbare Gestalt annehmende – „Strukturschaffungspflicht" auch im gesellschaftlichen Bereich aus. Ebd., S. 370 ff.; *ders.*, Die Verwaltung 33 (2000), 183 (200 ff.).

1659 Vgl. *Çalışkan*, Die medizinrechtlichen Ordnungsstrukturen, S. 147; *Trute*, in: Hoffmann-Riem/Schmidt-Aßmann/Voßkuhle (Hrsg.), Grundlagen des Verwaltungsrechts, Band I, § 6 Rn. 58.

1660 *Trute*, in: Schmidt-Aßmann/Hoffmann-Riem (Hrsg.), Verwaltungsorganisationsrecht als Steuerungsressource, S. 249 (290).

zu Gunsten eigener Interessen nicht in der intendierten Weise umgesetzt wird, soll auf diese Weise abgesichert werden.[1661] Das Konzept der Legitimationsverantwortung wirkt dazu über den Bereich der organisierten Staatlichkeit hinaus und formuliert auch Anforderungen für die Strukturen der gesellschaftlichen Kooperation. Es erscheint daher zutreffend, insofern von überwirkender staatlicher Legitimationsverantwortung zu sprechen.[1662]

Das Schrifttum wendet das Konzept der Legitimationsvermittlung zumeist auf Formen der Verwaltungskooperation an, in denen Private vorbereitende Handlungsmaßnahmen im Vorfeld staatlicher Entscheidungen erbringen und insofern das Risiko gegenwärtig wird, durch diesen Vorgang an Ergebnisbeherrschung einzubüßen. Folglich wird insbesondere zwischen einer vorwirkenden Legitimationsverantwortung zur Absicherung einer dem Staat verbleibenden Letztentscheidungskompetenz und – bei Fehlen einer solchen – einer nachwirkenden Legitimationsverantwortung unterschieden.[1663] Außerdem ist zu beachten, dass die Anwender der Legitimationsverantwortung durchaus nicht einheitlich beantworten, wie sich eine Legitimationsverantwortung des Staates herstellen ließe, und dabei zu teilweise recht unterschiedlichen Maßstäben gelangen.[1664] Durch zunehmend gesicherte Strukturen haben sich die Ansichten jedoch bereits zu einer Art Rahmen verdichtet. Insofern lassen sich die Anforderungen auch auf Kooperationsbereiche solcher regulierter Selbstregulierung übertragen, in denen der Staat allein rahmensetzend, induzierend und regulierend in Erscheinung tritt und Entscheidungen erst im Bereich der gesellschaftlichen Selbstregulierung getroffen werden.

1. *Verfassungsrechtliche Grundlagen der überwirkenden Legitimationsverantwortung*

Vorab stellt sich die Frage, ob und inwieweit eine überwirkende Legitimationsverantwortung des gesellschaftlichen Selbstregulierungsbereichs in einer auf

---

1661 *Çalışkan*, Die medizinrechtlichen Ordnungsstrukturen, S. 155; *Holzmann*, Das Kooperationsprinzip, S. 221 f.

1662 So *Trute*, in: Hoffmann-Riem/Schmidt-Aßmann/Voßkuhle (Hrsg.), Grundlagen des Verwaltungsrechts, Band I, § 6 Rn. 58.

1663 *Trute*, in: Schmidt-Aßmann/Hoffmann-Riem (Hrsg.), Verwaltungsorganisationsrecht als Steuerungsressource, S. 249 (290 ff.); *ders.*, in: Hoffmann-Riem/Schmidt-Aßmann/Voßkuhle (Hrsg.), Grundlagen des Verwaltungsrechts, Band I, § 6 Rn. 59.

1664 Siehe dazu nur die Unterschiede in den Konzepten von *Engels*, Die Verwaltung 44 (2011), 347 (357 ff.) und *Trute*, in: Hoffmann-Riem/Schmidt-Aßmann/Voßkuhle (Hrsg.), Grundlagen des Verwaltungsrechts, Band I, § 6 Rn. 58 f.

dem demokratischen Prinzip beruhenden Legitimationsdogmatik des Grundgesetzes ihre Berechtigung haben kann,[1665] wenn doch – wie an anderer Stelle festgestellt – allein alle Ausübung von Staatsgewalt der demokratischen Rückbindung an das Volk bedarf. Eine staatliche Legitimationsverantwortung mag daher zunächst einmal als rein rechtspolitische Forderung[1666] oder gar im Hinblick auf diese Festlegungen des Grundgesetzes als widersprüchlich erscheinen. Das gilt umso mehr, wenn man, wie vorliegend, auf den eindeutigen Wortlaut des Art. 20 Abs. 2 GG gestützt jegliche Legitimationsnotwendigkeit der gesellschaftlichen Handlungsbeiträge ablehnt.[1667] Um diesen vermeintlichen Widerspruch aufzulösen, mögen als Ausgangspunkt zunächst nochmals die spezifischen Auswirkungen der hier in den Blick genommenen Form regulierter Selbstregulierung betont werden, die sich in dieser Art in anderen klassischen Bereichen staatlich-privater Kooperation nicht oder nur in Ausnahmefällen finden lassen. Dieses Modell erlaubt es dem Gesetzgeber vor allem, zwar organisatorische wie auch inhaltliche Vorgaben zu machen, Entscheidungen aber anhand dieser Direktiven allein im gesellschaftlichen Bereich treffen zu lassen. Es kommt durch diese Anomalie dazu, dass staatliche Steuerungsmechanismen durch normative Strukturierung und Überformung gewissermaßen vorverlagert werden.[1668] Die Ausübung von Staatsgewalt endet in solchen Konstellationen bei einer Rahmengebung unter der Formulierung von Vorgaben und Zielen. Der Prozess der Entscheidungsfindung und des Entscheidens ist unterdessen in den gesellschaftlichen Bereich verlagert.[1669] Dort wirken sich die staatlichen Regulierungsentscheidungen aus, und verdichten sich zu einem gegenüber dem Betroffenen Geltung beanspruchenden Ergebnis, ohne dass sich dieses aber an den Anforderungen des Art. 20 Abs. 2 GG messen ließe. Demgegenüber kann davon ausgegangen werden, dass der Verfassungsgeber beim Vorgang der Ausübung von Staatsgewalt im Sinne des Art. 20 Abs. 2 GG von der Vorstellung geleitet war, dass von den drei Staatsgewalten am Ende eines Prozesses, an dem die Vorbereitungslinien zusammenlaufen, Entscheidungen selbst herbeigeführt werden, und so der gesamte Verlauf der Machtausübung einer Anbindung an den Volkswillen

1665 *Trute*, in: Hoffmann-Riem/Schmidt-Aßmann/Voßkuhle (Hrsg.), Grundlagen des Verwaltungsrechts, Band I, § 6 Rn. 58.

1666 In diese Richtung *Burgi*, Funktionale Privatisierung und Verwaltungshilfe, S. 368.

1667 Siehe dazu S. 302 ff. So ausdrücklich auch *Burgi*, Die Verwaltung 33 (2000), 183 (200).

1668 *Eifert*, in: Hoffmann-Riem/Schmidt-Aßmann/Voßkuhle (Hrsg.), Grundlagen des Verwaltungsrechts, Band I, § 19 Rn. 54.

1669 Vgl. *Eifert*, in: Hoffmann-Riem/Schmidt-Aßmann/Voßkuhle (Hrsg.), Grundlagen des Verwaltungsrechts, Band I, § 19 Rn. 52.

durch ununterbrochene Legitimationsketten unterliegt.[1670] Der effektive Einfluss des Volkes auf die Ausübung von Staatsgewalt sollte demnach eine „Steuerung" der organisierten staatlichen Gewalt ermöglichen,[1671] die sich auf den gesamten Entscheidungsprozess bis zum Ergebnis erstreckt.[1672] Es lässt sich also eine Entwicklung verzeichnen, in der diese naheliegende Vorstellung über staatliche Entscheidungsprozesse teils nicht mehr mit den tatsächlichen und rechtlichen Gegebenheiten übereinstimmt.

Doch ist das Demokratieprinzip des Art. 20 Abs. 2 GG wegen des Prinzipiencharakters der Norm durchaus im Hinblick auf solche Wandlungen entwicklungsoffen gehalten und der Anpassung an veränderte Verhältnisse zugänglich.[1673] Explizite Aussagen über die Bewertung von Verzahnungen und Mischformen von Staatlichkeit und Privaten trifft das Grundgesetz zwar nicht.[1674] Insbesondere im Bereich der Arbeitsteilung und Kooperation beschränken sich verfassungsrechtliche Vorgaben stattdessen auf eine bloße Rahmensetzung.[1675] Um aber den im Demokratieprinzip zum Tragen kommenden Gedanken des Volkes als Ursprung und Träger politischer Herrschaft und der Rechtfertigung der Herrschaftsausübung tatsächlich zur Entfaltung zu bringen, müssen auch Induzierungs- und Regulierungsbeiträge, die sich – dort im Übrigen als eine Art Fremdkörper – im gesellschaftlichen Bereich auswirken, eine gewisse Verantwortung der Staatsorgane für diese Überantwortung mit sich bringen. Eine bloße Ausweitung der Legitimationsdogmatik auf den gesellschaftlichen Bereich widerspräche dabei freilich der verbindlichen Aussage des Art. 20 Abs. 2 GG, der allein auf die Ausübung von Staatsgewalt Bezug nimmt. Daher ist – nochmals – deutlich hervorzuheben, dass es nicht um eine legitimatorische An- und Einbindung gesellschaftlicher Akteure gehen kann.[1676] Es bedarf hier keines Legitimationsniveaus, wie es Art. 20 Abs. 2 GG sicherzustellen versucht. Gesellschaftliche Selbstregulierung muss auch im Modell der regulierten

---

1670 In diese Richtung auch *Burgi*, Funktionale Privatisierung und Verwaltungshilfe, S. 380; *ders.*, in: Die Verwaltung 33 (2000), 183 (200).

1671 *Böckenförde*, in: Isensee/Kirchhof (Hrsg.), Handbuch des Staatsrechts, Band III, § 24 Rn. 12.

1672 *Röhl*, in: Die Verwaltung 29 (1996), 487 (500).

1673 BVerfGE 107, 59 ff.

1674 *Grimm*, in: Die Verwaltung 2001, Beiheft 4, 9 (19).

1675 *Burgi*, in: Isensee/Kirchhof (Hrsg.), Handbuch des Staatsrechts, Band IV, § 75 Rn. 14.

1676 In diese Richtung jedoch die konzeptionellen Gedanken bei *Augsberg*, in: Höfling (Hrsg.), Die Regulierung der Transplantationsmedizin in Deutschland, S. 45 (52 ff.) und *Engels*, Die Verwaltung 44 (2011), 347 (358 ff.).

Selbstregulierung weder nach der klassischen Dogmatik noch über ein Hinzutreten eventuell denkbarer alternativer Legitimationsformen rückgebunden werden. Folglich kann es einer überwirkenden Legitimationsverantwortung nur darum gehen, eine richtige Umsetzung der demokratisch legitimierten staatlichen Regulierungs- und Rahmensetzungsentscheidungen sicherzustellen. Das Konzept einer überwirkenden Legitimationsverantwortung muss also nicht auf die Vermittlung von Legitimation abzielen, sondern allein darauf, dass die staatlich legitimierten Entscheidungen, die noch ein Hinzutreten gesellschaftlicher Handlungsbeiträge erfordern, auch im gesellschaftlichen Bereich entsprechend ihre Umsetzung finden. Letztlich meint überwirkende Legitimationsverantwortung also, dass der in der Ausübung von Staatsgewalt durch Zielvorgaben und Rahmensetzung zu Tage tretende Volkswille auch im Modell regulierter Selbstregulierung dadurch gewahrt bleiben und effektiv zur Umsetzung gelangen muss, dass sich die gesellschaftlichen Akteure im Rahmen ihrer Selbstregulierungsaufgaben an die dazu getroffenen Vorgaben halten und sich an den normativ festgelegten Zielvorstellungen orientieren. So verstanden lässt sich freilich aus Art. 20 Abs. 2 GG eine gewisse Anbindung für ein Konzept der Legitimationsvermittlung herleiten.[1677] Eine staatliche Verantwortung lässt sich spiegelbildlich darauf zurückführen, dass sich der die gesellschaftliche Selbstregulierung induzierende Staat bewusst dazu entschlossen hat, die Ausübung von Staatsgewalt durch das Konzept regulierter Selbstregulierung auf zumeist abstrakte Vorgaben zu reduzieren und zu verkürzen und damit ein gewisses Maß an demokratischer Einflussnahmemöglichkeit und Entscheidungsbeherrschung einzubüßen.[1678]

2. *Funktion überwirkender Legitimationsverantwortung*

Überwirkende Legitimationsverantwortung knüpft an die Prämisse an, dass sich durch die Anwendung der klassischen Legitimationsdogmatik zwar die staatlichen Regulierungsbeiträge hinreichend legitimieren lassen, die klassische Konzeption offenbar Lücken aber dort entstehen lässt, wo erst gesellschaftliche

---

1677 Nach *Trute*, in: Hoffmann-Riem/Schmidt-Aßmann/Voßkuhle (Hrsg.), Grundlagen des Verwaltungsrechts, Band I, § 6 Rn. 58, wurzelt das Prinzip überwirkender Legitimationsverantwortung im demokratischen Prinzip. Mit *Burgi*, in: Isensee/Kirchhof (Hrsg.), Handbuch des Staatsrechts, Band IV, § 75 Rn. 13, kann hier festgehalten werden, dass zwangsläufig die Spielräume wissenschaftlicher Fortentwicklung auf diesem Gebiet in dem Maße wachsen, in dem die Direktionskraft des Grundgesetzes nachlässt.

1678 Vgl. *Franzius*, Der Staat 42 (2003), 493 (501); *Trute*, DVBl. 1996, 950 (956).

Akteure in einem selbstregulierten, aber induzierten Umfeld Entscheidungen treffen um staatliche Vorgaben zur Erfüllung von Gemeinwohlbelangen umzusetzen. Sie beschreibt insofern die Bemühung, eine hinreichende Rückführbarkeit der staatlichen Induzierungsbeiträge, die sich im gesellschaftlichen Bereich regulierter Selbstregulierung entfalten, zu gewährleisten, und so das demokratische Legitimationsniveau bei der Ausübung von Staatsgewalt durch Veranlassung und Organisation gesellschaftlicher Selbstregulierung effektiv abzusichern.[1679] Dazu gilt es sicherzustellen, dass die Entscheidungen aus dem staatlichen Regulierungsrahmen durch die Akteure der gesellschaftlichen Selbstregulierung auch tatsächlich richtig angewendet und umgesetzt werden. Die spezifische Legitimationsverantwortung zielt darauf ab, auf diese Weise „den Status der privaten Akteure ihrer Funktion anzupassen",[1680] anders gewendet die durch staatliche Induzierung und Beeinflussung eine hybride Gestalt annehmende regulierte Selbstregulierung in dem Maße durch effektiven Einfluss und Einwirkung rückzubinden, in dem sie sich von einer freien Selbstregulierung unterscheidet.[1681] Um von staatlicher Legitimationsverantwortung sprechen zu können, muss ein solches Konzept es ermöglichen und sicherstellen, dass der Staat auf die Entwicklungen innerhalb der regulierten Selbstregulierung angemessen steuernd einwirken kann, indem er etwa ergänzende Vorgaben, Korrekturen, Modifikationen sowie Einschränkungen oder Ausdehnungen des Selbstregulierungsbereichs vornimmt.

Zielführend erscheint es dazu, dem Staat im Wege dieses Konzeptes überwirkender Legitimationsverantwortung für die Regulierung und Induzierung gesellschaftlicher Selbstregulierungsbereiche zur Umsetzung von Gemeinwohlbelangen bestimmte Mindestanforderungen aufzuerlegen, die ein Mindestmaß an Einfluss auf den Regelungsbereich sowie eine hinreichende Verfahrens- und Ereignisbeherrschung ermöglichen und das erforderliche demokratische Legitimationsniveau für diese spezifischen staatlichen Einflussbereiche bewahren.[1682] So lassen sich die dort zu Tage tretenden und allein durch den regulierenden Staat

1679 *Trute*, in: Hoffmann-Riem/Schmidt-Aßmann/Voßkuhle (Hrsg.), Grundlagen des Verwaltungsrechts, Band I, § 6 Rn. 58.

1680 *Trute*, DVBl. 1996, 950 (956); *ders.*, in: Schmidt-Aßmann/Hoffmann-Riem (Hrsg.), Verwaltungsorganisationsrecht als Steuerungsressource, S. 249 (290).

1681 Vgl. *Burgi*, Die Verwaltung 33 (2000), 183 (199).

1682 In diese Richtung auch *Faber*, Gesellschaftliche Selbstregulierung im Umweltrecht, S. 250; *Schmidt-Aßmann*, in: Kern u.a. (Hrsg.), FS Laufs, S. 1049 (1060); *Trute*, DVBl. 1996, 950 (956). *Franzius*, Der Staat 42 (2003), 493 (501), schreibt, es müsse eine wegfallende inhaltliche Ereignisbeherrschung kompensiert werden.

vermittelten Machtpositionen auf eine geeignete Art und Weise an die demokratisch legitimierten Staatsorgane rückbinden. Die Verantwortlichkeit des Staates wird stärker auch in den Bereich der Selbstregulierung erstreckt, ohne dass der gesellschaftlichen Selbstregulierung damit die Eigendynamik genommen würde.

Es soll insofern an die Regelungsverantwortlichkeit des organisierenden und Vorgaben formulierenden Staates angeknüpft werden. Dabei ist es vor allem die Aufgabe des die Selbstregulierung induzierenden Gesetzgebers, die staatliche Gemeinwohlsicherung auch im gesellschaftlichen Bereich zu gewährleisten.[1683] Das Parlamentsgesetz ist nämlich bei regulierter Selbstregulierung das zentrale Medium staatlicher Steuerung und Einflussnahme. Die gesetzlichen Induzierungs- und Regulierungsbeiträge sind Voraussetzung und markieren zugleich die Grenze für die Rezeption von Selbstregulierungsbeiträgen in den Modellen staatlich regulierter gesellschaftlicher Selbstregulierung.[1684] An dieser Stelle trifft sich das Konzept der Legitimationsverantwortung daher mit den legitimationssichernden Anforderungen des institutionellen Gesetzesvorbehalts.[1685] Nur wenn der Staat im Wege der überwirkenden Legitimationsverantwortung ein Mindestmaß an Einflussnahme auf die Selbstregulierungsentscheidungen und deren Gemeinwohlgerichtetheit einzurichten vermag, kann dieses Konzept tatsächlich eine hinreichende Rückführbarkeit auf den Volkswillen vermitteln. Wenn diese effektive Verknüpfung zwischen staatlicher Regulierung und Zielsetzung und gesellschaftlicher Selbstregulierung hingegen nicht möglich erscheint, verkommt die Feststellung, der staatliche Einfluss mittels des Regulierungsrahmens stütze sich auf eine ausreichende demokratische Legitimation, zur bloßen Farce.[1686] Die überwirkende Legitimationsverantwortung des Staates muss also in den Regelungsstrukturen zum Tragen gelangen und dort die durch staatliche Konzeption vermittelten Einflussnahmemöglichkeiten und Machtpositionen privatrechtlicher Akteure ausgleichen.[1687] Überwirkende Legitimationsverantwortung konkretisiert sich in der Verpflichtung des regulierenden Staates, durch normative Vorkehrungen eine interessengerechte und transparente Ordnung

1683 *Trute*, DVBl. 1996, 950 (956); *ders.*, in: Hoffmann-Riem/Schmidt-Aßmann/Voßkuhle (Hrsg.), Grundlagen des Verwaltungsrechts, Band I, § 6 Rn. 58.

1684 *Engels*, Die Verwaltung 44 (2011), 347 (356).

1685 *Trute*, in: Hoffmann-Riem/Schmidt-Aßmann/Voßkuhle (Hrsg.), Grundlagen des Verwaltungsrechts, Band I, § 6 Rn. 58.

1686 *Trute*, in: Hoffmann-Riem/Schmidt-Aßmann/Voßkuhle (Hrsg.), Grundlagen des Verwaltungsrechts, Band I, § 6 Rn. 58.

1687 *Trute*, DVBl. 1996, 950 (956).

der einschlägigen Verfahren des Selbstregulierungsbereichs sicherzustellen.[1688] Die gesetzlich in den Bereich der Selbstregulierung verlagerten Aufgaben sollen auf sachgerechte und gesetzmäßige Art und Weise erfüllt werden,[1689] und die Zielvorgaben des Gesetzgebers sollen bei der Aufgabenerfüllung Beachtung finden.[1690] Der Selbstregulierungsprozess soll also gemeinwohlorientierte Entscheidungen hervorbringen,[1691] rechtswidrigen Übergriffen durch die staatlich initiierten Akteure der Selbstregulierung muss insofern vorgebeugt werden. Gesellschaftlichen Aufgabenträgern wird dazu eine bestimmte formale und gemeinwohlsichernde Bindung auferlegt.[1692] Es kann freilich nicht darum gehen, die organisatorischen und verfahrensrechtlichen Anforderungen staatlicher Verwaltung zu übertragen, da ein solcher Vorgang die erwünschte Expertise, Dynamik und Spontanität der privaten Handlungsstrukturen gefährden würde. Vielmehr bedarf es der Etablierung andersartiger, spezifischer und sachangemessener Strukturen.[1693] Dies gilt es über ein Zusammenwirken verschiedener, zusätzlicher institutioneller Rahmenbedingungen beziehungsweise Anforderungen umzusetzen, die eine besondere, selbstregulierungsspezifische Regelungsstruktur mit den zum Funktionieren erforderlichen Institutionen hervorbringen sollen und damit die materiellen Mindestanforderungen kennzeichnen:[1694] Der Normgeber muss dazu für eine ausreichende Neutralität und Objektivität der institutionellen Akteure im Bereich der Selbstregulierung einstehen[1695] und das

---

1688 *Schmidt-Aßmann*, in: Kern u.a. (Hrsg.), FS Laufs, S. 1049 (1061).

1689 *Trute*, DVBl. 1996, 950 (956); *ders.*, in: Hoffmann-Riem/Schmidt-Aßmann/Voßkuhle (Hrsg.), Grundlagen des Verwaltungsrechts, Band I, § 6 Rn. 58.

1690 Diesen Anspruch formuliert – als staatliche Gewährleistung – auch *Thoma*, Regulierte Selbstregulierung im Ordnungsverwaltungsrecht, S. 61 f.

1691 *Trute*, in: Hoffmann-Riem/Schmidt-Aßmann/Voßkuhle (Hrsg.), Grundlagen des Verwaltungsrechts, Band I, § 6 Rn. 58.

1692 *Burgi*, Die Verwaltung 33 (2000), 183 (199); *Trute*, in: Schmidt-Aßmann/Hoffmann-Riem (Hrsg.), Verwaltungsorganisationsrecht als Steuerungsressource, S. 249 (290)

1693 In diese Richtung auch *Çalışkan*, Die medizinrechtlichen Ordnungsstrukturen, S. 158 ff. Vergleichbar für staatliche Strukturschaffungspflichten argumentiert *Burgi*, Funktionale Privatisierung und Verwaltungshilfe, S. 379; *ders.*, Die Verwaltung 33 (2000), 183 (202).

1694 Vgl. *Franzius*, Der Staat 42 (2003), 493 (512); *Trute*, in: Hoffmann-Riem/Schmidt-Aßmann/Voßkuhle (Hrsg.), Grundlagen des Verwaltungsrechts, Band I, § 6 Rn. 58; *dens.*, DVBl. 1996, 950 (955).

1695 *Schmidt-Aßmann*, in: Kern u.a. (Hrsg.), FS Laufs, S. 1049 (1060); *ders.*, Das Allgemeine Verwaltungsrecht als Ordnungsidee, S. 274; *Trute*, DVBl. 1996, 950 (956); *ders.*, in: Hoffmann-Riem/Schmidt-Aßmann/Voßkuhle (Hrsg.), Grundlagen des

System dabei so strukturieren, dass die involvierten Interessen repräsentiert und zur Wirkung gebracht werden können und auch Minderheiteninteressen angemessen gehört werden.[1696] Gerade dort, wo sich der Staat in Kooperation mit eigeninteressierten Akteuren, also vor allem Betroffenen, begibt, muss er selektiven Interessenverarbeitungen vorbeugen und über Verfahrensvorschriften eine gleichmäßige und angemessene Berücksichtigung von Interessen gewährleisten.[1697] Die Selbstregulierung hat dabei in Verfahrensabläufen zu erfolgen, die ein Mindestmaß an Transparenz und Öffentlichkeit ermöglichen,[1698] denn nur unter diesen Bedingungen kann der regulierende Staat beurteilen, ob aufgrund konkreter Entwicklungen seine Einflussnahme verändert werden muss. Dies ließe sich vor allem über Berichts- und Informationspflichten der Selbstregulierungseinrichtungen und daneben über Beteiligungsmöglichkeiten Dritter ermöglichen.[1699] Außerdem bedarf es zur Transparenz des Selbstregulierungsbereichs einer gewissen Publizität,[1700] beispielsweise durch eine Verpflichtung zur Veröffentlichung der Selbstverpflichtungstexte und Verträge, ähnlich der Publikationspflichten bei Rechtsnormen.[1701] Im Ergebnis zielen sämtliche Aspekte der überwirkenden Legitimationsverantwortung damit auf die Sicherstellung der fachlichen Unabhängigkeit und gleichzeitigen Gemeinwohlfähigkeit der in der gesellschaftlichen Selbstregulierung getroffenen Entscheidungen und einen möglichst effektiven Ausschluss entgegenstehender Partikularinteressen

---

Verwaltungsrechts, Band I, § 6 Rn. 58; *ders.*, in: Schmidt-Aßmann/Hoffmann-Riem, Verwaltungsorganisationsrecht als Steuerungsressource, S. 249 (291).

1696 *Schmidt-Aßmann*, in: Kern u.a. (Hrsg.), FS Laufs, S. 1049 (1060); *ders.*, Grundrechtspositionen und Legitimationsfragen im öffentlichen Gesundheitswesen, S. 81; *ders.*, Das allgemeine Verwaltungsrecht als Ordnungsidee, S. 274; *Trute*, DVBl. 1996, 950 (956); *ders.*, in: Hoffmann-Riem/Schmidt-Aßmann/Voßkuhle (Hrsg.), Grundlagen des Verwaltungsrechts, Band I, § 6 Rn. 58; *ders.*, in: Schmidt-Aßmann/Hoffmann-Riem, Verwaltungsorganisationsrecht als Steuerungsressource, S. 249 (291).

1697 *Schmidt-Aßmann*, Grundrechtspositionen und Legitimationsfragen im öffentlichen Gesundheitswesen, S. 81; *Trute*, DVBl. 1996, 950 (962).

1698 *Schmidt-Aßmann*, in: Kern u.a. (Hrsg.), FS Laufs, S. 1049 (1060); *ders.*, Grundrechtspositionen und Legitimationsfragen im öffentlichen Gesundheitswesen, S. 81; *Trute*, DVBl. 1996, 950 (956).

1699 *Hoffmann-Riem*, AöR 130 (2005), 5 (35); *Schmidt-Aßmann*, Die Verwaltung, Beiheft 4 2001, 253 (267); *Talidou*, Regulierte Selbstregulierung im Datenschutz, S. 117. Dazu außerdem *Thoma*, Regulierte Selbstregulierung im Ordnungsverwaltungsrecht, S. 344.

1700 *Trute*, DVBl. 1996, 950 (956).

1701 Vgl. *Faber*, Gesellschaftliche Selbstregulierungssysteme im Umweltrecht, S. 253.

ab.[1702] Sämtliche dieser Anforderungen lassen sich aus dem Gebot der Absicherung ausreichender demokratischer Legitimation entsprechend dem Demokratie- und Rechtsstaatsprinzip ableiten und finden sich wesentlich auch in der klassischen Legitimationsdogmatik verankert. Sie dienen dort der formalen, verfassungsrechtlichen Gemeinwohlsicherung.[1703] Neutralität und Objektivität ist in der herkömmlichen Legitimationsdogmatik vor allem durch die Zuweisung von Ämtern an die jeweiligen Funktionsträger in der Ministerialverwaltung gekennzeichnet. Die Kontrolle ist in der hierarchisch-bürokratischen Verwaltung Ausfluss sachlich-inhaltlicher Legitimation und eine interessengerechte Entscheidung lässt sich insbesondere in rechtsstaatlichen Verfahrenselementen, wie der Pflicht zur Anhörung, wiederfinden.[1704]

Erforderlich ist damit, dass das gewählte Arrangement eine Regelungsstruktur schafft, die eine gesetzmäßige, sachgerechte und gemeinwohlorientierte Aufgabenerledigung im Bereich gesellschaftlicher Selbstregulierung absichert.[1705] Es soll dann weniger auf die Instrumente im Einzelnen, als auf eine Gewährleistung sachgerechter Aufgabenerfüllung und hinreichende Neutralitätssicherung durch das initiierte Gesamtarrangement ankommen.[1706] Je nach Sachbereich und Aufgabe, kann dabei eine voneinander abweichende Gewichtung erforderlich sein.[1707] Mitunter wird dazu der berechtigte Hinweis erteilt, dass dem Gesetzgeber bei der Beurteilung der Eignung und Effektivität solcher organisatorischer Gestaltungen zur Wahrung der überwirkenden Legitimationsverantwortung eine Einschätzungsprägorative zukomme, die ihm beträchtliche Spielräume für eigene Beurteilungen überlasse und zumeist wohl allein in Fällen offensichtlicher Unzulänglichkeit den Schluss einer verfassungswidrigen Ausgestaltung zulasse.[1708] Auch das Konzept überwirkender Legitimationsverantwortung

---

1702 Vgl. *Faber*, Gesellschaftliche Selbstregulierung im Umweltrecht, S. 253; *Schmidt-Aßmann*, Die Verwaltung 2001, Beiheft 4, 253 (270).

1703 Vgl. *Burgi*, Funktionale Privatisierung und Verwaltungshilfe, S. 373 f.; *ders.*, Die Verwaltung 33 (2000), 183 (191, 199).

1704 Vgl. prägnant dazu *Burgi*, Die Verwaltung 33 (2000), 183 (191).

1705 *Trute*, in: Hoffmann-Riem/Schmidt-Aßmann/Voßkuhle (Hrsg.), Grundlagen des Verwaltungsrechts, Band I, § 6 Rn. 96.

1706 So *Trute*, in: Hoffmann-Riem/Schmidt-Aßmann/Voßkuhle (Hrsg.), Grundlagen des Verwaltungsrechts, Band I, § 6 Rn. 96.

1707 *Trute*, in: Schmidt-Aßmann/Hoffmann-Riem (Hrsg.), Verwaltungsorganisationsrecht als Steuerungsressource, S. 249 (291).

1708 *Trute*, in: Hoffmann-Riem/Schmidt-Aßmann/Voßkuhle (Hrsg.), Grundlagen des Verwaltungsrechts, Band I, § 6 Rn. 59; *Voßkuhle*, in: Isensee/Kirchhof (Hrsg.), Handbuch des Staatsrechts, Band III, § 43 Rn. 61.

vermag daher nur einen Rahmen für den regulierenden Staat vorzugeben, an dem er die Ordnungen regulierter Selbstregulierung konzeptionell auszurichten hat. Es lässt sich nicht als feste Struktur verstehen, die stets präzise umzusetzen ist. Wie sich diese Ordnung im jeweiligen Einzelfall gestaltet und welche formalen Bindungen den jeweiligen Selbstregulierungsakteuren auferlegt werden, bedarf vielmehr einer Ausrichtung anhand der konkreten Aufgaben des gesellschaftlichen Selbstregulierungsbereichs.[1709] Eine solche Verantwortung verpflichtet den Gesetzgeber aber zu der Beobachtung, ob dort die getroffenen und legitimierten Entscheidungen, Vorgaben und Zielsetzungen verfolgt und erreicht werden und – im Falle von „Legitimationsstörungen oder -unterbrechungen" – zur Nachbesserung seines Konzeptes oder gar zur Rückkehr zu den Formen des klassischen Gesetzesvollzugs.[1710]

III. Hinreichende legitimationssichernde Strukturen in § 11 TPG

In einem letzten Schritt bleibt zu fragen, ob die entwickelten Anforderungen zur Sicherstellung einer demokratischen, überwirkenden Legitimationsverantwortung in den Strukturen des § 11 TPG in hinreichendem Maße Berücksichtigung gefunden haben um ein ausreichendes Legitimationsniveau zu wahren. Zunächst sollen dazu die eine überwirkende Legitimationsverantwortung auslösenden spezifischen staatlichen Einflussnahmemöglichkeiten auf das System der transplantationsmedizinischen Selbstregulierung am Beispiel der Koordinierungsstelle verdeutlicht werden. Die Legitimationsverantwortung knüpft anschließend an das die regulierte Selbstregulierung induzierende Parlamentsgesetz – im vorliegenden Fall das TPG – an und formuliert diesbezüglich gewisse Mindestanforderungen, die sich in den selbstregulierungsspezifischen Regelungsstrukturen trotz des allgemein bestehenden gesetzgeberischen Wertungs- und Gestaltungsspielraums[1711] erkennen lassen müssten.

1709 Für „sein" Konzept der Strukturschaffungspflichten so auch *Burgi*, Die Verwaltung 33 (2000), 183 (203 f.).

1710 *Trute*, in: Hoffmann-Riem/Schmidt-Aßmann/Voßkuhle (Hrsg.), Grundlagen des Verwaltungsrechts, Band I, § 6 Rn. 59. So auch *Thoma*, Regulierte Selbstregulierung im Ordnungsverwaltungsrecht, S. 349.

1711 *Voßkuhle*, in: Isensee/Kirchhof (Hrsg.), Handbuch des Staatsrechts, Band III, § 43 Rn. 61.

1. *Staatliches Hineinwirken in den Kooperationsbereich transplantationsmedizinischer Selbstregulierung*

Das Konzept einer überwirkenden Legitimationsverantwortung zur Absicherung ausreichender demokratischer Einflussnahme- und Steuerungsmöglichkeiten im Modell regulierter gesellschaftlicher Selbstregulierung leitet sich – wie zuvor erörtert – daraus her, dass die klassischen staatlichen Steuerungsformen zunehmend durch Hybridformen staatlich-privater Kooperation abgelöst oder ergänzt werden.[1712] Diese Zusammenarbeit führt zu spezifischen Beeinflussungsmöglichkeiten des induzierenden und regulierenden Staates, die sich in den Entscheidungen und Strukturen des Selbstregulierungssystems verwirklichen und auf die sich im Schrifttum zur klassischen Legitimationsdogmatik keine Antworten finden lassen.

Solche regulierungsbedingten Auswirkungen – die reiner gesellschaftlicher Selbstregulierung fremd sind und insofern die hybride Stellung regulierter Selbstregulierung begründen – treten im Transplantationswesen unterschiedlich deutlich hervor. Am anschaulichsten werden sie wohl anhand der im ersten Teil hervorgehobenen und skizzierten normativen Festlegungen zum Konzept des Transplantationswesens deutlich, die eine staatliche Aufgabenwahrnehmung kennzeichnen und gleichzeitig den Selbstregulierungsbereich modifizieren.[1713] Durch diese Strukturierungs- und Regulierungsentscheidungen verwirklicht sich eine offensichtliche staatliche Einflussnahme, die in den transplantationsmedizinischen Selbstregulierungsbereich hineinwirkt und dort ihre Wirkung entfaltet. Der Gesetzgeber hat nicht nur den Ablauf postmortaler Organspenden, die beteiligten Akteure und die medizinischen Mindestanforderungen normativ strukturiert, sondern vor allem sämtliche andere Beschaffungs- und Übertragungswege für postmortale Organübertragungen ausgeschlossen. Diese Zulässigkeitsbestimmungen sind durch ergänzende Strafnormen und Ordnungswidrigkeitentatbestände abgesichert.[1714] Folglich erfolgt eine postmortale Organtransplantation allein über das gesetzlich strukturierte System; dieser Ablauf ist zum einzig zulässigen Prozess verdichtet worden. Das TPG bewirkt auf diese Weise nicht nur eine Bindung aller innerhalb solcher Strukturen tätigen Akteure an die staatlichen Vorgaben, sondern führt außerdem zu einer Monopolbildung bei den transplantationsgesetzlich bestimmten Akteuren. Aus der Exklusivität ihrer Aufgabenwahrnehmung resultiert ein erheblicher

1712 Dazu *Augsberg*, Gesetzliche Regelungen zur Organ- und Gewebespende, S. 18.
1713 S. 72 ff.
1714 S. 74 ff.

gesellschaftlicher sowie rechtlicher Machtzuwachs der Regulierungsakteure, an deren Beteiligung förmlich „kein Weg vorbei führt." Ein Hineinwirken des Staates in den Selbstregulierungsbereich wird auch dadurch deutlich, dass die Akteure der Transplantationsmedizin bei der Übertragung sämtlicher postmortal entnommener Organe durch das TPG auf die Verfolgung von Gemeinwohlbelangen verpflichtet sind, indem die Organe konzeptionell als eine „common pool resource" behandelt werden.[1715] Dem im transplantationsgesetzlichen System gebündelten Bestand an verfügbaren postmortalen Spenderorganen stehen dabei die Bedürftigen prinzipiell gleichberechtig gegenüber. Ihnen sollen nach den gesetzlich vorbestimmten und näher auszugestaltenden Kriterien die Organe zugeteilt werden.[1716] Dabei bleiben die vor Einführung des TPG – in einer echten gesellschaftlichen Selbstregulierung – durchaus ebenfalls ausschlaggebenden Interessen der beteiligten Institutionen, beispielsweise der Transplantationszentren, weitgehend unberücksichtigt. Die postmortale Organtransplantation erfolgt daher zwar durch die Selbstregulierungsakteure weitgehend selbstbestimmt. Es werden allerdings innerhalb vorgegebener Strukturen auch gesetzgeberische Entscheidungen umgesetzt.

Für die Koordinierungsstellentätigkeit bewirken vor allem die in den §§ 9 Abs. 2 S. 2 und 11 TPG vorgesehenen Entscheidungen für die organisatorischen Strukturen des Transplantationswesens eine selbstregulierungsfremde, hybride Position der Beauftragten. Diese ist exklusiv für die Organisation sämtlicher postmortaler Organtransplantationen und der damit verbundenen Maßnahmen in dem in § 11 TPG gesetzlich bestimmten Umfang im Geltungsbereich des TPG zuständig. Dabei handelt die Koordinationsstelle allerdings nicht völlig autonom, sondern hat sich an die dazu gesetzlich getroffenen Vorgaben und vorgesehenen Verpflichtungen zu halten. Selbstregulierungsfremd und durch gesetzliche Festlegung bestimmt ist dabei auch die Verpflichtung der Entnahmekrankenhäuser und Transplantationszentren, untereinander und mit der Koordinierungsstelle zusammenzuarbeiten. Dadurch wird die Position der Koordinierungsstelle durch gesetzliche Induzierung der notwendigen Kooperationsverhältnisse für den Bereich der gesellschaftlichen Selbstregulierung abgesichert.

1715 S. 81 ff.

1716 § 12 Abs. 3 TPG.

2. Regelungsstrukturen überwirkender Legitimationsverantwortung im TPG

Die Vorschriften des TPG müssten also den aufgestellten spezifischen Anforderungen zur Bewirkung einer überwirkenden Legitimationsverantwortung ausreichend Rechnung tragen. Weil dem Gesetzgeber bei der Organisation und Strukturierung solcher Kooperationsmodelle ein Entscheidungsspielraum zukommt, lässt sich das Konzept zwar nicht zu einzelnen Kriterien verdichten.[1717] Dennoch lassen sich die Normen des TPG darauf prüfen, ob dem für sich genommen im Modell regulierter Selbstregulierung vergleichsweise schwach ausgeprägten Moment an staatlicher Entscheidungsbeherrschung geeignete Vorkehrungen zur Verfahrensstrukturierung gegenüberstehen. Dafür müssten Vorkehrungen erkennbar sein, die eine sachgerechte und gesetzmäßige Aufgabenwahrnehmung im Selbstregulierungsbereich absichern. Darüber hinaus müssten die Neutralität der handelnden Akteure und zugleich eine ausreichende Interessenberücksichtigung der Betroffenen im Gesetz angelegt sein. Schließlich sollen die Regulierungsvorschriften zum Zwecke einer überwirkenden Legitimationsverantwortung auch im Selbstregulierungsbereich zu einem Mindestmaß an Transparenz verpflichten.

Der Verfahrensstrukturierung der transplantationsmedizinisch erforderlichen Abläufe zwecks sachgerechter Aufgabenwahrnehmung dienen vor allem die §§ 9 ff. TPG. Diese Vorschriften grenzen die einzelnen Handlungsvorgänge bei der postmortalen Organtransplantation voneinander ab und weisen sie den Zuständigkeitsbereichen der beteiligten Akteure zu. Für die Koordinierungsstelle gilt es danach, die Organentnahme sowie die Vorbereitung von Entnahme, Vermittlung und Übertragung zu organisieren. Um sicher zu stellen, dass die Koordinierungsstelle diesen Aufgaben angemessen nachkommen kann und diese mit möglichst ausgeprägtem, medizinischem Sachverstand erfüllt, hat der Transplantationsgesetzgeber in § 11 Abs. 1 S. 3 TPG Anforderungen formuliert, damit überhaupt nur grundsätzlich geeigneten Einrichtungen diese Aufgabe übertragen werden kann. Die Koordinierungsstelle soll auf Grund finanziell und organisatorisch eigenständiger Trägerschaft, der Zahl und Qualifikation ihrer Mitarbeiter, ihrer betrieblichen Organisation sowie der sachlichen Ausstattung die Gewähr dafür bieten, dass ihre Aufgaben nach den Vorschriften des TPG erfüllt werden. Zum Zweck einer sachgerechten Aufgabenerfüllung ist der Koordinierungsstelle außerdem ein Handlungsrahmen vorgegeben worden.

1717 Vgl. *Voßkuhle*, in: Isensee/Kirchhof (Hrsg.), Handbuch des Staatsrechts, Band III, § 43 Rn. 61.

Darin sind ihre Tätigkeitsbereiche über bloße Zielvorgaben hinaus recht konkret gefasst. § 11 Abs. 1a TPG sieht etwa vor, dass sie die gesundheitlichen Risiken für Organempfänger durch die Entnahme und Bereitstellung geeigneter Spenderorgane und den Erlass geeigneter Verfahrensanweisungen so gering wie möglich zu halten und eine tätigkeitsangemessene Qualifikation des beauftragen ärztlichen Personals sicherzustellen hat. Zu diesen Vorkehrungen einer sachgerechten Ausführung lässt sich insofern auch die Verpflichtung an die Vertragsparteien des § 11 Abs. 2 TPG zählen, diese gesetzlichen Anforderungen im Koordinierungsstellenvertrag zu spezifizieren und die Koordinierungsstelle zu verpflichten, die dort enthaltenen Vorgaben einzuhalten. Dieses Konzept der Aufgabenkonkretisierung fußt auf dem Gedanken, dass die mit dem Transplantationswesen vertrauten Berufsträger aufgrund ihrer Sachnähe eine besondere Expertise aufweisen[1718] und mit ihrem Sachverstand am Besten zu bestimmen in der Lage sind, welche Maßnahmen ergriffen werden müssen, um das erwünschte Ziel eines möglichst reibungslos arbeitenden Transplantationswesens zu erreichen. Die auf diese Weise angelegten Vorkehrungen für hohe Qualität im Selbstregulierungsbereich versucht der Gesetzgeber sicherzustellen, indem er die Auftraggeber der Koordinierungsstelle gemäß § 11 Abs. 1 S. 5 TPG verpflichtet, die gesetzlichen Vorgaben bei der Auswahl einer Koordinierungsstelle zu beachten. Die Koordinierungsstelle muss den Auftraggebern außerdem grundsätzliche finanzielle und organisatorische Entscheidungen anzeigen. Ihre finanzielle Eigenständigkeit kann darüber hinaus gemäß § 11 Abs. 1 S. 7 TPG auf Veranlassung der Auftraggeber durch Sachverständige überprüft werden. Einer staatlichen Prüfung und Genehmigung durch das Bundesministerium für Gesundheit obliegt die Feststellung, ob sowohl der Koordinierungsstellenvertrag als auch seine Änderungen dem TPG und sonstigem Recht entsprechen. Ferner verpflichtet § 11 Abs. 3 TPG die Auftraggeber, die Einhaltung der Vertragsbestimmungen durch eine zu gründende und pluralistisch – auch mit Vertretern der Länder – zu besetzende Überwachungskommission sicherzustellen, welche Verstöße gegen das TPG oder die auf Grund des TPG erlassenen Rechtsverordnungen an die zuständigen Behörden weiterzuleiten hat. Der Sicherstellung funktionsfähiger Handlungsstrukturen innerhalb gesellschaftlicher Kooperationen dienen nicht zuletzt auch die zur Zusammenarbeit verpflichtenden Vorgaben, wie sie beispielsweise in § 11 Abs. 4 S. 1 TPG zu finden sind und dort die Transplantationszentren und Entnahmekrankenhäuser anhalten, untereinander und mit der Koordinierungsstelle zur Entnahme von Organen zusammenzuwirken.

1718 *Augsberg*, Gesetzliche Regelung der Organ- und Gewebespende, S. 18.

Schließlich lässt sich auch die Wertung des Gesetzgebers aus § 9 Abs. 2 S. 2 TPG, der nur die Organübertragung anhand der Vorgaben des § 11 TPG für zulässig erachtet, zu den Maßnahmen zur Sicherung sachgerechter Aufgabenerfüllung zählen. Die Entstehung eines von den qualitativen Vorgaben des TPG abweichenden Systems der Organexplantation oder Organtransplantation wird mittels der Straf- und Bußgeldnormen der §§ 17 ff. TPG vorgebeugt. Ein so gegebener Überblick macht deutlich, dass der Gesetzgeber im TPG zahlreiche Bestimmungen getroffen hat, die in ihrem Zusammenwirken eine gesetzmäßige, effektive und sachgerechte Aufgabenwahrnehmung der Koordinierungsstelle im System regulierter Selbstregulierung ermöglichen sollen.

Die gesetzlichen, regulierungsspezifischen Vorschriften müssten darüber hinaus die institutionellen Akteure auf eine ausreichende Neutralität hin verpflichten und das System gleichwohl in einer Form strukturieren, dass möglichst die involvierten Interessen repräsentiert und gleichmäßig zur Wirkung gebracht werden können. § 11 TPG scheint durchaus auf diese Anforderungen ausgerichtet zu sein. Die Koordinierungsstelle selbst ist danach als eine möglichst neutrale Institution vorgesehen, die ihre Tätigkeit entsprechend unabhängig erfüllen können muss. Der Gesetzgeber bestimmt dazu in § 11 Abs. 1 S. 3 TPG die Voraussetzung einer finanziell und organisatorisch unabhängigen Trägerschaft. Vor allem sollen so sachfremde Beeinflussungen ausgeschlossen sein, die sich aus einer finanziellen Abhängigkeit von Leistungen, die nicht der Organübertragung dienen, ergeben könnten.[1719] Dem ungeachtet obliegen die Beauftragung einer geeigneten Einrichtung und das Aushandeln der Vertragsbestimmungen des Koordinierungsstellenvertrags jedoch den Repräsentanten aus den Kreisen der vom Organspendeprozess besonders Betroffenen, sowie den mit der Ausführung betrauten Berufsträgern.[1720] Der Spitzenverband Bund der Krankenkassen und der Verband der Privaten Krankenversicherung sind die Verbände der primären Kostenträger und zugleich Vertreter der Patienteninteressen. Die Bundesärztekammer repräsentiert die Ärzteschaft und die Deutsche Krankenhausgesellschaft ist die Interessenvertretung der Krankenhäuser.[1721] Insofern findet bei Konkretisierung der gesetzlichen Vorgaben in den Vertragsbestimmungen des Koordinierungsstellenvertrags gleichzeitig eine Berücksichtigung der Betroffenen- und Beteiligteninteressen statt, die mittelbar auch auf

---

1719 Vgl. BT-Drs. 13/8017, S. 42.

1720 *Augsberg*, Gesetzliche Regelungen zur Organ- und Gewebespende, S. 18.

1721 Vgl. *Weyd*, Jura 2013, 437 (442).

die Koordinierungsstellentätigkeit in einem gewissen Maße – und in Einklang mit den gesetzlichen Wertungen – Einfluss auszuüben vermag. Dabei bilden freilich die verbindlichen Vorschriften des TPG zur Gemeinwohlverwirklichung die äußere Grenze, in deren Rahmen sich solche Interessen auswirken können.

Schließlich müssten die gesetzlich vorgesehenen Verfahrensabläufe regulierter Selbstregulierung ein gewisses Maß an Öffentlichkeit und Transparenz ermöglichen. Dieses Kriterium lässt sich am ehesten über eine Verpflichtung zur Publizität für den Selbstregulierungsbereich erfüllen. Auch insofern lassen sich dem TPG durchaus explizite Vorgaben entnehmen. Der Koordinierungsstellenvertrag wie auch dessen Änderungen werden gemäß § 11 Abs. 3 S. 1 TPG nach Genehmigung durch das Bundesministerium für Gesundheit im Bundesanzeiger bekanntgemacht. Weil die erzielten vertraglichen Einigungen nebst Anlagen dadurch einsehbar sind, sind die Vertragspartner und der Vertragsinhalt nebst erfolgter Absprachen und Festlegungen für die Öffentlichkeit erfassbar. Die Koordinierungsstelle ist des Weiteren gemäß § 11 Abs. 1 S. 8 TPG zur Veröffentlichung eines jährlichen Geschäftsberichts verpflichtet und hat nach § 11 Abs. 5 TPG ein Verzeichnis über die Entnahmekrankenhäuser und Transplantationszentren zu führen, deren Tätigkeiten zu dokumentieren und jährlich einen Bericht zur Darstellung der Tätigkeit von Entnahmekrankenhäuser und Transplantationszentren zu veröffentlichen. Auch solche Aufzeichnungs- und Berichterstattungspflichten fördern die Überschaubarkeit der Selbstregulierungsbereiche. Dort, wo Transparenz durch Publizität in § 11 TPG nicht ausdrücklich vorgeschrieben ist, namentlich etwa bei der Tätigkeit der Prüfungskommission,[1722] ist zumindest eine Beteiligung staatlicher Vertreter am Verfahren vorgesehen. Auf diese Weise lassen sich für den Staat Informationsgrundlagen im Bereich gesellschaftlicher Selbstregulierung selbst dort erschließen, wo vollständige Transparenz womöglich nicht erlangt werden kann.[1723]

1722 Tatsächlich werden von der Prüfungs- und Überwachungskommission jährlich Tätigkeitsberichte über die Webseiten der Auftraggeber und der Geschäftsstelle Transplantationsmedizin auf Grundlage u.a. des § 10 Abs. 4 des Koordinierungsstellenvertrags bereitgestellt (vgl. Fn. 891).

1723 *Trute*, DVBl. 1996, 950 (961).

D. Zwischenfazit: Gewährleistung rechtsstaatlich-demokratischer Rückbindung durch überwirkende Legitimationsverantwortung

Am Beispiel der Koordinierungsstellentätigkeit nach dem TPG konnte voranstehend gezeigt werden, dass sich bei Konzepten wie dem einer staatlich regulierten gesellschaftlichen Selbstregulierung anhand der Aufgabenträgerschaft tatsächlich recht deutlich ausmachen lässt, wo innerhalb des Kooperationsbereichs Staatsgewalt ausgeübt wird. Dies ermöglicht es, legitimationsbedürftige Regulierungsbeiträge und Einflussnahmen zu erkennen und auf eine verfassungsrechtlich hinreichende Rückführbarkeit hin zu hinterfragen. Im Aufgabenbereich der Koordinierungsstelle gehören die Transplantationsgesetzgebung, der Erlass von Rechtsverordnungen durch das Bundesministerium für Gesundheit sowie die behördlichen Aufsichtsmaßnahmen dem Bereich legitimationsbedürftiger Staatsgewalt an. Sie lassen sich vergleichsweise problemlos auf den Volkswillen rückführen, weisen sie doch anerkannter Maßen je für sich ein besonders hohes Legitimationsniveau auf. Auch den spezifischen, rechtsstaatlichen Bestimmtheitsanforderungen wird hier Genüge getan. Der staatliche Regulierungsrahmen der Koordinierungsstellentätigkeit ist demzufolge hinreichend rechtsstaatlich-demokratisch legitimiert.

Regulierte Selbstregulierung erschöpft sich allerdings nicht in den besagten, als Staatsgewalt qualifizierten, Regulierungsbeiträgen der organisierten Staatlichkeit. Stattdessen begibt sich der Staat zur Aufgabenwahrnehmung in Kooperation mit gesellschaftlichen, privatrechtlichen Akteuren, deren Handlungsbeiträge zwar nicht verfassungsrechtlich legitimationsbedürftig erscheinen, die aber erheblichen Einfluss auf die Kooperationsergebnisse haben können. Mitunter ist regulierte Selbstregulierung – wie im Transplantationsrecht – gar so ausgestaltet, dass sich die Rechtswirkung entfaltenden Entscheidungen erst im Bereich der gesellschaftlichen Selbstregulierung gegenüber dem Betroffenen auswirken. Solche Konzepte führen regelmäßig dazu, dass sich die Handlungsbeiträge des gesellschaftlichen Bereichs insofern von einer rein gesellschaftlichen Selbstregulierung unterscheiden. Es geht dort nicht bloß darum, die gesellschaftlichen Interessen gemeinwohlorientiert und insofern selbstregulativ umzusetzen. Regulierte Selbstregulierung geht auch damit einher, dass staatliche Maßgaben für den Selbstregulierungsbereich und in gesellschaftlichen Strukturen durch die Akteure zu vollziehen sind. Teilweise treten diese dazu in eine rechtlich besonders abgesicherte Machtposition. Es handelt sich daher um eine hybride Gestaltungsform, deren besonderer Organisation aus verfassungsrechtlichen Erwägungen durch eine zusätzliche Legitimationsabsicherung Rechnung zu tragen ist. Es kann jedoch nicht darum gehen, die Anforderungen demokratischer Legitimation auch auf den gesellschaftlichen Bereich zu erstrecken. Um die angestrebte Verwirklichung von Gemeinwohlinteressen zu gewährleisten, ist es vielmehr erforderlich, dass die Vorgaben aus dem Regulierungsrahmen sachgerecht im gesellschaftlichen Bereich ihre Umsetzung finden.

Dazu erscheint das Konzept einer überwirkenden Legitimationsverantwortung des Staates zweckdienlich. Dieser muss seiner Regelungsverantwortlichkeit für den zu organisierenden Selbstregulierungsbereich nachkommen und die Kooperationsbereiche der staatlichen Regulierung und Zielsetzung und der gesellschaftlichen Selbstregulierung miteinander effektiv verbinden, indem er eine interessengerechte und transparente Ordnung durch normative Festlegungen strukturiert, in der die Aufgaben sachgemäß und gesetzmäßig durch gesellschaftliche Akteure erfüllt werden. Dem Selbstregulierungsbereich wird also eine formale Bindung auferlegt, aus der heraus sich erwarten lässt, dass die dortigen Entscheidungsprozesse den Vorgaben entsprechende, am Gemeinwohl ausgerichtete Resultate hervorbringen, ohne dass die besonderen Vorzüge gesellschaftlicher Aufgabenwahrnehmung wie deren Dynamik, Handlungsrationalität und Erfahrung verloren gingen. Die Regulierung muss dazu derart auf den Selbstregulierungsbereich einwirken, dass die Neutralität und Objektivität der Akteure abgesichert ist, und zugleich die involvierten Interessen umfassend gehört und auf angemessene Weise zur Wirkung gebracht werden. Es bedarf geeigneter Vorkehrungen, um die einer regulierten Selbstregulierung immanenten Risiken selektiver Interessenverarbeitung vorzubeugen und dem verantwortlichen Gesetzgeber eine rechtliche Gegensteuerung zu ermöglichen. Dazu dient es beispielweise, dass die Verfahrensabläufe angemessen transparent und unter Beteiligung der Öffentlichkeit erfolgen. Weil dem parlamentarischen Normgeber aber eine Einschätzungsprärogative zusteht, inwieweit er innerhalb des Konzeptes der regulierten Selbstregulierung die Aufgabenwahrnehmung im Selbstregulierungsbereich absichert, eröffnet sich ihm im Hinblick auf das Gesamtarrangement ein beträchtlicher Spielraum.

Das Transplantationsrecht lässt sich gleichwohl darauf untersuchen, inwieweit sich die hier aufgestellten Anforderungen an eine regulierte Selbstregulierung bei der Koordinierungsstellentätigkeit wiederfinden lassen und ob sich insofern bedenkliche Regelungslücken aufzeigen. Dies lässt sich insbesondere mit Blick auf die Regelungen des § 11 TPG jedoch verneinen. Zahlreiche zur Struktur des Transplantationswesens im TPG erfolgte Vorgaben verdeutlichen insofern, dass der Gesetzgeber in ausgeprägter Weise durch Organisations- und Verfahrensanforderungen zu gewährleisten versucht, dass Entscheidungen im Transplantationswesens tatsächlich entsprechend der gesetzlichen Vorgaben und auf sachangemessene Weise erfolgen. Der Gesetzgeber kommt im Übrigen soweit ersichtlich seinen Beobachtungspflichten in der Praxis durchaus nach. Die zahlreichen Gesetzesänderungen des TPG, die mitunter auch Justierungen am System betreffen, verdeutlichen, dass der Normgeber stetig das Funktionieren des Transplantationswesens bewertet.[1724] Zuletzt ist zwecks Verbesserung der transplantationsmedizinischen Leistungen ein bundeseinheitliches Transplantationsregister eingeführt worden, das wiederum in Kooperationsstrukturen staatlich regulierter gesellschaftlicher Selbstregulierung funktionieren soll.[1725] Von parlamentarischer Verantwortung zeugt auch ein Beschluss des Parlaments vom 27.06.2013[1726], in dem als Reaktion auf den Transplantationsskandal beschlossen worden ist, dass die Bundesregierung den Bundestag über die folgenden drei Jahre hinweg jährlich über den Fortgang der Reformprozesse, möglicher Missstände und die Entwicklung im System der Transplantationsmedizin berichtet.

1724 S. 107 ff.

1725 Dazu S. 116 ff.

1726 Beschlussempfehlung, Buchstabe a., auf BT-Drs. 17/4200 zum Antrag auf BT-Drs. 17/13897 vom 11.06.2013.

8. Teil: Die Koordinierungsstellentätigkeit im Kontext des Transplantationssystems – Schlussbetrachtung –

Die vorangestellte Prüfung hat ergeben, dass sich die transplantationsgesetzliche Stellung der Koordinierungsstelle in einem Gesamtkonzept staatlich regulierter gesellschaftlicher Selbstregulierung verfassungsrechtlich hinreichend rückbinden lässt. Die darin vorgesehenen staatlichen Regulierungsstrukturen verfügen über eine vom Staatsvolk hergeleitete rechtsstaatlich-demokratische Legitimation: Der Handlungsbereich gesellschaftlicher Selbstregulierung bedarf für sich genommen keiner verfassungsrechtlichen Rückbindung. Soweit sich dort aber – wie es für eine regulierte Selbstregulierung charakteristisch ist – staatliche Festlegungen oder (Vor-)Entscheidungen aus dem Regulierungsrahmen auswirken, sich also gleichsam gegenüber den Betroffenen aktualisieren, so entsteht das Erfordernis, die an sich verfassungsrechtlich legitimierten Direktiven auch insofern effektiv an den Volkswillen rückzubinden. Wird hierbei das Konzept einer überwirkenden Legitimationsverantwortung als Lösungsmodell zugrunde gelegt, lassen sich gewisse Verfahrensstruktur verleihende und Ergebnisse absichernde Anforderungen formulieren, die an den Regulierungsrahmen zu stellen sind. Sie dienen letztlich dazu, den Selbstregulierungsbereich insofern anzubinden. Diesbezüglich hat sich belegen lassen, dass § 11 TPG auf eine sachgerechte und gesetzmäßige Aufgabenerledigung durch die Selbstregulierungsakteure ausgerichtet ist, indem einerseits die Neutralität der Institutionen abgesichert wird und andererseits Beteiligteninteressen möglichst umfassend im Transplantationssystem zur Geltung gelangen. Im Zusammenhang mit der Koordinierungsstellentätigkeit sind außerdem verschiedene Kontrollmaßnahmen vorgesehen. Zugleich enthält § 11 TPG ausgewählte Maßgaben, um innerhalb des Selbstregulierungssystems die Akteure zu Transparenz zu verpflichten.

Indes soll an dieser Stelle nicht versäumt werden, die Betrachtung abschließend auch auf das übrige System der postmortalen Organspende und -transplantation zu erstrecken, denn zweifelsohne steht die Aufgabenwahrnehmung der Koordinierungsstelle dazu in einem engen, gleichsam untrennbar erscheinenden Kontext. Das TPG differenziert zwar konzeptionell zwischen der Organentnahme, der Organübertragung und der Organvermittlung als unterschiedliche Regelungsgegenstände und hat insofern voneinander getrennte

Organisationsbereiche etabliert.[1727] Dennoch fügen sich diese einzelnen Vorgänge im Außenverhältnis zu einem einheitlichen Prozess postmortaler Organtransplantation zusammen. Das vom Gesetzgeber konzipierte System greift insofern tatsächlich ineinander und betrifft ein Zusammenwirken der beteiligten Akteure, um vom verstorbenen Spender die Organe erfolgreich einem bedürftigen Empfänger zu transplantieren.[1728] Es soll daher im Folgenden – wenn auch bildlich gesprochen in wenigen Federstrichen – thematisiert sein, wie sich die Koordinierungsstellentätigkeit im Gesamtsystem regulierter transplantationsmedizinischer Selbstregulierung verhält.

A. Notwendigkeit einer umfassenden und ausreichenden rechtsstaatlich-demokratischen Rückbindung des Gesamtaufgabenbereichs „Organtransplantation" als Konzept regulierter Selbstregulierung

Schlussendlich werden Kooperationsmodelle, wie sie beispielsweise im transplantationsmedizinischen Gesundheitsrecht vorgesehen sind, nur dann überzeugen können, wenn sie für den gesamten Vorgang – hier der Organübertragung vom verstorbenen Spender auf den bedürftigen Empfänger – insgesamt verfassungsrechtlich hinreichend abgesicherte Lösungsvorschläge anbieten können.

Weil es im Transplantationswesen in hohem Maße darum geht, grundrechtsrelevante Verteilungsentscheidungen zu treffen,[1729] werden hier die verfassungsrechtlich besonders umstrittenen Fragen angemessener rechtsstaatlich-demokratischer Steuerung aufgeworfen, denn auch insofern wird umfangreich auf medizinische, mitunter gesellschaftlich verwurzelte Expertisen zurückgegriffen.[1730] Es bedingt dieser Rückgriff auf externen Sachverstand, dass die Regelungen des TPG mittels Generalklauseln und anderer Spielräume

---

1727 *Böning*, Kontrolle im Transplantationsgesetz, S. 51.

1728 *Böning*, Kontrolle im Transplantationsgesetz, S. 51; *Çalışkan*, Die medizinrechtlichen Ordnungsstrukturen, S. 269.

1729 *Schmidt-Aßmann*, in: Kern u.a. (Hrsg.), FS Laufs, S. 1049 (1049). Zur Grundrechtsrelevanz der Organallokation vgl. nur *Gutmann/Fateh-Moghadam*, in: Gutmann u.a. (Hrsg.), Grundlagen einer gerechten Organverteilung, S. 37 (59 ff.).

1730 *Augsberg*, Gesetzliche Regelungen zur Organ- und Gewebespende, S. 15 ff. *Ders.*, in: Höfling (Hrsg.), Die Regulierung der Transplantationsmedizin in Deutschland, S. 45 (47), weist darauf hin, das Transplantationsrecht lasse „ein gewisses Kooperationsbedürfnis oder doch zumindest eine Kooperationsoffenheit" vermuten. Ferner so auch *Schmidt-Aßmann*, in: Kern u.a. (Hrsg.), FS Laufs, S. 1049 (1061).

bewusst lückenhaft ausgestaltet sind und zugleich weisungsfreie Handlungsräume entstehen können.[1731] Zu den gesetzlichen Direktiven treten untergesetzliche Regelsätze und die jeweiligen Einzelfallentscheidungen. Gerade in Bereichen dynamischer und entwicklungsoffener Medizin stößt die Vorsteuerung an ihre Grenzen, sodass Einzelentscheidungen „vor Ort" sich kaum durch parlamentsgesetzliche oder untergesetzliche Festlegungen ersetzen lassen;[1732] ihnen verbleibt insofern eine entscheidende Bedeutung. Zur ausreichenden rechtsstaatlich-demokratischen Rückbindung kooperationsbedingt hybrider Prozesse an den Willen des Volkes bedarf es daher eines Modells, das den besonderen Gegebenheiten außergewöhnlich komplexer Regelungsgegenstände, wie denen der Hochleistungsmedizin, ausreichend Rechnung trägt und in sachangemessener Weise gesellschaftliche Beteiligung und staatliche Verantwortlichkeit zusammenzuführen vermag.[1733] Man wird es dabei akzeptieren müssen, dass die Steuerungskraft des Gesetzes aufgrund geringerer Determination als in anderen Regelungsbereichen,[1734] mitunter eher schwach ausgeprägt sein kann. Wenn es in solchen Kooperationsbereichen bei gesetzlich fixierten Direktiven oder Vorentscheidungen für einen gesellschaftlichen Kooperationsbereich bleibt, wird die Legitimationssicherung stets ein zentraler Aspekt zur Lösung sein. Dazu mag das hier vorgestellte Konzept der Absicherung regulierter Selbstregulierung durch Initiierung einer überwirkenden Legitimationsverantwortung als Ausgangspunkt dienlich sein, es müsste jedoch womöglich weiterentwickelt, jedenfalls aber problemspezifisch angewendet werden, um die entstehenden verfassungsrechtlichen Fragen überzeugend beantworten zu können.

Auch hier muss gelten: Soweit sich hoheitliche Entscheidungen im Bereich gesellschaftlicher, ansonsten weitgehend autonomer Mitwirkung verwirklichen, muss für hinreichende staatliche Entscheidungsbeherrschung und – aufgrund einer gewissen Einbuße an Ergebniskontrolle – über verpflichtende Organisations- und Strukturierungsvorgaben eine Verantwortlichkeit des

1731 Dazu *Krüger*, Die Organvermittlungstätigkeit Eurotransplants im Sinne des § 12 TPG, S. 284.

1732 Für das Transplantationsrecht explizit *Krüger*, Die Organvermittlungstätigkeit Eurotransplants im Sinne des § 12 TPG, S. 286. Vgl. dazu auch *Schnapp*, in: von Wulffen/ Krasney (Hrsg.), FS 50 Jahre BSG, S. 509; *Taupitz*, in: Wolter u.a. (Hrsg.), Einwirkungen der Grundrechte auf das Zivilrecht, öffentliche Recht und Strafrecht, S. 123.

1733 *Heintzen*, VVDStRL 62 (2003), 221 (227).

1734 Allgemein dazu *Gersdorf*, Öffentliche Unternehmen im Spannungsfeld zwischen Demokratie- und Wirtschaftlichkeitsprinzip, S. 35 f. Zum TPG *Krüger*, Die Organvermittlungstätigkeit Eurotransplants im Sinne des § 12 TPG, S. 284.

parlamentarischen Gesetzgebers zur Verwirklichung der Gemeinwohlziele sichergestellt bleiben, um eine effektive Rückbindung an den Volkswillen zu erlangen.

B. Das Transplantationswesen im Spannungsfeld zwischen effektiver Aufgabenerfüllung und drohendem Verlust rechtsstaatlich-demokratischer Steuerbarkeit

Ob eine ausreichende rechtsstaatlich-demokratische Rückbindung aller zum Prozess der postmortalen Organtransplantation zählenden Regelungsgegenstände durch die Normgebung des TPG in verfassungsrechtlich gebotener Weise erfolgt ist, wird in der juristischen Fachwelt eher kritisch bewertet. Im Folgenden sollen die sich dort besonders prägnant stellenden Fragen hinreichender verfassungsrechtlicher Legitimation grob skizziert werden.

Für den gesamten Umfang der Regulierungs- und Strukturierungsmaßnahmen des Transplantationswesens durch Funktionsträger organisierter Staatlichkeit kann zunächst festgehalten werden, dass diese nach der klassischen Legitimationsdogmatik an den Volkswillen rückgebunden sein müssen. Staatliche Aufsichts- und Kontrollmaßnahmen, Genehmigungen, der Erlass von behördlichen Rechtsverordnungen und nicht zuletzt sämtliche transplantationsgesetzliche Festlegungen bedürfen einer hinreichenden Legitimationsdichte im Sinne des Art. 20 Abs. 2 GG. Soweit gesellschaftliche Akteure und Institutionen an den Abläufen der postmortalen Organtransplantation beteiligt sind, gilt es nach dem oben skizzierten Modell regulierter Selbstregulierung nach den innerhalb von Handlungsräumen autonomen agierenden Selbstregulierungsakteuren wie der DSO und anderen, zwar privatrechtlichen, aber funktional verstaatlichten Akteuren zu unterscheiden. Die spezifischen Anforderungen an die Organisation und Strukturierung regulierter Selbstregulierung enden dort, wo der Staat einzelne Institutionen des Selbstregulierungsgefüges ausdrücklich und förmlich mit der hoheitlichen Wahrnehmung staatlicher Aufgaben betraut.[1735] In diesen Fällen bleibt es zwar bei dem Gesamtkonzept der Erfüllung bestimmter öffentlicher Aufgaben im Modell einer regulierten gesellschaftlichen Selbstregulierung – denn an den spezifischen Kooperationsstrukturen des Gesamtaufgabengefüges ändert sich nichts. Diese einzelnen Akteure sind jedoch nicht mehr als „echte“ Selbstregulierungsakteure, sondern zumeist als Beliehene tätig und

1735 *Schmidt-Aßmann*, Grundrechtspositionen und Legitimationsfragen im öffentlichen Gesundheitswesen, S. 81.

unterliegen dann selbst, ohne dass es anderweitiger dogmatischer Herleitungen bedarf, den rechtsstaatlichen und demokratischen Anforderungen des Verfassungsrechts.[1736]

So wird die Tätigkeit der Richtliniengebung durch die Bundesärztekammer im einschlägigen Schrifttum häufig als legitimationsbedürftig erachtet.[1737] Es lässt sich mittlerweile eine Tendenz dazu erkennen, in § 16 TPG eine Beleihung der Bundesärztekammer mit exekutiven Normsetzungsbefugnissen zu sehen.[1738] Mitunter wird in diesem Zusammenhang allerdings schon die verfassungsrechtliche Zulässigkeit eines solchen Vorgehens grundsätzlich verneint.[1739] Jedenfalls gilt es ganz überwiegend als zweifelhaft, ob die aktuelle gesetzliche Konzeption ein ausreichendes Legitimationsniveau zu gewährleisten vermag. Die Auslöser solcher Zweifel sind vielfältig und können hier bloß kurz benannt werden: So wird bereits die Rechtsgrundlage des Beleihungsaktes mit der Formulierung des § 16 Abs. 1 TPG, wonach die Bundesärztekammer den Stand der Erkenntnisse der medizinischen Wissenschaft in Richtlinien feststellen soll, als irreführend und zu kurz gegriffen erachtet.[1740] Die Wortwahl, die sich in § 16 Abs. 1 S. 1 TPG sowie § 12 Abs. 3 S. 1 TPG wiederfindet, wenn einmal vom Stand der

1736 Vgl. auch *Schmidt-Aßmann*, Grundrechtspositionen und Legitimationsfragen im öffentlichen Gesundheitswesen, S. 81.

1737 So etwa *Lang*, MedR 2005, 269 (273 f.); *Schmidt-Aßmann*, Grundrechtspositionen und Legitimationsfragen im öffentlichen Gesundheitswesen, S. 102 ff.; *ders.*, in: Kern u.a. (Hrsg.), FS Laufs, S. 1049 (1065 f.). Kein Legitimationsbedürfnis sieht hier hingegen beispielsweise *Çalışkan*, Die medizinrechtlichen Ordnungsstrukturen, S. 282 ff., zusammenfassend auf S. 291.

1738 So beispielsweise *Bader*, Organmangel und Organverteilung, S. 173 ff.; *Berger*, Die Bundesärztekammer, S. 83; *Höfling*, in: Höfling (Hrsg.), TPG, § 16 Rn. 5, 9 ff.; *Mohammadi-Kangarani*, Die Richtlinien der Organverteilung im Transplantationsgesetz – verfassungsgemäß?, S. 57 ff., 98; *Uhl*, Richtlinien der Bundesärztekammer, S. 147 f. A.A. *Augsberg*, in: Höfling (Hrsg.), Die Regulierung der Transplantationsmedizin in Deutschland, S. 45 (50 ff.); *Junghanns*, Verteilungsgerechtigkeit in der Transplantationsmedizin, S. 215. A.A. auch *Woinikow*, Richtlinien der Transplantationsmedizin, S. 127 ff., 193 ff., die zu dem Ergebnis normkonkretisierender Verwaltungsvorschriften und einer Beleihung der Bundesärztekammer gelangt.

1739 *Bader*, Organmangel und Organverteilung, S. 184 ff.; *Gutmann*, in: Middel u.a. (Hrsg.), Novellierungsbedarf des Transplantationsrechts, S. 17 (21 f.); *Wiegand*, Beleihung mit Normsetzungskompetenzen, S. 208.

1740 *Gutmann*, in: Middel u.a. (Hrsg.), Novellierungsbedarf des Transplantationsrechts, S. 17 (18); *ders./Fateh-Moghadam*, in: Gutmann u.a. (Hrsg.), Grundlagen einer gerechten Organverteilung, S. 37 (51 ff.); *dies.*, NJW 2002, 3365 (3370); *Höfling*, in: Middel u.a. (Hrsg.), Novellierungsbedarf des Transplantationsrechts, S. 63 (65);

Erkenntnisse der medizinischen Wissenschaft die Rede ist, und dann wiederum von Regelungen, die eben diesem Stand entsprechen, könne außerdem nicht hinreichend deutlich aufnehmen, nach welchen Kriterien Organe tatsächlich vergeben werden, dass sich diese Entscheidung nämlich eben gerade nicht allein aus der medizinischen Wissenschaft ergebe.[1741] Aus dem TPG gehe nicht ausreichend klar hervor, dass sich die Vermittlung von Organen insbesondere nach substantiellen Festlegungen und normativen Wertungen richte.[1742] Außerdem handle es sich bei den vom Parlamentsgesetzgeber selbst bestimmten Kriterien um keine klar subsumierbaren Gesetzesbegriffe.[1743] Die Festlegung auf Erfolgsaussicht und Dringlichkeit einer Organtransplantation als entscheidende Kriterien sei tendenziell gar widersprüchlich: Mit zunehmender Verschlechterung des Gesundheitszustandes eines bedürftigen Patienten und damit einhergehend gesteigerter Dringlichkeit einer indizierten Spenderorgantransplantation nehmen regelmäßig die Erfolgsaussichten eines solchen Behandlungseingriffs ab. Mangels Bestimmung eines konkreten Rangverhältnisses beider Kriterien könne eine solche Normgebung dem Parlamentsvorbehalt nicht genügen.[1744] Auch wird

Lang, MedR 2005, 269 (274); *Schmidt-Aßmann*, Grundrechtspositionen und Legitimationsfragen im öffentlichen Gesundheitswesen, S. 103.

1741 *Gutmann*, in: Middel u.a. (Hrsg.), Novellierungsbedarf des Transplantationsrechts, S. 17 (18); *ders.*, Für ein neues Transplantationsgesetz, S. 115 ff.; *ders.*, in: Höfling (Hrsg.), Die Regulierung der Transplantationsmedizin in Deutschland, S. 113 (115); *ders./Fateh-Moghadam*, in: Gutmann u.a. (Hrsg.), Grundlagen einer gerechten Organverteilung, S. 37 (41 f.); *dies.*, NJW 2002, 3365 (3365 ff.); *Lang*, MedR 2005, 269 (275 f.).

1742 *Engels*, Die Verwaltung 44 (2011), 347 (358 ff.); *Gutmann*, in: Middel u.a. (Hrsg.), Novellierungsbedarf des Transplantationsrechts, S. 17 (17); *ders.*, Für ein neues Transplantationsgesetz, S. 115 ff.; *ders.*, in: Höfling (Hrsg.), Die Regulierung der Transplantationsmedizin in Deutschland, S. 113 (115); *Höfling*, in: Middel u.a. (Hrsg.), Novellierungsbedarf des Transplantationsrechts, S. 63 (65); *Lang*, MedR 2005, 269 (275 ff.); *Schmidt-Aßmann*, Grundrechtspositionen und Legitimationsfragen im öffentlichen Gesundheitswesen, S. 103.

1743 *Lang*, MedR 2005, 269 (277); *Schmidt-Aßmann*, Grundrechtspositionen und Legitimationsfragen im öffentlichen Gesundheitswesen, S. 103 f.

1744 Vgl. dazu *Bader*, Organmangel und Organverteilung, S. 189 ff; *Gutmann*, in: Middel u.a. (Hrsg.), Novellierungsbedarf des Transplantationsrechts, S. 17 (18 ff.); *ders.*, Für ein neues Transplantationsgesetz, S. 119 ff.; *ders.*, in: Höfling (Hrsg.), Die Regulierung der Transplantationsmedizin in Deutschland, S. 113 (115 ff.); *ders./Fateh-Moghadam*, in: Gutmann u.a. (Hrsg.), Grundlagen einer gerechten Organverteilung, S. 37 (46 ff., 71); *dies.*, NJW 2002, 3365 (3368 f.); *Lang*, MedR 2005, 269 (277 f.). A.A. hingegen *Mohammadi-Kangarani*, Die Richtlinien der Organverteilung

in diesem Zusammenhang die Kriterienoffenheit des § 12 Abs. 3 TPG moniert, da dort keine abschließende Aufzählung vorgenommen werde und so zu den ausdrücklich benannten Kriterien eine Vielzahl weiterer berücksichtigt werden könne.[1745] Es könne daher allenfalls auf eine vergleichsweise schwache, defizitäre sachlich-inhaltliche Steuerung erkannt werden.[1746] Die personelle Legitimation der Bundesärztekammer wird allenfalls als schwach ausgeprägt erachtet.[1747] Es genüge nicht allein, die Bundesärztekammer im TPG für die Richtliniengebung zu benennen und die Zusammensetzung eines Gremiums insofern, wie in § 16 Abs. 2 TPG geschehen, zu skizzieren, solange keine Regelungen dazu feststehen, wie diese personelle Besetzung im Einzelnen erfolgen solle und wie das Entscheidungsverfahren auszugestalten sei.[1748] Dabei wird es insbesondere als Minderung personeller-organisatorischer Legitimationswirkung angesehen, dass die Richtlinien zwar mit der Ständigen Kommission Organtransplantation von einer Expertengruppe erarbeitet werden, deren Verabschiedung aber durch den Vorstand der Bundesärztekammer – und damit durch Repräsentanten berufsständischer Selbstverwaltung – erfolge.[1749]

---

im Transplantationsgesetz – verfassungsgemäß?, S. 139. Ferner so auch *Rosenau*, in: Middel u.a. (Hrsg.), Novellierungsbedarf des Transplantationsrechts, S. 69 (82 ff.), der die Kriterien in ein Verhältnis praktischer Konkordanz bringen will und auch ansonsten an einer ausreichenden demokratischen Legitimation nicht zweifelt.

1745 *Bader*, Organmangel und Organverteilung, S. 191; *Gutmann/Fateh-Moghadam*, in: Gutmann u.a. (Hrsg.), Grundlagen einer gerechten Organverteilung, S. 37 (45 f.).

1746 *Höfling*, in: Middel u.a. (Hrsg.), Novellierungsbedarf des Transplantationsrechts, S. 63 (65); *Lang*, MedR 2005, 269 (274); *Schmidt-Aßmann*, Grundrechtspositionen und Legitimationsfragen im öffentlichen Gesundheitswesen, S. 104; *ders.*, in: Kern u.a. (Hrsg.), FS Laufs, S. 1049 (1066).

1747 Zum Ergebnis eines insgesamt hinreichenden Legitimationsniveaus der Bundesärztekammer zum Erlass von Richtlinien gelangt indes *Woinikow*, Richtlinien der Transplantationsmedizin, S. 221 ff., insbesondere S. 245.

1748 *Gutmann*, in: Middel u.a. (Hrsg.), Novellierungsbedarf des Transplantationsrechts, S. 17 (21); *Schmidt-Aßmann*, Grundrechtspositionen und Legitimationsfragen im öffentlichen Gesundheitswesen, S. 104.

1749 *Mohammadi-Kangarani*, Die Richtlinien der Organverteilung im Transplantationsgesetz – verfassungsgemäß?, S. 139; *Schmidt-Aßmann*, Grundrechtspositionen und Legitimationsfragen im öffentlichen Gesundheitswesen, S. 105; *ders.*, in: Kern u.a. (Hrsg.), FS Laufs, S. 1049 (1067).

Auch die mittels organspezifischen Allokationsalgorithmen computergestützt erfolgenden Vermittlungsentscheidungen[1750] durch die als Vermittlungsstelle nach § 12 TPG handelnde Stiftung Eurotransplant sind im einschlägigen gesundheitsrechtlichen Schrifttum auf verfassungsrechtliche Bedenken gestoßen. Es handle sich dabei nämlich nicht etwa um eine unbedenkliche, bloß „mechanisch-technische Vollzugstätigkeit" oder „medizinische Entscheidungstätigkeit" auf Basis der Richtlinien der Bundesärztekammer. Stattdessen bleibe Eurotransplant bei der Strukturierung der Verteilungsentscheidungen durch eigene Anwendungsregelungen ein nicht zu verkennender Entscheidungs- und Ausgestaltungsspielraum.[1751] So heißt es dann auch in der dazu vorhandenen Literatur regelmäßig, die Tätigkeit Eurotransplants sei, „wäre sie eine Stelle deutschen Rechts – als Ausübung öffentlicher Gewalt einzustufen."[1752] Aus dieser Feststellung heraus erfolgt mitunter der Rückschluss, dass mit der Konzeption des § 12 TPG eine staatliche Übertragung von Hoheitsrechten auf die Vermittlungsstelle erfolgt sei.[1753] Dies wiederum hätte zur Folge, dass die verfassungsrechtlichen Anforderungen des Art. 24 GG zur Übertragung von Hoheitsrechten auf zwischenstaatliche Einrichtungen zur Anwendung gelangen müssten,[1754] die sich durch die aktuell beauftragte Institution kaum erfüllen ließen. Ungeachtet schon dieses Verstoßes, hat die Begutachtung aktueller transplantationsgesetzlicher

---

1750 *Schmidt-Aßmann*, Grundrechtspositionen und Legitimationsfragen im öffentlichen Gesundheitswesen, S. 106. Siehe dazu *Krüger*, die Organvermittlungstätigkeit Eurotransplants im Sinne des § 12 TPG, insbesondere S. 30 ff., 68 ff.

1751 *Schmidt-Aßmann*, Grundrechtspositionen und Legitimationsfragen im öffentlichen Gesundheitswesen, S. 106. Diesen betont auch *Gutmann*, in: Middel u.a. (Hrsg.), Novellierungsbedarf des Transplantationsrechts, S. 17 (24). A.A. ist *Çalışkan*, Die medizinrechtlichen Ordnungsstrukturen, S. 313 ff., zusammenfassend auf S. 320.

1752 *Gutmann*, in: Schroth u.a. (Hrsg.), TPG, § 12 Rn. 10; *ders.*, Für ein neues Transplantationsgesetz, S. 138; *Höfling*, in: Höfling (Hrsg.), TPG, § 12 Rn. 14; *Schmidt-Aßmann*, Grundrechtspositionen und Legitimationsfragen im öffentlichen Gesundheitswesen, S. 106.

1753 So beispielsweise *Gutmann*, in: Schroth u.a. (Hrsg.), TPG, § 12 Rn. 10; *ders.*, Für ein neues Transplantationsgesetz, S. 138; *ders.*, in: Höfling (Hrsg.), Die Regulierung der Transplantationsmedizin in Deutschland, S. 113 (120); *Höfling*, in: Höfling (Hrsg.), TPG, § 12 Rn. 15; *Schmidt-Aßmann*, Grundrechtspositionen und Legitimationsfragen im öffentlichen Gesundheitswesen, S. 107.

1754 Bejahend *Bader*, Organmangel und Organverteilung, S. 197 f.; *Gutmann*, Für ein neues Transplantationsgesetz, S. 138 f.; *Krüger*, Die Organvermittlungstätigkeit Eurotransplants im Sinne des § 12 TPG, S. 327 ff.; *Schmidt-Aßmann*, Grundrechtspositionen und Legitimationsfragen im öffentlichen Gesundheitswesen, S. 107 f.

Möglichkeiten der Vorsteuerung der Tätigkeit Eurotransplants – eine Beleihung der Institution mit hoheitlichen Kompetenzen vorausgesetzt – ernsthafte Bedenken zutage gefördert, ob auf diese Weise eine hinreichende demokratisch-hoheitliche Einflussnahmemöglichkeit über die herausgebildeten Legitimationsstränge noch gewahrt werden kann.[1755] Die besonderen rechtlichen Schwierigkeiten, solche neuartigen hybriden Konstellationen zu erfassen, werden überaus deutlich, wenn das Schrifttum hier nicht einmal ohne Weiteres zu beantworten vermag, ob sich ein solches Kooperationsmuster wie dasjenige, das sich auf Grundlage des § 12 TPG herausgebildet hat, überhaupt anhand des deutschen Öffentlichen Rechts messen lässt.[1756] Selbst für den Fall, dass man in den Vermittlungsentscheidungen Eurotransplant keine funktionale Verstaatlichung, sondern bloß gesellschaftliche, normativ abgesicherte Machtpositionen regulierter gesellschaftlicher Selbstregulierung ausmachte und eine eigene demokratische Legitimation solcher Entscheidungen folglich nicht erwartete, stünde das Konzept einer überwirkenden Legitimationsverantwortung der staatlichen Regulierungsinstanzen hier vor besonderen Herausforderungen bei der Absicherung eines Legitimationsniveaus. Diese ergeben sich vor allem aus § 12 Abs. 2 TPG, der es den Selbstregulierungsakteuren explizit ermöglicht, als Vermittlungsstelle eine Einrichtung zu beauftragen, die ihren Sitz außerhalb des Geltungsbereichs des TPG hat. Eine solche Ausgestaltung ist geeignet, eine wirksame Einflussnahmemöglichkeit und Rückbindung zur Gewährleistung der Umsetzung normierter Gemeinwohlbelange zu erschweren und bedarf daher jedenfalls einer besonderen gesetzlichen Absicherung. Zwar wird man bei solch sensiblen medizinischen Vorgängen wie dem der Organtransplantation kaum ein Zugriffsrecht im Einzelfall fordern können. Ein Konzept müsste es dem Staat allerdings erlauben, eine Aussage darüber treffen zu können, ob die Selbstregulierungsakteure die gesetzlichen Zielvorgaben umsetzen und anstreben und im Zweifel auch gegenüber nichtdeutschen Regulierungsinstanzen die Möglichkeiten eröffnen, durch Kontroll- und Steuerungsmöglichkeiten die im Selbstregulierungsbereich zutage tretenden staatlichen Einflussnahmen abzusichern und in berechtigten Fällen auch die Option einräumen, den Selbstregulierungsinstitutionen die Vermittlungstätigkeit wieder zu entziehen.

1755 Vgl. dazu ausführlich die Ausführungen bei *Krüger*, Die Organvermittlungstätigkeit Eurotransplants im Sinne des § 12 TPG, S. 261 ff.

1756 Verneinend bereits zur Bindung einer privaten, gemeinnützigen Stiftung nach niederländischem Recht an das deutsche öffentliche Recht *Gutmann*, Für ein neues Transplantationsgesetz, S. 138 f.; *ders.*, in: Höfling (Hrsg.), Die Regulierung der Transplantationsmedizin in Deutschland, S. 113 (120).

Literaturverzeichnis

Ahrens, Hans-Jürgen/*von Bar*, Christian/*Fischer*, Gerfried/*Spickhoff*, Andreas/ *Taupitz*, Jochen (Hrsg.), Medizin und Haftung. Festschrift für Erwin Deutsch zum 80. Geburtstag, Berlin/Heidelberg 2009 (zitiert: *Bearb.*, in: Ahrens u.a. (Hrsg.), FS Deutsch, S.).

von Arnauld, Andreas, Völkerrecht, 3. Aufl., Heidelberg 2016 (zitiert: *von Arnauld*, Völkerrecht, § Rn.).

von Arnim, Hans Herbert, Rechtsfragen der Privatisierung: Grenzen staatlicher Wirtschaftstätigkeit und Privatisierungsgebote, Wiesbaden 1995 (zitiert: *von Arnim*, Rechtsfragen der Privatisierung, S.).

Augsberg, Ino, Informationsverwaltungsrecht: Zur kognitiven Dimension der rechtlichen Steuerung von Verwaltungsentscheidungen, Tübingen 2014 (zitiert: *Augsberg*, Informationsverwaltungsrecht, S.).

Augsberg, Steffen, Gesellschaftlicher Wandel und Demokratie: Die Leistungsfähigkeit der parlamentarischen Demokratie unter Bedingungen komplexer Gesellschaften, in: Heinig, Hans Michael/Terhechte, Jörg Philipp (Hrsg.), Postnationale Demokratie, Postdemokratie, Neotatismus, Tübingen 2013, 27–54 (zitiert: *Augsberg*, in: Heinig/Terhechte (Hrsg.), Postnationale Demokratie, Postdemokratie, Neotatismus, S.).

Bachof, Otto, Über öffentliches Recht, in: Heigl, Ludwig/Bachof, Otto/Redeker, Konrad (Hrsg.), Verwaltungsrecht zwischen Freiheit, Teilhabe und Bindung. Festgabe aus Anlaß des 25jährigen Bestehens des Bundesverwaltungsgerichts, München 1978, 1-21 (zitiert: *Bachof*, in: Heigl u.a. (Hrsg.), Verwaltungsrecht zwischen Freiheit, Teilhabe und Bindung, S.).

Bader, Johann/*Ronellenfitsch*, Michael (Hrsg.), Verwaltungsverfahrensgesetz, Kommentar, 2. Aufl., München 2016 (zitiert: *Bearb.*, in: Bader/Ronellenfitsch (Hrsg.), VwVfG, § Rn.).

Bader, Mathis, Organmangel und Organverteilung, Tübingen 2010 (zitiert: *Bader*, Organmangel und Organverteilung, S.).

Baer, Susanne, Juristische Biopolitik: Das Wissensproblem im Recht am Beispiel „des" demografischen Wandels, in: Cottier, Michelle/Estermann, Josef/-Wrase, Michael (Hrsg.), Wie wirkt Recht? Ausgewählte Beiträge zum ersten gemeinsamen Kongress der deutschsprachigen Rechtssoziologie-Vereinigung, Luzern 2008, Baden-Baden 2010, 181–201 (zitiert: *Baer*, in: Cottier u.a. (Hrsg.), Wie wirkt Recht?, S.).

Bauer, Hartmut, Privatisierung von Verwaltungsaufgaben, VVDStRL 54 (1995), 243–286 (zitiert: *Bauer*, VVDStRL 54 (1995), S.).

Becker, Ulrich/*Kingreen*, Thorsten (Hrsg.), SGB V Gesetzliche Krankenversicherung. Kommentar, 6. Aufl, München 2018 (zitiert: *Bearb.*, in: Becker/Kingreen, SGB V, § Rn.).

Berger, Andreas, Die Bundesärztekammer. Eine verfassungsrechtliche Studie zu Status, Organisation und Aufgaben, Baden-Baden 2005 (zitiert: *Berger*, Die Bundesärztekammer, S.).

Bergmann, Jan (Hrsg.), Handlexikon der Europäischen Union, 5. Aufl., Baden-Baden 2015 (zitiert: *Bearb.*, in: Bergmann (Hrsg.), Handlexikon der Europäischen Union, S.).

Blanke, Bernhard/*Nullmeier*, Frank/*Reichard*, Christoph/*Wewer*, Göttrik (Hrsg.), Handbuch zur Verwaltungsreform, Berlin/Heidelberg 2011 (zitiert: *Bearb.*, in: Blanke u.a. (Hrsg.), Handbuch zur Verwaltungsreform, S.).

Böhm, Bettina, Öffentlich-private Partnerschaften in der kommunalen Stadtentwicklung: öffentlich-rechtliche Vorgaben und gesellschaftsrechtliche Gestaltungen, Frankfurt a. M. 1999 (zitiert: *Böhm*, Öffentlich-rechtliche Partnerschaften in der kommunalen Stadtentwicklung, S.).

Böning, Jochen, Kontrolle im Transplantationsgesetz. Aufgaben und Grenzen der Überwachungs- und Prüfungskommission nach den §§ 11 und 12 TPG, Frankfurt a. M. 2009 (zitiert: *Böning*, Kontrolle im Transplantationsgesetz, S.).

Breithaupt, Janika, Rechte an Körpersubstanzen und deren Auswirkungen auf die Forschung mit abgetrennten Körpersubstanzen, Baden-Baden 2012 (zitiert: *Breithaupt*, Rechte an Körpersubstanzen und deren Auswirkungen auf die Forschung mit abgetrennten Körpersubstanzen, S.).

Bressler, Stefan, Public Private Partnership im Bank- und Börsenrecht durch Beleihung mit einer Anstaltsträgerschaft, Frankfurt a. M. 2009 (zitiert: *Bressler*, Public Private Partnership im Bank- und Börsenrecht, S.).

Britz, Gabriele, Die Mitwirkung Privater an der Wahrnehmung öffentlicher Aufgaben durch Einrichtungen des öffentlichen Rechts, VerwArch 2000, 418–437 (zitiert: *Britz*, VerwArch 2000, S.).

Brüning, Christoph, Steht das alte Rechtsinstitut der Beleihung vor einer neuen Zukunft? SächsVBl 1998, 201–205 (zitiert: *Brüning*, SächsVBl 1998, S.).

Buchner, Benedikt/*Ladeur*, Karl-Heinz (Hrsg.), Wissensgenerierung und -verarbeitung im Gesundheits- und Sozialrecht, Friedhelm Hase zum 65. Geburtstag, Tübingen 2016 (zitiert: *Bearb.*, in: Buchner/Ladeur (Hrsg.), Wissensgenerierung und -verarbeitung im Gesundheits- und Sozialrecht, S.).

Buhck, Henner, Überwachungsgemeinschaften im Umweltrecht, Berlin 1997 (zitiert: *Buhck*, Überwachungsgemeinschaften im Umweltrecht, S.).

Bullinger, Martin, Öffentliches Recht und Privatrecht, Stuttgart 1968 (zitiert: *Bullinger*, Öffentliches Recht und Privatrecht, S.).

Burgi, Martin, Funktionale Privatisierung und Verwaltungshilfe, Tübingen 1999 (zitiert: *Burgi,* Funktionale Privatisierung und Verwaltungshilfe, S.).

Ders., Privat vorbereitete Verwaltungsentscheidungen und staatliche Strukturschaffungspflicht. Verwaltungswissenschaft im Kooperationsspektrum zwischen Staat und Gesellschaft, Die Verwaltung 33 (2000), 183–206 (zitiert: *Burgi*, Die Verwaltung 33 (2000), S.).

Burmeister, Günter Cornelius, Herkunft, Inhalt und Stellung des institutionellen Gesetzesvorbehalts. Zugleich ein Beitrag zur Dogmatik des Verwaltungsorganisationsrechts, Berlin 1991 (zitiert: *Burmeister*, Herkunft, Inhalt und Stellung des institutionellen Gesetzesvorbehalts, S.).

Busch, Dörte, Eigentum und Verfügungsbefugnisse am menschlichen Körper und seinen Teilen, Frankfurt a. M. 2012 (zitiert: *Busch*, Eigentum und Verfügungsbefugnisse am menschlichen Körper und seinen Teilen, S.).

Çalışkan, Barış, Die medizinrechtlichen Ordnungsstrukturen. Legitimationsverantwortung des Staates beim Zusammenwirken privater Expertise und staatlicher Regulierung, Berlin 2014 (zitiert: *Çalışkan*, Die medizinrechtlichen Ordnungsstrukturen, S.).

Calliess, Christian, Inhalt, Dogmatik und Grenzen der Selbstregulierung im Medienrecht, AfP 2002, 465–475 (zitiert: *Calliess*, AfP 2002, S.).

Ders./Ruffert, Matthias (Hrsg.), EUV/AEUV, Kommentar, 5. Aufl., München 2016 (zitiert: *Bearb.*, in: Calliess/Ruffert (Hrsg.), EUV/AEUV, Art. Rn.).

Chun-Chen, Hsu, Institutionen körperschaftlicher Selbstverwaltung, Hamburg 2004 (zitiert: *Chun-Chen,* Institutionen körperschaftlicher Selbstverwaltung, S.).

Clement, Ralf, Der Rechtsschutz der potentiellen Organempfänger nach dem Transplantationsgesetz, Frankfurt a. M. 2007 (zitiert: *Clement*, Der Rechtsschutz der potentiellen Organempfänger, S.).

Collin, Peter/*Spiecker gen. Döhmann*, Indra (Hrsg.), Generierung und Transfer staatlichen Wissens im System des Verwaltungsrechts, Tübingen 2008, 3–25 (zitiert: *Bearb*., in: Collin/Spiecker gen. Döhmann (Hrsg.), Generierung und Transfer staatlichen Wissens, S.).

Ders.,/Rudischhauser, Sabine, Regulierte Selbstregulierung. Historische Analyse hybrider Regelungsstrukturen. Einleitung, in: Ders./Dies./Gonod, Pascale (Hrsg.), Regulierte Selbstregulierung. Historische Analyse hybrider Regelungsstrukturen, Paris 2016 (zitiert: *Collin/Rudischhauser*, in: Collin u.a. (Hrsg.), Regulierte Selbstregulierung, S.).

Corads, Christoph, Rechtliche Grundsätze der Organallokation, Baden-Baden 2000 (zitiert: *Corads,* Rechtliche Grundätze der Organallokation, S.).

Dagtoglou, Prodromos, Der Private in der Verwaltung als Fachmann und Interessenvertreter. Die Rechtsproblematik, Heidelberg 1964 (zitiert: *Dagtoglou,* Der Private in der Verwaltung als Fachmann und Interessenvertreter, S.).

Dederer, Hans-Georg, Korporative Staatsgewalt, Tübingen 2004 (zitiert: *Dederer*, Korporative Staatsgewalt, S.).

Degener-Hencke, Udo, Krankenhausversorgung und -finanzierung, in: Huster, Stefan/Kaltenborn, Markus (Hrsg.), Krankenhausrecht. Praxishandbuch zum Recht des Krankenhauswesens, München 2010 (zitiert: *Degener-Hencke*, in: Huster/Kaltenborn (Hrsg.), Krankenhausrecht, § Rn.).

Deitelhoff, Nicole/*Steffek*, Jens, Was bleibt vom Staat? Demokratie, Recht und Verfassung im globalen Zeitalter, Frankfurt a. M. 2009 (zitiert: *Deitelhoff/ Steffek*, Was bleibt vom Staat?, S.).

Demirovic, Alex/*Walk*, Heike, Demokratie und Governance. Kritische Perspektiven auf neue Formen politischer Herrschaft, Münster 2011 (zitiert: *Demirovic/Walk*, Demokratie und Governance, S.).

Dettling, Heinz-Uwe/*Gerlach*, Alice (Hrsg.), Krankenhausrecht Kommentar, 2. Aufl., München 2018 (zitiert: *Bearb.,* in: Dettling/Gerlach (Hrsg.), Krankenhausrecht, § Rn.).

Deutsch, Erwin, Brauchen wir das Transplantationsgesetz?, Der Chirurg 1980, 349–354 (zitiert: *Deutsch*, Der Chirurg 1980, S.).

Ders., Das Transplantationsgesetz vom 5.11.1997, NJW 1998, 777–781 (zitiert: *Deutsch*, NJW 1998, S.).

Ders./Spickhoff, Andreas, Medizinrecht: Arztrecht, Arzneimittelrecht, Medizinprodukterecht und Transfusionsrecht, 7. Aufl., Berlin 2014 (zitiert: *Deutsch/ Spickhoff*, Medizinrecht, S.).

Deutscher Ethikrat (Hrsg.), Hirntod und Entscheidung zur Organspende. Stellungnahme, Berlin 2015 (zitiert: Deutscher Ethikrat (Hrsg.), Hirntod und Entscheidung zur Organspende, S.).

De Wall, Heinrich, Die Anwendbarkeit privatrechtlicher Vorschriften im Verwaltungsrecht, Tübingen 1999 (zitiert: *De Wall*, Die Anwendbarkeit privatrechtlicher Vorschriften im Verwaltungsrecht, S.).

Di Fabio, Udo, Risikoentscheidungen im Rechtsstaat, Tübingen 1994 (zitiert: *Di Fabio*, Risikoentscheidungen im Rechtsstaat, S.).

Ders., Privatisierung und Staatsvorbehalt: Zum dogmatischen Schlüsselbegriff der öffentlichen Aufgabe, JZ 1999, 585–592 (zitiert: *Di Fabio,* JZ 1999, S.).

Dippel, Karlhans, Zur Entwicklung des Gesetzes über die Spende, Entnahme und Übertragung von Organen (Transplantationsgesetz – TPG) vom 5.11.1997, in: Ebert, Udo/Rieß, Peter/Roxin, Claus/Wahle, Eberhard (Hrsg.), Festschrift

für Ernst-Walter Hanack zum 70. Geburtstag am 30. August 1999, Berlin 1999, 665–696 (zitiert: *Dippel,* in: Ebert u.a. (Hrsg.), FS Hanack, S.).

Dreier, Horst, Hierarchische Verwaltung im demokratischen Staat. Genese, aktuelle Bedeutung und funktionale Grenzen eines Bauprinzips der Exekutive, Tübingen 1991 (zitiert: *Dreier*, Hierarchische Verwaltung im demokratischen Staat, S.).

Ders. (Hrsg.), Grundgesetz, Kommentar, Band II: Art. 20-82, 3. Aufl., Tübingen 2015; Band III: Art. 83-146, 3. Aufl., Tübingen 2018 (zitiert: *Bearb.,* in: Dreier (Hrsg.), GG, Band, Art. Rn.).

Ehlers, Dirk, Verwaltung in Privatrechtsform, Berlin 1984 (zitiert: *Ehlers*, Verwaltung in Privatrechtsform, S.).

Ders., Die Staatsgewalt in Ketten – zum Demokratiegebot im Sinne des Grundgesetzes –, in: Faber, Heiko/Frank, Götz (Hrsg.), Demokratie in Staat und Wirtschaft. Festschrift für Ekkehart Stein zum 70. Geburtstag am 24.09.2002, Tübingen 2002, 125–142 (zitiert: *Ehlers*, in: Faber/Frank (Hrsg.), FS Stein, S.).

Ders./Pünder, Hermann (Hrsg.), Allgemeines Verwaltungsrecht, 15. Aufl., Berlin/Boston 2015 (zitiert: *Bearb.,* in: Ehlers/Pünder (Hrsg.), Allgemeines Verwaltungsrecht, S.).

Eichenhofer, Eberhard/*von Koppenfels-Spies*, Katharina/*Wenner*, Ulrich (Hrsg.), Kommentar zum Sozialgesetzbuch V, 3. Aufl., Köln 2018 (zitiert: *Bearb.*, in: Eichenhofer/Wenner, SGB V Kommentar, § Rn.).

Eifert, Martin, Regulierte Selbstregulierung und die lernende Verwaltung, in: Regulierte Selbstregulierung, Die Verwaltung 2001, Beiheft 4, 137–157 (zitiert: *Eifert*, Die Verwaltung 2001, Beiheft 4, S.).

Ders., Die geteilte Kontrolle, Die Verwaltung 39 (2006), 309–334 (zitiert: *Eifert*, Die Verwaltung 39 (2006), S.).

Ellbogen, Klaus, Strafrechtliche Aspekte des sogenannten Transplantationsskandals, ArztRecht 2014, 201–206 (zitiert: *Ellbogen*, ArztRecht 2014, S.).

Emde, Ernst Thomas, Die demokratische Legitimation der funktionalen Selbstverwaltung: Eine verfassungsrechtliche Studie anhand der Kammern, der Sozialversicherungsträger und der Bundesanstalt für Arbeit, Berlin 1991 (zitiert: *Emde*, Die demokratische Legitimation der funktionalen Selbstverwaltung, S.).

Engels, Andreas, Non-ET-Residents im Transplantationswesen, MedR 2011, 541–549 (zitiert: *Engels*, MedR 2011, S.).

Ders., Organallokation im internationalen Verbundsystem. Grenzen der Rezeption selbstregulatorischer Organisationsstrukturen im Transplantationswesen, Die Verwaltung 44 (2011), 347–374 (zitiert: *Engels*, Die Verwaltung 44 (2011), S.).

Ders., Punktuelle gesetzgeberische Interventionen im Transplantationswesen – unendliche Geschichte oder Beseitigung fundamentaler Konstruktionsfehler?, WzS 2013, 199–204 (zitiert: *Engels*, WzS 2013, S.).

Epping, Volker/*Hillgruber*, Christian (Hrsg.), Beck`scher Online-Kommentar Grundgesetz, Stand November 2018 (zitiert: *Bearb.*, in: Epping/Hillgruber (Hrsg.), Beck`scher Online-Kommentar GG, Art Rn.).

Erbguth, Wilfried/*Guckelberger*, Annette, Allgemeines Verwaltungsrecht mit Verwaltungsprozess- und Staatshaftungsrecht, 9. Aufl., Baden-Baden 2018 (zitiert: *Erbguth/Guckelberger*, Allgemeines Verwaltungsrecht, S.).

Eyermann, Erich/*Fröhler*, Ludwig (Begr.), Verwaltungsgerichtsordnung Kommentar, 15. Aufl., München 2019 (zitiert: *Bearb.*, in: Eyermann, Verwaltungsgerichtsordnung, § Rn.).

Faber, Heiko, Verwaltungsrecht, Tübingen 1995 (zitiert: *Faber*, Verwaltungsrecht, S.).

Faber, Angela, Gesellschaftliche Selbstregulierungssysteme im Umweltrecht – unter Berücksichtigung der Selbstverpflichtungen, Köln 2001 (zitiert: *Faber*, Gesellschaftliche Selbstregulierungssysteme im Umweltrecht, S.).

Feuerstein, Günter, Das Transplantationssystem. Dynamik, Konflikte und ethisch-moralische Grenzgänge. Weinheim/München 1995 (zitiert: *Feuerstein*, Das Transplantationssystem, S.).

Fichtmueller, Carl Peter, Zulässigkeit ministerialfreien Raumes, AöR 91 (1966), 297–355 (zitiert: *Fichtmueller*, AöR 91 (1966), S.).

Fleiner, Fritz, Institutionen des deutschen Verwaltungsrechts, 8. Aufl., Tübingen 1928 (zitiert: *Fleiner*, Institutionen des deutschen Verwaltungsrechts, S.).

Franzius, Claudio, Der „Gewährleistungsstaat" – ein neues Leitbild für den Wandel des Staates?, Der Staat 42 (2003), 493–518 (zitiert: *Franzius*, Der Staat 42 (2003), S.).

Ders., Der Gewährleistungsstaat, VerwArch 2008, 351–379 (zitiert: *Franzius*, VerwArch 2008, S.).

Ders., Gewährleistung im Recht, Tübingen 2009 (zitiert: *Franzius*, Gewährleistung im Recht, S.).

Ders., Der Gewährleistungsstaat in der Rechtswissenschaft, Iurratio 2010, 126–129 (zitiert: *Franzius*, Iurratio 2010, S.).

Ders., Regulierte Selbstregulierung als Koordinierungsstrategie, in: Darnaculleta i Gardella, Mariea Mercè/Pardo, Josè Esteve/Spiecker gen. Döhmann, Indra (Hrsg.), Strategien des Rechts im Angesicht von Ungewissheit und Globalisierung, Baden-Baden 2015 (zitiert: *Franzius*, in: Darnaculleta i Gardella u.a. (Hrsg.), Strategien des Rechts im Angesicht von Ungewissheit und Globalisierung, S.).

Frenz, Walter/*Goetzkes*, Vera, Europäische Gesundheitspolitik nach Lissabon, MedR 2010, 613–619 (zitiert: *Frenz/Goetzkes*, MedR 2010, S.).

Gareis, Sven Bernhard/*Varwick*, Johannes, Die Vereinten Nationen – Aufgaben, Instrumente und Reformen, 5. Aufl., Opladen u.a. 2014 (zitiert: *Gareis/Varwick*, Die Vereinten Nationen, S.).

Gersdorf, Hubertus, Öffentliche Unternehmen im Spannungsfeld zwischen Demokratie- und Wirtschaftlichkeitsprinzip. Eine Studie zur verfassungsrechtlichen Legitimation der wirtschaftlichen Betätigung der öffentlichen Hand, Berlin 2000 (zitiert: *Gersdorf*, Öffentliche Unternehmen im Spannungsfeld zwischen Demokratie- und Wirtschaftlichkeitsprinzip, S.).

Gerst, Thomas, 1947/1997 – Bundesärztekammer im Wandel: Föderal oder zentral? Der kurze Traum von einer bundeseinheitlichen ärztlichen Selbstverwaltung, DÄBl. 1996, A-2389–2392 (zitiert: *Gerst*, DÄBl. 1996, S.).

Gott, Nina, Schnittstelle zwischen Organ- und Gewebespende, Frankfurt a. M. 2014 (zitiert: *Gott*, Schnittstelle zwischen Organ- und Gewebespende, S.).

Grabitz, Eberhard/*Hilf*, Meinhard/*Nettesheim*, Martin (Hrsg.), Das Recht der Europäischen Union: EUV, AEUV, Loseblattsammlung, 57. Ergänzungslieferung, Stand August 2015 (zitiert: *Bearb.*, in: Grabitz u.a. (Hrsg.), EUV, Art. Rn.).

Gramm, Christof, Privatisierung und notwendige Staatsaufgaben, Berlin 2001 (zitiert: *Gramm*, Privatisierung und notwendige Staatsaufgaben, S.).

Grimm, Dieter (Hrsg.), Wachsende Staatsaufgaben – sinkende Steuerungsfähigkeit des Rechts, Baden-Baden 1990 (zitiert: *Bearb.*, in: Grimm (Hrsg.), Wachsende Staatsaufgaben – sinkende Steuerungsfähigkeit des Rechts, S.).

Von der Groeben, Hans/*Schwarze*, Jürgen/*Hatje*, Armin (Hrsg.), Europäisches Unionsrecht, Kommentar, 7. Aufl., Baden-Baden 2015 (zitiert: *Bearb.*, in: Von der Groeben u.a. (Hrsg.), Europäisches Unionsrecht, Art. Rn.).

Gross, Thomas, Das Kollegialitätsprinzip in der Verwaltungsorganisation, Tübingen 1999 (zitiert: *Gross*, Das Kollegialitätsprinzip in der Verwaltungsorganisation, S.).

Gutmann, Thomas/*Land*, Walter, Ethische und rechtliche Fragen der Organverteilung: Der Stand der Debatte, in: Seelmann, Kurt/Brudermüller, Gerd (Hrsg.), Organtransplantation, Würzburg 2000, 87–137 (zitiert: *Gutmann/Land*, in: Seelmann/Brudermüller (Hrsg.), Organtransplantation, S.).

Ders./*Fateh-Moghadam*, Bijan, Rechtsfragen der Organverteilung. Das Transplantationsgesetz, die „Richtlinien" der Bundesärztekammer und die Empfehlungen der Deutschen Gesellschaft für Medizinrecht, NJW 2002, S. 3365–3372 (zitiert: *Gutmann/Fateh-Moghadam*, NJW 2002, S.).

Dies., Rechtsfragen der Organverteilung, in: Gutmann, Thomas/Schneewind, Klaus A./Schroth, Ulrich/Schmidt, Volker H./Elsässer, Antonellus/Land, Walter/Hillebrand, Günther F. (Hrsg.), Grundlagen einer gerechten Organverteilung, Berlin/Heidelberg 2003, 37–113 (zitiert: *Gutmann/Fateh-Moghadam,* in: Gutmann u.a. (Hrsg.), Grundlagen einer gerechten Organverteilung, S.).

Ders., Für ein neues Transplantationsgesetz. Eine Bestandsaufnahme des Novellierungsbedarfs im Recht der Transplantationsmedizin, Berlin 2005 (zitiert: *Gutmann,* Für ein neues Transplantationsgesetz, S.).

Häberle, Peter, Öffentliches Interesse als juristisches Problem. Eine Analyse von Gesetzgebung und Rechtsprechung, Bad Homburg 1970 (zitiert: *Häberle,* Öffentliches Interesse als juristisches Problem, S.).

Hänsle, Walter, Streik und Daseinsvorsorge. Verfassungsrechtliche Grenzen des Streikrechts in der Daseinsvorsorge. Zugleich ein Beitrag zur Staatsaufgabenlehre und zur Grundrechtsdogmatik des Art. 9 Abs. 3 GG, Tübingen 2016 (zitiert: *Hänsle,* Streik und Daseinsfürsorge, S.).

Hart, Dieter (Hrsg.), Ärztliche Leitlinien: Empirie und Recht professioneller Normsetzung, Baden-Baden 2000 (zitiert: *Bearb.,* in: Hart (Hrsg.), Ärztliche Leitlinien, S.).

Hase, Friedhelm, Verfassungsrechtliche Bewertung der Normsetzung durch den Gemeinsamen Bundesausschuss, MedR 2005, 391– 397 (zitiert: *Hase,* MedR 2005, S.).

Ders., Sozialrecht und die Integration gesellschaftlichen Wissens, in: Masuch, Peter/Spellbrink, Wolfgang/Becker, Ulrich/Leibfried, Stephan (Hrsg.), Grundlagen und Herausforderungen des Sozialstaats. Denkschrift 60 Jahre Bundessozialgericht Bd. 1, Berlin 2014, 423–436 (zitiert: *Hase*, in: Masuch u.a. (Hrsg.), Grundlagen und Herausforderungen des Sozialstaats, S.).

Ders., Die Komplexität medizinischen Wissens und die Bedingungen rechtlicher Regelbildung und Entscheidungsfindung, in: Rolfs, Christian (Hrsg.), Das Sozialrecht und seine Nachbardisziplinen. 13. Sozialrechtslehrertagung des Deutschen Sozialrechtsverbands e.V., 26./27. März 2015 in Kassel, Berlin 2015, 31–39 (zitiert: *Hase,* in: Rolfs (Hrsg.), Das Sozialrecht und seine Nachbardisziplinen, S.).

von Heimburg, Sibylle, Verwaltungsaufgaben und Private. Funktionen und Typen der Beteiligung Privater an öffentlichen Aufgaben unter besonderer Berücksichtigung des Baurechts, Berlin 1982 (zitiert: *von Heimburg,* Verwaltungsaufgaben und Private, S.).

Heintzen, Markus, Beteiligung Privater an der Wahrnehmung öffentlichen Aufgaben und staatlicher Verantwortung, VVDStRL 62 (2003), 220–265 (zitiert: *Heintzen,* VVDStRL 62 (2003), S.).

Helberg, Andreas, Normabwendende Selbstverpflichtungen als Instrumente des Umweltrechts. Verfassungs- und verwaltungsrechtliche Voraussetzungen und Grenzen, Berlin 1999 (zitiert: *Hellweg*, Normabwendende Selbstverpflichtungen als Instrumente des Umweltrechts, S.).

Hellweg, Rainer, Subsidiarität der Lebendorganspende, Bern u.a. 2016 (zitiert: *Hellweg*, Subsidiarität der Lebendorganspende, S.).

Hendler, Reinhard, Selbstverwaltung als Ordnungsprinzip. Zur politischen Willensbildung und Entscheidung im demokratischen Verfassungsstaat der Industriegesellschaft, Köln 1984 (zitiert: *Hendler*, Selbstverwaltung als Ordnungsprinzip, S.).

Hermesmeier, Timo, Staatliche Beteiligungsverwaltung. Eine haushaltsrechtliche Untersuchung zu den Voraussetzungen der Beteiligung des Staates an Unternehmen in Privatrechtsform am Maßstab von § 65 Abs. 1 Nr. 1 BHO, Baden-Baden 2010 (zitiert: *Hermesmeier*, Staatliche Beteiligungsverwaltung, S.).

Hess, Rainer, Darstellung der Aufgaben des Gemeinsamen Bundesausschusses, MedR 2005, 385–388 (zitiert: *Hess*, MedR 2005, S.).

Ders., Kommentar zum Aufsatz von Höfling, „Transplantationsmedizin und dead or donor rule, MedR 2013, 719 (zitiert: *Hess*, MedR 2013, S.).

Hoffmann-Riem, Wolfgang, Ökologisch orientiertes Verwaltungsverfahrensrecht – Vorklärungen, AöR 119 (1994), 590–626 (zitiert: *Hoffmann-Riem*, AöR 119 (1994), S.).

Ders., Reform des Allgemeinen Verwaltungsrechts – Vorüberlegungen, DVBl. 1994, 1381–1390 (zitiert: *Hoffmann-Riem*, DVBl. 1994, S.).

Ders./*Schmidt-Aßmann* (Hrsg.), Öffentliches Recht und Privatrecht als wechselseitige Auffangordnungen, Baden-Baden 1996 (zitiert: *Bearb.*, in: Hoffmann-Riem/Schmidt-Aßmann (Hrsg.), Öffentliches Recht und Privatrecht als wechselseitige Auffangordnungen, S.).

Ders., Tendenzen in der Verwaltungsentwicklung, DÖV 1997, 433–442 (zitiert: *Hoffmann-Riem*, DÖV 1997, S.).

Ders., Finanzkontrolle als Staatsaufsicht im Gewährleistungsstaat, DÖV 1999, 221–227 (zitiert: *Hoffmann-Riem*, DÖV 1999, S.).

Ders./Schmidt-Aßmann, Eberhard (Hrsg.), Verwaltungsrecht in der Informationsgesellschaft, Baden-Baden 2000 (zitiert: *Bearb.*, in: Hoffmann-Riem/Schmidt-Aßmann (Hrsg.), Verwaltungsrecht in der Informationsgesellschaft, S.).

Dies./Voßkuhle, Andreas (Hrsg.), Grundlagen des Verwaltungsrechts, Band I: Methoden. Maßstäbe, Aufgaben, Organisation, 2. Aufl., München 2012; Band II: Informationsordnung, Verwaltungsverfahren, Handlungsformen,

2. Aufl., München 2012 (zitiert: *Bearb.,* in: Hoffmann-Riem/Schmidt-Aßmann/Voßkuhle (Hrsg.), Grundlagen des Verwaltungsrechts, Band, S.).

Höfling, Wolfram/*Rixen,* Stephan, Verfassungsfragen der Transplantationsmedizin. Hirntodkriterium und Transplantationsgesetz in der Diskussion, Tübingen 1996 (zitiert: *Höfling/Rixen,* Verfassungsfragen der Transplantationsmedizin, S.).

Ders., Hirntodkonzeption und Transplantationsgesetzgebung, MedR 1996, 6–8 (zitiert: *Höfling*, in: MedR 1996, S.).

Ders., Primär- und Sekundärrechtsschutz im Öffentlichen Recht, VVDStRL 61 (2002), 260–299 (zitiert: *Höfling*, VVDStRL 61 (2002), S.).

Ders., Verteilungsgerechtigkeit in der Transplantationsmedizin?, JZ 2007, 481–486 (zitiert: *Höfling,* JZ 2007, S.).

Ders. (Hrsg.), Die Regulierung der Transplantationsmedizin in Deutschland. Eine kritische Bestandsaufnahme nach 10 Jahren Transplantationsgesetz, Tübingen 2008 (zitiert: *Bearb.,* in: Höfling (Hrsg.), Die Regulierung der Transplantationsmedizin in Deutschland, S.).

Ders. (Hrsg.), Transplantationsgesetz Kommentar, 2. Aufl., Berlin 2013 (zitiert: *Bearb.,* in: Höfling (Hrsg.), TPG, § Rn.).

Ders., Transplantationsmedizin und dead donor rule, MedR 2013, 407–412 (*Höfling,* MedR 2013, S.).

Ders., Hirntodkonzept und sog. Postmortale Organspende. Oder: Totgesagte leben länger, in: Jahn, Michael/Kim, Johann H./Knegendorf, Leonard/Rickli, Larissa/Poll-Wolbeck, Franca (Hrsg.), Medizinrecht, Tübingen 2015, 15–23 (zitiert: *Höfling*, in: Jahn u.a. (Hrsg.), Medizinrecht, S.).

Holzmann, Anke, Das Kooperationsprinzip. Kooperatives Staatshandeln zwischen Demokratie- und Rechtsstaatsprinzip, Baden-Baden 2006 (zitiert: *Holzmann,* Das Kooperationsprinzip, S.).

Holznagel, Bernd, Die Vermittlung von Spenderorganen nach dem geplanten Transplantationsgesetz. Möglichkeiten und Grenzen einer regulierten Selbstregulierung im Transplantationswesen, DVBl. 1997, 393–401 (zitiert: *Holznagel*, DVBl. 1997, S.).

Huber, Peter Michael/*Sommermann*, Karl-Peter/*Bauer*, Hartmut (Hrsg.), Demokratie in Europa, Tübingen 2005 (zitiert: *Bearb.*, in: Huber u.a. (Hrsg.), Demokratie in Europa, S.).

Ipsen, Jörn/*Koch*, Thorsten, Öffentliches und privates Recht- Abgrenzungsprobleme bei der Benutzung öffentlicher Einrichtungen, JuS 1992, 809–816 (zitiert: *Ipsen/Koch,* JuS 1992, S.).

Isensee, Josef/*Kirchhof*, Paul (Hrsg.), Handbuch des Staatsrechts der Bundesrepublik Deutschland, Band I: Historische Grundlagen, 3. Aufl., Heidelberg

2003; Band II: Verfassungsstaat, 3. Aufl., Heidelberg 2004; Band III: Demokratie- Bundesorgane, 3. Aufl., Heidelberg 2005; Band IV: Aufgaben des Staates, 3. Aufl., Heidelberg 2006; Band V: Rechtsquellen, Organisation, Finanzen, 3. Aufl., Heidelberg 2007; Band VI: Bundesstaat, 3. Aufl., Heidelberg 2009 (zitiert: *Bearb.*, in: Isensee/Kirchhof (Hrsg.), Handbuch des Staatsrechts, Band, § Rn.).

Jani, Michael, Die partielle verwaltungsrechtliche Inpflichtnahme Privater zu Handlungs- und Leistungspflichten. Eine Untersuchung insbesondere im Kommunalrecht unter besonderer Berücksichtigung der Rechtslage in Schleswig-Holstein, Pfaffenweiler 1992 (zitiert: *Jani*, Die partielle verwaltungsrechtliche Inpflichtnahme Privater zu Handlungs- und Leistungspflichten, S.).

Jann, Werner, Wandlungen von Verwaltungsmanagement und Verwaltungspolitik in Deutschland, in: Jann, Werner/Röber, Manfred/Wollmann, Hellmut (Hrsg.), Public Management- Grundlagen, Wirkungen, Kritik. Festschrift für Christoph Reichard zum 65. Geburtstag, 35–48, Baden-Baden 2006 (zitiert: *Jann*, in: Jann u.a. (Hrsg.), FS Reichard, S.).

Jarass, Hans Dieter/*Pieroth*, Bodo, Grundgesetz für die Bundesrepublik Deutschland: GG, Kommentar, 15. Aufl., München 2018 (zitiert: *Bearb.*, in: Jarass/Pieroth (Hrsg.), GG, Art. Rn.).

Jasper, Christian, Aktuelle Entwicklungen im Recht der Organspende, DVBl. 2013, 151–156 (zitiert: *Jasper*, DVBl. 2013, S.).

Jestaedt, Matthias, Demokratieprinzip und Kondominialverwaltung, Berlin 1993 (zitiert: *Jestaedt*, Demokratieprinzip und Kondominialverwaltung, S.).

John-Koch, Monika, Organisationsrechtliche Aspekte der Aufgabenwahrnehmung im modernen Staat, Berlin 2005 (zitiert: *John-Koch*, Organisationsrechtliche Aufgabenwahrnehmung im modernen Staat, S.).

Junghanns, Ray, Verteilungsgerechtigkeit in der Transplantationsmedizin: Eine juristische Grenzziehung, Frankfurt a. M. 2001 (zitiert: *Junghanns*, Verteilungsgerechtigkeit in der Transplantationsmedizin, S.).

Kahl, Wolfgang, Die rechtliche Bedeutung der Unterscheidung von Staat und Gesellschaft, Jura 2002, 721–729 (zitiert: *Kahl*, Jura 2002, S.).

Kämmerer, Jörn Axel, Privatisierung: Typologie – Determinanten – Rechtspraxis – Folgen, Tübingen 2001 (zitiert: *Kämmerer*, Privatisierung, S.).

Kern, Bernd-Rüdiger, Die rechtliche Grundlage für die Organtransplantation – Zur Gesetzeslage in den neuen Bundesländern, DtZ 1992, 348–350 (zitiert: *Kern*, DtZ 1992, S.).

Ders.,/*Wadle*, Elmar/*Schroeder*, Klaus-Peter/*Katzenmeier*, Christian (Hrsg.), Humaniora: Medizin – Recht – Geschichte, Festschrift für Adolf Laufs zum

70. Geburtstag, Berlin/Heidelberg 2006 (zitiert: *Bearb.,* in: *Kern* u.a. (Hrsg.), FS Laufs, S.).

Kiefer, Günther, Die Beleihung: (K)ein unbekanntes Wesen?, NVwZ 2011, 1300–1301 (zitiert: *Kiefer*, NVwZ 2011, S.).

Kirmer, Petra, Der Begriff der öffentlichen Aufgabe in der Rechtsprechung des Bundesverfassungsgerichts, München 1995 (zitiert: *Kirmer,* Der Begriff der öffentlichen Aufgabe in der Rechtsprechung des BVerfG, S.).

Kliemt, Hartmut, „Gerechtigkeitskriterien" in der Transplantationsmedizin – eine ordoliberale Perspektive, in: Nagel, Eckhard/Fuchs, Christoph (Hrsg.), Soziale Gerechtigkeit im Gesundheitswesen. Ökonomische, ethische, rechtliche und medizinische Aspekte, Berlin/Heidelberg 1993, 262–283 (zitiert: *Kliemt,* in: Nagel/Fuchs (Hrsg.), Soziale Gerechtigkeit im Gesundheitswesen, S.).

Kloepfer, Michael, Verfassungsrecht, Band I: Grundlagen, Staatsorganisationsrecht, Bezüge zum Völker- und Europarecht, München 2011 (zitiert: *Kloepfer*, Verfassungsrecht, Band, § Rn.).

Kluth, Winfried, Funktionale Selbstverwaltung. Verfassungsrechtlicher Status – verfassungsrechtlicher Schutz, Tübingen 1997 (zitiert: *Kluth*, Funktionale Selbstverwaltung, S.).

Ders., Der Gemeinsame Bundesausschuss (G-BA) nach § 91 SGB V aus der Perspektive des Verfassungsrechts: Aufgaben, Funktionen und Legitimation, Berlin 2015 (zitiert: *Kluth*, Der G-BA nach § 91 SGB V aus der Perspektive des Verfassungsrechts, S.).

Ders., Der Gemeinsame Bundesausschuss (GBA) aus der Perspektive des Verfassungsrechts, GesR 2017, 205–211 (zitiert: *Kluth,* GesR 2017, S.).

Köller, Sandra, Funktionale Selbstverwaltung und ihre demokratische Legitimation. Eine Untersuchung am Beispiel der Wasserverbände Lippeverband und Emschergenossenschaft, Berlin 2009 (zitiert: *Köller*, Funktionale Selbstverwaltung und ihre demokratische Legitimation, S.).

König, Klaus (Hrsg.), Deutsche Verwaltung an der Wende zum 21. Jahrhundert, Baden-Baden 2002 (zitiert: *Bearb.*, in: König (Hrsg.), Deutsche Verwaltung an der Wende zum 21. Jahrhundert, S.).

König, Peter, Strafbarer Organhandel, Frankfurt a. M. 1999 (zitiert: *König*, Strafbarer Organhandel, S.).

Ders., Biomedizinkonvention des Europarats, EU und deutsches Organhandelsverbot, MedR 2005, 22–26 (zitiert: *König*, MedR 2005, S.).

Kohler-Koch, Beate (Hrsg.), Staat und Demokratie in Europa. 18. Wissenschaftlicher Kongreß der Deutschen Vereinigung für politische Wissenschaft, Opladen 1992 (zitiert: *Bearb.,* in: Kohler-Koch (Hrsg.), Staat und Demokratie in Europa, S.).

Kopp, Ferdinand/*Schenke*, Wolf-Rüdiger (Begr./Hrsg.), Verwaltungsgerichtsordnung Kommentar, 24. Aufl., München 2018 (zitiert: *Bearb.*, in: Kopp/Schenke (Hrsg.), VwGO, § Rn.).

Koppe, Christian, Zur strafrechtlichen Verantwortlichkeit als Folge der regelwidrigen Beeinflussung geltender Allokationskriterien im Bereich der Organzuteilung, Frankfurt a.M. 2016 (zitiert: *Koppe*, Zur strafrechtlichen Verantwortlichkeit als Folge der regelwidrigen Beeinflussung geltender Allokationskriterien im Bereich der Organzuteilung, S.).

Krauskopf, Dieter (Hrsg.), Soziale Krankenversicherung, Pflegeversicherung. München, 98. Ergänzungslieferung, Stand März 2018 (zitiert: *Bearb.*, in: Krauskopf, Soziale Krankenversicherung, § Rn.).

Krüger, Robert, Die Organverteilungstätigkeit Eurotransplants im Sinne des § 12 TPG: eine verfassungsrechtliche Analyse, Frankfurt a. M. 2011 (zitiert: *Krüger*, die Organverteilungstätigkeit Eurotransplants, S.).

Kudlich, Hans, Die strafrechtliche Aufarbeitung des „Organspende-Skandals“, NJW 2013, 917–920 (zitiert: *Kudlich*, NJW 2013, S.).

Kühn, Hermann Christoph, Das neue deutsche Transplantationsgesetz, MedR 1998, 455–461 (zitiert: *Kühn*, MedR 1998, S.).

Ladeur, Karl-Heinz, Regulierung des Gesundheitswesens unter den Bedingungen der „Datenbasierten Medizin“, MedR 2016, 650–654 (zitiert: *Ladeur*, MedR 2016, S.).

Lämmerzahl, Torsten, Die Beteiligung Privater an der Erledigung öffentlicher Aufgaben. Eine Untersuchung ihrer verfassungs- und verwaltungsrechtlichen Möglichkeiten und Grenzen, Berlin 2007 (zitiert: *Lämmerzahl*, Die Beteiligung Privater an der Erledigung öffentlicher Aufgaben, S.).

Lang, Heinrich, Knappheitsentscheidungen im Sozialrecht – Zum Rechtsschutzdefizit gegenüber transplantationsrechtlicher Verteilungsentscheidungen, VSSR 2002, 21–43 (zitiert: *Lang*, VSSR 2002, S.).

Ders., Deregulierte Verantwortungslosigkeit? – Das Transplantationsrecht im Spannungsfeld von Kostendruck, regulierter Selbstregulierung und staatlicher Funktionsverantwortung, MedR 2005, 269–279 (zitiert: *Lang*, MedR 2005, S.).

Laufs, Adolf/*Kern*, Bernd-Rüdiger (Hrsg.), Handbuch des Arztrechts, München 2010 (zitiert: *Bearb.*, in: Laufs/Kern (Hrsg.), Handbuch des Arztrechts, § Rn.).

Lautenschlaeger, Dunja, Der Status ausländischer Personen im deutschen Transplantationssystem, Frankfurt a.M. 2008 (zitiert: *Lautenschlaeger*, Der Status ausländischer Personen im deutschen Transplantationssystem, S.).

Lemke, Michael, Stand der Diskussion zum Entwurf eines Transplantationsgesetzes – Eine rechtspolitische Bestandsaufnahme, MedR 1991, 281–289 (zitiert: *Lemke*, MedR 1991, S.).

Lenz, Carl-Otto/*Borchardt*, Klaus Dieter (Hrsg.), EU- und EG-Verträge, 4.Aufl., Köln 2006 (zitiert: *Bearb.*, in: Lenz/Borchardt (Hrsg.), EU- und EG-Verträge, Art. Rn.).

Dies. (Hrsg.), EU-Verträge, 6.Aufl., Köln 2012 (zitiert: *Bearb.*, in: Lenz/Borchardt (Hrsg.), EU-Verträge, Art. Rn.).

Leopold, Dieter, Die Organspenden haben 2013 ein Rekordtief erreicht, WzS 2014, 84 (zitiert: *Leopold*, WzS 2014, S.).

Loer, Elmar, Public Private Partnership und Public Public Partnership. Kooperations- und Konzessionsmodelle sowie interkommunale Zusammenarbeit im Lichte des Vergaberechts, Göttingen 2007 (zitiert: *Loer*, Public Private Partnership und Public Public Partnership, S.).

Loeser, Roman, System des Verwaltungsrechts, Band II, Baden-Baden 1994 (zitiert: *Loeser*, System des Verwaltungsrechts, Band II, § Rn.).

Luehrs, Wolfgang, Überlegungen zur einheitlichen Kodifizierung des Transplantationswesens, ZRP 1992, 302–305 (zitiert: *Luehrs*, ZRP 1992, S.).

Mai, Manfred, Technik, Wissenschaft und Politik. Studien zur Techniksoziologie und Technikgovernance, Wiesbaden 2011 (zitiert: *Mai*, Technik, Wissenschaft und Politik, S.).

von Mangoldt, Hermann/*Klein*, Friedrich/*Starck*, Christian (Begr./Hrsg.), Kommentar zum Grundgesetz: GG, Band II: Art. 20-82, 6. Aufl., München 2010 (zitiert: *Bearb.*, in: von Mangoldt u.a. (Hrsg.), GG, Band II, Art. Rn.).

Maunz, Theodor/*Dürig*, Günter (Begr.), Grundgesetz Kommentar, 84. Aufl., München 2018 (zitiert: *Bearb.*, in: Maunz/Dürig, GG Kommentar, § Rn.).

Maurer, Hartmut, Die medizinische Organtransplantation in verfassungsrechtlicher Sicht. Bemerkungen zum Entwurf eines Transplantationsgesetzes, DÖV 1980, 7–15 (zitiert: *Maurer*, DÖV 1980, S.).

Ders., Die verschiedenen Formen der Privatisierung, in: Manssen, Gerrit/Jachmann, Monika/Gröpl, Christoph (Hrsg.), Nach geltendem Verfassungsrecht. Festschrift für Udo Steiner zum 70. Geburtstag, Stuttgart 2009 (zitiert: *Maurer*, in: Manssen u.a. (Hrsg.), FS Steiner, S.).

Ders./*Waldhoff*, Christian, Allgemeines Verwaltungsrecht, 19. Aufl., München 2017 (zitiert: *Maurer*/*Waldhoff*, Allgemeines Verwaltungsrecht, § Rn.).

Mayntz, Renate, Politische Steuerung und gesellschaftliche Steuerungsprobleme – Anmerkungen zu einem theoretischen Paradigma, in: Ellwein, Thomas/Hesse, Joachim Jens/Mayntz, Renate/Scharpf, Fritz Wilhelm (Hrsg.), Jahrbuch zur Staats- und Verwaltungswissenschaft, Band 1, Baden-Baden 1987, 89–110 (zitiert: *Mayntz*, in: Ellwein u.a. (Hrsg.), Jahrbuch zur Staats- und Verwaltungswissenschaft, S.).

Mehde, Veith, Neues Steuerungsmodell und Demokratieprinzip, Berlin 2000 (zitiert: *Mehde,* Neues Steuerungsmodell und Demokratieprinzip, S.).

Ders., Ausübung von Staatsgewalt und Public Private Partnership, VerwArch 2000, 540–565 (zitiert: *Mehde*, VerwArch 2000, S.).

Middel, Claus-Dieter/*Pühler*, Wiebke/*Lilie*, Hans/*Vilmar*, Karsten (Hrsg.), Novellierungsbedarf des Transplantationsrechts – Bestandsaufnahme und Bewertung, Köln 2010 (zitiert: *Bearb.*, in: Middel u.a. (Hrsg.), Novellierungsbedarf des Transplantationsrechts, S.).

Mohammadi-Kangarani, Ehsan, Die Richtlinien der Organverteilung im Transplantationsgesetz – verfassungsgemäß?, Frankfurt a. M. 2011 (zitiert: *Mohammadi-Kangarani*, Die Richtlinien der Organverteilung im Transplantationsgesetz – verfassungsgemäß?, S.).

Ders./Hampe, Dennis, Das neue Transplantationsgesetz, WzS 2013, 78–81 (zitiert: *Mohammadi/Hampe*, WzS 2013, S.).

von Münch, Ingo, Staatsrecht I, 6. Aufl., Stuttgart u.a. 2000 (zitiert: *von Münch*, Staatsrecht, § Rn.).

Ders. (Begr.)/*Kunig*, Philip (Hrsg.), Grundgesetz-Kommentar, 6. Aufl. 2012 (zitiert: *Bearb.*, in: von Münch/Kunig (Hrsg.), GG, § Rn.).

Nagel, Markus, Organtransplantation und Internationes Privatrecht, Berlin/Heidelberg 2009 (zitiert: *Nagel*, Organtransplantation und Internationales Privatrecht, S.).

Neft, Hans, Reform des Transplantationsgesetzes – Weichenstellung für eine bessere Patientenversorgung?, MedR 2013, 82–89 (zitiert: *Neft*, MedR 2013, S.).

Neuefeind, Yvonne, Ethik, Recht und Politik der postmortalen Organtransplantation. Ein Beitrag zur Novellierung des Transplantationsrechts, Berlin 2018 (zitiert: *Neuefeind*, Ethik, Recht und Politik der postmortalen Organtransplantation, S.).

Nickel, Lars Christoph, Verfassungsrechtliche Probleme der Transplantationsgesetzgebung am Beispiel des Gesetzesbeschlusses des rheinland-pfälzischen Landtags, MedR 1995, 139–147 (zitiert: *Nickel*, MedR 1995, S.).

Ders., Die Entnahme von Organen und Geweben bei Verstorbenen zum Zwecke der Transplantation nach dem Transplantationsgesetz vom 5. November 1997 unter Berücksichtigung der nationalen Regelungen der anderen europäischen Staaten, Bonn 1999 (zitiert: *Nickel*, Die Entnahme von Organen und Geweben bei Verstorbenen zum Zwecke der Transplantation, S.).

Ders./Schmidt-Preisigke, Angelika/*Sengler*, Helmut (Hrsg.), Transplantationsgesetz – Kommentar, Stuttgart 2001 (zitiert: *Bearb.*, in: Nickel u.a. (Hrsg.), TPG, § Rn.).

Nitsche, Markus, Politik und Organspende. Eine Untersuchung zur politischen Umsetzung gesetzgeberischer Intentionen in der Gesundheitsversorgung, Duisburg 2005 (zitiert: *Nitsche,* Politik und Organspende, S.).

Norba, Daniela, Rechtsfragen der Organtransplantation aus deutscher und europäischer Sicht, Berlin 2009 (zitiert: *Norba*, Rechtsfragen der Organtransplantation, S.).

Nussberger, Angelika, Sachverständigenwissen als Determinante verwaltungsrechtlicher Einzelentscheidungen, AöR 129 (2004), 282–307 (zitiert: *Nussberger*, AöR 129 (2004), S.).

Oberender, Peter/*Rudolf*, Thomas, Fehlanreize auf dem Markt für Organtransplantate: Nachfrageüberhang und Schattenmärkte, in: Jäger, Thomas (Hrsg.) Handbuch Sicherheitsgefahren, Wiesbaden 2015, 173–180 (zitiert: *Oberender/Rudolf*, in: Jäger (Hrsg.), Handbuch Sicherheitsgefahren, S.).

Oduncu, Fuat, Hirntod und Organtransplantation. Medizinische, juristische und ethische Fragen, Göttingen 1998 (zitiert: *Oduncu*, Hirntod und Organtransplantation, S.).

Oelert, Uta, Allokation von Organen in der Transplantationsmedizin, Frankfurt a. M. 2002 (zitiert: *Oelert,* Allokation von Organen in der Transplantationsmedizin, S.).

Ossenbuehl, Fritz, Die Erfüllung von Verwaltungsaufgaben durch Private, VVDStRL 29 (1971), 137–209 (zitiert: *Ossenbuehl,* VVDStRL 29 (1971), S.).

Otto, Martin R., Das Recht der Organ- und Gewebetransplantation in Deutschland, Jura 2012, 745–753 (zitiert: *Otto*, Jura 2012, S.).

Palandt, Otto (Begr.), Bürgerliches Gesetzbuch mit Nebengesetzen, 78. Aufl., München 2019 (zitiert: *Bearb.,* in: Palandt (Hrsg.), BGB, § Rn.).

Peters, Hans, Öffentliche und staatliche Aufgaben, in: Dietz, Rolf/Hübner, Heinz (Hrsg.), Festschrift für Hans Carl Nipperdey zum 70. Geburtstag. 21. Januar 1965, Band II, München/Berlin 1965, 877–984 (zitiert: *Peters*, in: Dietz/Hübner (Hrsg.), FS Nipperdey, S.).

Pfeiffer, Alexandra, Die Regelung der Lebendorganspende im Transplantationsgesetz, Frankfurt a. M. 2004 (zitiert: *Pfeiffer,* Die Regelungen der Lebendorganspende im Transplantationsgesetz, S.).

Pieper, Stefan Ulrich, Völkerrecht und Unionsrecht, in: Bergmann, Jan (Hrsg.), Handlexikon der Europäischen Union, 5. Aufl., Baden-Baden 2015, 964–968 (zitiert: *Pieper*, in: Bergmann (Hrsg.), Handlexikon der Europäischen Union, S.).

Pieroth, Bodo, Das Demokratieprinzip des Grundgesetzes, JuS 2010, 473–481 (zitiert: *Pieroth,* JuS 2010, S.).

Reichard, Christoph, Umdenken im Rathaus: Neue Steuerungsmodelle in der deutschen Kommunalverwaltung, 5. Aufl., Berlin 1994 (zitiert: *Reichard,* Neue Steuerungsmodelle in der deutschen Kommunalverwaltung, S.).

Reiling, Katharina, Der Hybride. Administrative Wissensorganisation im privaten Bereich, Tübingen 2016 (zitiert: *Reiling,* Der Hybride, S.).

Reit, Nina, Public Private Partnership und materielle Privatisierung kommunaler Krankenhäuser im Lichte der Investitionskostenfinanzierung, Baden-Baden 2013 (zitiert: *Reit,* Public Private Partnership und materielle Privatisierung kommunaler Krankenhäuser im Lichte der Investitionskostenfinanzierung, S.).

Resch, Martina, Die empfängergerichtete Organspende, Frankfurt a. M. 2014 (zitiert: *Resch,* Die empfängergerichtete Organspende, S.).

Rissing-van Saan, Ruth, Der sog. „Transplantationsskandal" – eine strafrechtliche Zwischenbilanz, NStZ 2014, 233–244 (zitiert: *Rissing-van Saan,* NStZ 2014, S.).

Röhl, Hans Christian, Staatliche Verantwortung in Kooperationsstrukturen. Organisationsrechtsfragen am Beispiel des Wissenschaftsrates und der Deutschen Forschungsgemeinschaft, Die Verwaltung 29 (1996), 487–510 (zitiert: *Röhl,* Die Verwaltung 29 (1996), S.).

Rosenau, Henning, Strafbarkeit bei der Manipulation der Organallokation, in: Hefendehl, Roland/Hörnle, Tatjana/Greco, Luis (Hrsg.), Streitbare Strafrechtswissenschaft, Festschrift für Bernd Schünemann zum 70. Geburtstag am 1. November 2014, Berlin (u.a.) 2014, 689–703 (zitiert: *Rosenau,* in: Hefendehl u.a. (Hrsg.), FS Schünemann, S.).

Ders., Informationelle Vernetzung der Medizin als Herausforderung für das Strafrecht am Beispiel der Strafbarkeit bei der Manipulation der Organallokation, MedR 2016, 706–711 (zitiert: *Rosenau*, MedR 2016, S.).

Rosenberg, Sebastian, Die postmortale Organtransplantation – Eine „gemeinschaftliche Aufgabe" nach § 11 Abs. 1 S. 1 Transplantationsgesetz, Frankfurt a. M. 2008 (zitiert: *Rosenberg,* Die postmortale Organtransplantation, S.).

Roxin, Claus/*Schroth*, Ulrich (Hrsg.), Handbuch des Medizinstrafrechts, 4. Aufl., Stuttgart u.a. 2010 (zitiert: *Bearb.,* in: Roxin/Schroth (Hrsg.), Handbuch des Medizinstrafrechts, S.).

Rüppel, Sascha, Privatisierung des Strafvollzugs. Rechtliche und praktische Problemstellungen als Chance zur normativen Entkriminalisierung, Frankfurt a. M. 2010 (zitiert: *Rüppel,* Privatisierung des Strafvollzugs, S.).

Sachs, Michael, Die Einheit der Verwaltung als Rechtsproblem, NJW 1987, 2338–2344 (zitiert: Sachs, NJW 1987, S.).

Ders. (Hrsg.), Grundgesetz, Kommentar, 8. Aufl., München 2018 (zitiert: *Bearb.*, in: Sachs (Hrsg.), GG, Art. Rn.).

Sahm, Christoph, Privatisierung der immissionsschutzrechtlichen Anlagenüberwachung, Baden-Baden 2014 (zitiert: *Sahm*, Privatisierung der immissionsschutzrechtlichen Anlagenüberwachung, S.).

von Savigny, Friedrich Carl, System des heutigen Römischen Rechts, Band II, Berlin 1840 (zitiert: *von Savigny*, System des heutigen Römischen Rechts, Band II, S.).

Schaefer, Jan Philipp, Die Umgestaltung des Verwaltungsrechts, Tübingen 2016 (zitiert: *Schaefer*, Die Umgestaltung des Verwaltungsrechts, S.).

Scheinfeld, Jörg, Organtransplantation und Strafrechtspaternalismus: Eine Analyse der strafbewehrten Spendebegrenzungen im deutschen Transplantationsrecht, Tübingen 2016 (zitiert: *Scheinfeld*, Organtransplantation und Strafrechtspaternalismus, S.).

Schimmelpfeng-Schütte, Ruth, Der Vertragsarzt zwischen Eid und Pflicht als Leistungserbringer. Unter Berücksichtigung der Beschlüsse des Bundesverfassungsgerichts zum Off-Label-Use und zum Ausschluss neuer Behandlungsmethoden, GesR 2004, 361–364 (zitiert: *Schimmelpfeng-Schütte*, GesR 2004, S.).

Schlegel, Rainer/*Engelmann*, Klaus (Hrsg.), Juris PraxisKommentar SGB V. Gesetzliche Krankenversicherung, Band 2, 3. Aufl., Saarbrücken 2016 (zitiert: *Bearb.*, in: Schlegel/Engelmann (Hrsg.), jurisPK SGB V, § Rn.).

Schlums, Anne, Organspende durch Patientenverfügung, Köln 2015 (zitiert: *Schlums*, Organspende durch Patientenverfügung, S.).

Schmidt, Detlef, Die Unterscheidung von privatem und öffentlichem Recht, Baden-Baden 1985 (zitiert: *Schmidt*, Die Unterscheidung von privatem und öffentlichem Recht, S.).

Schmidt, Volker H., Politik der Organverteilung, Baden-Baden 1996 (zitiert: *Schmidt*, Politik der Organverteilung, S.).

Schmidt am Busch, Birgit, Die Beleihung: Ein Rechtsinstitut im Wandel, DÖV 2007, 533–542 (zitiert: *Schmidt am Busch*, DÖV 2007, S.).

Schmidt-Aßmann, Eberhard, Verwaltungslegitimation als Rechtsbegriff, AöR 116 (1991), 329–390 (zitiert: *Schmidt-Aßmann*, AöR 116 (1991), S.).

Ders./Hoffmann-Riem, Wolfgang (Hrsg.), Verwaltungsorganisationsrecht als Steuerungsressource, Baden-Baden 1997 (zitiert: *Bearb.*, in: Schmidt-Aßmann/Hoffmann-Riem (Hrsg.), Verwaltungsorganisationsrecht als Steuerungsressource, S.).

Ders., Grundrechtspositionen und Legitimationsfragen im öffentlichen Gesundheitswesen, Berlin 2001 (zitiert: *Schmidt-Aßmann*, Grundrechtspositionen und Legitimationsfragen im öffentlichen Gesundheitswesen, S.).

Ders., Rechtsschutzfragen des Transplantationsgesetzes, NVwZ 2001, Sonderheft für H. Weber, 59–61 (zitiert: *Schmidt-Aßmann*, NVwZ 2001, Sonderheft, S.).

Ders., Regulierte Selbstregulierung und verwaltungsrechtliche Systembildung, in: Die Verwaltung 2001, Beiheft 4, Regulierte Selbstregulierung als Steuerungskonzept des Gewährleistungsstaates: Ergebnisse des Symposiums aus Anlaß des 60. Geburtstages von Wolfgang Hoffmann-Riem, Berlin 2001, 253–271 (zitiert: *Schmidt-Aßmann*, Die Verwaltung 2001, Beiheft 4, S.).

Ders., Das allgemeine Verwaltungsrecht als Ordnungsidee: Grundlagen und Aufgaben der verwaltungsrechtlichen Systembildung, 2. Aufl., Berlin u.a. 2004 (zitiert: *Schmidt-Aßmann*, Das allgemeine Verwaltungsrecht als Ordnungsidee, S.).

Ders./Hoffmann-Riem, Wolfgang (Hrsg.), Methoden der Verwaltungsrechtswissenschaft, Baden-Baden 2004 (zitiert: Schmidt-Aßmann/Hoffmann-Riem (Hrsg.), Methoden der Verwaltungsrechtswissenschaft, S.).

Schmidt-Bleibtreu, Bruno/*Hofmann*, Hans/*Henneke*, Hans-Günter (Hrsg.), Kommentar zum Grundgesetz: GG, 14. Aufl., Köln 2018 (zitiert: *Bearb.*, in: Schmidt-Bleibtreu u.a. (Hrsg.), GG, Art. Rn.).

Schmidt-Preuß, Matthias, Verwaltung und Verwaltungsrecht zwischen gesellschaftlicher Selbstregulierung und staatlicher Steuerung, VVDStRL 56 (1997), 160–227 (zitiert: *Schmidt-Preuß*, VVDStRL 56 (1997), S.).

Schnapp, Friedrich Eberhard/*Wigge*, Peter (Hrsg.), Handbuch des Vertragsarztrechts. Das gesamte Kassenarztrecht, 3. Aufl., München 2017 (zitiert: *Bearb.*, in: Schnapp/Wigge (Hrsg.), Handbuch des Vertragsarztrechts, § Rn.).

Schneider, Marina, Verfassungsmäßigkeit des Rechts der Organallokation, Baden-Baden 2015 (zitiert: *Schneider*, Verfassungsmäßigkeit des Rechts der Organallokation, S.).

Schreiber, Hans-Ludwig/*Wolfslast*, Gabriele, Ein Entwurf für ein Transplantationsgesetz, MedR 1992, 189–195 (zitiert: *Schreiber/Wolfslast*, MedR 1992, S.).

Schreiber, Markus, Die gesetzliche Regelung der Lebendspende von Organen in der Bundesrepublik Deutschland, Frankfurt a. M. 2004 (zitiert: *Schreiber*, Die gesetzliche Regelung der Lebendspende, S.).

Schreyer, Edith, Pluralistische Entscheidungsgremien im Bereich sozialer und kultureller Staatsaufgaben. Eine verwaltungs- und verfassungsrechtliche Untersuchung am Beispiel der Bundesprüfstelle für jugendgefährdende Schriften, der Jugendwohlfahrtsausschüsse und der Filmförderungsanstalt, Berlin 1982 (zitiert: *Schreyer*, Pluralistische Entscheidungsgremien im Bereich sozialer und kultureller Staatsaufgaben, S.).

Schroeder, Friedrich-Christian, Gegen die Spendenlösung bei der Organvergabe, ZRP 1997, 265–267 (zitiert: *Schroeder*, ZRP 1997, S.).

Schroth, Ulrich/*König*, Peter/*Gutmann*, Thomas/*Oduncu*, Fuat (Hrsg.), Transplantationsgesetz: TPG, Kommentar, München 2005 (zitiert: *Bearb.*, in: Schroth u.a. (Hrsg.), TPG, § Rn.).

Ders., Die strafrechtliche Beurteilung der Manipulationen bei der Leberallokation, NStZ 2013, 437–447 (zitiert: *Schroth,* NStZ 2013, S.).

Schulze, Reiner/*Zuleeg*, Manfred/*Kadelbach*, Stefan (Hrsg.) Europarecht – Handbuch für die deutsche Rechtspraxis, 3. Aufl., Baden-Baden 2015 (zitiert: *Bearb.,* in: Schulze u.a. (Hrsg.), Europarecht, Rn.).

Schuppert, Gunnar Folke, Rückzug des Staates? Zur Rolle des Staates zwischen Legitimationskrise und politischer Neubestimmung, DÖV 1995, 761–770 (zitiert: *Schuppert*, DÖV 1995, S.).

Ders., Vom produzierenden zum gewährleistenden Staat: Privatisierung als Veränderung staatlicher Handlungsformen, in: König, Klaus/Benz, Angelika (Hrsg.), Privatisierung uns staatliche Regulierung, Baden-Baden 1997 (zitiert: *Schuppert,* in: König/Benz (Hrsg.), Privatisierung und staatliche Regulierung, S.).

Ders., Verwaltungswissenschaft – Verwaltung, Verwaltungsrecht, Verwaltungslehre. Baden-Baden 2000 (zitiert: *Schuppert,* Verwaltungswissenschaft, S.).

Ders., Die neue Verantwortungsverteilung zwischen Staat und Gesellschaft – oder: Wessen Wohl ist das Gemeinwohl?, vhw FW 4/2008, 189–193 (zitiert: *Schuppert*, vhw FW 4/2008, S.).

Ders., Was ist und wie misst man Wandel von Staatlichkeit?, Der Staat 47 (2008), 325–358 (zitiert: *Schuppert*, Der Staat 47 (2008), S.).

Ders., Verwaltungsrecht und Verwaltungswissenschaft im Wandeln. Von Planung über Steuerung zu Governance, AöR 2008, 79–108 (zitiert: *Schuppert*, AöR 2008, S.).

Ders., Staat als Prozess. Eine staatstheoretische Skizze in sieben Aufzügen, Frankfurt a. M./New York 2010 (zitert: *Schuppert*, Staat als Prozess, S.).

Schwarze, Jürgen (Hrsg.), EU Kommentar, 4. Aufl., Baden-Baden 2019 (zitiert: *Bearb.,* in: Schwarze (Hrsg.), EU-Kommentar, Art Rn.).

Seeringer, Stefanie, Der Gemeinsame Bundesausschuss nach dem SGBV, Baden-Baden 2006 (zitiert: *Seeringer,* Der Gemeinsame Bundesausschuss nach dem SGBV, S.).

Seidel, Achim, Privater Sachverstand und staatliche Garantenstellung im Verwaltungsrecht, München 2000 (zitiert: *Seidel,* Privater Sachverstand und staatliche Garantenstellung im Verwaltungsrecht, S.).

Sickor, Jens Andreas, Der Genehmigungsvorbehalt für Richtlinien nach § 16 TPG. Untaugliches Korrektiv einer verfassungswidrigen Regelung, GesR 2014, 204–208 (zitiert: *Sickor*, GesR 2014, S.).

Sodan, Helge/*Ziekow*, Jan (Hrsg.) Verwaltungsgerichtsordnung. Großkommentar, 5. Aufl., Baden-Baden 2018 (zitiert: *Bearb.*, in: Sodan/Ziekow (Hrsg.), VwGO Kommentar, § Rn.).

Spilker, Bettina, Postmortale Organspende auf verfassungsrechtlichem Prüfstand, ZRP 2014, 112–115 (zitiert: *Spilker*, ZRP 2014, S.).

Stadler, Gerrit, Die Beleihung in der neueren Bundesgesetzgebung, Hamburg 2002 (zitiert: *Stadler*, Die Beleihung in der neueren Bundesgesetzgebung, S.).

Steiner, Udo, Öffentliche Verwaltung durch Private, Heidelberg 1975 (zitiert: *Steiner*, Öffentliche Verwaltung durch Private, S.).

Stenner, Christine, Organspende und Organtransplantationen in Deutschland und den USA – ein Vergleich, WzS 2014, 67–78 (zitiert: *Stenner*, WzS 2014, S.).

Stern, Klaus, Das Staatsrecht der Bundesrepublik Deutschland, Band I: Grundbegriffe und Grundlagen des Staatsrechts. Strukturprinzipien der Verfassung, 2. Aufl., München 1984 (zitiert: *Stern*, Staatsrecht, Band I, Art. S.).

Ders., Bundesrechnungshof und Finanzkontrolle aus verfassungsrechtlicher Sicht, DÖV 1990, 261–264 (zitiert: Stern, DÖV 1990, S.).

Stobrawa, Franz Friedrich, Die ärztlichen Organisationen in der Bundesrepublik Deutschland. Entstehung und Struktur, 3. Aufl., München 2001 (zitiert: *Stobrawa*, Die ärztlichen Organisationen in Deutschland, S.).

Storr, Stefan, Verfassungsrechtliche Direktiven des demokratischen Prinzips für die Nutzung privatrechtlicher Organisations- und Kooperationsformen durch die öffentliche Verwaltung, in: Bauer, Hartmut/Huber, Peter M./Sommermann, Karl-Peter (Hrsg.), Demokratie in Europa, Tübingen 2015, 411–430 (zitiert: *Storr*, in: Bauer u.a. (Hrsg.), Demokratie in Europa, S.).

Streinz, Rudolf, Europarecht, 10. Aufl., Heidelberg 2016 (zitiert: *Streinz*, Europarecht, S.).

Ders. (Hrsg.), EUV/AEUV, Kommentar, 3. Aufl., München 2018 (zitiert: *Bearb.*, in: Streinz (Hrsg.), EUV/AEUV, Art. Rn.).

Talidou, Zoi, Regulierte Selbstregulierung im Bereich des Datenschutzes, Frankfurt a. M. 2005 (zitiert: *Talidou*, Regulierte Selbstregulierung im Bereich des Datenschutzes, S.).

Taupitz, Jochen, Richtlinien in der Transplantationsmedizin, NJW 2003, 1145–1150 (zitiert: *Taupitz*, NJW 2003, S.).

Thoma, Anselm Christian, Regulierte Selbstregulierung im Ordnungsverwaltungsrecht, Berlin 2008 (zitiert: *Thoma*, Regulierte Selbstregulierung im Ordnungsverwaltungsrecht, S.).

Trute, Hans-Heinrich, Die Verwaltung und das Verwaltungsrecht zwischen gesellschaftlicher Selbstregulierung und staatlicher Steuerung, DVBl. 1996, 950–964 (zitiert: *Trute*, DVBl. 1996, S.).

Tyczynski, Piotr, Verfügungsbefugnisse an menschlichen Körpergeweben unter besonderer Berücksichtigung des Transplantationsgesetzes, Frankfurt a. M. 2016 (zitiert: *Tyczynski*, Verfügungsbefugnisse an menschlichen Körpergeweben unter besonderer Berücksichtigung des Transplantationsgesetzes, S.).

Uhl, Martin, Richtlinien der Bundesärztekammer, Hamburg 2008 (zitiert: *Uhl*, Richtlinien der Bundesärztekammer, S.).

Ulrich, Moritz, Durchbrechung der Allokationskriterien des § 12 Abs. 3 TPG. Das „old for old"-Programm, Frankfurt a. M. 2012 (zitiert: *Ulrich*, Durchbrechung der Allokationskriterien des § 12 Abs. 3 TPG, S.).

Vedder, Christoph/*Heintschel von Heinegg*, Wolff (Hrsg.), Europäisches Unionsrecht, Kommentar, 2. Aufl., Baden-Baden 2018 (zitiert: *Bearb*., in: Vedder/Heintschel von Heinegg (Hrsg.), Europäisches Unionsrecht, Art. Rn.).

Verrel, Torsten, Manipulation von allokationsrelevanten Patientendaten – ein (versuchtes) Tötungsdelikt?, MedR 2014, 464–469 (zitiert: *Verrel*, MedR 2014, S.).

Graf Vitzthum, Wolfgang, Gemeinderechtliche Grenzen der Privatisierung kommunaler Wirtschaftsunternehmen, AöR 104 (1979), 580–634 (zitiert: Vitzthum, AöR 104 (1979), S.)

Voßkuhle, Andreas, Beteiligung Privater an der Wahrnehmung öffentlicher Aufgaben und staatliche Verantwortung, VVDStRL 62 (2003), 266–335, (zitiert: *Voßkuhle*, VVDStRL 62 (2003), S.).

Wahl, Andreas, Kooperationsstrukturen im Vertragsarztrecht, Berlin 2001 (zitiert: *Wahl*, Kooperationsstrukturen im Vertragsarztrecht, S.).

Weber, Joachim/*Lejeune*, Stefanie, Rechtliche Probleme des rheinland-pfälzischen Transplantationsgesetzes, in: NJW 1994, 2392–2397 (zitiert: *Weber/Lejeune*, NJW 1994, S.).

Weisel, Klaus, Das Verhältnis von Privatisierung und Beleihung, Baden-Baden 2003 (zitiert: *Weisel*, Das Verhältnis von Privatisierung und Beleihung, S.).

Weiß, Michael, Hybride Regulierungsinstrumente. Eine Analyse rechtlicher, faktischer und extraterritorialer Wirkungen nationaler Corporate-Governance-Kodizes, Tübingen 2011 (zitiert: *Weiß*, Hybride Regelungsinstrumente, S.).

Weiß, Wolfgang, Privatisierung und Staatsaufgaben. Privatisierungsentscheidungen im Lichte einer grundrechtlichen Staatsaufgabenlehre unter dem Grundgesetz, Tübingen 2002 (zitiert: *Weiß*, Privatisierung und Staatsaufgaben, S.).

Ders., Beteiligung Privater an der Wahrnehmung öffentlicher Aufgaben und staatliche Verantwortung, DVBl. 117 (2002), 1167–1182 (zitiert: *Weiß*, DVBl. 117 (2002), S.).

Weyd, Jens, Das Transplantationsrecht in Deutschland, Jura 2013, 437–448 (zitiert: *Weyd*, Jura 2013, S.).

Wiegand, Britta Beate, Die Beleihung mit Normsetzungskompetenzen. Das Gesundheitswesen als Exempel, Berlin 2007 (zitiert: *Wiegand*, Die Beleihung mit Normsetzungskompetenzen, S.).

Woinikow, Karina, Richtlinien der Transplantationsmedizin, Frankfurt a. M. 2014 (zitiert: *Woinikow*, Richtlinien der Transplantationsmedizin, S.).

von Wolff, Franziska, Staatlichkeit im Wandel: Das Beispiel kooperativer Umweltpolitik, in: Demirović, Alex/Walk, Heike (Hrsg.), Demokratie und Gouvernance, 149 bis 175 (zitiert: *von Wolff*, in: Demirović/Walk, Demokratie und Gouvernance, S.).

Wolff, Hans J./*Bachof*, Otto/*Stolber*, Rolf/*Kluth*, Winfried (Begr./Hrsg.), Verwaltungsrecht Band I. Ein Studienbuch, 13. Aufl., München 2017; Band II. Ein Studienbuch, 7. Aufl., München 2010 (zitiert: *Bearb.*, in: Wolff u.a., Verwaltungsrecht, Band, § Rn.).

Wollenschlaeger, Ferdinand, Verteilungsverfahren. Die staatliche Verteilung knapper Güter: verfassungs- und unionsrechtlicher Rahmen, Tübingen 2010 (zitiert: *Wollenschlaeger*, Verteilungsverfahren, S.).

Wolter, Jürgen/*Riedel*, Eibe/*Taupitz*, Jochen, Einwirkungen der Grundrechte auf das Zivilrecht, Öffentliche Recht und Strafrecht, Heidelberg 1999 (zitiert: *Bearb.*, in: Wolter u.a. (Hrsg.), Einwirkungen der Grundrecht auf das Zivilrecht, Öffentliche Recht und Strafrecht, S.).

von Wulffen, Matthias/*Krasney*, Otto Ernst (Hrsg.), Festschrift 50 Jahre Bundessozialgericht, Köln 2004 (zitiert: *Bearb.*, in: von Wulffen/Krasney (Hrsg.), FS 50 Jahre BSG, S.).

Zimmermann, Christian, Der Gemeinsame Bundesausschuss. Normsetzung durch Richtlinien sowie Integration neuer Untersuchungs- und Behandlungsmethoden in den Leistungskatalog der GKV, Berlin/Heidelberg 2012 (zitiert: *Zimmermann*, Der Gemeinsame Bundesausschuss, S.).

Internetquellen

Augsberg, Steffen, Gesetzliche Regelungen zur Organ- und Gewebespende – Rechtstatsächliches Gutachten auf Ersuchen der Bundesrepublik Deutschland, Gießen 2013, im Internet abrufbar unter: http://www.bundesgesundheitsministerium.de/fileadmin/Dateien/3_Downloads/O/Organspende/Gutachten_Manipulationsskandal/131125_Augsberg_Gutachten_TPG_Endfassung_ueberarbeitet_von_BMG_abgenommen.pdf (zuletzt abgerufen am 20.01.2019)

(zitiert: *Augsberg*, Gesetzliche Regelungen zur Organ- und Gewebespende, S.).

Berndt, Christina, Man kam sich vor wie bei Scientology, Süddeutsche Zeitung vom 13.12.2011, im Internet abrufbar unter: http://sz.de/1.1233309 (zuletzt abgerufen am 20.01.2019)

(zitiert: *Berndt*, Man kam sich vor wie bei Scientology, Süddeutsche Zeitung, 13.12.2011 (online)).

Staudinger, Melanie, Verspieltes Vertrauen, Süddeutsche Zeitung vom 08.03.2013, im Internet abrufbar unter: http://www.sueddeutsche.de/gesundheit/organspende-skandal-verspieltes-vertrauen-1.1619134 (zuletzt abgerufen am 20.01.2019)

(zitiert: *Staudinger*, Verspieltes Vertrauen, Süddeutsche Zeitung, 08.03.2013 (online)).

www.ingramcontent.com/pod-product-compliance
Ingram Content Group UK Ltd.
Pitfield, Milton Keynes, MK11 3LW, UK
UKHW021830290926
8980IPUK00004B/358

9 783631 785492